U0806261

青岛市志

·1978～2005·

社会卷

青岛市史志办公室　编

方志出版社
Publishing House of Local Records

图书在版编目（CIP）数据

青岛市志：1978～2005. 社会卷 / 青岛市史志办公室编. -- 北京：方志出版社, 2017.5

ISBN 978-7-5144-2431-7

Ⅰ. ①青… Ⅱ. ①青… Ⅲ. ①青岛－地方志－1978-2005②社会发展史－青岛－1978-2005 Ⅳ. ①K295.23 ②D64

中国版本图书馆CIP数据核字（2017）第136943号

青岛市志·社会卷（1978～2005）

编　　者：青岛市史志办公室
责任编辑：刘　珊

出 版 人：冀祥德
出 版 者：方志出版社
地址　北京市朝阳区潘家园东里9号（国家方志馆4层）
邮编　100021
网址　http://www.fzph.org
发　　行：方志出版社发行中心
电话（010）67110500
经　　销：各地新华书店
设计制作：济南世同华印印刷有限责任公司
印　　刷：山东新华印务有限责任公司

开　　本：889mm×1194mm　1/16
印　　张：31.5
字　　数：817千字
版　　次：2017年5月第1版
印　　次：2017年5月第1次印刷
印　　数：0001~3000册

ISBN 978-7-5144-2431-7　定　价：528.00元

·版权所有　翻印必究·

《青岛市志》编纂委员会

名誉主任　张江汀
顾　　问　阎启俊　张惠来
主　　任　孟凡利
副 主 任　祝　华　栾　新　卞建平　王　哲　高克力
委　　员　李　明　刘岐涛　丛培科　冯　英　姜永河　佟宝军
　　　　　王现军　任银睦　王书高

总　　编　高克力
副 总 编　王现军　任银睦　王书高
编　　辑　邢延军　魏　泓　陈庆民　张少军　常兆合　陈克斌
　　　　　朱红梅　赵经春　蔺冬娟　耿积平　盖宇夏　韩　晓

本卷执行主编　王现军　王书高
责 任 编 辑　陈庆民　朱红梅　蔺冬娟　盖宇夏
编　　务　杨吉明　李　乒　王　彤

山东省地方史志编纂委员会评审　刘爱军　翟世林　张英聘
　　　　　　　　　　　　　　　李　刚　李天程　王笃银

青岛市特邀评审　孙百刚　孙宪政　江线贤　张志勤
　　　　　　　　刘　波　赵夫青　郭泮溪　马光亭

凡　例

一、本志以《地方志工作条例》和《山东省地方史志工作条例》为依据，坚持辩证唯物主义和历史唯物主义的立场、观点和方法，客观记述青岛市自然、政治、经济、文化、社会等各方面的发展变化状况，力求做到思想性、资料性和科学性的统一。

二、本志为《青岛市志》续志，按“事以类聚、类为一志”的要求，设大事记、城市、政治、经济（上）、经济（中）、经济（下）、文化、社会8卷。各卷设篇、章、节、目4个层次。

三、本志上限起自1978年，下限断至2005年。其中，大事记卷专记部分下限延至2010年。

四、本志体裁为述、记、志、传、图、表、录，以志为主。图片使用与文字同步，力求图文相得益彰，扩大信息量，增强可读性。

五、本志记述范围为2005年市辖7区5市，即市南、市北、四方、李沧、崂山、黄岛、城阳7区及即墨、胶州、胶南、平度、莱西5市。个别内容为反映历史原貌，按当时行政区域记述。

六、本志人物坚持生不立传原则，排列以卒年为序。立传人物为在本行政区域有重大影响者，以及本籍人物在外地有重大影响者。

七、本志纪年采用公元纪年，必要时括注历史纪年。1949年10月1日中华人民共和国成立前后，称“建国前”“建国后”。1949年6月2日青岛解放前后，称“解放前”“解放后”。

八、本志采用规范语体文、记述体。文风力求严谨朴实，语言力求简洁流畅。使用的文字、标点、数字、计量单位等，均按国家颁布的统一规范书写，个别计量单位兼顾习惯用法。

九、本志称谓一般使用规范简称。如中国共产党青岛市委员会、青岛市人民政府简称市委、市政府；青岛市××局简称市××局。

十、本志采用资料以档案文献为主，同时参考相关图书、报刊资料以及调查采访实录等，经核实后不另注明出处。

编纂说明

一、本卷包括劳动管理、社会保险、民政、精神文明建设、残疾人事业 老龄事业 慈善事业、民族 宗教、风俗共 7 篇以及人物、总目录、索引。

二、本卷记述内容时间断限为 1978 ~ 2005 年，个别事物则按起止时间记述。未在年代前标注世纪的均指 20 世纪。

三、本卷为承接前志，各篇前设简述，时间上限一般追溯至事业发端，下限到 1978 年。

四、本卷记述区域范围为 2005 年青岛市行政区域，部分内容为当时行政区域。1994 年区划调整前，“市内 5 区”指市南、市北、台东、四方、沧口 5 个区，“5 市 2 区”指即墨、胶州、胶南、平度、莱西 5 个市及崂山、黄岛 2 个区；区划调整后，“市内 4 区”指市南、市北、四方、李沧 4 个区，“市内 5 区”指市南、市北、四方、李沧、崂山 5 个区，“5 市 3 区”指即墨、胶州、胶南、平度、莱西 5 个市及城阳、崂山、黄岛 3 个区。

五、 本卷风俗篇在内容上侧重记述传统民俗向新兴民俗的演变，力求体现风俗文化的传承性、地域性和变异性特征。

六、本卷人物分人物传、人物传略、人物表。人物传全面记述人物生平和影响、成就；人物传略主要记述人物在青岛地区的活动；人物表中收录烈士、全国劳动模范及相当称号人员。本籍人物籍贯记为 ××（市）人或 ××（市）×× 村人，客籍人物籍贯记为 ××（省）××（市、县）人。人物为男性和汉族的，文中不予标明。

七、本卷采用数据，一般为统计部门的数据；统计部门未作统计的，采用业务主管部门的统计数据。

八、本卷图、表分别按篇排序编号。统计表中，空白无标注或“—”者，表示该项统计指标数据不详。

目　录

第一篇　劳动管理

第二篇　社会保险

第三篇 民 政

第四篇 精神文明建设

第五篇　残疾人事业 老龄事业 慈善事业

第六篇　民族 宗教

第七篇　风　俗

人　物

第一篇　劳动管理

德国侵占青岛后，修筑港口铁路，开办工商业，劳动用工大量增加。至1910年，青岛已有企业20多家，工人1.76万人。日本第一次侵占青岛和北洋政府统治期间，大量外国资本进入，青岛工商业较为发达。但工人的工资、福利待遇等得不到保障，曾引发多起工人罢工事件。其中，1923年2月，因市电话局不答应工人“发工服”“办食堂”等合理要求，曾引发百名司机罢工。1924年，以四方机厂为代表，掀起青岛工人第一次罢工高潮。日本第二次侵占青岛期间，日伪青岛当局成立“把头学会”，实行殖民统治和经济掠夺，工人劳动时间长、劳动强度大、工资福利少，劳资关系极为紧张。同时，日本侵略者还在青岛设立伪华北劳工协会青岛办事处，通过招募欺骗和武力抓捕，疯狂掳掠中国劳工。据不完全统计，仅1938年至1946年6月，由青岛办事处签发证件去往东北、内蒙古的劳工就达70万人之多。1946年，南京国民政府成立“青岛市总工会”，下设职工福利和劳动纠纷两个委员会，但工人劳动权益并未得到根本保障。

解放后，青岛市劳动局成立，设立失业工人救济委员会、劳动就业委员会、劳动争议仲裁委员会、劳动安全卫生委员会等，着力解决失业问题，妥善处理劳资纠纷，并建立起“各尽所能、按劳分配”的工资制度。1954年，青岛市所有行业和单位统一执行每天8小时工作制。1961年，贯彻“调整、巩固、充实、提高”方针，大规模精减职工。1964年3月，青岛市社会闲散劳动力高达4.68万人。市委、市人委采取组建社会服务队、上山下乡等多种措施，以缓解就业压力，仅1964年就动员上山下乡6015人。“文化大革命”时期，许多劳动制度被视为“管、卡、压”而受到冲击，劳动管理受到严重干扰，企业工伤事故增多。1977年2月，青岛市革命委员会劳动局成立后，劳动管理秩序逐渐恢复。

概　述

1978年前，国家实行计划经济体制。与此相适应，劳动工资管理实行国家职工和国家工资制度，即企业用工由国家层层下达招工指标，企业没有用工自主权；工资标准由国家统一规定，工资调整由中央政府统一安排，企业没有分配自主权。中共十一届三中全会后，随着经济体制从计划经济向市场经济的逐步转轨，劳动工资制度也逐步转向以劳动力市场为中心，以企业用工自主、分配自主为主要特征的新制度转变。自1978年至2005年，青岛市劳动管理制度改革大体经历四个阶段：

第一阶段：1978～1982年为恢复期。这一时期的主要任务是，恢复“文化大革命”中瘫痪的各级劳动管理组织，恢复原有各项劳动管理制度和秩序，化解劳动就业领域长期积累的严重社会矛盾。这期间，青岛市同全国其他地区一样，国民经济处于崩溃边缘，就业岗位十分紧缺。同时，又面临着城市人口快速增长和大量上山下乡知青返城的就业压力。市政府针对城镇失业率急剧上升的情况，敢于打破常规，通过各种渠道，采取各种方式，支持企业大力兴办各种类型劳动服务公司，放开个体经营，大量安置失业人员，使失业率从1979年的15%下降到1983年的0.66%。

第二阶段：1983～1990年为改革探索期。为推进国有、集体企业以自主经营和自负盈亏为主要特征的经济体制改革，适应三资企业、民营经济兴起的新形势，青岛市劳动管理制度改革主要在以下三个方面进行探索：一是新招职工实行劳动合同制。这既满足民营经济和三资企业的用工需求，又为公有制企业劳动工资制度改革打下基础。二是在公有制企业内部实行以“兵选将，将选兵”为主要特征的优化劳动组合，将富余人员从一线生产岗位上剥离下来，组建劳动服务公司或待岗。一方面较好地解决长期以来生产岗位人浮于事、效率低下的问题，另一方面又为全面推行劳动合同制创造条件。三是大力兴办劳动力市场，市政府有关部门逐步取消招工计划和招工指标，劳动管理职能逐步向服务型转变。其中，1987年青岛市在工人文化公园首次举行全市劳务市场，劳动力招收逐步走向市场化。

第三阶段：1991～1994年为改革攻坚阶段。早在1987年，市政府印发《关于发布改革劳动制度四个实施办法的通知》，提出将固定工分期、分批改为合同制的目标。但改革举步维艰，进展迟缓。1991年，市政府成立劳动、工资、社会保险三项制度改革办公室，在全市推行以全员劳动合同制为主的企业劳动、工资、社会保险三项制度综合配套政策。当年，青岛港、青岛碱厂、青岛同泰橡胶厂等一批国有大型企业率先实行全员劳动合同制，常德传、刘毓源等企业家带头与本企业签订劳动合同。历经近4年时间，至1994年底，全市普遍实行全员劳动合同制，实现劳动工资管理制度的根本变革。

第四阶段：1995～2005年为巩固、完善、发展阶段。这一阶段的主要任务是，加快劳动管理立法步伐，促进下岗职工再就业，做好新旧制度的衔接工作，为企业深化改革创造稳定的社会环境。1994年，青岛市被劳动部确定为再就业工作试点城市后，启动优化资本结构、优化劳动力配置工程（双优工程），再就业工程，困难企业、困难职工求助工程（双困求助工程），成立青岛市下岗职工再就业服务中心，全力做好下岗职工再就业和生活保障工作。至2003年5月，青岛市30多万名企业下岗职工全部分流安置，再就业工程宣告结束。

至2005年底，青岛市单位从业人员224.3万人，城镇企业单位职工年平均工资1.91万元，比1979年的584元增长31.68倍；全市单位职工工资总额250.67亿元，比1979年增长51.22倍。

第一章　劳动就业

1978年，青岛市继续实行劳动部门统包统配的固定工就业制度，全民和县以上集体企业是安置就业的主要渠道。1979年，“上山下乡”知识青年返城形成待业高峰，致使当年待业率高达15%。青岛市打破全民和县以上单位界限，广开就业门路安置待业人员。同时，改变统一就业安置分配办法，在应届高中毕业生中实行以毕业考试成绩择优录用的试点工作。1982年，全市实行招工文化统考，凭考试成绩报名择业，用人单位与求职者之间双向选择。1991年，取消全市招工统一考试办法，企业招工和劳动者求职全部通过劳动力市场实现。

1994年，为妥善解决下岗职工、失业职工和困难企业困难职工的再就业问题，青岛市成立再就业工作领导小组，通过控制下岗职工总量、失业人员总量和外来劳动力总量，运用政策引导、资金扶持和就业服务等手段，帮助下岗失业职工，特别是失业6个月以上和家庭生活困难人员尽快实现再就业。2003年5月，青岛市企业下岗职工全部走出再就业中心并得到安置。

2005年，全市共有区（市）就业服务机构13个，街道（乡镇）劳动保障服务中心172个，社区就业服务站402个。全年实现就业22万余人，登记失业率2.96%。

第一节　人力资源管理

改革开放初期，青岛市人力资源管理对象主要是：城镇当年未能继续升学的应届高、初中毕（肄）业生，往届高、初中毕（肄）业生，国家不包分配的大中专毕业生，征地农转非人员以及其他社会闲散人员中男16～35周岁、女16～30周岁的待业人员。对农村劳动力用工实行计划控制，压缩和清退计划外农村劳动力。进入90年代，企业中农村劳动力用工比重逐渐增加。1995年11月青岛市实行“山东省外来人员就业证”制度。2001年，实行城乡统筹就业，待业人员管理从区级劳动部门直接管理，逐渐演变到由区、街道和居委会三级管理；从简单的“三表（登记表、政治审查表、体格检查表）一卡（基本情况活页卡）”管理发展到就业前指导、就业前培训、失业金发放、社会保险费缴纳、劳动保障事务代理，以及社区便民利民服务岗位的综合性管理。待业人员安置除坚持企事业单位安置主渠道外，还制定优惠扶持政策，鼓励创办服务性项目、发展私有企业和个体经济、通过开发社区公益性岗位等多种形式，开展非正规就业和灵活就业，促进失业人员就业安置。

城镇人力资源

1979年，全市停止动员并减少应届高、初中毕业生和城市闲散人员上山下乡，同时开始接

80年代末，青岛市在工人文化公园多次举办劳务市场招聘会，劳动力就业逐渐从安置分配向招聘合同过渡。图为90年代初的招工现场

收上山下乡知识青年和边疆生产建设兵团战士回城。当年，全市城镇登记失业10.5万人，待业率15%，达到历史最高峰。市劳动管理部门通过各种渠道，采取多种安置办法，大量安置城镇失业人员，至1983年，全市待业人员减少至1.92万人，待业率为0.66%。1984～1993年，城镇登记失业人数每年基本保持在3万人左右，待业率在1.5%上下浮动。1994年后，青岛市城镇职工总数呈连年快速增长趋势，2005年达到224.3万人。同时，由于产业结构调整和建设征地使农村劳动力大量涌入城市，致使下岗职工和失业人数增加，2005年达到22.08万人。

1979～2005年青岛市城镇职工人数及登记失业人数统计表

表1-1

年份	职工人数（万人）	同比增长（%）	登记失业人数（万人）	同比增长（%）
1979	74.9	-	10.5	-
1980	79.2	5.74	6.14	-41.52
1981	83.6	5.56	3.92	-36.16
1982	85.2	1.91	2.19	-44.13
1983	85.5	0.35	1.92	-12.33
1984	87.5	2.34	2.27	18.23
1985	88.8	1.49	3.74	64.76
1986	92.7	4.39	4	6.95
1987	96.3	3.88	4.1	2.5
1988	98.2	1.97	3.99	-2.68
1989	99.2	1.02	3.97	-0.5
1990	103.2	4.03	3.93	-1.01
1991	105.4	2.13	3.46	-11.96
1992	108.2	2.66	3.57	3.18
1993	109.4	1.11	3.3	-7.56
1994	110.1	0.64	3.72	12.73
1995	111.6	1.36	4.92	32.26
1996	118.4	6.09	5.19	5.49

续表1-1

年份	职工人数（万人）	同比增长（%）	登记失业人数（万人）	同比增长（%）
1997	117.1	-1.1	5.65	8.86
1998	116.2	-0.77	6.48	14.69
1999	119	2.41	7.49	15.59
2000	118.3	-0.59	8.77	17.09
2001	117.5	-0.68	12.12	38.2
2002	119.1	1.36	14.05	15.92
2003	118	-0.92	19.69	40.14
2004	207.1	75.51	21.53	9.34
2005	224.3	8.31	22.08	2.55

说明：2004年以前职工人数中不含私营企业职工

农村人力资源

为安置城镇失业人员，减少城镇就业压力，1979年，全市共压缩和清退计划外农民工5800余人。1980～1983年，青岛市各用工单位未经劳动部门批准，严禁从农村招收使用劳动力。1987～1995年，由于城镇下岗职工增加，就业压力增大，青岛市对用工单位采取限制使用农村劳动力并加收劳动调配管理费的办法。

2000年8月1日，《青岛市劳动用工管理条例》施行，规定对各类用人单位使用外来劳动力实行总量调控、适度限制；对一些特殊单位和工种确实需要招收使用外来劳动力的，要按照“先从城镇人员中招收，招收不足的再从外来人员中招收”的原则执行。同月印发

1993年，青岛市人才市场开业典礼在市人民会堂前举行

《青岛市用人单位招用外来劳动者和城镇用人单位招用本市非城镇户口劳动者管理办法》，规定用人单位招用外来劳动者，应按照“先本市后外市，先省内后省外”和优先从青岛市对口支援地区招收的原则。2001年，全市纳入市、区劳动保障部门管理的外来劳动力33.04万人。2005年增至47.33万人。

2005年，青岛市农村劳动力年龄在男16～55周岁、女16～50周岁之间，具有劳动能力者244.03万人，其中男性占53.9%，女性占46.1%；36岁及以上占53.6%，年龄结构总体偏大；初中及以下文化程度占85.5%，文化程度整体偏低；无技术等级占92.1%，劳动技能整体较差。

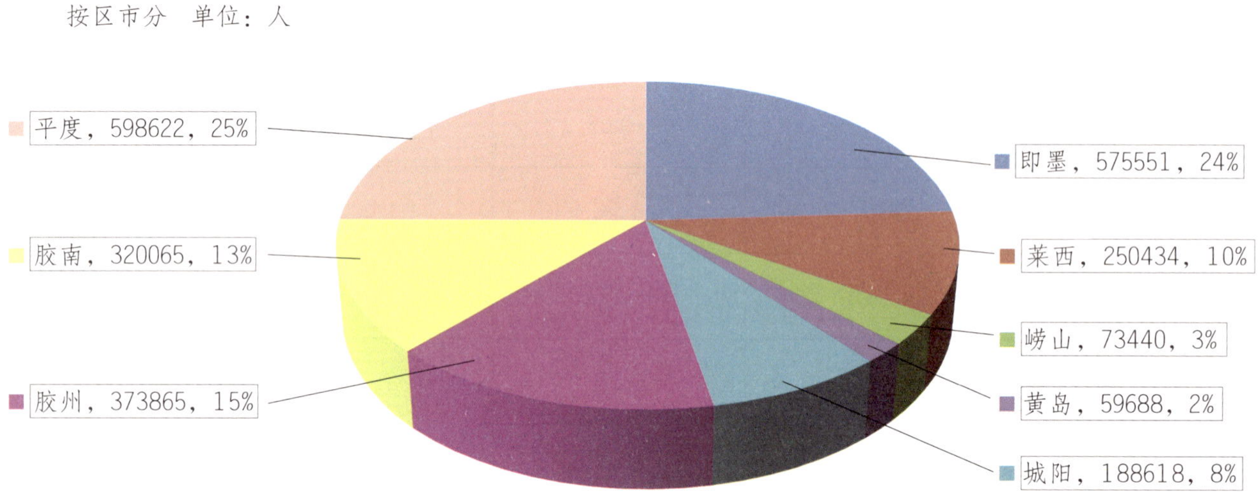

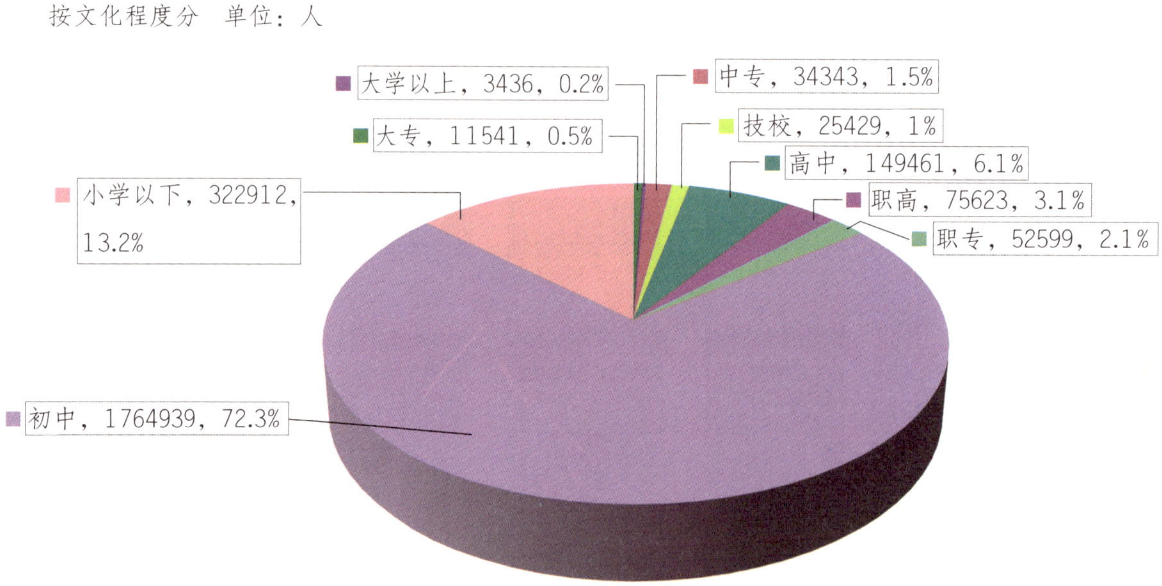

图1-1　2005年青岛市农村劳动力调查情况示意图

职业介绍机构

1995年，依据劳动部《职业介绍暂行规定》，青岛市开始审批办理社会职业介绍机构，指导和监督社会职业介绍机构开展职业介绍服务。2000年，《青岛市职业介绍管理规定》发布，确定职业介绍机构8项业务范围，以及申请、审批、变更程序和监督检查办法，劳动保障部门按规定每年对社会职业介绍机构进行年检。至2005年，全市有社会职业介绍机构189家，其中，行业、社会团体兴办72家，个体私营机构117家，从业人员567人。

第二节 就 业

改革开放初期，青岛市主要采取职工退休子女顶替就业、增加招工计划、鼓励兴办集体企业安置待业人员等方式，解决城镇就业困难，同时严格控制使用计划外农村劳动力。1983年开始，青岛市对新招职工实行劳动合同制。1991年，青岛市实行劳动用工、工资、社会保险三项制度综合配套改革，逐步将全民单位、集体单位固定工改为劳动合同制工，至1994年底，全市企业用工实现全员劳动合同制。2001年，取消对用人单位招收使用农民工的审批制度，农民工与城镇居民就业享有同等待遇。

1979～2005年，青岛市城镇职工从74.9万人增加到224.3万人。其中，1990年职工人数首次突破100万人，达到103.2万人；2004年突破200万人，2005年达到224.3万人。

城镇劳动就业

1979年，青岛市大量接收上山下乡知识青年和支持边疆生产建设兵团人员回城。市政府动员各部门、各单位广开就业门路，采取多种方式和渠道进行安置。其中，职工退休后照顾子女顶替就业是主要方式，1979～1982年共招收子女顶替就业人员4.27万人（1984年该政策停止执行）。另外，还采用增加企业招工计划、动员达到退休年龄人员办理退休、清退单位聘用退休补差人员、对全民和县以上集体所有制单位农村劳动力进行清退等办法，安置城镇待业人员。1980年，青岛市印发《关于按系统统筹安排待业人员的意见》，按照男随父亲、女随母亲原则，由各单位通过兴办集体企业安置职工子女。1982年，工厂企业、机关团体、大专院校和科研单位相继兴办为生产、生活服务的劳动服务公司，安置单位职工的待业子女。1983年印发《关于为参加城镇集体经济组织的从业青年办理从业手续的通知》，规定参加城镇集体经济组织的待业人员均予办理从业手续，从批准参加劳动服务公司之日起计算工龄。至1989年，累计共安置城镇就业人员31.2万人。其中，全民单位招工16.27万人，占安置总量的52.14%；各种集体经济安置13万人，占安置总量的41.67%；自谋职业6126人，占安置总量的1.96%；各种临时用工安置1.31万人，占安置总量的4%。青岛市城镇待业率下降至1%左右。从1979年到2005年，青岛市城镇登记失业人数192.7万人，实现就业安置人数112.62万人，就业人数占登记失业人数的58.96%。

2005年，全市城镇登记失业率2.96%，为全国失业率最低的城市之一。从1979年就业安置6.8万人到2005年的15.44万人，年平均就业率增长4.7%。

1979～2005年青岛市城镇劳动就业安置情况统计表

表1-2 单位：人

年份	登记失业人数	就业安置人数					
		合计	全民单位	集体单位	其他所有制单位	个体经济	临时（非正规）
1979	104951	57951	30143	21308	6500	–	–
1980	61382	50882	20023	28361	486	12	2000

续表1-2

年份	登记失业人数	就业安置人数					
		合计	全民单位	集体单位	其他所有制单位	个体经济	临时（非正规）
1981	39224	32252	19597	9458	1105	27	2065
1982	21882	19448	10653	3167	4402	88	1138
1983	19189	13542	6288	2080	3123	334	1717
1984	22692	16083	10090	3178	1821	70	924
1985	37417	26404	14008	8215	2244	1197	740
1986	39986	22993	12561	4977	2637	1458	1360
1987	40993	22720	12390	6685	1568	837	1240
1988	39934	25181	12973	7076	2404	1364	1364
1989	39677	24577	13928	6815	2534	739	561
1990	39294	26356	14930	6610	3101	1288	427
1991	34591	19860	11159	5702	1666	708	625
1992	35707	19047	8892	5250	4049	467	389
1993	33041	15800	6672	4138	2463	770	1757
1994	37151	14306	5938	3857	2876	880	755
1995	49160	20711	6420	8679	3772	274	1566
1996	51878	27561	8570	9223	6486	3282	–
1997	56549	31237	5626	7731	11980	5134	766
1998	64842	32770	6950	7002	10987	7831	–
1999	74919	36331	7232	6590	12507	10002	–

续表1-2

年 份	登记失业人数	就业安置人数					
		合 计	全民单位	集体单位	其他所有制单位	个体经济	临时（非正规）
2000	87734	38678	7321	5574	18205	7578	—
2001	121248	54745	6869	5618	16017	20907	5334
2002	140485	68950	8253	6641	17648	23847	12561
2003	196936	112176	10893	9537	23021	42933	24792
2004	215346	141290	8919	9525	41677	81169	—
2005	220774	154391	13521	9253	66647	64970	—
合计	1926982	1126242	300819	212250	271926	279166	62081

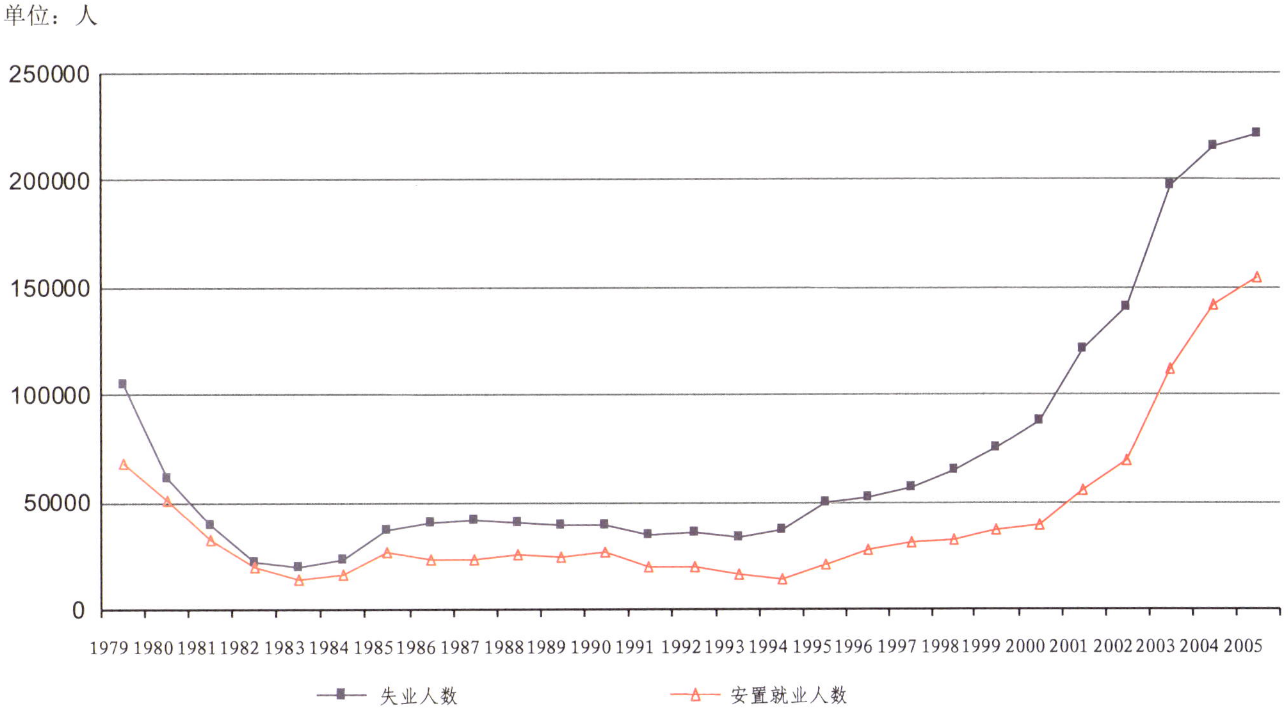

图1-2 青岛市中高级人力资源服务中心登记失业与安置就业情况图

农村劳动就业

改革开放初期，青岛市对企事业单位使用农村劳动力实行禁止使用政策。1980～1983年，青岛市对企事业单位使用农村劳动力实行计划管理，未经劳动部门批准，各企事业单位严禁从农村招收使用劳动力。1984年，为保留某些特殊工种的业务骨干，解决落实政策遗留问题，允许企事业单位从农业人口中招收固定工和合同制工人。当年，全市招收农业人口指标为2136人。

1987年，由于下岗职工增加、就业压力增大，青岛市对农村劳动力采取限制使用并加收劳动调配管理费办法。1994年，根据不同工种分类，实施“允许使用、调剂使用和禁止使用”三种办法，制定向用人单位收取劳动力管理费和富余职工安置基金的政策。1995年，在使用外来劳动力的部分外商投资企业，有选择地停收农村劳动力劳务管理费。2000年8月，对使用外来劳动力实行“总量调控、适度限制”政策。用人单位招用外来劳动力使用“青岛市外来劳动者就业证”，招用青岛市非城镇户口劳动力使用“青岛市非城镇户口劳动者就业证”，招用城建制务工队伍使用“青岛市外来（农村）城建制务工许可证”。同年，青岛市及市南、市北、四方、李沧4区分别设立外来劳动力职业介绍分中心，外来劳动力市场管理体系初步形成。

2001年，青岛市实行城乡统筹就业，停止收取劳动力管理费和富余职工安置基金。2003年，执行国务院办公厅《关于做好农民进城务工就业管理和服务工作的通知》，取消对用人单位招收使用农民工审批制度，用人单位可根据自身需求直接通过劳动力市场招收农民工。2004年，青岛市外来从业人员职业介绍中心实行职业介绍免费服务，并开展“跨省市现场招聘”“送岗下乡，就业服务在身边”活动。在全国各地建立劳务合作基地40余个、“促进就业劳务合作联盟”合作单位20个，与30余家职业技术学校签订“订单培训”协议，每年为青岛输送务工人员上万人。

2005年，青岛市外来从业人员职业介绍中心求职登记人员1.4万人次，介绍职业5.89万人次；发布2401家用人单位招聘信息6.6万余条，举办现场招聘会125个。

劳动用工形式

固定用工制　1979年，青岛市劳动就业渠道主要是全民所有制企事业单位和集体所有制单位招工，国家对企事业单位用工实行计划指标管理。中央、省属、部队驻青岛单位用工由单位申请，报其主管部门批准，列入国家新增招收计划，然后由国家劳动总局下达到省劳动局，省劳动局下达到青岛市具体组织招收。市属全民所有制企业用工指标由单位提出申请，市劳动局审核汇总后报省劳动局同意，经国家劳动总局批准后，由省劳动局下达给青岛市组织招收。县以上集体所有制用工指标由省劳动局下达青岛市执行。各地招收新工人严格按照计划指标执行。新招指标一般每年下达一次，年内组织招收，不允许超指标招收和跨年度使用指标。

1979～1982年，青岛市劳动就业实行固定工用工制度，用工形式以全民企业和城镇集体企业单位用工为主体，单位用工实行计划指标管理，严格控制使用临时工和农村劳动力，工作急需使用临时工和农村劳动力的单位，须经劳动部门批准方可招收使用。至1982年底，青岛市固定工职工85.44万人，其中全民所有制单位职工59.9万人，城镇集体所有制单位职工25.54万人。

劳动合同制　1980年，国家实行“劳动部门介绍就业、自愿组织起来就业和自谋职业相结合”的就业方针，招工形式开始多元化。1982年，青岛市对劳动用工制度进行改革，首先在黄海饭店、中科院海洋研究所、青岛锅炉修配厂、市人民武装部和工商市场管理部门5个单位的新招职工中进行劳动合同制试点，新招收的400名待业人员在办理用工手续时，与用人单位签订劳动合同。合同规定工种、合同期限、双

2003年，青岛市招募“过渡性岗位”的交通协管员在香港路执勤

方的权利和义务等。1983年起，青岛市在企业新招职工中全面推行劳动合同制。除按国家有关政策规定安置的转业复员军人、大中专生和技校毕业生外，新招职工均实行劳动合同制。次年，《青岛市城镇劳动合同制试行办法实施细则》实施，对工资、社会保险制度实行改革，并与用工制度改革配套进行。1985年，选择青岛泡花碱厂和台东汽车修配一厂作为劳动组合试点单位，将固定工改为劳动合同用工。1986年，试点企业增加到12个。1987年扩大到76个企业，5.6万名固定工职工改为合同制工人。1990年，全市合同制职工达20余万人，占职工总数的20%。1992年，企业招收职工在法定劳动年龄内，自主确定招工时间、条件、数量和方式，自行组织考核。劳动部门不再下达职工人数计划和城镇招工计划、不再审查招收简章。对各区（市）实行弹性劳动工资计划，按投入产出综合经济效益指标调控企业工资总量，通过调控工资总量，间接调控职工人数。职工在各区（市）范围内流动，由调入调出企业协商一致直接办理，劳动部门不再办理合同制职工合同期内的工作转移手续。至1994年底，全员劳动合同制在全市普遍实行，青岛市成为继深圳市之后第二个实行全员劳动合同制的城市。

非正规就业　青岛市非正规就业主要有家庭清洁卫生服务，初级卫生保健服务，水、电、暖、煤气管道维修，为中小学生提供小饭桌服务，街道卫生清扫，搬家，钟点劳务，家政服务等，主要适用于无法与劳动者签订劳动合同，但需建立正常劳动关系的失业人员。

2001年，青岛市推行非正规就业方式，鼓励下岗职工、失业人员组织起来，参与社区便民利民服务、家政服务、城市管理服务以及为企事业单位提供临时性、突击性的劳务，获取一定经济收入和基本社会保障。市劳动和社会保障局发布《关于非正规就业劳动组织认定管理有关问题的通知》中规定，非正规就业项目的社区便民利民服务、社区公共管理服务以及为单位提供的各种临时性、突击性项目，尽量安置下岗职工、失业人员。享受的优惠政策有：免于工商登记（许可证经营的除外），免缴社会保险以外的各项社会和行政性收费，3年内免征营业税、个人所得税及附征的维护建设税和教育费附加，符合“劳服企业”条件的，可享受所得税“免三减二”的政策。符合规定的从业人员给予工资、社会保险补贴。1980～2005年，全市通过非正规（临时性）组织就业安置6.21万人。

过渡性就业　2002年12月，青岛市组织实施过渡性就业工程，先后开发岗位7250个，主要是以交通、城管、公安消防、劳动、卫生、安检等部门协管员为主。2004年4月，青岛市将过渡性就业期满的交通协管员、公安治安协管员等转制为公安协警员，按照非正规就业形式，纳入社会公益性岗位管理，享受相关保险待遇。2005年1月，青岛市将劳动保障协管员转制为劳动保障协理员，按照非正规就业形式，纳入社会公益性岗位管理，享受相关保险待遇。2002～2005年，青岛市共安置过渡性就业岗位安置1.32万人，投入专项资金1.19亿元。

2002～2005年青岛市过渡性就业岗位开发安置统计表

表1-3

年份			2002	2003	2004	2005	合计
岗位开发（个）	实际开发岗位		3100	4150	5000	1000	13250
	过渡性就业	交通协管员	1500	–	–	–	1500
		城管协管员	1600	–	–	–	1600
		治安协管员	–	1950	–	–	1950
		劳动协管员	–	1000	–	–	1000
		卫生协管员	–	1000	–	–	1000
		安监协管员	–	200	–	–	200
	社会公益性岗位就业	协警员	–	–	5000	–	5000
		劳动协理员	–	–	–	1000	1000
安置就业人数（人）	实际安置人数		2900	4030	5480	810	13220
	过渡性就业	交通协管员	1500	250	–	–	1750
		城管协管员	1400	230	–	–	1630
		治安协管员	–	2450	–	–	2450
		劳动协管员	–	100	–	–	100
		卫生协管员	–	1000	–	–	1000
		安监协管员	–	–	80	–	80
	社会公益性岗位就业	协警员	–	–	5400	–	5400
		劳动协理员	–	–	–	810	810

自谋职业 改革开放后，青岛市对城镇失业人员愿意从事个体经营者，给予政策鼓励和资金扶持，帮助解决实际困难。1979～1986年，全市共有3186名失业人员领取营业执照，从事个体经营。随着经济体制改革深化，越来越多的失业人员选择自谋职业。

1998年起，青岛市对下岗职工、解除劳动合同职工和失业职工从事个体经营的，在工商、公安、卫生、环保等方面免收各种费用2年；劳动、人事部门从失业保险金中给予2000～4000元的一次性资金扶持。2003年，市政府印发《关于进一步完善促进就业体系做好城镇就业工作的意见》，鼓励下岗失业人员自谋职业和自主创业，建立"再就业优惠证"制度，对持"再就业优惠证"从事个体经营（国家限制的行业除外）的人员，3年内免征营业税、城市维护建设税、教育费附加和个人所得税，免收属于管理类、登记类和证照类的各项行政事业性收费，另可申请2万元小额担保贷款。享受失业保险待遇的失业人员自谋职业从事个体经营，将其应享受失业保险金一次性支付给本人。培训单位组织失业人员开展创业培训，对创业成功的给予一定创业培训补贴。对成功创业并与劳动者签订1年以上期限劳动合同的，按照招用人数从促进就业资金中按规定标准给予创业者一次性岗位补贴。

青岛市通过不断调整失业人员从事个体经营优惠政策，促进城镇就业及民营经济发展。1980年，全市失业人员中只有12人从事个体经营，1999年突破万人。至2005年底，全市经工商行政管理部门批准发给营业执照、从事个体经营的自谋职业人员达27.92万人。

1980～2005年青岛市自谋职业安置就业情况统计表

表1-4　　单位：人

年份	自谋职业人数	年份	自谋职业人数	年份	自谋职业人数	年份	自谋职业人数
1980	12	1987	837	1994	880	2001	20907
1981	27	1988	1364	1995	274	2002	23847
1982	88	1989	739	1996	3282	2003	43933
1983	334	1990	1288	1997	5134	2004	81169
1984	70	1991	708	1998	7831	2005	64970
1985	1197	1992	467	1999	10002	合计	279166
1986	1458	1993	770	2000	7578		

境外就业　1979年，青岛市国外劳务输出仍为政府行为，劳动部门根据与外国政府签订的协议安排劳务输出。90年代初，有国内公司或企业开始与外国公司或企业签订劳务合同，介绍境外就业。1992年，市劳动部门开始对境外就业职业介绍工作实施管理。1993年，市境外职业介绍所取得劳动部颁发的“青岛市境外职业介绍所境外就业服务许可证”，按照有关规定对青岛地区因私出境就业人员聘用合同等资料进行认证，为出境人员代存人事档案，为回国境外就业人员提供就业服务，帮助其再就业。2002年，对境外就业中介机构实行行政许可制度，经批准的境外就业中介机构取得许可证后到工商部门登记。至年底，通过市境外职业介绍所认证出境人员2105人，主要分布在新加坡、日本、韩国、阿联酋、英国、美国、德国、加拿大等30多个国家和中国香港、澳门等地区。

至2005年底，经劳动保障部批准，青岛市先后设立境外就业中介机构18家，累计境外就业及外派劳务8535人，主要从事制造、建筑、餐饮及水产品加工等行业。外派人员主要分布于日本、韩国、新加坡、加拿大、美国、英国、塞浦路斯、德国、以色列等26个国家。其中，派往日本的境外就业人员占76%，新加坡占10%，韩国占

4%，其他国家占10%。日本、韩国主要以研修生形式派遣，3年派遣期满后每人分别得到22万元和15万元劳务收入。

特殊情况安置就业

知识青年回城就业　1963年开始，青岛市动员知识青年“上山下乡”，到农村插队落户。1965年6月起，又动员知识青年到青海、甘肃、内蒙古和山东生产建设兵团参加军垦建设。1980年9月，知识青年下乡上山工作全面结束，全市共有近12万名知识青年上山下乡或参加生产建设兵团。

1978年起，除极少数在当地婚配、提干和就业外，大批知识青年陆续回城。为解决知识青年待业问题，青岛市在招工中优先安排就业，1979～1982年共招收子女顶替父母就业4.27万人。1983年6月，在《关于解决一九六五年、一九六六年山东去青海支边知识青年病困问题的商谈纪要》中确定，除按夫妻分居、父母身边无子女和父母退休、退职、死亡顶替外，对仍在青海格尔木、因不适应高原气候而患病的支边知识青年，列入商调范围，回青岛安置在农、林、牧场或市、区集体所有制单位。1983～1986年，共从青海、内蒙古、甘肃3省商调返回青岛支边青年3000多人（含家属和子女）。1989年，安置回城知识青年就业工作结束。

80年代初，大批上山下乡知识青年返回青岛，造成就业压力。图为求职的上山下乡知识青年

征地农民安置就业　1982年，青岛市21个生产大队因国家建设征地，共有1.48万户村民“农转非”，安置就业4.77万人。1983年，采取由征地单位扶持被征地社队的办法，发展现有社队企业生产，扩大农村工副业生产，安置富余劳动力。另外，还通过组建县以上集体建筑、运输专业队和在新居民区增设生活服务网点进行安置。当年安置1300多人，被安置人员工资比照同工种工人工资级别给予评定，奖金、津贴、补贴等与所在企业同工种合同制工人享受同等待遇。1985～1989年，因引黄济青工程占地，全市共安置征地劳动力4668人，均为户粮关系不转的农民合同制工人。90年代，就业完全通过劳动力市场实现，青岛市通过建立社会保障对征地农民进行补偿。

随军家属就业　1979年，符合部队随军条件的军人家属随军来青岛，就业问题大多由市劳动局按照特殊情况帮助解决。1987～1992年，通过劳动部门共解决就业257人。此后，由于劳动就业市场化，随军家属就业遂进入劳动力市场，实行双向选择、自主择业，政府则给予帮助和照顾。1997年，市政府印发《关于进一步做好驻青部队随军家属接收安置工作的通知》，对随军家属就业采取指令性计划安置，“对符合随军条件、属工人身份的随军家属，由劳动行政部门按各单位上年末在职职工总数的千分之二下达年度接收安置计划，有关单位必须按计划接收安置”，“现役军人配偶一般不应安排其下岗待工，如确需下岗的，应征得市劳动部门的同意”。对已下岗和“农转非”后未就业的随军家属，组织开展转岗培训、提高技能，增强再就业能力。至2005年，共安排随军家属3433人次。

外国人、港澳台人员到青岛就业　1993年起，青岛市对外国人和港澳台人员在青岛就业进行管理，并发放“就业证”。1994年，市劳动局、公安局联合下发《关于加强外国人在青岛市就业管理的通知》。1996年后，国家对外国人在中国就业实行就业许可制度。用人单位聘用外国人须申请就业许可，经获准并取得“中华人民共和国就业许可证”后方可聘用。2005年9月，劳动和社会保障部重新修订发布《台湾香港澳门居民在内地就业管理规定》。同年，青岛市外国人和港澳台人员就业管理，实行“区域化负责，统一化管理”模式，各区（市）劳动保障部门负责外国人和港澳台人员就业申请材料事前审查、指导和服务工作，市级劳动保障部门负责其就业材料审核工作，外国人就业申请材料报省劳动保障部门审批。外国人和港澳台人员在青岛就业，按照区域和单位划分逐一建档立卡，建立登记台账制度。对外国人和港澳台人员就业个人资料实行档案化管理。

1993～2005年青岛市办理外国人、港澳台人员就业证情况表

表1-5　　单位：人

年份	外国人就业许可证数量	新办外国人就业证数量	延期外国人就业证数量	办理港澳台人员就业证数量
1993	–	90	–	12
1994	–	480	–	30
1995	–	989	–	54
1996	1631	2822	–	153
1997	1330	1628	1618	154
1998	1084	1183	1885	141
1999	1019	1097	2037	194
2000	1536	1547	2419	205
2001	1617	1765	2562	229
2002	2038	2091	3118	288
2003	2462	2348	4179	298
2004	3098	3040	5236	308
2005	3359	3073	6797	292

就业服务

1979年，市政府印发《关于建立城镇劳动服务公司试行办法》，明确劳动服务公司的任务是统筹安排社会劳动力，做好待业人员的管理和就业介绍工作。8月，青岛市劳动服务公司成立，为市劳动局所属事业单位，综合管理全市社会劳动力。随后市南、市北、台东、四方、沧口、黄岛区和即墨、胶南、胶州、崂山县相继成立劳动服务公司，市内55个街道成立街道劳动力管理站（1981年改为街道劳动服务公司，1995年更名为街道劳动管理所）。全市工矿企业、大专院校和科研单位等相继成立劳动服务公司，安置职工待业子女和富余职工就业。1997年7月，青岛市外商投资企业职业介绍中心成立，至2005年，共举办80余次招聘职工洽谈会，1.1万余家企业参加，提供就业岗位10万余个，约有25万人参加求职，通过市场安置3万余人就业。

1999年，青岛市200多家劳动服务公司组建成立青岛市劳动服务总公司。2002年10月，市、区两级劳动服务公司更名为就业服务中心，2003年加挂青岛市职业介绍中心牌子。2005年7月，青岛市就业服务中心设农村劳动力转移就业管理处，承担全市农村劳动力就业指导、技能培训和转移就业服务工作。

2005年底，全市有市、区、街道、社区四级就业服务机构601家。其中，就业服务机构13家（市级1家，区级12家），公共职业介绍机构14家（市级4家，区级10家），街道（乡镇）劳动保障服务中心172家（市内4区44家，5市3区128家），社区劳动保障服务站402家。

劳动事务代理

1999年起，青岛市各级劳动保障部门开展劳动事务代理工作，青岛市劳动事务代理中心于同年4月成立。市外企服务中心、市再就业服务中心及各区(市)陆续成立劳动事务代理机构，向各类用人单位和劳动者提供服务。2000年，《青岛市职业介绍管理规定》印发，规定劳动事务代理机构为“县级以上劳动和社会保障行政部门开办的公益性职业介绍机构”。2001年3月，印发《青岛市劳动事务代理管理办法》，对申办劳动事务代理机构的程序、服务范围、服务项目、服务收费等进行规范。代理服务从最初的代办用工、合同鉴证、代提代管职工档案、代办社会保险、代办劳动工资等，逐步发展到代办劳务派遣、户口管理、大学生服务、专业技术职称申报、公积金代理等涵盖劳动保障、人事、公安、住房管理等多部门事务。

至2005年，全市共有劳动事务代理机构18家，从业人员161人。其中，青岛市劳动事务代理中心代理劳务人员6782人、派遣人员2906人、管理职工档案1.15万份。

2004年，青岛市在全国率先推行外来务工人员（农民工）免费就业服务

第三节　再就业

1998年6月，青岛市委、市政府召开全市国有企业、县以上集体企业下岗职工基本生活保障和再就业工作会议

青岛市是一个老轻纺工业城市。由于历史原因和行业特点，企业低工资、多就业、冗员较多。在90年代的产业结构调整中，出现大量下岗失业人员，全市下岗职工累计30万人。青岛市在全市企事业单位中组织实施“双优工程”“再就业工程”和“双困救助工程”，筹建下岗职工再就业服务中心，开展对下岗失业职工的就业指导、职业介绍、转业训练和生产自救活动，拓宽就业渠道，促进下岗失业职工再就业。至2003年5月，共完成30万名下岗职工的再就业和安置工作。

再就业工程

1994年，劳动部选定上海、沈阳、青岛、成都等30多个城市进行再就业工程试点工作。青岛市成立由市长任组长、23个部门主要负责人组成的市再就业工作领导小组，层层成立再就业工作领导机构。各级政府部门帮助下岗失业职工特别是失业6个月以上和家庭生活困难人员尽快实现再就业。当年，全市有6922名失业职工实现再就业，占有求职要求失业职工总数1.12万人的61.7%。随后，市政府出台30多项分流安置下岗职工新政策，首先在李沧区进行再就业工程试点，随后在全市实施推广。1997年，全市共有失业人员5.65万人，其中下岗职工2.94万人；年内有3.12万失业人员通过多种渠道重新就业，再就业率为71.46%；年末实有失业人员2.48万人，登记失业率2%。

同时，青岛市加大企业资产调整重组，盘活存量资产，寻找新的经济增长点，创造新的就业岗位，对企业富余人员进行转岗分流，最大限度地减少职工下岗。对优势企业采取兼并联合、组建集团的方法，增强集团吸纳劳动力能力，安置富余职工；对困难企业采取破产重建、关闭重建、停产整顿等形式，鼓励企业盘活存量资产，发展多种经营，对职工进行转岗分流。至2000年，全市有20余万名下岗职工得到重新安置和转岗分流，避免大批职工下岗涌向社会。至2003年5月，青岛市再就业中心登记的10.01万名下岗职工全部得到安置，再就业工作宣告结束。

再就业服务中心

1998年4月，市政府根据国务院“建立再就业中心”的要求，成立青岛市再就业服务中心，设综合信息、下岗职工管理、再就业培训、外来劳动力管理4个部门。7月，市委、市政府印发《关于进一步做好下岗职工基本生活保障和再就业工作的通知》，提出“建中心、进中心、保生活、出中心”的工作思路，要求有下岗职工的企业、行业建立再就业服务中心，为本企业、行业下岗职工发放基本生活费，缴纳养老、医疗、失业等社会保险费，报销医疗费，组织下岗职工参加职业指导和再就业培训，引导和帮助实现再就业。同时，市政府在《关于建立再就业服务中心有关事项的通知》中提出，企业是下岗职工基本生活保障和再就业工作的第一责任人；对下岗职工实施动态管理，对特困和夫妻双下岗职工每月进行一次家访，按规定及时上报有关统计报表；企业党政工团组织对下岗职工进行再就业形势、政策、择业观念教育；组织下岗职工开展转岗培训，为下岗职工提供再就业信息，每半年至少为每位下岗职工介绍一次工作岗位或提供一次转岗培训机会。行业再就业服务中心职责是负责本行业下岗职工基本生活保障和再就业工作的协调、指导和检查、考核，建立本行业再就业工作调度、通报制度，组织开展系统内外余缺调剂和转岗培训，组织创办自立企业，清退本行业、企业不按规定使用的外来劳动力等。1998年底，全市12个区（市）、25个行业和企业集团相继建立再就业服务中心897个。全市下岗职工全部签订协议进入再就业服务中心，形成职工随时下岗、随时进中心、随时签协议、发放基本生活费、缴纳社会保险费的工作机制。

1999年起，《青岛市再就业服务中心工作标准》施行，严格"待岗证"管理，对下岗职工实行"条块结合"的动态管理，确保其基本生活，全市下岗职工再就业率连年保持在90%以上。至2003年5月，由再就业服务中心管理的10.01万名下岗职工全部分类妥善安置。2005年12月，撤销青岛市下岗职工再就业服务中心，其职能划归青岛市就业服务中心。

基本生活保障

1998年，为确保进入再就业服务中心下岗职工的基本生活保障，青岛市对下岗职工保障费资金来源及管理使用都作出明确规定。再就业服务中心用于保障下岗职工基本生活和缴纳社会保险费用的资金（以下简称保障费用），原则上按照"三三制"办法解决，由企业、财政[中央、省属企业由中央、省财政解决，市属企业由市财政解决，区(市)属企业由区(市)财政解决）]、社会（按照谁统筹、谁负责的原则从失业保险金中解决，驻市内4区企业由市失业保险金统一调剂使用）共同承担，实行分级负责、分级管理。各类企业保障费用的分担比例，由企业申报，企业主管部门审查，同级下岗职工基本生活保障和再就业工作领导小组办公室组织劳动、财政、经委、工会等部门研究审批，财政部门统一拨付。有下岗职工的企业和管理破产企业的行业，在开立基本结算账户银行设立"下岗职工基本生活保障金专户"，对保障费用实行封闭运行，专款管理。该账户只用于下岗职工基本生活保障和缴纳社会保险费用。1999年，市政府印发《关于进一步做好国有企业下岗职工基本生活保障和企业离退休人员养老金发放工作有关问题的通知》，规定区别下岗职工不同情况，实行"保老、扶中、推青"分类帮扶政策。至2003年，全市下岗职工保障费累计支出10.65亿元，其中财政、社会负担8.94亿元，占84%；企业负担1.71亿元，占16%，下岗职工基本生活和基本医疗得到保障。

2004年后，下岗职工基本生活保障和再就业工作逐步实现与失业保险、就业并轨，纳入青岛市失业保险和就业管理服务范围。

1998~2003年青岛市下岗职工支出保障费明细表

表1-6

年份	保障户次	保障人次	承担保障费（万元）			企业承担		两家承担		三家承担	
			总计	企业	社会财政	户次	人次	户次	人次	户次	人次
1998	1481	134066	3974	505	3469	207	4022	726	89824	548	40220

续表1-6

年份	保障户次	保障人次	承担保障费（万元）			企业承担		两家承担		三家承担	
			总计	企业	社会财政	户次	人次	户次	人次	户次	人次
1999	4444	282580	10684	1381	9303	617	8362	2183	188660	1644	85558
2000	5677	470585	22112	3358	18754	436	9349	2494	277955	2747	183281
2001	5055	587050	31103	5212	25891	236	7181	2261	330126	2558	249743
2002	5355	424899	24783	4157	20638	270	11616	2478	226924	2607	186359
2003	5052	229408	13844	2516	11328	180	5888	2509	122467	2363	101053
合计	27064	2128588	106500	17129	89373	1946	46418	12651	1235956	12467	846214

说明：两家为社会、财政承担；三家为社会、财政、企业承担

再就业培训

1998年起，青岛市组织对下岗职工进行再就业培训。次年，各区（市）政府、市政府各部门、市直各单位充分利用现有培训机构和场地、设施，开展多种形式转岗转业培训，强化下岗职工再就业培训，增强其市场就业能力。市劳动局成立培训综合管理办公室，对全市下岗职工再就业培训工作进行统一组织协调和监督管理，按规定核拨培训费用，各级再就业服务中心负责组织下岗职工培训，指导下岗职工选择培训专业并参加培训，指定专人协助培训机构做好下岗职工培训管理工作。下岗职工再就业培训，以公开招标培训和定向培训相结合，主要培训方式有：市劳动局根据劳动力市场用工需求，确定培训专业，统一组织招生；用人单位通过劳动力市场招用下岗职工，与劳动部门签订招工培训协议，由劳动部门对招用下岗职工进行免费上岗前培训，培训考核合格后办理录用手续；对有自谋职业能力和意向的下岗职工，鼓励其参加劳动部门统一组织的创业性培训。

1999～2003年，青岛市共培训下岗职工3.7万人，其中合格2.8万人，培训合格率为75.7%。培训后实现再就业2.6万人，再就业率达70.3%。再就业培训经费支出1348万元，人均培训经费补贴519元。

1999～2003年青岛市下岗职工培训情况表

表1-7　　　　单位：万人

培训人数		培训合格人数		培训合格率（%）		培训后实现再就业人数		培训后再就业率（%）	
女39岁男49岁以下	创业培训人数	女39岁男49岁以下	创业培训合格人数	女39岁男49岁以下	创业培训合格率	女39岁男49岁以下	成功实现自谋职业人数	女39岁男49岁以下	创业培训成功率
2.9	1.01	2.1	0.77	72.4	76.2	2	0.8	69	79

分流安置

优惠政策　青岛市是老工业城市，大龄下岗职工占下岗职工总数的59%以上，并主要集中在市内4区，再就业难度大。1998年，青岛市出台多项再就业优惠政策：一是鼓励下岗职工组织起来从事社区公益性岗位就业。对下岗职工从事劳务输出、社区服务、车辆管理、托幼养老、卫生清洁等生产自救项目或从事社区公益性岗位的，可免费办理3年的临时营业执照，享受营业税、个人所得税、城市维护建设税和教育费附加优惠政策。街道办事处和街道劳动管理所开发社区公益性岗位安置大龄下岗职工，每安置一名月工资500元以上人员，市财政每年给予1000元补贴。二是积极扶持下岗职工开办生产自救性质的“自立企业”。经认定合格的，其上缴增值税地方留成的25%部分、地方征收的营业所得税、土地使用税、车船使用税等，4年内先征后返；水利建设专项基金等7种费用5年内免征。三是鼓励个体私营企业和乡镇企业吸纳下岗职工再就业。至2003年，对吸纳下岗职工的中小企业累计发放贷款863万元。四是鼓励下岗职工自谋职业。对解除劳动合同而自谋职业的下岗职工，除按规定给予经济补偿金外，还按每人2000～4000元标准给予经济扶持金；对年利润1万元以内的个体私营者，3年内免缴地方征收的各种费用，地方税收予以先征后返；青岛市再就业劳动事务代理中心为其免费代管档案、代缴社会保险费。至2003年5月，全市共有1.8万名下岗职工自谋职业，支付各项费用9012万元。五是对协议期未满、提前出再就业服务中心的再就业下岗职工，其在再就业服务中心剩余时间的基本生活费一次性发给本人。另外，对下岗职工进入市场，批发销售其所在企业产品的，免收各种费用。

分类安置　青岛市对下岗职工实行“保老、扶中、推青”分流安置政策。“保老”是对在再就业服务中心协议期限内（2002年12月31日前）距法定退休年龄不足5年的下岗职工，与企业解除劳动关系实行退养安置。至2003年5月，全市办理下岗职工退养2.22万人，共支付退养费和养老、医疗保险费2.9亿元，其中财政、劳动保障部门负担2.4亿元，占82.8%。“扶中”是对在再就业服务中心协议期限内（2002年12月31日前），男满45周岁、女满40周岁及以上的下岗职工，可与企业签订至法定退休年龄的保留养老、医疗保险关系协议，同时解除劳动合同和进再就业服务中心协议（亦称协保人员），所需社会保险费由企业一次性或按月向社会保险经办机构缴纳（包括个人缴费部分），待达到法定退休条件时办理退休手续，享受退休待遇。至2003年5月，全市办理下岗职工协保安置2.35万人。2003年9月，市政府印发《关于妥善做好协保人员基本生活保障和再就业工作的通知》，对享受完失业保险待遇后从事灵活性就业、在公益性岗位就业，能够提供就业证明且月收入低于最低工资标准的协保人员，可参照企业职工最低工资标准的60%，给予每人每月246元的就业补助。至2005年底，全市共为1.2万余名退养人员及3000余名协保人员办理退休手续。“推青”是对在再就业服务中心协议期限内（2002年12月31日前），女不满40周岁、男不满45周岁的下岗职工，凡协议期满未实现再就业的，一律与企业解除劳动关系和进中心协议，转入社会失业，按规定享受失业保险待遇。对全部停产1年以上、无经营收入和“三无”企业，由财政、劳动部门负担下岗职工解除劳动关系的经济补偿金。至2003年5月，全市解除劳动合同转入社会失业的下岗职工1.41万人，市财政支付经济补偿金3607万元，实现下岗职工基本生活保障制度向失业保险制度的过渡。

再就业优惠证制度　2003年5月，青岛市建立“再就业优惠证”制度，规定国有、集体企业的就业转失业人员，国有、集体企业关闭破产需要安置的人员，就业困难人员，包括女满40周岁、男满45周岁（年龄计算截止时间为2005年底）的失业人员，协保人员，零就业家庭人员，一户两代、夫妻双方、抚养未成年子女的单亲家庭失业人员，以及正在享受城市居民最低生活保障待遇且失业1年以上的城镇其他失业人员，可以到市就业服务中心免费申领“再就业优惠证”。用人单位招收录用上述人员后，“再就业优惠证”由用人单位统一保管，“再就业优惠证”享受优惠扶持政策期限累计不能超过3年，并实行年检制度。

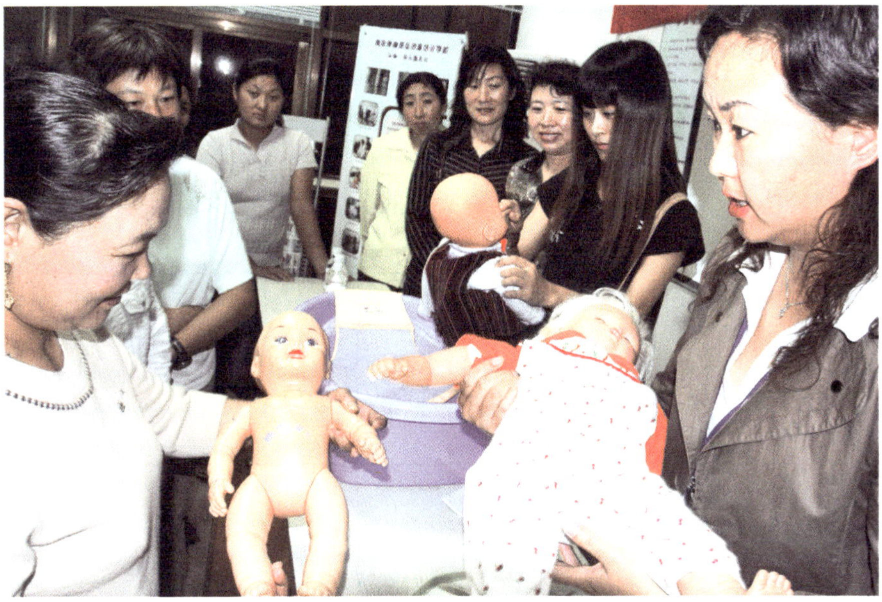

2002年，青岛市进行下岗女职工再就业培训。图为专门针对中年妇女的月嫂培训现场

至2005年底，全市共发放“再就业优惠证”13.36万个，共有10.4万人通过享受扶持政策实现再就业，有3964人因退休、死亡、享受扶持政策到期等原因，被注销“再就业优惠证”。

援助行动 2000年，青岛市开展对就业困难大龄下岗职工再就业援助活动，当年从机关、事业、金融等单位清退临时性用工，腾出4058个有效岗位，提供1.6万个就业岗位，帮助3787名下岗职工再就业。同时，市总工会对市内4区1092个困难下岗职工家庭，实行“结对帮扶”。2001年，市政府确定利用两年时间完成下岗职工再就业工作“并轨”。当年再就业服务中心的1.8万人中，除8600人可以协议期满出中心外，仍有近1万名下岗职工需提前解除协议出中心，大龄下岗职工就业尤为困难。全市各级各部门组织发布用工信息，提供就业岗位，开展“岗位、政策送到家活动”和“一帮一”活动，当年安置安排就业困难大龄下岗职工260余名从事交通协管员岗位工作。2003年，大龄下岗职工援助活动随着再就业工作完成而结束。

开发公益性岗位 2001年，针对困难群体就业难，青岛市印发《关于公益性岗位开发补贴和从业人员工资、社会保险补贴申报拨付有关问题的通知》，鼓励街道保障中心开发公益性岗位和吸纳困难群体就业。公益性岗位包括：社区劳动保障协管、社区安全保卫、社区卫生保洁、公共环境卫生、停车场管理、社区公用设施维护等公益性的劳动岗位。公益性岗位从业人员主要用于安置“4045”人员（指2002年底前女满40周岁、男满45周岁及以上的城镇登记失业人员和2002年底前与企业签订至法定退休年龄保留养老、医疗保险关系协议的人员），以及享受城镇居民家庭最低生活保障的失业人员，签订劳动合同或劳务协议1年以上，给予街道办事处劳动保障服务中心1000元的岗位开发补贴。“4045”失业人员和“低保”失业人员从事公益性岗位劳动，给予每人每月150元的社会保险补贴。2001～2002年，全市用于开发公益性岗位补贴资金共1160.24万元。从2003年1月起，社会保险补贴调整为以上年度职工平均工资的60%为基数，按照基本养老保险补贴20%、基本医疗保险10%、失业保险1%的比例，给予社会保险补贴。当年，全市用于开发公益性岗位补贴资金2892.56万元。2004年全市开发公益性岗位补贴资金为4750.51万元，2005年为5154.11万元。至2005年底，全市共开发公益性岗位2.09万个，安置就业困难群体人员3.79万人，拨付各项补贴共计1.4亿元。

2001～2005年青岛市开发公益性岗位情况表

表1-8　　　　单位：人

年份	当年新开发数	在岗人员类别				在岗岗位类别						
		失业人员	协保人员	低保人员	失业军配	社保协管	安全保卫	卫生保洁	环境绿化	设施维护	停车管理	文体托老幼
2001～2002	6064	5263	378	226	197	208	1900	2451	608	184	228	485
2003	4494	6754	833	615	423	258	1900	3929	936	256	377	969
2004	5486	9493	1307	564	238	385	2632	5156	1210	410	450	1359
2005	4854	1.05万	662	294	129	343	3256	4410	1446	516	395	1203

创业工程

2003年，青岛市被劳动保障部认定为全国十个创业示范城市之一。6月，市政府发布《关于实施创业工程的试行意见》，实施“以促进就业为中心，以培训引导创业，以扶持促进创业，以创业带动就业”的创业工程。10月，青岛市就业服务中心、青岛市劳动就业训练中心组建“青岛市创业指导中心”。同年，青岛市失业人员小额担保贷款工作正式启动，市政府从财政拿出2000万元作为失业人员自主创业小额贷款担保资金。贷款对象由持“再就业优惠证”失业人员，扩大到城镇复员转业退役军人、进行失业登记的高校毕业生等失业人员。贷款额度由个体经营不超过2万元、合伙经营不超过10万元，扩大到个体经营不超过3万元、合伙经营或创办企业最高贷款额度20万元。2005年8月，青岛市创业指导中心划归市就业服务中心，主要负责对劳动就业服务企业、服务型企业、商贸企业、主辅分离经济实体等经营组织的认定和管理。至2005年底，全市通过贷款共扶持创业372人，带动就业1021人，到期还贷率

2003年，青岛市被劳动和社会保障部认定为全国十个创业示范城市之一。图为银行与首批小额担保贷款的下岗失业人员签订协议

达96%。扶持创业4.36万人，带动就业8.9万人，为创业人员减免税2亿余元，免缴各项行政事业收费1.4亿余元，实现“三年内（2003～2005年）培养1万个小老板，带动3万人就业”的目标。

1994年，青岛市被劳动部确定为再就业工程试点城市。图为市再就业服务中心工作人员主动上门为下岗职工送岗位

第四节　失业、待业人员管理

1979年，青岛市待业人员主要是城镇户口往、应届初、高中毕（肄）业生，国家不包分配的大中专毕业生，征地后农转非人员和社会其他闲散人员。进入80年代，市、区、街道三级劳动部门每年对待业人员进行一次调查、登记并建档立卡，纳入管理范围。招工时，将符合当年招工范围的待业人员，按照市劳动局下达的招工计划和招工条件，编写“招工登记表”“招工花名册”直接分配到用人单位，用人单位经政审、体检后办理录用手续。实行“公开招工、自愿报名，全面考核、择优录用”招工办法后，符合招工条件人员持街道劳动服务公司发给的《招工报名表》，参加由市、区（县）统一组织的文化考试，然后凭考试成绩到自己选择的单位报名。招工单位依据报名人数和考试成绩，从高分到低分确定预取名单，经政审、体检，择优录用，办理招工手续。

1986年，青岛市建立失业保险制度。当年，待业职工纳入劳动部门失业管理范围。待业职工管理内容主要包括：对待业职工进行登记、建档、建卡、发放待业保险基金，就业指导和专业训练、就业介绍，扶持、指导生产自救和自谋职业等组织管理。待业职工重新就业、应征入伍以及考入中等专业以上学校学习后，其档案和有关材料转给有关单位。1988年6月，《青岛市城镇待业职工管理意见》规定，待业职工范围包括：宣告破产企业的职工，濒临破产企业在法定整顿期间被精减的职工，国家机关、事业单位、社会团体和企业终止、解除劳动合同的合同制工人，企业辞退的职工，参加劳动保险社会统筹的临时工、季节工，合同期满被解雇人员。1993年后，市劳动部门对待业人员实行“青岛市城镇待业人员就业求职证”（简称“求职证”）、《待业职工保险手册》管理，对全市城镇待业人员“求职证”统一编号，分类建档、立账、编制花名册，台账纳入计算机管理。

1999年1月，国务院《失业保险条例》将待业保险定义为“失业保险”，“待业人员”改为“失业人员”。2000年7月，《青岛市城镇劳动者失业登记管理办法》规定，凡具有青岛市城镇户口，在法定劳动年龄内有劳动能力，未就业或已与原工作单位解除、终止劳动关系，有求职要求的人员，均属管理范围，由劳动就业服务机构进行失业登记，登记失业人员由街道办事处劳动保障服务中心进行动态管理。同时，实行“青岛市城镇劳动者失业证”（简称“失业证”）制度，“失业证”有效期1年。在失业期间达到国家法定退休年龄并办理退休手续、实现就业并办理就业手续、申请自谋职业并办理自谋职业手续、通过街道办事处劳动保障服务中心参加社会保险投保等情况的失业人员，劳动就业服务机构收回“失业证”。失业人员档案由各区（市）就业服务中心免费管理。失业人员档案转递时，由用人单位派专人送达，失业人员本人不得自带转递。各区（市）劳动就业服务机构接收档案时，进行核对登记，经审查无误后办理接收手续。

至2005年底，全市累计登记就业困难人员9.9万人次，累计帮扶就业6.48万人次。全市就业困难人员就业率平均保持在91%左右。

1987～2005年青岛市失业人员情况表

表1-9　　单位：人

年份	上年结转	当年新增	累计人数	当年就业	其他减少	年末实有	登记失业（%）
1987	16405	24588	40993	22720	1371	16902	1.67
1988	16902	23032	39934	25181	323	14430	1.42
1989	14430	25247	39677	24577	1512	13588	1.36
1990	13588	25706	39294	26356	1155	11783	1.1
1991	11783	22808	34591	19860	1489	13242	1.2
1992	13242	22465	35707	19047	455	16205	1.4
1993	16205	16836	33041	15800	2416	14825	1.29
1994	14825	22326	37151	14306	1082	21763	1.9
1995	21763	27397	49160	20711	2336	26113	2.18
1996	26113	25765	51878	27561	669	23648	1.95
1997	23648	32901	56549	31237	561	24751	2
1998	24751	40091	64842	32770	3999	28073	2.34
1999	28073	46846	74919	36331	1447	37141	2.6
2000	37141	50593	87734	38678	1377	47679	3.05
2001	47679	73569	121248	54745	3644	62859	3.9
2002	62859	77626	140485	68950	3001	68534	3.8
2003	68534	128402	196936	112176	12734	72036	3.75
2004	72036	143310	215346	141290	13827	60229	3.1
2005	60229	160545	220774	154391	7859	58524	2.96

说明：包括无就业要求不享受失业保险待遇人员

第五节 人力资源市场

1987年10月22日，青岛市在工人文化公园举办为期两天的首届劳务市场，为青岛市人力资源市场建设的开端。全市有275个招工单位进入劳务市场，7万多人参加招聘。其中，符合招聘条件的9000多名应届高、初中毕业生和待业青年参加招工报名登记，243名技术工人进行单位之间人才交流，169人登记家务劳动用工。此后5年，青岛市定期在该处举办劳务市场，组织用工单位招聘和失业人员应聘，开展技术交流和劳务登记，每次招工约7000人。

1990年，李沧区试点筹办室内职业介绍劳动力市场，6月28日，李沧区劳动力市场正式开业。1991年7月19日，青岛市职业介绍所（劳动力市场）在广西路55号挂牌成立。同年，青岛市印发《关于贯彻劳动部〈职业介绍暂行规定〉的实施意见》，确定职业介绍所的主要职责：提供劳动力供求信息，开展就业指导和咨询，组织劳务交流活动，进行职业介绍；同时明确市、区两级职业介绍劳动力市场的职责和分工。1993年1月，取消工人文化公园劳务市场，租用兰山路礼堂开展室内职业介绍洽谈。10月，青岛职业介绍所（劳动力市场）迁至冠县路晶山商场，除开展正常职业介绍外，每周五定期举行招聘洽谈会。1994年9月，青岛市职业介绍中心在利津路20号建成并投入使用。服务内容扩大至职业介绍、招聘洽谈、政策咨询、劳务代理、培训招生、办理社会保险、就业手续备案等。

1996年4月，青岛市在市外商投资企业服务窗口建立专门为外商投资企业服务的外商投资企业服务中心（2000年改称市职业介绍中心第二分中心），1997年在四方区建立市职业介绍中心四方分中心（2000年改称市职业介绍中心第三分中心），1998年在市区东部建立专门为下岗职工服务的再就业服务中心。1999年，青岛市被劳动保障部确定为100个全国劳动力市场“三化”建设试点城市之一。2000年3月，建立专门为农民工服务的青岛市外来劳动力市场（2002年3月迁至内蒙古路17号）。2003年4月，建立专门为“三高”（高学历、高职称、高技能）人才服务的中高级人力资源开发服务中心。同时，全市12个区(市)相继建立区一级职业介绍机构，市内4区52个街道办事处成立劳动管理所，形成市、区、街道三级职业介绍、就业服务网络，每年可提供30万个岗位，为40万人（次）劳动者提供免费职业介绍服务，实现就业20万人（次）。

2003年6月，被市政府纳入为群众重点办好的12件实事之一的“中国青岛人力资源市场”（位于市北区延吉路38号）建设项目破土动工，2004年底竣工并交付使用。市场投资4500余万元，占地0.57公顷，总建筑面积1.26万平方米。2005年1月22日，中国青岛人力资源市场正式启

2004年，青岛市人力资源市场就业招聘现场

2005年，位于延吉路38号的中国青岛人力资源市场

为用人单位和求职者提供劳动保障事务代理服务，为专业技术人员提供专门服务，为下岗职工及特殊困难群体提供从事社区、家政等工作的专门服务。同年，全市劳动保障"一卡通"信息网络建成启用，实现用工求职信息、失业人员管理信息、劳动保险信息、技能培训信息的全网络信息共享。

至2005年底，全市共有公共职业介绍机构59家，街道（乡镇）劳动保障服务中心172个。当年，全市劳动力市场为近1.5万个用人单

用，其主要职能是：为求职者提供职业指导、求职登记、职业介绍服务，为单位提供用人登记、招聘、求职、中高级人才、境外就业中介服务，

位提供招聘服务，收集岗位信息27.8万个，配置介绍各类求职人员29.4万人，介绍成交12.7万人。

1999～2005年青岛市人力资源市场统计表

表1-10　　单位：个

年份	招聘单位	需求岗位	求职配置	配置成交	年份	招聘单位	需求岗位	求职配置	配置成交
1999	2240	39408	37468	13892	2003	15224	178864	174640	63030
2000	2300	52203	57120	20852	2004	12943	216394	228689	105704
2001	3767	72784	7.9011	25950	2005	14763	278025	293750	127023
2002	13318	140849	186397	57251					

说明：1. 1999~2002年是市级人力资源市场统计数据
2. 2003~2005年是全市人力资源市场统计数据

2000～2005年青岛市部分行业招聘情况统计表

表1-11　　单位：个

年份	项目	制造业	批发和零售贸易餐饮业	社会服务业	交通运输仓储及邮电通信业	其他行业
2000	需求岗位数	9245	24259	10279	1989	6431

续表1-11

年 份	项 目	制造业	批发和零售贸易餐饮业	社会服务业	交通运输仓储及邮电通信业	其他行业
2000	求职配置数	9967	26744	11984	2216	6198
	配置成交数	3549	8943	4285	1234	2840
2001	需求岗位数	11951	42368	10110	2380	5976
	求职配置数	14364	44902	12342	885	6518
	配置成交数	10992	31568	9532	853	4305
2002	需求岗位数	21029	85594	13465	2479	18283
	求职配置数	3.38万	100897	16888	4399	30383
	配置成交数	10337	36873	6448	2080	7293
2003	需求岗位数	44752	95335	19657	3649	15472
	求职配置数	37635	91791	18739	4471	22005
	配置成交数	13879	33727	6624	2351	6448
2004	需求岗位数	90388	79308	24864	3809	18026
	求职配置数	86673	88411	28929	4940	19667
	配置成交数	51732	31658	10549	2442	9334
2005	需求岗位数	119189	87272	41064	5171	25328
	求职配置数	143438	73937	39363	5552	31461
	配置成交数	66217	29393	16361	2426	12639

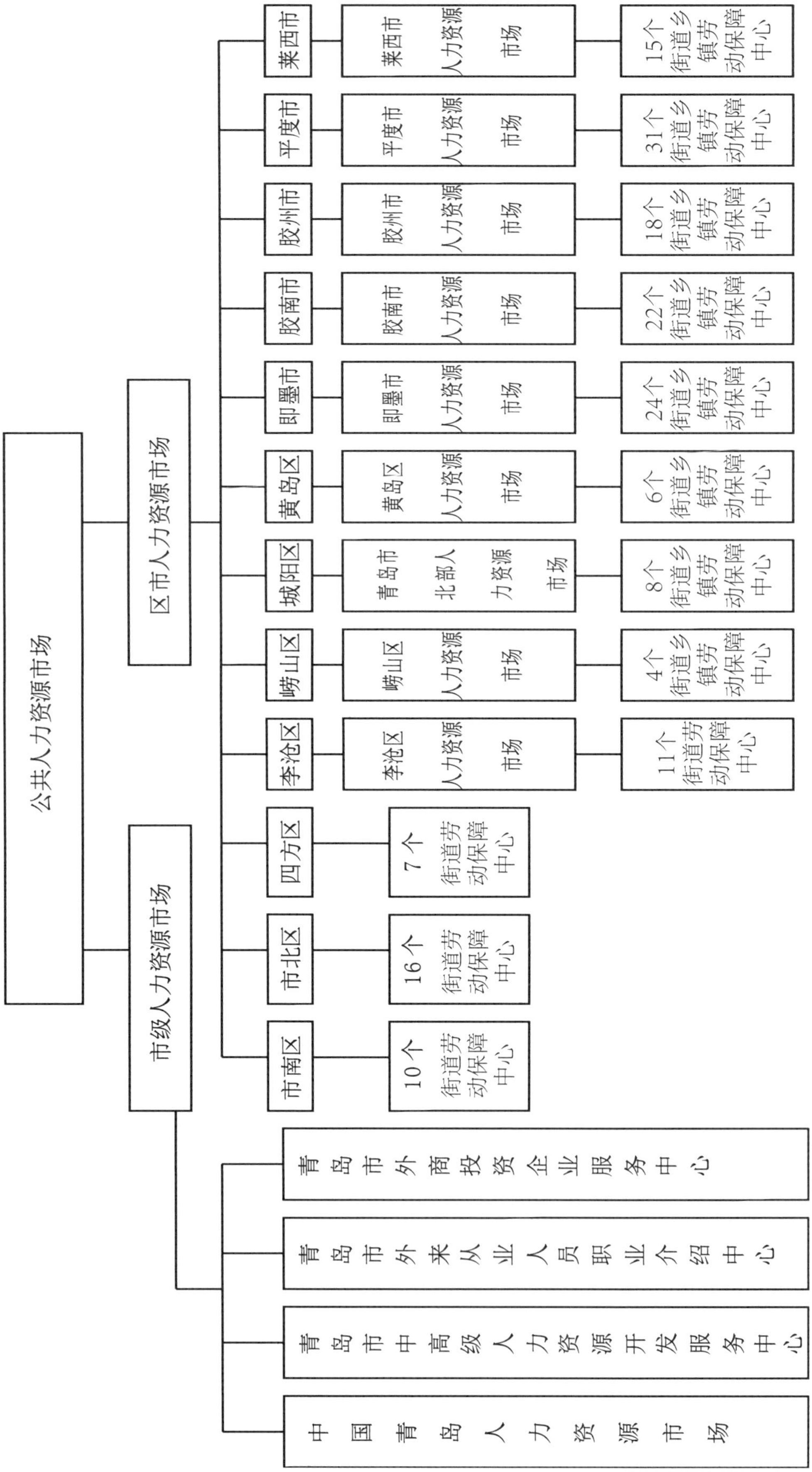

图1-3　2005年青岛市公共人力资源市场分布图

第二章 职工工资

1978年，青岛市企业继续实行等级工资制度。1981年，部分企业开始实行最终产品计件工资，并通过工资总额同经济效益挂钩等形式，打破企业“大锅饭”和“铁工资”。1984年，在青岛密封件厂、青岛印刷厂等8家企业进行“工效挂钩”试点。1988年，在全市企业推行工效挂钩，初步建立起新的工资制度。劳动人事部确定在青岛市进行劳动、人事、工资制度综合改革试点（简称三项制度改革）。青岛市选择首批18家大中型企业进行“三项制度改革”试点，实行计件工资、岗位技能工资、承包工资等10余种工资形式，工资分配普遍向脏、苦、累、险工种倾斜。实行岗位技能工资制的企业，薪随岗变，能升能降，最高岗位工资是最低岗位的3倍以上。

1994年，青岛市72万职工参加企业工资套改，月工资平均每人增长110元。1995年，《青岛市最低工资规定》实施，确保劳动者获得最低劳动报酬的权益。《1999年青岛市部分职位劳动力市场工资指导价位》公布后，政府开始通过对宏观经济状况分析和预测，制定并定期向社会发布工资指导线，为企业自主确定工资水平提供依据。2003年10月，市政府印发《青岛市企业工资支付规定》，全面规范企业工资支付行为，依法保障企业工资自主权和劳动者合法劳动报酬。至2005年，青岛市公布企业工资指导价位（工种）481个。

2005年，青岛市城镇单位职工工资总额367.84亿元，城镇职工年平均工资从1979年的662元增长到2005年的1.91万元。

第一节 工资制度

中共十一届三中全会后，随着经济体制改革的深入，工资制度改革首先从奖金开始。奖金发放与企业利润留成挂钩，实行企业工资包干。此后试行企业工资增长比例，在不超过上缴税利和劳动生产率增长比例的前提下，由企业自己控制。1985年7月、1993年10月两次实施工资制度改革，扩大企业工资自主决定权。自1995年起，先后印发《青岛市最低工资规定》《关于建立劳动力市场工资指导价位制度的通知》《青岛市企业工资指导线制度试行办法》《青岛市工资集体协商试行办法》等制度规定，初步建立以工资指导线制度、劳动力市场工资指导价位制度和人工成本预测预警制度为核心的工资管理与调控制度体系。

工资制度改革

1979年，青岛市多数企业工人实行八级工资制。此后多次调整工资，普遍实行奖励制度，扩大计件工资实施范围，增加津贴，逐步消除工资分配中的平均主义和“大锅饭”弊端，初步建立起能够较好地贯彻“按劳分配”原则的新工资制度。1985年，青岛市进行建国后第三次工资制度改革，将企业工资制度与机关事业单位工资制度分离，企业工资与经济效益挂钩，内部分配自主，逐步与市场机制相衔接。具体改革办法是：生产经营较好，经济效益较为显著的国营大、中型企业，经批准实行工资总额与经济效益挂钩浮动办法的，使用效益工资进行工资改革；暂不具备条件的企业，使用企业奖励基金自费进行改革；建筑业继续实行百元产值工资含量包干办法。企业职工实行新工资标准，提高工资区类别，企业干部实行职务等级工资，提高新进人员工资待遇和职工工资升级。青岛市参加此次工资改革的企业1888家，职工55.59万人。经山东省劳动局批准执行新工资标准的全民所有制地方企业790家，职工28.9万人，全年增加工资总额2414.46万元；经青岛市劳动局批准实行新工资标准的县以上集体所有制企业1098家，职工26.67万人，全年增加工资总额2119.57万元。

1985年工资制度改革及1986年补充改善措施，废除等级工资制，实现企业工资制度与机关、事业单位工资制度脱钩，初步理顺工资关系，解决职级不符问题，专业技术人员工资水平提高。1990年开始，青岛市企业在劳动部门核定的增加标准工资指标内，结合企业实际情况，每年给列入升级范围的职工增加标准工资。

1991年，全国企业实行劳动人事、工资分配和社会保险三项制度改革，青岛市改革等级工资制，进行岗位技能工资制试点工作。1993年10月，青岛市统一套改企业职工技能工资标准，重新设定国家机关和事业单位工资制度，全面实行岗位技能工资制。中央和地方政府、主管部门，对企业工资按照经济效益和适当平衡原则实行宏观调控，对企业内部分配逐步放权，从奖金制度、工资制度、工资形式到工资标准和调整工资办法，均由企业自主决定，形成“两级分配，分级管理”的工资体制。此次工资套改，全市职工平均工资增长幅度较大。

随着非国有单位、企业数量逐步扩大，青岛市加强对社会工资收入规范和调节。1995年，印发《青岛市最低工资规定》，以确保社会各阶层劳动者获得基本劳动报酬。2000年起，青岛市对城镇各类企业实行每年定期发布工资指导线制度，各类企业根据生产经营状况，按照工资指导线要求，参照劳动力市场指导价位和行业人工成本水平，确定该年度企业工资调整幅度，制订具体实施方案，并征求该企业职工代表大会或工会组织意见后，按工资基金管理权限报劳动保障行政部门审核，合理安排工资增长。

2001年，青岛市改革企业经营者收入分配办法，探索实施包括经营者年薪制、股权激励在内的多种分配方式。按照建立现代企业收入分配制度要求，并根据人力资源管理特点，在进行科学职位分析、岗位劳动评价基础上，提高关键性管理、技术岗位和高素质短缺人才岗位的工资水平。

2005年，全市城镇单位职工工资总额250.67亿元，比1979年的4.8亿元增长51.22倍。职工平均工资为1.91万元，比1979年的662元增加27.83倍，平均每年递增14.16%。

工资标准

1979年，青岛市多数企业工人仍实行八级工资制。1985年7月1日起，青岛市实行工资改革，改革范围包括国家机关、企事业单位、人民团体，县以上集体所有制企事业单位参照执行。新工人工资标准仍为八级，二至八级加副级。工资标准分为三类产业，按产业不同分别执行不同的工资标准。工人以所在岗位原工资标准工资额为基数，就近套入新标准：原实行八级制工资标准的套入八级（加副级）新标准，非八级制的套入十五级新标准。工资额在新工资标准两个等级（包括副级）之间的，就近向上套入新工资标准，与新工资标准的工资额相同的，直接套入新工资标准；高于新工资标准最高等级工资的，套入最高工资等级，高出部分予以保留。商业、粮食等企业业务人员，按照等级对照关系，套入十五级新标准。企业行政、专业技术人员，按确定的等级对照关系改行新工资标准。企业行政人员按大、中、小企业类型和所任职务纳入职务工资等级线。工人、干部套入新工资标准后，再普升一级工资，少数职工升两级。学徒工津贴标准和新参加工作职工的工资待遇亦有不同程度提高。青岛市辖郊区（县）由四类工资区调为五类工资区。在四类工资区企业单位，凡当时工资区类别与国家机关十一类工资区一致的企业，以及企业中执行国家机关、文教、科研、卫生等部门四类工资区工资标准的职工，都由四类工资区工资标准改按青岛市区五类工资区同类人员现行工资标准执行。1986年7月1日起，青岛市由五类工资区调为六类工资区。凡执行1985年新企业工资标准的单位，工人现行工资标准最低一级分别按36元、37元、38元执行。行政、技术人员，统一由现行最低一级工资标准36元，改按37元执行。

1989年7月，青岛市参照山东省实行浮动工资标准，把企业工人八级工资制延伸为十级工资制，二至十级加副级。1991年全国粮油价格调整，企业职工粮油提价补偿纳入标准工资。青岛市一类产业工人执行起点为48元的工资标准，二类产业工人执行起点为47元的工资标准，三类产业工人和一、二类产业中服务人员执行起点为45元的工资标准。各类企业管理人员统一执行起点45元的工资标准。

1988年2月，青岛市企业劳动人事工资制度综合改革工作会议在市人民会堂召开，随后青岛市推行以劳动合作制为主的企业制度改革

1991年，按照劳动部规定，青岛市试行岗位技能工资制。1993年10月，根据省劳动厅规定，青岛市统一套改企业职工技能工资标准。企业职工技能工资标准为40级，一类产业执行起点90元、95元、100元的工资标准；二类产业执行起点85元、90元、95元的工资标准；三产企业执行起点80元、85元、90元的工资标准。在一家企业中，管理人员和工人执行同一起点工资标准。技能工资标准套改，以职工原标准工资等级为准（不含浮动工资），按照《山东省国有企业职工技能工资标准表》所列工资等级对应关系，套入相应的技能工资标准。套改后的技能工资标准，作为职工新的档案工资。1999年7月，根据省劳动和社会保障厅、省财政厅相关规定，青岛市统一调整企业职工岗位技能工资标准。企业职工岗位工资标准为26级，职工技能工资标准为40级，三种类型产业执行不同工资标准。

1993年10月青岛市国有企业职工技能工资参考标准表

表1-12　　单位：元

产业 / 工资额 / 等级	一类产业					对应工资等级	
	二类产业						
	三类产业						
	一	二	三	四	五	干部工资等级	工人工资等级
40	600	637	675	713	750	—	—
39	580	617	653	689	725	—	—
38	561	596	631	666	701	—	—
37	542	576	610	643	677	—	—

续表1-12

等级 \ 工资额 \ 产业	一类产业					对应工资等级	
	二类产业						
	三类产业						
	一	二	三	四	五	干部工资等级	工人工资等级
36	523	556	589	621	654	–	–
35	505	536	568	599	631	–	–
34	487	517	548	578	609	–	–
33	469	498	528	557	587	–	–
32	452	480	508	536	565	一副	–
31	435	462	489	516	544	二	–
30	418	444	470	496	523	二副	–
29	402	427	452	477	503	三	–
28	386	410	434	458	483	三副	–
27	370	393	417	440	463	四	–
26	355	377	400	422	444	四副	–
25	340	361	383	404	425	五	–
24	325	345	366	386	407	五副	–
23	311	330	350	369	389	六	–
22	297	315	334	352	371	六副	–
21	283	301	318	336	354	七	–
20	270	287	303	320	337	七副	–
19	257	273	288	305	321	八	十
18	244	260	274	290	305	八副	十副
17	232	247	260	275	290	九	九
16	220	234	247	261	275	九副	九副
15	208	221	234	247	260	十	八
14	197	209	221	234	246	十副	八副
13	186	197	209	221	232	十一	七
12	175	186	197	208	219	十一副	七副
11	165	175	185	196	206	十二	六
10	155	165	174	184	194	十二副	六副

续表1-12

等级 \ 工资额 \ 产业	一类产业					对应工资等级	
	二类产业						
	三类产业						
	一	二	三	四	五	干部工资等级	工人工资等级
9	145	155	163	172	182	十三	五
8	136	145	153	161	170	十三副	五副
7	127	135	143	150	159	十四	四
6	118	126	133	140	148	十四副	四副
5	110	117	124	130	138	十五	三
4	102	108	115	121	128	十五副	三副
3	94	100	106	112	118	十六	二
2	87	92	98	103	109	十六副	二副
1	80	85	90	95	100	十七	一

1999年7月青岛市企业职工岗位工资参考标准表

表1-13　　单位：元

等级 \ 工资额 \ 产业	一类产业												
	二类产业												
	三类产业												
	一	二	三	四	五	六	七	八	九	十	十一	十二	十三
26	360	390	420	450	480	510	540	570	600	630	660	690	720
25	348	377	406	435	464	493	522	551	580	609	638	667	696
24	336	364	392	420	448	476	504	532	560	588	616	644	672
23	324	351	378	405	432	459	486	513	540	567	594	621	648
22	312	338	364	390	416	442	468	494	520	546	572	598	624
21	300	325	350	375	400	425	450	475	500	525	550	575	600
20	288	312	336	360	384	408	432	456	480	504	528	552	576
19	276	299	322	345	368	391	414	437	460	483	506	529	552
18	264	286	308	330	352	374	396	418	440	462	484	506	528
17	252	273	294	315	336	357	378	399	420	441	462	483	504
16	240	260	280	300	320	340	360	380	400	420	440	460	480

续表1-13

产业 / 工资额 / 等级	一类产业												
	二类产业												
	三类产业												
	一	二	三	四	五	六	七	八	九	十	十一	十二	十三
15	228	247	266	285	304	323	342	361	380	399	418	437	456
14	216	234	252	270	288	306	324	342	360	378	396	414	432
13	204	221	238	255	272	289	306	323	340	357	374	391	408
12	192	208	224	240	256	272	288	304	320	336	352	368	384
11	180	195	210	225	240	255	270	285	300	315	330	345	360
10	168	182	196	210	224	238	252	266	280	294	308	322	336
9	156	169	182	195	208	221	234	247	260	273	286	299	312
8	144	156	168	180	192	204	216	228	240	252	264	276	288
7	132	143	154	165	176	187	198	209	220	231	242	253	264
6	120	130	140	150	160	170	180	190	200	210	220	230	240
5	108	117	126	135	144	153	162	171	180	189	198	207	216
4	96	104	112	120	128	136	144	152	160	168	176	184	192
3	84	91	98	105	112	119	126	133	140	147	154	161	168
2	72	78	84	90	96	102	108	114	120	126	132	138	144
1	60	65	70	75	80	85	90	95	100	105	110	115	120

1999年9月，在对1658家国有、集体、股份制、外商投资企业的38.5万名职工工资进行抽样调查分析的基础上，青岛市对城镇各类企业实行工资指导线制度。工资指导线采用货币平均工资增长幅度的形式，包括基准线、上线、下线。当年企业工资指导线以上年度全市全部企业在岗职工平均工资基数确定。各类企业根据该企业生产经营状况，按照工资指导线要求，合理安排工资增长。2000年7月，《青岛市企业工资指导线制度试行办法》实施，政府通过对宏观经济状况分析和预测，制定并向社会发布工资指导线，为企业自主确定工资水平提供依据，引导企业在发展生产和提高效益的基础上适度增加工人工资，实现企业工资微观分配与国家宏观政策的协调统一。企业工资指导线由市政府每年定期发布（执行时间为一个年度），各级劳动保障行政部门组织实施。企业工资指导线以全市年度经济增长率、城镇居民消费价格指数为主要依据，综合考虑青岛市宏观经济形势、城镇就业状况、劳动力市场价格、人工成本水平、国家工资水平状况及青岛市周边地区工资水平状况等相关因素。2000年7月，青岛市出台《关于深化企业内部分配制度改革的指导意见》，规定企业应按照劳动力市场均衡工资率的变化，以及企业经济效益状况合理确定工资分配。

2000～2005年青岛市企业工资增长指导线情况表

表1-14　　单位：（%）

年份	基准线	上线	下线	年份	基准线	上线	下线
2000	9	14	4	2003	10	18	2
2001	12	18	6	2004	13	20	2
2002	11	18	2	2005	13	20	4

工资调整

1979年9月，国家在提高主要8种副食品销售价格、给职工实行副食品价格补贴的同时，给一部分地区升级。青岛市郊区（县）工资区类别由三类升为四类。青岛市区由四类工资区调为五类工资区，按2.83%的增资幅度，提高工资标准。此次升级重点是各行业、各方面劳动好、贡献大的职工，由各单位考评升级委员会考核评比，经职工代表大会或职工大会通过，按40%计算升级面择优升级。升级按现行工资标准级差增资，级差小于5元的增到5元。当年，青岛市全民所有制单位升级职工12.16万人，占已定级固定职工总数的45.05%，月增工资总额85.75万元，人均月增5.96元。

1983～1985年，青岛市分3年对全市职工进行一轮普遍性工资调整，此次工资调整同企业经济效益挂钩、同职工劳动成果挂钩，职工调资升级资金来源由国家分配增资指标和企业自有资金两头分担，采取考核浮动升级。1983年，企业调整工资按列入调整工资范围职工人数，平均每人每月增加3.5元计算，均从当年10月起摊入成本，1984年起将增加工资的其余部分摊入成本。

1987年，由于长期积累的问题较多，专业技术人员特别是中年专业技术人员工资偏低的状况较为突出。经国务院批准，青岛市根据学历和工作时间，当年晋升部分中年专业技术人员一级工资。1989年3月，为稳定企业政工干部队伍，青岛市按照学历和工作时间，提高企业党委工作部门、工会和共青团组织中的部分人员工资。符合升级条件的政工人员，在现行标准工资基础上，晋升一级工资。

1990年，企业在劳动部门核定增加标准工资指标内，结合所属行业实际情况，给列入升级范围的职工增加标准工资，一般增加一级标准工资。11月，青岛市按照企业上年效益工资增长一

80年代，青岛纺织企业实行生产责任制和奖励工资后，企业经济效益大幅提高

定比例，给予部分职工增加标准工资。实行“工效挂钩”办法的企业，效益工资每增长1%，给予企业占职工总数4%～5%的升级面，但最高升级面不得超过40%。未实行“工效挂钩”办法的企业，实现税利比上年实际完成数每增长1%，给予2%的职工增加一级标准工资，但最高不得超过20%。此后，青岛市按照企业历年效益工资增长一定比例，给予部分职工增加标准工资。

1998年10月，青岛市依据企业1993～1997年各年度经济效益完成情况，实行分别考核，累计计算，由劳动部门按工资总量一次性核定升级指标。实行“工效挂钩”办法的企业，自1993年起根据各年度工资清算结果，按效益工资每增长1%，给予企业占已定级职工总数8%的工资总量指标；未实行“工效挂钩”办法的企业，自1993年起按实现利税当年比上年实际完成额每增长1%，给予企业占已定级职工总数2%的工资总量指标，但增资面最高不超过30%。企业根据核定工资总量，自主决定增加工资办法，既可调整职工标准工资，也可将现行浮动工资转为固定工资并计入工资档案，但5年内每人累计增加标准工资不超过3级。亏损及其他不具备支付能力的企业只增加职工档案工资，暂不发放工资。1999年，青岛市采用以级套级的办法，统一调整企业职工岗位技能工资标准。同年，全市企业根据市政府发布的工资指导线，结合企业实际，安排职工工资增长。

基金管理

1979年，青岛市实行《工资基金管理簿》办法，按劳动部门核定的工资基金基数进行控制。1985年，国务院印发《工资基金暂行管理办法》，要求凡经济独立核算的单位，支付给职工属于工资总额内各项工资、奖金、津贴及建筑业转账支付的工程人工费等，不论资金来源和分配形式，均包括在工资基金管理范围之内。不论支取现金或转账，都必须通过银行监督支付。建立《工资基金管理簿》《工资总额计划与工资支取卡》《奖励基金来源与奖金支取卡》以及《工资基金台账》等管理办法。财政、计划、税务、劳动、银行各部门，分工负责，共同监督各单位，按核准工资基金计划执行。1989年5月，青岛市执行国务院《关于进一步加强工资基金管理的通知》，各企业、事业、行政单位，凡发给职工个人劳动报酬，不分其费用来源及发放形式（现金、转账或实物），属于国家统计局规定工资总额组成范围的，均纳入工资基金管理范围，实行工资基金管理簿制度。

2000年7月，为加强企业工资基金管理工作，规范企业工资支付行为，市政府印发《关于进一步加强企业工资基金管理工作的通知》，规定凡在青岛市各银行开立基本账户并支取工资的城镇各类企业，均应使用《工资基金使用手册》，并实行一户一册制度。工资基金提取、使用和支付情况，必须如实载入《工资基金使用手册》。9月，为依法规范企业工资基金管理工作，加强对企业工资管理工作的行政执法监督，确保社会保险基金的及时足额缴纳，市政府印发《青岛市企业工资基金工作管理办法》，明确办理《工资基金使用手册》的程序、期限等。

2001年后，为简化工作程序，市劳动和社会保障局将每年一册《工资基金使用手册》改为两年一册，并对《工资基金使用手册》内容进行调整，核准工资总额计划标准主要依据青岛市企业工资指导线。

最低工资标准

1993年11月，劳动部印发《企业最低工资规定》。1995年3月，《青岛市企业最低工资规定》发布，规定驻市南区、市北区、四方区、李沧区、崂山区、黄岛区用人单位最低工资标准为180元/月，驻各县级市、城阳区用人单位最低工资标准为150元/月。劳动者在法定工作时间内提供正常劳动的，其所在单位支付的最低劳动报酬不得低于最低工资标准。用人单位按照国家规定发给职工的加班加点工资，中、夜班费，高温、低温、矿山井下、有毒有害等特殊工作环境下的艰苦岗位津贴，通过补贴伙食、住房等支付给劳动者的非货币性收入及劳动者的保险、福利待遇不作为最低工资组成部分。最低工资标准一般按月确定，也可以按周、日、小时确定。实行计件工资或提成工资等工资形式的企业，必须进行合理折算，其相应折算额不得低于按小时、日、周、月确定的相应的最低工资标准。

1999年7月1日，青岛市调整企业最低工资标准：驻市南、市北、四方、李沧、崂山、黄岛区的用人单位最低工资标准提高到320元/月；驻即墨、胶州、胶南、平度、莱西市和城阳区的用人单位最低工资标准提高到290元/月。并规定：最低工资标准是少数生产经营确有困难的企业，给提供正常劳动的劳动者支付的最低劳动报酬。具有工资支付能力的企业不得将其作为工资发放标准。生产经营困难、确无能力执行新的最低工资标准的企业，经市劳动保障行政部门认定，可从批准之日起暂缓执行，但最长不得超过3个月，并应在期满后补发其所欠劳动者的最低工资。

2001年7月，青岛市再次调整企业最低工资标准并规定：实行月、周、日、小时最低工资制度。此后，青岛市建立非全日制用工小时最低劳动报酬制度。劳动者在同一单位每天工作时间不超过4小时的，以小时工作时间支付劳动报酬。2005年，驻7区用人单位非全日制用工小时最低劳动报酬（含社会保险费等）为5元，驻5市用人单位为3.8元。

1995～2005年青岛市企业最低工资标准情况表

表1-15　　　　单位：元

执行时间	7区最低工资标准					5市最低工资标准				
	月	周	日	小时	非全日制用工小时	月	周	日	小时	非全日制用工小时
1995.3.8	180	—	—	—	—	150	—	—	—	—
1996.7.1	220	—	—	—	—	180	—	—	—	—
1997.1.1	240	—	—	—	—	200	—	—	—	—
1999.7.1	320	—	—	—	—	290	—	—	—	—
2001.7.1	370	88.4	17.7	2.2	4.5	340	81.3	16.3	2.1	3
2002.10.1	410	98	19.6	2.4	4.7	380	90.8	18.2	2.3	3.2
2005.1.1	530	126.7	25.3	3.2	5	470	112.3	22.5	2.8	3.8

说明：城阳区在1995~1999年间，执行5市企业最低工资标准，2001年开始执行7区标准

第二节　工资形式

1979年，青岛市多数企事业单位仍实行计时工资制度。随着经济体制改革的深入，在国家宏观调控基础上，企业可根据生产特点和需要，设计和采取合适的工资制度和分配方法，逐渐落实内部职工工资自主权。1985年后，青岛市企业工资形式逐渐多样化，特别是实行奖励制度后，奖金成为工资的重要组成部分，职工津贴、补贴等收入不断增加。进入21世纪后，青岛市探索实行包括经营者年薪制、股权激励在内的多种分配方式，逐步建立以绩效岗位工资为主的基本工资制度。

基本工资

改革开放之初，青岛市企业工资制度以计时工资为主，部分企业恢复实行计件工资。1991年开始实行岗位技能工资制。

计时工资　计时工资是青岛市企业实行的最基本工资形式，分为小时工资、日工资和月工资。大部分企业一般采用月工资形式，职工全勤按月标准工资支付工资。职工缺勤或加班时，按日工资标准和小时工资标准扣发或加发工资。临时性职工一般采用按小时工资或日工资形式。80年代后，在全市范围内实行固定按月计时工资，奖励和津贴作为基本工资辅助形式。计时工资在全民所有制企业中占90%以上。

计件工资　1979年后，青岛市企业逐步恢复计件工资制。1981年10月，按照山东省政府规定，将一般计件（包括超定额计件）超额工资限制在企业平均标准工资30%以内。对实行超定额计件完不成定额的，在标准工资20%以内相应扣减标准工资。随后，全市计件工资制发展迅速，形式多样。个别实行全厂最终产品小集体超额计件，多数实行个人直接无限计件。在商业饮食服务业中实行利润包干、超额分成及固定工资加提成等。1984年底，全市实行计件工资人数13.98万人，占全市职工总数的15.97%；年计件工资额1.27亿元，占工资总额的19.94%。1985年后，企业产品生产直接与市场供求变化相联系，实行计件工资后难以及时调整工时定额和计件单价，造成产品或半成品积压。因此，有些实行最终产品计件工资的工厂停止实行计件工资制，计件工资主要在可以单独计算工人（集体）产量或定额的企业中实行。

岗位工资　1991年，青岛市改革等级工资制，试行岗位技能工资制。1993年10月，青岛市统一套改企业职工技能工资标准，企业职工技能工资标准为40级，一类产业执行起点为90元、95元、100元，二类产业执行起点为85元、90元、95元，三类产业执行起点为80元、85元、90元。在同一企业中，管理人员和工人执行同一起点工资标准。

1999年，青岛市企业职工岗位工资标准为26级，一类产业执行工资标准起点为60元、65元、70元、75元、80元、85元、90元、95元、100元、105元、110元、115元、120元，二类产业执行起点为60元、65元、70元、75元、80元、85元、90元、95元、100元、105元、110元，三类产业执行起点为60元、65元、70元、75元、80元、85元、90元、95元、100元、105元。企业职工技能工资标准为40级，一类产业执行工资标准起点为105元、110元、115元、120元、125元、130元，二类产业执行起点为105元、110元、115元、120元、125元，三类产业执行起点为105元、110元、115元、120元。全市企业根据市政府发布的工资指导线，按照单位经济效益和生产状况选择执行工资标准，安排职工工资增长。调

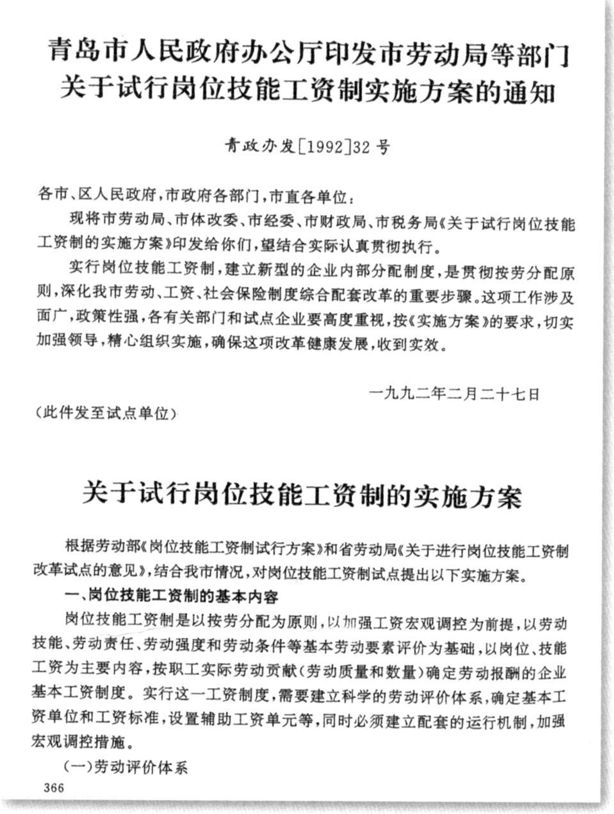

青岛市人民政府办公厅印发市劳动局等部门关于试行岗位技能工资制实施方案的通知

青政办发[1992]32号

各市、区人民政府，市政府各部门，市直各单位：

现将市劳动局、市体改委、市经委、市财政局、市税务局《关于试行岗位技能工资制的实施方案》印发给你们，望结合实际认真贯彻执行。

实行岗位技能工资制，建立新型的企业内部分配制度，是贯彻按劳分配原则，深化我市劳动、工资、社会保险制度综合配套改革的重要步骤。这项工作涉及面广，政策性强，各有关部门和试点企业要高度重视，按《实施方案》的要求，切实加强领导，精心组织实施，确保这项改革健康发展，收到实效。

一九九二年二月二十七日

（此件发至试点单位）

关于试行岗位技能工资制的实施方案

根据劳动部《岗位技能工资制试行方案》和省劳动局《关于进行岗位技能工资制改革试点的意见》，结合我市情况，对岗位技能工资制试点提出以下实施方案。

一、岗位技能工资制的基本内容

岗位技能工资制是以按劳分配为原则，以加强工资宏观调控为前提，以劳动技能、劳动责任、劳动强度和劳动条件等基本劳动要素评价为基础，以岗位、技能工资为主要内容，按职工实际劳动贡献（劳动质量和数量）确定劳动报酬的企业基本工资制度。实行这一工资制度，需要建立科学的劳动评价体系，确定基本工资单位和工资标准，设置辅助工资单元等，同时必须建立配套的运行机制，加强宏观调控措施。

（一）劳动评价体系

366

1992年2月，青岛市印发的《岗位技能工资制实施方案》

整工资标准采用以级套级办法，即将现行工资等级套入调整后的相应等级。

2000年7月，青岛市深化企业内部分配制度改革，出台《关于深化企业内部分配制度改革的指导意见》，明确以后不再出台统一的调整职工工资政策，企业根据市政府发布的工资指导线，按照劳动力市场均衡工资率变化，以及企业经济效益状况合理确定工资分配。

奖励工资

1978年，国务院印发《关于实行奖励和计件工资制度的通知》，企业恢复实施计件工资和奖励制度。1980年，国营企业试行利润留成，全年奖金总额为职工1.5～2个月的标准工资额。青岛市在一些行业试行奖励制度改革，如在建筑业实行“全优工程”综合超额奖，在服务行业实行拿出部分标准工资和奖金、补贴等，合并实行提成工资。1981年，奖金提取和分配改革由企业主管部门调控，全年奖金额为职工1/3个月的标准工资额。1983年起，国营企业经过两次“利改税”后，税后余利留给企业，作为企业基金，50%用于发展生产，20%用于集体福利，30%用于奖励职工。1987年，全市实行奖励工资企业1340家（职工5.36万人）。1988年后，全市推行工资总额同经济效益挂钩浮动办法，奖励工资形式种类更加多样，出现全勤奖、提成、岗位补贴等。

提成工资　1978年3月，市商业局在市北区理发核算店进行超定额提成办法试点。1986年，青岛市饮食服务公司实行提成工资制度，实行范围包括饮食业、旅馆业、照相业、浴池业、理发业、洗染业、物资委托业和面食加工厂、饮食机械厂、维修队。具体办法为：按工资总额与提成前初结利润挂钩的办法，计算出初结利润中工资含量，确定超提成前利润定额后提成工资率。企业完不成提成前初结利润时，按利润定额内工资含量比例扣减提成工资总额。超出利润定额部分，按核定提成工资率提出提成工资，并加上定额内工资含量为全部提成工资。当年，市商业系统7个行业70家核算店、340个网点共6100人，人均年工资1338元，人均年实现利税1535元。1988年后，随着全市推行工资总额同经济效益挂钩浮动办法，提成工资列为其中一种挂钩奖励形式。

浮动工资　80年代初，青岛市开始在部分企业实行浮动工资制度试点。具体办法是：将按规定应提取的奖金、一部分副食品津贴、职工标准工资的一部分（多为20%～40%），合在一起作为浮动工资，随企业经营情况，或随车间、班组完成产品数量多少和质量好坏上下浮动。1987年，全市实行浮动工资企业411家（职工2.42万人）。实施浮动工资较为典型的青岛饭店，从每个职工标准工资中拿出36元，加上国家规定的津贴和奖金，捆在一起作为浮动工资。根据职务、责任、脏累、贡献等，拉开工资分配档次。同时对班组实行联产、联销、联服务质量，在班组内实行以人定岗、以岗定责、以责定分、以分计酬，不平衡不封顶。2005年，青岛市实行浮动工资部分企业，浮动工资总额通常不包括固定性津贴和补贴（如副食品价格补贴）以及特殊情况下支付的工资，企业可根据需要，选择工资总额中浮动部分的构成。

津贴

1978年，青岛市对夜班津贴制度作出调整，实行三个班次生产的企业，发给中班、夜班两个班次夜班津贴；实行早班、中班两个班次的企业，发给中班生产的职工夜班津贴。津贴标准为每班每人0.3元。此后，由于副食品提价，生活费用增加，1980年1月起，夜班津贴改为每班每人0.4元，中班津贴0.3元。1986年2月，实行三班制生产企业夜班标准调为0.8元，中班调为0.5元；两班制生产企业中班津贴调为0.6元。1989年4月20日起，夜班津贴标准提高为1.2元，中班津贴标准提高为1元。同时，化工、冶金、盐业、运输等特殊行业实行津贴调整。如高温冶炼岗位，1979年为每班每人每月5元、4元、3元三个档次。临时补贴标准按日计算分别为0.2元、0.16元和0.12

元。1986年调整为甲等每人每天0.8元，乙等每人每天0.6元，丙等每人每天0.4元。

1995年5月，青岛市归并企业职工工资性津贴、补贴，统称“综合价格补贴”，驻市区企业，男职工每月127元，女职工129元。实行岗位技能工资制的企业，已纳入岗位技能工资部分，从“综合价格补贴”中扣除。1996年7月，青岛市调整技师、高级技师职务津贴标准，技师职务津贴由每人每月20元提高到50元，高级技师职务津贴由每人每月50元提高到100元。1998年1月，青岛市根据物价水平和城镇居民收入、消费水平，夜班津贴调整为10元，中班津贴调整为7元。6月，青岛市对部分行业中、高级技术工人试行技能津贴制度。在劳动部颁布的技术工种目录分类之内，按职业技能标准或技术等级标准，经考核合格取得中、高级技术等级证书的技术工人，在从事对口专业（工种）岗位期间，能够完成工作任务的享受技能津贴。取得中、高级技术等级证书的技术工人调离技术工种（岗位），以及享受技师、高级技师职务津贴人员，不再享受技能津贴。8月，青岛市对企业职工实行开放城市补贴，标准为每人每天不超过35元。企业根据经济效益状况和资金支付能力，自主确定发放标准。

2000年5月，青岛市印发《关于在技术工人中实行津贴制度的通知》，将职务津贴标准调整为技师每人每月100元，高级技师每人每月150元；中级工每人每月40元，高级工每人每月70元。

青岛市部分特殊行业津贴调整表

表1-16

行业	范围	年份	标准与金额
交通运输行车津贴	交通运输汽车驾驶员、售票员和实习驾驶员	1979	客货车每日行驶在150公里以上或行车在6小时以上每人每天0.8元，行驶100公里以上不满150公里或工作时间满4小时不足6小时每人每天0.4元
		1984	按实际行驶里程每车百公里每人每天0.5元，长途客车司机按实际完成旅客周转量，每千人公里每人每天0.1元
		1986	每个工作车日平均每人每天2.2元，随车售票员和实习驾驶员每个工作车日平均每人每天1.6元
		1993	载重20吨及以上的货车，每个工作车日每人每天5.5～6.5元；载重31座及以上的客车和载重（含挂车载重）8～20吨的货车，每个工作车日每人每天5～6元；载重30座及以下的客车和载重7吨及以下的货车，每个工作车日每人每天4.5～5.5元
建筑行业艰苦岗位津贴	全民所有制建筑安装企业的正式职工和工作满1年以上的临时工，离基地15公里以外施工人员	1979	离基地50公里以内施工点工作的职工每人每天0.2元，离基地50公里以外或在山区、偏僻地区作业的人员每人每天0.3元
		1982	建筑施工企业砖瓦抹灰工种工人每人每天0.3元
		1986	在施工现场直接从事建筑安装生产的工人每人每天0.6元，其中：瓦工、抹灰工、架子工、混凝土工每人每天0.9元；附属辅助生产工人、管理人员和服务人员每人每天0.3元
		1992	在施工现场直接从事建筑安装生产的工人每人每天1元，其中：瓦工、抹灰工、架子工、混凝土工每人每天1.6元；附属辅助生产工人、管理人员和服务人员每人每天0.5元

续表1-16

行业	范围	年份	标准与金额
高温冶炼岗位津贴	冶金企业的烧结、炼铁、炼钢、轧钢、炼焦、铁合金、铸造、通用工种8个类型作业的59个工种	1979	每人每月分为5元、4元、3元三个档次。临时补贴标准按日计算分别为0.2元、0.16元和0.12元
		1986	甲等每人每天0.8元，乙等每人每天0.6元，丙等每人每天0.4元
		1992	甲等每人每天1.7元，乙等每人每天1.3元，丙等每人每天1元，新增工人每人每天0.7元
建材企业艰苦岗位津贴	建材企业人员	1986	一等每人每天1.2元，二等每人每天1元，三等每人每天0.8元，四等每人每天0.6元，五等每人每天0.4元。按实际上岗天数计发
		1993	一等每人每天2.5元，二等每人每天2元，三等每人每天1.6元，四等每人每天1.2元，五等每人每天0.8元
盐场艰苦作业津贴	盐场从事盐业生产的工人、管理人员	1984	在盐场从事盐业生产的工人每人每天0.6元，盐场管理人员每人每天0.4元。按实际出勤天数计发
		1986	盐工每人每天1.2元，辅助工种和盐场管理人员每人每天0.8元
		1989	盐工每人每天2元，辅助工种和盐场管理人员每人每天1.5元
		1994	一线职工每人每天4元，二线职工每人每天3元
化工有毒有害岗位津贴	化工有毒有害岗位人员	1986	甲等每人每天0.8元，乙等每人每天0.6元，丙等每人每天0.4元。按实际出勤天数计发
		1992	甲等每人每天2元，乙等每人每天1.5元，丙等每人每天1.2元，新增工人每人每天0.9元
黄金生产艰苦岗位津贴	黄金生产矿山井下人员	1992	甲等每人每天2.5元，乙等每人每天1.6元，丙等每人每天1.2元。高温、有毒有害、繁重工种津贴标准：甲等每人每天1.1元，乙等每人每天0.8元，丙等每人每天0.6元，丁等每人每天0.4元
石油销售有毒有害岗位津贴	石油生产、销售人员	1993	甲等每人每天1.2元，乙等每人每天1元，丙等每人每天0.8元。按实际出勤天数计发

说明：除以上津贴、补贴外，经省劳动局批准，青岛市还实行海运船员航行补贴、水产系统船员出海伙食津贴、海带养殖出海作业津贴，环卫、制革、冷藏、高空、有毒有害、防尘、公共交通司乘人员等艰苦性岗位津贴、补贴制度

第三节　特殊时期人员工资

特殊人员工资

大中专毕业生及硕士、博士生　1980年4月，青岛市执行《关于普通高等学校毕业生工资待遇问题的请示报告》规定，凡符合规定范围应定级的普通高、中等学校毕业生、结业生、肄业生见习期满后，分配做管理工作的，定为国家机关行政人员工资级别；分配做技术工作的，定为国家机关技术人员工资级别；分配做其他工作（如教学、文艺、卫生等）的，按照国家规定的各类人员工资标准确定工资级别。青岛市还规定中等专业学校修业不满2年的毕业生，其见习期间的临时工资四类工资区按30.5元、五类工资区按31.5元标准执行。分配到国家机关做行政工作的，定为国家机关行政25级；做技术工作的，定为国家机关技术16级。1985年，青岛市实行新拟工资标准的企业，大中专院校毕业生分配工作后，五类工资区临时工资和定级工资待遇执行《山东省人民政府企业工资改革实施方案》。各类院校毕业生当干部的，均实行见习期1年制度。见习期间临时工资待遇（不含副食品价格补贴）为研究生54元、大学本科毕业生49元、大专毕业生44元、中专毕业生39元。见习期满后定级工资，研究生毕业生一般定企业干部工资标准13级，大学本科毕业生定13级副，大专毕业生定14级，中专毕业生定15级。

1991年5月，按照劳动部、省劳动厅规定，青岛市将企业新参加工作大中专毕业生见习期间临时工资待遇调整为：大学本科毕业生72元，大专毕业生67元，中专毕业生58元，取得双学士学位本科毕业生和未取得硕士学位研究生毕业生84元。大中专毕业生见习期满后，在不高于本人见习期临时工资一级的前提下，确定其定级工资。

1993年10月，青岛市套改技能工资标准，新参加工作大中专毕业生实行一年见习期，研究生执行一年初期工资待遇，满一年后定级。见习期工资待遇：博士生13级，硕士生12级，双学士及一般研究生10级，本科生8级，专科生7级，中专生5级。定级工资待遇：博士生15级，硕士生14级，双学士一般研究生12级，本科生10级，专科生9级，中专生7级。自1999年起，该工资定级内容归入城镇各类企业每年定期发布工资指导线中。

军队转业干部　1979年，军队转业干部继续统一执行地方同级行政干部工资级别。1985年7月起，转业到企业的军队干部工资待遇，不分企业类型，均按照规定职务对应关系，执行省、市、县级机关工作人员职务工资标准。对在部队担任两种以上职务人员，按其主要职务确定职务工资。执行军队技术等级的专业技术干部，按照技术等级对应的军事行政干部职务确定职务工资。军龄津贴不再逐年增加，同企业其他职工一样领取副食品价格补贴。奖金和其他生活福利待遇，按所在单位有关规定执行。转业到有工龄津贴企业单位的干部，按所在企业规定标准领取工龄补贴，但原计入工资中的军龄津贴，不能与工龄津贴重复计算。1989年12月，青岛市转业到企业的干部，按军队工资（不含军龄津贴和各种补贴）的80%加上军龄津贴之和减去20元（奖金15元，副食品价格补贴5元）的数额，套入所在企业工资等级。

1994年3月，青岛市转业到企业的军队干部，按1993年4月1日前军队标准工资，加上军龄工资，就近套入所在企业执行的工资标准，接近副级套副级，接近正级套正级，工资额与正级或副级相等的，分别套入相应的正级或副级。套入所在企业工资标准后，企业实行浮动工资标准的，可执行同等级浮动工资标准。

1995年10月，青岛市对分配到企业的军队转业干部，其工资按照军队职务（技术等级）工资、军衔（文职级别）工资、基础工资三项之和的80%数额，接近向上套入所在企业的工资标准。

复员退伍军人　1979年，复员、退伍军人当工人者，仍按其军龄长短和表现评定工资等级。1985年企业工资套改后，为妥善处理退役后分配到企业工作的志愿兵和义务兵工资待遇，7月1日起，青岛市执行《关于退役的志愿兵和义务兵分配到企业工作后工资待遇的暂行规定》，即志愿兵和义务兵分配工作后，均执行所在单位工资、奖励、津贴制度。

1996年，《青岛市城镇退伍义务兵接收办法》实施。图为退役士兵安置洽谈会现场

1995年6月，青岛市调整分配到企业工作的复员、退役志愿兵、义务兵工资待遇。退役志愿兵、义务兵分配到企业后，军龄（含入伍前工龄）满3年不满5年者定8级（指企业职工技能工资标准），满5年不满8年者定10级，满8年不满13年者定13级，满13年不满17年者定15级，满17年以上的定17级。退役志愿兵、义务兵按照上述规定确定的工资，如低于所在企业同期参加工作或同类人员大多数人的工资水平，可比照同期参加工作大多数人员工资水平重新确定。

调动工作人员　1979年，青岛市执行调动工作人员工资制度为：对由五类及以上高工资区调入青岛市（四类工资区）的职工，执行不同的降低比率。同年11月，全省统一在省内调动工作工资处理办法，对职工因工作需要调动后，工种没有改变的，原工资低的改按调入单位同等级工资标准执行，原工资高的仍执行原工资。从六类及以上工资区调到青岛市工作的职工，暂按六类工资区标准执行。该办法一直沿用到1985年工资制度改革。

1986年9月，省劳动局印发《国营企业职工调动工作后工资处理暂行规定》，要求职工调动工作后，其工资、奖励、津贴等待遇，按调入地区、调入单位制度和标准执行。工人、干部在工资制度相同企业之间或企业内部调动工作，可按原工资等级执行调入单位（岗位）工资标准。职工由国家机关、事业单位调入企业单位的，从原基础工资、职务（岗位）工资、工龄津贴三项之和扣除5元，然后就近向上套入企业工资标准，接近正级套正级，接近副级套副级。1987年12月，省劳动厅发布《关于企业职工调动工作后工资待遇问题的处理办法》，对由国家机关、事业单位调入企业人员工资作出新规定，即由调入单位按其新任职务、新工作岗位工资标准，并参考所属单位同期参加工作大多数人工资水平，重新确定工资待遇。

1995年5月，青岛市规定凡调入企业的职工，其工资、奖金、津贴（补贴）等待遇，执行调入企业工资制度和标准。在执行相同工资制度企业之间调动工作的职工，以调动工作前档案工资等级（不含浮动级）为准，执行调入单位同等级技能工资标准。由执行不同工资制度企业或国家机关、事业单位调入企业的职工，由调入单位参照与所属单位条件（职务、岗位、参加工作年限等）相同或相近的大多数人员工资水平，重新确定工资等级，并执行调入单位技能工资标准，也可采取与调入职工协商确定工资待遇的办法。

特殊时期工资

病假、非因工负伤假　1979年，青岛市继续按照工人、职员停止工作连续6个月以内者，病伤假期工资实行：企业工龄不满2年者，为本人工资60%；已满2年不满4年者，为本人工资70%；已满4年不满6年者，为本人工资80%；已满6年不满8年者，为本人工资90%；已满8年及8年以上者，为本人工资100%。工人、职员停止工作连续医疗期间超过6个月时，病伤假期工资停发，按月付给疾病或非因工负伤救济费。

1995年7月，青岛市调整病假、非因工负伤假工资制度。对企业职工因病或非因工负伤，在医疗期内，停工医疗累计不超过180天的，由企业以本人休病假前12个月平均工资为基数，发给工资70%的病假工资；累计超过180天的，发给工资60%的疾病救济金。

2004年1月1日起，《青岛市企业工资支付规定》施行，明确劳动者因病或者非因工负伤停止工作，在规定医疗期内，停工医疗累计不超过6个月的，由用人单位发给工资70%的病假工资；在规定医疗期内，停工医疗累计超过6个月的，发给工资60%的疾病救济金费；超过医疗期，用人单位未按规定组织劳动能力鉴定的，按不低于当地最低工资标准的80%支付疾病救济费。病假工资和疾病救济费最低不得低于当地最低工资标准的80%，最高不超过企业上年度职工月平均工资。

节假日加班　1979年，青岛市继续执行山东省有关规定，即工矿、基本建设、交通运输企业工人、职员在法定节假日，因企业特殊需要经厂长（经理）批准，同级工会同意进行生产工作，谓之法定节假日加班。加班后给予同等时间补休，不能补假时，发给加班工资。加班工资支付标准为：实行计时工资制的按照日工资标准的200%发给；实行计件工资制的，除按照本人完成的劳动定额和计件单价发给应得的工资外，另加发日工资标准的100%。1980年，青岛市对学徒工节假日随师傅加班、且不能补休的，按每人每天1.2元发给加班工资。企业中厂长（经理）、总工程师、处长、科长等，法定节假日工作不发加班工资。

1982年4月，青岛市规定，法定节假日加班工资发放实行计时工资制的职工，按照标准工资的200%发给；实行计件工资制的职工，除按照本人当天完成定额和规定计件单价发给应得计件工资外，再按照日标准工资的100%发给加班工资。节假日加班工资发放实行计时工资制的职工，按照日标准工资的100%发给；实行计件工资制的职工，发给应得计件工资，不发加班工资。实行提成工资制的职工，发给应得提成工资，不发加班工资。

1995年1月1日起，青岛市执行劳动部《工资支付暂行规定》，用人单位依法安排劳动者在法定标准工作时间以外延长工作时间的，按照不低于劳动合同规定的劳动者小时工资标准的150%支付；用人单位依法安排劳动者在休息日工作，而又不能安排补休的，按照不低于劳动合同规定的劳动者日或小时工资标准的200%支付；用人单位依法安排劳动者在法定休假节日工作的，按照不低于劳动合同规定的劳动者日或小时工资标准的300%支付；实行计件工资的劳动者，在完成计件定额任务后，由用人单位安排延长工作时间的，应根据上述规定的原则，分别按照不低于法定工作时间计件单价的150%、200%、300%支付其工资。经劳动行政部门批准实行综合工作时间工作制的，其综合计算工作时间超过法定标准工作时间的部分，应视为延长工作时间，并应按本规定支付劳动者延长工作时间的工资。

产假工资　1979年，青岛市女工人与女职员生育、产假期间，继续执行工资照发的规定。1995年10月1日施行的《青岛市企业职工生育保险暂行办法》规定，市内4区女职工计划内生育，产假期间工资按女职工所在企业上年度职工月平均工资拨付。2003年4月1日，《青岛市城镇职工生育保险办法》和《青岛市城镇职工生育保险办法实施细则》施行，规定女职工生育按规定享受生育津贴待遇，生育津贴由生育保险基金负担。生育津贴以本人当年社会保险个人缴费工资为基数，按应享有天数计发。女职工享受生育津贴期间单位工资（指缴费工资基数项目）停发。

探亲假工资　1979年，青岛市享受探亲假的职工，探亲期间工资仍按计时工资标准的100%发给。1981年3月14日起，执行《国务院关于职工探亲待遇的规定》，职工在规定的探亲假期和路程假期内，按照本人标准工资发给工资。

婚丧假工资　1979年，青岛市延续企业工人和职员婚丧假工资，对因结婚和父母、配偶、子女的丧葬而请假时，请假期间由企业按照本人等级工资标准，在3个工作日以内的工资照发。1980年2月起，国家劳动总局、财政部《关于工业企业职工请婚丧嫁和路程假问题的通知》规定，企事业单位在批准的婚丧假和路程假期间，职工工资照发。

第三章　技能培训

1978年，青岛市恢复在“文化大革命”中名存实亡的学徒工、熟练工制度，企业招收新工人入厂，由师傅在生产操作岗位传授实际操作技术，期满后转正定级。1981年，青岛市组织新招收职工进行文化知识和初级技术补课，并举办中、高级技术培训班，次年起连续5年组织举办青年工人技术比武竞赛。1986年，山东省首次在青岛市进行评聘技师试点，青岛染料厂、青岛机床厂等7家企业198名高级工参加技师培训和评聘。随后，青岛市建立和推行技术工人技师聘任制度和职业资格证书制度，开展职业资格培训、岗位培训、岗位练兵、转岗转业培训等多种培训，全面恢复技术工人考核制度。1994年，在市化工局、港务局等34家单位成立职业技能鉴定所，对300多个职业（工种）进行鉴定，实现企业内工人考核与职业技能鉴定社会化并轨，建立职业技能鉴定社会化管理体制。1992～2005年，全市累计50余万人次参加技能竞赛，10万余人取得中、高级职业资格证书。

2005年，全市共有9个职业技能鉴定中心、31个鉴定所，鉴定范围扩大到全市企业，年鉴定15万人次。

第一节　技工培训

1979年，青岛市首先恢复市区内的7所技工学校，同时新建3所技工学校，并在市属各县筹建技工学校。招收初中毕业生的技工学校学制3年，招收高中毕业生的学制2年。至1986年，全市技工学校发展到18所，在校生2742人。1995年底，全市技工学校38所，其中属于企业办校24所、行业办校10所、劳动部门办校4所，招生数和在校生数分别为2437人和6087人。1990年1月，青岛市职业技术培训研究室成立，对全市技工学校实行综合管理。1997年，全市技工学校共招收新生4768人，在校生接近万人。1998年后，由于人口出生率降低，加上普及普通高中和招生地域等因素影响，大部分技工学校招生困难。至2000年，有18所技工学校受到影响，10所学校停办，8所技工学校成为以培训下岗职工为主的下岗职工再就业培训基地。当年共培训下岗职工3030人、在职职工7170人。

2001年，市政府对全市技工学校进行整顿、清理和合并，将38所技工学校压缩到22所，当年学校招生回升至4856人。根据市场经济需要和技工学校发展要求，大部分技工学校开始由单一职业培训向全面技术培训型转换，部分技工学校逐

1987年，青岛技工学校聘请建工机械厂的老师傅现场教授平刨和电锯使用技术

家计委年度招生计划，由劳动部下达执行。地方技工学校招生由学校提出招生计划，报经市劳动局核准汇总，上报省计委、省劳动厅审核批准执行。招生对象为初、高中毕业的待业青年。水产捕捞、盐业等艰苦专业招生，国家允许从农业户口人员中招收，纳入“农转非”计划。从农业户口人员中招收的学生要与用人单位签订委托培养合同，每人每月发给助学金17元。随着市场经济的不断发展，技校招生的户籍规定、招生区域等逐步放开，招生计划和“农转非”计划审批放松，招生不再受年龄、身份限制。

渐与高等职业学校联办高级技工班，实行5年连读制，学生毕业后成绩合格者，颁发高级学历证书和高级职业资格证书。至2005年底，全市有17所技工学校更名为技术学校，当年学校毕业生5925人，分布于38个专业，毕业生就业率达98%以上。

1979～2005年，全市技工学校共培养毕业生9.64万人。

招生与分配

改革开放初期，青岛市技工学校招生和分配一直由国家实行计划招生和统一分配，招生计划由国家和山东省制定下达。1980年后，驻青岛中央、部属技工学校招生计划由学校拟定，报主管部门同意并经劳动部批准，列入国家计委年度招生计划，由劳动部下达执行。

计划经济时期，技工学校实行统包统配。技工学校学生毕业后由劳动部门负责安置到全民或集体所有制企业工作，毕业生就业安置率100%。实行市场经济后，国家逐步取消对技工学校毕业生的统包统配安置办法，毕业生直接进入劳动力市场竞争择业。1997～2005年，大部分技工学校都采取定向培训招生办法，招生前学校与用人单位签订委托培养协议，学生毕业后按照委托协议到用人单位就业。此间，毕业生就业率基本达到96%以上，2004年和2005年技校毕业生就业率均达到98%以上。

1979～2005年青岛市技工学校基本情况统计表

表1-17　　单位：人

年份	学校数(个)	招生数	毕业生数	在校生数	教职工总数
1979	5	291	61	649	87
1980	7	393	169	869	210
1981	10	311	264	871	210

续表1-17

年 份	学校数(个)	招生数	毕业生数	在校生数	教职工总数
1982	10	346	557	588	230
1983	10	251	216	617	230
1984	12	956	295	782	243
1985	15	1016	189	1137	294
1986	18	1097	326	2742	510
1987	20	1223	584	2462	697
1988	22	1334	727	2794	766
1989	26	1359	899	3100	825
1990	28	1626	1190	3490	921
1991	29	1478	1234	3890	935
1992	31	1989	1320	4500	968
1993	33	2364	1554	4897	1027
1994	35	2313	1608	5779	1012
1995	38	2437	2136	6087	1078
1996	38	2890	2576	6608	1064
1997	38	4768	1719	9823	1077
1998	38	2667	3324	9807	1040
1999	38	2855	4020	8883	1116
2000	38	3642	4195	9847	1109
2001	38	4856	3191	11346	1028
2002	22	3660	4008	13465	1060
2003	22	1.13万	3469	21100	1121
2004	21	1.52万	5080	30417	1311
2005	22	1.57万	5925	38160	1303

师资队伍

1979年，青岛市技工学校教师多数为高中毕业生和技工学校留校学生。80年代后，学校对不具备大专以上文化程度的教师，分批分期组织进修，同时陆续补充大中专院校毕业生到教师队伍中。1986年，全市技工学校349名教师中大学本科学历59人，大专学历135人，中专学历99人，高中及高中以下学历56人。2000年，全市技工学校共有教职工1109人，其中文化技术理论课教师中有高级讲师71人、讲师233人、助理讲师161人、教员34人。2004年，有180名教师经过培训取得教师资格证书。至此，青岛市技工学校专职教师95%以上取得教师资格证书，兼职教师80%以上取得教师资格证书。2005年，全市22所技校共有教职工1303人，其中文化技术理论课教师753人、生产实习指导教师213人。

青岛市高级技工学校

青岛市高级技工学校前身是青岛市劳动局技工学校，始建于1958年，校址位于四方区金华路56号。“文化大革命”时期停办，1986年12月恢复。1989年开始招生，设电工、钳工、车工和烹饪4个专业，学制3年。由于受校舍不足的影响，学校学生先后委托山东省饮食服务技校、青岛市电子仪表技校、青岛市四八零八厂技校、青岛市汽轮机厂技校代为培训，至1991年10月31日，共培训毕业生282人。

1990年，新校舍于沧口区洛阳路三小区建成使用，学生集体宿舍和烹饪实习场地设在洛阳路四小区。1991年学校开始自主招生和教学，当年招收学生112人，开设烹饪和宾馆服务两个专业。1992年后，学校招生工作逐步走上正轨，每年招生200～300人，2002年达到775人。2003年，学校综合教学楼扩建，建筑面积6652.4平方米。9月，经劳动和社会保障部批准，学校更名为“青岛市高级技工学校”。2004年7月2日，市政府将位于市南区团岛四路的青岛无线电二厂划归该校，成为学校新的教学区。2005年招生2258人。

2005年11月，青岛市高级技工学校新校在即墨市开工建设。规划建设教学楼5座，面积2.1万平方米；实训楼4座，面积1.72万平方米。

第二节　就业前培训

1985年，青岛市印发《关于开展就业前培训工作情况和意见的报告》，实行“先培训后就业”制度。图为市商业局组织的就业前培训

1979年，青岛市企业招收新职工，仍按照“学徒工、熟练工”规定执行，在岗位上由师傅手把手地向徒弟传授具体操作生产技术。职工在熟练期、学徒期满后转正定级。

1981年，中共中央、国务院印发《关于广开门路，搞活经济，解决城镇就业问题的若干决定》，提出对失业人员开展就业前培训，就业前培训工作由劳动就业训练中心承担。1983年，青岛市劳动就业训练中心在山东路15号成立，中心占地2.4公顷，设有19层实习教学大楼。主要用于对全市社会待业青年、下岗职工、失业军嫂以及在职职工进行培训，并指导各区（市）、街道及企（事）业单位开展就业前培训。1986年，企业招收技术工种实行“先培训、后招工”，将招工改为招收培训学员，由企业按照技术等级标准进行系统理论和技术培训，考试合格后再办理就业手续。1995年起，青岛市全面开展对失业人员职业培训前的职业指导工作。1997年，针对不再升学的城镇应届普通高、初中毕业生，青岛市实施劳动预备制度，2004年推广到农村地区。

待业、失业人员培训

1979年，青岛市待业人员培训对象主要为城镇待业青年。随着经济体制改革的深化，培训范围逐渐扩大。1994年后，培训对象为下岗失业人员、失业军嫂等，培训内容除技能培训外，同时开展就业指导。

城镇待业青年培训　1979年，青岛市在第七中学和第四十中学，开办2个服装和1个机械专业职业高中班，招收对象主要为城镇待业青年，当年招生136人。1980年，职业高中班发展到7所中学，由市教育部门自办或各级教育部门与企、事业单位联合办班，开设16个职业高中班，按照劳动部门提供的企业劳动力工种需求预测和社会需求对口招生，设有电子、幼儿教育、烹饪、美术、服装、旅游等专业，学制2～3年。1986年，职业教育发展到38个专业，当年招生4627人，毕业3607人，录用3260人，录用率为90.38%。

1984年，青岛市部分企业对单位需要招收的技术工种和熟练工种由招工改为招生，招生后由企业进行1～2年技术理论培训，培训考核合格者办理就业手续。1985年7月，青岛市印发《关于开展就业前培训工作情况和意见的报告》，规定对城镇不能升学就业的普通高、初中毕业生都要进行就业前培训，培训内容为专业技术理论知识和实习操作技能。培训时间熟练工种半年，技术工种一般为1年。学员自费就学，实习劳动发给生活补贴、加班费和交通补贴。学员结业按专业对口录用，实行半年试用期，期满考核定级。1986年后，青岛市各区（县）相继建立劳动就业训练中心，形成1万人/年培训能力。1989年，青岛市招收技术工种和熟练工种全部实现先培训后就业。1985～1993年，全市共组织就业前培训7.9万人。

下岗失业人员培训　1994年，青岛市根据社会用工和失业职工择业需要，以劳动就业训练中心为主，企业、社会办学为补充，多渠道组织下岗失业职工进行定向或不定向转业训练。市劳动局成立综合培训办公室，制定下岗失业职工参加培训优惠政策。规定领取失业保险金失业人员，可选择适合自身条件的工种（职业），免费参加促进就业培训基地举办的职业技能培训。对参加过一次免费培训和不享受失业保险待遇的“4045”人员，有培训要求的，可免费参加二次培训。1994～2005年，市、区两级政府拨付促进就业培训经费2175.11万元，共培训下岗失业职工29.5万人次。

失业军嫂培训　1997年后，青岛市将失业的部队随军家属（失业军嫂）纳入再就业培训计划，由市劳动就业训练中心承担职业技能培训工作，设立符合失业军嫂再就业的美容、美发、面点、烹调、物业管理、调酒、客房服务、餐厅服务、家政服务、推销员、营业员、计算机操作等20多个专业。至2005年底，累计培训失业军嫂3000余人，其中500名军嫂经职业技能培训创办个体经营项目，当起“小老板”，并吸纳1000余人就业。

就业前职业指导　1995年，青岛市开展失业人员职业指导工作，要求符合失业登记条件的劳动者，包括新成长劳动者和由就业转失业人员，在进行失业登记时，先参加由劳动保障部门统一组织的职业指导后，方可领取“失业证”，目的是让失业人员通过参加职业指导，充分了解

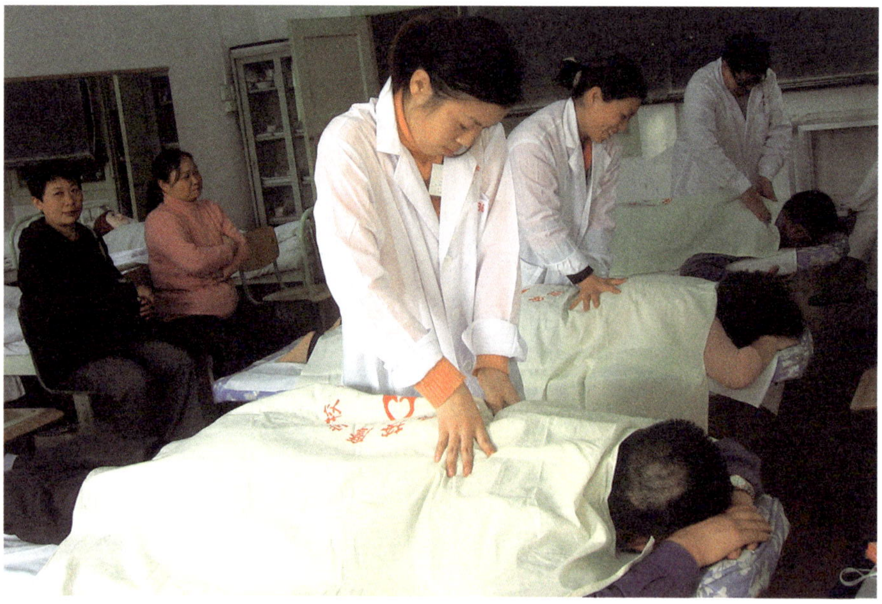

2005年，青岛市举行第三期慈善再就业培训。图为按摩培训班学员实习

劳动就业政策和就业形势，了解失业期间的管理与服务规定，通过参加职业技能培训，提高自身素质，尽快实现就业和自主创业。

2000年和2003年，青岛市先后印发《关于失业人员职业培训和职业介绍补贴拨付使用有关问题的通知》和《关于进一步加强职业指导管理有关问题的通知》，进一步规范职业指导行为，执行“先指导、后发证”制度，采取集中职业指导和“一对一”指导相结合的形式。2003年，市劳动保障局成立职业指导教研室，制定职业指导讲课计划大纲和教材。1995～2005年，全市共组织32.73万名失业人员参加职业指导分流，其中有求职要求者14.78万人，占45.2%；有培训要求者7.01万人，占21.4%；拟从事个体经营者6.02万人，占18.4%。

劳动预备制培训

1997年，青岛市被劳动保障部列为35个实施劳动预备制度试点城市后，即开展城镇劳动预备制培训，并于2004年实行农村劳动预备制培训。

城镇劳动预备制培训　1997年，青岛市《关于实行劳动预备制度的通知》规定，市内4区凡“未能升入高一级学校学习，具有常住户口的应届普通高、初中毕业生，毕业当年不再进行失业登记，应办理‘青岛市劳动预备人员证’，由劳动部门组织进行半年到3年的职业培训和相关教育”。培训考核合格取得相应职业资格证书后，方可办理失业登记，领取“失业证”。

1999年，青岛市实施劳动预备制度工作领导小组成立，规定“凡未能升入高一级学校且有就业要求的城镇普通初、高中毕业生以及农村未能继续升学并准备从事非农产业工作或进城务工的初、高中毕业生，称为劳动预备人员”。劳动预备人员未取得“职业资格证书”或“岗位培训证书”，劳动就业服务机构不予以办理失业登记。同时规定，用人单位招收国家规定的就业准入的控制职业（工种），被招收人员必须持“职业资格证书”实现就业。劳动预备制人员的培训由青岛市劳动就业训练中心负责，经培训鉴定合格取得“职业资格证书”人员，到劳动力市场择业。2003年7月，青岛市将劳动预备制培训纳入技工学校招生范围，培训时间为1～3年，并确定市高级技工学校、电子信息技术学校等15所办学条件好、培训质量高、专业设置合理的技工学校，作为劳动预备制培训基地。学员每年按物价部门核定标准的50%交纳培训费，劳动预备制人员培训考试、鉴定合格，经培训基地（单位）推荐就业率达到80%以上者，财政按物价部门核定的收费标准，给予培训基地50%的培训费补贴。

1997～2005年，全市共组织4072名劳动预备制人员参加预备制登记和培训，政府财政拨付劳动预备制培训补贴153.08万元。

农村劳动预备制培训　2004年起，青岛市

将农村未能升学并准备从事非农产业工作或进城务工的初、高中毕业生，纳入劳动预备制培训制度管理范围，由各预备制培训基地负责进行培训，新生入学时按照规定交纳学费，政府财政按每人每学年1000元标准给予学费补助。其中，农村“低保”家庭学生学费给予全额补助。当年有4300名农村初、高中毕业生参加劳动预备制培训。2005年，18所农村劳动预备制培训基地共招收5900人参加培训。

农村劳动力转移培训

2004年，市政府印发《关于进一步做好农村劳动力转移就业工作的意见》，加强对农村劳动力的技能培训，对接受培训农民给予一定补贴和资助。2005年，市政府下发《关于做好农村劳动力转移培训工作的意见的通知》，进一步明确培训范围、培训形式、组织实施、职业技能考核鉴定、培训补贴费用和资金来源等政策措施。市劳动保障局相继制定一系列关于农村劳动力培训组织管理，提高农村劳动力转移培训质量的具体实施办法和实际操作方法。确定培训对象为年龄在45岁以下、有外出务工意愿、尚未实现转移就业的青岛市农村富余劳动力和有从事非农产业或外出务工意愿的青岛市农村初中毕业生。另外，对征地后人均耕地不足0.02公顷的被征地农村劳动力、农村“低保”家庭以及库区农村劳动力的年龄适当放宽。对培训对象进行法律、城市生活、求职等指导，通过订单、项目、自主创业和预备制职业技能培训方式进行培训，突出操作训练，使其至少掌握一项技能。培训后统一进行知识和技能鉴定，考核合格者发给职业资格证书。在创业培训基地参加创业培训的，可享受政府一次性培训补贴，农村“低保”家庭学生学费给予全额补贴。至2005年，全市78家农村劳动力培训机构，组织农村富余劳动力职业培训10.2万人；共投入培训资金2100万元。

第三节　在职职工培训

青岛市在职职工培训分为：提高管理人员管理能力培训，提高工程技术人员科技知识更新和科技开发、产品开发能力培训，一线生产操作人员上岗资格培训、职业资格培训和班组长培训，以及进城务工农村劳动力培训。

培训内容主要是职业资格培训、岗位培训、岗位练兵、转岗转业培训、学徒培训。培训形式为脱产和不脱产培训。主要由市、区两级劳动就业训练中心和职业技术学校承担，部分由企业职工培训机构、教育培训机构共同承担，教育培训机构承担文化理论教育，企业培训机构承担实际技能训练。另有一些企业委托企业外职业培训机构进行有偿培训。

学徒培训

1979年，青岛市企业恢复熟练工、学徒工制度，规定学徒工期限一般为2～3年、熟练工期限最长不超过6个月，特别繁重体力劳动工种熟练期3个月，学徒、熟练期满转正定级。职工在进行厂规、厂纪和规章制度教育后进入生产岗位，

1979年，青岛市企业普遍恢复学徒工制度。图为青岛汽轮机厂老工人向徒弟传授技艺

按照学徒程序，到规定时间转正定级。转正时执行所属企业工种一级工工资标准，定级时执行二级工工资标准，达到二级水平的不再晋级。除国家统一调整工资外，“文化大革命”后参加工作职工，工资等级一般都停留在定级水平线上。改革开放后，首先在劳动用工方面改革招工办法。1986年起，企业招收技术工种实行“先培训、后招工”，将招工改为招收培训学员，由企业按照技术等级标准进行系统的理论和技术培训，考核合格后再办理就业手续。

文化和技术课补习

1981年，青岛市开展青年职工文化、技术补课工作。1982年初，统一组织全市1968～1980年参加工作的初、高中毕业生，实际水平达不到毕业程度和未经专业技术培训的3级工以下青年职工，进行初中语文、数学和行业工种所需学科补课，参加文化补习课31.54万人、技术补课20.16万人。合格者发给《初中文化补课合格证书》或《技术补课合格证书》。

技术工人考核晋级培训

1986年，根据《国务院关于加强工业企业管理若干问题的决定》，成立青岛市工人技术业务考核委员会，具体负责全市技术业务和实际操作技能等级考核，以及专业技师考评等日常工作。同时，青岛市《关于对企业技术工人考核晋级的试点意见》施行，规定在部分企业进行技术工人考核晋级试点，技术工人技术考核（应知、应会）合格后，由市劳动部门颁发技术等级证书；对其中技术等级高于工资等级的工人，择优晋升工资等级。1986年7月至1988年底，全市分三批对30余万技术工人，按中级技术培训要求进行考工晋级。首先在机械、一轻、二轻、纺织、化工、橡胶、电子仪表、商业8个行业，选择经济效益、管理基础比较好的青岛染料厂、青岛机床厂、青岛印染厂、青岛国棉八厂等14家企业进行考工晋级试点，对9303名技术工人进行“应知应会”考核，其中7945人考核合格，合格率85.4%。经过综合评定，为4767人晋升一级工资。1988年底扩大考工晋级范围，有137家企业8.1万名技术工人参加，其中3.2万人晋升一级工资。1991年，全市共300多家企业近14.7万人参加考核晋级，其中6.7万人晋升一级工资，7.3万人分别取得初级、中级、高级技术等级证书。

进城务工人员培训

根据国务院办公厅《2003～2010年全国农民工培训规划》和劳动保障部《关于印发农村劳动力技能就业计划的通知》要求，青岛市逐步建立包括农村劳动力转移培训和进城务工农村劳动力培训在内的农村劳动力培训政策体系。培训对象为法定劳动年龄内，青岛市或外省（市）农村户籍，已在该市城镇各类企业务工，主要从事非农产业，以工资作为主要收入的农村劳动者。职业资格培训和专项技能培训由行业、企业或培训基地组织进行。进城务工农村劳动者参加职业技能培训后，由劳动保障部门统一组织进行职业技能鉴定，考核鉴定费用减免。参加初级以上职业资格培训并取得国家职业资格证书的进城务工农村劳动者，按照每人不超过500元标准给予培训费补贴；参加专项技能培训并取得专项技能证书的进城务工农村劳动者，按每人不超过200元标准给予培训费补贴。农民工职业技能培训资金由青岛市财政负担。2005年，全市培训农村劳动力7万余人次。

“金蓝领”培训

2004年，根据山东省“金蓝领”培训试点方案，青岛市实施“五年培养万名技师”培训计划。培训基地实行资格认证，职业院校、技工学（院）校、大中型企业和劳动就业训练中心具备条件的，可以申请成为培训基地。培训费用由省、市财政给予补贴。培训对象是各类企业在岗技术工人中，取得中、高级职业资格证书的工人。年龄40岁以下、具有中级以上职业资格人员，均可报名参加，每年培训2000人。学员培训结束后，参加统一考核鉴定。其中，经省劳动保障厅批准的职业（工种），参加省组织的考核鉴定，合格者由省劳动保障厅颁发职业资格证书和“金蓝领”培训合格

2005年，青岛港第十七届操作技术比武和技术工人应会资格考核开幕式

证书；经市劳动保障局批准的职业（工种），参加市组织的考核鉴定，合格者由市劳动保障局颁发职业资格证书和“金蓝领”培训合格证书。财政按照每人1000元标准给予补贴，其余费用原则上由单位给予补助，也可由本人承担。至2005年底，全市“金蓝领”项目共培训机修钳工、维修电工、车工和汽车维修工4个工种156名技师。

紧缺职业（工种）培训

2005年，青岛市《关于企业在岗技术工人参加市紧缺职业工种提高层次培训有关问题的通知》规定，紧缺职业（工种）目录由市劳动保障局根据全市经济发展对技术工人的需求，结合企业生产实际确定，向社会公布。鼓励在各类企业生产一线从事技术复杂、技能要求高的紧缺职业（工种），并具有该职业（工种）国家中级以上职业资格证书的在岗技术工人，参加该职业（工种）提高层次培训，经考核鉴定合格取得高级职业资格证书的，由政府按每人500元标准给予培训补贴。具备培训条件的企业或企业主管部门，可自行组织该企业或行业紧缺职业（工种）提高层次培训。不具备培训条件，或因培训人数少难以自行组织培训的，可以委托市劳动保障部门认定的促进就业培训基地或高级技能人才培训基地培训。也可采取联合培训的方式，从高等院校聘请教师进行理论教学，在企业进行实际操作训练。当年，全市共培训紧缺职业（工种）5000人次，政府补贴250万元。

第四节　技能鉴定与管理

技术比武与技能竞赛

1982～1985年，市劳动局与团市委联合举办4届青年工人技术比武活动，涉及367个工种，参赛人数50万人次。其中3.5万人参加市级比武大会，385名学徒工提前出徒，5779名选手获得“技术等级证书”。1987年，青岛市举行第五届青年工人技术比武。1990年青岛市劳动局、总工会、团市委联合下发文件，将青工比武改为职业技能竞赛，取消参赛年龄限制，竞赛重点放在中、高级两个级别上。此后每两年举行一届。

2000年5～9月，青岛市举办第六届职业技能竞赛，有374名选手获得技术能手称号，2013名选手获得高级职业资格证书。对同时获得各工种前六名以及高级职业资格证书的332人，确认其技师任职资格。获得各工种第一名且符合相关条件者，由团市委授予“青岛市新长征突击手”称号。其中，女职工由市妇联授予青岛市“三八红旗手”和“巾帼建功”荣誉称号。2002年，青岛市举办第七届职业技能竞赛，全市769名获得高级职业资格证书，118人确认为技师资格，25

人获得各工种“状元”称号，150人获得“青岛市技术能手”称号，各工种第一名的40人被确认为高级技师资格。其中，年龄在35岁以下符合条件的，获得由团市委授予的“青岛市新长征突击手”称号。

2004年5月，青岛市举办第八届职业技能竞赛。42人获得高级技师资格，232人确认为技师资格，1341名大赛理论、实作比赛均合格选手被确认高级工资格。各工种前六名被确认为技师或高资格级技师的外来务工人员且符合条件者，个人可办理青岛市落户。技师或高级技师配偶有接收单位并符合其他条件的，可随迁落户。各工种前六名选手，优先推荐参加“金蓝领”项目培训，享受有关优惠政策。

1992～2005年，全市青年工人技术比武、职业技能竞赛共举办8届，累计约50万人次参与竞赛，10万余人取得中、高级职业资格证书。

职业技能鉴定

1986年7月，青岛市工人技术业务考核委员会成立。1988年1月，该委员会印发《关于建立各级工人技术业务考核委员会的通知》，市南、市北、四方、即墨等劳动管理部门和机械、化工、纺织、橡胶等46个行业主管部门，相继成立工人职业技术考核分会，市劳动局负责协调指导全市工人考核工作。

1990年，国务院颁布《工人考核条例》，规定先培训后就业、先培训后上岗，要求企业把好新招技术工人质量关，建立技术工人考核制度。1994年，青岛市在化工局、港务局等34家单位成立职业技能鉴定所，对300多家职业（工种）进行鉴定，实现企业内工人考核与职业技能鉴定社会化并轨，初步形成条块结合的职业技能鉴定社会化管理体制。

2005年，青岛市技能鉴定智能化考试平台在山东路15号（市劳动就业训练中心）投入使用，由市政府投资兴建，建筑面积2000平方米，考试平台有各类计算机500台，设有中心机房、艺术设计实训室、网络管理实训室、CAD实训室、3D动漫及影视编辑/程序设计实训室、MIDI音乐实训室、普通计算机教室等，可同时进行500人的计算机网络化教学，利用该平台进行IT类、人力资源管理、物业管理、物流、商务策划师新职业（工种）技能鉴定考试和所有鉴定工种的理论知识无纸化考试。当年，职业技能鉴定人数13.7万人，其中技师、高级技师2269人。

技师评聘

1986年7月，山东省首次在青岛市进行评聘技师试点。青岛染料厂、青岛机床厂、青岛印染厂和青岛国棉八厂等7家企业198名高级工参加技师培训，经过培训和考核，评选出13名技师。1987年11月，根据劳动人事部《关于实行技师聘任制的暂行规定》，青岛市进一步明确技师任职的条件，确定2%的评聘技师比例限额，全面推开技师评聘工作。1990年3月，对技师评聘试点工作进行改革，放宽技师评聘的比例限额规定，实行以考代评、评聘分开的办法。技师任职资格由本人向市工人职业技术考核委员会提出申请，已取得技师任职资格者是否聘任，由所在单位根据企业生产实际确定。2003年，市政府印发《青岛市高技能人才奖励办法》，首次在各类企事业单位直接从事生产或技术工作的在岗人员中，开展有突出贡献技师评选活动，共评选出有突出贡献技师49名。评选结果有效期为3年，有效期内每人每月享受200元政府津贴。2005年，建立青岛市首席技师制度，首席技师两年评选一次。当年共评选出首席技师25人，其中10人为山东省首席技师。首席技师每一届期限为4年，任职期间每人每月享受1000元政府津贴，并可参加国情考察、咨询、休假、健康查体等活动，在期限内达到退休年龄的，可根据个人意愿暂缓办理退休手续。

职业资格证书制度

1996年后，青岛市先后在国有、集体企业的技术工种中实行职业资格证书制度。至2000年7月，有25万名从事技术工种的企业职工持证上岗，占全市职工总数的35%。2001年，按照劳动保障部《招用技术工种从业人员规定》，在全市全面推行职业资格证书制度，规定各类用人单位新招用国家规定准入控制技术职业（工种）的劳动者，必须从取得相应职业资格证书人员中录用；已从事国家规定准入控制技术职业（工种）的劳动者，从2002年1月1日起，必须持有相应的职业资格证书。尚未取得相应职业资格证书的在岗职工，要求用人单位在2001年12月31日前，完成对其培训任务，并经考核鉴定取得相应职业资格证书。对经考核鉴定未能取得相应职业资格证书的人员，不得继续从事该技术工种。在推行职业资格证书制度中，青岛市对困难企业组织在岗职工参加培训，经考核鉴定合格取得职业资格证书的，由市财政按每人800元标准给予培训费补贴。全市纺织、机械、化工等行业5000多名困难企业职工享受到培训费补贴。

2005年，青岛市第九届职业技能大赛及颁奖仪式

第四章　劳动监察

改革开放之初，青岛市实行安全生产整顿，开展安全生产大检查，落实事故报告处理制度，全市安全生产形势迅速好转。1985年起，全市安全生产工作由市经委牵头，建立起“劳动部门代表国家监察，市经委、市建委、市公安局等代表行业管理，市工会组织代表群众监督”的安全生产管理体制。全市各企业从管理层到各级生产班组，普遍建立健全安全生产责任制。1993年，《青岛市劳动监察暂行规定》颁布实施，以规范劳动监察职责和程序，实行举报受理、案件处理、行政处罚等制度。同年，成立青岛市劳动争议仲裁委员会。1994年3月，市劳动局内设劳动监察处，各区（市）随后成立劳动监察分处（科），全市两级劳动执法体系初步形成。2001年8月，成立青岛市劳动监察大队（2005年3月更名为青岛市劳动监察支队）。2002年12月，成立青岛市安全生产管理局，属市经委内设机构，劳动部门承担的安全生产综合监督管理职能（不含特种设备）划转安全生产监督管理局。同年，青岛市建立起信访、监察、仲裁三位一体、归口分流的办案体制。2005年，青岛市建成全国首个劳动监察网络化监管系统。

至2005年底，全市共有区级劳动监察机构13个，街道（镇）劳动监察机构97个，专职劳动监察员114名，兼职劳动监察员400名，劳动保障法律监督员522名。

第一节　执法体制

1994年，市政府印发《青岛市劳动监察暂行规定实施意见》，制定《劳动监察工作程序》和《劳动监察处罚办法》，对立案调查取证、行政处理权限、处罚标准等作出具体规定。制定《劳动监察员纪律》和《劳动监察工作制度》，对劳动监察人员管理、监督、考核、奖惩作出规定。制定《劳动监察投诉举报制度》，建立《劳动监察案件统计报表制度》。青岛劳动监察工作走上法制化、规范化轨道。

2004年4月，青岛市印发《关于开展企业劳动保障诚信评价活动的通知》和《青岛市企业劳动保障诚信评价实施细则》，开展企业劳动保障诚信评价活动，确定118家企业为青岛市首批劳动保障A级诚信企业。2005年，开展劳动保障诚信“一条街”示范园区等创建活动，在全市评选出劳动保障诚信企业500多家，评选出海尔、海信、澳柯玛等一批诚信示范园区。5月，青岛市实行劳动保障监察一体执法，建立以劳动监察为主、有关部门配合的行政执法检查体系。当年，在对四方、崂山、即墨等区（市）调研基础上，实行全市劳动保障监察网格化监控机制。按照“定人员、定区域、定责任、定指标”四定原则，指定主办监察员，实行对用人单位的有效监管。

2005年2月，青岛市实行劳动保障监察综合执法。市劳动保障局印发《劳动保障监察综合执法工作规程》，建立综合执法例会、案件集体研究、执法责任目标考核、错案追究4项制度，在处理投诉举报过程中实行“五段告知”，即对投诉举报人实行“是否受理告知、是否立案告知、处理结果及救济措施告知、对违法当事人实行行政处罚（处理）前告知、采取强制措施前告知”。4月，《青岛市规范劳动保障行政执法自由裁量权试行意见》施行，对违反规定延长劳动者工作时间、克扣或无故拖欠职工劳动报酬等11项违法行为，提出具体处罚标准。7月，青岛市建立“面对面”执法教育制度，定期举办违法企业“学法日”活动，对因违法被责令改正、受到处罚以及发生2次以上举报投诉的企业，组织其法定代表人、劳工负责人学习《劳动保障监察条例》等法律法规，明确应承担的法定义务及违法责任。对违法违规企业讲明政策，划定整改最后期限，督促其尽快整改。至2005年底，全市共举办执法教育活动11次，185家企业参加。

2005年，全市在街道（镇）建立劳动监察中队97个，聘请劳动监察协查员190名，划分网格区412个，初步建成市、区、街道（镇）、网格四级监察网络。全市实施网上办案，按期结案率100%。

1999年4月，青岛市劳动保障监察部门的工作人员在为执法检查做准备

第二节　执法检查

1994~2005年，青岛市在依法开展劳动监察的同时，先后组织劳动用工检查、劳动保障年检、劳动合同签订专项检查、社会保险征缴专项检查、劳动力市场秩序检查、私营和外商投资企业检查、解决拖欠农民工工资检查、职业资格证书制度检查、女职工和未成年人

用工检查等执法检查活动。

劳动用工检查

1994年4月，青岛市进行首次劳动用工大检查。通过“劳动合同专项检查治理月活动”“劳动合同管理年活动”等劳动用工专项检查形式，依法查处不办理用工手续、不签订劳动合同、违法使用童工等行为。当年，为3.02万农民工补办“务工许可证”，依照《青岛市城镇单位招聘使用外来劳动力管理办法》，清退1800余名外来务工人员。

1995年11月，全市开展用人单位贯彻落实《中华人民共和国劳动法》大检查，共检查单位1731家，涉及劳动者45.52万人，下达《劳动监察指令书》614份，通报批评19家企业，对89家企业进行经济处罚，为1.95万人补办劳动用工手续，督促用人单位与8.34万人补签劳动合同，责令51家企业补缴社会保险金479.8万元，为职工追回被拖欠、克扣工资132.95万元，清退童工43名。

1996年7～9月，全市对用人单位使用外来劳动力情况进行专项检查，共检查1548个单位，下达《劳动监察限期整改指令书》349份，罚款1.4万元，为2.9万名外来劳动力补办用工手续，依法清退非法使用外来劳动力1.5万人。1997年，又检查用工单位1220家，涉及职工37.8万人，下达《劳动监察限期整改指令书》105份，责令清退不合理用工2624人，责令补办用工手续7988人，补缴安置基金53.2万元，罚款26家，罚款金额8.38万元，补缴社会保险费384.6万元，收集安置下岗职工岗位3013个。当年，组织两次使用外来劳动力大检查，检查用人单位167家，发现82家存在非法使用外来劳动力现象，使用外来劳动力人数达2598人。

2001年，为促进“4045”人员等失业群体再就业，青岛市组织开展劳动用工腾岗工作检查，责令补办用工手续5700余人，腾出岗位3574个。2002年4月，全市开展“保护民工权益、规范用工行为”专项检查，共检查各类用人单位354家，责令用人单位补办招用农民工用工手续2633人，补签劳动合同1650份，追回劳动者工资80.19万元。此后，每年都组织劳动用工大检查，并不断调整重点检查内容。

劳动保障年检

1996年7月，青岛市建立劳动保障年检制度，年检范围为青岛市行政区域内各类企业和个体经济组织。年检内容包括招聘职工、使用外来劳动力情况，办理外国人及港、澳、台人员就业手续情况，劳动合同签订、鉴证及履行情况，办理《工资基金使用手册》和工资政策执行情况，执行工时制度、最低工资保障制度、加班加点工资支付情况，各项社会保险基金、富余职工安置基金缴纳及建立养老保险个人账户情况，单位内部劳动管理规章制度情况，以及法律法规规章规定的其他年检内容。年检时间定为每年10月1日～12月30日。当年，全市两级劳动监察机构共年检用人单位1628家，通过年检补办用工手续9765人，补签劳动合同1.72万份，补缴社会保险金1116万余元。

此后，青岛市每年按期进行年度劳动保障检查，以督促企业纠正未办理外来用工手续、未签订劳动合同、未缴纳社会保险费等违法违规行为。每年检查用人单位都在1万家以上。2004年，首次将事业单位、民办非企业组织纳入年检范围，全市两级劳动监察机构共年检企业2.15万家。2005年，全市共年检各类用人单位3.64万家，涉及职工150万人。

劳动合同签订专项检查

1996年5月，青岛市首次对用人单位劳动合同签订情况进行专项检查，当年检查用人单位1911家，涉及劳动者35.5万人，未签订劳动合同10.59万人，未续签劳动合同9461人，占检查涉及总人数的32.5%。市及各区（市）劳动监察机构共下达《劳动监察询问通知书》572份、《劳动监察指令书》245份，对12家严重违反劳动法规企业进行经济处罚。通过检查，全市共3.24万人次补签劳动合同，补办“务工许可证”1.8万个，补缴失业、养老保险金127.8万元，为劳动者追回被拖欠、克扣工资27.2万元，清退非法使用童工21名，取缔14家非法劳务中介机构。

2004年，青岛市组织开展“劳动合同管理年”活动，通过劳动保障年检、日常检查、专项检查等方式，依法督促用人单位与劳动者签订劳动合同，规范企业用工行为，提高企业劳动合同签订率。全市共补办用工手续14.4万人，补办劳动合同23.7万份，补办职业资格证书2.7万余份，清退童工45人。

社会保险征缴专项检查

1995年，青岛市组织对用人单位缴纳失业、养老保险金情况进行监督检查，对欠缴失业、养老保险金的385家企业下达《劳动监察指令书》，督促企业补缴失业、养老保险金805.53万元。

1998年10月，青岛市开展扩大社会保险征缴覆盖面专项检查，全市两级劳动监察机构共清欠1998年以前应缴未缴纳社会保险费1.3亿元，对55家违法用人单位进行行政处罚，下达《劳动监察限期改正指令书》557份，对拒不执行行政处理决定的20家企业提请人民法院强制执行，强制收缴社会保险费750万元。1999年3～10月，继续深化该项活动，清欠社会保险费1.3亿元。2000年将扩大社会保险征缴覆盖面专项检查、清欠社保基金等工作，纳入政府考核目标。当年共清欠社会保险费1.7亿元、社会保险扩大覆盖7.78万人。2001年，共清欠社会保险费9851万元，社会保险扩大覆盖4.6万人，对9家企业申请法院强制执行。2002年，通过现金清欠、土地储备变现、有效资产抵顶和申请法院强制执行等方式清理企业欠薪欠费8亿元，其中现金清偿1.82亿元，储备、变现土地123.13公顷所欠2.78亿元，有效资产抵顶（押）欠费917万元，查封保全21家企业的有效资产，涉及标额3.31亿元。

2003年9月，全市开展社会保险扩面征缴和劳动合同管理执法大检查，检查企业206家，涉及职工8万人，其中外资企业158家。下达《劳动监察限期改正指令书》187份，责令补办用工手续2.11万人，补签劳动合同2万人，补办社会保险手续5万人，补缴社会保险费1.22亿元，对101家企业下达行政处罚告知书。全市共实现社会保险扩大覆盖7.75万人，同比增长57%。2004年8月，市劳动监察大队对5市3区部分企业进行社会保险扩面征缴和劳动合同管理专项检查，检查企业222家，涉及职工5.25万人。全市两级劳动监察机构实现社会保险扩大覆盖8.9万人、清欠各项社保基金2.08亿元。

2005年，全市集中开展社会保险扩面征缴“百日会战”，重点检查企业劳动合同签订、工资支付和缴纳社会保险费情况。对恶意侵害职工权益或侵害职工权益问题严重的用人单位，通过新闻媒体向社会曝光。当年，市、区两级劳动监察机构共实现社会保险扩大覆盖12.5万人，清理拖欠社会保险费2亿元。

劳动力市场秩序检查

1995年7月，市劳动、公安、工商等部门先后两次开展职业介绍机构大检查，重点对无“营业执照”、无“市场登记证”、无“职业介绍许可证”的“三无”职业介绍机构进行清理，打击擅自印发招工广告、提供虚假信息、高额收取中介费等非法行为。当年，共取缔非法职业介绍机构31家，责令整改10家，吊扣“职业介绍许可证”3家，经济处罚9家，罚款9000元。此后，1996年、1999～2002年，青岛市5次进行职业介绍机构专项治理整顿，共取缔非法职业介绍机构227家，对部分非法机构进行行政及经济处罚。

2005年2月，青岛市开展清理整顿劳动力市场秩序专项行动，依法打击、取缔“黑职介”

和扰乱、破坏劳动力市场秩序的违法行为，市及各区（市）劳动保障、公安、人事、工商部门共对298家单位和个人进行检查，发现139家单位和个人违反职业介绍管理规定，依法没收非法广告牌900余块，取缔非法职业介绍机构82家，行政处罚4家，罚款4万余元，为求职者追回求职费用7.58万元。

市劳动管理部门自1997年开始，每年进行一次青岛市劳动工资执法检查。图为企业年度检查现场

私营和外商投资企业检查

1996年4月，青岛市组织辖区内外商投资企业专项检查，共检查106家外商独资企业，下达《劳动监察限期整改指令书》68份，补办用工手续4344份，补签劳动合同1920份，补办外籍人员在青就业手续24份，补缴养老、失业保险金36.98万元。2000年6月，组织全面检查用人单位执行劳动法律法规情况，共检查4134家单位，涉及职工12万人。次年10月，对劳动用工、工资保险等进行检查，共检查用人单位1520家，涉及职工26.7万人，督促企业补签劳动合同2.2万份，补办外来用工手续1.05万人，补发拖欠劳动者工资69万元，补办社会保险参保手续8600人。

拖欠农民工工资检查

1996年起，青岛市每年开展解决农民工工资问题专项检查，安排专人接听举报投诉电话和接待举报投诉人，市劳动、建设等部门建立联合解决农民工工资问题联动工作机制。1999年，全市受理投诉案件310起，立案查处160余起，为220名劳动者追回经济损失19万元。2000年12月，市政府印发《关于解决当前企事业单位拖欠职工工资问题的紧急通知》，建立解决拖欠工资问题分级负责制。2002年1～2月，开展为农民工追讨工资专项行动，共查处农民工举报160余件，责令补发工资52万余元，涉及农民工500多人。

2003年12月初至2004年1月22日（春节），青岛市共受理农民工举报投诉2680件，查处案件2157件，为3.11万名农民工追回工资。2005年春节前后，全市劳动监察机构集中开展农民工工资支付情况专项检查，两级劳动监察机构查处案件827件，涉及农民工1.3万人，追回劳动报酬840万元。

女职工劳动保护检查

1979年12月，青岛市组织女工劳动保护情况全面调查摸底，并对纺织、化工、水产、房产、二轻5个系统108个单位约5万名女职工进行重点调查。1980年后，青岛市增加女工劳动保护内容，包括女工经期反应严重、不能坚持工作，按病假处理；怀孕后不能坚持工作，按病假处理；年满25周岁及以上、符合计划生育规定的产妇增加28天产假等。90年代，青岛市实行劳动用工、劳动保险和劳动工资改革，企业经营机制发生变化，原来开办的社会事业项目陆续从企业剥离出去，多数企业不再设托儿所、幼儿园、哺乳室，有些单位在招工时不愿招收女职工，致使未婚育龄女性就业遇到困难。

1991年8月，《山东省实施〈女职工劳动保护规定〉办法》明确规定，凡适合妇女从事劳动的单位，不得拒绝招收女职工；不得在女职工怀孕期、产期、哺乳期降低其基本工资，或者解除劳动合同等。2002年，市劳动和社会保障局、市总工会对执行《女职工劳动保护规定》情况进行检查，涉及国有、集体、股份制、外资和港、澳、台资私营企业1236个单位，职工38.9万人，其中女职工18.9万人，占被检人数的48.6%。检查情况表明：大部分单位女职工在孕期、产期、哺乳期内都能得到基本工资，各企业未安排孕期7个月以上和哺乳期女职工从事夜班工作和加班加点，并保证哺乳女职工两次哺乳时间；主要问题是少数外资企业只给2～3个月产假，69.2%被检查企业未落实女职工定期查体制度。市劳动和社会保障局与市总工会责令存在问题企业予以整改。2005年，女工劳动保护检查列入“遵守劳动保障法律、法规常规情况检查”的督查范围。

未成年工用工检查

改革开放后，青岛市城镇企业用工中使用未成年工（年满16周岁未满18周岁）劳动者较少，个体工商户、民营企业和建筑行业等使用未成年工数量增加。市劳动部门加大对未成年用工劳动保护监督检查，重点检查未成年工用工从事矿山井下、有毒有害、国家规定的第四级体力劳动强度的劳动和其他禁止从事的劳动情况，督促用人单位定期对他们进行健康检查。90年代后，青岛市城镇企业用工中使用未成年工仍然较少，但城市建筑业、外企、私企使用农民工，包括18岁以下的农民工情况较为普遍。市劳动保障部门每年组织劳动监察，对未成年工用工劳动保护情况进行监督。

1994～2005年青岛市各类劳动保障监察情况表

表1-18

年份	主动监察（家）	行政处罚		行政处理		补办用工手续（万人）	补办职业资格证书（万人）	补签劳动合同（万人）	补缴社会保险（万人）	追缴社会保险费（万元）	追回劳动报酬（万元）
		起数	金额（万元）	起数	金额（万元）						
1994	2560	7	6	-	-	1.81	-	6.48	-	984	61.7
1995	-	-	-	-	-	1.95	-	8.34	-	805.53	132.95
1996	-	45	52	-	-	5.91	-	7.3	-	198.9	606
1997	6370	123	21.6	-	-	14.4	-	-	-	-	-
1998	10490	90	13.62	-	-	12.6	-	-	-	-	-
1999	15000	78	41.9	-	-	12	-	7.5	-	13000	380
2000	20020	99	51.52	127	-	11.4	-	13.8	-	15000	827
2001	-	-	-	-	-	-	-	-	-	9851	-
2002	8405	135	109	79	-	7.85	-	11.9	6.1	11548	-
2003	5940	233	410.21	162	25889	-	4.86	24.41	5.1	12167	3225.78
2004	11776	289	229	107	3507.1	14.43	2.71	23.75	8.95	20870	6299
2005	14118	168	186	144	9378.99	16.67	5.24	18.73	12.6	20004	7492.1

第三节　投诉案件查处

1994年，青岛市及各区（市）劳动监察机构设立后，全部公开举报电话并有专人受理。当年，市、区两级劳动监察机构共接到职工投诉举报1364件、来访2342人次，登记立案509起，查处361起，结案率为71%。1995年，全市共受理投诉2386起（市劳动监察处436起），查处1612起，结案率94.5%。其中，集体投诉432起，涉及职工5127人；处理罢工事件5起，涉及职工2148人。1996年共受理投诉案件1861起（其中市劳动监察处166起），立案262起，查处262起，结案率为100%。

2002年，青岛市在受理劳动违法举报方面建立快速反应机制，全年处理突发事件21起，涉及职工2400余人。受理举报5495起，立案2209起，结案2094起，结案率94.8%。2004年，按照“合法、高效、公开”原则，青岛市规范和完善案件处理程序，实行是否受理、是否立案、处理结果“三段告知”，全市共受理侵害劳动者合法权益案件5617起，结案5490起，结案率97.7%，为劳动者直接追回各种报酬6299万元。

2005年，青岛市通过开设热线、窗口接待、设立信箱、网上信箱等形式，畅通举报投诉渠道；实行劳动监察、劳动仲裁、劳动信访、督查考核、效能监督、行政复议的“六位一体”维权联动机制，统一受理案件，快速分流，各负其责，提高办案效率；建立与市工商、市公安110、市城建、市新闻热线多方联动机制，对侵害劳动者权益事件做到快立案、快调查、快处理、快反馈。全年共受理举报投诉案件1.07万起，按期结案率100%。

第五章　劳动维权

改革开放之初，企业与职工劳动关系形式简单，职工通过写信反映有关问题。劳动信访工作由市劳动局办公室专职人员负责，接待职工群众信访和案件处理，全市每年受理职工信访问题不足10件。1983年，青岛市对劳动用工制度进行改革，在新招工人中实行劳动合同制，企业与职工之间因履行劳动合同所引起的争议逐渐增多。

1987年，青岛市设立劳动争议仲裁委员会办公室，主要受理国营企业与劳动者的劳动争议案件。1995年《劳动法》实施后，劳动仲裁受案范围扩大到各类企业、民办非企业单位、个体经济组织等单位。2001年5月，青岛市实行劳动行政复议制度，市劳动保障局负责劳动和社会保险的行政复议和应诉工作。2002年9月1日，《青岛市劳动争议处理条例》正式施行，是山东省第一个地方性劳动争议处理法规，也是全国继宁波市后，第二个制定劳动争议处理地方性法规的城

1991年，青岛市劳动监察人员深入码头，对货物装卸安全工作进行检查

2002年，青岛市举办下岗职工再就业法律咨询会。图为下岗职工咨询相关法律

市。2003年9月，山东省劳动和社会保障厅将青岛市列为全省进行劳动争议机构实体化建设的试点单位。2005年3月4日，市劳动保障争议仲裁办公室更名为青岛市劳动争议仲裁院，为市劳动争议仲裁委员会的办事机构。

2000～2005年，全市共受理各类劳动争议案件2.08万件，收到申请行政复议案件212件，实际受理202件。

第一节　劳动保障信访

1979年，青岛市劳动信访工作继续由市劳动局办公室接待和处理，每年受理职工信访问题较少。80年代，随着国有企业改革推进，部分职工下岗，劳动关系变得复杂，职工群众反映的问题数量大幅上升。1994年12月，为适应劳动信访工作需要，市劳动局增设信访处，具体负责劳动信访工作，并实行青岛市劳动信访两级审议制。1996年，建立青岛市劳动局人民来访接待室，由局信访处、劳动监察处和劳动仲裁处安排专人接访。

1998年，市劳动保障局在信访窗口实行全日制接访，进一步完善各项接访程序，建立投诉、仲裁、信访归口办案的处理机制和现场登记、计算机录入、对口答复、处结反馈的服务体系。1999年，随着企业改组、改制与调整，深化劳动保障制度改革以及下岗职工再就业培训的力度加大，职工信访案件不断增加。当年受理职工来信来访及电话805起、2027人次，分别比1998年上升25%、47%，按期处结率96%。

2002年1月，市劳动保障局新建人民来访接待中心，设置6个信访接待窗口，将就业服务、劳动工资、劳动合同管理等受理范围、办事程序、办事结果公开，实行职工投诉、申诉、信访一个窗口接待，实现日清日结。当年受理职工群众来信来访来电话1231起、2516人次，比2001年分别上升42%、5%，按期处结率96%；为职工提供法规政策咨询3.05万起、3.78万人次，比2001年分别上升46%、41%，一次性答复满意率98%。该年为劳动信访案件的历史最高峰，之后呈逐年下降趋势。

2005年，全市共受理职工信访问题633起、1598人次，按期处结率97%。

破产、特困企业离退休人员未能领取“四项补贴”信访

1993年，青岛市对市内5区国有、集体企业职工、离退休（退职）人员，发放物价、电价煤价、水价补贴每人每月计22元，每月随工资发放。1996年，由职工所在单位发给职工、离退休人员公有住房租金补贴8～10元，按月随工资或离退休费发放，合称“四项补贴”。由于“四项补贴”是青岛市地方政策，不属于国家和省统一规定的基本养老保险统筹项目，没有纳入统筹支付范围。能够发放上述补贴的企业，每月缴纳社会保险费时，一并为所属企业离退休人员缴纳

"四项补贴"费用，由社会保险经办机构随同养老金一起委托银行发放。2001年起，全市有700余家企业破产、特困企业约5万名离退休人员，不能按时领取"四项补贴"（其中部分关闭停产、特困和破产企业有30家），引发大量信访问题。为减轻企业负担，青岛市规定自2004年1月起，市内4区国有、集体企业离退休人员"四项补贴"所需资金，改由市财政筹集承担，由社会劳动保险经办机构每月随同养老金一起发放。企业退休人员"四项补贴"纳入社会统筹后，信访问题得到解决。

"协保"人员工资未达全市最低工资标准上访

2003年，青岛市实行下岗人员基本生活保障与失业保险并轨，下岗职工全部出再就业服务中心，实现市场就业。女满40周岁、男满45周岁及以上的下岗职工，在其与企业解除劳动合同、签订至法定退休年龄的保留养老、医疗保险关系协议（简称协保）后，其养老、医疗保险费由企业一次性缴纳（包括个人缴费部分），达到法定退休年龄时办理退休手续。但由于"协保"人员多是灵活性就业，工资偏低，达不到青岛市最低工资标准，多次集体上访。9月，青岛市对能够提供就业证明且收入低于全市最低工资标准、并纳入就业管理的"协保"人员（不含享受过渡性岗位补助人员），经街道劳动保障中心核查公示情况属实后，可参照企业职工最低工资标准的60%，给予每人每月246元就业补助。"协保"人员收入有所增加和保障，较好地解决集体上访问题。

农工商企业人员不能纳入医保上访

青岛市市内4区农工商企业属亦工、亦农、亦商性质的"城中村"经济实体。2000年青岛市实施医疗保险改革后，资金缺口成为农工商企业人员参加医保的难题，每年上访人员众多。为解决农工商企业人员医疗保障问题，青岛市从国有土地出让收入中，按一定比例提取资金予以补充，并通过《社会保险储备金制度》建立长效资金积累机制。2005年11月1日，市政府印发《关于进一步扩大城镇职工基本医疗保险覆盖面的通知》，将市内4区5万多名原农工商企业职工及退休人员纳入青岛市医疗保险范围，享受正常的医疗保障待遇。

第二节　劳动争议调处

1979年，青岛市以国有经济实体为主，企业由国家下达生产任务，企业与劳动者的权利和义务由国家统一规定，二者之间基本不存在利益冲突，政府可以协调两者间矛盾。随着改革开放的深化，多种经济成分的经济实体不断出现，特别是外商投资企业、股份制企业、私营企业增多，企业和劳动者形成相对权利与义务关系，劳动关系日趋复杂，以往的行政手段难以解决劳动争议。1987年，青岛市制定《贯彻〈国营企业劳动争议处理暂行规定〉实施细则》，开始实行劳

2001年5月，青岛市举行"实施劳动法维护劳动者的合法权益"宣传活动。图为市北区劳动局劳动保障政策宣传活动现场

动争议仲裁制度。同年，设立劳动争议仲裁委员会办公室，主要受理国营企业与劳动者因履行劳动合同和劳动者因开除、除名、辞退发生的劳动争议案件，受案范围相对狭窄。1989年，青岛市共受理案件134件，审理结案121件，按期结案率96%。其中，因履行劳动合同争议103件，因开除职工争议10件，因除名职工争议8件，因辞退职工争议5件，集体劳动争议8件。审理结案案件中，单位胜诉43件，占35.5%；职工胜诉30件，占24.8%；双方部分胜诉48件。

随着改革开放深化，多种经济成分的经济实体不断出现，劳动关系日趋复杂，青岛市受理劳动争议案件呈逐年上升趋势。至1994年，全市共受理劳动争议案件上升到895件。其中，因履行劳动合同发生的争议716件，因开除、除名、辞退职工发生的争议42件，因工资保险发生的争议68件，因职工流动发生的争议43件，其他争议26件。审理结案863件，按期结案率达到96.4%。审理结案的案件中，单位胜诉252件，占29%；职工胜诉426件，占49%；双方部分胜诉185件。

2000年，全市共立案受理劳动争议1683件，涉及劳动者6134人，审理结案1492件，为劳动者追回劳动报酬373万元、社会保险金2120.95万元，为用人单位挽回经济损失417.4万元。在受理劳动争议案件中，国有企业劳动争议540起，占受案总数的32.1%；外资企业劳动争议321起，占受案总数的19.1%；乡镇集体企业劳动争议102起，占受理案总数的6.1%；私营企业劳动争议194起。在审理结案的1492起案件中，调解结案285件，占总数的19.1%；裁决结案651件，占总数的43.6%；其他方式处理556件，占总数37.3%。

2005年，全市共立案受理劳动争议6674件，平均每年递增31.6%。全市14个劳动争议仲裁院，全年审结案件6577件，为职工群众提供法规政策咨询服务2.18万人次。

第三节　劳动行政复议

2000年4月，《青岛市人民政府行政复议工作规则》印发。2001年5月，青岛市对行政复议机关、行政复议申请受理条件、行政复议中止和终止等作出更明确规定。当年机构改革后，由市劳动保障局负责劳动和社会保险的行政复议及应诉工作。

2005年10月，市劳动保障局对行政复议、应诉工作进行责任分工，就行政复议统一对外签收复议应诉通知文书、作出具体行政行为的部门、提供相关的证据材料、政策法规审核、统一报送行政复议机关、建立负责人出庭应诉、错案追究等内容进行规范。至2005年底，共收到各类申请行政复议案件212件，实际受理202件，其中：工伤认定164件、行政处罚16件、其他22件。在实际受理案件中，维持127件、占62.9%，撤销39件、占19.3%，终止36件、占17.8%。

2002～2005年青岛市劳动保障行政复议情况表

表1-19　　　　单位：件

年份	复议区(市)劳动保障局社会保险机构		案由			维持	撤销	终止
	申请	受理	工伤	行政处罚、处理	其他			
2002	28	28	21	3	4	14	9	5
2003	38	34	24	5	5	18	6	10

续表1-19

年份	复议区（市）劳动保障局社会保险机构		案由			维持	撤销	终止
	申请	受理	工伤	行政处罚、处理	其他			
2004	70	69	60	2	7	46	14	9
2005	76	71	59	6	6	49	10	12

第四节　劳动争议仲裁

1994年8月13日，青岛市劳动争议仲裁委员会成立。1995年《劳动法》颁布后，青岛市先后出台《劳动争议仲裁委员会办案规则》《劳动争议仲裁委员会仲裁庭组庭办法》《劳动争议仲裁委员会监督办法》等，全面实行仲裁庭办案制度，劳动争议案件受理范围扩大到各类性质用人单位（企业）与劳动者发生的劳动争议，受理劳动争议种类有所增加，劳动争议仲裁机构的组织建设和办案程序日益规范。

2002年9月1日，《青岛市劳动争议处理条例》施行，对劳动争议案件受理、管辖、调解、仲裁、诉讼等程序作出具体规定。适用范围扩大到各类企业、民办非企业单位、个体经济组织以及国家机关、事业单位、社会团体和与之建立劳动合同关系的劳动者发生的劳动争议。首次明确将民办非企业单位和与之形成劳动关系的劳动者发生的劳动争议，纳入劳动争议处理范围；首次明确把用工单位不签订劳动合同形成事实劳动关系发生的劳动争议、企业生产经营出现困难进行经济性裁员发生的争议、履行工资集体协议和聘用协议发生的争议等，纳入劳动争议受案范围。《条例》规定，用人单位、乡镇（街道）、行业可以设立劳动争议调解委员会，劳动争议调解委员会中取得仲裁员资格被聘为兼职仲裁员的调解人员，可依法对一般劳动争议案件实行独立调解，经劳动争议仲裁委员会批准，可依法制作具有强制执行力的《劳动争议调解书》。另外，规定举证责任制度、证据保全制度、部分裁决先予执行制度、财产保全制度等。

为落实《青岛市劳动争议处理条例》，市劳动争议仲裁委员会相继出台《立案调解工作规则》《举证期限与交换规则》《劳动争议仲裁委员会举证通知书》《劳动争议当事人风险告知书》《劳动争议仲裁收费办法》等，明确劳动争议案件的处理分为普通程序、简易程序和特殊程序，全市劳动争议仲裁趋于规范化。

2000～2005年，通过依法劳动仲裁，为劳动者追回劳动报酬、保险福利及补偿金、赔偿金等共计3亿元，为用人单位追回违约金、赔偿金等共计5000万元。

2005年，青岛市劳动争议仲裁院揭牌

2001～2005年青岛市劳动争议处理情况统计表

表1-20

年份		2001	2002	2003	2004	2005
受理案件数（件）		2587	2933	3812	4951	6674
争议涉及人数（人）		7331	9915	10431	11957	16165
按申诉人分类（件）	用人单位申诉	386	338	397	467	492
	劳动者申诉	2200	2595	3415	4484	6182
按争议原因分类（件）	劳动报酬争议	707	827	1096	1319	1907
	保险福利争议	515	676	1062	1822	2456
	工伤待遇争议	460	432	400	463	737
	职业培训争议	2	3	2	1	9
	变更劳动合同争议	9	24	49	94	105
	解除劳动合同争议	415	647	836	881	1022
	终止劳动合同争议	198	146	216	189	197
	下岗争议	59	48	45	26	54
	其他争议	222	130	106	156	187
结案数（件）		2402	2673	3624	4757	6456
按期结案率（%）		–	95.1	95.5	97	98
按处理方式分类（件）	裁决	1221	475	1790	2356	3251
	调解	462	1152	759	1036	1359
	其他方式	719	1046	1075	1365	1846
按处理结果分类（件）	用人单位胜诉	274	475	640	576	1591
	劳动者胜诉	1086	1152	1400	2282	2911
	双方部分胜诉	1042	1046	1584	1899	1954
争议涉案金额（万元）		3302	4206	12221	9278	12372
按金额类型分类（万元）	劳动报酬	794	906	4173	1539	2475
	保险福利	1418	1602	5734	5496	7780
	违约金、赔偿金	346	805	1441	1153	640
	为用人单位挽回经济损失	744	893	873	1090	1477
为劳动者追回经济损失（万元）		2558	3313	11348	8188	10895

第二篇 社会保险

青岛市实施劳动保险始于20世纪20年代末。1929年12月，南京国民政府公布《工厂法》，确定劳动保险范围限于“用发动机器之工厂”，且平时雇用“直接从事生产或辅助其生产之工人在三十人以上者”。1933年1月，《青岛市工人待遇暂行规则》扩大劳动保险实施范围，但保险待遇标准却低于《工厂法》规定。

解放后，全市劳动保险除工厂职工以外，商店店员通过协商签订合同得到一定保险。1950年4月，对商业职工的病死医疗待遇和年老退休金待遇等作出明确规定。1951年，国家颁布《劳动保险条例》后，青岛市100人以上国营、公私合营、私营和合作社营工厂、矿场以及铁路、航运、邮电3个行业，率先实行劳动保险制度，随后扩大到厂矿、交通事业单位和国营建筑公司。保护雇佣劳动者的身体健康，并减轻其生活中的特殊困难。1956年，随着国民经济的发展，劳动保险实施范围扩大到商业、外贸、粮食、供销社、金融、民航、石油、地质、水产、国营农场、造林等13个行业和部门，同时提高保险待遇标准。“文化大革命”时期，承办劳动保险业务的各级工会组织停止活动，企业职工劳动保险统筹制度被废除，退休费等改由企业直接支付。

概　述

中共十一届三中全会之后，随着经济体制改革的逐步深入，青岛市社会保险制度改革梯次展开。在养老、医疗、工伤、失业、生育五大保险中，养老保险和医疗保险涉及人员最广、资金最多、影响最大，是社会保险制度改革的主体。自1978年至2005年，青岛市社会保险制度改革大体分为三个阶段。

第一阶段，1978～1993年为改革探索期。这一阶段的探索主要在两个层面展开：一是在对新招职工实行劳动合同制的同时，配套实行养老保险和失业保险；二是在固定工中探索退休费社会统筹、个人适当负担医疗费，以及在部分行业或地区进行大病医疗费统筹试点等。这些探索虽然是局部的、零散的，并带有明显的局限性，但却为创建与市场经济相适应的新型社会保险制度创造条件。

第二阶段，1994～2000年为制度初创期。该时期工作重点：一是创建以社会统筹与个人账户相结合为主要特征的新型养老保险制度。在1993年全市用工实行全员劳动合同制的基础上，青岛市成立养老保险改革课题组，1994年实施《青岛市城镇企业从业人员养老保险暂行规定》，实施范围包括青岛市各类企业和包括农民工在内的所有从业人员。企业按本单位职工工资总额的25%、个人按本人工资的8%缴纳养老保险费；社会保险机构按本人缴费工资的12%为职工建立个人账户；养老金由基础性养老金和个人账户金两部分组成，基础养老金以本人退休前一年社会月平均工资及本人工龄年限、按不同百分比计发，个人账户金以本人个人账户积累资金总额除以120计发。至此，一个以“单位缴费和个人缴费相结合、社会统筹与个人账户相结合、公平与效率相结合”为基础的新型养老保险制度框架基本确立。此后，虽然实施范围于1996年扩大到个体业主及其从业人员、自由职业者，1997年又扩大到10万农工商企业职工（城市扩建过程中的失地农民），以及各类缴费比例、计发比例及其具体管理办法时有调整，但基本制度框架未有大的变化。养老保险基本制度的确立，为其他几项社会保险制度改革奠定基础。二是在养老保险顺利实施基础上，1995年同时实施企业职工医疗保险、工伤保险、生育保险3个试行办法，以及1993年实行的《青岛市待业职工保险暂行办法》，青岛市初步建立起五大社会保险政策体系。

在实施过程中，失业保险、工伤保险和生育保险比较顺利，医疗保险则社会反响较大。主要问题：一是单位按在职职工工资总额的3%、退休费总额的8%双基数缴费，造成部分国有老企业负担过重；二是职工住院超过3000元以上的医疗费才能纳入社会统筹、按比例报销，除此之外的医疗费

2003年，青岛市建立社会保险业务网站，方便社会保险基金网上缴费和支付

全部由企业和职工负担。相对于较高的缴费比例，企业感到吃亏。三是社会化管理程度低。虽然要求企业为职工建立个人账户，但由于个人账户放在企业管理，在实际运行中有相当多的企业没有落实，形成大量空账户。1996年实行《青岛市企业职工医疗保险暂行办法》试点后，对缴费比例和报销基数等进行较大幅度调整，1997年后逐步推开。

第三阶段，2000～2005年为完善提高阶段。该阶段工作重点围绕医疗保险制度展开。1998年12月，国务院颁布《关于建立城镇职工基本医疗保险制度的决定》，青岛市在认真总结医疗保险改革经验基础上，市政府于2000年6月颁布《青岛市城镇职工基本医疗保险暂行规定》《青岛市城镇职工大额医疗救助金筹集使用管理办法》《建立单位补充医疗保险的指导意见》等4个配套意见。市劳动保障局同步推出《青岛市城镇职工个人账户管理使用办法》《青岛市城镇职工基本医疗保险社会统筹金支付范围及其管理办法》等12个配套文件，形成全国最为完备的医疗保险地方政策法规体系。

2000年7月1日，青岛市新一轮医疗保险制度改革正式实施，一次性纳入企业职工70万人。此后，实施范围逐步扩大到个体、自由职业者，以及非青岛市户口农民工。7月16日，劳动保障部在青岛召开医疗保险制度改革现场会，青岛市医疗保险配套改革办法被推广到各省、直辖市、自治区及计划单列市。2001年7月，国务院在青岛召开现场会，青岛市医疗保险制度改革在全国产生重要影响。2004年，市政府对《青岛市城镇职工基本医疗保险暂行规定》进行修改，单位缴费比例由8%调整为9%，降低职工个人负担比例，加大对违规行为的监督处罚力度，并形成《青岛市城镇职工基本医疗保险规定》。同时，对工伤保险、生育保险办法进行修改，对养老保险办法进行部分调整，形成青岛市比较完备的社会保险体系。

2005年，全市年收缴各类社会保险基金68.19亿元，支付各项社会保险待遇63.56亿元。

第一章　养老保险

改革开放初期，青岛市职工养老实行由企事业单位“一包到底”办法。1984年，在对新招职工实行劳动合同制的同时，开始建立合同制职工养老保险制度。10月，市政府在劳动部门建立社会保险经办机构，称为“劳动保险公司”，1986年对国有和县以上集体企业固定职工实行退休费用社会统筹。1988年，将统筹范围扩大到“三资”企业的中方职工，1992年实现养老保险基金全市统筹。1993年，青岛市固定职工开始个人缴纳养老保险费。1994年10月，《青岛市城镇企业从业人员养老保险制度暂行规定》实施，开始实行社会统筹与个人账户相结合的养老保险模式，实现由企业保险向社会保险全面过渡。1998年10月1日，青岛市实现与全国基本养老保险制度并轨。同年，养老金由企业代发改为由社会保险经办机构委托银行发放。2000年，企业离退休人员月人均养老金为561元。

进入21世纪，青岛市从参保范围、缴费比例及待遇发放等方面，对养老保险制度进行不断完善，城镇所有企业从业人员以及个体工商户和自由职业者等各类从业人员，全部逐步纳入参保范围。2003年，建立“个人、村集体、乡镇（街道）财政、区（市）财政四方筹资，实行个人账户与社会统筹相结合”的新型农村社会基本养老保险制度。2005年4月，印发《青岛市农民工参加基本养老保险暂行规定》，实现企业养老保险政策全覆盖。

至2005年底，全市参保企业2.9万多家，112.3万人参保缴费，年征缴基金39.09亿元。1996～2005年，全市共征缴养老保险金231.74亿元，支付养老保险待遇222.67亿元。

第一节 制度改革

青岛市养老制度改革大体上可分两个阶段：1984～1994年为社会统筹试点及实施阶段，1994年后为“社会统筹与个人账户相结合”阶段。1994年，青岛市实行机关事业社会保险制度改革，建立机关事业单位合同制职工社会养老保险。2003年，《青岛市事业单位职工社会基本养老保险暂行办法》实施。社会基本养老保险参保范围覆盖机关单位合同制职工，财政全额、差额拨款及自收自支事业单位的所有在编人员。

1998年，青岛市召开全市统一企业职工基本养老保险制度工作会议

合同制职工养老保险制度

1984年，青岛市建立合同制职工养老保险制度。6月，市政府印发《青岛市城镇劳动合同制试行办法》，市劳动局印发《青岛市城镇劳动合同制试行办法实施细则》《关于合同制职工缴纳劳动保险基金的通知》。10月，市劳动部门建立社会保险经办机构（劳动保险公司），全市养老保险改革正式开始。范围是：1982年后，经劳动部门批准招收的全民和县以上集体单位的合同制工人（含学徒工），以及经市、县和主管部门批准补充自然减员招收的合同制工人（含学徒工），从1984年1月1日起缴纳劳动保险基金；对1984年后参加工作的合同制工人，劳动保险基金从参加工作之月起缴纳。劳动保险基金按月缴纳，具体标准为：用工单位按合同制工人工资总额的20%税前提取，合同制工人按本人标准工资的2%投保。各单位每月将上月劳动保险基金缴存所在区（县）劳动保险公司。

合同制工人养老金制度一直执行至1992年。当年，全市参加养老保险合同制职工20.84万人，缴纳养老保险1.03亿元。1992年后与固定职工离退休费用社会统筹金合并，称为企业职工“养老金”。

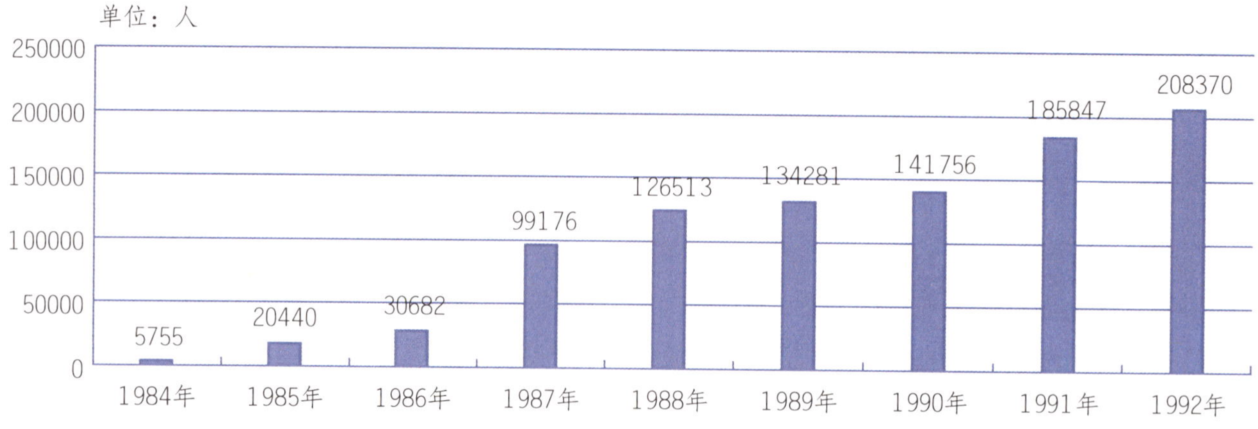

图2-1 1984～1992年青岛市合同制职工参加养老保险人数增长示意图

固定职工离退休费用统筹

1986年11月，《青岛市统筹退休费试行办法》规定，全民所有制和县以上集体所有制企、事业单位固定职工的退休费用，分别实行全民和集体社会统筹。市内5区以市为单位组织统筹，各县和黄岛区以县（区）为单位组织统筹。退休费用筹集以“以支定筹、略有节余”为原则，每月按照各单位全部固定职工工资总额加退休费总额之和的18%缴纳统筹费用。

1992年1月1日起，青岛市对固定职工退休费用实行全市统筹。统筹范围为青岛市行政区域内全民所有制和县以上集体所有制企业。统一统筹项目包括：基本养老待遇[含离休费、退休费、退职生活费和因工（公）致残护理费]、物价补贴、各种生活补贴、各种福利费、死亡待遇及供养直系亲属待遇。固定职工退休统筹基金按照“以支定筹、略有节余”原则，以企业固定职工工资总额加退休费总额为基数，统一提取比例，全民所有制企业按24%、集体所有制企业按27.5%的比例税前提取、缴纳。

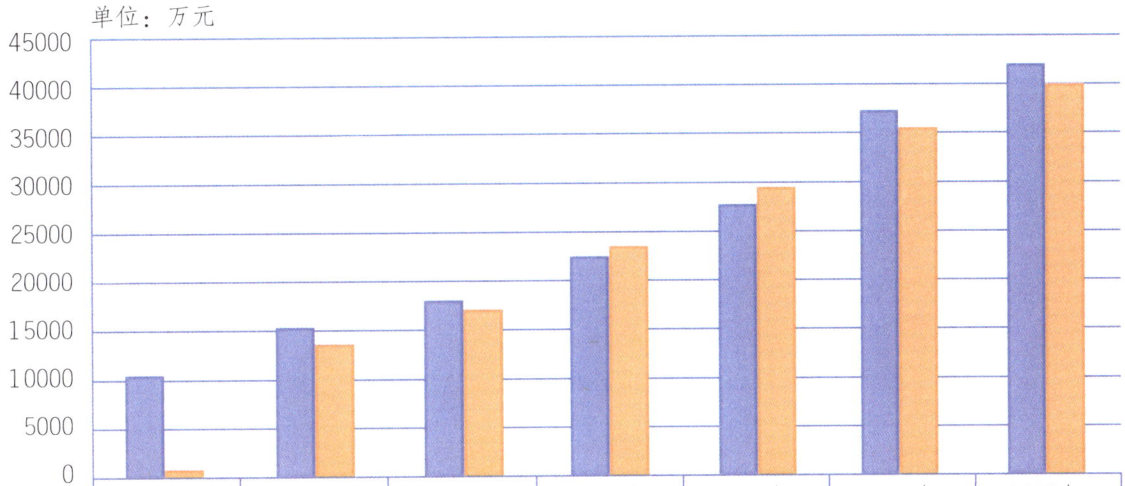

	1986年	1987年	1988年	1989年	1990年	1991年	1992年
固定统筹收入	10691	15516	18330	22506	27883	37360	42133
固定统筹拨付	950	13859	17194	23727	29407	35665	40202

图2-2　1986～1992年青岛市固定职工退休费用统筹基金缴付情况示意图

个人缴纳基本养老保险费制度

1993年10月1日起，全市企业全面实行职工个人缴纳基本养老保险费制度。职工个人缴纳基本养老保险费范围为，青岛市行政区域内应参加社会养老保险统筹的全民所有制、县以上集体所有制企业干部、固定工、合同工、城镇户口临时工，外商投资企业、内联企业、股份制企业、私营企业及其他企业干部、固定工、合同工、城镇户口临时工。职工按本人上一年月平均工资收入的2%缴纳。职工个人缴费的工资收入，是指按国家统计局规定列入工资总额的项目，包括工资、奖金、津贴、补贴等收入之和。职工实行个人缴纳基本养老保险费，按国家规定计算的连续工龄，可视为职工个人缴费年限。

由于企业实行全员劳动合同制，不再区分国家干部、固定工、合同制身份，并实行固定职工个人缴纳基本养老保险费制度，实际上将原合同制养老金与固定工统筹金，统一为1993年以后的企业职工养老金。

建立统一养老保险模式

1994年开始，青岛市实行“社会统筹和个人账户相结合”的城镇企业从业人员养老保险模式，不分企业性质和职工身份，统一费率、统一养老保险计发办法，基金统一调剂使用和统一管理。市社会保险机构依照国家技术监督局发布的社会保障号码，为从业人员建立基本养老保险个人账户，记入个人账户的基本养老保险费，用于支付本人退休后养老金，不得提前支取。青岛市企业缴纳基本养老保险费，以上一年度该企业从业人员月人均工资收入与上一月从业人员人数之积为基数，按照25%的比例缴纳，本人按照3%比例缴费。

1998年，市政府印发《关于建立统一的企业职工基本养老保险制度的决定》，青岛市城镇企业从业人员养老保险，与国家统一基本养老保险制度并轨执行。

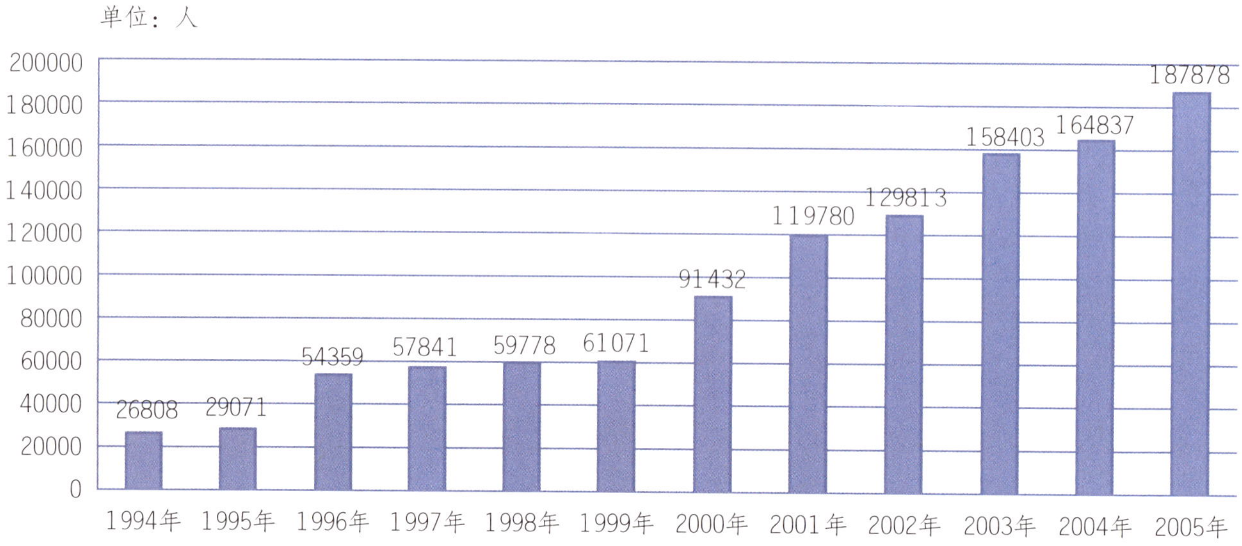

图2-3 1994～2005年青岛市国家机关事业单位养老保险参保人数增长示意图

第二节 基金管理

征缴模式

青岛市自1984年实行劳动合同制职工缴纳养老金制度，至1986年实行固定工退休费统筹，养老金一直由企业代扣代缴，按月向所在区(市)社会保险经办机构缴纳。1996年10月，全市实行养老、医疗、工伤、生育四项社会保险费的“一票征缴”。1997年1月将失业保险纳入，实行五险“一票征缴”，实现包括养老保险费在内的五项保险“统一受理、统一基数、统一征缴、统一结算、统一票据”的“五统一”。2004年2月起，参保企业通过“网上银行”征缴社会保险费，由“网上申报”“网上征缴”“票据邮寄”组成三位一体的社会保险费均在网上进行征缴，票据经邮寄、快递传递。至2005年底，通过该模式征缴社会保险费的企业1.4万家。

2005年，养老保险费征缴实行由银行代收，个体经济组织从业人员、自由职业者及灵活就业人员，参保时可到指定银行网点办理登记手续，并同时开设活期储蓄账户存折或银行卡作为缴费账户，以后可到任一网点缴纳社会保险费。至2005年底，全市通过银行代缴社会保险费人数10.1万人。

缴费基数

1984年11月，市劳动局《关于合同制工人缴纳劳动保险基金的通知》规定，用工单位缴费基数按合同制工人工资总额为计算标准，合同制工人缴费基数按本人标准工资。1993年9月，市劳动保障局《关于实行企业职工个人缴纳基本养老保险费的通知》规定，职工按本人上一年月平均工资收入作为缴费基数。1994年8月起，以本人上年度月平均工资收入作为缴纳基本养老保险的缴费基数，企业以上年度该企业从业人员月人均工资收入与上一月的从业人员人数之积为缴费基数。1998年10月，从业人员个人缴费以个人实际收入为基数。

1997年开始，青岛市社会保险经办机构委托市工商银行代发养老金。图为签约仪式现场

2003年11月，市劳动保障局《关于2004年度参保企业及其从业人员社会保险缴费基数申报、确认有关问题的通知》规定，参保单位以全部从业人员个人缴费基数之和作为单位缴费基数，从业人员个人缴费基数之和发生增减变化时，单位缴费基数同时相应调整，并延续至2005年。

缴费比例

1984年11月起，青岛市用工单位合同制工人劳动保险基金，按其工资总额的20%税前提取。1993年9月，职工按本人上一年月平均工资收入的2%缴纳。1994年8月1日起，全市统一养老保险费缴费比例，驻市内4区企业统一按25.5%比例缴纳，其他区(市)逐步过渡到全市统一比例。1999年8月起，青岛市规定私营企业及其职工缴纳基本养老保险费缴费比例为18%。其中，雇员个人1999年按7%缴纳，2000年按8%缴纳；企业1999年按11%缴纳，2000年按10%缴纳。

2002年1月，私营企业缴纳基本养老保险费比例调整为15%，次年1月调整为20%，个人缴费比例仍为8%。2003年7月1日，外商投资企业基本养老保险费缴费比例从25%降低至20%。10月1日，全市国有、集体企业社会养老保险费缴费比例调整为24%，2004年1月1日调整为23%，2005年1月1日调整为21%。

参保人数及基金收支

1984～1992年，青岛市合同制职工参保人数从5755人增至20.84万人，共征缴劳动保险基金3.36亿元；参加固定职工退休费用社会统筹的离退休人员人数从12.64万人增长到18.55万人，共征缴统筹基金17.44亿元，支付16.1亿元。

1993～2005年，全市养老保险参保企业个数从4236家增至2.96万家，净增2.53万家，年增幅58.2%；参保职工人数从1993年的73.3万人增至112.3万人，净增39万人，年增幅16.3%；离退休人数从1993年的18.7万人增至37.2万人，净增18.5万人，年增幅16.6%。1993～2005年，共征缴养老保险基金256.5亿元，年增幅50.1%；共支付养老保险基金248.9亿元，年增幅57.4%。13年间，全市基本养老保险基金收支平衡，且略有结余。养老保险参保人数增幅与离退休人数增幅基本保持一致。

1984～1992年青岛市养老保险基金收支情况表

表2-1

年份	参保人数（人）			固定统筹离退休人数（人）	征缴（万元）			支付（万元）		
	合同制职工	固定统筹	小计		合同制职工	固定统筹收入	小计	合同制职工	固定统筹拨付	小计
1984	5755	–	5755	–	41	–	41	4	–	4
1985	20440	–	20440	–	205	–	205	9	–	9
1986	30682	472715	503397	126360	472	10691	11163	16	950	966
1987	99176	506838	606014	143251	1948	15516	17464	22	13859	13881
1988	126513	501995	628508	159726	2842	18330	21172	29	17194	17223
1989	134281	509658	643939	170197	4516	22506	27022	35	23727	23762
1990	141756	480388	622144	171025	5931	27883	33814	43	29407	29450
1991	185847	501692	688539	180596	7310	37360	44670	52	35665	35717
1992	208370	496200	704570	185498	10335	42133	524687	60	40202	40262

1993～2005年青岛市养老保险基金收支情况表

表2-2

年份	参保企业数（家）	参保人数（人）	离退休人数（人）	缴费基数（万元）	征缴总额（万元）	支付总额（万元）
1993	4236	733498	187164	213037	64858	55574
1994	3979	627361	210561	244121	74503	101140
1995	4636	716552	228554	354909	110417	96243
1996	5309	728000	231497	399010	136751	124684
1997	7079	691652	237494	429500	130914	136947
1998	6763	678673	247496	477580	152788	137272
1999	6768	722684	258352	464581	164690	160322
2000	10926	794156	278303	550589	200112	192829
2001	11475	796168	305805	635325	219636	220998
2002	15383	839124	323133	687186	277733	272337
2003	18999	905501	340269	895213	303481	286844
2004	24225	1007552	355006	1048788	337795	317255
2005	29569	1123078	372492	1274138	390883	386295

第三节　离退休人员养老待遇

1978年，国家第三次放宽离退休条件，提高离退休人员待遇标准。此后，离退休人员待遇随在职职工工资调整，并作为工资调整（改革）组成部分。1989年，随着社会养老保险体制建立，离退休人员待遇单独调整并逐年增加。1994年8月，青岛市建立企业离退休人员基本养老金正常调整机制，定期调整养老金。每年根据全省上一年职工平均工资增长率和城镇居民消费价格总指数变化情况，基本养老金适当增长或不调整。1997年，青岛市离退休人员养老金实现社会化发放，改由企业发放为社会保险经办机构委托工商银行直接发放。2005年，青岛市退休人员最低月养老金标准290元，退职人员月最低退职生活费标准240元。企业离退休人员养老金由1994年月人均330元，提高到2005年月人均781元。

离休人员待遇

1979～1988年，青岛市企业离退休人员待遇历次调整，基本上随着在职职工工资改革进行。1989年，青岛市建立社会养老保险制度，离退休人员待遇调整开始单独实施。其标准为：建国前参加革命工作，凡是按本人原标准工资80%计发退休费的职工，每月生活补贴为本人原标准工资的20%。1992年，按照离休人员离休时间和参加革命工作时期，按不同比例增发25%～35%离休金。

1994年，企业离退休人员待遇调整纳入全市企业离退休人员基本养老金正常调整机制后，青岛市多次为企业离休人员和建国前参加工作退休老工人提高待遇，增加职务、住房和生活补贴等。1995年7月1日起，对1993年9月30日前离休人员，以本人基本养老金为基数，按15%比例增加离休金。1996年，对抗日战争时期参加革命工作人员，增发本人月基本养老金的25%；解放战争时期参加革命工作人员增发10%。1999年，全市25.47万名离退休人员增加基本养老金，月人均增加178元，离休干部和建国前参加工作老工人人均月增233元。2003年，全市7590名离休干部和建国前老工人月增发养老金88.85万元，相应月增加住房增量补贴11.03万元，补发1～2个月工资额生活补贴45.31万元。2005年，为7区和胶南市5656名离休人员和建国前老工人调整补发生活津贴、住房增量补贴及1～2个月工资额生活补贴，月增加养老金支出168万元，补发2005年1～3月期间的养老金552万元。

退休人员待遇

80年代后，随着社会养老保险制度建立，离退休人员待遇开始单独调整实施。1994年8月，青岛市建立企业离退休人员基本养老金正常调整机制，定期调整养老金。企业退休人员的增加待遇规定，与机关事业单位退休人员规定完全脱钩。每年根据全省上一年职工平均工资增长率和城镇居民消费价格总指数变化情况确定，指数增长时，基本养老金适当进行调整，出现负增长时，基本养老金不予调整。其中，机关事业单位改企业前办理离退休、退职手续和机关事业单位改企业后、经批准仍执行机关事业单位工资保险福利制度的离退休、退职人员，其基本养老金调整仍按机关事业单位增加待遇规定执行。企业退职人员调整待遇按企业退休人员基本养老金正常调整的80%进行。此次养老金机制调整，共为

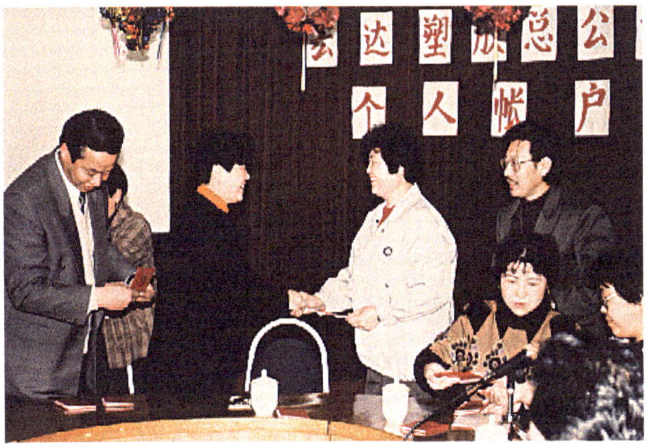

1996年，青岛宏达塑胶总公司举行退休职工养老保险个人账户公布核对仪式

18.31万名离退休、退职人员增加待遇。其中，退休人员17.23万人、退职人员0.18万人。补发离退休金7786万元，退休人员月增加38元、退职人员月增加28元。1997年后，按照国家确定的“企业离退休人员养老待遇水平要与机关事业单位同类人员大体相当”原则，根据企业离退休人员基本养老金正常调整机制，全市10余次单独为企业离退休人员增加待遇，使企业离退休干部养老待遇水平与机关事业单位同类人员基本平衡。仅2001年，调整待遇涉及退休、退职人员28.52万人（含死亡人员3618人），人均月增60元。调整待遇后，每月增加养老金支出1687万元。

2004年，全市32.25万名企业退休、退职人员调整、补发养老金，月人均增加养老金60.5元，月增加养老金支出1950万元。2005年，驻市内4区和崂山区、黄岛区、城阳区企业退休人员，月最低养老金标准320元，退职人员月最低退职生活费标准260元。驻5市企业退休人员月最低养老金标准290元，退职人员月最低退职生活费标准240元。

养老金计发　1994年10月1日起，青岛市按照社会性养老金和缴费性养老金两部分之和计发基本养老金，另加国家、省规定的各项补贴，采取新方法计算职工养老金。青岛市企业职工在社会养老保险改革过渡期内（1994～2005年）退休，属于正常退休、特殊工种退休的，其基本养老金按新老办法对比计发，即按新办法计算的基本养老金数额低于老办法的，差额部分予以补齐，高于老办法的，按不同时期相应规定执行；属于破产企业提前退休、病退的，每提前1年退休，其基本养老金减发2%（不含个人账户养老金）。按新办法计算养老金中的缴费指数依照职工历年缴费工资计算。凡属青岛市社会保险统筹范围内职工，实际缴费年限不满4年，不按新办法计算养老金。属青岛市社会保险统筹范围外转入职工，退休前按上述办法计算后，实际缴费年限不足4年，要按转入前职工原始工资发放单、工资发放花名册或养老保险关系转移单记载的实发工资（工资总额口径）或实际缴费工资计算到4年，如记载的实发工资或实际缴费工资低于当地上年度社会平均工资60%或高于300%的，分别按60%或300%计算。

最低养老金标准　1979年，青岛市退休费每月低于25元的，按25元发给；因工致残退休费低于35元的，按35元发给；退职生活费低于20元的，按20元发给。1983年7月，退休费、退职生活费最低保证数每月提高5元。1989年3月，退休费加生活补贴每月低于50元的，按50元发给；退职费每月低于45元的，按45元发给。

1996年12月起，市内4区和黄岛区、崂山区企业退休人员，月退休费标准按200元发给，退职人员月退职生活费标准按150元发给。5市及城阳区企业退休人员，月退休费标准按170元发给，退职生活费标准按130元发给。1998年12月起，市内4区和黄岛区、崂山区企业退休人员，月退休费标准增到230元，退职人员月退职生活费标准增加到180元。

2002年4月，市内4区和崂山区、黄岛区、城阳区企业退休人员，月最低养老金标准由270元提高到320元（城阳区由240提高到320元），退职人员月最低退职生活费标准由220元提高到260元（城阳区由200元提高到260元）。5市企业退休人员月最低养老金标准由240元提高到290元，

2002年，青岛市调整最低养老金标准。图为退休职工喜领养老金

退职人员月最低退职生活费标准由200元提高到240元。以上规定执行至2005年。

精减退职人员生活困难补助费 1985年，青岛市为全民所有制单位中，1957年底以前参加工作、1961年1月1日到1965年6月9日期间精减退职、无固定收入人员，发放生活困难补助费。建国前参加工作的每人每月20元，建国后参加工作的每人每月15元。1994年，执行山东省劳动厅等三部门《关于调整企业精减老职工生活困难补助费标准的通知》，将建国前参加工作的精减退职人员生活困难补助费增加到每人每月50元，建国后参加工作的增加到每人每月40元。1999年，执行山东省劳动和社会保障厅、省财政厅《关于调整企业精减退职老职工生活困难补助费标准的通知》，调整为建国前参加工作的每人每月100元、建国后参加工作的每人每月90元。以上规定延续至2005年。

管理与服务

1986年前，青岛市企业退休人员管理和养老金发放由企业直接管理和发放。1988年，即墨市率先实行养老金由社保经办机构直接发放到退休人员，同时对退休人员医疗费进行社会统筹，并组织退休人员参加各种文体活动，形成最初的“即墨退管模式”。1994年1月1日，青岛市第一家破产企业——青岛毛纺织厂退休人员，由四方区社会保险经办机构直接管理，退休人员养老金和医疗费直接由四方区社会保险经办机构发放和报销，为青岛市养老金社会发放的开端。1997年5月，市政府印发《关于实行企业离退休人员养老金社会化发放的通知》，规定每年9月进行领取养老金资格认证，改变企业发放养老金方式，实行由社会保险经办机构委托工商银行，直接向离退休人员发放养老金的社会化发放形式，确保全市企业离退休人员养老金一天不拖、一人不漏、一分不少。

2003年11月，青岛市印发《关于积极推进企业退休人员社会化管理服务工作的意见》，全面启动企业退休人员社会化管理服务工作。企业退休人员社会化管理服务内容，由确保养老金按时足额发放，保障企业退休人员基本生活，逐渐扩展到集中管理企业退休人员人事档案，完善企业退休人员基本信息库，开展健康教育、疾病预防和保健工作，提供医疗护理和康复服务，组织企业退休人员开展文化体育健身活动等。至2005年底，青岛市基本建立起“两级政府、三级管理、四级服务”的社会化管理服务工作组织体系和网络体系，全市98%企业退休人员实现社会化管理服务，其中进入街道社区的占81%以上。

第四节　农村社会养老保险

1992年3月，青岛市在崂山区、即墨市、胶南市、平度市、莱西市部分村庄进行农村社会养老保险试点。1999年，全市137个乡镇（街道）、5899个行政村参加农村社会养老保险。2003年，青岛市探索建立新型农村养老保险制度，并在城阳、崂山、黄岛3区进行试点。青岛市农村社会养老保险以“政府扶持和有限补助”为主要特征，农村养老保险资金筹集以支定收，个人缴费设上下限（最低不低于6%，最高不高于18%），政府财政补助资金作为兜底、分期支付。由于有政府财政扶持、补贴和兜底，农民参保积极性较高。2005年，胶州、胶南、平度、莱西、即墨5市建立被征地农民基本养老保险制度。

至2005年底，全市共有75万农民参加农村社会养老保险，累计收缴保险费15亿元。

制度建立

1992年3月，市政府印发《关于开展农村社会养老保险试点工作的通知》，决定在崂山区、即墨市、胶南市、平度市、莱西市部分村庄进行农村社会养老保险试点，至1994年底，全市有57个乡镇、1352个村的农民参保。1997年2月，《青岛市农村社会养老保险暂行规定》施行。1999年6月，市民政局所属青岛市农村社会养老保险工作办公室，成建制移交市劳动和社会保障局管理。当年，青岛市除市南区以外的11个区（市）、137个乡镇（街道）、5899个行政村参加农村社会养老保险，形成以“个人缴费为主、集体补助为辅、国家给予政策扶持、个人账户储蓄积累”为模式的农村社会养老保险框架。

2003年，青岛市对实行10年的农村养老保险制度进行改革，主要解决缴费档次低、缴费随意性大、缺乏政府财政扶持机制等问题，探索建立新型农村社会基本养老保险制度，并首先在城阳区进行试点。当年，城阳区收缴农村社会养老保险费5亿元，适龄人员参保率达80%，男60周岁、女55周岁及以上人员一次性补缴参保率97%以上。2004年5月，青岛市被劳动和社会保障部确定为农村社会养老保险试点改革城市，市政府决定将试点扩大到黄岛区和崂山区，当年，城阳、黄岛、崂山参保人数达30万，参保率90%，收缴保费6亿元。

2005年，青岛市在市郊3区实施农村社会基本养老保险制度后，重点开展五市的农村社会基本养老保险制度，特别是被征地农民养老保险制度的建立工作。10月，市政府印发《关于推进各市被征地农民基本养老保险工作的意见》，对5市建立被征地农民养老保险范围、资金来源渠道、待遇水平等作出规定。12月，市政府印发《关于建立社会保险储备金制度的暂行办法》，规定各区（市）集体土地征为国有后出让的，将从土地出让收入中按一定比例提取社会保险储备金，专项用于补充养老、医疗和其他社会保险基金。2005年10月，即墨、胶州、胶南、平度、莱西5市全面启动以被征地农民为重点的新型农村养老保险工作，新型农村养老保险制度采取个人、村集体、乡镇（街道）财政、区（市）财政四方筹资的方式，实行个人账户与社会统筹相结合的基金管理模式。至2005年底，新型农村养老保险制度在青岛市全面推开，城阳、崂山、黄岛适龄参保率达到90%以上，5市被征地农民养老保险参保率占被征地农民适龄人员的42.8%。

至2005年底，全市共有75万农民参加农村社会养老保险制度，累计收缴保险费15亿元。其中，新型农村养老保险制度参保人数39.8万人，收缴保险费总额11亿元；老式农村养老保险参保人数为35.2万人，收缴保险费4亿元。当年有11万人享受领取养老金待遇，累计支出养老金5亿元。新制度养老金领取标准最高为每月447元，最低为每月75元；老制度养老金领取标准最高为每月454元，最低为每月不足10元。

2004年，青岛市开展农村养老保险政策进村宣传活动

基金筹集

2004年，青岛市新型农村养老保险费筹集，采取个人缴费、集体补助和政府扶持相结合方式。各区（市）以统计部门公布的上年度农民人均纯收入为当年缴费基数（也可按当地城镇社平工资为缴费基数），根据当地经济社会发展状况和个人、村集体、财政承受能力，确定缴费比例。个人缴费部分，缴费比例划分不同档次，参保人可自行选择；

2005年，青岛市举办全市被征地农民养老保险工作培训班

根据当地实际，确定村集体补助比例下限标准，具体补助比例由各村（居）民会议决定；区（市）、街道（镇）财政根据负担能力，对农村基本养老保险分别给予适当补助，所需资金从本级财政收入和土地收益中列支。各区（市）政府建立农村社会基本养老保险统筹基金，设立专户。除财政收入安排一定比例外，街道（镇）财政提供的补助费用和征地费用收入，纳入基金专户管理，专项用于对农村基本养老保险补助。

为落实失地农民“失地不失保、土地换保障”原则，青岛市规定对人均耕地面积不足0.02公顷的参保农民，区（市）、街道（镇）财政补助标准之和不能低于个人缴费比例下限。村集体将土地出让金村集体所得部分的70%，土地租赁费、厂房租赁费以及集体资产处置收入等的30%，用于缴纳农村养老保险。上述各项资金在留足社会保险费后，才可用于其他支出。为鼓励参保农民多缴费，实行个人账户为主、社会统筹为辅，充分发挥个人账户自我积累、自我保障的作用，各区（市）农村社会养老保险经办机构为每个参保人员建立农村社会基本养老保险个人账户，个人缴纳基本养老保险费和村集体补助部分全部计入个人账户。区（市）、街道（镇）政府补助部分作为农村基本养老保险统筹基金，主要用于支付参保人员基础养老金。

基金管理

青岛市农村养老保险基金管理以区（市）为统筹单位，实行收支两条线，纳入财政专户管理，在统筹区域内实行基金收支自我平衡。截至2005年底，全市参加新型农村社会基本养老保险人数达39.8万人，有9万人按月领取养老金。其中，崂山、黄岛、城阳适龄农民参保率达95%以上；5市被征地农民适龄人员参保率达42%，新型农村养老保险制度实施3年，累计结存基金10亿元。

1992～2005年青岛市农村社会养老保险参保人数及基金收缴给付情况表

表2-3

年份	参保人数（人）	缴费金额（万元）	给付人数（人）	给付金额（万元）	年份	参保人数（人）	缴费金额（万元）	给付人数（人）	给付金额（万元）
1992	40077	1024	0	0	1995	174001	2316	539	41.52
1993	41491	924	2	0.534	1996	383273	6712	809	66.05
1994	161013	2506	208	17.09	1997	489725	2274	1905	106.33

续表2-3

年份	参保人数（人）	缴费金额（万元）	给付人数（人）	给付金额（万元）	年份	参保人数（人）	缴费金额（万元）	给付人数（人）	给付金额（万元）
1998	489963	2251	3237	154.81	2002	501161	1771	8470	1396.08
1999	489987	1441	10185	732.62	2003	640182	52752	61132	2112.33
2000	490011	1552	6319	362.09	2004	650819	58930	95063	12403.4
2001	490231	1861	5004	1106.15	2005	770234	40545	107903	18074.4

第二章　医疗保险

1979年，青岛市继续实行企业职工“门诊分系统包干，住院统管”公费医疗保障模式。1985年，全市取消门诊记账单制度，改为“门诊交钱看病，凭病历和医药费收据报销”制度。1996年1月，《青岛市企业职工医疗保险暂行办法》在全市企业施行。1997年开始在部分医院实行“定点医院、定额结算”管理办法。2000年7月1日，实施《青岛市城镇职工基本医疗保险暂行规定》，建立医疗保险费筹集机制。医疗费结算按照“总量控制、弹性结算”原则，基本涵盖常见医疗费较高的病种范围。

2002年，个体经济组织和自由职业者纳入实施范围。同年，5市3区基本医疗保险制度相继建立，青岛市成为全国最早实现基本医疗保险广覆盖的城市。

第一节　制度改革

1988年，青岛市开始实行企业劳动、工资和社会保险三项制度改革试点，在全国率先试水“实行个人负担部分医疗费用”，即职工报销医疗费时个人负担10%，全年个人负担额以本人工资总额的5%为限，并于1989年在全市推开。1991年起，青岛市开始改革公费医疗制度，实施医疗费用由定点医院按人头包干管理，制定药品及诊疗项目目录，建立定点、转诊、对定点医院考核奖惩等制度，并先后在市南、台东、沧口3区进行区属企业医疗费用统筹，在即墨、胶南、莱西3市进行离退休人员医疗费社会统筹试点。1994年，在驻崂山区企业进行医疗保险实行社会统筹与个人账户相结合的改革试点。1995年，《青岛市企业职工医疗保险暂行办法》施行，按照“社会管理与企业管理相结合”“大病社会统筹、小病企业个人负担”原则，在四方区和平度市所有驻地企业职工进行医疗保险改革试点，1997年在全市企业推开。2000年，《青岛市城镇职工基本医疗保险暂行规定》施行。全市行政区域内所有企业事业单位、国家机关、社会团体、民办非企业单位及其在职职工和退休人员全部参保，中央属、省属驻青单位也按规定参加地方医疗保险。至年底，全市参加医疗保险的职工达87.8万人。

2004年，《青岛市城镇职工基本医疗保险规定》施行，对全市部分医疗保险政策进行调整，用人单位按职工工资总额9%、职工以本人工资收入2%的比例，向社会保险经办机构缴纳，由社会保险经办机构分别建立医疗保险个人账户和社会统筹基金。2005年11月，全市医疗保险扩大覆盖面，将已参加养老保险、但未参加医疗保险的农工商企业（原城中村整建制转非后改制企业）的6万在职和退休人员纳入医疗保险覆盖范围。2005年，全市基本医疗保险实行两级统筹管理，市内7区实行市级统筹，5个县级市各自作为统筹单位，执行统一基本政策，基金管理平衡。

1996～2005年青岛市企业医疗保险基金征缴情况表

表2-4

年份	参保企业数（家）	参保人数（人）	离退休人数（人）	征缴总额（万元）	支付总额（万元）
1996	834	169652	–	2170	608
1997	5402	655851	–	10489	2975
1998	5944	648704	–	17914	13749
1999	7236	622518	–	18452	12618
2000	8785	648726	229489	35714	13054
2001	9226	655176	248112	29361	–
2002	13734	699499	283048	69689	–
2003	17436	774162	276576	87140	–
2004	23920	885216	314990	108189	–
2005	33222	1564700	372492	198972	155752
合计	125739	7324204	1724707	578090	198756

2000～2005年青岛市基本医疗保险参保单位及人数情况表

表2-5

年份	参保单位(个)			基本医疗人数(人)		
	机关事业	企业	合计	机关事业	企业	合计
2000	0	8785	8785	0	878215	878215
2001	2267	9226	11493	107599	903288	1010887
2002	2638	13734	16372	127576	982547	1110123
2003	2679	17436	20115	137471	1050738	1188209
2004	2973	23920	26893	158755	1200206	1358961
2005	2981	30241	33222	168588	1396122	1564710

个人账户

1995年，青岛市医疗保险改革起步时，职工个人账户由企业管理，个人缴纳的医疗保险费由企业代扣并记入个人账户，职工本人发生医疗费时，先从个人账户中报销。

2000年7月，实行新医疗保险办法，单位和职工缴纳的医疗保险费分为个人账户金和社会统筹金。其中，个人缴纳的全部医疗保险费和单位缴纳医疗保险费的一部分，划入个人账户，形成个人账户金，归参保人个人所有。个人账户金可用于支付药店买药费用、一般门诊医疗费和住院医疗费中个人自负部分等。个人账户不足支付时，本人用现金支付。个人账户资金结余滚存，超支不补，并按国家有关规定计息。职工死亡时，个人账户予以注销，余额可按规定继承。个人账户管理采取工商银行活期储蓄存折方式，个人账户金按月划入个人储蓄账户，参保人可以自由提出个人账户金，用于医疗消费。2002年，青岛市个人账户卡采用劳动保障卡管理方式，参保人持劳动和社会保障卡，可以在设有POS机的定点医疗机构或定点药店刷卡消费。

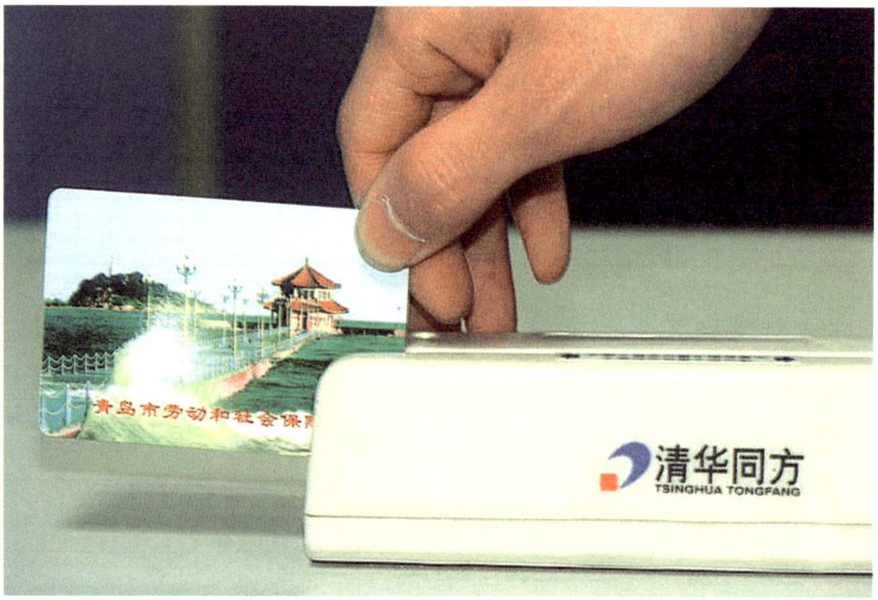

2002年，青岛市启用劳动和社会保障卡，用于劳动保障政策查询和医疗保险个人账户支付

社会统筹基金

1995年，青岛市参保企业按职工工资总额的3%和离退休费总额的8%（1997年调整为5%），向社会劳动保险经办机构缴纳（大病）医疗保险费。职工住院治疗或患（门诊）大病发生医疗费3000元以上部分进入社会统筹，由社会统筹负担的医疗费按累加支付办法拨付，3000至5000元拨付90%，5000至10000元拨付85%，10000元以上拨付80%；剩余部分由企业和个人分别负担。

2000年，建立医疗保险费筹集机制，单位缴纳的基本医疗费在扣除划入个人账户部分后，剩余部分作为社会统筹基金。基金主要用于支付职工住院医疗费和少数如恶性肿瘤晚期行动困难者、脑中风丧失全部或部分行动能力而病情符合住院条件者、尿毒症患者透析治疗等经批准纳入支付范围的门诊大病医疗费。统筹金起付标准在一、二、三级医院分别为500元、670元和840元。一个医疗年度内第二次住院的起付标准减半执行，从第三次住院起不再设起付线。7月，社会统筹金起付标准至最高支付限额之间的个人负担比例为：0～5000元，个人负担18%；5000～10000元，个人负担15%；10000～20000元，个人负担10%；20000元至最高支付限额，个人自负5%。其中，退休人员发生的住院费用和记账管理的门诊大病治疗费用，个人自负比例减半。门诊大病医疗费在一个医疗年度内单独设立一次起付线。社会统筹金支付最高医疗费限额为3.4万元。

2005年2月，对统筹金起付标准至最高支付限额之间个人负担比例进行调整：0～5000元，个人负担比例在一、二、三级医疗机构分别为12%、14%、

16%；5000～10000元，个人负担比例在一、二、三级医疗机构分别为10%、12%、14%；10000～20000元，个人负担10%；20000元至最高支付限额，个人负担5%。统筹金支付最高医疗费限额为4万元。

大额医疗救助金

2000年，青岛市为解决超过基本医疗保险最高支付限额以上的医疗费，建立大额医疗救助金制度。凡是参加基本医疗保险人员，每人每月缴纳一定金额，组成大额医疗救助金，专项管理。当参保人发生超过医疗保险封顶线以上的医疗费时，可由大额医疗救助金支付90%，个人负担10%。大额医疗救助金筹集和救助标准，按照“以支定收、收支平衡、略有节余”原则进行，并根据实际情况变化适时调整。2000年7月，大额医疗救助金筹集标准为每人每月2.5元，在一个医疗年度内大额医疗救助金最高可支付15万元。

2005年2月起，大额医疗救助金的筹集标准调为每人每月5元，在一个医疗年度内大额医疗救助金最高可支付20万元。

特殊人员医疗保障

特殊人员医疗保障主要包括：离休人员（含建国前参加革命工作的老工人）和二等乙级以上革命伤残军人（含警察）、市优诊人员、保健对象、公务员和市级劳动模范。

1979～1994年，特殊人员医疗保障基本按照劳保医疗和公费医疗规定实报实销。1995～2000年，上述人员医疗费除按基本医疗保险规定报销外，剩余部分由原单位兜底报销。2000年，《青岛市城镇职工基本医疗保险暂行规定》实施，对特殊人员医疗保障制度进行改革。

离休人员和二等乙级以上革命伤残军人（含警察）　根据国家和省有关规定，离休人员（含建国前参加革命工作的老工人）、二等乙级以上革命伤残军人（含警察）医疗费不纳入城镇职工基本医疗保险范围，原医疗待遇不变，其医疗费在规定范围内实报实销。2000年6月8日，《青岛市离休人员医疗待遇管理暂行办法》和《青岛市二等乙级以上革命伤残军人医疗待遇管理办法》施行，离休人员医疗费暂按年人均6500元筹集，以后每年按12%的比例调增；二等乙级以上革命伤残军人医疗费，市南区、市北区、四方区、李沧区、崂山区、黄岛区暂按每人每年4000元标准筹集，其他区（市）暂按每人每年3000元标准筹集，以后每年按照12%的比例调增。2005年，青岛市7区5市医疗费定额标准分别为年人均1.02万元和6294元。

离休人员、二等乙级以上革命伤残军人医疗费，属机关和财政拨款事业单位的，由同级财政负担；非财政拨款事业单位和企业的，由单位负担；市属特困、破产企业事业单位的，由市财政每年将所需医疗费统一划入财政专户，由医疗保险经办机构单独列账管理，专款专用。医疗保险经办机构为离休人员、伤残军人制发专用“特殊人员医疗账户卡”，每年分别按离休人员医疗费35%、伤残军人医疗费40%的比例计入卡内，剩余部分作为统筹金列入财政专户管理。医保经办机构根据各定点医院承担的离休人员数量，按照统筹医疗基金的85%核定各医院医疗费年度预付总额，其余15%作为调剂金；“特殊人员医疗账户卡”主要用于离休人员、伤残军人门诊就医。

市优诊人员　市优诊人员范围包括：正市级以上领导干部；老红军；75岁以上正厅级离休干部；80周岁以上副厅级（含享受副厅级待遇）离休干部；抗日战争时期参加革命工作，且“文化大革命”前担任过副厅级以上职务的离休干部；75周岁以上副市级领导干部；中国科学院和中国工程院院士；青岛市保健委员会确定的享受优诊待遇的优秀企业家（4年进行一次调整，实行滚动管理）。对市优诊人员实行医疗照顾政策，凡符合市优诊条件人员，单位和个人均不缴纳医疗保险费，不建立个人医疗账户，其医疗费在规定范围内实报实销，并由青岛市医疗保险经办机构单独列账管理。市优诊人员住院，在指定医院可享受规定的床位标准；因抢救等特殊情况，属治疗性用药可适当放宽；因抢救或特殊适应症用血的费用，可纳入报销范围。

保健对象　享受一类保健待遇人员范围包括：正局级干部，副师职军队转业干部，1983年工资改革前专业科技6级、7级（正高）老知识分子，全国劳动模范。享受二类保健待遇人员范围包括：副局级干部，特级教师，省级劳模和省级拔尖人才，正高职、享受国务院政府特殊津贴、国家级有突出贡献的中青年专家等。经市委组织部确认的市直企业正副职领导干部，可参照市级党政机关正、副局待遇规定，办理相应保健及补贴待遇。

保健对象参加基本医疗保险，缴纳基本医疗保险费，并按规定缴纳保健补贴。保健对象医疗补贴标准，按2000年公费医疗定额标准扣除基本医疗保险按工资总额8%的比例筹集后综合确定，以后每年按一定比例调整。2005年，一、二类保健补贴分别按年人均3630元和2400元标准由单位按季缴纳，其中30%计入个人医疗账户，其余作为调剂金统筹使用，主要用于保健对象医疗费支出的补贴。

公务员　2000年，《青岛市国家公务员医疗补助暂行办法》施行。公务员在参加基本医疗保险并按规定缴纳公务员医疗补助经费的基础上，享受公务员医疗补助。公务员医疗补助经费筹集按用人单位人员（含退休人员）工资总额的4%，由单位按月向社会保险机构缴纳。2002年4月，《青岛市关于调整国家公务员医疗补助有关政策的通知》规定，国家公务员医疗补助经费划入基本医疗保险个人账户部分，以本人缴费为基数，按1%的比例计入，剩余部分作为调剂金，用于公务员医疗补助。

市级劳动模范　2000年，青岛市总工会等4部门发布《关于进一步完善市级以上劳动模范医疗待遇的意见》规定，国家和省级劳模按照保健对象管理，建立市级劳模医疗补助制度。市级劳模医疗补助费筹集，以本人工资（养老金）为基数，由所在单位按照5%比例向社会保险经办机构缴纳。其中，2%计入个人医疗账户，其余作为调剂金专项用于市劳模医疗补助。按上述办法筹集的资金，均由医疗保险经办机构统一管理，主要用于三个方面：一是对基本医疗保险统筹自负部分的补助，二是适当扩大药品及诊疗目录，三是放宽门诊大病管理病种。凡按规定缴纳劳模医疗补助费单位的市级劳模，可在住院、门诊大病等由社会统筹金支付范围内，享受与公务员相同医疗补助待遇。

第二节　基金管理

1995年10月，《青岛市企业职工医疗保险暂行办法》实施后，初步建立起社会统筹金、企业调剂金和个人账户金相结合的医疗保险制度。企业调剂金和个人账户金由企业管理，负责支付小病和门诊医疗费；社会统筹金由社会保险经办机构收缴管理，负责住院和门诊大病医疗费。参保范围是青岛市行政区域内，城镇国有企业、县以上集体企业、私营企业、外商投资企业等，各类单一或混合型经济所有制企业职工和离退休人员。企业按职工工资总额的3%和离退休费总额的8%（1997年调整为5%）向社会劳动保险经办机构缴纳医疗保险费。职工发生住院或大病门诊医疗费时，3000元以下的由企业调剂金和个人账户金承担，3000元以上部分进入社会统筹。由社会统筹负担的医疗费按累加支付办法拨付。至2000年，年征收医疗保险基金1.8亿元、为4.5万人次支付医疗费1.3亿元。

2000年，青岛市部分医疗保险政策调整。医疗保险基金由用人单位和职工个人共同负担，用人单位按职工工资总额8%、职工以本人工资收入2%的比例向社会保险经办机构缴纳。单位和个人缴纳基本医疗保险费，由社会保险经办机构分别建立医疗保险个人账户和社会统筹基金。个人账户包括职工个人缴纳的医疗保险费和单位缴纳医疗保险费的一部分，主要用于支付本人在定点医疗机构的门诊医疗费、住院医疗费中的个人自负部分以及定点药店购药的费用；个人账户资金归个人所有，滚存积累，超支不补，可以继承。社会统筹金为单位缴纳的医疗保险费扣除计入个人账户后的部分，主要用于支付职工住院医疗费，以及经批准纳入社会统筹基金支付范围的特殊疾病门诊大额医疗费。

2000～2005年青岛市医疗保险基金收缴支付情况表

表2-6　　　　单位：万元

年份		2000	2001	2002	2003	2004	2005	合计
基本医疗统筹金	收入	8912.35	35435.86	39084.71	59946.63	71177.76	93559.1	308116.41
	支出	3814.36	25435.7	30092.15	46270.03	52143.33	66499	224254.57
	结余	5097.99	10000.16	8992.56	13676.59	19034.42	27060.1	83861.82
基本医疗个人账户	收入	9691.67	36841.12	42746.98	59654.24	72637.85	81803.68	303375.54
	支出	9460.67	37072.13	42746.98	59654.24	72622.09	81819.46	303375.57
	结余	231	−231	0	0	15.76	−15.78	−0.02
大额医疗救助金	收入	915.2	2628.01	2866.88	3803.79	4885.69	8018.74	23118.31
	支出	97.11	4897.7	3134.08	4948.57	7428.11	9128.21	29633.78
	结余	818.1	−2269.69	−267.21	−1144.78	−2542.42	−1109.47	−6515.47
公务员医疗补助金	收入	0	5385.82	6392.78	8695.06	9385.1	13849.39	43708.15
	支出	0	3886.41	3186.13	5753.07	5175.58	6836.48	24837.67
	结余	0	1499.41	3206.64	2941.99	4209.52	7012.92	18870.48
保健对象医疗补贴	收入	0	1063.52	956.37	1491.13	1624.69	1740.81	6876.52
	支出	0	521.97	412.62	986.1	1106.8	1395.94	4434.43
	结余	0	541.55	543.75	505.03	517.89	344.87	2453.09
合计	收入	19519.22	81354.33	92047.72	133590.84	159711.08	198971.72	685194.91
	支出	13372.14	70792.49	76278.87	110708.68	130630.89	155751.91	557534.98
	结余	6147.08	10561.84	15768.85	22882.16	29080.19	43219.81	127659.93

第三节　定点管理

1995年青岛市开始医疗保险改革时，第一批医疗保险医院有11家。1997年确定第二批医疗保险医院。同年，确定市区首批医疗保险定点药品销售单位为宏仁堂药店等8家。2000年，实施《青岛市城镇职工基本医疗保险暂行规定》后，青岛市首批确定一级以上住院定点医疗机构45家，门诊定点医疗机构287家，定点零售药店22家。至2005年，青岛市住院定点医疗机构77家，门诊医疗机构533家，定点零售药店425家。

定点医疗机构

1995年，青岛市第一批医疗保险医院为青医附院、市立医院、人民医院、第二人民医院、第三人民医院等11家医院。1997年，第二批医疗保险医院为市内4区二级（区属）以上医院及省医学科学院眼科医院、华清医院等和部分专科医院。5市3区定点医院由当地劳动、卫生部门确定。2000年，新医疗保险办法实施后，《青岛市城镇职工基本医疗保险门诊定点医疗机构管理办法》和《住院定点医疗机构管理办法》规定定点医疗机构应具备的条件。同年6月，青岛市首批确定一级以上住院定点医疗机构45家，门诊定点医疗机构287家，此后逐步增加。

2002年8月，市劳动保障局、市卫生局印发《青岛市城镇职工基本医疗保险门诊定点医疗机构管理办法》《住院定点医疗机构管理办法》《定点零售药店管理办法》，确定各医疗保险定点服务机构按其承担的医疗保险任务，分为住院定点医疗机构、门诊定点医疗机构和定点零售药店。其中，门诊定点医疗机构和定点零售药店，只能刷卡消费个人账户基金，不能结算统筹基金。定点医疗机构和定点药店实行动态管理。违反协议的，由市医疗保险经办机构按协议约定处理，直至终止协议。违反医疗保险管理规定情节严重的，由市劳动保障行政部门取消定点资格。

2005年，青岛市为完善多层次医疗保障体系，充分发挥社区医疗卫生资源作用，印发《关于将部分门诊大病纳入社区卫生服务机构管理的试点单位意见》。在具备门诊定点资格的社区卫生服务机构中选择试点，发给“青岛市基本医疗保险社区医疗定点单位”标牌，并向社会公布。凡按规定办理大病门诊的参保职工，可自愿选择一所社区卫生服务机构作为本人门诊定点机构，当年确定41家社区医疗服务机构为医疗保险社区医疗定点单位。至2005年底，全市医疗保险住院定点医疗机构75家，门诊医疗机构533家，社区医疗定点单位41家。

2004年，青岛市医疗保险服务中心工作人员在定点医院进行医疗保险例行检查

2005年青岛市医疗保险住院定点医疗机构一览表

表2-7

级别	医院
三级医院（5家）	青岛大学医学院附属医院、青岛市立医院、青岛海慈医疗集团、青岛市中心医院、解放军第四〇一医院
二级医院（21家）	青岛市第三人民医院、青岛阜外医院、青岛大学医学院附属医院西院区、青岛市第九人民医院、四方区医院、青岛市第八人民医院、四方机车车辆厂职工医院、市北区医院、李沧区中心医院、青岛市浮新医院、市南区浮山医院、青岛大学医学院松山医院、青岛市交通医院、青岛盐业职工医院、青岛德民医院、城阳区人民医院、城阳区第二人民医院、城阳区第三人民医院、解放军第四〇九医院、开发区第一医院、开发区第二医院
专科医院（26家）	青岛市传染病医院、青岛市肿瘤医院、青岛市精神卫生中心、青岛市骨伤医院、青岛民建医院、青岛市商业职工医院、青岛市第五人民医院、青岛思达国际心脏（中心）医院、青岛海生肿瘤医院、青岛市胸科医院、青岛市内分泌糖尿病医院、山东省眼科研究所、青岛上苑医院、市北区中医医院、青岛言林脑血管病医院、青岛大学医学院附属心血管病医院、青岛市麦岛精神病医院、青岛希敏骨科医院、青岛市妇女儿童医疗保健中心、青岛乳腺病医院、青岛东方眼科医院、崂山区精神病医院、青岛广济心理医院、青岛公安消防医院、青岛按摩康复医院、青岛古镇正骨医院
一级医院（23家）	青岛长山医院、四方区医院分院、青岛北海医院、李沧区第三医院、青岛联创实业有限公司职工医院、李沧区第二医院、青岛黄海橡胶集团有限公司职工医院、青岛造纸职工医院、青岛纺联集团一棉有限公司职工医院、青岛海员医院、青岛纺联集团五棉有限公司医院、青岛双桃医院、青岛市内分泌糖尿病医院第一分院、惠康医院、青岛碱业股份有限公司职工医院、青岛华欧医院、城阳区惜福镇医院、城阳区棘洪滩医院、城阳区流亭卫生院、城阳区红岛卫生院、开发区薛家岛医院、开发区骨伤医院、开发区红石崖医院

定点零售药店

1997年，青岛市市区首批医疗保险定点药品销售单位为宏仁堂药店、人民药店、遵古药店、同盛药店、杭州路大药房、康复大药房、同义堂大药房、崂山药店。5市3区定点药品销售单位由当地劳动部门确定公布。

2000年，新医疗保险办法实施后，《定点零售药店管理办法》严格规定定点零售药店应具备的资格与条件，主要包括：取得“药品经营许可证”“营业执照”，达到国家《药品经营质量管理规范》（GSP）标准，经药品监督管理部门年检合格，严格执行青岛市药品集中招标采购有关政策规定的物价部门制定的中标药品临时零售价等，并对独立药店营业区使用面积和人员进行严格规定。定点零售药店为参加医疗保险人员提供处方药品外配服务和非处方药品自购服务，并配备经验丰富、业务熟练的药学技术人员，具备及时供应《青岛市基本医疗保险药品目录》内药品的能力。市劳动保障管理部门会同药监、物价等行政部门对定点零售药店进行监督检查。6月7日，青岛市确定首批定点零售药店22家。至2005年底，全市累计确定定点零售药店425家。

2005年，青岛市召开医疗保险经办管理工作会议

第四节　目录管理

青岛市纳入基本医疗保险统筹支付范围目录包括：基本医疗保险药品目录、基本医疗保险诊疗项目目录、基本医疗保险医疗服务设施目录（简称医疗保险“三个目录”）。参加基本医疗保险人发生“三个目录”范围以外的费用，不纳入统筹报销。

药品目录

1995年，药品报销范围执行《青岛市公费医疗、劳保医疗人员用药报销范围》。2002年1月，《青岛市基本医疗保险药品目录》试行，目录采用准入法编纂，包括西药、中成药、民族药、中药饮片4大部分，共计3000余个药品（药材）种类，近1万个药品商品名。另外，国家规定可以纳入统筹地区基本医疗保险用药范围、青岛市各定点医疗机构生产的近1200种医院制剂，一并收录于《青岛市基本医疗保险药品目录》（中药饮片、医院制剂）分册中。其中，西药和中成药根据药品价格和药效分为“甲类目录”和“乙类目录”。“甲类目录”中收录临床治疗必需、适用广泛、疗效好、同类药品中价格低的药品，由国家统一制定，各地不得调整，基本医疗保险参保人员使用“甲类目录”中药品所发生的费用，按基本医疗保险的规定支付。“乙类目录”中收录可供临床治疗选择使用、同类药品中比“甲类目录”药品价格高的药品。参保职工使用“乙类目录”药品的费用先自付一定比例再进入统筹支付。青岛市对“乙类目录”中部分同种药品不同商品名价格差距较大的，设置统筹支付最高限额。2004年，《青岛市城镇职工基本医疗保险规定》颁布实施，其中的《青岛市基本医疗保险药品目录》也随之以政策法规形式实施。至2005年底，全市一直执行《青岛市基本医疗保险药品目录》。

诊疗项目目录

2002年，《青岛市城镇职工基本医疗保险诊疗项目范围及部分诊疗项目支付标准》（排除法的目录）施行，编入目录的诊疗项目（含部分医用材料）共5000余条，列入医疗保险范围的占89%。其中诊疗项目及服务设施均直接确定收费标准，医用材料没有确定收费标准，但对部分价格较高材料，如冠脉支架、心脏瓣膜等体内置放材料和导线、导管、吻合器等一次性材料，规定统筹支付最高费用限额。对部分项目确定统筹前自负比例，规定限制使用范围。至2005年底，一直执行此标准。

医疗服务设施目录

2002年，《青岛市医疗机构医疗服务项目收费标准（汇编）》（基本医疗保险诊疗项目和医疗服务设施标准的准入式目录）施行。目录包括床位费、留观床位费、层流床位费、取暖费、空调费等收费项目及标准。2002年，将该“目录”内容全部并入《青岛市医疗机构医疗服务项目收费标准（汇编）》。至2005年底，一直执行此标准。

第三章　失业保险

改革开放后，青岛市对经营不善、缺乏市场竞争力的企业实施破产。1984年《青岛市城镇劳动合同制试行办法》规定，职工“待业期间生活确有困难的，由区、县劳动保险公司按社会救济标准给予适当补助”，称为“待业救济金”。1986年，《青岛市关于国有企业职工待业保险暂行规定实施办法》规定，待业保险基金由用人单位按其全部职工标准工资总额的1%缴纳。1988年实施《青岛市临时工、季节工和私营企业职工实行待业保险和养老保险的暂行办法》，自此，青岛市“待业保险”制度初步建立。

1994～1996年，青岛市每年新增享受待业保险人员均为7000余人。为保障待业人员基本生活，1993年制定《青岛市待业职工保险暂行办法》，扩大参保范围至中外合资、事业单位和社会团体。将下岗职工基本生活保障和促进再就业相结合，对青岛市30万余名下岗职工进行分流安置和再就业。1998年，青岛市建立下岗职工基本生活保障制度、待业保险制度、城镇居民最低生活保障制度（三条保障线）。1999年，国务院《失业保险条例》实施，将“待业”改称“失业”，并逐步将保险范围扩大至城镇各类企事业单位及其职工；提高失业保险金标准；建立国家、单位、个人三方筹资机制；基金收入银行账户收支两条线管理，并实现市级统筹。

2005年，青岛市享受失业待遇人数降至3万人。自实施失业保险制度后，至2005年底，全市共有30多万人次享受过失业保险待遇。

1987～2005年青岛市享受失业保险待遇人员情况统计表

表2-8　　单位：人

年份 \ 类别	当年新增	当年减少					年末实有
		合计	重新就业			其他原因	
			合计	自谋职业	灵活就业		
1987	139	24	24	-	-	-	115
1988	1258	542	527	-	-	15	831
1989	1110	942	909	-	-	33	999
1990	1858	1326	1296	-	-	30	1531
1991	1885	1371	1310	-	-	61	2045
1992	2656	1468	1441	2	-	27	3233
1993	7082	2213	2160	37	-	53	8102
1994	7332	4706	4565	94	-	141	10728
1995	7935	5306	4976	89	-	330	13357
1996	7696	5247	5007	523	-	240	15806

续表2-8

年份＼类别	当年新增	当年减少					年末实有
		合计	重新就业			其他原因	
			合计	自谋职业	灵活就业		
1997	13597	17131	16788	1338	9958	343	12272
1998	17367	15488	12583	3269	4953	2905	14151
1999	20673	15150	14791	5696	3992	359	19674
2000	23873	14313	14014	3399	3462	299	29234
2001	33972	21903	16105	6792	2654	5798	41303
2002	34815	24709	20345	8656	2504	4364	51409
2003	38024	20867	18740	7030	1025	2127	68566
2004	41518	73620	59793	12636	26852	13827	36464
2005	41147	47035	69752	13843	24588	7859	30576

第一节　制度改革

1986年10月1日，《青岛市关于国有企业职工待业保险暂行规定实施办法》规定，凡破产企业职工，濒临破产企业在法定整顿期间被精减职工，企业终止、解除劳动合同工人和企业辞退职工，均属待业人员，享受职工待业保险待遇。

1988年1月，《青岛市临时工、季节工和私营企业职工实行待业保险和养老保险的暂行办法》实施，规定将国家机关、社会团体、全民所有制和集体所有制企事业单位、外商投资企业使用城镇户口的男不满60周岁、女不满50周岁，工作时间满1个月以上的临时工、季节工和私营企业职工，列入试行待业保险范围。上述人员在合同期满未续签，符合条件的由街道劳动服务公司发给《待业职工保险手册》；待业前工作时间在1年以上（含1年）的发给两个月的待业救济金；满两年及两年以上的，每满1年加发1个月的待业救济金，最多不超过6个月。

1993年8月，《青岛市待业职工保险暂行办法》实施，职工待业保险政策再作调整。规定参保单位范围从国有企业扩大到县以上集体所有制企业，中外合资、合作经营企业，外商独资企业，港、澳、台商投资企业，实行企业化管理的事业单位，招收劳动合同制职工的国家机关、事业单位和社会团体，其他按国家、省、市有关规定与职工建立劳动关系的单位。除原有四类人员外，按照国家有关规定被撤销、解散企业职工，停产整顿企业被精减职工和企业按规定除名、开除职工，均享受待业保险待遇。待业职工连续工作时间满6个月不满2年的，最多发给6个月待业救济金；连续工作时间满2年不满5年的，最多发给12个月待业救济金；连续工作时间满5年不满10年的，最多发给18个月待业救济金；连续工作时间10年以上的，最多发给24个月待业救济金。

1994年10月1日起，青岛市行政区域内国家机关、事业单位、社会团体工作人员（含中央、省驻青单位和军队所属驻青机关事业单位非军籍人员），均纳入参加失业保险范围。1999年12月，失业保险覆盖范围扩大到城镇各类企事业单位、国家机关和社会团体。

2000年，青岛市对失业保险金的领取等作出具体规定，凡具有青岛市城镇户口，在法定劳动年龄内有劳动能力，未就业或与原工作单位解除、终止劳动关系，有求职要求人员，均应到户口所在区（市）劳动就业服务机构进行失业登记，领取“青岛市城镇劳动者失业证”。失业人员按照规定参加失业保险，所在单位和个人已按照规定履行缴纳保险费义务满1年，并非因本人意愿中断就业，已办理失业登记，并有求职要求的，享受失业保险待遇。失业人员在领取失业保险期间有下列情形之一的，停止领取失业保险金，并同时停止享受其他失业保险待遇：重新就业；应征服兵役的；移居境外的；享受基本养老保险待遇的；失业人员在领取失业保险金期间达到法定退休年龄，办理退休手续享受基本养老保险待遇；被判刑收监执行或者劳动教养的；无正当理由两次拒绝参加职业培训或两次不服从劳动保障部门职业介绍的等等。失业保险金领取期限根据失业人员失业前所在单位和本人累计缴费时间计算（欠缴年度必须补缴）。累计缴费时间满1年不满5年的，每满1年，领取3个月失业保险金；累计缴费时间满5年不满10年的，领取失业保险金期限最长为18个月；累计缴费时间满10年以上的，领取失业保险金期限最长为24个月。至2005年底，一直执行该规定。

第二节　保险待遇

城镇企事业单位职工失业后，持所属单位为其出具的终止或者解除劳动关系证明，及时到指定社会保险经办机构办理失业登记。失业保险金自办理失业登记之日起计算。失业保险金由社会保险经办机构按月发放，失业人员到指定银行领取失业保险金。失业保险待遇包括失业救济金、医疗补助金、丧葬补助金和抚恤金、职业培训和职业介绍补贴等。

救济（保险）金

1986年，青岛市待业救济金数额，以职工离开企业前两年内、本人月平均标准工资为基数按月发放，标准为：工龄不满5年最多发给12个月待业救济金；工龄不满3年，每月为本人标准工资65%；满3年不满5年，每月为本人标准工资75%；满5年及5年以上，最多发给24个月待业救济金，其中第1～12个月，每月为本人标准工资的75%；第13～24个月，每月为本人标准工资的50%。

1993年待业救济金调整为：连续工作时间满6个月不满2年的，最多发给6个月待业救济金，每月标准为85元；连续工作时间满2年不满5年的，最多发给12个月待业救济金，每月标准为90元；连续工作时间满5年不满10年的，最多发给18个月待业救济金，每月标准为95元；连续工作时间10年以上的，最多发给24个月待业救济金，每月标准为105元。

1996年9月1日，待业救济金发放标准统一改为：按当地最低工资标准的75%计发，市内4区及崂山区、黄岛区为每人每月165元，5市及城阳区为135元。1998年，市内4区和崂山、黄岛区待业救济金为每人每月180元，5市及城阳区为150元。1999年，全市失业救济金标准调整为：市内4区及崂山、黄岛区由180元调整为240元，5市及城阳区由150元调整为220元。2001年第五次调整全市失业保险金标准：市内四区及崂山、黄岛和城阳区由240元调整为278元，5市由220元调整为255元。失业人员在领取失业保险金期间或期满后，符合享受城市居民最低生活保障条件的，按规定申请享受城市居民最低生活保障。另外，失业人员领取失业保险金期满，且距法定退休年龄不足2年的，本人申请，经批准后，其领取失业保险金期限可延长至法定退休年龄。

2003年8月，青岛市执行《山东省失业保险规定》，失业保险金标准按照“高于失业人员原单位所在地城市居民最低生活保障标准，低于失业人员原单位所在地最低工资标准”的原则适时调整。2005年，青岛市失业救济金标准为市内4区及崂山、黄岛和城阳区为278元，5市为255元。

医疗补助金

1986年，《青岛市关于国有企业职工待业保险暂行规定实施办法》规定，宣告破产企业职工和濒临破产企业、在法定整顿期间被精减职工患病，在指定医院就医的，其医疗费按原企业规定执行。被辞退职工和终止、解除劳动合同的合同制工人，享受失业待遇期间，在指定医院就医的，其医疗费补助70%。因住院个人负担医疗费确有困难的，可给予适当补助。

1993～1999年，失业保险医疗费待遇标准调整为：失业职工医疗费随失业救济金按月发放，标准为每人每月5元，不享受失业救济时即行停止。患严重疾病（不包括因打架斗殴、参与违法犯罪活动而致伤致病），在所在区（市）职工待业保险机构同意的医院住院治疗，其医疗费个人负担确有困难的，给予不超过医疗费70%的补助。

2000年后，职工失业保险医疗待遇调整为：失业人员在领取失业保险金期间，日常门诊医疗补助金按本人应享受失业保险金标准的5%，每月随失业保险金一并发放给本人。市内7区标准为每人每月15元，5市标准为每人每月13元。失业人员在领取失业保险金期间患病（因打架斗殴、参与违法犯罪致伤致残除外），经本人申请、户口所在区（市）就业服务机构批准备案，可以到劳动保障部门定点医疗机构住院治疗。医疗终结后，由区（市）就业服务中心按照医疗保险“三个目录”的规定，对符合青岛市基本医疗保险用药范围、诊疗项目范围和医疗服务设施标准及相关目录规定所发生的住院期间医疗诊治费用，扣除已标明的自负部分和部分统筹中个人应负担部分后，对剩余费用按照70%的比例和不超过一个医疗年度最高限额报销住院医疗补助金。享受住院医疗补助金（包括大病门诊医疗补助金）期间不再享受日常门诊医疗补助金，已享受日常门诊医疗补助金的，在领取住院医疗补助金时予以扣回。

丧葬补助金和抚恤金

1986年，《青岛市关于国有企业职工待业保险暂行规定实施办法》规定，宣告破产企业职工和濒临破产企业被精减职工，在待业期间死亡的，其丧葬补助金、供养直系亲属抚恤金、救济金，均按国家和企业规定标准办理。1993年，丧葬补助金、抚恤金、救济金调整为：失业职工在待业期间死亡的（因打架斗殴、参与违法犯罪活动而死亡除外），丧葬补助金和供养直系亲属抚恤金、救济金参照青岛市在职职工执行。2000年

2004年3月，全国失业保险工作座谈会在青岛召开，青岛市政府在会上作典型发言

后，失业人员死亡丧葬补助金标准为1000元，一次性救济费为10个月的上年度月社会平均工资。

其他待遇

2000年，青岛市失业保险规定，失业人员在享受失业保险待遇期间，可享受一次免费培训，职业培训补贴标准按每人最高不超过1500元（具体标准按所学专业确定）、职业介绍补贴每人不超过120元的标准予以补助。同时规定，参加失业保险并已足额缴纳失业保险费的单位，经县（市）以上劳动保障行政部门批准招用的农民合同制工人，其工作时间满1年以上，在劳动合同期满后未再与单位续签或提前解除劳动合同的（自动离职、辞职除外），由单位向所在区（市）劳动就业服务机构为其申领一次性生活补助金。按照当地失业保险金标准，依据农民合同制工人在所属单位连续工作时间，每满 1 年发给 1 个月，最多不超过12个月。

第三节　基金管理

1986年，青岛市《关于职工待业保险基金筹集和管理有关问题的通知》规定，国营和县以上集体所有制企业（含中央、省属和部队驻青单位），按其全部职工标准工资总额的1%缴纳待业保险基金；国家机关、事业单位和社会团体，按合同制工人标准工资总额的1%缴纳待业保险基金。职工待业保险基金每年按季度收缴，按上季度实发职工标准工资总额缴纳，采用托收无承付方式，由企业开户银行代为扣缴。市内5区职工待业保险基金由市劳动服务公司统筹，分级管理，由企业开户银行所在县（区、市）劳动服务公司负责收取，待业职工户口所在区劳动服务公司支付使用。各县（区、市）收缴的职工待业保险基金50%交市劳动服务公司，供调剂使用；50%留县（区、市）支付职工待业保险的各项待遇。

1997年1月，青岛市执行《关于失业保险费和困难企业救助基金由社会劳动保险机构统一征缴的通知》，市内4区企业失业保险费改由社会劳动保险机构统一征缴，由用人单位按企业职工工资总额的1%缴纳，职工个人不缴费。企业失业保险费征缴方式采取“一票征缴”模式，用人单位于每月10日前，到参保所在地社会劳动保险机构缴纳。1998年7月1日，青岛市《关于调整失业保险基金缴费比例的通知》规定，市行政区域内各类企业，包括中央属、省属、部队驻青企业、市属企业、区（市）属企业、外商投资企业、私营企业和个体经济组织，按企业职工工资总额的2%缴纳失业保险费，职工个人按照本人工资总额的1%缴纳。

1999年12月，按照《山东省人民政府关于实施〈失业保险条例〉有关问题的通知》要求，青岛市行政区域内城镇企业，包括国有企业、集体企业、外资企业、港澳台商投资企业、乡镇企业、私营企业及其他企业事业单位和民办非企业单位及其职工，国家机关及其除公务员（含参照执行国家公务员制度的人员）以外的职工，社会团体及其专职人员，有雇工的城镇个体工商户及其雇工全部参加失业保险，按规定失业保险费征缴。失业保险基金实行两级统筹，市内4区单位实行市级统筹，5市3区单位由当地市、区统筹。同年，《山东省劳动和社会保障厅、省财政厅关于省征收失业保险费有关问题的通知》规定，中央驻青单位、省煤炭管理局所属企业、省直机关事业单位驻青单位及其职工的失业保险费改由省失业保险经办机构统一征收。按照青岛市有关规定，上述单位与职工解除劳动关系后，主管部门或单位应在15日内到省失业保险经办机构办理审核备案手续，对符合享受失业保险待遇条件的，由单位告知职工在10日内，持省失业保险经办机构审核证明及职工个人档案材料，到青岛市劳动就业服务机构办理失业保险关系转移手续，并到户口所在区（市）劳动就业服务机构进行失业登记，享受失业保险待遇。职工在失业期间，按照青岛市失业保险规定，由劳动就业服务机构负责其失业保险金发放、职业培训和职业介绍等管理服务工作。失业人员应享受住院医疗补助金、丧葬补助金和抚恤金，由当地失业保险经办机构按规定发放，并将发放情况函告省失业保险经办机构。省失业保险经办机构定期拨付代发资金。至2005年底，上述两项规定一直执行。

1989～2005年，青岛市失业保险参保企业个数从3328家增至2.92万家，净增2.59万家，年均增幅36.2%；参保职工人数从1998年的48.07万人增至89.3万人，净增41.23万人，年均增幅10.8%；1987～2005年共征缴失业保险基金15.97亿元，年均增幅22.9%。

1987～2005年青岛市失业保险基金征缴情况表

表2-9

年份	参保企业数（家）	参保人数（人）	征缴总额（万元）	年份	参保企业数（家）	参保人数（人）	征缴总额（万元）
1987	–	–	764	1997	4804	636469	4840
1988	–	–	738	1998	3745	480717	7316
1989	3328	758237	797	1999	4948	431743	11230
1990	3517	761633	975	2000	5895	415406	11442
1991	2117	528790	1048	2001	6748	389309	12596
1992	3677	812243	1282	2002	13344	581033	17839
1993	3682	847492	2328	2003	16901	687053	21033
1994	3837	809739	2984	2004	23265	814631	24648
1995	3045	723385	4048	2005	29213	892904	29052
1996	4273	740279	4735	合计	136339	11311063	159695

1987～2005年青岛市失业保险基金收入支出情况表

表2-10　　单位：万元

年 份	征缴收入	支出项目										
		合 计	救济金	医 疗	丧 葬	介 绍	调剂	管理费	农合制	上缴保险金	两费	其他
1987	764	267	–	–	–	–	–	39	–	–	228	–
1988	738	265	8	–	–	–	–	37	–	–	220	–
1989	797	296	17	–	–	–	–	39	–	6	234	–
1990	975	327	19	–	–	–	118	54	–	6	130	–
1991	1048	441	39	–	–	–	–	70	–	10	322	–
1992	1282	483	51	3	–	–	4	75	–	6	344	–

续表2-10

年份	征缴收入	支出项目										
		合计	救济金	医疗	丧葬	介绍	调剂	管理费	农合制	上缴保险金	两费	其他
1993	2328	1499	181	16	–	–	423	167	–	18	694	–
1994	2984	2536	583	46	–	–	956	238	–	30	683	–
1995	4048	1935	572	49	2	–	220	324	–	41	727	–
1996	4735	3234	944	60	2	–	398	379	–	47	1404	–
1997	4840	4955	1752	86	4	–	1226	387	–	48	1452	–
1998	8486	9782	3488	142	11	–	4035	432	–	54	1620	–
1999	12888	13091	5906	197	15	–	5340	–	–	–	50	1583
2000	18128	13507	7916	273	21	–	3955	–	170	–	757	415
2001	22156	21319	11994	409	26	214	6777	–	201	–	1692	6
2002	25399	28154	21513	923	40	198	3354	–	335	–	1736	55
2003	28896	33870	23419	1044	62	102	7283	–	467	–	1397	96
2004	32725	29117	22051	1084	84	178	3931	–	–	–	1466	323
2005	39007	28975	18660	1030	62	134	7408	–	655	–	1020	6

第四章　工伤保险

自1951年《中华人民共和国劳动保险条例》颁布实施，至1995年《青岛市企业职工工伤保险暂行办法》施行，40多年间，青岛市工伤保险办法虽有小幅调整，但基本政策和制度无大变化。

1990年，《青岛市医务劳动鉴定暂行办法》实施，对工伤致残或患职业病职工伤残等级进行鉴定，为沿用40余年的企业工伤福利制度做改革准备。1995年，《青岛市企业职工工伤保险暂行办法》施行，对职工因工伤致残或患职业病在工伤认定、伤残鉴定、工伤保险待遇拨付和工伤保险基金的征缴、运营、监管等环节作出明确规定。1996年，实行工伤保险定点医院管理，确定定点医院12家。当年，全市享受工伤待遇872人，支付待遇524万元。

2004年，《青岛市劳动能力鉴定管理办法》和《青岛市劳动能力鉴定医疗卫生专家管理办法》施行，青岛市建立起工伤认定、能力鉴定、待遇拨付“三位一体”运行机制，提高认定、鉴定和待遇拨付透明度。至2005年，全市参保职工人数94万人，享受工伤保险待遇5787人，支付各项待遇6240万元。1995～2005年，全市共征缴工伤保险基金3.57亿元，支出工伤保险基金2.28亿元。

第一节　工伤认定

1995年，《青岛市企业职工工伤保险暂行办法》发布施行，规定工伤认定范围：在所属企业生产工作区域内，从事日常生产、工作或企业临时指派的工作，或遭受非本人所能抗拒意外伤害的；经企业安排或同意，从事与企业生产、工作有关研究、发明、创造或者技术改造工作的；在紧急情况下，未经领导指定从事有益于所属企业工作的；在生产、工作环境中接触职业性有毒、有害物质造成职业病的；为维护社会和人民利益抢险救灾和见义勇为的；乘单位班车上下班途中发生交通事故或遭受不可抗拒意外伤害的；在因公出差或工作调动途中，遭受意外伤害或患急病的；从事日常生产、工作或企业临时指派工作，因意外事故失踪的；复员、转业军人因公、因战致残后旧伤复发的；其他按照国家有关规定，经区（市）以上劳动行政主管部门认定为工伤的。另外规定，在生产工作中由于自杀、自残、斗殴、酗酒，以及本人违法犯罪行为造成伤残或死亡的，不属于工伤。

2004年1月1日，青岛市执行国务院《工伤保险条例》规定，认定为工伤的情形有：在工作时间和工作场所内，因工作原因受到事故伤害的；工作时间前后在工作场所内，从事与工作有关的预备性或者收尾性工作受到事故伤害的；在工作时间和工作场所内，因履行工作职责受到暴力等意外伤害的；患职业病的；因工外出期间，由于工作原因受到伤害或者发生事故下落不明的；在上下班途中，受到机动车事故伤害的；法律、行政法规规定应当认定为工伤的其他情形。另外视同工伤情形有：在工作时间和工作岗位，突发疾病死亡或者在48小时之内经抢救无效死亡的；在抢险救灾等维护国家利益、公共利益活动中受到伤害的；职工原在军队服役，因战、因公负伤致残，已取得革命伤残军人证，到用人单位后旧伤复发的。因犯罪或者违反治安管理伤亡的，醉酒导致伤亡的，自残或者自杀的不认定为工伤。上述规定在很大程度上放宽工伤认定标准，维护职工利益。

第二节　劳动能力鉴定

2004年，青岛市劳动能力鉴定标准按照劳动保障部、卫生部《职工非因工伤残或因病丧失劳动能力程度鉴定标准（试行）》执行。劳动功能障碍分为十个伤残等级，最重为一级，最轻为十级；生活自理障碍分为生活完全不能自理、生活大部分不能自理和生活部分不能自理3个等级。同年，青岛市劳动能力鉴定项目包括：职工工伤（职业病）劳动能力、护理依赖程度的鉴定，工伤职工旧病复发的鉴定，工伤职工延长停工留薪期的鉴定，工伤职工需要进行康复性治疗的鉴定，工伤职工配置辅助器具的鉴定，疾病与工伤因果关系的鉴定，供养亲属劳动能力程度的鉴定，非法用工单位伤残人员劳动能力程度的鉴定，有关部门委托劳动能力程度的鉴定。

2004～2005年，全市因工伤残鉴定人数为9554人。2004年鉴定工伤人员2453人，其中：伤残一至四级198人、五至六级249人、七至十级1750人、未达级256人；2005年鉴定工伤人员3322人，其中：伤残一至四级201人、五至六级260人、七至十级2458人、未达级403人。

鉴定程序

2004年，青岛市执行《中华人民共和国职工工伤与职业病致残程度鉴定》，根据器官损伤、功能障碍、医疗依赖及护理依赖4个方面将工伤、职业病伤残程度分解为5个门类，划分为10个等级、470个条目。其鉴定程序为：由用人单位、符合劳动能力鉴定条件的工伤职工本人（或其直系亲属）向当地劳动能力鉴定机构提出鉴定申请，提交工伤认定决定书和职工工伤医疗等资料。劳动能力鉴定机构在收到申请人申报劳动能力鉴定资料后，审定申请及附件资料并受理。按科别从医疗卫生专家库中随机抽取3～5名专家组成专家组，组织现场查体及辅助检查，检查结果由医疗卫生专家提出各自诊断、鉴定意见，按照少数服从多数的原则，形成专家组鉴定意见。劳动能力鉴定结论由鉴定机构根据专家组的鉴定意见作出，时效为自收到鉴定申请之日起60日内。必要时可以延长30日，并及时通知申请人。劳动能力鉴定结论应自作出之日起10日内送达申请鉴定的单位和个人。另外，自劳动能力鉴定结论作出之日起1年后，工伤职工或其直系亲属、所在单位或经办机构认为伤残情况发生变化的，可以申请劳动能力复查鉴定。

鉴定机构与专家

2003年，青岛市劳动能力鉴定委员会成立。委员会成员由市劳动保障局、市人事局、市卫生局、市总工会和市企业联合会等部门领导以及用人单位代表组成。市劳动能力鉴定委员会下设市劳动能力鉴定中心，具体承担劳动能力鉴定日常工作和劳动能力鉴定组织管理工作。

2004年，《青岛市劳动能力鉴定医疗卫生专家管理办法》施行，规定劳动能力鉴定医疗卫生专家由市劳动能力鉴定委员会负责选聘，建立劳动能力鉴定医疗卫生专家库。医疗卫生专家选聘条件为：具有医疗卫生高级专业技术职务任职资格，具有丰富临床经验，掌握劳动能力鉴定相关知识，具有良好职业道德。符合条件的颁发《青岛市劳动能力鉴定医疗卫生专家聘书》，聘用时间一般为1年。鉴定专家根据青岛市卫生局备案人员确定，由神经内科、神经外科、精神科、骨科、整形外科、烧伤科，眼科、耳鼻喉科、口腔科、普外科、胸外科、泌尿生殖科、职业病内科等具有副主任医师以上职称人员组成。2005年，该医疗卫生专家库共储备专家355人。

第三节　保险待遇

1995年，按照《青岛市企业职工工伤保险暂行办法》规定，青岛市对工伤保险待遇采取“就高不就低”的原则。1996年，建立工伤定期待遇正常调整机制，伤残职工定期伤残抚恤金和护理费以及因工死亡供养直系亲属的定期抚恤费，随着青岛市职工工资收入提高，适时进行调整。至2003年底，全市参加工伤保险企业1.61万家，参保人员近59万人。当年征缴工伤保险费3996万元，支出工伤待遇3140万元，支付率为78.5%。2004年1月1日，执行国务院《工伤保险条例》和《青岛市人民政府关于贯彻鲁政发〔2003〕107号文件加强工伤保险工作的通知》有关规定。2005年，青岛市征缴工伤保险基金94万元，支付各项保险待遇6240万元，享受工伤保险待遇人

1995年，《青岛市企业职工工伤保险暂行办法》施行。图为劳动监察人员为企业职工宣讲工伤保险政策

员5787人。

一次性伤残补助金

1995年起，青岛市一次性伤残补助金以青岛市上年度月社会平均工资为计发基数，一至十级发放标准依次为24、22、20、18、16、14、12、10、8、6个月。2004年，青岛市执行《工伤保险条例》规定，一级伤残为24个月本人工资，二级伤残为22个月本人工资，依次按两个月递减，十级伤残为6个月。

医疗待遇

1995年，青岛市规定职工工伤应当到指定医院治疗。治疗所需挂号费、住院费、医疗费全额报销；需住院治疗的，按照在市辖区因公出差伙食补助最高标准的三分之二发给住院伙食补助费。经批准转外地医治的，交通费、食宿费由单位按因公出差规定报销。治疗期间，其工资、各种补贴和福利待遇，均由企业按照原标准发给。职工工伤医疗期最长不得超过24个月。医疗期满后，如旧伤复发，由单位申报，经区（市）以上医务劳动鉴定机构认定，在旧伤治疗期间，可以继续享受工伤医疗待遇。一至四级伤残职工医疗终结前和终结后旧伤复发的医疗费、住院费，80%由社会保险机构支付，其余20%由企业负担。五至十级以及不列入伤残等级的工伤医疗费用，由企业负担。1996年，青岛市工伤保险医疗待遇调整为：被鉴定为伤残一至十级职工医疗期内的医疗费、住院费，以及被鉴定为伤残一至四级医疗期满后旧伤复发的医疗费、住院费，由社会保险机构全额支付。

2004年，青岛市对工伤医疗待遇作出调整：职工治疗工伤，符合工伤保险诊疗项目目录、工伤保险药品目录、工伤保险住院服务标准的挂号费、医疗费、药费、住院费等费用，从工伤保险基金支付。职工住院治疗工伤的，由所在单位按照所属单位因公出差伙食补助标准的70%发给住院伙食补助费；经医疗机构出具证明，报社会保险经办机构同意，工伤职工到统筹地区以外就医的，所需交通、食宿费用由所在单位按照所属单位职工因公出差标准报销；工伤职工到签订服务协议的医疗机构进行康复性治疗所发生的符合条件的康复费用；工伤职工在停工留薪期满后仍需治疗的，继续享受工伤医疗待遇。

生活护理费

1995年，青岛市因工致残人员护理费标准为：工伤一级每月100元，其中伤残程度特别严重、饮食起居需人扶助的，每月150元；二级每月80元；三级每月60元；四级每月50元。根据居民生活水平状况，护理费标准由市劳动行政主管部门进行相应调整。

1996年，按照劳动部规定，青岛市对因工致残人员护理费进行调整，将依照工伤致残等级确定，改为依照护理等级确定。医务劳动鉴定机构根据进食、翻身、大小便、穿衣及洗漱、自我移动5项条件，确定护理等级。护理等级分为全部护理依赖、大部分护理依赖和部分护理依赖3个等级。其护理费以确定护理等级时上年度当地月社会平均工资为基数，分别按50%、40%、30%比例发给。原按照伤残等级享受护理费人员，应进行伤残等级复查，符合新护理等级的，按新护理费标准执行。如复查后不够新护理等级，可依照复查后伤残等级，继续按《青岛市企业职工工伤保险暂行办法》规定护理费标准享受护理补贴。1996年12月1日以后发生的工伤，一律按新办法鉴定确定护理等级，符合条件的享受相应护理费，原护理费标准不再执行。

2004年，青岛市将生活护理费标准调整为，工伤职工已经评定伤残等级并经劳动能力鉴定委员会确认需要生活护理，按照生活完全不能自理、生活大部分不能自理和生活部分不能自理3个等级，按月领取生活护理费。生活护理费标准分别为统筹地区上年度职工月平均工资的50%、40%和30%执行。

定期伤残津贴

1995年，青岛市定期伤残津贴标准为：按照评定伤残等级时青岛市上年度月社会平均工资计算，一、二级为90%，三、四级为80%，并继续享受国家规定的取暖补贴以及供养直系亲属的医疗待遇等；易地安家的，发给易地安家补助费，标准为6个月的青岛市上年度月社会平均工资。如果企业安排工作有困难，五、六级由企业按月发给青岛市上年度月社会平均工资70%的伤残抚恤金，七至十级，如职工本人自愿申请自谋职业，可一次性发给辞职补助金，其标准为，工龄每满一年发给其一个月的所属企业上年度职工月平均工资。1996年，青岛市定期伤残津贴调整为，被鉴定为伤残七至十级的，企业应按伤残情况安排适当工作。如安排工作确有困难，企业可以上年度所属企业职工平均工资为基数，七、八级发给60%，九、十级发给50%的伤残抚恤金。

2004年，青岛市实行六级定期伤残津贴标准：职工因工致残被鉴定为一至四级伤残，保留劳动关系，退出工作岗位，用人单位和职工个人以伤残津贴为基数，缴纳基本医疗保险费。定期伤残津贴标准为，一级伤残为本人工资的90%，二级伤残为本人工资的85%，三级伤残为本人工资的80%，四级伤残为本人工资的75%。伤残津贴实际金额低于当地最低工资标准的，由工伤保险基金补足差额，工伤职工达到退休年龄并办理退休手续后，停发伤残津贴，享受基本养老保险待遇。基本养老保险待遇低于伤残津贴的，由工伤保险基金补足差额。五至六级工伤职工保留与用人单位劳动关系，由用人单位安排适当工作。难以安排工作的，由用人单位按月发给伤残津贴，其津贴标准为，五级伤残为本人工资的70%，六级伤残为本人工资的60%，并由用人单位按照规定为其缴纳应缴各项社会保险费。伤残津贴实际金额低于当地最低工资标准的，由用人单位补足差额。

死亡赔偿

1995年，青岛市执行的因公死亡丧葬费标准为5个月的青岛市上年度月社会平均工资，一次性因工死亡补助金标准为：有供养直系亲属的，发给48个月的青岛市上年度月社会平均工资；没有供养直系亲属的，发给36个月的青岛市上年度月社会平均工资。供养直系亲属定期抚恤费标准，按当地上年度月社会平均工资计算，城市每人每月为40%，农村每人每月30%；其中孤寡老人及孤儿，每人每月增加5%。一至四级伤残职工因病死亡后，其丧葬费、供养直系亲属定期抚恤费按照上述规定发给；一次性因工死亡补助金，按青岛市上年度月社会平均工资20个月的标准发给。

1996年，根据劳动部有关规定，青岛市调整丧葬费和一次性因工死亡补助金标准。丧葬费标准调整为6个月的青岛市上年度月社会平均工资，一次性因工死亡补助金有供养直系亲属的调整为60个月青岛市上年度月社会平均工资，没有供养直系亲属的调整为48个月青岛市上年度月社会平均工资。一至四级伤残职工因病死亡后，按上述标准的50%发给一次性因工死亡补助金。

2004年，按照《工伤保险条例》规定，青岛市将因工死亡职工直系亲属可领取待遇调整为：（1）丧葬补助金，标准为6个月的统筹地区上年度职工月平均工资。（2）供养亲属抚恤金，按照职工本人工资一定比例发放，标准为：配偶每月40%，其他亲属每人每月30%，孤寡老人或者孤儿每人每月在上述标准基础上增加10%。核定各供养亲属的抚恤金之和不应高于因工死亡职工生前工资。（3）一次性因工死亡补助金，以统筹地区上年度职工月平均工资为基数，按以下标准发给：无供养亲属的48个月；有供养亲属，供养1人的52个月，供养2人的56个月，供养3人及以上的60个月。另外，伤残职工在停工留薪期内因工伤导致死亡的，其直系亲属享受上述待遇。一至四级伤残职工在停工留薪期满后死亡的，其直系亲属不享受一次性因公死亡补助金，只享受丧葬补助金和供养亲属抚恤金待遇。

第四节　基金管理

缴纳

1995年，青岛市工伤保险基金实行全市统筹，分类确定费率。根据行业生产危险程度、劳动环境和事故频率等情况，费率分为四类（0.5%～1.2%），按企业上年度全部职工工资总额为基数计算。工伤保险费在企业管理费中列支。

2004年1月1日起，驻市内4区用人单位工伤保险缴费费率，以用人单位职工工资总额为基数，属于《工伤保险行业风险分类表》规定的一类行业按0.5%、二类行业按1%、三类行业按1.6%缴纳工伤保险费。驻5市和崂山、黄岛、城阳3区用人单位缴费费率，由当地劳动保障部门会同同级财政、卫生、安全生产监督管理部门测算确定，报当地政府批准后实施。工伤保险经办机构以用人单位《营业执照》经营范围所对应行业差别费率档次，确定用人单位缴纳工伤保险费费率。属于跨行业经营的，按经营最高风险行业差别费率档次确定。统筹地区经办机构根据用人单位上年度工伤保险费使用、工伤发生率和职业病危害程度等因素，对属于二、三类行业用人单位缴费费率，每1～3年浮动一次。浮动办法由市劳动保障部门会同市财政、市卫生和市安全生产监督管理部门制定。用人单位缴纳工伤保险费数额为单位全部职工工资总额乘以单位缴费率之积。参保单位按规定到所在区（市）经办机构申报应缴纳工伤保险费数额和参保职工人数，并按时足额缴纳工伤保险费，职工个人不缴纳工伤保险费。用人单位申报工伤保险缴费基数不实而造成工伤职工待遇降低的，其差额部分由用人单位予以补齐。2004年，青岛市工伤保险储备金按全市当年工伤保险基金征缴额10%的比例提取。

1998～2005年，共征缴工伤保险基金3.57亿元，年均增幅22.1%；共支出工伤保险基金2.28亿元，年均增幅27.2%。

支付

1995年，青岛市工伤保险基金支付范围包括：一次性伤残补助金、定期伤残津贴、因工死亡补助金、丧葬费及供养亲属的定期待遇、生活护理费、工伤医疗待遇。市社会保险机构每年从当年节余的工伤保险基金中提取10%，用于工伤预防、职业病康复及奖励在工伤预防和职业康复中作出突出成绩的单位。

2004年，青岛市工伤保险基金进行改革，除调整支付范围和标准外，还调整包括治疗工伤疾病所需的符合工伤保险“三个目录”的医疗费用；工伤职工到签订服务协议的医疗机构进行康复性治疗的费用；工伤职工因日常生活或者就业需要，经劳动能力鉴定委员会确认，可以安装假肢、矫形器、假眼、假牙和配置轮椅等辅助器具费用；工伤保险基金还承担劳动能力和工伤相关项目鉴定费及职工再次鉴定结论发生变化的鉴定费等。青岛市工伤医疗费支付范围较《青岛市企业职工工伤保险暂行办法》扩大，将五至十级工伤职工（含《青岛市企业职工工伤保险暂行办法》实施前由企业认定，并经保险鉴定的五至十级工伤人员）的旧伤复发医疗待遇，自2004年1月1日起，按照“三个目录”支付标准，纳入工伤保险基金统筹范围。同时，改进工伤保险待遇拨付方式，利用劳动保障信息系统，将工伤医疗费审核和拨付纳入计算机管理，实现同协议服务医疗机构联网结算，全市一至四级工伤职工定期待遇实现社会化发放。工伤职工一次性伤残补助金、因公死亡职工亲属及供养亲属待遇，均实现社会保险机构、定点医院的社会化发放。

2005年，青岛市享受工伤保险待遇人员5787人，支付各项待遇6240万元。其中：一至四级伤残人员1082人，支付待遇1560万元；支付工伤医疗费2546万元。

1996～2005年青岛市工伤保险基金支付情况表

表2-11

年份	总人数（人）	支付总额（万元）	支付内容									
			1～4级		供养		一次性待遇		工伤死亡		医疗费	
			人数（人）	金额（万元）	人数（人）	金额（万元）	人数（人）	金额（万元）	人数（人）	金额（万元）	人数（人）	金额（万元）
1996	873	524	211	131	189	24	102	85	29	70	342	214
1997	4046	2158	635	539	346	99	1108	350	107	289	1850	881
1998	3083	1224	702	305	451	56	560	198	54	164	1316	501
1999	3358	1395	788	349	532	64	570	226	55	187	1413	569
2000	3659	1774	823	443	595	81	646	287.	63	238	1532	725
2001	3964	1910	988	477	626	88	621	309	60	256	1669	780
2002	4156	2200	1049	550	656	101	639	356	62	294	1750	899
2003	4594	3140	1051	785	702	144	817	509	78	420	1946	1282
2004	5365	4894	1071	1223	731	225	1137	793	109	656	2317	1997
2005	5787	6240	1082	1560	769	287	1308	1011	119	836	2509	2546

第五章　生育保险

1995年，《青岛市城镇职工生育保险暂行办法》实施，青岛市在全国率先建立企业职工生育保险制度。当年，全市生育保险参保企业4585家，参保职工49.5万人。1997年，实行生育保险定点医院、定额结算办法，生育津贴（产假工资）实行社会化发放，直接发给生育女职工本人。2003年，《青岛市城镇职工生育保险办法》将4项计划生育手术及并发症诊疗费纳入统筹范围，参保职工自妊娠开始、与生育保险有关的诊疗费均纳入生育保险基金支付范围。单病种扩大到120个，基本涵盖职工生育期间各类情况。

2005年，全市生育保险参保企业2.84万家，参保职工人数79.6万人。1995～2005年，共征缴生育保险基金5.05亿元，支出生育保险基金3.46亿元，累计享受生育保险待遇人数8.57万人。

第一节　基金管理

缴纳

1995年，青岛市生育保险费由参保企业按该企业上年度工资总额的0.9%缴纳，职工个人不缴纳生育保险费。2003年，新的生育保险办法实施，生育保险费以用人单位在职职工工资总额为基数，按0.9%比例缴纳，职工个人不缴费。国家机关和财政核拨正常经费事业单位，生育保险费列入单位预算。企业和其他单位生育保险费，从应付福利费和劳动保险费中列支。市内4区用人单位生育保险基金实行市级统筹，5市3区由属地社会保险经办机构统筹管理。

支付

1995年，《青岛市企业职工生育保险暂行办法》规定，统筹项目包括女职工产假期间工资和产前检查费、接生费、手术费、住院费和药费。参保企业女职工（含停薪留职、休长期病假人员）计划内生育，在规定产假期间待遇，由社会保险经办机构按下列标准一次性拨付给企业包干使用：产假期间工资按女职工所在企业上年度职工月平均工资拨付；破产和困难企业下岗职工低于市最低工资标准的，按最低工资标准支付。生育医疗补助费为：顺产1200元（包括七个月以上流产或死胎的）、剖宫产2200元、妊娠并发症增加4000元。女职工产假为顺产90天，难产增加15天，晚育增加60天。怀孕7个月以上流产或死胎者产假为42天。至2003年3月底，全市参保企业1.28万家，参保职工57.56万人，基金征缴率94%以上，共为5.13万名女职工支付生育保险待遇2.09亿余元，人均费用（包括产假工资和生育医疗费）4080.7元。

2003年3月，《青岛市城镇职工生育保险办法》实施，女职工生育保险待遇有所提高，增加因实施计划生育手术放置（取出）宫内节育器、流产术、绝育及绝育术后的复通手术等发生的医疗费用。符合生育保险基金支付范围的，由社会保险经办机构按《青岛市城镇职工生育保险统筹项目及支付标准》定额支付，超出部分个人自负。参保职工进行计划生育手术时，应到具有相应服务资质的生育保险定点医疗服务机构进行；女职工计划内生育在妊娠期、分娩期内，因妊娠和生育发生诊断费、检查费、治疗费、检验费、接生费、手术费、住院费和药费等，符合生育保险基金统筹范围的，由社会保险经办机构按《统筹支付标准》予以支付，超出部分个人自负；女职工患妊娠期并发症、分娩并发症、产后产褥症及计划生育手术并发症住院治疗发生的诊疗费，由生育保险基金按规定负担；女职工生育按规定享受生育津贴待遇，生育津贴由生育保险基金负担。

1995～2005年青岛市生育保险基金收支情况表

表2-12

年份	基金征缴		基金支出					
	参保人数（人）	金额（万元）	总支出		生育津贴		生育医疗费	
			人数（人）	金额（万元）	人数（人）	金额（万元）	人数（人）	金额（万元）
1995	495361	380	244	126	244	81	244	45
1996	522969	2699	4029	1442	4029	1006	4029	436
1997	545271	3672	6064	3428	6064	1512	6064	776
1998	662658	3955	5808	3123	5808	1872	5808	803
1999	625803	3789	6985	2648	6985	1725	6985	923
2000	571095	4093	6666	2945	6666	2039	6666	906
2001	547117	4498	7649	3000	6580	2202	7649	798
2002	592950	4916	9192	3420	7325	2717	6890	703
2003	606059	6311	7809	3145	5380	2586	5825	559
2004	712298	7017	13933	4650	6380	3496	9992	1154
2005	796339	9132	17359	6646	8685	6453	11146	2232

说明：1997年总支出中包含返还企业1140万元

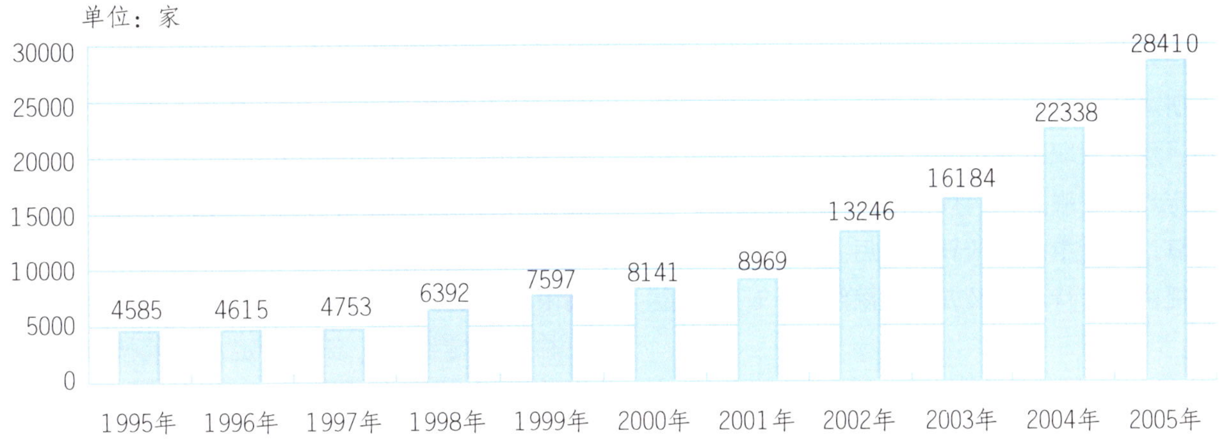

图2-4 1995～2005年青岛市生育保险参保企业数情况示意图

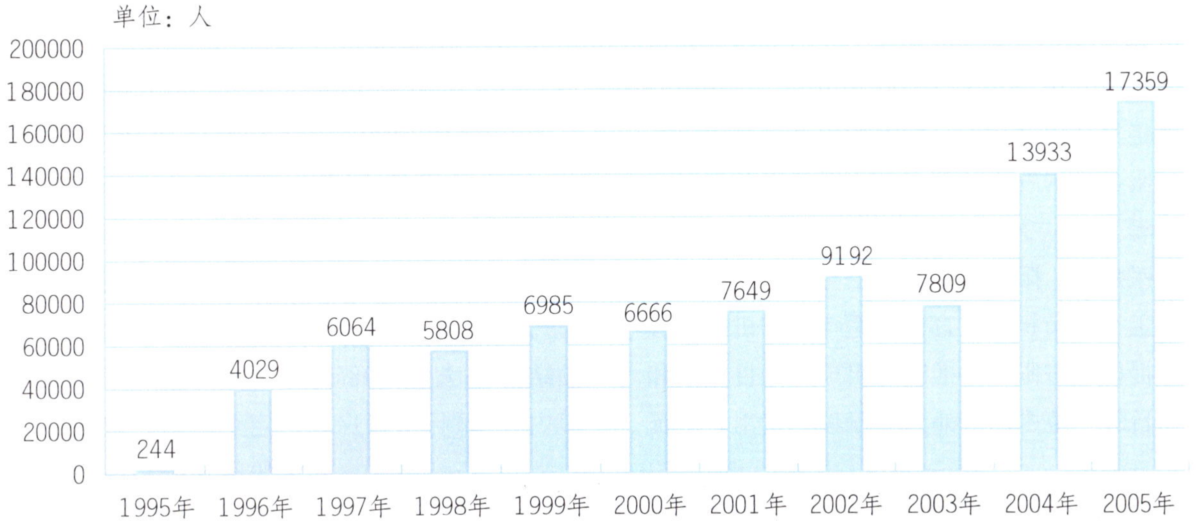

图2-5 1995～2005年青岛市生育保险待遇享受人数情况示意图

第二节 单病种管理及结算

1995年青岛市生育保险改革开始时，女职工生育医疗补助费按正常生产、剖腹产和妊娠并发症3个病种管理。由于病种少，不能反映女职工生育医疗支出实际情况。职工生育医疗补助费先由生育女职工本人垫付，到企业报销后，由企业统一到社会保险机构按规定申领一次性包干费用。

1997年，针对部分企业不按规定给生育女职工报销生育诊疗费等情况，青岛市在胶州市进行生育保险“定点医院、与医院定额结算医疗费”（简称“双定”）试点，后在全市推开。“双定”办法规定社会保险部门与定点医院签订合同，直接与医院结算生育医疗费。减少中间环节，杜绝企业不按规定给生育女职工报销生育医疗费问题。

2003年3月，《青岛市城镇职工生育保险办法》将生育病种细化为81个，实行生育保险单病种诊疗费结算。参加生育保险的生育女职工，怀孕后到生育保险定点医疗服务机构妊娠诊断、检查、分娩、流产或实施计划生育手术时，持本人“城镇职工医疗保险证”“劳动和社会保障卡”和《计划生育服务手册》（未领取《计划生育服务手册》的持结婚证），刷卡确认生育保险待遇资格。生育女职工在定额以内的诊疗费，由生育保险定点医疗服务机构按月与市社会保险经办机构结算。实行单病种结算办法后，既方便生育职工，提高医疗待遇，又方便医院结算，避免基金流失。

2004年，针对定点医疗机构及生育职工反映病种偏少、结算定额偏低等问题，青岛市印发《关于生育保险医疗费实行单病种最高限额结算等有关问题的通知》，规定对生育诊疗费实行“单病种管理、最高限额结算”办法，9月1日正式实施，生育病种由81个扩大、细化为120个，分别确定最高限额标准。参保职工在生育保险定点医疗服务机构发生的符合基本医疗保险“三个目录”范围和“生育保险特殊需要诊疗项目目录”的医疗费，限额以内据实结算，超过限额标准由职工个人负担。生育保险医疗服务机构为参保职工提供超过限额标准或超出“三个目录”和“特需目录”范围的药品、诊疗项目费用，应征得职工或其家属签字同意。社会劳动保险经办机构与生育保险医疗服务机构按照单病种结算生育医疗费，生育医疗费低于限额标准90%的据实拨付；达到或超过限额标准90%以上的，按照限额标准拨付。在实行生育保险单病种管理的同时，建立新病种核准制度。凡以后出现新生育病种，由医疗服务机构报市劳动保障部门核准并确定最高限额标准，社会劳动保险经办机构与医疗服务机构按规定结算。各生育定点医院按照《生育保险实施细则》与社保机构计算机联网，网上确认、网上结算，即时上传具体费用明细。

2005年，青岛市顺产职工人均享受生育诊疗费1895元，剖宫产职工人均享受生育诊疗费3066元。

第三节　定点服务机构

1995年，青岛市生育医疗费实行由企业包干负责的形式，未确定生育保险定点医院。1997年3月，在胶州市试点实行生育保险定点医院、定额结算办法。1998年8月，青岛市印发《关于在市内4区试行生育保险“定点医院、定额结算”办法的通知》，在全市实行生育保险定点医院管理。首批定点医院为：青岛市妇幼保健院、青岛市市立医院、青岛市人民医院、青岛市骨伤医院、青岛市第二人民医院和青岛市第五人民医院。市社会保险经办机构与定点医院签订《企业职工生育保险定点医院定额结算合同》，就生育医疗服务范围、质量要求、收费标准、结算方式等问题，明确双方责任、权利与义务。

1997年，青岛市社会保险经办机构与生育保险定点医院(青岛市市立医院）签约

2000年2月，青岛市公

布青岛大学医学院附属医院、青岛纺织医院、青岛市第三人民医院等5家第二批企业职工生育保险定点医院。2003年3月18日，《青岛市城镇职工生育保险定点服务机构管理办法》对生育保险定点医疗机构的审查和确定原则、具备条件、审定程序、监督管理办法作出规定。4月9日，发布《关于公布青岛市城镇职工生育保险定点服务机构名单的通知》，确定青岛大学医学院附属医院等26家单位，为青岛市城镇职工生育保险定点医疗服务机构。2005年12月，崂山、城阳、黄岛（含保税区）生育保险纳入全市统筹，确定3区12家生育保险定点医疗服务机构，并建立定点医院年审制度。

至2005年底，全市共确定生育保险定点医疗服务机构39家，其中市内4家，区（市）27家。

第四节　生育津贴

1995年，女职工生育产假期间工资，按本人所在企业上年度职工月平均工资为基数发放。正常生产90日，晚育增加产假60日，怀孕7个月以上流产或死胎产假按42日计算。女职工生育产假期间工资，由社会保险经办机构拨付企业，企业再按有关规定支付给生育女职工本人。1999年，为避免企业克扣女职工产假工资行为，在全市实行产假工资（生育津贴）社会化发放，由社会保险经办机构将产假工资一次性划入职工账户（银行存折），支付标准改由按职工本人缴费工资标准拨付，实现缴费义务和享受权利相统一。

2003年3月，《青岛市城镇职工生育保险办法》施行，女职工生育按规定享受生育津贴待遇，生育津贴由生育保险基金负担。生育津贴以本人当年社会保险个人缴费工资为基数，按对应享有的天数计发。顺产计为90日，晚育增加60日，难产增加15日；多胞胎生育，每多生育一胎，增加15日。妊娠4个月以上流产或死胎，计为42日；妊娠4个月以下流产计为15～30日。生育津贴以本人当年（或上月）生育保险个人缴费月工资基数除以30，作为一天应计发的生育津贴，按对应享有天数计发。参保职工于分娩或流产出院后的次月10日前，本人或书面委托他人到社会保险经办机构申领生育津贴。市社会保险经办机构经审查无误后，将生育津贴划入职工账户。参保职工在享受生育津贴期间，本人缴费基数发生变化的，生育津贴计发作出相应调整。

第三篇 民 政

1897年德国侵占胶澳之前，民政事务隶属即墨县掌理。1898年4月，德国胶澳总督府下设民政部，管辖警察局、埠头局、港务局、地理局、户籍局、山林局、华人政务局、鸦片局、屠兽所、测候所及学校。1914年11月日本第一次侵占青岛后，日本青岛守备军司令部在青岛和李村分设军政署，实行军事管制。1917年1月撤销军政署，改设青岛民政署，掌管行政、司法及胶济铁路事宜，在占领区域内擅理讼诉，征收赋税，掠夺资财。1922年北洋政府收回青岛后，胶澳商埠督办公署设民政科，掌管警察保安、卫生防疫、自治户籍、赈恤救济、教育学校等事项。1929年7月，青岛特别市政府社会局掌管农工商、劳动、公益等。1932年，青岛市政府饬令社会局等组成杂院整理委员会，在西岭(今火车站以西)一带建平民院11处、房屋1473间，并以最廉租价（每间房年租金1元）租给无力自建者，缓解贫民住房之困难。1938年1月日本第二次侵占青岛，伪青岛特别市公署社会局掌管庶务、社会、农林、商业、寺社等。1947年3月，青岛市政府设民政局，掌理总务、自治、户政等事项。

1949年6月2日青岛解放，同日市政府民政局对外办公，主要负责社会救济，乞丐收容，区级政权组织机构建设，烈士褒扬，烈军属荣誉军人优待等，同时组织失业工人和贫民开展生产自救。1956年5月，青岛市人民委员会民政局以优抚、复员安置、救灾和社会救济为主要工作，同时组织发展社会福利生产。1958年11月，青岛市区民办福利工业达到1121个社（组）。“文化大革命”期间，民政工作受到严重冲击。1976年8月，市革委会民政局恢复设置，广大民政干部排除干扰，坚持开展优抚、安置、救灾和社会救济等工作。

概　述

1980年7月，青岛市革命委员会民政局更名为青岛市民政局，负责基层政权建设、优抚安置、社会救济等。1984年，青岛市完成撤销人民公社，恢复乡镇体制，建立村民委员会工作。1985年，青岛市开始接收军队离退休干部（含士官）。1987年，青岛市作为全国首批试点城市，组织社会福利有奖募捐活动。1988年，地名工作移交民政部门管理。

进入90年代，青岛市民政工作管理与服务职能逐步扩大，各项工作步入快速发展阶段。1990年8月，全国村级组织建设座谈会在莱西召开，推广莱西村级组织建设“三配套”经验。同年，市民政部门开始承担全市社会团体登记管理工作。1994年，青岛市在市内4区实施城市最低生活保障制度。1995年开始实行义务兵家属优待金社会统筹，并于次年在全省率先实行指令性计划安置与鼓励自谋职业相结合的退伍安置方式。1996年青岛市建立农村最低生活保障制度。1998年，社区建设在青岛市市内4区全面推开。同时，市儿童福利院、市老年公寓等一批福利设施陆续建成并投入使用。

2000年2月，青岛市在全国率先成立市、区（市）两级民间组织管理局。同年12月，组织对全市居（家）委会进行调整。2002年8月，青岛市被命名为首批“全国社区建设示范市”，市南区、市北区、四方区被命名为“全国社区建设示范区”。2003年8月，青岛市救助管理站成立，废止强制性收容遣送制度。同年，完成三峡移民两批1438人的安置任务。2004年，青岛市实行退伍军人“双考”安置，鼓励扶植城镇退役士兵自谋职业。2005年，农村五保对象全部纳入农村低保范围，全市纳入城乡低保范围的居民共5.09万户，10.12万人，累计发放保障金4.4亿元。

至2005年底，青岛市累计销售各类福利彩票近40亿元，筹措公益金近14亿元。1993～2005年，青岛市连续5次获得“全国双拥模范城”称号。

第一章　基层政权和群众自治组织

80年代，青岛市基层政权建设的最大“亮点”是莱西县推行村民自治。1988年，莱西县被山东省确定为贯彻实施《中华人民共和国村民委员会组织法》试点县，开始探索村民自治工作。到1990年，初步形成以“村务公开、民主办理、村民监督”为主要内容的村民自治新路子，总结出村级组织建设“三配套”“三结合”等经验，被民政部确定为全国第一个村民自治示范县。同年8月5日，经中共中央批准，中央组织部、民政部等5部门联合在莱西召开全国村级组织建设工作座谈会，将莱西的做法和经验向全国推广。自此，青岛市农村逐步全面实行村级民主选举、民主决策、民主管理和以村务公开、财务公开为主要内容的民主监督制度。

90年代后，随着改革不断深化和市场经济逐步发展，原来由企业承担的事务大量涌向社会，城市社区的功能开始显现。青岛市适时开展社区建设，逐渐把基层组织、民主政治和干部作风建设纳入社区建设范畴。1996年，青岛市通过对街道特别是居委会的调整和重组，完成市、区、街道、居委会、居民5个层次新型社区管理体制的构建。1999年，市南区、四方区被确定为全国首批“社区建设实验区”。青岛市社区建设从社区服务逐步向社区卫生、社区文化、社区环境和社区治安等领域拓展。2001年，民政部在青岛召开首次全国城市社区建设工作会议。次年，青岛市被命名为首批“全国社区建设示范市”，市南区、市北区、四方区被命名为“全国社区建设示范区”。全市基层政权和群众自治组织建设得到加强。

2005年，青岛市辖即墨、胶州、胶南、平度、莱西5个县级市和市南、市北、四方、李沧、崂山、黄岛、城阳7个区，共设有镇（乡）79个，街道办事处99个，社区居委会1228个，村民委员会5460个。

2005年青岛市街道（镇）、居（村）委会统计表

表3-1

区(市)	人口(万人)	街道办事处(个)	镇(个)	居委会(个)	村委会(个)
市南区	50.7	14	-	81	-
市北区	47.4	16	-	107	1
四方区	43.9	15	-	91	-
李沧区	30.4	11	-	123	-
崂山区	21	4	-	146	-
城阳区	28.1	8	-	234	9
黄岛区	45.4	6	-	203	-
即墨市	108	5	18	35	1028
胶州市	77.7	5	13	61	811
胶南市	81	6	11	51	965
平度市	135.2	4	26	58	1785
莱西市	72.1	5	11	38	861
合 计	740.9	99	79	1228	5460

说明：数据系民政系统统计

第一节　城市基层政权和群众自治组织

1979年，青岛市设街道办事处47处、居民委员会407个、家属委员会149个、居民小组7574个。1980年5月，各区革命委员会改名为区人民政府。1981年9月，市民政局会同公安、司法、妇联等有关单位，对全市居民委员会和职工家属委员会进行全面整顿改造，市区设居民委员会460个、家属委员会154个、划分居民小组8969个。1987～1990年，青岛市辖5县先后撤县立市，分别设立胶州市、即墨市、平度市、胶南市、莱西市，并设立街道办事处。

1990年1月1日，《中华人民共和国城市居民委员会组织法》实施，青岛市组织居民委员会换届选举。全市设居民委员会1015个、新当选委员5038名，设居民小组1.52万个，另设治安保卫、人民调解、公共卫生、民政福利等工作委员会4725个。2001年，通过整体划转、撤销合并、重新组建等步骤，逐步撤销居民委员会和职工家属委员会，一律改制建立社区居民委员会。

2005年，全市共有街道办事处99处，社区居民委员会1228个。

街道办事处

1979年，全市设街道办事处47个，1986年增至60个。1987年2月，胶县撤县设胶州市，次年撤销胶城镇、大庄乡和三官庙乡，设立阜安、中云、北关、南关4个街道，为青岛最早设立街道的县级市。1994年5月，青岛市区行政区划作重大调整，在市辖区总数不变的前提下，将台

始于80年代末的社区服务，逐步发展成为“一厅式服务、一次性受理”的敞开办公工作模式。图为2003年市北区伊春路社区办公现场

东区、市北区及四方区吴家村街道、错埠岭街道整建制合并，设立新的市北区，辖23个街道；撤销沧口区西流庄，将开平路、水清沟、洛阳路、盐滩、郑州路5个街道划归四方区；将沧口区四流中路、振华路、晓翁村、西流庄、永安路、营子、板桥坊、楼山后8个街道及楼山乡，与原崂山区李村镇合并，设立李沧区，辖8个街道。同年7月，莱西市从由水集镇、望城镇析出7个行政村，建立莱西市第一个街道办事处——滨河路办事处。12月，平度市设立4个街道。1995年4月，胶南市从隐珠镇划出12个村设立灵海街道；5月，撤销胶南镇，设立珠海、珠山2个街道。

1996年，青岛市开始街道办事处体制改革，重点推进政府职能转变，实行工作重心下移，强化街道办事处权责与功能。1997年6月，市委、市政府下发《关于进一步加强城市管理和区街工作若干问题的决定》，明确街道办事处在城市管理工作中的职能与职权：街道辖区内市容、环卫、园林的部分执法检查工作委托街道办事处负责；规划、市政、房管、环保等方面的执法监察工作，街道办事处可协助专业部门进行。街道办事处组织群众性城市管理监督队伍，加大监督力度；由各区政府为每个居委会选派一名社区工作助理，作为街道办事处聘任的工作人员，参与、协助居委会工作。1998年5月，即墨市撤销即墨镇、三里庄乡，设立环秀、潮海、通济3个街道。同月，崂山区撤中韩镇、沙子口镇、北宅镇、王哥庄镇，设立中韩、沙子口、北宅、王哥庄4个街道。同年12月，市南区进行区划调整，原辖14个街道办事处总数不变，撤销单县路、云南路、中山路街道，新设浮山、珠海路、金湖路街道；原台西三路、西陵峡路、南村路、泰安路、文登路、浮山、辛家庄街道更名为台西、八大峡、云南路、中山路、八大关、八大湖、金门路街道。同月，莱西市撤销望城、水集两镇，设立望城、水集街道。

1999年，青岛市从政企分开入手，进一步深化街道管理体制改革，街道办事处与所属企业实行人、财、物彻底分开，街道办事处不再直接从事经营活动，由财政每年拨款用于街道各项经费开支，使街道工作重点由抓经济工作、搞“创收”转向抓社区建设、城市管理、社会治安综合治理，强化街道办事处的管理、服务、监督职能。同年，四方区首创街道社区事务受理中心，将所有与居民有关的行政事务，如城市管理、综合治理、计划生育、民政、财税、司法、社会保障、文教卫生等服务项目集中起来，实行“敞开式办公、一门式服务”，以方便居民群众。2001年，四方区将12个街道调整为7个。

至2005年底，全市共设街道办事处99个。

居民委员会

1979年，青岛市市内5区设居民委员会407

个，职工家属委员会149个。1981年9月，对全市居民委员会和职工家属委员会进行全面整顿、改选。整改后，市内5区共设居民委员会460个，家属委员会154个，划分居民小组8969个。1985年6~8月，青岛市组织居民委员会和职工家属委员会进行第二次换届选举。共设居（家）委会827个，新当选委员4125人，其中正、副主任1884人。居委会的主要工作职责包括：党团工作、统战工作、宣传工作、征兵工作；开办生产网点；照顾慰问烈军属孤寡老人、救济困难户；居民区的安全保卫，帮教有过失青少年；调解居民纠纷；打扫卫生，收缴卫生费；宣传落实计划生育；开展“五好”家庭、“五好”院落评比活动；收发粮、煤、油、菜各种票证卡等。

1990年，《城市居民委员会组织法》实施后，青岛市加大居委会建设力度，组织居委会换届选举，新当选委员5038名，其中正、副主任2422名；全市设居民委员会1015个、居民小组1.52万个。同时调整居委会职责，设治安保卫、人民调解、公共卫生、民政福利等工作委员会4725个，将居委会办公经费由每月43元提高到83元。自此，青岛市城市居民委员会建设进入依法管理、依法开展居民自治新阶段。

1997年，为加强城市管理和区街工作，充实居（家）委会力量，青岛市决定由各区政府为每个居委会选派一名社区工作助理，作为街道办事处聘任的工作人员，参与、协助居委会工作。1998年1月，首批选聘224名社区工作助理上岗。6月，对市内4区居（家）委会设置规模进行调整，按照“便于组织、便于管理、便于服务、便于居民自治和就近”原则，按照700户左右的规模，采取合并、撤销、分割等形式予以调整，通过民主选举产生居（家）委会。1998年底，市内4区居（家）委会由1176个减少到747个、居（家）委会平均管辖户数由485户上升到731户，共选出居（家）委会正、副主任1387名，委员2461名。新一届居（家）委会成员中，党员占成员总数的51%，高中以上文化程度的工作人员比上届增加12%。

2000年7月，市委、市政府下发《关于进一步推进社区建设加强城市基层基础工作的若干意见》。从2001年6月开始，通过整体划转、撤销合并、重新组建等步骤，全市居民委员会一律改制建立社区居民委员会（简称社区居委会）。2002年，全市设立的社区居委会平均管辖户数1340户。2004年5月至2005年2月，各区（市）举行第八届社区居委会换届选举，全市1018个社区分别采取直接选举（149个社区）、户代表选举（424个社区）和居民小组代表选举（445个社区）等方式，共选举产生社区居委会成员5217名，建立工作委员会5430个，成立居民小组2.79万个。

至2005年底，全市社区居委会共1228个。

2005年3月，青岛市高邮湖路社区换届选举后成立的党委班子

社区建设

随着改革开放的进一步深入和经济社会的逐步发

展，许多由政府和企业剥离出来的服务职能逐渐由社区来承担，与居民生活息息相关的教育、文化、医疗、治安、环境等公益性事务，逐渐纳入社区服务范畴。1987年，四方区部分居（家）委会最早出现小规模的社区服务活动，主要以照顾“三无”老人、为双职工子女（学生）提供午餐等方式体现，呈现出“社区服务”的端倪。1988年，青岛市颁布《小区管理暂行规定》，组织各居（家）委会开展社区共建和文明小区、楼院、家庭等建设活动，引起社会关注，全市教育、文化、科技、卫生、公安等政府部门工作纷纷向社区延伸，构筑设施、安排活动，社区逐渐成为城市管理的基础平台。

80年代末，青岛市出现小规模的社区服务。图为最早出现的四方区某居委会为双职工子女提供的“午餐小饭桌”服务

1995年，四方区所辖居（家）委会开始推出包户送温暖、儿童餐桌、型煤入户等系列活动。同年，该区建成全市第一家区级社区服务中心，并提出“五位一体四配套”的社区建设思路，即以居委会为基本单位，以社区服务、社区卫生、社区文化、社区管理、社区治安为主要内容，以基层组织建设、干部作风建设、民主政治建设、财力机制建设为配套措施，全面推进社区建设。1996年底，市南区在全省率先提出居民委员会工作重点，由社区服务适时转向从“抓好社区服务、发展社区文化、加强社区教育、强化社区治安、美化社区环境、倡导社区互助”6个方面进行社区建设。随后，其他各区也围绕争创全国社区建设实验区，纷纷开展社区建设活动。

1997年，青岛市召开社区建设座谈会，成立由市委组织部、市委宣传部等16个单位组成的社区建设工作委员会，次年印发《关于进一步加快发展社区服务业的通知》《关于印发〈青岛市社区服务发展规划（1998～2000年）〉的通知》和《关于加强城市社区建设的指导意见》，明确社区服务工作的基本任务、社区建设总的指导思想和目标。1999年2月，民政部批准青岛市市南区、四方区为“全国社区建设实验区”。2000年，社区建设向县级市扩展，胶州市、莱西市、平度市分别在山东省召开的全省小城市社区建设座谈会上，介绍开展社区建设的经验和做法。

2001年，青岛市社区建设进入快速发展时期，浮山后社区模式被列入全国四大社区模式之一。1月，印发《关于加强社区工作助理管理工作的意见的通知》，规定街道办事处下派到居委会的社区助理，实行合同制管理（合同期为一年），建立正式劳动关系。6月，市内4区各街道办事处与475名社区助理签订劳动合同。7月，首次全国城市社区建设工作会议在青岛市举行，青岛市作题为《努力实践“三个代表”重要思想，建设功能完善、民主自治、现代文明新社区》的典型发言。2002年8月，青岛市被民政部命名为“全国社区建设示范市”，市南区、市北区、四方区被命名为“全国社区建设示范区”。为从财政上保障社区建设工作，从2003年1月起，市内4

区社区居委会专项经费列入财政预算，按照每年每百户3500元标准拨付，居委会干部补贴、退养人员生活及医疗补助、社区工作助理工资及社会保险、办公经费等均从专项经费中列支。同时，全市统一将社区居委会主任、副主任生活补贴分别调整为每月530元和480元。2004年2月，全市开展社区图书室援建和社区读书活动，援建市内4区及5市3区的575个社区图书室。至2005年，全市社区图书室援建完毕，社会各界共捐书百万余册。同年，成立江苏路社区公共服务委员会，探讨加大社区服务职能的方式方法，摸索经验，并于次年在全市推广。

至2005年底，全市1228个社区居委会中，71%的社区进入市、区两级文明社区行列。社区成为治安、卫生、文化、就业、养老等工作的重要载体。

浮山后社区模式　2001年4月，青岛市市北区浮山后新区不再设街道办事处，建立社区管理体制，实行街道层面的社区自治。这一新体制被概括为“一个核心、三套工作体系”。“一个核心”是浮山后社区党工委，作为区委的派出机构，是浮山后社区内多种组织和各项工作的领导核心，对地区性、社会性、公益性工作负全面责任。“三套工作体系”，一是社区自治工作体系，“社区委员会”是社区自治组织“社区代表大会”的常设理事机构，由“小区居委会”驻社区单位和社区居民推选代表，通过召开“社区代表大会”选举产生，下设办公室和社区服务、文化教育、计划生育、人民调解、卫生环境5个委员会；二是社区事务受理中心，由区政府职能部门派出人员组成，承接社区行政执法、行政管理职能，负责城市管理、综合治理、计划生育、民政、财税、司法、社会保障、文教卫生等行政事务；三是社区服务中心，主要负责社区服务的组织、管理和协调，开展便民利民服务活动。这一新体制职责明确，互相支持，密切配合，各司其职，充分发挥各自的效能。浮山后社区创建的新型基层社区管理模式，被民政部认定为全国四大社区管理模式之一。

江苏路社区模式　2004年，青岛市市南区江苏路街道办事处进行街道管理体制由行政管理型向公共服务型转变的探索，成立青岛市江苏路社区公共服务委员会。社区公共服务委员会由政府派出人员、社区自治组织负责人和驻社区单位（企业）代表三部分人员构成，主要担负公共管理、组织协调和监督检查3项职能。公共管理是接受区政府的委托，对辖区的公共设施、公共服务和公共福利项目行使管理职能，同时为各部门、单位和社区居民做好服务工作；组织协调是协调政府部门、社会及社区各方面利益关系，组织地区性社会管理和公共服务领域活动等；监督检查是对行政部门服务社区居民质量进行考评。社区公共服务委员会下设“党群工作部”和“社区公共服务中心”。“党群工作部”主要负责社区内党员的管理、学习，“社区公共服务中心”则在安全与司法、市容与环境、人口与健康、家政与公益、就业与保障等8个方面为社区居民提供“一站式”公共服务。该项改革的核心是变管理为服务，确立“以群众满意为标准”的评价考核尺度，在全国尚属首家。

第二节　农村基层政权和群众自治组织

1978年12月，中共十一届三中全会召开，开启中国农村改革帷幕。同年，胶南县大村公社蔡家沟大队开始实行专业承包联产计酬责任制。1979年7月，邓小平视察青岛，发表《思想路线政治路线的实现要靠组织路线来保证》重要讲话，推动真理标准大讨论，青岛农村改革步伐加快。至1980年7月，全市农村建立生产责任制的生产队占总数的90%左右。1983年12月，全市6063个生产大队改建为6066个村民委员会，划分村民小组3.62万个。同时，家庭联产承包责任制得到进一步完善，主要包括延长土地承包期，鼓励农民向土地投资、参与土地定级作价、土地转包等。1984年4月，各区（县）撤销160处人民公社，改建成159处乡（镇）人民政府。

1988年，《中华人民共和国村民委员会组织法（试行）》公布后，全市农村形成以莱西为代表的村民自治和村级民主政治建设新局面。1998年起，青岛市加快推进农村制度建设，农村基层民主政治建设进入发展新阶段。2002年7月，全市进一步规范村级重大事务决策、村务公开工作，促进农村基层政权建设法制化和制度化。2003年12月，市政府成立青岛市村务公开工作领导小组，进行村级组织配套建设，提高农民组织化程度，为农村经济发展创造良好的社会环境。

2005年，青岛市辖即墨、胶州、胶南、平度、莱西5个县级市，共设镇（乡）人民政府79个、村民委员会5460个。

乡（镇）人民政府

1978年底，青岛市各县（区）设人民公社93处，其中市内4区4处、黄岛区3处、崂山县13处、即墨县30处、胶县19处、胶南县24处。1983年，增加莱西县22处、平度县45处。1984年4月，经山东省人民政府批准，各县（区）撤销160处人民公社，改建成159处乡（镇）人民政府，其中乡人民政府102个、镇人民政府57个。乡（镇）人民政府的主要职责是：贯彻执行本级人民代表大会的决议和上级国家机关的决定和命令，管理本行政区域内的行政工作，组织落实国家下达的生产计划和农副产品征购、派购任务，管好乡（镇）财政、乡村建设规划，做好治安、调解、民政、文教卫生、计划生育等工作。

从1988年11月国务院批准撤销崂山县、设立青岛市崂山区，至1990年12月国务院批准胶南县、莱西县撤县建市（县级），青岛市郊6县全部撤县建市（区），成为全国第一个两级城市群，乡镇格局发生较大变化。1988年11月，新设崂山区辖李村镇、城阳镇、流亭镇、夏庄镇、惜福镇、棘洪滩镇、上马镇、中韩镇、沙子口镇、王哥庄镇、红岛乡、河套乡、北宅乡13个乡镇。1991年1月，红岛、河套、北宅3个乡撤乡设镇。1993年，胶南市撤销隐珠乡等5个乡，设立隐珠镇、寨里镇、张家楼镇、藏南镇，薛家庄乡更名为黄山镇。1994年4月，青岛市市区行政区划调整，将城阳、惜福、夏庄、流亭、棘洪滩、上马、红岛、河套8个镇新设为城阳区，调整后的崂山区只辖中韩、沙子口、北宅、王哥庄4个镇（1998年5月全部撤镇设街道办事处）。同年12月，平度市将全市45处乡镇调整、精简为4个街道和28个镇，撤销全部乡建制。1995年10月，即墨市大官庄乡、普东乡、丰城乡撤乡改镇。同年，胶南市宝山乡、胶河乡、铁山乡撤乡改镇。12月，莱西市南岚乡、唐家庄乡、武备乡撤乡改镇。1997年，莱西市河里吴家乡、留存庄乡撤乡改镇。1998年，即墨市撤销即墨镇、三里庄镇，设立环秀、潮海、通济3

1987年4月，撤销胶县设立胶州市，为青岛市第一个县级市。图为胶州市建立大会现场

90年代，平度市大泥村村委会换届选举现场

个街道；5月，将白庙乡划归鳌山卫镇。

从1998年青岛市开始进行“撤并乡镇、精简机构”改革，到2002年实施农村税费改革后，以“撤并乡镇、精简机构、分流人员”为主要标志的乡镇机构改革继续深入。乡（镇）政府的主要工作为促进经济发展、增加农民收入，推进基层民主、强化公共服务，政府职能向服务型转变。

至2005年，青岛市共有农村乡（镇）79个。

村民委员会

中共十一届三中全会后，农村经营和管理体制发生重大变革，生产大队转变成村民委员会。1983年5月，青岛市分别在胶南县灵山卫公社和即墨县南泉公社进行村民委员会工作试点，1984年8月部署全市农村建立村民委员会工作，12月全市6063个生产大队改建为6066个村民委员会，划分村民小组3.62万个。1988年5月，青岛市在莱西县牛溪埠乡牛溪埠村、西庄村、西沙埠村，组织实施《村民委员会组织法（试行）》试点工作，1989年全市农村普遍实施《村民委员会组织法（试行）》。

1992～2005年，青岛市共进行5届村民委员会选举，换届选举的民主程度一次比一次高，村民的法律意识和民主竞争参选意识一次比一次强，选举形式和参选过程一次比一次好，选举结果一次比一次规范，村民委员会换届选举工作发生质的变化。

1992～2005年青岛市村民委员会换届选举情况汇总表

表3-2

届别	时间	选民情况	选举方式	选举结果	备注
第四届	1992年12月～1993年7月	全市18周岁以上村民参选率92.9%	换届选举采用民主酝酿产生候选人的办法。村民对村委会成员的工作实绩、能力和表现进行评议；以村民小组为单位或10户以上村民联名推荐下一届村委会成员人选。正式选举时，设立中心选举会场和票箱，参选村民当场领、填、投票，投票结束后，当众唱票、计票，当场宣布选举结果	完成换届选举村委会5898个，占村总数的97.3%。5885名村委会主任当选，其中连选连任村委会主任占76.7%，成员占78.1%	出现10户以上村民联名推荐候选人方式

续表3-2

届 别	时 间	选民情况	选举方式	选举结果	备 注
第五届	1996年1～5月	全市18周岁以上村民参选率91%	规范村委会选举程序，按照直接、平等、差额、无记名的原则，按照统一程序、选票、表格、验收、发证、建档的要求，依法进行民主选举	完成换届选举的村委会有5886个，占应换届村委会的97.3%。共选举产生新一届村委会干部2.28万人	96.9%的村建立各种工作委员会，92.6%的村建立村民自治章程
第六届	1999年1～8月	登记选民365万人，参选选民302万人，参选率82.8%	由选民直接提名候选人，通过预选，根据得票多少确定候选人。严格按照“两个过半”原则（有过半数有选举权的村民参加投票选举有效；候选人获得参加投票村民的过半数选票，始得当选）确定选举结果	换届选举成功村委会6012个，选举成功率99.2%。共选出村委会主任5864人，村委会副主任、委员1.5万人	
第七届	2001年10月	登记选民356万人，参选选民324万人，参选率91%	各区（市）都成立村委会换届选举工作领导小组，制订下发村委会换届选举工作的意见和实施方案，召开选举工作会议，建立责任制。首次出现竞选演讲，秘密画票，颁发当选证书等方式	选举成功的村（居）5994个，选举成功率为99%。选出村委会主任5760人，选出村委会副主任、委员1.24万人	
第八届	2004年8月～2005年1月	登记选民359万人，参选选民333.8万人，参选率93%	按照直接、差额、无记名投票和公开、公平、公正原则，选举大会的秘密写票、公开投票、公开计票、当场公布选举结果等环节都严格按照法律法规的程序进行。取消另选他人选项，选举成功率提高，选举成本降低	涉及9个区（市）5879个村（居）委会，完成换届5819个，换届成功率99％。共选出村委会主任5819人，选出村委会委员1.2万人	提倡村党支部书记和村委会主任“一人兼”和村“两委”成员交叉兼职

第三节　莱西村民自治

1982年秋，青岛市全面推行家庭联产承包责任制，以促进农村经济迅速发展。但社会上也出现“土地包到户，不用党支部”等模糊认识，以及村级组织“断层”、党群关系和干群关系紧张等问题。1984年起，青岛市农村各级党组织和基层干部，积极探索新形势下的村委会建设和村民自治工作。莱西县委从加强农村党支部建设入手，选派182名威信高、政治素质好、工作能力强的党员，走上农村领导岗位，使许多后进村发生可喜变化。通过设立公开栏，将村民关心的大事公之于众，村民权利受到尊重；同时，许多村的党支部集中力量兴办企业，开办福利事业，开展社会化服务，极大缓解或消除党群、干群之间的紧张关系。1985年6月，县委、县政府根据农村组织现状，提出“抓基层、打基础、强化村级、工作到户”的14字方针，明确村民委员会的主要职责，村委会建设全面启动。次年，选择10

个基础不同的村进行试点。在全县开展“模范村民委员会”“模范村民”评选活动。1989年，试点工作扩大到全县575个村，抽调183名干部组成工作组，对全县60个后进村进行整顿治理。经过多年实践，莱西县总结出“村务公开、民主管理、群众监督”的村民自治路子，以及“以党支部为核心，以村民自治为基础，以集体经济为依托，搞好村级组织配套建设、民主政治配套建设、服务体系配套建设”的“三配套”经验。1990年8月，全国村级组织建设座谈会在莱西召开，推广“三配套”经验。1995年11月，莱西市被授予首批“全国村民自治模范市”称号。

1998年3月，市民政局印发《关于加强农村制度建设的意见》，进一步建立和完善村民代表会议制度、村务公开制度、村委会换届选举制度、村规民约制度，莱西市、城阳区、胶州市等区（市）分别制定村民自治相关规定，青岛市村民自治进入蓬勃发展阶段。2002年7月，市委组织部、市民政局、市农业局联合印发《关于进一步规范村级重大事务决策工作的意见》《关于进一步规范村务公开工作的意见》等文件，对村级重大事务决策范围、决策主体、决策程序，村务公开的内容、程序、时间、方式及监督管理作出明确规定。2005年8月5日，为纪念“莱西会议”召开15周年，青岛市制定和实施《青岛市村级事务公开办法》《青岛市村级民主决策办法》等6项制度，全市村民自治进入法治化和制度化轨道。

第二章　双拥、优抚与安置

青岛是中国海防要地和东部沿海重要的经济中心城市，驻军多、兵种全、密度大，装备技术含量高。1979年后，青岛市军地双方共同开展“拥军优属”和“拥政爱民”活动（简称“双拥”），各种形式的军民共建点遍布岛城。1991年，成立青岛市军民双拥共建领导小组，共建内容从地方帮助部队解决困难、为训练提供方便，部队支持参与地方经济和重点工程项目建设，逐步发展到与社会主义精神文明建设活动相结合，共同创建全国精神文明城市。至2005年，青岛市5次获得“全国双拥模范城”称号。

1988年5月，莱西县抽调18名干部指导农村党支部建设试点工作。图为同年10月西沙埠村建立的村务公开栏

第一节　双拥共建

改革开放初，海军北海舰队105舰以“学雷锋小组”的形式与青岛盲童学校开展互帮互学互促活动。1981年初，海军北海舰队与青岛警备区所属部队主动与驻地周围村镇联系，帮助地方建设，共同开展精神文明创建活动，全市双拥共建活动逐步兴起。

1983年6月，青岛市首次召开军民双拥共建社会主义精神文明工作会议，促进

“双拥”工作与精神文明建设的结合。1984年后，驻青部队发出“驻在青岛，热爱青岛，保卫青岛，建设青岛”等号召，广大官兵“视驻地为故乡，把人民当父母”，积极参加地方“两个文明”建设，地方各级政府和广大人民群众深入开展群众性拥军优属活动。驻青各部队在完成战备、训练任务的同时，积极支持和参与“引黄济青”、海泊河清淤等城市重大建设，以及创建文明城市活动。全市各部门、各单位采取积极措施，为部队随军家属安排工作、解决住房困难和安排子女入学入托。尤其在1985～1986年济南军区部队参加中越自卫还击战期间，青岛市各级党政领导逐户走访青岛籍参战军人家属，帮助军属解决生产、生活中的困难，为97户住房有困难的军人家属调换住房，赠送慰问品36万余件。至1986年，全市“共建”单位达到687个。双拥共建活动由点到面，从城市到乡村，由单一形式向多层次发展，并逐渐纳入制度化、规范化轨道。

1989年4月，市文明委印发《关于深入开展军民共建社会主义精神文明活动的决定》，全市双拥共建活动以“双拥”为主线，以培养造就“四有”新人为目标，充分发挥军地双方的积极性，优势互补，双向奉献，实现双拥共建活动向更高层次发展。至1990年底，全市259个双拥共建单位进入市、区（县）文明单位行列。进入90年代，青岛市双拥共建点以每年30%的速度增长，共建活动质量水平明显提高。自1995年开始，每年“八一”建军节和春节期间，青岛市都要召开军民双拥共建座谈会或经验交流会，共同研讨双拥共建经验和存在问题。通过财政拨款、社会集资、减免税费、捐赠物资等方式支持部队建设。仅1995年，青岛市就拿出2100多万元用于部队粮油补贴；市交通部门和社会各界投资800多万元，为部队修建5条高标准国防公路，整修20多公里的部队专用路，架设总长7公里的通信线路，并投资110万元为武警部队建造营房；为590名现役军人解决子女入学难题，为200多名随

90年代初，驻青部队经常性组织开展街头义诊活动

军家属安排工作。驻青各部队在青岛市创建国家卫生城活动中，出动官兵3000余人次，清除卫生死角100多个，清运垃圾800多吨。至1995年底，青岛市双拥共建点达到1062个。

1997年起，青岛市双拥共建工作围绕迎接香港回归、创建文明城市、申办筹办奥帆赛等工作，在更大范围内发挥共建单位各自优势，巩固共建成果，提高质量水平，增进双拥共建效益，整体向系统化、多样化、网络化共建方向发展。1998年，崂山区沙子口镇利用驻军密集的优势，由镇党委、政府和驻军37091部队机关牵头，双方基层单位分层次结对，形成区域性共建体系。航务二公司四处与武警山东边防教导大队发挥核心作用，联系军警工农四个方面的8个单位一起，建成“四面八方”共建网络。2000年，基层军民共建点先后投入620万元，向300个基层连队赠送计算机及电教文化用品，强化400个基层部

2005年中俄举行联合演习，青岛市委、市政府及有关部门全力做好保障工作，并多次为参演官兵运送慰问品

队的图书文化建设。市政府拨专款21万元为部队基层连队订阅《青岛日报》，投资100万元帮助部队建立10所科技拥军学校。2005年，在“和平使命——2005”中俄联合演习期间，市委、市政府精心组织，周密部署，全力做好保障工作，仅用6天时间清理海域40多平方公里，演习训练82天中组织各种慰问80余次。

1993年，青岛市首次获“全国双拥模范城”荣誉称号。至2003年，连续5次被命名为“全国双拥模范城”。至2005年底，全市共有军警民共建点2000余个，有5对10个单位被中宣部、解放军总政治部评为“全国军民共建先进单位”。

第二节 优 抚

1979年，青岛市农村烈军属的优待方式仍为优待劳动日。1981年农村实行家庭联产承包责任制后，改为粮款定额优待。1983年，改为现金优待。1985年后，青岛市对各类抚恤对象实行定期抚恤，并多次调整抚恤金标准，逐步建立社会优待制度和抚恤标准自然增长机制。1995年，建立起国家、社会、群众三结合的优抚保障体系。2000年，通过开展“爱心献功臣行动”，重点解决优抚对象住房难、生活难、治病难问题。2005年，全市共有优抚对象20多万户，农村“三属”（革命烈士家属、因公牺牲军人家属、病故军人家属）月抚恤金标准分别为265元、250元、235元。

补助

1979年，青岛市对少数孤老烈军属和烈士遗孤继续实行定期定量补助。1979年11月，青岛市放宽定期补助条件，提高定期补助标准，重新确定享受定期定量补助的优抚对象。调整后，市内5区定期定量补助烈属从100户增加到157户，人均每月补助17.94元。当年，全市发放补助款64.2万元，其中定期定量补助款43.85万元。1985年，青岛市5333名烈士家属、因公牺牲军人家属、病故军人家属由享受定期定量补助改为定期抚恤，当年青岛市共发放补助款99万元。

青岛市对老复员军人实行定期定量补助。从1989年1月1日起，在乡退伍老红军战士生活补助费标准每人每月不低于85元；在乡复员军人生活补助费，居住农村的每人每月不低于20元，居住县城的每人每月不低于30元，居住市区的每人每月不低于35元。1992年，青岛市有在乡复员军人2.41万人，其中2.38万人享受定期定量补助，补助面为98.66%。当年发放定期定量补助775万元，每人每月平均27元；带病回乡退伍军人1869人，当年发放定期定量补助32.9万元，每人每月平均15元。

同时，为部分老烈属发放养老补助。对青岛市城镇非农业户口中没有子女、年满70周岁以上、生活自理有困难，或虽不满70岁，但因病残、生活完全需要人扶持的孤老烈属、因公牺牲军人家属，每人每月发给养老金50元；孤老病故军人家属每人每月40元。对有子女、年满80周岁以上、生活有困难的老烈属、因公牺牲军人家属，每人每月发给养老补助金25元；孤老病故军人家属每人每月20元。

1994年9月，根据民政部、财政部《关于提高部分优抚对象抚恤补助标准的通知》要求，青岛市在乡复员军人定期补助费，从当年起每人每月增加7～14元。当年全市共有2.37万名在乡复员军人享受定期定量补助，共1038万元，每人每月平均36.5元。带病回乡退伍军人2112人，发放定期定量补助43.2万元，每人每月平均17元。1997年12月，市民政局和市财政局印发《关于提高在乡老复员军人定期定量补助标准的通知》，决定从1997年1月1日起，凡已享受定期定量补助标准的在乡老复员军人，在原补助标准基础上每人每月再提高6元。当年享受定期定量补助的老复员军人2.2万人，发放1435万元，每人每月平均54.28元。带病回乡退伍军人2345人，当年发放定期定量补助72万元。1999年7月，青岛市再次下发《关于提高优抚对象抚恤补助标准的通知》。从1999年1月1日起提高在乡老红军战士的生活补助标准，达到每人每月570元。1999年中华人民共和国成立50周年之际，根据民政部、财政部统一部署和青岛市具体情况，再次提高在乡老复员军人的补助标准，从当年7月1日起，在原标准基础上每人每月增加20元。具有革命伤残人员和在乡老复员军人双重身份的三等伤残人员，在当年标准基础上，每人每月再增加20元。具有老复员军人和在乡伤残军人双重身份的二等乙级革命伤残人员，在当年标准基础上，按照抗日战争、解放战争、解放后入伍时期的不同，分别增加25元、20元、15元。

2001年7月，青岛市决定从2001年1月1日起，提高在乡退伍红军老战士的生活补助费标准，按每人每月840元发放。提高带病回乡退伍军人的定期定量补助费标准，按不低于在乡复员军人定期定量补助费标准的一半执行；提高在乡复员军人和带病回乡退伍军人中孤老的定期定量补助费标准，农村户口孤老每人每月增发30元，城镇户口孤老每人每月增发50元。2002年，提高在乡退伍红军老战士的生活补助标准，参照全市职工上年度平均工资额（1.14万元）标准，每月按960元计发。根据省民政厅、财政厅《关于提高在乡老复员军人定期定量补助标准的通知》，从2002年7月1日起，提高在乡老复员军人（含带病回乡退伍军人）的定期定量补助标准，即在原标准基础上每人每月提高30元（带病回乡退伍军人每人每月提高15元）。2003年，青岛市参照上年度城镇职工平均工资标准，在乡退伍红军老战士按每人每月1070元计发。同时提高在乡复员军人的定期定量补助标准，居住在城镇的每人每月提高20元，居住在农村的每人每月提高10元。提高带病回乡退伍军人的定期定量补助标准，每人每月提高5元，且定补标准不得低于在乡复员军人定补标准的50%。2005年7月2日，青岛市决定

80年代，青岛市民政部门工作人员上门向优抚对象发放抚恤金

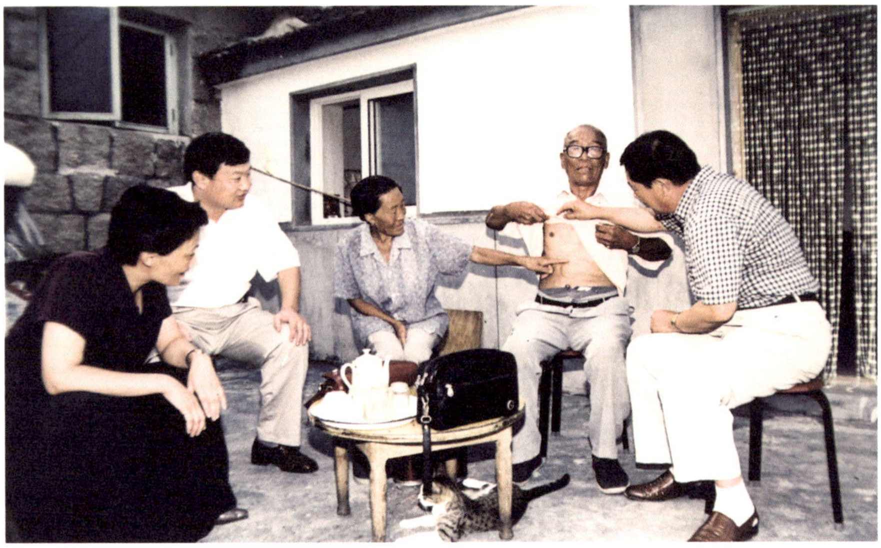

经过两次调整，1999年青岛市在乡老红军战士的生活补助金为每人每月590元。图为民政部门工作人员走访看望伤残老红军

从2005年起，每年8月1日前，为抗日战争时期入伍的在乡复员军人和残疾军人，每人发放补助500元。

1979～2005年，国家定期补助金标准调整8次，2005年定期定量补助金比1979年提高16倍。至2005年底，全市有在乡复员军人3.15万人，全部享受定期定量补助，人均每月补助201元。

优待

1979年3月起，根据国家规定，对部队义务兵改为志愿兵后享受工资待遇的，不再给其农村家属劳动日优待。当年，青岛市各县（区）对优抚对象进行普查登记，检查落实优抚补助政策。1980年，青岛市农村优待对象9861户。1982年9月，山东省颁布《山东省优待烈属、军属和残废军人暂行规定》，青岛市按要求对家居农村的义务兵家属和革命烈士（包括因公牺牲、失踪、病故军人）的父母、配偶和未成年子女，由原来只优待困难户改为普遍给予优待；提倡并推行“结合征兵定优待”办法，实行新兵入伍和优待同时落实到户。当年，4县（崂山、即墨、胶县、胶南）1区（黄岛）优待优抚对象共计2.89万户（烈属2033户，军属2.21万户，伤残军人2023户，复员、退伍军人2675户），其中1万多户享受“粮款并优”，优待粮为2343.6万斤，优待款为183.7万元，加上其他实物优待折款9.5万元，平均每户享受优待折合现金130元。1983年开始实行现金优待，农村从粮款并优向现金优待过渡，全市共优待2.65万户，全年兑现优待款458.4万元，平均每户享受优待款173元。1984年，优待金由原生产大队（村）负担，改为以乡（镇）为单位统筹，解决村与村优待标准不统一、群众负担不均衡等问题。

1985年9月16日，青岛市人民政府、中国人民解放军青岛军分区联合印发《关于对应征入伍义务兵的优待办法》，对农村、厂矿、社会入伍义务兵的抚恤金待遇、退伍后工作安排作出规定，明确义务兵在服役期间，荣立二等功以上者，退伍时高定一级（工资）；荣立三等功者，服役期满退伍在安置上给予照顾；为保证优待兑现落实，应征入伍通知书和优待证同时分发。1990年，全市优待烈属、义务兵家属、伤残军人、复员军人共4.98万户，优待金额1749万元。其中，农村优待烈属4081户，户均401元；优待义务兵家属1.87万户，户均542元；城镇继续推行社会统筹优待金办法，筹款240万元，优待义务兵家属3996户，户均600元。1994年，全市优待烈属、义务兵家属、伤残军人、复员退伍军人5.52万户，优待金2565万元。其中优待烈属4730户，户均731元；优待义务兵家属1.85万户，户均723元；优待城镇义务兵家属4193户，户均947元。

1995年11月，《青岛市城镇非农业人口义务兵家属优待金统筹管理办法》施行，对城镇非农业人口义务兵家属享受优待金的范围、标准，优待金统筹范围、标准，统筹办法，解缴时间、缴款凭证，发放领取，优待金管理6个问题作出具体规定。1999年5月，青岛市完善优待金社会统筹制度，基本要求是：农村义务兵优待标准逐步达到当地农民人均收入水平；对享受抚恤定补的烈属、伤残军人、老复员军人、带病回乡退伍军人实行普遍优待，其优待标准分别达到或高于当地义务兵优待标准的60%、50%、45%和30%；建立优抚对象抚恤补助标准自然增长机制；解决优抚对象治病难问题。当年，全市优待烈属、义务兵家属、伤残军人、复员退伍军人4.44万户，优待金4886万元。其中优待烈属2895户，户均898元；优待义务兵家属1.58万户，户均1710元（市内4区筹缴优待金649万元，当年优待义务兵家属每户1800元）；优待伤残军人7351人，人均690元；优待复员军人1.92万人，人均566元；优待带病回乡退伍军人4110人，人均465元。

2001年，市、区（市）两级财政拨付专项经费120万元，按每户500元标准，补助2400户生活困难的优抚对象。农村义务兵家属优待金全部实行县级财政专项转移支付，兑现标准由上一年的户均2617元提高到2933元；全市134名在新疆服役的义务兵，全部按3倍标准兑现优待金；为1840名优秀士兵和立功军人增发优待金和奖励金；市内4区义务兵家属优待提高到3000元。2004年，全市农村义务兵家属优待金兑现标准由上一年的户均2957元提高到3300元。多数区（市）兑现标准分别达到当地义务兵优待标准的60%、50%和40%，实现优抚对象生活水平达到并高于当地群众平均生活水平的要求。当年，全市统筹总额1500余万元。

2005年，全市农村义务兵家属优待金兑现标准由上一年的户均3300元提高到3799元。5月24日，青岛市转发财政部《关于发布全国性政府性基金项目目录的通知》，取消《关于贯彻执行〈青岛市城镇非农业人口义务兵家属优待金统筹管理办法〉的通知》，停止征收义务兵家属优待金。

死亡抚恤

1984年前，青岛市根据民政部有关政策，向抚恤对象发放实物和现金。1985年1月1日起，对“三属”（革命烈士家属、因公牺牲军人家属、病故军人家属）由发放定期定量补助改为发放定期抚恤金。当年，全市共有5293人享受定期抚恤金，实际发放128万元。1989年，青岛市第一次调整抚恤金标准，全市共有“三属”2.37万人享受抚恤金，全年发放252.26万元。其中，享受定期抚恤金烈属4052人、因公牺牲军人家属263人、病故军人家属592人，共计4907人，占享受抚恤金总人数的21%。

进入90年代，根据国家相关规定，青岛市多次调整“三属”定期抚恤基本标准。2000年10月，市民政局、市财政局决定在全市建立优抚对象抚恤补助标准自然增长机制。城镇户口“三属”在当年执行标准的基础上，按上年度全市职工平均工资的增长幅度同比例增长，逐年提高；农村户口“三属”的抚恤补助，在当年执行标准的基础上，按上年度全市农民人均收入的增长幅度同比例增长，逐年提高。当年，青岛市享受定期抚恤对象共计3348人，发放抚恤金572万元。其中，烈属和因公牺牲军人家属为农业户口者，月人均143.2元（孤老160.6元）；非农业户口者月人均272.2元（孤老310.6元）。病故军人家属为农业户口者，月人均为139.3元（孤老150元）；非农业户口者月人均为248元。

2001～2004年，全市“三属”定期抚恤金每年都在前一年基础上有所提高，幅度从20～60元不等。至2005年，城镇户口烈属每人每月420元，因公牺牲军人家属每人每月390元，病故军人家属每人每月360元；农村户口的烈属每人每月265元，因公牺牲军人家属每人每月250元，病故军人家属每人每月235元；改嫁烈士妻抚恤标准仍按同类烈属抚恤标准的一半执行。

1985～2005年青岛市烈士、牺牲、病故军人家属抚恤金发放情况表

表3-3　　单位：元/（人·月）

年份	烈士、牺牲军人家属		病故军人家属		改嫁烈士妻	
	农业户口	非农业户口	农业户口	非农业户口	农业户口	非农业户口
1985	20	40	15	35	—	—
1989	40	60	30	55	—	—
1990	40	60	30	55	21	33
1991	40	71.3	30	55	21	33
1992	40	74	30	55	21	35
1993	50	79	40	60	25	41
1994	55	130	45	104	28	48
1995	75	153	65	115	36	76
1996	81	194	71	148	46	104
1997	81	195.5	71	154	46	108
1998	91	216.8	81	185	49.4	101
1999	120.8	245.8	110.6	220.8	64	105
2000	143	272	139.3	248	73.7	115
2001	160	250	150	240	80	125
2002	185	290	175	280	93	145
2003	215	350	205	340	108	175
2004	215	350	205	340	108	175
2005	265	420	235	360	133	210

伤残抚恤

1979年，青岛对在职（参加工作者）、在乡（退伍回家或安家者）荣誉军人继续给予优待和抚恤。其中，在乡特等、一等残废军人的口粮、食油和副食品，按当地国家机关干部定量标准由国家供应。同年11月后，改为发给副食品价格补贴，特等、一等残废军人每月每人5元，二等残废军人每月每人3元，三等残废军人每月每人2元。1980年9月起，在乡特等、一等残废军人每人每月发给相当于当地普通二级工人工资的护理费。1981年，根据民政部《关于换发革命残废人员抚恤证的通知》，全市共有5620名革命残废人员换发新残废抚恤证。1984年9月起，在乡特等、一等残废军人及其家属，可就地由农业户口转为非农业户口；特等、一等残废军人病故后，其家属享受病故军人家属待遇；二等以上革命残废军人享受公费医疗，三等革命残废军人治疗费由民政部门报销。1989年，全市共有1.1万名革命残疾军人享受国家残废抚恤。其中，红军时期入伍17人，抗日战争时期入伍2475人，解放战争时期入伍4479人，全年共发放残废抚恤金357.7万元。

1990年3～6月，青岛市根据民政部和山东省民政厅《关于换发革命伤残人员证件的通知》要求，为1.05万名革命伤残人员换发新证，占应换证人数的99.4%。1995年，全市共有革命伤残人员1.05万人，其中在乡6524人。2000年6月，《青岛市二等乙级以上革命伤残军人医疗待遇管理办法》公布，规定不同等级的革命伤残军人医疗费保险标准。2005年6月起，对全市9280名残疾军人（含伤残人民警察、伤残国家机关工作人员、伤残参战民兵）进行新旧残疾等级套改并换发新证。

调整抚恤标准　1991年1月1日起，青岛市提高在乡革命伤残人员抚恤金标准，每年提高70～360元，特等伤残人员年抚恤金为1560元（因战）和1440元（因公），一等伤残人员年抚恤金为1260元（因战）、1170元（因公）和1060元（因病）。当年，全市共有革命伤残人员1.06万人，拨付伤残抚恤金477.6万元。1996年4月12日，青岛市转发民政部、财政部《关于提高在乡革命伤残人员抚恤金标准的通知》，从当年1月1日起，提高革命伤残人员伤残抚恤金标准，提高幅度为每年84～1000元，新标准为每年526元（三等乙级）～3240元（特等）。1998年，青岛市转发民政部、财政部《关于提高部分优抚对象抚恤补助标准的通知》，提高在乡革命伤残人员伤残抚恤金标准。特等、一等每人每年提高300元，二等、三等每人每年提高120元。当年，全市共有革命伤残人员1.04万人。次年，再次提高在乡革命伤残人员的伤残抚恤金，特等每人每年提高1800元，一等每人每年提高1240元，其他等级依次递减。在职特等、一等革命伤残人员伤残保健金每人每年分别提高400元、300元。1999年7月1日起，青岛市提高部分在职革命伤残人员伤残保健金，在职二等甲级以下革命伤残人员伤残保健金，在原有基础上每人每年分别提高75元、60元、40元、35元；同时为抗日战争时期、解放战争时期、解放后（截至1954年10月31日）入伍的伤残军人分别增发伤残保健金每人每年35元、30元、25元。

2000年，青岛市提高革命伤残人员伤残抚恤（保健）金，特等每人每年提高660元，一等每人每年提高600元，二等每人每年提高360元，三等每人每年提高150元。10月31日印发《关于建立优抚对象抚恤补助标准自然增长机制的通知》，规定包括革命伤残军人在内的优抚对象抚恤补助，在当年执行标准的基础上，按上年度全市职工平均工资收入的增长幅度同比例增长，逐年提高。当年，全市共有革命伤残人员9688人，发放伤残抚恤金和伤残保健金910万元。2001年6月印发《关于按照自然增长机制提高部分优抚对象抚恤补助标准的通知》，决定从当年7月1日起，提高在乡革命伤残人员（含革命伤残军人、伤残人民警察、伤残国家机关工作人员、伤残民兵民工）伤残抚恤金，特等伤残每人每年提高200元，一等伤残每人每年提高120元，其他等级依次递减。7月4日，青岛市印发《关于提高部分优抚对象抚恤补助标准的通知》，决定从2001年1月1日起，提高革命伤残人员（含革命伤残军人、伤残人民警察、伤残国家机关工作人员、伤残民兵民工）的伤残抚恤金、烈属（含因公牺牲军人家属、病故军人家属）定期抚恤金和在乡退伍红军老战士生活补助标准，特等每人每年提高1000元，一等每人每年提高800元；在职革命伤残人员伤残保健金在2000年标准的基础上，特等每人每年提高320元，一等每人每年提高220元，其他等级依次递减。

2005年，根据《军人抚恤优待条例》和青岛市上年度社会平均工资水平，确定一、二级因战因公致残的残疾军人的护理费标准提高到每人每月560元，三、四级因战因公致残的残疾军人护理费标准提高到每人每月448元，一至四级因病致残残疾军人护理费标准提高到每人每月336元。所需经费由市、区（市）两级财政各负担

50%。凡具有残疾军人、复员军人双重身份的在乡伤残军人，按照抗日战争、解放战争、抗美援朝入伍时期的不同，七、八级残疾军人每人每月分别增发60元、50元、40元，六级残疾军人每人每月分别增发30元、20元、10元。所需经费由市、区（市）两级财政各负担50%。

2005年青岛市残疾抚恤金标准表

表3-4　　单位：元/（人·年）

残疾等级	残疾性质	抚恤补助标准	残疾等级	残疾性质	抚恤补助标准
一级	因战	11200	五级	因公	5040
	因公	10800		因病	4560
	因病	10440	六级	因战	4480
二级	因战	10080		因公	4200
	因公	9600		因病	3600
	因病	9200	七级	因战	3360
三级	因战	8960		因公	3000
	因公	8400	八级	因战	2240
	因病	7800		因公	1920
四级	因战	7280	九级	因战	1680
	因公	6600		因公	1440
	因病	6000	十级	因战	1120
五级	因战	5600		因公	960

2001~2005年青岛市发放在乡革命伤残人员抚恤金标准表

表3-5　　单位：元/（人·年）

抚恤类别	伤残等级	套改等级	伤残性质	2001年	2002年	2003年	2004年	2005年
伤残抚恤金	特等	一级	因战	7200	8600	10160	10160	11200
			因公	7040	8440	10000	10000	10800
	一等	三级	因战	5520	6600	7800	7800	8960
			因公	5390	6470	7670	7670	8400
			因病	5260	6340	7540	7540	7800
	二等甲级	五级	因战	2980	3410	3960	3960	5600
			因公	2870	3300	3850	3850	5040
			因病	2780	3210	3760	3760	4560

续表3-5

抚恤类别	伤残等级	套改等级	伤残性质	2001年	2002年	2003年	2004年	2005年
伤残抚恤金	二等乙级	六级	因战	2020	2310	2680	2680	4480
			因公	1940	2230	2600	2600	4200
			因病	1900	2190	2560	2560	3600
	三等甲级	七级	因战	1250	1430	1630	1630	3360
			因公	1230	1410	1610	1610	3000
	三等乙级	八级	因战	1120	1280	1460	1460	2240
			因公	1120	1280	1460	1460	1920
伤残保健金	特等	一级	因战	1500	1800	2140	2140	2140
			因公	1470	1770	2110	2110	2110
	一等	三级	因战	1200	1440	1720	1720	1720
			因公	1160	1400	1680	1680	1680
			因病	1150	1390	1670	1670	1670
	二等甲级	五级	因战	600	690	810	810	810
			因公	580	670	790	790	790
			因病	560	650	770	770	770
	二等乙级	六级	因战	50	580	680	680	680
			因公	480	560	660	660	660
			因病	470	550	650	650	650
	三等甲级	七级	因战	380	440	510	510	510
			因公	360	420	490	490	490
	三等乙级	八级	因战	320	370	430	430	430
			因公	310	360	420	420	420

医疗保障　1984年，青岛市在乡特等、一等残废军人及其家属，可就地转为非农业户口；二等以上革命残废军人享受公费医疗。革命残废军人因伤残需要配备三轮车、安装假肢和辅助器械的，经民政部门批准给予报销。革命残废军人外出乘坐火车、长途汽车和轮船享受半价优待，游览公园免收门票。1994年9月，市民政局、市财政局转发民政部、财政部《关于提高部分优抚对象抚恤补助标准的通知》，规定伤残保健金调整幅度为40～210元，调整后各等次伤残人员伤残保健金为122～450元。1996年12月，在职革命伤残人员伤残保健金提高至160～600元，其中特等每人每年提高150元，其他伤残等级依次递减。1999年9月，再次提高在职革命伤残人员伤

残保健金，在职二等甲级、二等乙级、三等甲级、三等乙级革命伤残人员，每人每年分别增加75元、60元、40元、35元。当年，民政部下拨青岛市伤残军人更换新型假肢专项经费80万元。

2000年6月8日，《青岛市二等乙级以上革命伤残军人医疗待遇管理办法》公布，规定二等乙级以上革命伤残军人医疗费，市南、市北、四方、李沧、崂山、黄岛6区暂按每人每年4000元标准筹集，其他区（市）暂按每人每年3000元标准筹集，以后每年按照12%的比例调增。社会医疗保险经办机构为二等乙级以上革命伤残军人建立医疗保险个人账户，将人均医疗费总额的40%划入其账户，60%作为统筹医疗基金。个人账户资金年底有节余的，可将节余部分的50%发给个人，其余部分转下年度使用。在职革命伤残人员的伤残保健金，特等、一等每人每年提高180元，二等、三等每人每年提高60元。2003年，二等乙级以上革命伤残军人实行医疗费社会统筹，农村人均统筹4000元，城区5000元，全市统筹总额1200余万元。当年，全市投入资金642万元（含市财政下拨的300万元自然减员经费）为6000余名重点优抚对象报销医药费（含发放医疗补贴）。2004年，为优抚对象报销医疗费、发放医疗补贴200余万元。

2004年8月17日，《青岛市关于在乡优抚对象医疗救助办法》公布，规定每年从市财政和市福彩公益金列支800万元，用于解决在乡优抚对象医疗问题。10月1日，青岛公交集团有限责任公司制定《关于革命伤残军人免费乘车实施办法》，对全市9308名革命伤残军人和临时来青岛外地革命伤残军人乘坐市内公交车，实行免费优待。

第三节　安　置

改革开放之初，青岛市复员退伍军人安置就业工作，由市劳动、民政部门分别负责安置和管理。市劳动局负责落实接收单位，制定安置计划，下达计划指标；市民政局负责复员退伍军人的接收、分配，办理具体安置手续。1980年，对城镇退伍军人实行“按系统分配任务，包干安置”办法，由劳动部门、人事部门、接收单位与安置部门密切配合，共同承担任务，各负其责。1981年2月，青岛市加强对退伍军人安置工作的领导，成立市退伍军人和军队离休退休干部安置领导小组。1984年10月，青岛市退伍军人和军队离休退休干部安置领导小组办公室改称“青岛市复员退伍军人和军队离休退休干部安置领导小组办公室”。

1985年，参照《关于对应征入伍义务兵的优待办法的暂行规定》，按照入伍渠道分类安置复员退伍军人。同年，组建军队离休退休干部休养所，接收军队离休退休干部。1993年后，青岛市复员退伍军人安置逐步与企业用工制度并轨，提倡复员退伍军人自谋职业。2002年，在退役士兵安置工作中，对事业单位岗位推行安置工作政务公开和考试考核“双考”制度。2003年，复员退伍军人自谋职业者1150人。

2005年，青岛市全面实施退役士兵“双考”安置方式，并逐渐建立起多渠道、多形式的退役士兵就业安置制度和军休干部安置制度。当年接收复员退伍军人2212人，其中自谋职业1443人。通过“双考”安置到企事业单位687人，占需安置人数的32.25%。

1978～2005年，全市共安置复员退伍军人13.35万人，安置率为100%。至2005年，共建成干休所18处（其中市属13处）、干休站1处，接收安置军队离休退休干部3439人。

退伍义务兵安置

1979年，青岛市退伍义务兵安置原则为“从哪里来到哪里去”。从企事业单位应征入伍的原固定工，服役期满退伍后原则上回原单位复工复职；从社会上应征入伍的，服役期满退伍后由政府统一分配安置到全民企事业单位为固定工人。从农村应征入伍的，服役期满退伍后一般回乡安置。1980年，为在中越自卫还击战中负伤致残退伍回乡的11名伤残军人安置工作。1981年，对参战、立功和有技术特长退伍军人，实行优先安置。1985年，参照《关于对应征入伍义务兵的优待办法的暂行规定》，按照入伍渠道分三类安置复员退伍义务兵：从农村应征入伍的退伍义务兵回乡后，如农村有招收固定工或合同制工人指标时，对符合招收范围和条件的，优先招收；从厂矿企事业单位应征入伍的正式职工（含合同制工人），服役期满退伍后，原则上回原单位复工复职，也可以根据工作需要由市统一安排；原是合同制工人的，退伍后可转为固定工，在服役期间（到提干或转志愿兵为止），所在单位以本人每月的标准工资作为优待金发给其家属或由单位为本人代储；对从社会应征入伍的待业青年，在批准入伍的同时，在当年有招工计划的单位安排就工，服役期间由就工单位每月发给所属行业学徒工基本工资，作为对其家属的优待金。义务兵在服役期间，荣立二等功以上者，退伍后安排工作时高定一级；荣立三等功者，服役期满退伍后，在安置上给予照顾。至1986年，先后为526名立过战功的农村籍退伍军人安排工作。

90年代初，企业结对整体接收军队退伍义务兵，并签订劳动合同，依法保障退伍义务兵的就业安置

1990年，市政府根据民政部，公安部，解放军总参谋部、总政治部《关于义务兵提前退出现役的暂行规定》要求，开始采取试用分配安置办法，即由个人联系接收单位，市安置办公室出具“退伍军人就业试用介绍信”，在接收单位安排两年试用期；试用期表现好的，期满后转为合同制工人。当年安置义务兵7人。1992年，在退伍军人复工复职安置中，对原就工单位关、停、并、转的，实行“军安办”推荐、个人择业、单位选用的指令性分配。1993年，根据国务院《关于退伍义务兵安置工作随用工单位改革实行劳动合同制意见的通知》，对符合安排工作条件的退伍义务兵实行劳动合同制，依法保障退伍义务兵的第一次就业。同时，对自愿到劳务市场竞争就业、自谋职业的给予支持和鼓励。1995年，按照指令性安置和“双向选择、保底安置”原则，接收安置退伍军人4570人，其中城镇义务兵1700名，转业志愿兵783名，安置率达100%。1996年3月，《青岛市城镇退伍义务兵接收安置办法》实施，全市退伍义务兵安置工作纳入法制管理。

1999年，青岛市实行“指令性派遣、双向选择、市场分配调节、包底安置”相结合的办法，鼓励退伍军人自谋职业，从事个体私营经济。当年退伍义务兵，凡自愿申请自谋职业者，由市和各区（市）军安办批准，双方签订自谋职业协议书，发给“城镇退伍义务兵自谋职业证”，享受下岗职工自谋职业优惠政策，同时发给一次性补助金2万元，政府不再负责安排工作。2000年，青岛市在退伍义务兵安置工作中，开拓非国有经

2003年，青岛市按照"公平竞争、双向选择"原则，退役士兵根据地方理论考试和部队档案考核的总成绩公开选择岗位

济单位安置渠道，规定非国有企业承担安置指标，并首次将15家外资企业、24家私营企业纳入安置单位范围。同时制定安置后不得随意让退役士兵下岗、工龄连续计算、自愿有偿转移等配套政策。同时进一步完善双向选择和自谋职业政策，建立起自谋职业扶持金增长机制，退伍义务兵、转业士官扶持金分别达到城镇居民平均可支配收入的3～4倍。当年，全市共接收退役士兵5765人，其中安置工作退役士兵2580人。全市退役士兵安置率达到100%，其中自谋职业者占应安置总数的13%，基本达到安置部门、用人单位和退役士兵"三满意"。2001年，第一次向市内75家外商投资企业下达安置计划指标，其中驻崂山区、城阳区、黄岛区、胶南市等区(市)非国有企业承担安置任务的60%以上。当年，全市主动要求自谋职业的退役士兵人数达到410人，占应安置人数的20%，为自谋职业退役士兵发放自谋职业金720万元。

2002年，青岛市对事业单位岗位推行安置工作政务公开和考试考核制度，充分考虑退役士兵服役年限及在部队立功受表彰情况，体现"鼓励先进、优兵优分"原则，确保安置工作公开、公平、公正。2003年，对进藏服役退役士兵和服役期间立功受奖退役士兵给予适当加分，市内4区1040名退役士兵全部通过"双考"公开选择工作岗位。全市共有1153人选择自谋职业，发放自谋职业补助金1983万元，自谋职业率达55.1%。2005年，青岛市共接收退伍义务兵4100人，其中1443名退役士兵选择自谋职业。

转业志愿兵、士官安置

1983年，青岛市转业志愿兵采取"随到随安置"的办法。1984年10月《中华人民共和国兵役法》施行，规定对此前改任志愿兵、服役满13年以上退出现役者给予接收安置；对在青岛地区结婚并服满现役或年满35岁的志愿兵，如回原籍确有困难者，由其配偶户口所在地接收安置。至1985年，全市共接收安置转业志愿兵848名。其中，555名安置在国营单位，93名安置在集体所有制单位，22名考入大学或复学。1990年3月，山东省修改部队志愿兵接收办法，由省劳动和安置部门向中央、省驻青单位和青岛市下达接收安置转业志愿兵计划，由部队团以上单位办理志愿兵转业手续，介绍到青岛市安置办公室报到。1990～1998年，全市共接收安置转业志愿兵6205名。1999年12月，国家取消志愿兵制，实行义务兵和士官相结合的兵役制度，规定士官服现役不满10年作复员安置，满10年作转业安置；在退役士官安置中，实行"指令性派遣、双向选择、市场分配调节、包底安置"相结合的原则。1999～2004年，全市共接收安置转业士官4782名。2005年，青岛市安置军队转业士官622人，其中115人经"双考"安置到党政机关和事业单位。

1979～2005年青岛市安置复员退伍军人接收情况表

表3-6　　　　单位：人

年份＼项目	接收数		安置情况			接收志愿兵或士官数
	总数	退伍军人	招工就业	复工复职	回乡生产	
1979	1970	1599	624	297	1049	—
1980	2787	2787	2127	552	108	—
1981	6912	6912	2918	—	3938	—
1982	6740	6740	2986	437	3252	—
1983	5541	5541	1710	108	3703	—
1984	6920	6920	727	—	6193	—
1985	5454	4806	897	—	4557	648
1986	5328	5013	1246	—	4082	315
1987	5604	5537	849	—	4688	67
1988	114	69	—	—	—	45
1989	5078	4991	741	253	3997	87
1990	4917	4672	1550	127	2995	245
1991	4515	3951	1476	98	2941	783
1992	4687	4071	1762	121	2804	616
1993	5125	4438	2117	94	2914	687
1994	4938	4347	1920	78	2940	591
1995	4720	3974	1665	86	2969	746
1996	5450	4610	2100	125	3225	750
1997	5225	4439	1875	64	3414	851
1998	4245	3300	1750	110	2385	945
1999	5652	4704	1240	95	3369	948
2000	5765	4836	2580	121	3064	929
2001	4726	4001	2001	—	2275	725
2002	4760	4076	2005	—	2275	684
2003	5126	4365	2175	—	2951	751
2004	5233	4488	2212	—	3111	745
2005	4722	4100	2130	—	2592	622

军队离休退休干部安置

1983～2005年，青岛市共接收安置军队离退休干部和退休士官2793人，设置干休所19个。图为军休干部消夏猜谜同乐会

1983年7月9日，国务院办公厅发布《关于军队离休干部移交地方管理问题的通知》，明确军队离休干部移交地方后由民政部门管理。1985年，青岛市军队离休退休干部第一、第二休养所成立并开始接收军队离休退休干部。即墨县、莱西县、平度县、胶南县军队离休退休干部休养所和黄岛区军队离休退休干部休养站相继成立。当年，还为182名军队退休干部改办离休手续。1986年7月，按照省委组织部、省委老干部局、省民政厅、省财政厅和省人事厅《关于1980年前民政部门接收的军队退休改离休干部移交老干部部门管理的通知》要求，市民政局将184名军队退休改为离休的干部移交给市老干部局管理。至1990年底，全市共接收安置军队离休退休干部1079人，其中离休干部740人、退休干部339人。1995年，全市有12个军休所达到正规化建设标准，占军休所总数的92%。1997年，青岛市军队离休退休干部管理服务中心成立。1989年，建成12处军队离休退休干部休养所、1处休养站，共建房1667套。

1999年9月，根据民政部《关于出售移交政府安置的军队离休退休干部住房的通知》，青岛市军休干部在享受市房改成本价政策的同时，还可享受折扣政策。11月，军休干部住房出售工作在全市7个军休所展开，共出售军休干部住房794套。

至2005年底，全市共接收安置军队离退休干部和退休士官2793名，其中离休干部880人，退休干部（含退休士官）1913人。

2005年青岛市军队离退休干部休养所（站）情况表

表3-7

名称	建成时间	地址	离退休干部数(人)			工作人员(人)	备注
			合计	离休	退休		
第一休养所	1985.8	洪泽湖路22号	110	58	52	21	-
第二休养所	1985.8	延吉路100号	163	96	67	28	师职3
第三休养所	1986.4	伊春路71号	258	187	71	29	师职15
第四休养所	1987.5	永清路51号	113	55	58	12	-
第五休养所	1987.11	伊春路41号	247	96	151	20	师职20

续表3-7

名称	建成时间	地址	离退休干部数(人)			工作人员(人)	备注
			合计	离休	退休		
第六休养所	1989.12	南九水路7号乙	254	161	93	17	师职7
第七休养所	1985.9	东山二路18号	123	70	53	16	师职5
第八休养所	1997.6	善化路20号	222	37	185	15	师职101
第九休养所	1997.11	延吉路161号	128	11	117	16	师职43
第十休养所	1989.5	台柳路120号	41	6	35	10	师职2
第十一休养所	2000.9	永平路3号甲	71	–	71	20	师职15
第十二休养所	2000.9	佳木斯路60号	240	29	211	30	师职10
第十三休养所	2004.9	富源一路85号	110	2	108	28	–
即墨休养所	1985.5	胡永街2号	71	47	24	11	–
莱西休养所	1985.8	威海东路49号	48	41	7	9	–
平度休养所	1985.8	常州路269号	66	46	20	11	–
胶州休养所	1986.4	郑州路71号	97	67	30	15	–
胶南休养所	1985.8	文化路6号	59	45	14	10	–
黄岛区军休站	1985.8	玉环岛街23号	6	5	1	2	–

无军籍退休职工安置

1978年，青岛市首次接收军队无军籍退休职工49人。此后虽每年接收，但人数不多。至1987年，全市共接收无军籍退休职工256人。1988年接收工作暂时停止，1993年重新开始接收，当年接收278名。1994年7月，民政部、财政部、卫生部、解放军总后勤部颁布《关于进一步做好军队无军籍退休退职职工的安置工作的通知》，明确规定军队无军籍退休退职职工的接收范围、办理接收手续、各项经费的发放标准和医疗待遇标准等。至年底，全市共接收军队无军籍退休职工313名。2000～2005年，青岛市共接收军队无军籍职工1547人。

第四节　烈士褒扬

1980年6月，国务院颁布《革命烈士褒扬条例》，由民政部向革命烈士家属颁发“革命烈士证书”。青岛市及各县（区）政府在进行烈士褒扬工作的同时，加强陵园和烈士纪念建筑物的管理和建设，1981年6月，青岛市革命烈士纪念馆落成。

青岛市注重烈士褒扬活动的持续开展，每年清明节、国庆节期间，全市各级党政机关、驻青部队领导机关、人民团体、企事业单位、学校组织干部、群众和学生，到所在地烈士纪念馆或

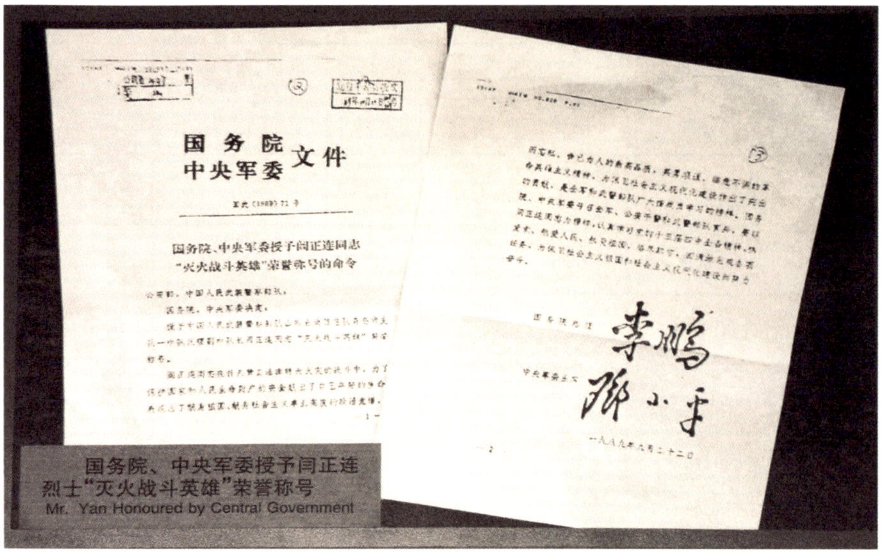

1989年9月，国务院和中央军委授予烈士闫正连"灭火战斗英雄"荣誉称号

烈士陵园进行纪念活动。1985年，组织宣传崂山龙潭瀑山洪暴发抢险救人的海军航空机务学校石建烈士的事迹。1989年9月4日，市委、市政府、中国石油天然气总公司举行黄岛油库灭火抢险庆功表彰大会，表彰和宣传英雄群体的先进事迹。1990年，青岛市组织宣传远洋运输公司船员、共产党员严力宾舍命抢救国家财产的英雄事迹。1992年，在全市开展向青年科学工作者王成海、叶立勋烈士学习活动。1994年3月，青岛市命名革命烈士纪念馆等25个单位为首批青岛市中小学德育教育基地。

1995年起，青岛市各级政府筹集资金，组织对烈士纪念建筑物进行改建和扩建。1997年为移葬青岛第五公墓的革命烈士，市政府投资80万元，完成崂山烈士陵园二期工程，建成无名烈士墓区，安放为青岛解放而牺牲的99位无名烈士骨灰。至2005年，青岛市共有烈士纪念建筑物16处，主要有：青岛市革命烈士纪念馆、崂山区烈士陵园、城阳区烈士陵园、胶州市烈士陵园、平度市烈士陵园、莱西市烈士陵园、即墨市烈士陵园、胶南市烈士陵园。

2005年青岛市主要烈士陵园情况表

表3-8

名 称	地 址	占地面积（万平方米）	始建与扩建时间	主要建筑物	烈士墓（穴）
青岛市革命烈士纪念馆	市南区芝泉路20号	3.55	1981年建成	烈士纪念堂、事迹陈列馆、英名碑和雕塑	3
崂山区烈士陵园	科苑纬四路201号	5.66	1970年始建，1992年、1997年两次扩建	烈士纪念堂、纪念碑、无名烈士墓	309
城阳区烈士陵园	东部凤凰山	2.52	2001年始建	烈士纪念墙、悼念广场、主题雕塑	144
即墨市烈士陵园	城北烟青路158号	3.6	1955年始建，1986年、2002年两次扩建	烈士纪念馆、纪念碑、纪念墙和长廊	1730
胶州市烈士陵园	郑州东路53号	3.09	1955年始建，1998年扩建	烈士纪念堂、纪念亭和纪念碑	713

续表3-8

名 称	地 址	占地面积（万平方米）	始建与扩建时间	主要建筑物	烈士墓（穴）
胶南市烈士陵园	珠山路北端	0.8	1958年始建，1975年扩建	烈士纪念堂	237
平度市烈士陵园	李园街道万家疃村	3.5	1958年始建，2004年扩建	烈士纪念堂、纪念亭和纪念碑	2941
莱西市烈士陵园	望城街道办事处	7.07	1955年始建，2000年扩建	烈士纪念馆、纪念碑	1617

第三章 赈 灾

青岛市受海洋性气候影响，常年伴有热带风暴、干旱、风雹、洪涝等自然灾害。1979～2005年，青岛市共发生较大的热带风暴6次、干旱灾害16次、风雹灾害13次、洪涝灾害6次、霜冻及病虫害6次。为做好防灾减灾工作，市政府加强水利和消防等防范灾害设施建设，及时调查掌握灾情、组织抢险、发放必要的救济款物、安排好灾民生活；组织生产自救，帮助灾民恢复和发展生产；建立灾害应急系统和引进保险理赔等。同时，组织群众积极捐款捐物，支持帮助灾区恢复重建。1979～2005年，全市共发放救灾款1.68亿元，救济灾民228万户（次）、735万人（次）。

第一节 旱灾与救助

1979～2005年，青岛市共发生干旱灾害16次。其中，1997年的旱灾为青岛百年一遇，造成直接经济损失12.83亿元。1979～1984年、1991～1997年、2000～2003年，为连年持续干旱、造成重大经济损失的3个严重干旱期。

1979～1984年，青岛市发生以干旱为主的自然灾害。1979年，干旱成灾面积5.07万公顷，受灾较重的即墨县全年降水量仅占常年的1/9。1981年干旱严重期间，青岛市民每人每天定量供水15公斤，成灾面积19.37万公顷。1982年旱情继续发展，至5月底，全市农田受灾面积达25万公顷，占播种面积的92%，水源严重缺乏，地面水基本干涸，全市有1232个大队、78.1万人吃水发生困难，占农村总人口的26%。1983年，青岛地区持续第5年干旱，水源干涸，春播作物大部分停止生长，全市吃水困难人数增加80余万人。1984年，全年受旱灾面积达26.47万公顷，粮食减产28.26万吨。

1980年，国家拨发救灾款144万元。1981年，国家又拨发救灾款112.1万元，救灾粮食1.08亿公斤，共有23.5万人受赈。1982年，市政府组织市、县、社三级干部1800多人，深入到农村社队，带领群众开展生产救灾工作，用于农民生产自救款137.8万元，救济棉布7万米、棉花1.03万公斤，受救济灾民36.59万户次、156.98万人次；安排救济粮1.78亿公斤，救济缺粮灾民42.69万户、197.05万人。1983年，国家拨发救济款157.7万元，其中生活救济款108.8万元，扶持灾民生产自救款48.9万元，共救济3.11万户、12.36万人。1984年，国家拨发救灾款219.96万元，生活救济款125.01万元，扶持灾民生产自救款94.95万元，救济4.13万户、15.7万人。1985年，第九号台风袭击青岛，降水量大增，旱情减缓。

1991～1997年，青岛市连年少雨，持续7

年干旱，1997年旱情严重程度达到青岛百年一遇。1991年6月，全市降水量明显偏少，8月份全市平均降雨30毫米，形成农作物关键生长期的“卡脖子”旱。受旱严重的即墨、平度、胶州、莱西、胶南、崂山6区（市），秋季农作物成灾面积14.77万公顷，成灾人口142.5万人。1992年，2～5月连续高温无雨，7月连续十几天气温32度摄氏以上，旱情日趋加重，造成大量农田失墒龟裂、农作物大面积旱死，夏播严重受阻。部分乡村企业因无水被迫停产或半停产，人、畜饮水严重困难，成灾面积43.33万公顷。1993年旱情继续发展，全市339个村庄18.2万人和5万头大牲畜吃水困难。1994年5月后，严重干旱地区持续50余天未降水，土壤含水量迅速下降，旱情急剧发展，胶南、胶州和莱西3市成为重灾区。随后3年，旱情持续发展。其中以1997年最为严重，当年1月～7月中旬，全市累计降水仅为133.1毫米，是青岛市水文记载所罕见。全市32条河流全部干枯，农田受旱面积46.29万公顷，占农田总面积的90%以上。全市居民吃水一度紧张，尤以即墨、崂山、城阳、胶南、平度等区（市）的山区、丘陵最为严重，有1075个村庄、16万多头牲畜发生不同程度饮水困难，特大干旱造成大沽河堤防和即墨挪城水库大坝产生不同程度裂缝。全市因旱灾造成直经济业损失12.83亿元。

1991年，全年共发放自然灾害救济款145万元，救济灾民和贫困户6.1万人。此后每年下拨救济款100万元以上，随着旱情的逐年严重，救济款金额也逐年增加。同时，市政府多渠道、多形式筹集资金，增加抗旱投入，最大限度降低灾害损失。1997年，青岛遭遇百年罕见大旱，市委、市政府下发《关于紧急动员立即行动迅速掀起抗旱救灾工作高潮的紧急通知》，要求各级党委、政府，各部门、各单位，把抗旱救灾作为当前压倒一切的中心工作抓紧抓好。7月～8月中旬，全市日均上阵抗旱劳力100余万人，动用各类机械33万多台（套）。全市共挖掘“井中井”“库中井”“河中井”等各类临时水利工程5100多处，组织车辆为人畜吃水困难地区送水，出动运水车1.18多万辆次；紧急调运50台自行式喷灌机投入抗旱，灌溉造墒面积326.7千公顷。国家先后两次下拨救灾款520万元，全市各级财政及群众投入抗旱经费1.2亿多元，市级机关和有扶贫任务单位共捐款捐物折款120余万元。1998年、1999年降雨充足，1999年8月青岛市普降中到大雨，部分地区降大到暴雨，每次降雨平均200毫米以上，持续7年的大旱得到缓解。

2000年，青岛市遭遇新一轮干旱期，全市累计降水仅为180毫米，农作物受旱面积23.69万公顷，旱灾造成全市805个村庄28.26万余人和6.4万头大牲畜饮水困难。2001年，青岛市先后遭受严重干旱、风雹和洪涝灾害，是受灾较重的一年。上半年，全市累计降水

2005年，青岛市威海路街道办事处将辖区内募集的救灾物资运往灾区

仅为69.9毫米，全市12.23万人出现不同程度的吃水困难。持续干旱造成农作物干旱受灾面积12.6万公顷，直接经济损失达4.23亿元。2002年持续干旱，7月份全市平均降水量仅为464毫米，加之气温比往年明显偏高，出现干旱高温天气。全市农作物因干旱受灾38.8万公顷，221.2万人受灾，26万人吃水困难，直接经济损失19.07亿元。2003年，受上年干旱影响，开春后又持续无雨，平度、莱西、胶州、胶南、即墨5市和崂山、城阳、黄岛3区的164个镇（街道）、3182个村严重干旱，100.82万人受灾，25万公顷农作物受灾，其中72个村2.5万人和3800头大牲畜吃水困难，因灾直接经济损失5.5亿元。

2000年旱灾发生后，全市共投入抗旱劳力124万人次，机械设备16.2万台（套），抗旱救灾资金4077万元。2001年，投入救灾资金2437.9万元，帮助灾民恢复住房5.15万间，发放粮食4069吨，救济46.4万人。2002年，投入救灾资金1079万元，帮助灾民恢复住房540间，发放粮食5920吨，救济18.7万人。2003年，投入抗旱资金7.36亿元，帮助灾民恢复住房3985间，购买发放粮食5990吨，救济3.7万户12.01万人。2004年、2005年未发生严重旱灾。

第二节　热带风暴灾害与救助

1979～2005年，青岛市先后遭受6次热带风暴袭击，并造成自然灾害，分别是1981年8月31日第14号台风、1985年8月19日第9号台风、1992年8月31日第16号热带风暴、1997年8月19日第11号强台风、2000年8月29日第12号台风以及2001年8月1日“桃芝”台风。其中，1997年8月19日第11号强台风因灾死亡14人，转移人口4.67万人，造成直接经济损失10亿元。

1981年8月31日，第14号台风袭击青岛地区，海上风力10～11级，内陆8～9级，无雨，海面涌浪高10多米，沿海船只、滩涂养殖损毁严重，其中以崂山、即墨、胶南3县和黄岛区受灾最为严重。全市有27处公社194个生产大队受灾，损坏船只459条，冲毁养虾场12处，冲毁堤坝19处计4.13万米，冲毁码头7座计150米，损坏房屋144间，造成经济损失890.5万元。市政府在救灾活动中，尝试“救济灾民生活与扶持灾民生产相结合，救灾款使用变单纯生活救济为保障灾民的基本生活与扶持贫困灾民生产自救相结合，实行无偿救济与有偿扶持相结合”工作方式，发动灾民开展抗灾自救。

1985年8月19日，第9号台风中心在青岛沿海登陆，平均风力10级，阵风12级，瞬间最大风速35.6米/秒，并带有暴雨，当天降雨150毫米，全市城乡平均降水量317.1毫米，是建国后青岛市遭受到的最严重台风暴雨袭击。狂风、暴雨、海潮、洪水造成巨大损失，城市邮电线路严重损坏，部分地区停电、停水，工厂停工停产，街道两旁树木大批被刮倒导致交通阻塞，海堤多处被冲毁。市区积水严重，厂房、住宅进水、住房漏雨者甚多。仅市区统计直接经济损失达7740万元。农村供电、交通、通信几乎全部瘫痪，81个乡镇、2000余村的40.4万户、169.14万人受灾严重，其中46个被淹村庄水深1米以上。农作物大面积被淹、倒伏，成灾面积30.67余万公顷，其中，绝产面积11.33余万公顷，沿海滩涂养殖大部分被海浪冲毁，虾池被冲毁0.23万公顷。毁坏机动船738条、木帆船774条，刮倒树木827万棵。倒塌房屋4.63万间。因灾死亡29人，伤368人。灾害造成直接经济损失5.08亿元。灾情发生后，市委、市政府紧急动员全市军民投入抢险救灾，由市领导分别带领6个工作组，奔赴各县、区现场指挥抗灾救灾，慰问灾民，组织群众恢复生产、重建家园，抢修水毁公路、电力通讯等公共设施及农田水利设施，抢播、抢种秋粮秋菜。全市有338万人次投入抗灾救灾工作，调用各类车船996台

（艘）。民政部于8月27日拨发救济款30万元，山东省下拨救灾款400万元，用于重灾区重灾民的生活救济、修房补助、因灾转移安置及医疗救济。10月3日，民政部再拨救灾款30万元，扶持灾民生产自救。

1992年8月31日晚，青岛市遭到第16号热带风暴袭击，全市多数地区降大到暴雨，局部特大暴雨，最大风力11级，最大降水量443毫米。近海最大浪高7.9米，市区沿海潮位超过建国后有记录的最高值。强风暴雨和海潮暴涨，给崂山、即墨、胶南、胶州、黄岛5区（市）的沿海乡镇造成严重损失。因灾死亡13人，失踪13人，重伤3人；倒塌民房5962间，损坏房屋3.8万间；倒折树木25.2万棵，果树落果6408.5万公斤；冲毁大坝9500米，毁坏船只1010艘；冲毁道路5.7万米，总计经济损失达6.41亿元。全市共有56个乡镇、1896个村、89.2万人受灾。灾害发生后，青岛市积极组织灾民开展生产自救、重建家园，抢修水毁公路、电力通讯等公共设施及农田水利设施，抢播、抢种秋粮秋菜。同时组织灾民劳务输出，多渠道增加灾民收入。

1997年8月19日，第11号强台风袭击青岛，全市普降大暴雨，局部降特大暴雨。城阳区惜福镇，崂山区北宅，即墨市普东、即墨镇和三里庄5处乡镇降雨均达510毫米以上。全市各类农作物成灾18.17万公顷；被海浪损坏船只1200余艘，即墨市、黄岛区、胶南市部分挡浪大坝损坏；全市因灾倒塌民房9936间；因灾死亡14人，转移人口4.67万人；造成直接经济损失达10亿元。灾害发生后，全市有338万人次投入抗灾救灾工作，调用各类车船996台（艘）。当年共投入救灾资金1588万元。针对该次灾情较重的情况，市委、市政府决定，以机关和事业单位干部职工捐献年终奖励工资的1/3用于救灾扶贫，并确定用捐资中的100万元购买100万斤粮食，分发到农村急需救济的重灾民和特困户家中，有38万户、12.56万人得到救助。自80年代末推行的“自然灾害保险”，即农作物、民房、福利企业、劳动力伤害、大牲畜等几个险种的保险理赔，有力支持灾区灾民生活安排和企业生产自救，当年全市各级保险部门共办理各种灾害现金赔付6.16亿元。

2000年8月29日，第12号台风影响青岛市，全市普降中到大雨，局部地区大暴雨、特大暴雨，此次降雨历时54小时，全市累计平均降水量105.1毫米。最大暴雨量在胶南市城区，为240毫米，城区积水平均深60厘米，最深处150厘米以上。此次风暴潮最高潮水位为536厘米，超警戒水位11厘米，超过25年一遇的标准。由于降雨来势猛，雨量大，导致部分河道决口，塘坝被冲毁，部分村庄、农田和企业被淹。冲断供电、通信线路205条，冲毁桥涵85座、公路39.5公里，造成通信、供电、交通中断。损

2005年8月7日，9号台风“麦莎”袭击青岛，造成全市70余万人受灾。图为“麦莎”带来的风暴潮

坏海堤11处共8.1公里，部分防洪、防潮设施被冲毁，水产养殖业也遭受较大损失。台风造成直接经济损失约2.36亿元，全市共有27处乡镇、街道受灾，受灾人数43.65万人，农作物受灾面积3.99万公顷。

2001年8月1日，受台风“桃芝”影响，青岛市普降大到暴雨，局部降特大暴雨，全市平均降水量229.9毫米。局部最大降水量是崂山北九水地区，达387毫米，并伴有8级以上大风，强度之大为历史罕见。大片农田被淹，庄稼倒伏，洪水所到之处，大量树木被冲倒，有的被连根拔起。由于持续降雨不断，且雨量大，全市大小河道均出现不同程度河水暴涨，由于海潮原因，洪水入海流速减慢，造成胶南、胶州市城区街道被淹，胶南市最大水深1.5米，胶州市街道积水深1.2米，胶南、崂山、胶州、城阳等区（市）的重灾地区交通、供电、供水全部中断。5市3区77个乡镇严重受灾，倒塌房屋1.44万间，死亡17人，257.78万人受灾，全市因灾造成直接经济损失17.24亿元。灾情发生后，各级政府紧急组织干部群众4.8万余人投入抢险救灾。驻青部队紧急出动3000余人，汽车300余辆，摩托艇、冲锋舟、橡皮舟50余艘，帮助转移抢救被洪水围困的2.42万人。9月3日，青岛市拨付救灾款800万元，用于灾民倒塌、损坏房屋重建和无自救能力特重灾民的生活困难补助。另外，拨付中国福利彩票赈灾专项募集资金300万元，全部用于购买口粮，救济灾区群众。

2005年8月7日，台风“麦莎”袭击青岛，阵风12级，崂山区、胶南市和黄岛区降水量均超过100毫米，部分街区出现积水、树木倒伏、围墙倒塌。胶南市因两座水库出现险情，转移45个村庄5700多人，黄岛区因4座水库出现险情转移21个村庄1.5万人。台风造成全市70.7万人受灾，紧急转移安置6.7万人，直接经济损失4亿多元。台风来临之前，市政府在市交警支队成立防汛应急指挥中心，对防御台风进行部署，启动防台风紧急预案，提前转移危险区域群众，最大限度降低灾害损失。

第三节　其他灾害与救助

风雹灾与救助

1979～2005年，青岛地区几乎每年都发生风雹灾害。其中，农田受灾面积超过1万公顷的灾害有8次。1996年6月13日，平度、莱西、胶州、即墨、崂山等6区（市）相继遭受龙卷风、冰雹和暴雨袭击，造成10.15万公顷小麦受灾。

1980年夏，胶县、胶南县、即墨县和崂山县连续遭受风暴冰雹袭击，共510个大队、6万公顷农田受灾。1986年6月3日，胶县后屯等10处乡镇遭风雹袭击，冰雹最大直径为10厘米，历史罕见。8月10日，胶南县12处乡镇遭风雹袭击，风力8～10级，降水量56.5毫米，农作物成灾面积2万公顷，死亡4人，伤75人，倒塌民房1029间，经济损失7086万元。1989年5月8日，胶州市、平度市、莱西县、崂山区共23个乡镇、577个村遭受罕见冰雹袭击，冰雹最大直径8厘米，并伴有8级以上大风。重灾地区连续降雹3次，冰雹积厚10厘米。因灾死亡2人、受伤1006人，损坏房屋2.56万间，倒折树木2.1万棵，农田受灾面积5.67万公顷，经济损失1.33亿元。灾情发生后，全市各级领导立即分赴受灾现场，组织动员群众开展生产自救，并迅速筹措资金、物资，中央、山东省政府也给予支持，共向灾区拨出救灾物资化肥2900吨、柴油2220吨、汽油120吨、塑料薄膜5吨和救灾经费130万元。

1996年6月13日，平度、莱西、胶州、即墨、崂山等5区（市）部分地区相继遭受龙卷风、冰雹和暴雨袭击，共有43处乡镇受灾，其中重灾乡镇28处（均为平度市）。全市小麦受灾面积10.15万公顷，损坏各类经济作物大棚5865个；因灾倒折树木35.85万棵（其中平度市35.84

万棵），最大直径达50厘米；因灾倒塌的房屋共有1496间，死亡8人。灾害造成直接经济损失2.8亿元。灾情发生后，市财政下拨灾区50万元，从青岛市结余的特大自然灾害救济补助费中下拨20万元，用于重灾区重灾民的生活救济、修房补助、因灾转移安置及医疗救济。1998年7～8月，即墨、胶州、莱西8个乡镇、56个村先后遭受龙卷风袭击，伴有10级以上大风，重灾乡镇伴有60多毫米的降雨，房屋倒塌，门窗毁坏，树木倒折；各类农作物成灾2.81万公顷，造成直接经济损失4820万元。

2001年8月24日下午，莱西、即墨、平度3市部分地区先后遭受暴风雨和冰雹袭击，并伴有8～9级大风，局部最大降水量达78毫米。由于降雹持续时间长，狂风暴雨大作，致使17处乡镇、449个村受灾严重，全市造成直接经济损失2.52亿元。9月3日，青岛市拨付救灾款200万元，用于重灾民倒塌、损坏房屋重建和无自救能力特重灾民生活困难补助。11月13日，增拨特大自然灾害救济补助费130万元，用于重灾民倒损房屋重建和修缮补助。2002年10月14日，青岛市普降雷阵雨，并伴有7～8级大风，平度、莱西、即墨、崂山等区（市）出现较大强度冰雹。因风雹灾受灾人数11万人，死亡1人，农作物受灾面积1.3万公顷，倒塌房屋947间，因灾直接经济损失16.87亿元。2004年5月16日，莱西、平度两市21个镇（街道）先后遭受冰雹袭击，部分地区多次遭冰雹袭击，阵风8级，短时最大降雨79毫米，共造成农作物受灾面积1.05万公顷，受灾人数29.35万人，造成直接经济损失1.2亿元。

水灾与救助

1990年，青岛市水灾危害较为严重。6月1～24日，全市连续降雨12次，农村各县（区、市）平均降雨173毫米，造成全市小麦生芽31.85万吨。7月6日，平度、胶州两市24个乡镇突降大暴雨，1小时降雨100毫米以上，0.45万公顷农田积水，成灾人口11.54万人。8月3日，崂山区、即墨市13个乡镇降暴雨，最大降水量236毫米，致使2.4万公顷农田变成一片汪洋，绝产面积0.8万公顷，因灾倒塌民房313间，共计83个村、4330户农民家遭水淹，成灾人口42.5万人。当年，因暴雨成灾面积12.33万公顷，占成灾总面积的87.6%。全年倒塌民房2223间，因灾死亡4人，成灾人口95.52万人。

1999年8月，胶州、胶南市普降暴雨。图为驻青部队出动冲锋舟抢救遇险群众

1999年8月10日，青岛市普降中到大雨，部分地区降大到暴雨，48小时累计降水量最大439毫米。由于短时间降雨集中，河水暴涨，胶州、胶南旧河道河水漫堤决口，周边乡镇农田、农户遭受严重水淹。其中，胶州、胶南和平度有18处乡镇严重成灾，重灾村304个，交通、通信中断近9小时，冲毁耕地360公顷，倒折树木26.9万棵，倒塌民房9947

间，因灾死亡5人，受伤369人。重灾区胶州市经济损失2.85亿元。灾情发生后，市领导亲临灾区指挥抢险救灾，胶州、胶南市紧急组织干部群众8千余人投入抢险救灾。北海舰队、青岛警备区、胶州炮旅等2000余名官兵，紧急出动汽车300余辆、冲锋舟50余艘，帮助抢救被洪水围困的19个村2.69万名群众。市政府紧急下拨210万元救灾款，用于解决灾区群众衣、食、住、医等生活困难。8月20日，青岛市再拨款1000万元，其中100万元用于水毁工程抢险，900万元补助灾区，重点用于帮助灾民倒房重建和购买重灾民救灾口粮。

2003年8月1日，莱西、平度突降大暴雨，局部降特大暴雨，并夹有短时雷雨大风。8月26日，青岛市区普降大雨，莱西、即墨、平度3市降大暴雨，局部降特大暴雨。全市20个镇（街道）、278个村受灾较重，部分房屋受损，农田被淹，因灾造成人员1死6伤。当年因洪涝灾农作物受灾面积26.08万公顷，受灾人数231.22万人，倒塌房屋1111间，因灾直接经济损失9.43亿元。2004年7～8月，胶州市、胶南市、平度市、莱西市、即墨市及城阳区、崂山区、黄岛区等地先后多次遭暴风雨袭击，局部地区降暴雨并出现龙卷风，致使部分群众住房、养殖大棚和道路、桥梁、水利设施受到破坏，许多农田发生大面积内涝，农作物受灾，特别是玉米等高秆作物倒伏严重，果树落果，树木倒折。当年，全市农村因洪涝灾农作物受灾面积3.89万公顷，受灾人数167.12万人，因灾造成3人死亡、2人重伤，共倒塌房屋624间，因灾造成直接经济损失8.44亿元。青岛市拨放救灾款765万元，用于购买赈灾粮和帮助灾民恢复住房，共帮助灾民恢复住房3189间，发放救济粮5460吨，救济灾民11.46万人次，救济困难群众6.2万人，保证灾民和困难群众的基本生活。

霜冻与救助

1979～2005年，青岛地区共发生3次较严重的霜冻灾害，农村地区常用灌水法、遮盖法和烟熏法预防霜冻灾害。

1991年4月12～15日，即墨、莱西、平度、胶州4市先后发生霜冻灾害，是农作物损失较重的一次。受冻地区气温突降至0℃以下并持续5～7小时，小麦受冻面积6.27万公顷。2002年4月25日凌晨，受冷空气影响，青岛市遭受低温冷冻灾害袭击，气温平均下降8℃，最低气温降至−4℃，致使平度、莱西、胶州、胶南、即墨5市及城阳区54个乡镇1080个村严重受灾，受灾人数107.4万人，农作物受灾面积10.4万公顷，全市因低温冷冻灾害造成直接经济损失12.7亿元。2004年4月24日凌晨2时左右，胶州、莱西、平度3市遭受低温冷冻灾害，部分地区气温降至−0.8℃，致使37个镇671个村受灾，受灾人数19.3万人，受灾面积2.05万公顷，农业经济损失达2.55亿元。

病虫害与救助

1980～1987年，全市有7年发生病虫灾害，多为麦田红蜘蛛、黄疸病及秋季蝗灾，农作物受灾面积共计11.05万公顷。1988年6月，胶南县市美、张家楼、六汪等乡镇发生蝗灾，虫口密度为每平方米10～15只，最密处每平方米35只左右，农田和山林受灾面积0.41万公顷。灾情发生后，胶南县组织8000余人，采取药物和人工捕杀的办法，10天杀灭蝗虫1万余公斤。1991年，由于地温低、日照差，全市麦田由南向北暴发条锈病、白粉病和蚜虫、黏虫等病虫灾害，小麦受灾面积11.57万公顷。1998年，由于冬旱春暖，持续阴雨，光照严重不足，小麦长势虚弱，播种早、底肥足、水浇地的麦田，各类病虫害普遍流行，纹枯病、条锈病于5月中旬达到发病高峰期，全市受病虫害严重的6.3万公顷小麦中，有1/3出现不同程度倒伏，纹枯病向小麦茎秆侵染速度加快，最终导致根部腐烂。全市有123个乡镇、1950个村、154.65万人受灾，农业直接经济损失达2.85亿元。

1979～2005年青岛市主要自然灾害及救灾救济情况表

表3-9

年份	主要灾害	受灾情况	救灾救济情况
1979	旱灾	全市干旱成灾面积5万公顷。受灾较重的即墨县，全年降水量仅占常年的1/9	国家拨发救灾款55万元，棉布6万米，棉花60吨
1980	旱灾，风雹灾	全市受旱灾面积8万公顷，成灾4.4万公顷。全市粮食减产11.33万吨，成灾人口达31.4万人	国家拨发救灾款144万元
1981	旱灾	干旱严重，青岛市民每人每天定量供水15公斤。农村干旱成灾面积19.37万公顷，成灾人口160万人，减产粮食36.22万吨	国家拨发救灾款112.1万元，救灾粮食10.8万吨，共有23.5万人受赈
1982	旱灾	全市农田受灾面积达25万公顷，其中，16.8万户、78.1万人吃水发生困难，占农村总人口的26%，粮食减产15.07万吨	国家拨款137.8万元用于农民生产自救，救济棉布7万米、棉花10.3吨。安排救济粮17.8万吨，救济缺粮灾民42.69万户、197.05万人
1983	旱灾、冰雹	受旱灾面积19.3万公顷，成灾面积11.54万公顷。减产粮食（含冰雹灾害）14.65万吨，成灾人口77.45万人	国家拨发救济款157.7万元。其中生活救济款108.8万元，扶持灾民生产自救48.9万元。共救济3.11万户、12.36万人
1984	旱灾	全年受旱灾面积达26.47万公顷，成灾面积17.87万公顷，粮食减产（含其他灾害）28.26万吨	国家拨发救灾款219.96万元，生活救济125.01万元，扶持灾民生产自救款94.95万元。救济4.13万户、15.7万人
1985	热带风暴	9号台风造成81个乡镇2000余个村40.4万户、169.14万人受灾。因灾死亡29人，伤368人。直接经济损失5.08亿元	1985～1987年国家共拨发救灾款719.14万元，其中生活救济358.3万元，扶持灾民生产自救360.84万元
1986	冰雹	受灾面积2.69万公顷，成灾面积1.7万公顷	
1987	旱灾	受灾面积7.2万公顷，成灾面积3.37万公顷	
1988	旱灾	受灾面积18.6万公顷，成灾面积11.49万公顷	发放救灾款145万元，安排统销粮1.75万吨
1989	旱灾	成灾面积15.69万公顷	发放救灾款130万元，救济灾民19.75万人
1990	水灾	全年因灾减产粮食23.8万吨，倒塌民房2223间，损坏民房1.06万间，成灾人口95.52万人	全市共发放救济款165万元，统销粮4261吨，使1.53万户、5.8万名灾民生活得到妥善安置。参加救灾1.02万人，驻军及武警0.9万人；向灾区提供募捐资金和群众间互助款40万元

续表3-9

年份	主要灾害	受灾情况	救灾救济情况
1991	旱灾	全年因旱成灾面积15.32万公顷，减产粮食43.7吨，共因灾缺粮48.1万人，总计缺粮8241吨	全年共发放自然灾害救济款145万元，救济灾民和贫困户1.53万户、6.1万人
1992	旱灾	全市50万公顷耕地普遍受旱灾，严重受旱成灾面积达43.33万公顷，占总面积的7%。因灾减产粮食59.9吨	全年共发放自然灾害救济款490万元，救济灾民和贫困户3.11万户、12.33万人
1993	旱灾	全市9.33万公顷麦田无法下种，有4万多公顷果树受旱严重。有339个村庄的18.2万人和5万头大牲畜吃水困难	全年共发放自然灾害救济款258万元，救济灾民和贫困户2.16万户、8.59万人
1994	旱灾	严重干旱地区持续50余天滴雨未降，土壤含水量迅速下降，严重影响小麦的后期生长。丘陵的17.53万公顷旱薄地小麦受害最为严重，重灾区是胶南，胶州和莱西3市	全年共发放自然灾害救济款519万元，救济灾民和贫困户2.61万户、10.38万人
1995	旱灾	全市有1.2万公顷白茬地因旱不能春播，部分乡镇企业因无水被迫停产或半停产	全年共发放自然灾害救济款571万元，救济灾民和贫困户2.87万户、11.42万人
1996	龙卷风、冰雹和暴雨	全市部分地区相继遭受龙卷风、冰雹和暴雨袭击，小麦受灾面积10.15万公顷，因灾严重倒伏4.91万公顷。因灾倒塌的房屋1496间，损坏4.52万间；因灾受伤67人，死亡6人。直接经济损失2.92亿元	青岛市下拨灾区50万元，从青岛市结余的中央特大自然灾害救济补助费中下拨20万元用于紧急救灾
1997	旱灾	全市农田受旱面积46.29万公顷，占耕地面积约60%。其中，绝产13.33千公顷，5万余公顷白茬地因干旱无法播种。1075个村庄、16万多头牲畜发生不同程度的饮水困难，直接农业损失达12.83亿元	下拨救灾款520万元。市级机关和有扶贫任务单位共捐款和捐物折款120余万元。抗旱期间，全市日上阵抗旱劳力131.3万人，动用各类抗旱机械33万台套，各级财政及群众投入抗旱经费1.2亿多元

续表3-9

年份	主要灾害	受灾情况	救灾救济情况
1998	龙卷风、暴雨、冰雹	全市秋季各类农作物成灾6.26万公顷，绝收面积1.86万公顷，1万公顷果园遭受损失。全市因灾倒塌民房1004间，倒折树木4.56万棵；全市因灾造成直接经济损失4.07亿元	全年共发放自然灾害救济款1010万元，救济灾民和贫困户4.23万户、16.83万人
1999	水灾	全市受灾面积共4.82万公顷，成灾4.1万公顷，绝产0.28万公顷，因灾造成直接经济损失6.71亿元	青岛市拨款1000万元，胶州、胶南两市政府也调拨110万元。省卫生厅紧急支援青岛市价值18万元的消毒药品
2000	旱灾	全市农作物受旱面积23.7万公顷，占农作物播种面积的68％，其中有3万多公顷农作物因灾绝产。旱灾造成全市805个村庄、28.26万余人和6.4万头大牲畜饮水困难	全市共投入抗旱劳力124万人次，机械设备16.2万台(套)，抗旱救灾资金4077万元，拉水车辆1700余辆，救灾化肥3450吨，抗旱电力186万千瓦时
2001	干旱、风雹和洪涝灾害	全市受灾面积37.9万公顷，成灾面积24.19万公顷，绝收5.2万公顷，全市因灾直接经济损失达42.31亿元，其中农业直接经济损失18.27亿元	全年共投入救灾资金2437.9万元，帮助灾民恢复住房5.15万间，发放粮食4069吨，救济46.4万人
2002	干旱、低温冷冻、冰雹、暴风雨	全市农作物受灾面积50.54万公顷，成灾38.19万公顷，绝收6.96万公顷，受灾人口340.03万人，直接经济损失33.47亿元	全市共投入救灾资金1079万元，投入救灾物资折款885万元。购买赈灾粮救济灾区，发放粮食5920吨，救济18.7万人
2003	春旱、低温冷冻、龙卷风、洪涝、冰雹以及严重秋涝灾害	全市农作物受灾面积52.22万公顷，成灾33.02万公顷，绝收6.22万公顷，减产粮食84.91万吨。受灾人口341.89万人，直接经济损失17.14亿元	全市共投入救灾资金1255万元，发放粮食5990吨，救济困难灾民3.7万户、12.01万人
2004	暴风雨、龙卷风、冰雹灾害	农作物受灾面积2.25万公顷，造成直接经济损失2.2亿元，受灾人口33万人	青岛市下拨的春荒、冬令救灾款共计765万元，共帮助灾民恢复住房3189间，发放救济粮5460吨，救济困难群众6.2万人
2005	低温冷冻、龙卷风、洪涝、台风、冰雹灾害	全市农作物受灾面积13.1万公顷，受灾人口131.18万人，紧急转移安置人口4.18万人，倒塌房屋0.22万间，直接经济损失9.31亿元	青岛市下拨救灾款791.12万元，共帮助灾民恢复住房1999间，发放救济粮1800吨，救济困难群众6.2万人

第四节　社区减灾

进入21世纪，城市社区减灾工作得到地方政府的重视。2003年，为增强城市灾害防御能力，青岛市提出“社区减灾”工作新思路，首先在市南区湛山社区进行“社区减灾万人行”试点。其具体做法是，在社区里挑选土木工程师、建筑师、医生、护士及退伍军人，组建社区救灾志愿者和义工队伍，由公安消防、地震、红十字会等部门进行灾难预防、医疗救护、简单搜救等专门培训，在突发灾害时发挥减灾主力作用；对社区附近公园、绿地、广场等空阔地带进行必要的改造，设置紧急避难场所，一旦发生重大灾害事故，可作为紧急避难场所加以利用；在社区建立治安防灾巡查队伍，入户为孤寡老人、残疾人等行动不便者进行用电用火安全检查，提供防灾服务，在平时社区巡查中及时发现和消除灾害隐患；加强社区公共消防设施建设，在居民楼配备部分消防设施、在家庭配备灭火器，在居民楼道设置逃生导向标志。2004年，组织编写街道救灾应急预案，涵盖地震、火灾、洪水海啸、疫病、有毒气体泄漏等灾种，涉及预防、预警、紧急反应、群众安置转移、相关保障等环节，编印《社区减灾常识读本》《社区减灾管理手册》等，发放社区家庭。

2005年，社区减灾被纳入市政府年度12件实事。4月，全市召开社区减灾工作协调会，确定在湛山社区试点基础上，将市南区江苏路街道和四方区洛阳路街道作为2005年社区减灾活动试点单位。5月，成立社区减灾活动工作办公室，明确市民政局、公安局、建委、人防办、团市委、地震局、红十字会等部门在社区减灾建设中的任务、责任。8月7日，“麦莎”台风侵袭青岛，各街道社区迅速启动本级应急预案，社区减灾志愿者逐户检查灾情、险情隐患，向居委会提供需紧急转移住户名单，由社区居委会组织转移危房、低洼地带居民8700余人，确保居民安全。9月，亚洲减灾大会在中国召开，青岛市作为中国地方政府的唯一代表，在会上作社区减灾经验介绍。

第五节　援外救灾

改革开放之后，青岛市经济社会迅速发展，通过民政部门组织捐赠或市民群众自发自愿捐赠等方式，经常对青岛市以外受灾或贫困地区进行援助。其中，民政部门组织较大的援助外地救灾捐赠有：救助皖苏鄂豫等省洪涝灾害，对口支援河北省承德地区，山东省14市（地）水灾救助，支持张家口地区尚义县和张北县抗震救灾，对口帮扶西藏自治区日喀则市，对口支援云南省和宁夏回族自治区等。

1991年6月以后，安徽、江苏、湖北、河南等省部分地区，遭受建国后最为严重的洪涝灾害。青岛市各级党政机关、团体、企事业单位、部队、职工、学生及人民群众，积极响应中共中央、国务院关于支持灾区抗洪救灾的号召，踊跃捐款捐物，支持灾区抗洪斗争，帮助灾区群众解决过冬困难。当年，全市累计接收救灾捐款703.06万元，捐赠物资折合人民币316万元，总计1019.06万元。

1994年，青岛市对口支援河北省承德地区，全市130万人参加捐赠活动，一个月内募集衣被196万件。11月，国务院扶贫开发领导小组、民政部印发《关于表彰全国募集衣被支援贫困地区和灾区先进单位的决定》，青岛市被评为募集衣被跨省支持工作出色的10个大中城市之一。

1996年7月24日～8月6日，山东省境内连续3次遭受暴雨、大暴雨袭击，泰安、莱芜、济南、滨州、广饶、东营、聊城、德州、菏泽等14个地（市）56个县（区、市）严重受灾，农作物受灾面积70.53万公顷。8月9日，山东省政府下发《关于在全省开展救灾捐助对口支持的紧急通知》，广泛发动机关、学校、工矿企业、街道，动员广大干部职工踊跃向灾区捐助。12日，青岛市首批捐助资金25万元和5万元食品，连夜送往广饶灾区。20日，市政府部署全市救灾捐助活动，共募集捐款500万元，向菏泽捐赠药品、水泥、钢材、粮食、服装等救灾物资价值52万元。

1996年10月，青岛市开始对口支援贵州省安顺、铜仁地区，开展"送温暖、献爱心"捐赠活动，当年募集衣被等御寒用品297.2万件，捐款686万元。至2005年，青岛市连续开展6次"送温暖、献爱心"捐赠活动，共向安顺、铜仁捐款1412.4万元，捐赠衣被1420.1万件。

1998年1月11日，河北省张家口地区尚义县和张北县发生6.2级地震，5万多灾民无家可归。13日，青岛六和集团向河北灾区捐赠6000箱价值20余万元的方便面。此后10天，青岛市将2930条拉舍尔毛毯、1万双棉鞋、540双皮鞋、1240件服装及棉被等市民捐赠的防寒用品（总价值约100万元），分4批紧急运送到河北灾区。8月，长江、松花江流域发生严重洪涝灾害。9月14日，青岛市组织指挥该地区流入灾民的劝返及安置工作，并设立2处灾民安置点。10月15日，全市共接收捐款4585.4万元、捐赠物资价值计4966.9万元、捐赠衣被455.6万件（价值9868万元），总计1.94亿元，分别调往湖南、湖北、江西、安徽、黑龙江、吉林、内蒙古和重庆8个省、直辖市、自治区。1999年1月5日，民政部颁布《关于表彰1998年全国抗洪救灾先进集体和先进个人的决定》，青岛市民政局被评为先进集体。

2003年5月，为推动对西藏自治区日喀则市的对口帮扶工作，青岛市开展向西藏自治区日喀则市捐赠图书活动，全市共捐赠各类图书40余万册。同年，陕西省遭受水灾，在"扶贫济困送温暖"捐助月活动中，民政部将青岛、大连两市调整对口支援陕西省。10月，青岛市以"青岛陕西手拉手、捐助冬衣暖人心"为主题，组织开展捐助活动，当年募集衣被500万件，并从历年捐赠结余中安排200万元，用于支持陕西省灾区。2004年，国务院确定"扶贫济困送温暖"捐助月活动以对口支援重灾区为主，青岛对口支援云南省。10月，全市募集衣被203万件发往云南省；并筹集资金200万元，支援云南省灾区倒塌房屋重建。

2005年9月30日，青岛市开展以"青岛滇宁心相印，捐助衣被情意深"为主题的扶贫济困送温暖捐助月活动，对口支援云南省和宁夏回族自治区。全市共募集衣被215万件，其中云南省102万件，宁夏回族自治区113万件，于10月27日分别发往云南省和宁夏回族自治区。

1996~2005年，青岛市先后6次开展"送温暖、献爱心"活动，对口支援贵州省安顺、铜仁地区。图为1999年10月运往贵州省的捐献衣被

1991～2005年青岛市援外救灾捐赠情况表

表3-10

时间	捐赠去向	衣被数量（万件）	物资价值（万元）	捐款（万元）
1991.6	安徽、江苏、湖北等地水灾受灾地区	-	316	703
1993.8	山东鲁西南受灾地区	30	365	210.7
1994.8	河北省承德地区	196	-	-
1996.8	山东省广饶县	-	5	25
1996.8	山东西部受灾地区	-	52	500
1996.10	贵州省	297.2	-	686
1997.10	贵州省	257.3	-	78.2
1998.1	张北地区地震	-	100	10.4
1998.8	两江水灾受灾地区	502.1	4966.9	5430
1999.10	贵州省	213.6	30	635
2000.1	贵州省	206	-	7.2
2001.2	内蒙古雪灾受灾地区	-	8	-
2001.8	东平湖抢险	-	53.4	60
2001.10	贵州省	205	-	6
2002.10	贵州省	241	-	-
2003.11	陕西省	257	-	200
2003.10	菏泽市	-	-	220
2004.10	云南省	203	-	200
2005.1	印度洋海啸	-	-	127
2005.10	云南省、宁夏回族自治区	215	-	220
合计	-	2823.2	5896.3	9318.5

第四章　救　济

1979年，青岛市对城市困难家庭继续采取定期发放救济金方式进行救济，对农村贫困户除帮助修缮或改建房屋、发放临时救济金和提留粮外，主要以减免应缴“三提五统”（公积金、公益金和管理费，用于办学、计划生育、优抚、民兵训练、修建乡村道路的款项）。1994年，市政府印发《关于对青岛市市区困难居民实行社会救助的暂行意见》《关于保障我市困难企业困难职工基本生活的暂行意见》，在全国率先建立城镇困难居民最低生活保障制度。1995年在胶州实行农村最低生活保障试点，进行农村社会保障制度改革。至1998年，青岛市建立起以政府保障为主体的城镇最低生活保障制度，和以政府、集体、个人保障相结合的农村最低生活保障制度。1999年，青岛市对全市农村541处敬老院实行等级管理。当年，五保户（保吃、穿、烧、教、葬）集中供养5827人，占五保户总数的47.8%。2000年，青岛市重新确定社会救助主要对象和救助标准。2005年，全市建立农村医疗救助制度，农村五保对象全部纳入农村低保范围，同时实行贫困家庭子女就学费用保障办法和青岛市城镇最低收入家庭廉租住房制度等一系列社会救助制度，青岛社会救助体系更加完备。

至2005年底，全市纳入最低生活保障范围的城市居民1.74万户、3.94万人，农村3.34万户、6.17万人，累计发放保障金4.4亿元。

第一节　社会救助

1979年，青岛市农村五保户供给仍分为分散供养和敬老院集中供养，当年全市有五保户5073户5815人。1986年扩大“五保”对象范围，将医疗保障纳入“五保”内容。1998年后，市及各区（市）政府加大资金投入，新建、扩建一批敬老院。2000年9月，市政府印发《关于建立和完善社会救助制度的通知》，确定社会救济主要对象是城镇月人均收入在最低工资标准以下的家庭，农村年人均收入低于当地上年度人均收入1/3的家庭。2004年2月，市政府印发《关于统筹城乡发展增加农民收入的决定》，确定建立健全全市农村保障制度。9月3日，又印发《关于进一步加强城乡社会救助体系建设的决定》，至此，青岛市逐渐建立起以城乡最低生活保障制度为基础，以医疗、住房、教育、就业、司法、临时救助等制度为辅助，以经常性社会捐助、慈善救助、结对帮扶等社会帮困手段为补充的新型城乡社会救助体系。2005年，全市以政府财政为主，社会力量为辅的社会救助体系更加完善。

“五保”供养

1979年，青岛市农村五保户供给仍实行分散供养和敬老院集中供养。当年，全市共有五保户5073户（占农村总户数0.8%）、5815人（占农村总人口的0.2%），并开始在农村兴建敬老院，对五保户实行集中供养。

2005年，胶南市大场镇凤墩社区敬老院中安享晚年的“五保”老人

1983年，结合土地“家庭联产承包责任制”改革，各级政府采取多种形式落实对五保户的供养措施。1984年，全市有五保户1.5万户，1.77万人。其中，老人1.65万人，孤儿323人，残疾人874人。1986年8月，青岛市执行《山东省农村五保户工作暂行规定》，除完全丧失或基本丧失劳动能力、无依无靠、无生活来源的鳏、寡、孤、独人员外，对虽有子女，但由于子入赘或女出嫁、确无力赡养的人员，也

实行“五保”，扩大五保对象的范围。“五保”内容也由“保吃、保穿、保烧、保教、保葬”改为“保吃、保穿、保住、保医、保葬”。对享受“五保”的孤儿，保证其完整接受义务教育。1987年，全市共有五保户1.45万户，1.76万人。其中，老人1.66万人，残废人员833人，孤儿216人。当年集体供养折款金额共计291.6万元。1989年，全市有156处乡（镇）实现五保户统筹供养，提高“五保”供养标准，五保户生活逐步改善。全市建起乡镇敬老院139处、村级敬老院652处，入院集中供养五保老人4871人，基本实现以乡镇为单位的五保户统筹供养。至1993年，青岛市共有农村五保老人1.48万人，其中集中供养7374人，分散供养7371人。

1995年2～3月，青岛市开展农村“五保”普查工作，全市共有农村五保老人1.37万人，其中集中供养5236人，分散供养8460人。1998年，青岛市把五保供养，特别是敬老院建设纳入农村经济建设和社会发展总体规划，列入区（市）和乡镇两级政府责任目标进行考核。翌年，对全市敬老院实行等级管理。2000年，青岛市新建胶南宝山、海青等11处敬老院，改建胶州前店口、莱西河里吴家等4处敬老院，迁建黄岛薛家岛、莱西店埠两处敬老院，扩建即墨石门乡、移风店两处敬老院。全市有五保对象1.03万户，1.2万人；有敬老院547处（乡镇办96处、村办431处），工作人员1292人，床位7497张，集中供养6606人（其中五保对象6355人），分散居住4657户、5688人。

2002年5～6月，青岛市再次开展全市农村“五保”普查工作，并换发新的“五保”供养证书。全市共有农村五保对象1.05万户、1.19万人，五保对象占农村总人口的0.26%。在普查确认的五保对象中，原享受“五保”供养的1.1万人，新确认五保对象913人。2003年，青岛市投入福彩公益金1085万元，改、扩建农村敬老院57处，其中30处改建为镇（街道）老年人福利服务中心。当年，在全市开展农村“五保”普查登记工作，结果为全市应保五保户总人数1.21万人，占农村总人口的0.26%；其中已落实五保待遇的总人数为1万人，占应保总人数的82.95%；年供养经费1325.18万元，平均供养标准2506元。全市共有集中供养对象1959人，年供养经费544.7万元，平均供养标准3075元；分散供养对象7747人，年供养经费871.38万元，平均供养标准2046元。全市共有敬老院240处，其中乡镇办敬老院81处，村办敬老院155处，民办敬老院4处；全市敬老院共有床位数4508张，入住人数2064人，年供养经费477.23万元。

2005年，全市共有人口740.91万人，其中农业人口475.47万人。农村五保对象人数1.15万人，其中集中供养3794人、分散供养7781人。

临时救助

2002年5月，市政府印发《关于建立城市居民临时困难救助制度的通知》，对困难家庭实行衣、食方面的临时性、应急性生活救助。救助对象主要是青岛市常住非农业户口和混合户口家庭中，基本生活暂时存在严重困难的居民。对临时救助对象实行公示制，接受群众监督。7月印发《城市居民临时困难救助制度实施细则的通知》，对临时救助范围、救助标准、低收入家庭认定、申请和审批程序，以及有关证明认定、救助中应说明的问题、经费开支渠道及资金管理等具体事项作出明确规定。2003年7～8月，全市为4602户困难家庭发放临时救助金229.9万元。2004～2005年，共为1.19万户困难家庭发放临时救助金509.13万元。

医疗救助

城市医疗救助　2003年12月，市政府印发《关于建立城市困难居民医疗救助制度的通知》，次年印发《青岛市城市困难居民医疗救助制度实施细则》，对医疗救助对象、救助方式及范围、重大疾病医疗救助范围、救助标准、定点医院的管理、申请和审批程序、暂不受理情况、有关证明认定、资金管理与监督、组织管理以及与其他政策的衔接等10个问题作出明确规定。至2005年底，全市低保和低收入家庭成员中有168人申领到重大疾病医疗救助金，其中尿毒症患者50人、恶性肿瘤患者99人、再生障碍性贫血患者4人、中晚期慢性重症肝炎患者15人，共发放医疗救助金45.37万元。

农村医疗救助　2005年6月，市民政局、财政局、卫生局联合印发《关于建立农村医疗救助制度的通知》，确定农村医疗救助制度是建立在新型农村合作医疗基础上，由政府拨款和社会各界自愿捐助等多渠道筹资，主要对农村最低生活保障人员实行的医疗救助。至2005年底，即墨市、胶南市、黄岛区共救助低保人员832人，发放医疗救助金224.42万元。

教育救助

1998年7月，市民政局印发《关于解决困难家庭子女上大学问题的通知》，对生活困难家庭子女考学录取情况进行一次调查摸底，准确掌握数量、分布、家庭生活困难程度等情况，对享受城乡最低生活保障的家庭，重点予以救助，确保城乡困难家庭子女顺利完成学业。当年救助贫困大学生116人，发放救助金13.4万元。2000年7月，《青岛市贫困家庭子女就学费用保障办法》规定，贫困家庭子女就学费用保障途径包括：减免学杂费、发放助学金、提供勤工助学条件、助学贷款、按照有关规定可以作为就学费用保障的其他途径。2004年2月，全市就学困难学生获救助3.76万人，其中低保家庭学生7765人。7月，实施《青岛市农村中小学困难家庭学生入学救助办法》，解决农村困难家庭子女上学难的问题。12月起，凡享受青岛市城乡低保救助家庭中入学的子女，凭“城乡最低生活保障证”，根据低保家庭困难程度和不同教育阶段，领取教育生活补助金。2005年，全市为城乡低保家庭入学子女2.37万人次发放教育生活补助费168.19万元，其中由市福彩公益金出资92.06万元。

住房救助

2001年11月，市政府印发《青岛市城镇最低收入居民家庭住房保障管理办法》，开始建立城镇最低收入家庭廉租住房制度。2004年6月，《青岛市城镇最低收入家庭廉租住房管理办法》规定，市南区、市北区、四方区、李沧区生活困难符合条件的家庭，可以申请租赁住房补贴或实物配租。2005年1月，青岛市对低保家庭廉租住房申请登记、保障方式和相关要求作出具体规定。10月，对城镇低保家庭住房进行入户调查，全市城镇共有低保家庭1.69万户、3.82万人，户均2.26人；全市低保家庭平均每套住房27.65平方米，人均建筑面积14.47平方米。2002～2005年，青岛市累计为2138户低保家庭发放租赁住房补贴、实物配租和租金核减，其中租金核减530户、发放补贴1601户、配租7户。

就业援助

2004年6月，市民政局、财政局、劳动和社会保障局、卫生局联合印发《关于进一步完善城市居民最低生活保障有关政策的通知》，对低保家庭实行从业生活补助。青岛市对低保人员申报的劳动收入高于本地最低工资标准且计入家庭收入后，对其给予数额等同于低保标准20%（46元）的从业生活补助（申报的收入必须超过530元的市最低工资）。至年底，共救助530人，发放补助4.88万元。同时实施就业渐退政策，对找到工作并主动报告者，自工作下月起仍享受3个月低保救助。2005年3月，对1.29万户城市低保家庭中失业、协保、残疾和无业人员进行入户调查，基本摸清其求职就业情况。6月，全市组织对低保家庭实施就业援助行动，当年就业安置3363人，占有求职要求人数的77.5%。当年，发放从业补助12.73万元。

特殊救助

孤老补助　2000年，青岛市为291名孤寡老人发放孤老补助金13.41万元。2002年3月，青岛市《关于市内4区最低生活保障家庭中孤寡老人

生活补助金调整的意见》颁发执行，规定市内4区低保家庭中60周岁以上孤寡老人，每月增发孤老生活补助金100元，依照最低生活保障发放渠道按月发放。当年，全市为318名孤寡老人发放孤老补助金38.16万元。2005年7月1日，市内4区城市居民最低生活保障家庭中，社会孤老专项生活补贴调整为每月130元，当年全市为224名孤寡老人发放孤老补助金29.06万元。

2005年，莱西市姜山镇敬老院里幸福生活的孤寡老人们

孤儿补助　2000年，市民政局、教育委员会、财政局、劳动和社会保障局、卫生局、公安局等联合印发《关于解决孤儿的若干意见》，规定对孤儿发放生活补助。凡持有“孤儿证”的孤儿，均可享受城乡最低生活保障救助，同时实施孤儿生活补助。当年，全市350名城乡孤儿得到救助，发放孤儿补助费13.09万元。2004年，全市502名城乡孤儿得到救助，发放孤儿补助费14.8万元。2005年3月，民政部对全国孤儿情况进行摸底调查，青岛市孤儿总人数为479人，其中男236人、女243人，享受城市低保救助的孤儿82人，年平均标准为3294.55元；享受农村低保救助的孤儿382人，年平均标准1194.29元；享受五保14人，年平均标准3600元。4月，青岛市提高散居社会孤儿生活补助标准，在原有补助基础上每人每月增加100元。当年，全市467名城乡孤儿得到救助，发放孤儿补助费72.45万元。

节日生活补助　1999年起，每年春节期间，市政府为市内4区城市低保对象每人增加节日生活补助金80～100元，当年为1.07万名低保对象发放生活补助金85.42万元。2001年春节期间，为1.53万名低保对象每人增加节日生活补助金80元，发放生活补助金122.1万元。2003年春节期间，为2.5万名低保对象每人增加节日生活补助金100元，发放生活补助金250.2万元。2005年春节期间，为3.08万名低保对象每人增加节日生活补助金100元，共发放307.5万元。

第二节　最低生活保障

1979年，青岛市组织对全市居民生活情况进行调查，市区（市南、市北、台东、四方、沧口区）共有居民27.1万户、90.71万人，其中全家无正式职工的“纯居民”585户、2070人，占总人数的0.22%，当年发放救济款4.16万元。1980年，城市定期救济标准改为：市区居民每人每月15～18元，县城及乡（镇）非农业人口每人每月10～13元。从1985年4月起，为救济对象每人每月增发副食补助费7.5元，县城非农业人口为6元。1989年，市内5区共有社会孤老171户、182人，发放定期救济资金6.66万元；临时救济1502人次，发放临时救济资金8.34万元。

1990年，国家要求对救济标准进行适当调整，青岛市提高救济对象救济标准：市内5区每人每月提高至30元，其他区（市）每人每月提高至25元。1994年，青岛市在全国率先实行城市最低生活保障制度，次年开始农村社会保障制度改革。至1998年，全市12个区（市）全部建立城市最低生活保障制度，共有4948户、1.17万人享受最低生活保障。

2000年9月，青岛市确定社会救助主要对象为：城镇月人均收入在最低工资标准以下的家庭，农村年人均收入低于当地上年人均收入1/3的家庭。城镇最低生活保障以政府保障为主，农村最低生活保障则以政府、集体、个人保障相结合。至2005年，全市有1.74万户、3.94万人享受城镇最低生活保障，有3.34万户、6.17万人享受农村最低生活保障。

城市最低生活保障

1994年6月，市政府印发《关于对青岛市市区困难居民实行社会救助的暂行意见》和《关于保障青岛市困难企业困难职工基本生活的暂行意见》，在全国率先对市内4区困难居民实行最低生活保障制度。当年全市城市低保人数为3000人，占非农业人口的0.2%。1995年，民政部在青岛市召开全国部分城市最低生活保障工作座谈会，推广青岛市开展城市低保工作的做法。12月，市委、市政府印发《关于进一步完善困难职工、困难居民最低生活保障制度的意见》，确定“以企业自我保障为主、政府帮扶、鼓励生产自救和社会救助”的原则。对持有“优惠证”的特困居民，由民政部门用现金补齐到96元，并享受每月24元的粮油特供。当年城市低保人数为5390人，占非农业人口的0.4%，保障资金为250万元。1996年1月，《青岛市市内4区困难职工、困难居民家庭最低生活保障制度的实施细则》对保障范围和对象、保障标准、保障对象家庭收入确定范围、社会保障申请办法、“社会保障优惠证”和“粮油优惠券”使用、保障工作管理与监督、保障资金管理等具体事项作出规定。1998年1月，市内4区居民最低生活保障线标准由每人每月140元提高到160元，全市共有4948户、1.17万人享受最低生活保障（其中市区下岗职工和失业人员5195名，占城市保障对象总数的54.4%），总计发放1389.4万元。7月，全市所有县级市城区及乡镇驻地非农业人口全部实行城镇居民最低生活保障制度。

1999年9月，青岛市执行国务院《城市居民最低生活保障条例》，印发《关于〈青岛市市内4区困难职工、困难居民家庭最低生活保障制度的实施细则〉的补充规定》，对保障对象家庭成员的界定、保障对象个人和家庭成员收入的界定、保障对象不稳定收入的计算、保障对象的分类、保障对象中特殊情况的处理、收入证明的确定、不同居住地的救助及跟踪调查等17个问题作出明确规定。2001年5月，市民政局、劳动和社会保障局和财政局联合印发《关于进一步完善市内4区城市居民最低生活保障制度有关规定的通知》，对家庭收入的核算、

青岛市在全国率先对城市居民实行最低生活保障。图为2005年春节期间，向低保户发放粮油食品

就业年龄段内有劳动能力但尚未就业者申请低保、完善城市低保工作程序、隐瞒家庭收入的处理以及与市劳动和社会保障局有关保障政策衔接等问题作出详细规定。

2002年，青岛市实行城市低保承诺服务，将城市低保的标准、申请程序、低保人员的责任义务以及低保工作人员的职责等内容，向社会公示。为提高行政效能，实行限时服务，建立最低生活保障审核审批“绿色通道”，规定从填写《申请暨审批表》到完成审批，不超过20个工作日；在市内4区设立城市居民最低生活保障咨询监督电话，24小时为困难群众服务。4月1日，市内4区和黄岛区城市最低生活保障标准提高到210元，崂山区220元，城阳区192元，胶南市180元，莱西市160元，胶州、即墨、平度市156元。

2003年，开展城市低保普查摸底工作。至5月，全市城市居民符合低保条件的家庭为1.41万户，共3.32万人。其中，在职职工5242人，下岗人员1941人，离退休人员796人，失业人员2803人，“三无”人员346人，无业居民9118人，其他人员1.29万人。月需最低生活保障金344.2万元，全市城市低保资金预算额为4568万元。12月，对全市城市和农村最低生活保障标准进行调整，市南、市北、四方、李沧区的城市居民最低生活保障标准，由每人每月210元调整为230元。

2005年7月1日，市内4区城市居民最低生活保障标准调整为每人每月260元，城市居民最低生活保障家庭中社会孤老专项生活补贴调整为每月130元。至年底，全市城镇低保家庭为1.74万户、3.94万人，发放低保资金5822.8万元。

2005年青岛市低保家庭人员情况表

表3-11　　　　单位：人

区域名称	总户数	总人数	其中			
			失业人数	协保人数	失业残疾人数	无业人数
市南	1547	2247	901	128	370	848
市北	4358	5314	2886	274	1530	624
四方	2832	3571	2340	241	713	277
李沧	2152	2450	833	86	994	537
崂山	450	468	11	–	117	340
城阳	282	283	30	60	53	140
黄岛	200	209	48	3	3	155
即墨	196	196	63	–	62	71
胶州	121	133	13	–	61	59
胶南	536	632	40	53	91	448
平度	73	167	76	–	36	55
莱西	152	159	14	–	50	95
合计	12899	15829	7255	845	4080	3649

农村最低生活保障

青岛市农村社会保障制度改革，始于1995年胶州市率先实行的农村最低生活保障制度。1996年12月，市委、市政府印发《关于建立农村最低生活保障线制度的意见》，决定在全市范围实施农村贫困人口最低生活保障制度，由市、区（市）、乡镇政府和村集体四级负责，以实物、资金共同保障，并广泛开展社会帮扶、积极鼓励生产自救等。1997年，全市农村人口最低生活保障标准为人均纯收入600元（含实物折款），同时建立农村贫困人口最低生活保障标准正常增长机制，根据物价指数和农民人均收入的增长比例，每2～3年调整一次。当年全市农村低保人数为4.62万人，占农村人口的1%，发放保障金1128万元。2000年全市农村有1.95万户、4万人享受农村最低生活保障，占农业人口0.84%，市、区（市）、镇三级共发放保障金1010.7万元。

2003年8月，青岛市对城阳、胶州、平度3个区（市）农村最低生活保障工作情况进行调查，涉及8个街道（镇）、4248户农村贫困家庭，其中低保标准以下的1430户、3049人。低保人员中，残疾人家庭占31.5%；低保标准以下家庭中，有432户是因病致贫；孤寡老人占调查低保家庭的20.9%；无劳动能力（主要有孤儿寡母型、耄耋老者加稚嫩学童型、纯孤儿型等）的占调查低保家庭的15.9%；因灾、失地、临时困难而跌入低保线以下的家庭占1.5%。2004年1月1日，青岛市将农村最低生活保障标准提高到每人每年820元，其中现金保障提高到每人每年480元、实物保障为每年每人200公斤粮食。

2005年，农村低保全面实施“阳光救助工程”，并被列入年度青岛市政府12件实事之一。全市农村有3.34万户、6.17万人享受农村最低生活保障，发放保障金3197.23万元，其中市财政负担1977.2万元。同年，青岛市“阳光救助工程”在韩国首尔“第六届政府革新全球论坛”上，获得第二届“中国地方政府创新奖”优胜奖。

1997～2005年青岛市农村低保情况统计表

表3-12

年份	户数	人数	占农业人口比例(%)	户次	人次	保障资金（万元）	其中市财政（万元）
1997	19809	46206	0.95	237708	554472	1128	398
1998	19809	46206	0.96	237708	554472	1128	398
1999	19424	45522	0.95	233088	546264	1132.9	391.1
2000	19582	40028	0.84	234984	480336	1010.7	348.3
2001	18732	34260	0.72	224784	411120	885.6	302.3
2002	22010	43042	0.92	264120	516504	1048.27	362.96
2003	26380	52214	1.12	316560	626568	1487.72	436.62
2004	19840	54122	1.16	238080	649464	2732.7	1128.8
2005	33444	61708	0.7	401328	740508	3197.2	1977.2

库区移民生活保障

2002年3月，青岛市对城阳区，即墨、胶州、胶南、莱西和平度市的兴修水库淹没区移民及移民家庭低保情况进行调查，全市有库区移民村222个，移民2.41万户、7.85万人。其中“农转非”3420人，享受城镇低保1356人，占“农转非”人口总数的39.6%；农业人口7.71万人，享受农村低保人数1038人，占农业人口总数的1.3%；全市库区移民有耕地面积5474公顷。当年，库区移民享受城镇和农村低保救济的人数，分别占城阳区及五市城乡低保总人数的42.1%和3.3%。各区（市）共为1356名年老体弱和无劳动能力的移民办理城镇最低生活保障救济。对移民贫困户的基本生活采取四级保障的方法，保障救济金年人均240元，由市财政、区（市）、乡镇各负担1/3，按季度发放到贫困户手中。粮食、生活燃料和房屋修缮由村集体负责，其中粮食年人均达不到200公斤的贫困户，补齐到200公斤。2002年后，库区移民户还享受孩子入托入学、看病就医、入市经商等方面的优惠政策。

第五章　专项社会事务管理

青岛市民政部门管理的专项社会事务，包括收容遣送、婚姻与收养登记管理、殡葬管理、社会团体管理以及区划、路名和勘界等。

第一节　收容遣送

1979年2月，青岛市收容遣送站改为山东省青岛收容遣送站，最初对涌入青岛市的无业人员和灾民进行带有社会福利性质的收容救济，后来发展为对外流灾民、流浪乞讨人员的救助、教育、安置和遣返。1992年，国务院颁布《关于收容遣送工作改革问题的意见》，收容遣送工作作为一项行政强制措施，成为社会治安综合治理的重要内容。2003年8月，青岛市救助管理站成立，强制性收容遣送制度废止，代之以对城市流浪乞讨人员实施人性化的救助管理，市区流浪乞讨人员大幅减少。

收容遣送管理

1982年9月，为加强市容管理，青岛市重新成立劝阻遣送工作领导小组，负责流浪乞讨人员的救助工作。1995年，国务院颁布《关于加强流动人口管理工作的意见通知》，提出以“新三无”人员（无身份证、暂住证和务工证的流动人员）为主要收容对象，青岛市收容遣送工作重点逐步转向社会综合治理方面。1998年1月11日，《青岛市暂住人口管理条例》施行，以进一步强化城市暂住人员的管理服务。随着城市的建设和发展，全市所需农村务工人员大量增加，城市流动人口逐年增多，收容人员随之连年递增，至2000年共收容9263人次，其中青壮年占61%。2003年6月，国务院《城市生活无着落的流浪乞讨人员救助管理办法》规定，县级以上城市应当根据需要设立流浪乞讨人员救助站，对流浪乞讨人员实施临时性救助措施。8月1日，青岛市救助管理站成立。自2004年5月1日起，市民政、公安、卫生、交通、铁路、城管等部门，设立流动救助服务车，并于每年湛山寺浴佛节、“五一”劳动节、国庆节、青岛啤酒节等重大节庆活动期间开展主动救助。2004年全年救助流浪乞讨人数大幅增加，计5162人次。2005年共救助流浪乞讨人员5856人次。

山东省青岛收容遣送站

1979年2月，青岛市收容遣送站改为“山东省青岛收容遣送站”，是山东省政府统一规划建设的18个常设站之一，总建筑面积1453平方米，其中收容人员宿舍建筑面积718平方米，床位120张。1979～1986年，共收容各类流浪人员1.18万人，收容对象除少数因生活困难外流的农民外，主要是游惰成性的长期流浪人员，家庭管教不当或受虐待而外流的少年，家庭无力看管和无依无靠的痴呆、精神病人和以乞讨为生的人员。

90年代以后，收容人员成分由以流浪乞讨为主，逐步转变为以打工无着落流动人员为主。1991年收容788人。1999年收容遣送6760人，月均501人，最高月收容1030人。2001年收容遣送3926人次，其中务工不成1435人、乞讨生财841人、好逸恶劳717人、经商不善82人，上述四类人员占被收容人员总数的85%。2002年共收容遣送1523人次，其中务工不成474人次、好逸恶劳437人次、乞讨生财351人次、嫖客暗娼104人次。

青岛市救助管理站

2003年6月，国务院颁布《城市生活无着落的流浪乞讨人员救助管理办法》。8月1日，青岛市救助管理站成立，系通过对原青岛收容遣送站实施改造而成，拆除铁栅栏和铁门铁窗，清除监所模式，更新被褥、生活用具等。至年底，青岛市救助管理站共救助流浪乞讨人员586人次。2004年5月，救助站设立流动救助服务车，主动到市区沿海一线旅游景点、车站、闹市等重点路段巡视，发放救助宣传单，实施现场救助，劝导制止强讨强要等行为。2005年7～8月，青岛市开展创建全国文明城市活动，市救助管理站共救助流浪乞讨人员420余人，出动车辆160余次，全年共救助流浪乞讨人员5856人次。

1978～2003年青岛收容遣送站收容遣送情况统计表

表3-13　　单位：人

年份	收容遣送情况												上年留站人数
	收容人数	年龄段			处理情况								
		青壮年	老年	少年儿童	遣送回乡	送原籍	送社会福利院	送安置农场	送公安部门	逃跑	死亡	待处理	
1978	1671	1197	176	298	1486	14	9	2	14	137	5	8	77
1979	1337	900	111	326	1129	3	15	3	3	161	3	101	81
1980	1178	832	111	235	998	5	23	3	2	166	3	79	101
1981	1508	1076	98	334	1287	4	8	—	2	192	3	91	79
1982	1495	1139	97	259	1350	7	6	2	—	132	3	86	91
1983	1406	1031	86	289	1264	2	14	2	6	125	1	78	86
1984	1180	909	70	201	1065	3	7	—	1	108	7	67	78
1985	988	808	42	136	858	2	7	—	—	102	3	82	67
1986	1154	979	41	134	03	—	5	—	—	6	6	4	2
1987	1035	797	85	153	941	—	5	—	—	80	3	90	84
1988	905	690	60	155	805	—	4	—	—	112	13	61	90
1989	776	575	64	137	642	—	6	—	—	85	11	93	61
1990	913	670	85	158	849	—	11	—	1	77	6	50	81
1991	788	555	76	157	127	—	1	—	—	14	11	53	50
1992	550	381	64	105	69	—	2	40	—	2	6	16	53

续表3-13

年份	收容遣送情况												上年留站人数
	收容人数	年龄段			处理情况								
		青壮年	老年	少年儿童	遣送回乡	送原籍	送社会福利院	送安置农场	送公安部门	逃跑	死亡	待处理	
1993	681	550	61	70	43	–	3	24	–	3	5	21	16
1994	747	589	72	86	87	–	6	35	1	1	5	15	21
1995	1970	1589	214	167	302	–	9	4	–	5	3	26	15
1996	1947	754	492	701	203	–	6	35	–	4	5	14	26
1997	2099	1115	438	546	391	–	–	1	–	–	1	17	14
1998	6097	3711	1173	1213	1774	–	4	153	9	2	10	4	17
1999	6760	4168	1250	1342	1490	–	2	1004	10	1	1	24	4
2000	9263	5628	1879	1756	1456	–	2	1419	20	–	2	17	4
2001	3926	2426	687	813	362	–	1	447	4	–	2	18	17
2002	1581	880	416	285	83	–	4	23	1	–	2	9	18
2003	544	360	49	135	71	55	188	–	–	–	–	3	9

第二节　婚姻与收养登记管理

1997年1月1日，《山东省婚姻登记管理办法》实施，青岛市于1998年完成婚姻登记管理机构改革工作，在各区（市）建成13处婚姻登记管理机构。1993年，《中华人民共和国收养法》颁布实施，青岛市组织开展弃婴收养情况调查和登记工作。1997年开始，利用两年时间统一对符合收养条件的人员进行登记。自此，公民捡到弃婴后，都应先到民政部门进行登记，然后送儿童福利院或办理收养手续。

婚姻登记管理

1981年1月1日，修改后的《中华人民共和国婚姻法》颁布实施，青岛市涉外婚姻登记工作亦由市民政局统一受理。1986年3月，根据《婚姻登记办法》，青岛市在农村各乡（镇）设立婚姻

1997年后，青岛市多次举行《婚姻登记条例》培训活动

1994年，青岛市出台《关于严禁用公车迎亲的通知》中提倡使用出租车，出租车迎亲成为城市的一道风景

登记处，市内5区以区为单位设立婚姻登记处，并对民政助理员和婚姻登记员进行培训。当年全市婚姻登记处共172处。1989年，全市共查出各类违法婚姻1866对，其中未办理结婚登记的1837对，主要是未满晚婚年龄人员和外地流入人员，占违法婚姻总数的98.45%。1990年4月，青岛市开展纪念第一部《中华人民共和国婚姻法》颁布40周年和第二部《婚姻法》颁布10周年活动，组织专题宣讲和广播宣讲302次，召开各类座谈会3011次。同时，组织全市违法婚姻清查，依法处理违法婚姻1751对。当年，有45对青年退掉包办婚约，40对青年退掉近亲或娃娃亲婚约，504人退掉高额彩礼，311对新婚男女喜事新办，参加集体婚礼。

1993年4月，市内4区开始婚前健康检查。1994年，市民政局与市纪委、市监察局等部门联合印发《关于严禁用公车迎亲的通知》，提倡使用出租车迎亲嫁娶。1996年2月16日，《青岛市结婚迎亲车辆管理规定》施行，禁止机关、团体、企事业单位及军用、警用等公车（含黑牌车辆）为结婚迎亲活动提供服务，非出租用私车不得从事结婚迎亲经营性服务；结婚迎亲车一次不得超过5辆，车辆装饰应符合交通安全要求，不得遮挡车辆牌照；还包括对违反规定驾驶人员处理和奖励举报人条款。3月印发《关于整顿结婚用出租车收费标准的通知》，使用出租车迎亲在青岛市区普遍推开，并向农村地区延伸。该政策一直延续至20世纪末，后因私家车增多，逐渐代替出租车作为婚车使用。1997年1月1日，《山东省婚姻登记管理办法》颁布实施，青岛市开始婚姻登记管理体制改革。至9月底，全市撤销原有164个乡（镇）和市区婚姻登记处，成立13个市、区（市）婚姻登记处；婚姻登记工作人员由260余人缩减到83人；婚姻登记工作时间由逢集日办理，改为工作日办理。

2000年以后，青岛市结婚登记人数逐年减少。全市结婚登记总人口由1995年的12.7万降至2000年的11.3万，初婚人口由1995年的12万降至10万（其中女性由5.9万降至5.1万）；结婚率由1995年的18.6‰降至16.1‰。离婚总人口呈上升趋势，据1999年监测数据显示，全市离婚总人口由1995年的1.2万上升至1.3万，离婚率由1995年的1.8‰上升至2‰，再婚人口数由1995年的0.7万增至1万（其中女性人口由0.4万增至0.6万）。2002年12月，青岛市取消婚前体检项目。2003年10月1日，《婚姻登记条例》实施。11月1日，在全市范围内严肃查处非法婚姻介绍行为，对违反规定开展婚姻介绍、管理混乱、服务质量差的婚姻介绍机构，限期整改或吊销执照。

2005年6月，市民政局印发《关于加强婚姻登记工作规范化建设的意见》，对登记机关、人员设置、制度建设、政务公开、登记程序、礼仪规范、档案管理、品牌创建、服务理念、工作宣传、创新机制、监督检查等作出详尽规范。2005年，结婚登记5.15万对，离婚登记6865对，法院判离婚8212对。

1978～2005年青岛市结、离婚情况统计表

表3-14　　　　单位：对

年份	结婚登记					离婚登记			法院办理准予离婚	单位出证（人）
	准予登记	未予登记	再婚		复婚	准予登记	未准登记			
			男(人)	女(人)			总数	和好		
1978	35425	605	–	–	35	391	428	–	227	–
1979	44102	3780	–	–	52	258	203	–	109	–
1980	18482	–	–	–	26	95	53	–	42	–
1983	33563	1511	–	–	115	373	427	–	444	–
1984	12203	26	–	–	41	131	145	–	58	–
1985	15624	5	1120	996	34	135	166	–	–	–
1986	19122	5	1231	1198	56	141	240	–	–	–
1987	77049	2194	1858	2226	63	674	–	–	–	–
1988	62237	1422	1884	2375	64	739	–	–	–	–
1989	64573	1515	2160	2743	85	674	–	–	–	–
1990	56842	1241	2125	2799	90	662	553	553	444	23
1991	65094	1570	2270	3075	108	623	525	525	253	28
1992	55395	1115	2294	3371	86	689	209	209	243	46
1993	60759	4897	2529	3331	126	766	500	500	334	54
1994	66422	763	2681	3735	154	1035	503	280	169	130
1995	63587	608	2927	4143	167	1100	477	416	251	223
1996	63394	256	3364	4757	143	1148	444	152	132	242
1997	59757	166	3536	5029	161	1368	484	432	82	298
1998	58042	–	3724	5174	155	1567	524	524	–	924
1999	56413	34	4274	5555	205	1674	343	343	–	1303
2000	53609	44	3967	5107	222	1558	151	151	851	1125
2001	51189	–	–	–	–	1722	–	–	–	1592
2002	50565	–	–	–	–	1909	–	–	–	1649
2003	60476	–	–	–	–	4187	–	–	–	2165
2004	74703	–	6709	7212	409	5962	–	–	8516	4103
2005	51503	–	5904	6397	577	6865	–	–	8212	6152

2005年，青岛海洋节期间举办的中韩两国海上集体婚礼

涉外婚姻登记管理

1979年，市区涉外婚姻登记仍由市民政局统一受理，各县由县民政局受理。1983年3月，民政部发布《华侨同国内公民、港澳同胞同内地公民之间办理婚姻登记的几项规定》，10月省民政厅《关于贯彻执行〈中国公民同外国人办理婚姻登记的几项规定〉的通知》规定，要求省内中国公民同外国人申请结婚登记工作，一律由济南、青岛两市民政部门负责办理；申请结婚者，可持有关证件直接到济南市或青岛市民政局办理结婚登记手续。90年代，青岛市涉台婚姻数量逐年递增。1990年9对，1991年31对，至1992年8月青岛市共办理涉台婚姻121对。其中以老夫少妻居多，年龄相差悬殊，相差10岁～30岁及以上的89对，占74%。1993年10月，《山东省人民政府办公厅转发省民政厅等部门关于加强涉外婚姻管理的报告的通知》施行，禁止任何单位或个人成立涉外婚姻介绍机构，或从事以营利为目的的涉外婚姻介绍业务。1996年9月，青岛市涉外婚姻服务中心成立，主要承接涉外、华侨、港澳台同胞、出国人员的婚姻登记及婚姻关系出证工作，管理婚姻证件，统计分析婚姻登记管理数据，开展婚姻管理政策法规的咨询和服务工作。1996～2000年，有26位外国女性与中国男性在青岛市办理结婚登记。2001年，青岛市涉外婚姻服务中心办理结婚登记398对，其中外籍女子与青岛市男子结婚登记17对。2003年，青岛市涉外婚姻登记简化办事程序，减少证明材料，为涉外结婚登记提供便利。

2005年11月，青岛市涉外婚姻服务中心更名为青岛市民政局婚姻登记处，当年办理结婚登记366对，其中外籍女子与青岛市男子结婚登记41对。1979～2005年，青岛市涉外婚姻登记数量为4453对，涉及到26个国家和地区。涉外婚姻中双方文化层次提高，外籍女子与中国男子结婚的比例逐年上升。

1979～2005年青岛市涉外婚姻登记情况统计表

表3-15

年 份	合 计(对)	华 侨(人)	港澳同胞(人)	台湾同胞(人)	外国人(人)	国内公民(人)	
						男	女
1979	4	－	4	－	－	－	4
1980	7	3	3	－	1	2	5
1981	11	5	3	－	3	1	10
1982	9	4	5	－	－	－	9

续表3-15

年 份	合 计(对)	华 侨(人)	港澳同胞(人)	台湾同胞(人)	外国人(人)	国内公民(人)	
						男	女
1983	7	2	4	–	1	2	5
1984	7	2	4	–	1	1	6
1985	19	5	10	–	4	–	19
1986	6	1	3	–	2	2	4
1987	13	5	5	–	3	5	8
1988	20	2	10	–	8	6	14
1989	30	6	17	–	7	5	25
1990	47	11	28	–	8	6	41
1991	82	11	13	42	16	3	79
1992	206	8	27	145	26	4	202
1993	193	2	18	136	27	8	185
1994	203	19	23	134	27	1	202
1995	232	14	16	136	66	12	220
1996	276	15	18	165	78	11	265
1997	295	23	28	173	71	8	287
1998	307	13	14	175	105	15	292
1999	348	18	17	209	104	13	335
2000	342	19	15	208	100	16	326
2001	398	10	8	203	177	17	381
2002	336	16	15	154	151	23	313
2003	336	5	8	120	203	31	305
2004	353	10	17	127	199	19	334
2005	366	14	7	121	224	41	325

收养登记管理

1993年，《中华人民共和国收养法》颁布实施，青岛市开始普查和办理收养登记工作。经普查统计，全市14周岁以下弃婴、弃儿以及社会福利机构抚养孤儿被收养后，尚未办理收养登记手续的共244名。收养人不符合收养条件的169件，其中不符合法定收养年龄的119件，占总数的70%。1993~1997年9月，全市共办理收养登记465件，尚有事实收养的弃婴（儿）318件（14岁以上14人）未办理收养登记手续。其中，基本符合《收养法》规定、未办理收养登记手续107人，占总数的33.65%；不符合收养条件者211人，占总数的66.35%。未满14周岁的弃婴、孤儿总人数为304人，其中弃婴（儿）300人（含残疾儿5人）、孤儿4人。健康儿314名，占98.74%；女婴266名，占83.65%。60岁以上收养当事人有45人，其中年龄最大的事实收养人78岁，不具备抚养教育被收养人能力；年龄最小者28岁，离法定收养年龄尚差7~8年时间。单亲收养者59人，占18.6%，其中单身男性收养女婴者39人，占单亲收养总数的66.1%。当年，全市办理收养登记159件。1998年，办理收养登记254件。

2001年8月，青岛市开始为符合《收养法》条件的事实收养儿童办理收养登记手续。全市240名事实收养儿童办理收养登记，被收养儿童上户口、上学等问题得到解决。2003年8月，《弃婴收养管理办法（试行）》规定，任何单位和个人不得将弃婴转送他人，不得私自收养弃婴，青岛市儿童福利院收养弃婴数逐年增多。2000~2002年，年平均送入市儿童福利院的弃婴不足27名，健康婴儿所占比例为14%。2003~2004年，全市有72名社会弃婴被送入市儿童福利院，其中健康婴儿20名，占报送总数的28%。2005年，全市有82名社会弃婴被送入市儿童福利院，其中健康婴儿18名，占报送总数的22%。

第三节　殡葬管理

1980年2月，青岛市火化场改为青岛市殡葬管理所。1982年3月，青岛市进一步推行火葬，平掉坟头，取消农村生产大队集体公墓。1985年9月，市政府印发《关于贯彻国务院和省政府有关殡葬管理规定的通知》，规定除回族人亡者可在政府指定公墓土葬外，其余任何人不得以任何借口为死者土葬。《通知》要求乡镇以村为单位建立骨灰堂，并把殡葬改革工作列为文明村庄和先进单位的评比内容之一；强调各县均要设立殡葬管理所，在县民政局直接领导下，具体负责殡葬管理日常工作。当年起，各地以村为单位普遍建立红白事理事会。至1987年，全市共有殡葬管理所7处，火化场8处，各级红白事理事会5606个。

90年代后，青岛市组织改建或新建公墓，先后将第五公墓改造为福宁园公墓、第七公墓改造为九峰陵公墓，新建百陵园公墓。这些公墓均为经营性公墓，只限于安放墓主骨灰。1992年起，青岛市全面实行火葬，禁止土葬。1993年2月1日起，凡在青岛市殡仪馆冷藏或火化尸体者，由市殡葬管理所专业运尸车队运尸，各单位一律不准动用生产、生活用车运送尸体。1994年，青岛市殡葬改革工作稳步发展，火化率达到98.45%。推行骨灰多样化处理，组织3次骨灰撒大海仪式。1995年，为加快城市公共绿地建设，组织对浮山、徐家东山、十梅庵、双山、大山等公共绿地内的坟墓进行搬迁处置，全市共平除散乱坟头6万余个。1997年6月5日，《青岛市市区禁止焚烧抛撒丧葬祭奠物品规定》施行，鼓励市民以向故人献花（花圈、花篮）、鞠躬、默哀等形式，取代焚香、烧纸（纸人纸马、冥币）等老习俗进行祭奠。当年，全市共平除坟头12.5万个（原有13万个），还耕土地161.2公顷，还耕率95%以上；植树15万株；新建村级纪念堂785个，建立和规范村级公墓2450个，搬迁村级公墓1680个；组织骨灰撒海活动5次，计325具。1999年4月，市政府印发《关于平除市内山头和城乡交通干线两侧坟墓的通告》，要求凡在市区山头、城乡铁路和市级以上公路两侧1000米范围内的暴露坟墓（头）必须于1999年6月底前平除，农村铁路、市级公路两侧1000米范围内的坟墓由丧主和有关人员于6月底前予以平除、迁移，无主坟墓由市、区（市）政府组织平除。

1991年，青岛市率先在全国开展海葬活动，每年春秋各举行一次。至2005年共举行50余次，抛撒骨灰3000多具

2000年11月，青岛市殡仪馆和城阳区殡仪馆合并为1处。2004年11月，青岛市召开殡葬改革暨公墓管理现场会，推广崂山区和城阳区公益性公墓和骨灰堂规划建设经验。2005年1月18日，市民政局《关于开展公益性公墓和骨灰堂规范化建设管理试点的通知》规定，自2005年起，3年实行公益性公墓和骨灰堂统一规划建设和规范管理。

第四节　社会团体管理

1990年1月，市民政局设立社会团体登记管理处，同时加挂“青岛市社会团体登记管理办公室”牌子，负责全市性社会团体登记管理工作，同时开展社会团体现状、作用、管理情况、存在问题的调研工作。1998年，《社会团体登记管理条例》和《民办非企业单位登记管理暂行条例》实施，市民政局社会团体管理处更名为青岛市民间组织管理办公室，增加民办非企业单位登记管理职能。各区（市）民政局相应增加民办非企业单位登记管理职能。

2000年2月，青岛市民间组织管理局成立，8月底，全市12个区（市）全部成立民间组织管理局，青岛成为全国第一个成立两级民间组织管理局的城市。随后，《青岛市民间组织管理行政处罚程序暂行办法》《关于进一步促进民间组织发展，推进社会管理体制创新的意见》《青岛市先进民间组织评选办法》和《青岛市民间组织行政执法工作规程》印发施行，全市民间组织管理走上法制化轨道。2005年5月，青岛市民间组织发展促进会成立。至2005年，全市社会团体总数1300家，民办非企业单位总数为2915家。

社会团体登记管理

1989年10月，国务院颁布《社会团体登记管理条例》。1990年，青岛市对社会团体现状进行调研，1991年1月印发《关于社会团体进行清理整顿的通知》，决定在全市范围对社会团体进行一次清理整顿。4月，青岛市社会团体调查摸底和清理整顿工作在市直各部门和各区（市）全面铺开。经过3个月的调查摸底，查清全市共有乡镇级以上社会团体1745家，其中全市性社会团体496家。对未经任何党政机关批准擅自成立的社会团体，原则不予登记，令其解散；个别确有必要者，令其申报材料，进行成立登记；对业务相同、相似的社会团体，令其按《条例》

规定进行合并。1992年，全市新注册登记社会团体227家（其中市级90家），全市社会团体总数1574家，并完成社会团体档案的整理归档工作。1993年，开始对社会团体编制代码。1994年3月，下发《关于对全市性社会团体进行年度检查的通知》，对1993年2月28日前在市民政局登记注册的社会团体进行年检，内容包括：遵守国家法律、法规和按照团体章程开展活动情况、一年来会员数量等。1995年起，青岛市社会团体管理逐步规范化，加强社会团体监督、审计和年检工作，社会团体参检率达98.2%。新批社会团体38家，注撤销登记社会团体18家，查处违法社会团体3家。市级社会团体总数达648家。1997年9月，青岛市印发《清理整顿社会团体自查标准》，开展全市清理整顿社会团体工作，对清理整顿符合保留条件的全市性社会团体重新进行审查，同时按照要求颁发新的社会团体登记证书。全市保留社会团体1016家，占社会团体总数的55%；撤销社会团体760家，占45%；合并社会团体72家。

为贯彻中共中央《关于进一步加强民间组织管理工作的通知》精神，提高社会团体管理水平，促进社会团体健康发展，青岛确定2001年为“社会团体规范化建设年”，下发《关于开展社会团体规范化建设活动的通知》和《青岛市社会团体收费票据管理暂行规定》，在全市开展规范化建设活动。2001年3～6月，对855家社会团体实施年度检查，年检率83%，对没有参加1997年以后清理整顿的青岛机床厂职工技术协会、青岛市模具协会等72家社会团体，依法予以撤销或注销登记。当年，全市有各类行业性社会团体72家。其中，市管社会团体53家，各区（市）行业性社会团体19家；新登记注册市管社会团体26家。2002年8月，确立市南、市北、四方、李沧区为“加强社区民间组织培育与管理工作”试点区。2003年，四方区成立全国首家社区公共事务协会，市南区成立全国首家公益协会，通过开展争创“诚信民间组织”活动，评选出青岛市慈善总会等116家社会团体为青岛市“诚信民间组织”。为适应农村改革发展需要，围绕农业产业结构调整、农民增收，2004年起，加大培育发展农村专业经济协会的力度，全市农村经济协会由53家上升为121家、备案36家、批准筹备142家。2005年3～6月，对全市990家符合年检条件的社会团体实施年度检查，其中市管社会团体544家，各区（市）社会团体426家，年检率97%。年检优秀社会团体83家，占社会团体总数的8%；不合格社会团体33家，占社会团体总数的3%。青岛市围棋运动协会等14家社会团体给予撤销登记，新注册登记社会团体18家。至2005年，全市社会团体总数达到1300家，其中市管580家、各区（市）720家。

2004年，青岛市举办民间组织管理咨询日活动

民办非企业单位登记管理

2000年6月，青岛市在市直单位开展民办非企业单位调查摸底，次年调查摸底

工作扩展到各区（市），调查对象包括教育、卫生、文化、科技、审计、司法、民政、出版、体育、劳动，以及各类民办院校、幼儿园等1.33万家单位。经统计，全市属于民办非企业单位1.12万家，从业人员4.61万人。

根据国务院《民办非企业单位登记管理暂行条例》和民政部《民办非企业单位登记暂行办法》，2000年3月，制订实施《青岛市查处非法民办非企业单位工作方案》。至10月，在调查摸底的基础上实施复查登记，对符合登记条件的676家民办非企业单位发放证书，查处非法组织634家。2001年2～7月，首次开展民办非企业单位年度检查工作，全市列入年检范围民办非企业单位645家[其中市直298家，区（市）347家]，年检率为100%。通过年检民办非企业单位619家，其中甲级530家，乙级89家，年检通过率为96%。当年，全市民办非企业单位总数为1095家。

2004年6月，市劳动和社会保障局、民政局联合印发《关于加强城镇民办非企业单位劳动保障工作有关问题的通知》，规定民办非企业单位招用劳动者，应当面向社会公开招收、公平竞争、择优录用；民办非企业单位与劳动者建立劳动关系，应当订立劳动合同，明确双方权利和义务；民办非企业单位应自成立之日起30日内，到社会劳动保险经办机构办理社会保险登记，按照城镇企业参加社会保险相关规定参加城镇职工基本养老保险、基本医疗保险、失业保险和生育保险；民办非企业单位与劳动者终止、解除劳动关系，按相关规定办理手续；民办非企业单位与劳动者发生劳动争议，应依据《青岛市劳动争议处理条例》等有关法律法规政策规定执行。12月，市委办公厅、市政府办公厅联合下发《关于进一步促进民间组织发展，推进社会管理体制创新的意见》，重点规范和发展社区民间组织及公益性民间组织，重点培育发展从事居家生活料理、慈善救助、捐赠服务、促进就业、带教矫治等内容的社区民间组织，统一将街道办事处作为社区民间组织的业务主管单位，有条件的居委会也可登记成立社会团体或民办非企业类组织，逐步构建起社区民间组织一体化管理体系。

2005年2月，对全市符合年检条件的2274家民办非企业单位进行年检，年检率100%，年检合格1826家（其中年检甲级246家），不合格415家，限期整改7家，注销26家。至2005年底，全市民办非企业单位总数为2915家，累计评出“诚信民间组织”525家。

第五节　区划、地名与勘界

区划调整

1978年11月，国务院批准将烟台地区即墨县、昌潍地区胶南县、胶县划归青岛市管辖。1979年1月，将胶南县黄岛、薛家岛、辛安3处人民公社划出，设立黄岛区，总面积152平方公里，共辖119个生产大队、140个自然村；将胶县铺集、张家屯公社划归昌潍地区高密县管辖。1981年，崂山县李村人民公社所辖香里大队，划归沧口区西流庄人民公社管辖。1982年3月，市北区与台东区自大连路至辽宁路一段的区界调整为：南起大连路、延安路口，沿登州路北伸接泰山路南段，经松山路至辽宁路，按照道路自然走向，以中心线为界。原市北区管辖的登州路41、43、45、47、49、51号，划归台东区登州路街道办事处管辖。原台东区管辖的泰山路133、135、143、145号和松山路1、5、9、11、13号划归市北区，分别由黄台路、大港一路街道办事处管辖。1983年10月1日，国务院批准潍坊地区平度县、烟台地区莱西县划归青岛市管辖。至此，青岛市区划为市南区、市北区、台东区、四方区、沧口区、黄岛区和崂山县、即墨县、胶县、胶南县、莱西县、平度县。

1987年2月撤销胶县设立胶州市；1988年11月撤销崂山县设立崂山区；1989年7月撤销平度县、即墨县，设立平度市、即墨市；1990年12月撤销

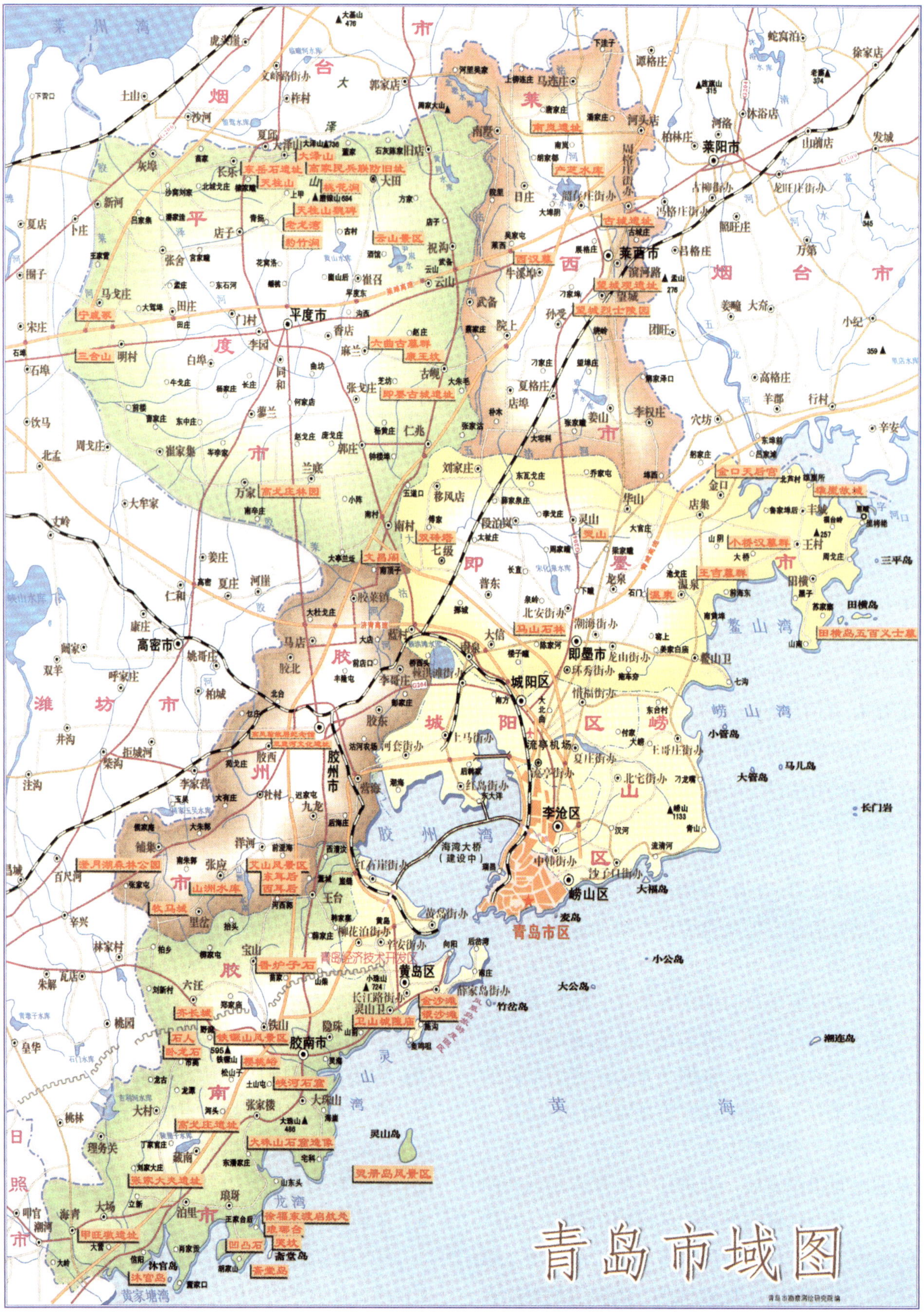

2005年的青岛市域图

胶南县、莱西县，设立胶南市、莱西市。至此，青岛市所辖6县全部撤县设市（县级）或区。

1994年4月，青岛市行政区划作调整：撤销台东区，其行政区域并入市北区，将四方区吴家村、错埠岭2个街道，崂山区李村镇杨家群、河马石、夹岭沟、曲家庵子4个村和中韩镇7号线以西区域划归市北区，市北区人民政府移驻原台东区人民政府驻地；撤销沧口区，设立李沧区，将原沧口区四流中路、振华路、晓翁村、西流庄、永安路、营子、板桥坊、楼山后8个街道和楼山乡、崂山区李村镇张村河以北区域划归李沧区，区人民政府驻李村镇；设立城阳区，将崂山区城阳、惜福镇、夏庄、流亭、棘洪滩、上马、红岛、河套8个镇划归城阳区，区人民政府驻城阳镇；将原沧口区水清沟、开平路、盐滩、郑州路、洛阳路5个街道，崂山区李村镇河崖、后台、小水清沟、河西、华光、大山、小河西、保儿、保儿西山、双山10个村划归四方区；经上述调整后，崂山区辖中韩、沙子口、北宅、王哥庄4个镇，区人民政府由李村镇迁至中韩镇。

至2005年，青岛市行政区划为7区5市（县级），即市南区、市北区、四方区、崂山区、李沧区、黄岛区和即墨市、胶南市、胶州市、平度市、莱西市。5市下设25个街道、79个镇。

1983～2005青岛市行政区划变动情况对照表

表3-16　　单位：个

区域名称	1983年		1990年			1998年			2005年	
	人民公社	街道	乡	镇	街道	乡	镇	街道	镇	街道
市南区	1	12	–	–	14	–	–	14	–	14
市北区	–	20	–	–	20	–	–	16	–	16
四方区	–	11	–	–	15	–	–	15	–	15
李沧区	2	10	1		13	1	1	8	–	11
崂山区	13	–	3	10	–	–	–	4	–	4
城阳区	–	–	–	–	–	–	8	–	–	8
黄岛区	3	–	1	3	1	–	–	5	–	6
即墨市	30	–	20	10	–	3	24	3	18	5
胶州市	19	–	9	8	4	4	13	5	13	5
胶南市	24	–	14	10	–	4	19	3	11	6
平度市	44	–	26	19	–	–	28	4	26	4
莱西市	22	–	14	8	–	–	20	3	11	5
合计	158	53	88	68	67	12	113	80	79	99

说明：1.1984年青岛市各县撤销人民公社建制，设立乡镇人民政府

2.城阳区设立于1994年

3.以上数据为民政系统统计

2005年青岛市辖7区74个街道名称表

表3-17

区域名称	个数	街道名称
市南区	14	中山路 八大湖 云南路 江苏路 八大关 观海路 香港中路 金口路 珠海路 金湖路 八大峡 金门路 台西 湛山
市北区	16	泰山路 宁夏路 冠县路 胶州路 辽宁路 合肥路 敦化路 华阳路 黄台路 辽源路 利津路 北仲路 登州路 延安路 威海路 热河路
四方区	15	兴隆路 平安路 杭州路 郑州路 开平路 海伦路 双山 河西 嘉兴路 阜新路 鞍山路 瑞昌路 洛阳路 水清沟 湖岛
李沧区	11	湘潭路 振华路 永安路 兴华路 浮山路 九水路 永清路 兴城路 虎山路 楼山 李村
崂山区	4	沙子口 王哥庄 北宅 中韩
黄岛区	6	长江路 黄岛 辛安 薛家岛 柳花泊 红石崖
城阳区	8	城阳 惜福镇 夏庄 流亭 河套 上马 红岛 棘洪滩

说明：以上信息为民政系统统计

2005年青岛市辖5市25个街道、79个镇名称表

表3-18

区域名称	个数	街道（镇）名称
即墨	街道(5)	环秀 通济 北安 潮海 龙山
	镇(18)	鳌山卫 温泉 店集 王村 灵山 七级 南泉 刘家庄 大信 蓝村 段泊岚 田横 金口 华山 移风店 龙泉 丰城 普东
胶州	街道(5)	阜安 中云 北关 南关 云溪
	镇(13)	胶东 李哥庄 营海 铺集 胶西 九龙 洋河 里岔 马店 张应 胶北 杜村 胶莱
胶南	街道(6)	珠海 珠山 隐珠 灵山卫 铁山 滨海
	镇(11)	泊里 琅琊 大场 海青 大村 六汪 王台 藏南 张家楼 宝山 理务关
平度	街道(4)	城关 李园 香店 同和
	镇(26)	灰埠 大泽山 旧店 店子 崔召 田庄 麻栏 古岘 明村 崔家集 马戈庄 兰底 南村 仁兆 云山 长乐 大田 祝沟 门村 张舍 万家 郭庄 新河 张戈庄 蓼兰 白埠
莱西	街道(5)	水集 望城 沽河 龙水 梅花山
	镇(11)	河头店 南墅 日庄 院上 夏格庄 姜山 马连庄 武备 店埠 孙受 李权庄

说明：以上信息为民政系统统计

地名管理

青岛市市南、市北两区是老城区，路名均命名于解放前，主要以各省名、山东省内城市及县级地名为主。改革开放后，在很多地名消失的同时，一些具有时代气息、体现城市发展进程的新地名应运而生。1987年6月，青岛市地名委员会办公室印发《关于在全市城乡设置地名标志的报告的通知》，进一步规范地名标志设置。1988年3月，青岛市地名委员会办公室由市城乡建设委员会移交市民政局管理，组织道路命名更名、路牌及导游牌设置、乡镇和街道更名等工作。

市内道路命名　1989年7月，青岛市市区新命名道路64条，主要有哈尔滨路、敦化路、吴兴路、绍兴路、合肥路、基隆路、德安路等。1990年5月，再次对市区部分新建道路予以命名，主要有洛宁路、扬中路、北仲路等。12月，全面完成地名补查和资料更新工作，全市共补查地名1637个，新生地名723个；资料更新条目1288条；标绘1：50000地图和城区地图249幅，拍摄各类地名照片1714张；在全面地名补查中，查阅佐证史料、祖谱766部，碑碣127块，征集各种文字资料6832份，计218万余字；走访、查寻432个居委会，4997个村委会，使地名来历、含义、沿革考证率达91%以上。

90年代后，青岛市大力推进棚户区改造，新建居民小区增加，新命名道路主要分布在新建浮山后区域、四方东太平村改造区域、四方区试点住宅区域、错埠岭解困区域和湛山（村）改建区域。1994年7月，对市区部分主干道路名称注销、分段、更名、延长，注销福州路、合肥路名称，将两路合并重新分段更名为福州南路、福州北路；注销东海路、海口路名称，将两路合并重新更名为东海路；将抚顺路北起哈尔滨路、向南延长止于宁夏路的路段，更名为连云港路。1995年12月，将位于海泊河口的环海公路桥，命名为“海泊河口大桥”；将位于李村河口的环海公路桥，命名为“李村河口大桥”；将位于太原路西端环海公路上的立交桥，命名为“环太原路立交桥”；将位于瑞昌路西端环海公路上的立交桥，命名为“环瑞昌路立交桥”。另外，将位于市区延安路、宁夏路交口的三层立交桥，有偿命名为“海信立交桥”，名称使用期限为30年。

1995年后，对正在开发建设的崂山区高科园新建道路和新建小区道路进行命名，新建城区、小区命名不再单纯采取中国各省市称谓命名，而改为确定某汉字为主体后，从全国省市行政区划中寻找相关地名，归类统一命名。如：高科园行政中心区域道路，以“岭”字统一命名为：仙霞岭路、苗岭路、南岭路、秦岭路、云岭路、松岭路。另外派生地名与主地名统一，如新建天山小区道路10条，以安徽省的行政区划名称命名：宁国路、宁国一路、宁国二路、宁国三路、宁国四路、宁国一支路、宁国二支路、广德路、广德支路、安庆路。注销原“苗沟沿”“苗沟土房”“小斜巷”“九如巷”“东王家巷”等街巷名称。1996年1月，将崂山区高科技工业园区域内重新拓建的李山路，有偿命名为“海尔路”，有偿使用期限为30年。9月，青黄高速公路改称“胶州湾高速公路”。1997年，原湛山大路更名为香港西路，原湛流干路更名为香港路，将宁夏路向南延长至香港中路与香港东路交口处止。3月，为纪念五四运动，将市委、市政府机关办公楼南侧北起湛流干路，向南过东海路至浮山湾海边，东西处新浦路与山东路之间，占地约10公顷的广场，命名为“五四广场”。为纪念1999年12月20日对澳门恢复行使主权，市政府决定将位于市南区东海路南侧、沿浮山湾畔新辟的道路命名为澳门路。澳门回归当日，市政府在澳门路现场举行揭牌仪式，中央电视台在《新闻联播》中播放揭牌仪式盛况。同年，原小白干路更名为重庆路。

2001年1月1日，《青岛市地名管理条例》施行。2004年5月，市南区浮山街道办事处更名为香港中路街道办事处，更名后其行政区域、人员编制和办事处驻地不变。10月15日，市政府办公厅转发《青岛市民政局关于加强地名有偿命名管理工作的意见》，对有偿命名的主管单位、原则、拍卖方式、申请程序等作出明确规定。

1989～2005年，青岛市共进行15次街道命名，其中命名新街道530条，调整变更58条，延长54条，注销9条。

乡镇、街道更名　青岛市所辖5个县级市的乡镇、道路，多以山河湖泊、区域方位、历史人物等为命名依据。改革开放后，道路命名更具时代气息。胶州市、胶南市、平度市道路更名逐渐向青岛市区路名靠拢，新城区也多以全国城市名命名。2003年4月，山东省人民政府同意将胶州市北王珠镇更名为胶莱镇，其行政区域及人民政府驻地不变。6月，经山东省人民政府同意，莱西市撤销牛溪埠镇设立沽河街道，街道办事处机关驻原牛溪埠镇政府驻地；韶存庄街道办事处更名为梅花山街道办事处，管辖范围不变；周格庄街道办事处更名为龙水街道办事处，管辖范围不变。

旅游景点导游牌　1996年开始，在全市重要旅游景点设置双语（中、英文）导游牌，设置范围是7区5市的国家级、省级、市级重要旅游景点。第一批设置双语导游牌的重要旅游景点、场所是：栈桥、小青岛、鲁迅公园、中山公园、湛山寺、迎宾馆、第一海水浴场、青岛电视塔、海军博物馆、国际啤酒城、太清宫、北九水景区、民航机场、青岛火车站、青岛港客运站、轮渡客运站等36处重要场所。第二批设置双语导游牌的重要旅游景点是：海云庵、琅琊台风景名胜区、大珠山风景区、高凤翰故居纪念馆、马山、田横岛度假村、月湖公园、大泽山风景区等15个重要旅游景点。

标准路名牌　2004年3月，市民政局、城市管理局联合印发《关于在全市设置标准路名牌的通知》，对市内4区4449块路名牌进行审核，修改纠正错误1291处。7月31日，完成市内4区第一批标准路名牌的设置工作。至年底，新设路名牌4078块，其中A型路牌33块、B型路牌3010块、C型路牌1006块、D型路牌29块。

勘界

青岛市各区（市）地界一般以河流、山脉、道路为界线，毗邻双方多以历史延续习惯线为界，但少部分地区存在地界争议。1996年8月，国务院印发《关于开展勘定省、市两级行政区域界线工作有关问题的通知》，决定从1996年起，用5年时间完成省、市两级陆地行政区域界线勘定任务。10月，青岛市勘界工作领导小组印发《关于1996年勘界工作意见》，要求核定法定线、勘定习惯线、解决争议线，并在实地竖立界桩，形成准确反映实际边界走向的文件、资料和地形图，以法律形式将县级行政区域界线固定下来。当年勘定8条507公里县级界线，确定6个三县边界线交会点，埋设界桩169块。1997年12月，青岛市勘界工作领导小组办公室组织对即墨、莱西两市联合勘定的行政区域界线，从内业资料到外业边

2004年9月，崂山区中韩街道30个村庄由“村委会”改为“社区居委会”

界走向和界桩等进行全面检查。1998年，针对黄岛区与胶南市边界上小珠山水库各边界走向的意见分歧，市政府召开由两区（市）分管领导、水利、民政部门负责人和市水利局、市勘界工作领导小组办公室有关人员参加的协调会议，依法确定小珠山水库段边界线。同年，市勘界工作领导小组办公室会同青岛市勘察测绘研究院，对各区（市）间区域界线，从内业资料到外业边界走向和界桩等进行全面检查。

2001年8月21日，刚下火车来到青岛的三峡移民

1999年，在胶州市进行勘界试点工作基础上，形成“两图一责”界线管理模式，即行政区域界线管理示意图：简明标绘与相邻市（县）边界走向、界桩位置，详细反映沿线乡镇、村与边界线的位置关系；行政区域界线管理网络图：清晰地反映市（县）、镇（乡、街道）、村（居）三级管理工作网络、责任人和联络手段；行政区域界线管理责任书：主要是市（县）与镇（乡、街办）、镇（乡、街办）与村（居）委、村（居）委与界线管理员三级签订的责任书。至2000年8月，全市共埋设界桩243块（含19块三线交会点界桩，界桩间隔8～10公里，高出地面70厘米），调处界线争议纠纷地段100多处。除未勘定的3条界线外，其余界线全部勘定完毕，并且界线相邻两侧政府均按法定界线的程序签订协议书，明确各自权利义务和对界线维护管理的责任。

至2005年，全市25条陆域县级界联检完毕，联检界线总长934.1公里，埋设界桩186块。

第六节　三峡移民接收安置

1994年12月，三峡工程正式开工。三峡库区移民安置是三峡水利枢纽工程建设一项重要内容。青岛市共接收两批三峡移民。2001年8月21日，重庆市忠县甘井镇1019名三峡移民和4名随迁人员及护送干部到达青岛；2004年8月6日，重庆市开县渠口镇的97户409名移民及6名随迁人员及护送干部到达青岛。各级政府积极做好三峡移民的安置工作。2003年1月，国务院在重庆市召开“三峡工程库区农村移民外迁工作会议”，青岛市人民政府被评为“三峡工程库区农村移民外迁工作先进单位”。

重庆市忠县移民

2000年10月，青岛市成立接收三峡工程库区农村外迁移民安置领导小组。11月，山东省政府确定分别由胶南、胶州、平度、莱西、即墨5市承担1000名三峡移民安置任务，每市安置约200人、50户左右。按照国务院“搬得出、稳得住、逐步能致富”和“以农为本、以土为本”原则，青岛市安排给三峡库区移民的人均宅基地、住房标准、人均承包可耕地均不低于安置村人均水平。不承担三峡库区移民安置任务的市内4区和崂山、黄岛、城阳区，连续3年由区财政承担一定费用，扶持三峡库区移民生产生活。

2001年4月，青岛市承担安置任务的5市市政府分别与忠县人民政府签订《三峡工程库区农村移民出市外迁安置协议》。8月21日13时10分，重庆市忠县甘井镇1019名移民和4名随迁人员及护送干部到达青岛，移民在镇村干部护送下抵达新家。9月30日，市三峡移民安置工作办公室、市工商行政管理局、市财政局、市地方税务局、市劳动和社会保障局、市农业局、市公安局联合印发《关于鼓励和扶持三峡移民多渠道从事生产经营活动的通知》，要求各乡镇免费为移民进行农业种植、养殖等培训，移民富余劳动力进企业务工，鼓励移民从事各种经营。当年，全市为移民调整落实责任田104.94公顷，宅基地面积5万平方米，移民建房面积2.61万平方米，为移民购置生活用品折款154.65万元。

2002年，5市移民办或安置镇会同劳动保障部门，组织对移民进行常规通用知识和企业用工专业教育培训，鼓励和引导移民到企业务工。至2002年底，青岛市重庆市忠县甘井镇移民外出打工务工254人，占移民总数的24.9%。当年，青岛市三峡移民安置工作办公室下拨给5市移民安置扶持资金244.89万元。

2003年1月18～19日，国务院在重庆市召开“三峡工程库区农村移民外迁工作会议”，青岛市被评为“三峡工程库区农村移民外迁工作先进单位”，是为数不多的同时获得“先进单位”、“先进工作者”和“移民先进个人”3项荣誉的城市。

2001年青岛市接收重庆市忠县三峡移民安置情况统计表

表3-19

安置市	安置镇	安置村	户数	人数	随迁人数	责任田面积（亩）	宅基地面积（平方米）	建房面积（平方米）	购置生活用品（万元）
即墨市	龙泉镇	何家演泉	3	11	0	13.2	546.69	280.98	2
		修家街	4	16	0	19.2	806.7	432.52	2.4
		张家小庄	3	11	0	13.2	593.36	301.51	1.65
	小计	3	10	38	0	45.6	1946.75	1015.01	6.05
	南泉镇	王演庄北村	3	11	0	13.2	600.03	290.27	1.65
		王演庄东村	4	17	0	20.4	800.04	416.14	2.55
		王演庄南村	4	15	0	18	800.04	421	2.25
		泉东村	4	16	0	19.2	800.04	389.54	2.4
	小计	4	15	59	0	70.8	3000.15	1516.95	8.85
	华山镇	龙河庄村	3	9	0	10.8	506.69	260.4	1.35
		梁家疃村	3	13	0	15.6	580.03	324.52	1.95
		窎庄村	4	18	0	21.6	760.04	464.42	2.7
	小计	3	10	40	0	48	1846.76	1049.34	6

续表3-19

安置市	安置镇	安置村	户数	人数	随迁人数	责任田面积（亩）	宅基地面积（平方米）	建房面积（平方米）	购置生活用品（万元）
即墨市	普东镇	常家街村	4	15	0	18	780.04	416.65	2.25
		赵家街村	4	11	0	13.2	773.37	321.29	1.65
		王家街村	3	10	1	12	586.7	272.23	1.5
	小计	3	11	36	1	43.2	2140.11	1010.17	5.4
	大信镇	新胜庄	3	12	0	14.4	580.02	325.05	1.8
		大金家	3	10	0	12	586.69	280.47	1.5
		小信村	4	16	1	19.2	780.03	392.88	2.4
	小计	3	10	38	1	45.6	1946.74	998.4	5.7
合计	5	16	56	211	2	253.2	10880.5	5589.87	31.65
胶州市	胶莱镇	南店子	5	22	0	26.4	975	527.5	3.3
		南王珠	4	19	0	22.8	805	395	2.85
		中王珠	5	23	0	27.6	1000	527.5	3.45
		北王珠	5	21	0	25.2	975	482.5	3.15
	小计	4	19	85	0	102	3755	1932.5	12.75
	胶北镇	前屯村	5	18	0	21.6	1000	482.5	2.7
		后屯村	5	17	0	20.4	975	437.5	2.55
		后七城	5	18	0	21.6	975	505	2.7
	小计	3	15	53	0	63.6	2950	1425	7.95
	马店镇	大杜戈庄	4	18	0	21.6	805	462.5	2.7
		西王邑庄	3	13	0	15.6	585	285	1.95
		耿家庄	3	18	0	21.6	585	330	2.7
		曹戈庄	4	18	0	21.6	780	440	2.7
	小计	4	14	67	0	80.4	2755	1517.5	10.05
合计	3	11	48	205	0	246	9460	4875	30.75

续表3-19

安置市	安置镇	安置村	户数	人数	随迁人数	责任田面积（亩）	宅基地面积（平方米）	建房面积（平方米）	购置生活用品（万元）
胶南市	张家镇	大泮	8	34	3	40.8	1610	857.5	5.1
		丁家寨	4	20	0	24	830	485	3
		东泮家庄	5	19	0	22.8	1025	527.5	2.85
	小计	3	17	73	3	87.6	3465	1870	10.95
	铁山镇	张仓	4	17	0	20.4	830	462.5	2.55
		刘梅家庄	4	15	0	18	805	417.5	2.25
		东南庄	2	10	0	12	415	242.5	1.5
	小计	3	10	42	0	50.4	2050	1122.5	6.3
	宝山镇	尚庄	8	31	0	37.2	1610	835	4.65
	黄山经济区	邱家	6	24	0	28.8	1195	592.5	3.6
		小王家庄	5	20	0	24	1000	527.5	3
		殷家台	3	15	0	18	660	397.5	2.25
	小计	3	14	59	0	70.8	2855	1517.5	8.85
合计	4	10	49	205	3	246	9980	5345	30.75
莱西市	李权庄	东李权庄	8	27	0	32.4	1673.4	767.5	4.05
		吕家寄马埠	6	26	0	31.2	1220	682.5	3.9
		西虎埠岭	4	20	0	33.6	853.3	507.5	3
	小计	3	18	73	0	97.2	3746.7	1957.5	10.95
	姜山	东岭后	6	27	0	32.4	1020	592.5	4.05
		西岭后	6	22	0	33	1166.7	570	3.3
	小计	2	12	49	0	65.4	2186.7	1162.5	7.35
	夏格庄	大李家疃	6	23	0	54.05	1200	615	3.45
		马福庄	5	23	0	50.6	1000	505	3.45
	小计	2	11	46	0	104.65	2200	1120	6.9
	马连庄	朱構	6	23	1	36.8	1120	547.5	3.45
		李家草泊	4	15	0	18	826.7	327.5	2.25
	小计	2	10	38	1	54.8	1946.7	875	5.7
合计	4	9	51	206	1	322.05	10080.1	5115	30.9

续表3-19

安置市	安置镇	安置村	户数	人数	随迁人数	责任田面积（亩）	宅基地面积（平方米）	建房面积（平方米）	购置生活用品（万元）
平度市	张戈庄	前沙戈庄	4	16	0	32.1	778.5	397.27	2.4
		张家庄	4	14	0	35	780	396.1	2.1
		大丘	3	15	0	30	533	353.32	2.25
		矫家疃	2	6	0	11.4	378.6	178.85	0.9
	小计	4	13	51	0	108.5	2470.1	1325.54	7.65
	郭庄	西万家	3	13	0	32.5	585	333.78	1.95
		瓦子丘	6	24	1	60	1064.96	665.44	3.6
		东马庄	4	14	0	28	728	382.09	2.1
	小计	3	13	51	1	120.5	2377.96	1381.31	7.65
	蓼兰	焦家寨	4	14	0	23.8	780	372.6	2.1
		肖戈庄	3	13	0	22.1	600.6	312.43	1.95
		葛家	2	11	0	19.8	420	245.86	1.65
		大彭家	3	12	0	17.6	615	310.87	1.8
	小计	4	12	50	0	83.3	2415.6	1241.76	7.5
	万家	初家	3	14	0	32.5	615	333.72	2.1
		玉王庄	2	8	0	30.64	481	200.49	1.2
		后陈家	3	15	0	55.8	645	356.35	2.25
		大荆栾庄	3	15	0	75.6	675	352.58	2.25
	小计	4	11	52	0	194.54	2416	1243.14	7.8
合计	4	15	49	204	1	506.84	9679.66	5191.75	30.6
总计	20	61	263	101	7	1574.09	50080.27	26116.62	154.65

重庆市开县移民

2003年6月，根据山东省人民政府统一部署，青岛市再次接收安置400名重庆市开县移民。市政府确定由胶南市、即墨市、胶州市、莱西市、平度市各安置80人。经考察协商，8月17日，由83户移民代表（代表343人）与对应的安置镇政府签订安置协议和住宅建设委托合同书。2004年8月6日上午8时30分，开县渠口镇97户409名移民及6名随迁人员到达青岛，并安置到9个镇21个移民安置点。参照忠县移民安置政策，给予建房、宅基地和耕地以及各方面优惠政策。

2005年7月，山东省召开全省三峡库区移民安置工作总结表彰会议，青岛市三峡移民安置工作办公室被评为全省三峡移民安置工作先进单位。

第六章　社会福利

1979年，青岛市有国营青岛链条厂、青岛假肢橡胶配件厂、青岛汽车防滑链条厂等一批具有一定生产规模的福利企业。1981年成立青岛市儿童少年福利基金会，依法接受、管理使用国内外社会团体、组织以及个人自愿捐赠儿童少年事业的资金，对有困难的儿童少年进行捐助。1987年，青岛市社会福利有奖募捐委员会成立，率先进行福利有奖募捐试点。90年代后，青岛市对社会福利事业进行改革，增加社会福利事业投入，由国家包办福利事业转为国家、集体、个人一起办社会福利，从单纯供养向供养与康复相结合发展，形成多层次、多类型、多种经济成分兴办社会福利事业的局面。

2002年，青岛市编制和实施《青岛市城市社会福利设施设置专项规划》，在全国率先把社会福利设施规划纳入城市建设整体规划。此后，分类分批完成福利企业改制工作，安置残疾职工1万余人，居全省首位；完成市老年公寓主体工程建设，在全国率先启动社区老年福利服务“星光计划”；制发386份“孤儿证”，开展“爱心助孤行动”。2005年，全市有社会福利企业416家，销售收入32亿元，实现利税2.43亿元。其中安置残疾职工6191人，占在册职工总数55.3%。市内4区共有养老服务机构82处，床位总量6037张，千名老人拥有床位23.2张。

青岛市福利彩票事业从“即开式”、大奖组销售，发展到电脑彩票发行，至2005年共销售各类福利彩票近40亿元，筹集福利基金近14亿元，资助社会福利、公益项目3000多个，为地方增加税收近3亿元，为4000多名特困职工、下岗职工和残疾人提供就业岗位。

1999年，青岛市开展“创建敬老模范市”活动。图为当年10月第一次举办老年人入住养老机构咨询洽谈会现场

第一节　社会福利机构

福利企业

1979年，青岛市民政局所属社会福利工厂有3家，共有职工1382人，其中残疾人

员占34%，年总产值720余万元。改革开放后，青岛市突破民政部门独家办厂的框架，借助社会各方面力量，走多渠道、多层次、多形式办厂道路。1986年，创办青岛市社会福利总公司。至1988年，青岛市福利企业405家，就业残疾人6340名，年总产值2.1亿元，利润2205万元。1989年后，全市通过对福利企业清理整顿，继续推行和完善承包责任制，加强技术改造等措施，使福利企业在市场疲软、资金短缺的情况下继续发展。1997年，市社会福利总公司划归市残联管理。1998年后，随着市场经济发展和国家政策调整，全市福利企业发展呈下降趋势。2002年，市社会福利总公司停产，所属企业多数改制、脱钩或者倒闭。

青岛市社会福利院

青岛市社会福利院的前身是青岛市救济院，1971年成立，是收容孤老、孤儿、痴呆、精神病患者的综合院。1979年10月，将社会救济院精神病所分出，设立麦岛精神病院。1980年4月，市社会救济院更名为青岛市社会福利院，收养老人150余名，平均年龄76岁，年龄最大者96岁。1991年，老年人公寓楼始建，1993年4月竣工，总建筑面积2372.33平方米，内部设施按照中档宾馆配置，是青岛地区一所高档次的养老服务场所。

2000年，新扩建的青岛市老年公寓工程建成，建筑面积1.5万平方米，总投资3000万元，设床位400张，分为家庭式公寓、宾馆式公寓和普通式公寓3种。2003年6月，设在优抚医院的残疾人康复所（痴呆院）迁入市社会福利院。同月，青岛星光老年大学揭牌并开学。10月，将残疾人康复所迁至城阳区红岛卫生院，命名为“青岛市社会福利院残疾人康复所红岛康复站”。2004年4月，青岛市社会福利服务中心成立，并注册成立青岛民政老年病康复医院。

2005年9月，市社会福利院床位总量750张，全年保持90%以上的入住率。

2004年春节，青岛市儿童福利院的孩子过年放花炮

青岛市儿童福利院

1979年，青岛市社会福利院包括孤儿部，主要收养孤儿。1997年5月，青岛市儿童福利院于青大一路19号落成，占地面积0.53公顷，建筑面积3400平方米，拥有床位200张。主要收养社会孤儿、弃婴，担负医疗、康复、教育及特殊教育等任务。同时开展自费寄养业务，帮助家长照顾残疾儿童。1999年5月，青岛市儿童福利院加挂“青岛市残疾儿童寄养康复中心”牌子。2000年，青岛市儿童福利院共收养儿童140名，年龄最小的仅出生3小时，最大18岁，其中90%是残疾儿童。2004年3月，英国救助会与青岛市儿童福利院签订家庭寄养合作项目协议。2005年4月，市儿童福利院设立特教室、引导式教育室、物理治疗评估室、智测语训室、婴幼儿室。至2005年底，在院儿童360名。其中，有12名10～22岁的在校学生，分布在全市7个中小学就读。

青岛市麦岛精神病院

青岛市麦岛精神病院（同时加挂“青岛优抚医院”“青岛麦岛心理卫生医院”牌子）前身是青岛社会救济院精神病人收容所，1979年10月建立。医院占地面积20公顷，建筑总面积1.34万平方米。1997年，医院被确认为市公费医疗定点医院。为解决优抚对象治病难问题，青岛优抚医院于1999年9月29日正式揭牌就诊。当年参加司法鉴定20余例，精神残疾鉴定30余人次。2000年7

2005年，青岛市市内4区共有养老机构82处。图为在青岛南山养老院里幸福生活的老人

月被确定为城镇职工医疗保险定点医院。主要收养收治社会精神病人和退伍军人精神病患者，开展精神疾病诊治、心理咨询与治疗、慢性精神病康复治疗。2005年，医院有床位220张，卫生技术人员118人，入院精神病人209人。

养老服务机构

90年代，青岛市集中收住老年人的城市养老服务机构相继建立。1994年，市内5区共有养老床位290张，市区每千名老年人拥有床位1.1张。1999年12月，市政府颁布《青岛市养老服务机构管理办法》，对开办养老服务机构的原则、条件、手续、收费等作出明确规定。2000年12月，青岛市又对养老服务机构的设置、执业登记审批和年度验审、养老服务机构进行等级护理服务、养老服务机构收费项目和标准审核等工作作出规范。2001年，青岛市老年公寓建成并投入使用，总投资3200万元、占地面积3.14万平方米、总建筑面积1.56万平方米、床位400张。至此，全市共有国家办、社区办、企事业单位办和个体办养老服务机构50余家，床位3443多张，市内4区每千名老人拥有床位12张。2004年2月，青岛市社会福利院与青岛市老年公寓合并。2005年1月，《青岛市社会力量举办养老服务机构资金资助暂行办法》实施，对全市39家养老机构按床位给予一次性资助，共投放资助金200.3万元。当年，青岛市区启动居家养老服务试点工作，并首次组织养老护理员培训班，200余名生活困难老人得到政府提供的福利服务。至2005年底，市内4区共有养老服务机构82家，床位总量6037张，千名老人拥有床位23.2张。

2005年青岛市主要养老服务机构情况表

表3-20

区域名称	单位名称	单位地址	床位数（张）
市南区	青岛老年怡养苑	湛山二路7号	136
	青岛市南颐和老年公寓	费县路105号	299
	青岛市市南区爱心老年公寓	南村路27号	65
	乐万家湛山老年公寓	秀湛路10号	60

续表3-20

区域名称	单位名称	单位地址	床位数(张)
市南区	青岛夕阳红老年公寓	基隆二路1号	168
	青岛市南区双福老年公寓	云南路87号	50
	青岛市南区中孚老年公寓	伏龙路7号	106
	青岛市市南区颐和老年爱心护理院	嘉祥路3号	160
市北区	青岛安康老年公寓	青海路44号	100
	青岛市市北区颐康敬老院	南口路160号	96
	青岛市市北区鸿祥老年公寓	敦化路49号	105
	青岛市北广和老年公寓	同安二路23号	150
	青岛市福彩镇江路老年公寓	镇江路13号	200
	青岛市北区心怡敬老院	胶东路1号	57
	青岛市市北区臧毓淑老年公寓	乐环路18号	70
	青岛市北区福康老年护理院	延兴路34号	51
	青岛市北复康苑老年公寓	敦化路38号2号楼	50
	骨伤医院市北老年健康中心	龙潭路26～28号	60
	青岛市北区芙蓉山老年公寓	长春路芙蓉山村18号	56
	青岛市北颐康邹平路敬老院	邹平路40号	60
	青岛颐康康信楼老年公寓	济南路64号甲	60
	青岛康苑老年公寓	大连路23号	100
	青岛市北合乐老年公寓	保张路17号	77
	青岛市鸿福老年公寓	上海路71号	55
	青岛大成老年公寓	大成路48号	300
	青岛市市北区福寿星老年公寓	嫩江路13号	60
	青岛市市北区颐康老年爱心护理院	同安二路6号	106

续表3-20

区域名称	单位名称	单位地址	床位数(张)
四方区	四方区海伦路社区服务中心敬老院	海伦路68号	80
	青岛市四方区水清沟社区服务中心老年公寓	宜阳路37号甲	102
	青岛四方区福寿乐护老院	抚顺路15号	79
	青岛红宇敬老院	清江路148号	160
	青岛市四方区爱心敬老院	四流南路68号	86
	青岛四方福缘老年公寓	宜阳路46号	60
	青岛市四方区火炬老年护理院	河崖新村	30
	青岛市四方区阳光老年公寓	居仁路20号	90
	青岛市四方区福星老人护养院	商水路39号	77
	青岛福彩四方老年公寓	南昌路116号	210
	青岛市四方区伊诺金老年公寓	四流南路121号	60
	青岛市四方区兴隆路社区服务中心敬老院	兴隆路35号	72
	青岛四方机厂老年公寓	鞍山一路112号	65
	青岛福寿乐老年公寓	浦口路10号	180
	青岛市四方区红十字护老院	平安路26号甲	50
	青岛四方区德康居老年公寓	金华路28号	36
	青岛市四方区福舜老年公寓	安达路11号乙	30
	青岛市四方区幸福家园敬老院	开封路2号5号楼	22
	青岛四方康乐(前哨)老年爱心护理院	周口路99号	190
	青岛四方怡情苑老年公寓	四流南路68号	150
	青岛四方联创敬老院	兴元一路9号	72
	青岛四方康乐(广昌)老年爱心护理院	广昌路6号	165

续表3-20

区域名称	单位名称	单位地址	床位数(张)
李沧区	青岛市李沧区社会福利院	九水东路郑庄南	120
	青岛李沧区祥红敬老院	升平东路22号	60
	青岛市李沧区老年公寓	兴华路38号	60
	青岛市李沧区温馨康复治疗托老中心	升平路44号	50
	青岛德民老年公寓	兴华路51号	120
	青岛李沧北方托老中心	娄山路3号	80
	青岛李沧浮山路社区敬老院	九水路157号	50
	李沧区颐馨苑老年康复护理中心	四流中路46号	75
	青岛市李沧区福康敬老公寓	金水路1062号	59
	青岛市李沧区飞翔老年公寓	毕家上流百果园内	150
	青岛市李沧区老年爱心护理院	九水东路郑庄南	100
崂山区	青岛东部福彩老年公寓	香港东路126号	100
	青岛长虹老年公寓	崂山北宅下葛社区	130
黄岛区	青岛市黄岛区老年人公寓	薛家岛大洼社区	60
	青岛经济技术开发区天兴园老年公寓	官厅小区24号	52
	青岛黄岛常青树爱老院	海坛岛街33号	50
即墨市	即墨市墨香苑老年公寓	黄河二路	300
胶州市	胶州市福寿长护老院	广州南路157号	50
胶南市	胶南市荣发老年公寓	海西中路37号	60
平度市	平度市社会福利院	南京路中段	40
莱西市	莱西市老年社会福利公寓	龙水路桥南端	96

第二节　福利彩票

1987年9月17日，青岛市首次发行社会福利有奖募捐券，募捐券为“即开式”。此后逐步发展为“大奖组”“电脑福利彩票”等销售方式，年销售额从1987年的200万元增加到2005年的11.37亿元，进入全国先进行列。至2005年，青岛市累计销售各类福利彩票近40亿元，筹集公益金近14亿元，资助聋哑学校、盲校、残疾人康复中心、春蕾女童、特困大学生、福彩班、福彩希望小学等福利公益项目1700多个。

彩票类别

即开式彩票　1987年9月17日，青岛市首次发行社会福利有奖募捐券（奖券由中国募委会统一印制，面额1元），市内5区60个街道和胶州市20个乡镇120多处代销点同时销售，当日共销售奖券38万张。至10月23日，200万元社会福利有奖募捐券全部售完。10月30日在青岛人民会堂举行公开摇奖仪式，凡中特等、一等奖者，附赠青岛18英寸彩电或琴岛—利勃海尔电冰箱购货券1张。1987~1992年，青岛市共发行福利彩票1700余万元，销售收入1470余万元，筹集福利资金441万元。

1993年2月，青岛市举行有奖募捐活动新闻发布会，倡议开展“伸出你温暖的手，奉献一片爱心”活动，“大奖组”销售方式在青岛市全面推行。当年，全市共发行福利彩票1690万元，超额530万元完成全年销售任务，筹集福利资金399万元，青岛市被中国社会福利有奖募捐委员会授予“1993年度社会福利有奖募捐券销售先进单位”称号。1994年，青岛市福利彩票发行工作继续稳步发展，全年发行福利彩票1300万元，销售额达到1100万元，超额完成当年销售任务。李沧区、即墨市、平度市、市直属队（链条厂）等4个过百万元单位，当年共募集福利金330万元。1995年，“大奖组”方法日趋成熟，除在奖品设置方面突出头奖、大奖、名优奖品的吸引力外，还推出新玩法，即入围玩法、配票玩法、主副玩法，集彩票玩法趣味性和大奖吸引力于一体，创造年发行彩票超过1亿元、实际销售8000万元的成绩。当年彩票销售量达到前8年彩票销售总和的1.5倍，并创全国大都市城区日销量、单点销售和乡镇销量两项全国之最。3月10日，青岛市创造出20天单点销售1720万元的全国最高纪录，中国福利彩票发行中心发电祝贺。1996年全年完成6000万元，筹集福利金1800万元。

90年代，青岛以“大奖组”为销售方式的即开式彩票，曾创造20天单点销售1720万元的全国纪录。图为1992年黄岛区的彩票销售现场

1998年夏，长江、松花江、嫩江流域出现百年不遇特大洪水灾害，中共中央、国务院向全国发起“1998抗洪赈灾专项募集发行活动”。10月，青岛市先后组织市南区、李沧区和胶州市开展“1998抗洪赈灾福利彩票专项募集”活动，14天销

2001年，为贯彻“星光计划”精神，青岛市投入2100万元兴办3个福彩老年公寓，打造亲情化服务品牌。图为福彩老年公寓老人外出游玩

售彩票1.05亿元，在全国率先完成任务，并率先上缴赈灾专项募集资金。2000年，开发“青岛风光”版即开与传统相结合的彩票，即开即兑、电视摇奖，共发行3套60余幅具有青岛旅游景点风光特色和收藏价值的彩票。2001年“五一”劳动节期间、8月旅游旺季和11月农闲季节，在市北区、崂山区、胶州市、即墨市、平度市、莱西市等地组织大奖组销售活动，当年共销售即开型彩票2000万元。2002年之后，电脑福利彩票成为市场主流，即开型彩票大奖组成为市场补充，青岛福彩中心在四方糖球会、佳世客步行街、市北家世界广场、即墨、黄岛、李沧、胶州、平度、莱西等地开展不同规模的大奖组销售活动。2004年5月，全国停销即开彩票大奖组。

电脑福利彩票　2000年，经中国福利彩票发行中心批准并监制，山东省利用电脑网络在省内发行“风采系列”电脑福利彩票，青岛市设立近1000个福彩投注站，将主要招标对象定为下岗职工、生活无着特困人群、特困残疾人和乡镇一级生活无着落困难者。当年提供3500多个工作岗位，其中下岗和无业人员占80%以上。“齐鲁风采”电脑福利彩票仅7个月就实现销量过亿元，达1.14亿元。

2001年8月22日，青岛市提前131天完成电脑福利彩票年度销售2亿元的目标任务，全年实现3.7亿元总销量。2002年11月6日，青岛市“齐鲁风采”电脑福利彩票累计销量突破4亿元。2003年，青岛市积极打造特色“福彩”文化，举办多场弘扬“扶老、助残、救孤、济困”文艺演出，全年完成彩票销售任务6.13亿元，筹集福彩公益金2亿多元。2004年，面向社会下岗职工增设60个福利彩票投注站，帮助失业困难群体解决实际就业问题。2005年，青岛市成为首批“中福在线”试点城市，福彩年度销售额实现11.37亿元，连续6年销量位居全国同等城市第一；人均152.8元，位居全国第一；单机销量过百万元，位居全国第一。创造全国3项第一的新纪录，全年为社会福利事业筹集公益金3.98亿元。

福彩公益金

1987～2005年，青岛市销售各类福利彩票筹集公益金近14亿元，兴办福利公益项目1700多个，主要资助聋哑学校、残疾人康复中心、福利企业、敬老院、社会福利院、特困大学生、福彩希望小学等社会公益事业。其中，1998年青岛市彩票福利金上缴福利基金1200万元，用于全国抗洪救灾。2001年12月，《青岛市社会福利金资助项目评审实施办法》施行，青岛市社会福利金资助项目评审委员会成立，实现社会福利金资助项目及投资建设的公开透明和科学规范。

1987～1992年，青岛市社会福利有奖募捐委员会共资助福利项目101个。其中：资助青岛市老年人公寓15万元，资助福利院、敬老院等福利事业单位61家，投入资金95万元；资助福利企业12家，投入资金36万元；资助城镇社区服务、便民服务设施等项目12个，投入资金20万元；资助其他福利项目19个，投入资金64万元。此外，争取中募委资助青岛市社会福利项目4个，投入使用资金53.5万元。1993年，青岛市筹集福利资金399万元，大部分资金用于资助青岛链条厂、青岛假肢厂、青岛民用电器商场等福利企业和敬老院、福利院等福利事业。1994年，青岛市利用自留福利资金投资77.5万元，资助福利项目10个；还一次性投入李沧区社区服务项目30万元。1995年筹集福利金281.7万元，资助四方区阜新路托老所、残疾人三康补助、青岛市老年人公寓、聋哑儿康复中心、青岛市革命烈士纪念馆、青岛市少儿活动中心、四方区社区服务、即墨市南泉镇特困户等19个项目。1996年资助社会福利项目39个，投入资金658.09万元，主要用于市儿童福利院、老年人公寓，各区（市）福利院、敬老院、康复医院、按摩医院、社区服务中心的建设和其他社会公益事业。1997年，青岛市利用彩票福利金投入资金470.3万元，资助18个项目，包括市社区服务中心建设、福利企业、市精神病院、城阳医药中心、城阳区上马镇敬老院、青岛市民政局幼儿园（残儿活动室）、市南区社区服务中心等。1998年，青岛市彩票福利金除上缴国家赈灾福利基金1200万元外，还资助项目15个，总金额184万元。1999年资助项目27个，投入资金742.23万元。2000年资助项目23个，投入资金751.2万元。

2001年12月，《青岛市社会福利金资助项目评审实施办法》订立，决定建立青岛市社会福利金资助项目评审委员会。为贯彻国务院“星光计划”精神，青岛市福利彩票发行中心全额投资2100万元在台湾路、镇江路和南昌路兴办3处福彩老年公寓，构筑青岛社会养老高中低档多元化、全方位格局，同时打造“硬件设施高档化、软件服务亲情化和创新设计人性化”的社会养老品牌。2004年，市福利彩票发行中心启动福彩紧急救助资金，用于帮助有特殊紧急困难的人，累计资助社会慈善机构单位或困难群体个人25次，总资助金额160万元。2005年6～8月，市福利彩票发行中心出资公益金300万元，对全市近60个乡镇68个公益项目，1220个特困户、低保户、孤儿、优抚对象、残疾人，以及因重大疾病或意外灾害等原因意外致贫的特困群众实施资助。2005年，随着青岛市福彩事业的迅猛发展，福彩养老成为一个知名品牌，镇江路福彩老年公寓成为全国首批8个试点之一的“爱心护理院”。集福彩养老集团、中国老龄事业发展基金会青岛爱心护理院、青岛福彩长者休养中心、福彩艺术学院为一体的青岛市南九水路养老工程竣工。

第四篇 精神文明建设

解放后，青岛重新回到人民手中，广大人民群众以热爱党、热爱祖国、热爱社会主义、热爱人民解放军的满腔热情和建设社会主义国家的充足干劲，积极投身生产恢复和城市建设，社会风气焕然一新。抗美援朝期间，青岛市组织赴朝医疗队、运输队和慰问团，全市工商业大力恢复和发展生产，支援抗美援朝战争。同时，广大市民踊跃参加捐献飞机大炮活动，展现出高尚的精神风貌。1963年，毛泽东主席发出“向雷锋同志学习”的号召，全市各行各业广泛开展学雷锋活动，并逐步发展成为经常性、多样化的群众性教育活动，形成诚实守信、团结互助、邻里和睦、尊老爱幼、拾金不昧的社会风气。70年代，青岛市创办“向阳院”，开展群众性文化、教育、娱乐活动，并在市区里院逐步推广。“文化大革命”时期，在“左”的思想干扰下，阶级斗争扩大化，党群关系、干群关系、人际关系紧张，良好的社会风气遭受破坏，全社会思想道德水平严重滑坡。

概　述

1981年2月，全国总工会、团中央、全国妇联等9个人民团体共同倡议，在全国人民特别是青少年中开展以“五讲四美”（讲文明、讲礼貌、讲卫生、讲秩序、讲道德；心灵美、语言美、行为美、环境美）为内容的文明礼貌活动。3月，市委、市政府召开文明礼貌月活动动员大会。1982年3月，开展第一个“全民文明礼貌月”活动。建立“五讲四美”活动联席会议制度，制定出台《青岛市人民文明公约》。自此拉开群众性精神文明创建活动序幕。1983年2月，成立青岛市“五讲四美三热爱”（三热爱：热爱祖国、热爱社会主义、热爱中国共产党）活动委员会。9月，市政府和驻青部队领导机关联合印发《关于广泛开展军民共建社会主义精神文明活动的意见》，建立和发展体现社会主义精神文明的军政军民关系。1984年，通过连续开展3个“全民文明礼貌月”活动，全市各行各业以整顿市容卫生为突破口，清理环境卫生、整治社会秩序、改进服务质量，社会风气有了明显改善。1985年，市委、市政府印发《关于加强精神文明建设，争取我市社会风气明显好转的意见》，提出抓好城市精神文明建设，以带动和促进整个社会风气和社会秩序的根本好转。9月，在全市广泛开展创建文明城市、争当文明市民活动，在基层单位蓬勃开展创建文明单位、文明村镇活动，与驻青部队携手开展军警民共建活动。

1987年，《青岛市“七五”期间社会主义精神文明建设规划》实施。7月，青岛市“五讲四美三热爱”活动委员会更名为青岛市精神文明建设指导委员会。自1988年6月起，连续3年在全市党政机关和商业、交通、旅游、卫生等“窗口”行业开展“三优一推广”（抓好职业道德建设，开展创优质服务活动；抓好社会公德建设，开展创优良秩序活动；抓好市容卫生建设，开展创优美环境活动；抓好语言环境建设，开展推广普通话）活动。1991年，修改公布《青岛市市民文明公约》，在全市开展“怎样做一个文明市民”“塑造青岛人良好形象”大讨论。8月，在《青岛市“八五”期间社会主义精神文明建设规划》中，提出争创全国“双拥模范城”、跨入全省城市精神文明建设竞赛先进行列、力争跨入全国最佳卫生城市行列的目标。1993年起，在全市开展以创优良秩序、优美环境、优质服务、做文明市民为主要内容的“三优一做”活动，重点解决市容环境、社会秩序、“窗口”服务、市民素质等方面存在的问题，形成精神文明建设与城市管理、社会治安综合治理“三位一体”、有机结合、相互促进的工作格局。1995年，全面实施“四大工程”，即“三优一做”活动的创建文明城市主体工程，创建文明单位、文明村镇、文明家庭的基础工程，军警民共建社会主义精神文明的共建工程，学先进、讲奉献、树新风的示范工程。全市群众性精神文明创建活动不断向行业、单位、街道、楼院、家庭延伸，向经常化、规范化延伸，向依法治市、依法管理延伸，并融入创建文明城市的全过程。

1996年11月，《青岛市“九五”期间社会主义精神文明建设规划纲要》首次提出创建“全国文明城市”目标。1997年，青岛市制定“一年打基础，两年上台阶，三年跨入全国文明城市行列”的工作目标，将具体责任落实到40多个市直单位和有关部门，形成在市委、市政府统一领导下，市文明委统筹协调，政府职能部门发挥作用，驻青部队大力支持，行业与地区条块结合，新闻舆论积极推动，各方齐抓共管的群众性精神文明建设格局。1999年9月16日，青岛市获首批“全国创建文明城市工作先进城市”称号。2001年，市委、市政府印发《关于进一步深化创建文明城市工作的意见》，提出率先创建全国文明城市的目标，并将创建工作正式纳入全市重点工作目标考核体系，组织实施6个方面28项整治措施。2002年，《青岛市“十五”期间社会主义精神文明建设规划纲要》提出，力争进入首批全国文明城市行列和创建学习型城市、建设文化强市的总体目标。2004年，以迎办“2008奥帆赛”为契机，以争创全国文明城市为总抓手，把培育城市精神、人文奥运和创建学习型城市三大工程紧密结合起来，积极培育“诚信、和谐、博大、卓越”城市精神，大力实施“精神文明建设名牌战略”，更加深入地开展群众性创建文明城市活动。全市公民无偿献血、青年志愿者、希望工程、巾帼建功、文化市场管理、城市环境综合整治、城市交通管理、扶贫助困等工作达到全国或全省先进水平。

2005年6月，青岛市通过山东省文明城市测评。7月，获“山东省文明城市”称号。8月，顺利通过全国文明城市测评。10月26日，中央文明委授予青岛市首批“全国文明城市”称号。

第一章　思想道德建设

中共十一届三中全会后，青岛市坚持把爱国主义教育、改革开放教育、公民道德教育作为思想道德建设的重点，以“三情”（国情、省情、市情）、“三德”（社会公德、职业道德、家庭美德）、“五爱”（爱祖国、爱人民、爱家乡、爱岗位、爱家庭）作为思想道德教育的主要内容，组织广大市民积极参与道德实践活动，从社会生活各个方面培植文明道德风尚，改善人与人之间关系，提高全社会思想道德水平，推动社会风气明显好转。

第一节　爱国主义教育

80年代初，青岛市以“振兴中华、实现四化”为主题，重点在企业职工中开展以“五爱”（爱祖国、爱人民、爱劳动、爱科学、爱社会主义）为主要内容的教育活动。1983年，市委宣传部转发青岛橡胶六厂《关于开展共产主义教育安排意见》和市总工会党组《关于在全市职工中开展振兴中华读书活动的请示报告》，把爱国主义教育作为思想道德建设的首要任务，积极推动广大职工尤其是青年职工读书活动。当年，全市有1172个基层单位和2245个车间开展读书活动，成立8187个读书小组，有14.8万余人参与。1984～1988年，在全市企业中组织35岁以下青年职工开展脱产政治轮训，系统进行爱国主义和共产主义理想信念教育。组织编印辅导材料约40万字，印发34万册。参加轮训的40.8万青工中有5300多人成为企业机台主力和班组长以上骨干，其中担任县级以上领导职务的78人。至1990年，全市工交、基建、财贸系统40岁以下职工11.6万多人参与政治轮训和基本国情、党的基本路线“双基”教育，轮训面达96.3%。

90年代后，青岛市爱国主义教育对象逐步由职工教育为主向全民教育转变。1991年，组织编写《国情意识丛书》《爱国主义教育简明读本》等书籍，制作播出《大营救》等一批爱国主义教育影视作品，组织20多万中小学生参加“中小学生优秀电影教学”活动。同年，以纪念青岛市建置一百周年为契机，在全市开展“学百年史”活

80年代初，青岛市在青少年中间开展“学雷锋、树新风”活动，学雷锋小组4年间从3万个发展到8万余个，并向广大市民扩展

1996年开始的升国旗仪式，逐渐成为爱国主义教育的固定形式。图为2004年国庆期间青岛市政府大楼前的升旗仪式现场

动。在市内5区140所小学开展“党在我心中”读书活动，组织“青岛人”征文比赛和“三歌”（歌唱党、歌唱社会主义、本校校歌）竞赛。1993年，全市职工开展学习中国近代史活动，5万多名职工参加中宣部组织的中国近代史知识竞赛。同时在青少年中开展“纪念毛泽东诞辰100周年、继承老一辈革命家遗志，当好接班人”读书心得、影视观后感演讲活动。1994年，在全市特别是青少年学生中开展“三百”（看百部优秀影视片、读百本优秀图书、唱百首优秀歌曲）主题教育活动，不断深化爱国主义和理想信念教育。1995年3月，市委、市政府作出《关于在党政机关主要会议室、办公室插挂国旗的决定》，次年开始在市级机关广场举行重大节日升国旗仪式，并逐渐延伸到市内5区主要街道、居民小区楼院、市民家庭。同年，以纪念世界反法西斯战争和抗日战争胜利50周年为契机，在全市开展多种形式的爱国主义教育活动。4月，将青岛市革命烈士纪念馆等23处纪念馆、博物馆、风景胜地等确定为首批“青岛市爱国主义教育基地”。1996年，在全市开展以“红星永照长征路”为主题的系列教育活动，组织“青岛市纪念红军长征胜利60周年大会”“青岛市纪念红军长征胜利60周年图片展览”，特别是纪念长征胜利60周年“火炬颂”合唱活动，将纪念活动推向高潮，全市基层参加活动人数达百万人次。1997年，以迎接香港回归祖国为主题，举办大型展览、座谈会、升国旗仪式、知识竞赛、大型广场文艺演出等十大系列活动。10月，在德国侵占胶州湾事件100周年之际，开展“牢记历史，不忘国耻”爱国主义系列教育活动，举办“德占胶澳与今日青岛”大型图片展、青岛山炮台遗址修复开放仪式、“胶州湾事件”报告会等一系列重要活动。1998年，组织开展弘扬“98抗洪精神”教育活动，邀请抗洪抢险报告团到青岛作巡回报告，成功举办“青岛军民赈灾义演”，大力宣传在抗洪抢险斗争中涌现出的英雄模范人物和先进事迹，对全市人民集中进行一次生动的爱国主义教育。全市广大军民情系灾区，踊跃捐款捐物折合人民币1.94亿元，居全省第一位。1999年，围绕庆祝建国50周年、青岛解放50周年、纪念“五四运动”80周年、迎接澳门回归和迎接新千年等重大纪念日，以“回顾50年，展望新世纪”为主线，举办座谈会、纪念大会、音乐会、展览会、报告会、知识竞赛、焰火晚会、彩车巡游、升国旗仪式以及文艺晚会等形式多样的纪念和文化活动，集中开展爱国主义、社会主义和集体主义教育。

进入21世纪，青岛市爱国主义和理想信念教育活动向更深层次发展，教育内容更加丰富、针对性更加鲜明。2001年，庆祝建党80周年，组织“党的光辉照我心——社区文艺调演”和“世纪颂歌献给党——欢乐假日广场文化系列活动”，历时6个半月，共演出480多场，观众120多万人次。同年，青岛市决定拨专款修复中共青岛地方支部旧址，全市党员捐献党费330余万元，并参加建馆义务劳动。纪念馆建成开放后，每年接待学习参观人员10余万人次。11月，青岛海军博物馆被命名为“全国爱国主义教育基地”，成为青岛首家国家级爱国主义教育基地。2004年，以青岛解放55周年和增辟“日军侵占青岛仰口登陆处”爱国主义教育基地为契机，开展“热爱青岛、建设青岛、繁荣青岛”“牢记历史，勿忘国耻，奋力拼搏，兴我中华”“勿忘战争历史，弘扬民族精神”“看成就、看变化、看发展”等爱国主义主题教育。2005年，为纪念中国人民抗日战争暨世界反法西斯战争胜利60周年，组织《为了伟大胜利》大型展览、“热血颂”合唱音乐会、理论研讨会、纪念座谈会、制播《抗战烽火》电视片等10项系列活动。

至2005年底，全市共有爱国主义教育基地31处。其中，国家级爱国主义教育基地1处，省级爱国主义教育基地10处。青岛市把国情、省情、市情教育融为一体，突出青岛特点，使爱国主义和理想信念教育更加贴近群众、贴近实际，实现内容系列化、教育科学化、渠道网络化。

2005年青岛市爱国主义教育基地名单

表4-1

单位名称	级别	命名年份	单位名称	级别	命名年份
海军博物馆	国家级	2001	青岛市海洋科技馆	市级	1995
青岛市革命烈士纪念馆	省级	1995	高凤翰故居纪念馆	市级	1995
严力宾纪念馆	省级	1995	文化名人雕塑园	市级	1995
青岛市博物馆	省级	1995	天柱山摩崖石刻	市级	1995
康有为故居	省级	1995	平度抗日战争纪念馆	市级	1995
青岛山炮台	省级	1997	琅琊台	市级	1995
崂山风景区	省级	1995	铁道部四方机车车辆厂	市级	1995
青岛港务局	省级	1995	青岛第六棉纺织厂	市级	1995
海尔集团公司	省级	1998	青岛经济技术开发区	市级	1995
李沧区民兵训练基地	省级	1998	青岛高科技工业园	市级	1995
崂山区烈士陵园	市级	1995	胶州市人民广场	市级	1998
胶州市烈士陵园	市级	1995	青岛市档案馆	市级	1998
即墨市烈士陵园	市级	1995	中共青岛地方支部旧址纪念馆	市级	2001
莱西市烈士陵园	市级	1995	青岛市文化博览中心	市级	2001
平度市烈士陵园	市级	1995	仰口日军侵占青岛登陆处	市级	2003
胶南市烈士纪念馆	市级	1995			

第二节　解放思想教育

1978年起，按照中央统一部署，青岛市开始进行平反冤假错案工作，对建国后尤其是“文化大革命”期间形成的冤假错案予以彻底纠正。1979年7月26日，邓小平视察青岛，发表《思想路线政治路线的实现要靠组织路线来保证》的重要讲话，推动真理标准问题大讨论。全市城乡通过开展“全党工作的着重点转移到社会主义现代化建设上来”“坚持四项基本原则、保持安定团结”“发扬社会主义正气”“积极为四化做贡献”等一系列宣传教育，极大促进全市党员干部群众思想解放。

1982年，围绕贯彻中共十二大精神，在全市开展“解放思想、更新观念”大讨论，党政机关、厂矿企业、农村、学校突出抓好坚持四项基本原则、改革开放、理想信念和形势任务宣传教育，共轮训干部2.2万人，其中各级领导干部5249人；对群众宣讲约6万场，受教育者200万人次。1984～1986年，国务院先后批准青岛为经济中心城市、沿海开放城市和计划单列城市后，青岛市进一步加大改革开放政策宣传力度，组织编发宣传提纲，出版反映青岛改革开放成就的图书——《阔步前进的新青岛》，举办改革开放成就展览等，全面进行改革开放的系列宣传教育。1987～1989年，重点进行改革开放十年伟大成就宣传活动，市委、市政府主要领导在《青岛日报》撰写文章，畅谈青岛改革开放10年取得的显著成绩和对未来的展望。全市2338个基层单位、68万职工参加“忆10年、话改革”活动。工交、农业、商业、文教卫生等系统举办10年改革成就展览128次；“忆10年、话改革”演讲比赛1051场；《青岛日报》开辟《难忘10年》专栏，共57期，刊稿62篇。

1992年，青岛市深入学习贯彻邓小平南方谈话精神，市委印发《关于在全市开展解放思想大讨论的意见》，就解放思想、更新观念、转换脑筋、适应开放进行大讨论。通过讨论，进一步克服“红瓦绿树综合征”，破除“左、旧、小、满、懒、软”等陈旧观念束缚，由“等、靠、要”到“敢、闯、冒”，由怕当“出头鸟”到“敢为天下先”，由“求稳怕乱”到“超常规、跳跃式前进”，由“无过就是功”到“无功就是过”，全市干部群众思想观念和精神状态发生转变。5月，青岛市印发《关于进一步加快对外开放的决定》，提出调整开放布局，全市形成一种积极向上的精神状态和整体合力，成为青岛市解放思想、加快改革开放新的里程碑。

80年代末，橱窗展览成为思想道德教育阵地之一。图为中山路宣传橱窗

1994年，以纪念青岛开放十周年为契机，在全市开展新一轮解放思想大讨论。市委提出“学上海、赶大连”工作目标，号召全市各行各业树立“当龙头、上水

平、争一流”意识，跳出青岛看青岛，以国内外先进城市为榜样，进一步加快发展速度，推动青岛新一轮更大发展。同时，开展以“开放10年看青岛”为主题的系列宣传教育活动，编发宣传教育提纲和《开放10年看青岛——时事资料500题》，举办大型图片展览，读书知识竞赛活动，参赛人员达15万余人。1995年，以青岛市区东部开发建设为载体，广泛开展“百万市民看东部”“十万中小学生看东部”活动，让广大市民亲身体验改革开放给城市带来的发展变化，进一步激发热爱家乡、热爱青岛、建设青岛的热情，增强青岛人的自豪感和责任感。1998年，围绕纪念改革开放20周年，在全市城乡开展以“奋进的二十年”为主题的改革开放思想教育活动，用改革开放后经济社会快速发展的事实和群众身边生活的巨大变化教育干部群众，在全社会形成建设有中国特色社会主义的精神力量。

进入21世纪，青岛市把培育城市精神作为弘扬伟大民族精神的具体体现。在全市开展“青岛人形象大讨论”，引导全市人民畅谈新世纪青岛人应具备的思想观念、道德修养、价值趋向、行为规范、精神面貌、学识才干，为培育青岛城市精神奠定基础。2003年4月，青岛市第九次党代会提出：“把培育城市精神作为弘扬民族精神的具体体现，倡导开放创新、诚信和谐、文明向上的城市风气，积极探索塑造海纳百川、追求卓越的青岛形象”。在全市组织开展“青岛城市精神”大讨论，评选“感动青岛”10件事。开展面向全市征集城市精神主题语活动，社会各界人士共提出主题语5万余条。举行城市精神主题语征集评审会暨城市精神研讨会，对800余条城市精神主题语进行认真评审，总结提炼出以“和谐、卓越”为青岛城市精神的核心理念。12月23日，青岛市正式公布以“诚信、和谐、博大、卓越”为核心理念的青岛城市精神。《人民日报》以《青岛培育“城市精神”促和谐社会建设》为题，介绍青岛市培育城市精神的做法。2003年，青岛市开展新一轮“解放思想、干事创业、加快发展”大讨论，确立“在解放思想中统一思想、在与时俱进中领先一步”的指导思想。2004～2005年，在全市组织开展“抢抓机遇创优势，求真务实促发展”主题教育活动，纪念青岛列为全国沿海开放城市20周年、青岛解放55周年、邓小平诞辰100周年、建国55周年系列宣传教育活动，举办“跨越——从品牌经济到品牌城市”等大型展览和“祖国好”等大型文艺演出，开展“看成就、看变化、看发展”群众性教育活动。

至2005年，全市以“率先基本实现现代化”为目标，以国内外先进城市为榜样，加快城市发展步伐，加强精神文明建设，基本建成城市精神培育、“人文奥运”和创建学习型城市三大社会主义精神文明工程。

第三节　公民道德教育

1979年2月，青岛国棉五厂团委等14个单位首先发出“学雷锋”倡议，全市青少年兴起“学雷锋、学英雄、树新风，争当突击手”热潮。当年，团市委等部门在全市评选出110个“学雷锋、树新风”为“四化”建设献青春先进集体。1981年，以“五讲四美”为主要内容，以建立相互信任的人际关系为目标，全市各级共青团组织和广大青少年走向街头，广泛开展各种形式的“学雷锋，做好事”活动，向社会传播文明新风，逐步肃清被“文化大革命”破坏的社会风气，恢复发扬良好的社会道德风尚，社会风气逐步好转。

1982年，青岛市加强社会公德建设，全面倡导和推行“一要三不准”（一要：行人车辆要各行其道；三不准：不准随地吐痰，不准乱倒垃圾、乱扔瓜果皮核、烟头纸屑、包装物等杂物，不准乱设摊点）文明行为规范，重点解决乱穿马路、随地吐痰、乱扔烟头、乱设摊点等问题。6月，《青岛市人民文明公约》首次公布。1985年10月，青岛市命名表彰153名“五讲四美三热

1993年起，青岛市在各行各业开展“学先进、讲奉献、树新风”活动。图为受表彰的“四有新人”先进集体

爱”活动积极分子。1986年，在市民中广泛开展职业道德和家庭美德教育。主要教育形式有：在企业开展无犯罪职工活动；在妇女和家庭中开展“自尊、自爱、自重、自强”教育和“五好”家庭（楼院）评选活动；在百货、饮食、蔬菜、粮食、公交、客运、燃料、邮电、银行、供销10个“窗口”行业开展“十、百、千”优质服务竞赛，评选“百行状元”活动。当年，全市130个“窗口”单位被授予优质服务红旗单位称号，165位个人被评为市级优质服务状元。自1988年起，连续3年在全市党政机关和商业、交通、旅游、卫生等“窗口”行业，广泛开展“三优一推广”活动，开展优质服务竞赛，提高服务质量。

进入90年代，公民道德建设把社会公德、职业道德、家庭美德教育结合起来，把道德教育与道德实践结合起来，全面推进市民文明素质教育。1991年，围绕争做文明市民、创建文明城市，青岛市正式发布修订后的《青岛市市民文明公约》。自1993年起，在各行各业开展“学先进、讲奉献、树新风”活动，以及以“五爱”“四有”（有理想、有道德、有文化、有纪律）为基本内容的思想道德教育。1996年后，在全市城乡实施“三三五五”教育工程，即抓好三情（国情、省情、市情）、三德（社会公德、职业道德、家庭美德）活动，开展五爱（爱祖国、爱人民、爱家乡、爱岗位、爱家庭）活动，加强五方面（爱国主义教育理论、教材、基地、队伍、制度）建设，广泛开展“除陋习、树新风，青岛人形象大讨论”，征集和评选“文明格言、文明宣传口号、文明对联”，建立“青岛人的美德和陋习排行榜”，评选“青岛十大杰出青年”活动。总结推出市卫生局、胶南市法院、青岛长途汽车站、市北区针织一厂家委会、胶州市东店子村等一批先进群体，及个体出租车司机李高令等一批先进个人。1996年5月，颁布《青岛市公民义务献血条例》，在全国同等城市中率先实施公民无偿献血。1997年，全市百万市民投入到清扫环境卫生、清除卫生死角、整顿交通秩序、便民利民、义务咨询、为残疾人和孤寡老人、困难户义务服务活动中。11月，青岛市作为全国5个典型之一在中央文明办召开的电话会议上介绍经验。1998年，开展以“告别陋习、走向文明”为主题的全民文明素质教育活动，编写印制3万册《青岛市市民文明手册》，向市内50万户家庭发放“做文明市民、建文明城市”宣传卡，向“窗口”单位印发3万张市民“八不”行为规范宣传卡片，在新闻媒体开辟“讲文明、树新风”“市民文明言行”等专栏和专题节目，举办“告别陋习、走向文明”市民文明素质电视直播特别节目。青岛市卫生系统加强医德医风建设、提高医疗服务水平的经验和做法，在1998年4月中央文明办“深入开展‘讲文明、树新风’活动电视电话会议”上得到推广。1999年起，在全市开展“文明从我做起”“人人参与、美化家园”“倡导文明新风，共建美好家园”“告别陋习、走向文明”“讲文明，树新风，树青岛人良好形象”“创服务名牌、树青岛形象”“我说身边的文明事和文明人”等全民道德实践活动；利用青岛电视台组织开展“街头巷尾话卫生”“言谈话语讲文明”“你我服务论质量”“城市交通话秩序”“人人参与，美化家园”等一系列道德教育大讨论；开展“我为创城献一计——金点子征集活动”，市委、市政府表彰50个“金点子”和65名“金点子”作者。

2001年，青岛市印发《关于贯彻落实〈公民道德建设实施纲要〉重点工作任务及职责分工》，在全市组织开展17项重点项目和活动。以“公德意识”“诚信意识”“主人翁意识”“守法意识”“学习意识”为主要内容，组织开展“文明从我做起，提升青岛形象”大讨论，开展“学唱《道德组歌》实践道德规范”和“公民道德建设知识竞赛”等活动，全市各基层单位自创道德歌曲500余首，32万市民参与公民道德建设知识竞赛，百万中小学生投入“公民道德教育读书与实践活动”，组织“我说身边的文明事，我说身边的文明人”演讲比赛，各专业文艺团体组织创作“公民道德”专场文艺节目，巡回演出近百场。在农村组织开展唯物论、无神论和“崇尚科学、反对迷信”教育活动，举办“崇尚科学文明，反对迷信愚昧”和“崇尚科学，反对迷信，反对邪教”科普展览。全市公民道德建设水平得到提升，并涌现出一批有特点、有实效、有影响的道德实践活动。2002年，公民道德建设“七个一”工程，“希望之星”活动，救助贫困女童活动，村民“道德评议会”，假日志愿向导，青年志愿者赴黔扶贫接力，“关爱生命、捐献骨髓”活动，创建“党员车、敬老车、雷锋车”活动等被评为青岛市“优秀道德实践活动”。无偿献血、希望工程、周日志愿者行动、“人人参与、美化家园”环境综合整治、“金点子”征集、经常性社会捐助、挽留海鸥、“我种一棵纪念树”“巾帼文明队”和“送温暖工程”10项活动被评为青岛市“道德实践名牌活动”。自2003年起，组织开展“让城市更美好、让生活更美好”公民道德践行活动。在市民中广泛开展“城市精神润心田，福满岛城乐万家”“关注身边的道德细节”“八不劝诫”等一系列主题教育。在全市城乡开展评选“文明市民”“职业道德建设先进单位”“职业道德建设标兵”“文明家庭”“精神文明建设好事”活动。6月，公布实施《青岛市市民文明公约》和《市民“八不”行为规范》。12月，在全市开展评选“感动青岛”十件事活动，青岛电视台对话特别节目现场直播“感动青岛”活动评选结果。2004年，以宣传许振超先进事迹为契机，开展“双学三创”（单位学海尔、个人学许振超，

2002年，青岛市举办“学唱道德组歌，实践道德规范”合唱比赛

2005年，青岛市举行“我为创城加一分，做可爱的青岛人”活动

个人创一流业绩、企业创一流品牌、社会创一流环境）活动，全市各行各业普遍开展业务流程再造、岗位练兵、技能比武、技术创新等活动，涌现出一批技术业务能手、技术业务绝活和单位品牌。同年，为提升广大市民对公民道德规范的认知，市文明办与青岛日报社联合开展“关注身边的道德细节”教育活动，归纳整理出青岛人20个亮点和20个陋习，配发漫画和评论，在网络和报纸上组织市民热议。11月，组织“大学生文明礼仪宣讲演示团”，深入党政机关、街道、社区、“窗口”单位和大中小学校，进行文明礼仪宣讲演示100多场，观众6万多人。12月，在全市范围评选“感动青岛”十佳人物，许振超等10位市民当选2004年度“感动青岛”十佳人物；“微尘”被评为2004年度“感动青岛”十佳人物特别奖。中央文明办向全国转发“感动青岛”评选活动做法。

2005年，为争创首批“全国文明城市”，以“与文明同行、建文明城市”为主题，在全市开展“主题活动徽标”和“文明城市、和谐社会”歌曲征集展播、“热爱青岛的N个理由”“我为创城加一分，做可爱的青岛人”“文明一家人”“我爱我家”“文明短信”等活动。在青岛传媒网《百姓说事》栏目推出“寻找社区热心人，共建文明城市”活动。青岛港务局、即墨市人民检察院、莱西市李权庄镇大河头村、李沧区兴华路街道办事处被山东省委宣传部、山东省文明办确定为山东省公民道德建设示范点。先后推出陈济敏、许振超、海尔集团、青岛港务局、胶州市李哥庄镇、莱西市村民道德评议会、市民文明巡访团等一大批具有时代特色和时代精神的先进典型。青岛市的公民无偿献血、青年志愿者、希望工程、巾帼建功、文化市场管理、城市环境综合整治、城市交通管理、出租车管理、下岗职工再就业、扶贫助困等项工作，均达到全国或全省先进水平。

第四节　青少年思想道德教育

1980年3月，青岛市建立青少年教育联席会议制度，各区（市）、街道（乡镇）普遍建立青少年教育办公室，配备专职干部，与同级团委联合办公。全市1.9万余基层干部、积极分子组成4600个帮教小组，对帮教对象实行思想教育、业务文化学习、生活管理“三包制”。6月，召开市内5区青少年教育先进代表会，表彰190个先进单位、307个先进集体、384名积极分子。当年，市区共恢复建立青少年教育活动基地1490处。

1981年5月，市委召开青少年教育工作经验交流会，把文明礼貌活动列为青少年教育工作突出内容，开展“五讲四美”宣传教育，发动青少年开展“学雷锋、树新风”活动。3万多名团员青年走上街头、码头、车站，参加各种社会公益活动。至1985年，全市各行各业学雷锋小组、青年服务队由3万多个发展到8.35万多个。随后“学雷锋、树新风”活动与培育“四有”新人、学习新时期先模人物、军民共建、青年志愿者活动相融合，开展“爱岗、建功、成才”主题活动，更加突出“岗位学雷锋”这一活动形式。同时，学雷锋活动范围由青少年扩展到广大市民，并成为思想道德建设活动的重要载体。1985年，在广大青年中开展“祖国在我心中，战士在我心中”读书演讲活动和“文明青少年”达标(即语言文明、行为文明、仪表文明、交际文明和岗位文明)活动，近20万名团员青年走向社会，相继开展读书演讲、移风易俗、青少年文明监督岗、优质服务竞赛、便民服务和义务助耕等活动。1986年，青岛市编发《中学思想政治教育系列化纲要》，注重发挥学校教育优势，加强大学生思想教育和中小学德育教育。1987年，印发《关于加强中小学思想政治教育工作意见》。各中小学思想品德教育从“五爱”教育抓起，组织实施《中（小）学日常行为规范》，培养学生良好思想品德、意志和行为习惯。开展“学雷锋、创三好”和“四有小金星”等活动，建立升国旗、唱国歌制度。1988年3月，在全市中小学校中开展“争做青岛未来建设者”主题教育实践活动，改革德育工作内容和方法，建立380多个实践活动教育点和3400多个实践活动组。6月，在全国中小学德育工作会议上，青岛第二中学、胶南职业中专获“全国中小学德育先进集体”称号。7月，青岛市被评为“山东省社会实践活动红旗单位”和“全国社会实践活动基地”，被列为全国10个实践教育活动基地之一。

1989年4月，市委、市政府印发《关于贯彻〈中共中央关于改革和加强中小学德育工作的通知〉的意见》，实施《青岛市中学班主任工作考核试行标准》和《青岛市中学生思想品德评定试行标准》，启动《中学教育大纲实施细则》和《小学德育纲要实施细则》实验工作，开展“学雷锋、学赖宁、评十佳”、读10本好书、唱10首好歌活动。当年，青岛市表彰中小学德育工作先进集体50个，先进工作者880名，优秀教师510名。

1990年8月，市委宣传部召开“社会文化生活与学校德育”研讨会，各区（市）普遍建立德育工作机构，建立和完善中小学德育工作责任制，逐步建立起学校、家庭、社会青少年思想道德教育网络。1991年，在全市中小学开展“我爱可爱的家乡——青岛”主题教育活动，特别是在中学生中开展“岛城未来建设与行动”主题实践教育活动。市委宣传部、青岛电视台、市教育局和驻青部队共同编制拍摄20集《与孩子一起成长》家教电视片，全市500多万中小学生和家长接受教育。1992年，制定《青岛市小学德育管理评估检查标准》，全市87%的小学对照标准开展

90年代初，在青少年中开展“我爱可爱的家乡——青岛”主题教育活动。图为江苏路小学的小画家在描绘美丽的青岛

2003年，青岛市在部分中小学组织开展科普巡展活动。图为在校学生参观展览

自评。当年，全市涌现出学雷锋小组8000多个，学赖宁小组3.1万多个。自1994年起，在全市特别是青少年学生中，开展看百部优秀影视片、读百本优秀图书、唱百首优秀歌曲的“三百教育”活动，组织编写印发《百部影片观看指导》《百部优秀图书阅读指导》《百首优秀歌曲集》。在大中小学生中开展“牢记历史、振兴中华”读书演讲，“看优秀影片、讲英才故事”活动，“历史的印迹”观瞻活动，“可爱的中国”读书活动，“我的中国心”文化艺术活动和“光辉的五十年”主题读书教育活动，不断深化爱国主义和理想信念教育。

1995年7月，青岛市成立“关心下一代工作委员会”。10月，《青岛晚报》刊载文章《隐秘洞穴里的25个“野”孩子》，反映青少年教育管理存在的问题，引起社会强烈反响。青岛市及时组织500余人，对全市青少年教育、管理情况调查研究，两次召开全市“优化育人环境，加强青少年教育与管理”研讨会，并通过新闻媒体等开展讨论，推动社会各界进一步加强对青少年的家庭、学校、社会教育和司法保护。2001年，在全市中小学生中开展“在学校做个好学生、在家庭做个好孩子、在社会做个好少年”“从校园文明做起”“创新人才世纪行”等道德教育和实践活动。投资500万元建成少年科学院，安排资金1000万元筹建中小学素质教育基地，25处青少年爱国主义和思想道德教育基地免费开放。

2004年，成立青岛市未成年人思想道德建设工作领导小组，确定未成年人思想道德建设10个方面的实事，启动“家长教育素质工程”，开展“走进图书馆”“青岛历史文明之光展览”“民族精神代代传歌词（曲）创作”等一系列未成年人思想道德教育活动。组织青少年观看优秀音乐儿童剧《二小放牛郎》和大型现代京剧《方志敏》。3月23日，《人民日报》第十一版以“青岛未成年人思想道德教育丰富多彩”为题，介绍青岛市开展未成年人教育的做法。同年，青岛市青少年读书教育活动获得全国青少年读书教育活动组委会表彰。2005年，突出抓好未成年人教育阵地建设和文化环境整治。调整和充实市关心下一代工作委员会、少先队工作委员会、妇女儿童工作委员会等组织，建立热心未成年人思想道德建设工作的专兼职队伍，将未成年人思想道德建设纳入和谐社区建设总体规划。在市文明办增设未成年人思想道德建设工作处，加强未成年人思想道德建设规划、指导、协调及督促检查。开展“未成年人保护集中行动”。在全市青少年中组织开展“弘扬民族精神、培育爱国情怀”主题教育活动，各中小学校重点开展“五个一”教育和实践活动，即倡导读一本好书、参观一次抗战纪念地、开展一次征文活动、组织一次抗战歌曲大联唱、组织一次社会公益活动。当年，免除2万余名进城务工家庭未成年人子女义务教育阶段借读费3599万元。在全国率先建设“净网先锋”监管平台，实现对全市1172家网吧的6万多台终端全息式网络监管。

至2005年，青岛市未成年人思想道德实践活动、教育阵地建设、教育环境、教育队伍建设等方面得到长足发展，构建起学校、家庭、社会“三位一体”的教育网络。全市成立关心下一代工作委员会发展到4300个，6万多名老干部、老战士、老专家、老教师、老模范等“五老”队伍发挥对青少年教育作用。青岛市少工委获“中国少年儿童手拉手地球村优秀组织奖”，青岛市儿童少年活动中心被命名为“全国青少年校外活动示范基地”。青岛市采取的“游戏棋里学交规”举措，获全国未成年人思想道德建设创新案例一等奖。

2002年5月，志愿者在五四广场募捐

第五节　特色与典型

在思想道德建设活动中，青岛市紧密联系实际，注重教育实效，开展具有青岛特点的教育活动，涌现出一批在全国、全省有影响的特色活动、成功经验、先进集体和个人，如“青岛建置百年纪念”活动、志愿者行动、市民无偿献血、爱心群体“微尘”、评选“感动青岛”十件事与十佳人物、“振超”精神等。

“青岛建置百年纪念”活动

1991年6月14日，是青岛建置100周年纪念日，全市以此为契机组织开展爱国主义教育活动。1990年7月17日，市十届人大常委会第十七次会议通过《关于举行建市100周年纪念活动的决定》。市委宣传部编发《为建设现代化、开放型新青岛而奋斗》宣传提纲3600份及《青岛的历史与未来》等市情宣传教育材料1万份；编辑出版《爱我青岛》《青岛百年》《青岛建设》等10余种书籍、画册；举办“青岛市社会主义建设伟大成就展览”“青岛百年史陈列”“青岛百年图片对比展”“青岛建置百年彩灯展”等展览；在广大职工中以爱党、爱国、爱社会主义教育为主题，开展演讲、故事、演唱三项联赛；在青少年中开展“学百年史，爱青岛城”教育和知识竞赛，全市1.6万个团支部参赛；《青岛日报》开辟《百年沧桑》《老青岛话青岛百年》等专栏，刊发文字、图片稿件220余篇（幅）；青岛电视台编制和播放专题片《青岛之最》《世纪之梦——青岛百年史话》等专题、专栏系列片共82集。6月13日，举行“青岛市建置一百周年纪念大会”和纪念青岛建置100周年“百年之城大型交响音乐会”。

志愿者行动

1994年1月31日，青岛市“94新春行动”青年志愿者服务队成立，首批23支以大中专学生为主的青年志愿者队伍接受队旗，走向社会开展志愿服务活动，青岛市志愿者行动由此兴起。1995年3月，青岛市青年志愿者协会成立，开通全国首家“168”青年志愿者声讯信箱，发起“让岛城更洁净”活动。12月，全国大学生社区援助经验交流会在青岛召开，青岛市青年志愿者活动经验推向全国。1997年，市南区青年志愿者协会和《青岛晚报》联合推出“周日志愿行动”，坚持每周一个服务主题，通过新闻媒体发布预告，市民自愿参与。先后开展“让社区楼道亮起来”“我做一夜巡逻员”“抢救黑松林”等社会公益活动，逐渐形成“朝霞重晚晴”“周日志愿行动”“赴黔扶贫接力计划”等品牌。10月，青岛市青年志愿者协会开通全国第一条青年志愿者助老服务热线，开展“一助一”助老行动。1998年，青岛市被确定为全国实施扶贫接力计划五个试点城市之一，6月，推出“青年志愿者赴黔扶贫接力计划”，此后共有8批240名优秀青年赴贵州从事为期一年的医疗、教育、农业、科技等服务。赴黔扶贫接力志愿服务队获“山东省优秀志愿服务集体”称号，“青年志愿者赴黔扶贫接力计划”入选首届“感动青岛”十件事之一。2000年5月，团市委、市青年志愿者协会与《青岛晚报》联合发起志愿向导活动，为到青岛旅游的游客提供向导服务。同年，青岛市青年志愿者协会获“全国百优志愿服务集体”称号。

2001年7月，青岛市获得“2008北京奥运会帆船比赛”举办权后，市青年志愿者协会组织开展“争戴五环小蓝帽，做奥运注册志愿者”活动，当年招募志愿者1.3万余名。2002年，青岛市志愿者协会成立，开通山东省首个市级志愿服务网站，创建“志愿服务管理数据库”，推行志愿者注册制度。当年，登记在册青年志愿者20多万人，志愿服务活动进入全民志愿服务阶段。2004年，制定《青岛奥运志愿服务规划》《青岛市志愿服务条例》，为志愿服务提供规范化和法制化保障。2005年6月，推出争做“创城先锋”志愿服务活动，组建3936支创建全国文明城市青年突击队。7月成立全市老年人群众组织“七彩华龄”志愿服务团。至2005年底，全市志愿者总数33万人，占市区人口总数的12.8%。青岛市志愿者“周日志愿行动”被团中央、中国青年志愿者协会评价为“城市公益服务青岛模式”，获全国十大志愿服务精品活动称号。青岛志愿者“朝霞重晚晴”品牌，获得国家商标总局认定。奥帆赛志愿者服务队获2003年度和2005年度“全国百优青年志愿者服务集体奖”。

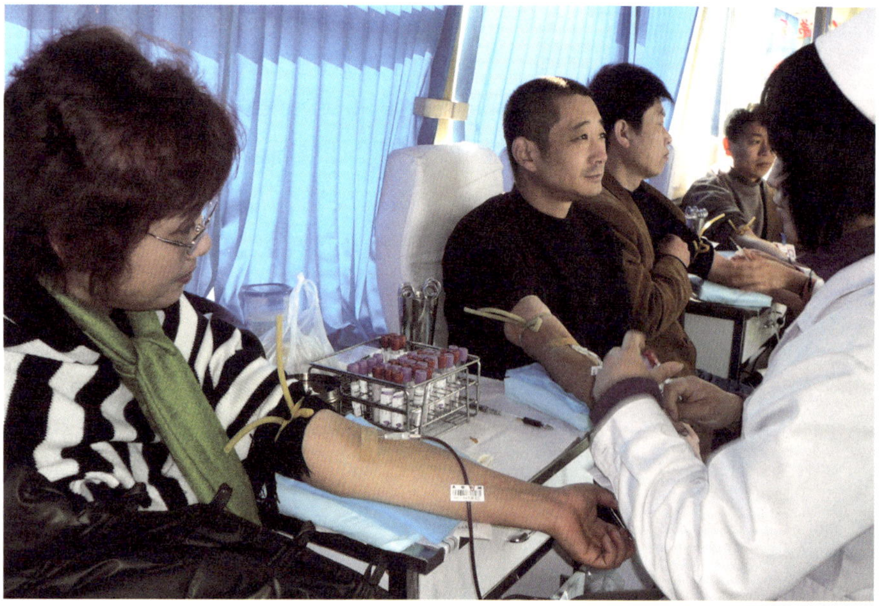
青岛市市民无偿献血活动自1994年开始后一直处于全国先进行列。2003年“非典”期间，市民无偿献血量占全国支援北京总量的1/4

市民无偿献血

青岛市市民无偿献血活动始于1994年，当年有4008人参与。1996年5月8日，《青岛市公民义务献血条例》颁布实施，在全国同等城市中率先实施公民无偿献血。1997年10月，青岛市获全国无偿献血先进城市银牌奖，并连续4届获全国无偿献血先进城市奖。1998年5月，由全市1.6万名医护人员

2005年度感动青岛十佳人物评选活动现场

组成的全国第一个“万人流动血库”成立。6月，成立由110余名无偿献血先进个人参与的全国第一个无偿献血志愿者协会，“军民共建文明流动血库”“大学生万人流动血库”“残疾人献血组织”“农民献血组织”“扶贫济困血库”和由200多名韩国驻青岛人士参与的“爱中国献血组织”相继成立。当年全市有40余万人次参加无偿献血，献血人数占城市人口比例位居全国第一，率先实现临床用血全部来自无偿献血，提前6～8年达到国家工作目标。2001年，实现单采成分血全部来自市民无偿捐献，再创全国之首，提前4年达到山东省工作目标。2002年，491位市民献血量超过3400毫升，并获无偿献血金杯奖。2003年5月，在北京抗击“非典”紧急时刻，全市开展急救用血“一日捐”活动，献血总量19.1万毫升，占全国支援北京用血总量的1/4。同年，开展“拯救生命、奉献爱心”捐献造血干细胞活动，建立中国造血干细胞捐献者资料库。2004年2月，在全国表彰的无偿献血奉献奖献血者中，青岛市民占总数的26.4%。至2005年底，有9位市民捐献造血干细胞，全市累计有60万人次参加无偿献血。

“感动青岛”十件事与十佳人物

2003年8月，青岛市首次开展评选“感动青岛”十件事活动。在整个评选过程中，共有2.2万余名市民通过来信、网上投票方式参与评选活动，一个月内共收到社会各界推荐感人事件300多件。经过专家评审和网络计票，筛选出《改革开放后青岛市具有较大影响的20个备选事件》在报纸上刊登，广大市民踊跃参与投票评选。9月26日，“感动青岛”十件事评选结果公布：1985年张瑞敏重锤砸向质量不合格冰箱，1985年石建英雄群体在崂山飞龙潭抢险救人，1989年19名勇士在扑救黄岛油库大火中英勇献身，1992年东部开发拉开大青岛发展序幕，1995年青岛长途汽车站发起“情满旅途”联手大行动、拉开“创服务名牌、树青岛形象活动”序幕，1999年后240名青年志愿者先后赴贵州参加扶贫接力、把大海文明带进大山，2001年青岛取消献血计划、公民自愿无偿献血成为青岛人骄傲，2001年青岛成为2008年奥帆赛主办城市，2002年葛路为代表的英雄群体舍身救人，2003年青岛港外贸集装箱码头西移圆满告捷。同时，2003年全市人民万众一心，众志成城，夺取抗击“传染性非典型性肺炎”（简称非典）胜利被推举为“感动青岛特别事件”。

2004年，在全市开展“感动青岛”十佳人物评选活动，入选标准是2004年度在平凡生活中，立足本职，奉献社会，用自己的一言一行实践城市精神，做出具有典型性、代表性感人事迹的普通市民。2005年1月，经过认真选拔，从推荐的100多名人选中确定20名候选人，再经市民投票评选出“十佳”人物。1月31日，公布2004年度“感动青岛”十佳人物：青岛港（集团）有限公司明港分公司集装箱桥吊队队长许振超、城阳区红十字会工作人员谢振华、李沧区永青苑社区居委会主任王爱真、即墨市华山镇西桥头村村民吴春苗、青岛海底世界服务员王莉、青岛长途汽车站迎门班班长苏学芬、市北公安分局泰山路派出所社区民警陈永富、“青岛号”大帆船船长郭川、青岛大鹏汽车出租有限公司出租车驾驶员徐敏和、黄岛区辛安街道大泊子村村民于桂霞。热心公益事业的市民群体“微尘”，被评为“感动青岛”十佳人物特别奖。

2005年12月，青岛市评选出2005年度“感动青岛”十佳人物：仗义疏财、捐资助学的崂山区东韩村村民王明殿，敞开书屋的藏书家、市南区盐城路社区居民金平安，三次跳海勇救人的河南到青岛务工青年魏青刚，垃圾场上书写人生的青岛固体废弃物处置公司小涧西综合处置场职工占美丽，向世界展示“青岛速度”、在土耳其夺得世界大学生运动会男子100米冠军的胡凯，有军中“许振超”之称的海军某部士官朱桂全，见义勇为好“的哥”凌建华，献血“女状元”、市民文明巡访团团员万雪芳，爱心无国界的韩国驻青友人金金龙，创造中国“信芯”的海信集团战嘉瑾。同时，为创建全国文明城市作出贡献的全体市民，被评为“感动青岛”十佳人物特别奖；青岛远洋公司“天荣海轮”船员集体，获2005年“感动青岛”十佳人物群体奖。

爱心群体“微尘”

2004年12月31日，一对中年夫妇以“微尘”名义，向青岛市红十字会捐款5万元现金，救助印度洋海啸灾区。青岛新闻媒体随后发起“寻找微尘”活动，引起社会各界热烈响应，许多捐款市民以“微尘”名义或不署名向红十字会捐款290万元，超过个人捐款总额的50%。“微尘”从一名个体人，演变成千千万万青岛市民的爱心群体。2005年1月，市红十字会举行由市民自行设计的“微尘”标识启用仪式，标志着“微尘”正式成为青岛市群众自发性参与公益活动品牌。同时设立“微尘”救助金，推出“微尘”关爱生命救助特困患者等项目。6月，市红十字会推出首批1000枚“微尘”徽章，义卖筹款40多万元，全部用于救助项目。全市开展以“争做微尘，奉献爱心”“微尘见真情，博爱遍岛城”为主题、弘扬“微尘”精神的宣传教育活动，“微尘”品牌深入人心。2005年，“微尘”当选第二届“全国十大社会公益之星”第一名，并获首届中华慈善奖。

2004年4月，由中宣部、交通部、人事部、中华全国总工会、中共山东省委联合举办的许振超同志先进事迹报告会在北京人民大会堂举行

“振超”精神

2003年4月27日晚，在青岛港前湾港区，青岛港（集团）有限公司明港分公司集装箱桥吊队队长许振超，指挥8位桥吊司机，利用6个多小时时间，完成3020个标准箱接卸任务，达到每小时单机装卸70.3自然箱、单船装卸339自然箱、列世界第一的桥吊装卸效率，在世界航运界引起强烈震动。青岛港以他的名字命名桥吊装卸集装箱名牌——“振超效率”。许振超1974年4月进入青岛

港工作，以“干一流、争第一”的主人翁意识和永不满足、不断超越自我的与时俱进精神，成为当代产业工人优秀代表。2003年4月，青岛市开展“学振超精神、创振超效率”教育实践活动，全市各媒体集中宣传许振超先进事迹，激励全市干部群众人人学习成才、人人实现价值、人人创出绝活。2004年4月，许振超被中宣部列为全国重大典型进行宣传。同年，中央主要新闻媒体集中宣传和回访许振超及集中宣传青岛市“双学三创”经验，共发通讯、专题报道、评论412篇（条）。许振超还受到胡锦涛、温家宝等中央领导多次接见。

市民文明公约

1982年6月，《青岛市人民文明公约》在全市文明礼貌活动表彰大会上正式公布，内容包括社会公德、遵纪守法、市容卫生、移风易俗等8个方面。随后，全市各系统、各单位结合实际将《青岛市文明公约》具体化。工厂企业把“五讲四美”同生产、工作、生活相结合，纳入规章制度，订立职工守则和文明公约，创建文明工厂、文明车间、文明班组。农村推行乡规民约，建设文明村。学校贯彻《学生守则》，开展文明班级、文明宿舍评选活动。商店、医院以及公共事业单位制定行业文明守则或文明公约，开展文明行业创建活动。1990年，青岛市组织征集《青岛市文明市民守则》。10月，青岛市开展做文明市民群众性大讨论，倡导助人为乐、尊老爱幼、先人后己等社会主义道德新风尚。《青岛日报》开辟《树立青岛人良好形象》专栏，青岛电视台举办“青岛精神”演讲活动。市文明办根据《青岛市文明市民守则》征集内容，制定《青岛市市民文明公约》（讨论稿），在《青岛日报》全文刊登，发动市民提出修改意见和建议。1991年7月27日，《青岛市市民文明公约》正式公布实施。2003年，青岛市再次组织全民讨论修订《青岛市市民文明公约》。6月，公布实施《青岛市市民文明公约》和《市民“八不”行为规范》。

2003年《青岛市市民文明公约》：

热爱祖国　发展青岛　海纳百川　追求卓越
遵守法纪　文明有礼　见义勇为　助人为乐
勤奋学习　勇于创新　爱岗敬业　诚实守信
关心集体　热心公益　爱护公物　勤俭自强
崇尚科学　反对迷信　陶冶情操　身心健康
讲究卫生　保护环境　植树护绿　美化市容
移风易俗　优生优育　尊师重教　拥军爱民
敬老爱幼　扶弱助残　邻里团结　家庭和睦

2003年《市民“八不”行为规范》：

不随地吐痰，不乱贴乱画，不损坏公物，不乱扔垃圾、杂物，不打架骂人，不酗酒滋事，不在公共场所吸烟，不违反交通规则。

第二章　群众性精神文明创建活动

自1981年开始，青岛市连续4年组织开展以“五讲四美”为主要内容的群众性精神文明创建活动。1982年起，通过连续3年开展“全民文明礼貌月”活动，初步改变城市卫生脏、秩序乱、服务差的状况。1985年，全市群众性精神文明创建活动发展成为经常性的以创建文明单位、文明村镇、文明行业、文明社区、军警民共建等多种形式。进入90年代，逐步形成以“三优一做”活动为主要内容的“龙头工程”，以创建文明单位、文明小区为主体的“基础工程”，以军(警)民共建为主要形式的“共建工程”，以文明家庭、文明户为载体的“细胞工程”，各项创建由面上活动向行业、单位、街道、楼院、家庭延伸，由集中活动向经常化、制度化、规范化延伸，由突击活动向依法治市、依法管理延伸，群众性精神文明建设活动主题更加鲜明，内容更加丰富。

第一节　创建文明单位

创建文明单位活动始于“五讲四美三热爱”活动和“全民文明礼貌月”活动。1982年9月，在全市创建“文明礼貌单位”活动中，提出开展以创建“文明单位”为内容的精神文明创建活动。1984年1月，青岛市“五讲四美三热爱”活动委员会首次提出文明单位5项创建标准，规定创“六好”（领导班子好、思想政治工作好、职业道德好、民主法制建设好、科技文化教育工作好、环境建设好）、“三优”（优美环境、优良秩序、优质服务）的评选条件，并将文明单位分为工交基建系统、财贸系统、卫生系统、文化教育系统、公安武警系统、文明机关和文明街道（居委会）7个类别，同时规定文明单位数量控制在县、区、局（公司）所属独立基层（核算）单位总数的10%以内，农村控制在生产大队或自然村总数10%以内。2月，市委、市政府命名表彰首批1026个文明单位，自此，青岛市“全民文明礼貌月”阶段性活动逐步转向经常性创建文明单位活动。1985年，全市有1093个文明单位、881个文明村庄获得表彰，文明单位占全市独立基层单位总数的11.7%。1986年，青岛市1.69万个独立基层单位普遍开展创建文明单位活动，2919个文明单位获得年度表彰，占基层单位总数的27.3%；2043个文明村庄获得年度表彰，占村庄总数的33.5%。1986年5月，青岛市制定文明县、区、局（公司）条件（试行）和文明单位标兵条件（试行），并首次评出文明局3个、文明公司2个、文明单位标兵80个、文明乡镇标兵1个、文明村庄标兵15个。8月，中央宣传部、国家经济委员会、全国总工会在青岛市召开“全国企业文明单位建设座谈会”，推广青岛市开展企业文明单位建设经验。10月，青岛染料厂等20个单位被命名为省级文明单位。

1987年11月，青岛市印发第一部《文明单位命名管理办法》，提出“创建文明单位是群众性精神文明建设的主要内容和基本形式；规定文明单位分4个等级，即省级文明单位、市级文明单位标兵、市级文明单位和县（市）区、局级文明单位；文明单位评选实行升级制和淘汰制；确定分级管理、逐级推选的责任机制和平时考核、纵向考核、横向考核和半年一次定期考核的程序；进一步规范文明单位评选、命名、取消和奖励工作。”全市文明单位创建活动向系统性、区域性发展。1988年，印发《关于对荣获省市级文明单位党政领导实施奖励的意见》。各县（市）区、各系统不断提高文明单位水平，使创建文明单位活动在形式、内容、管理等方面逐步走向经常化、制度化、科学化轨道。是年，全市共建成省级文明单位62个，市级文明单位标兵257个，市和县、区、局两级文明单位5473个。1991年6月，《青岛市文明单位建设管理条例》第一次明确

1986年，青岛市举行首批获表彰的文明单位标兵颁奖仪式

提出，文明单位“是两个文明建设的综合性的最高荣誉称号”。规定“文明单位分市级文明单位、市级文明单位标兵、省级文明单位三个级别”，评选内容包括领导班子建设、思想政治工作、民主道德建设、教育科技文化建设、生产经营管理和环境卫生建设。1998年8月，青岛市修订印发《青岛市文明单位创建管理办法》，坚持优胜劣汰，推行竞争机制，扩大基层创建面。2000年2月，青岛市修订并颁布《青岛市文明单位创建管理办法（修订稿）》，增加民营单位、三资企业可以参加文明单位创建活动的条款，规定文明单位由每年评选命名表彰一次更改为每两年一次。2005年10月，在全国精神文明建设工作表彰大会上，海尔集团（本部）、青岛港（集团）有限公司、青岛市市北区人民法院、青岛市12319管理服务中心、中国网络通信集团有限公司青岛市分公司、青岛市卫生局（机关）、青岛市工商行政管理局7个单位获“全国文明单位”称号；青岛交运集团公司、青岛长途汽车站、中港第一航务工程局第二工程公司、青岛市公安局交通警察支队、青岛市崂山区第八中学、青岛市交通委员会、华电青岛发电有限公司、青岛市水利局、济南铁路局青岛客运段“海之情”青京车队9个单位获“全国精神文明创建工作先进单位”称号。

2005年10月，青岛港集团获得“全国文明单位”称号

至2005年底，全市共有7个单位获“全国文明单位”称号，9个单位获“全国精神文明创建工作先进单位”称号。163个单位获“山东省文明单位”称号，24个村镇获“山东省文明村镇”称号，22个党政机关获“山东省文明机关”称号。690个单位获市级文明单位标兵称号，2300个单位获市级文明单位称号；124个单位获军警民共建标兵单位称号，266个单位获军警民共建先进单位称号。

第二节　创建文明村镇

1982年，青岛市在广大农村推行“乡规民约”，破除陈规陋习，探索开展创建文明村镇活动。

1984年1月，青岛市正式提出创建文明村镇基本要求，即“五抓五治五变”（抓思想教育，治旧变新；抓文化科学，治愚变智；抓环境卫生，治脏变净；抓社会秩序，治乱变安；抓生产发展，治穷变富），创建文明村镇活动开始走向规范化。1985年，提出“以城带乡、以乡带村”创建思路，开展县城改造、环境治理、绿化美化、村容村貌等综合治理，全市98%的村庄开始村镇规划，建成首批文明村庄881个，卫生达标村庄1329个，占全市村庄总数的22%。1986年，贯彻全国农村文明村（镇）建设座谈会精神，以镇村环境整治作为创建文明村镇突破口，按照“镇为重点、以镇带村，制定规划、逐步推进”方针，集中治理“脏、乱、差”，改善农民生活环境，倡导文明、健康、科学生活方式。在全市150个乡镇中，确定28个两个文明建设基础较好、条件较成熟的乡镇，实行县（市、区）、乡镇、村庄创建工作目标责任制和领导干部任期目标责任制，并提出用3年时间，建成一批“规划科学、功能完善、经济繁荣、环境优美、特色鲜明”的文明乡镇。同时，积极培育文明村镇建设典型，发挥典型示范作用，先后推广80个乡镇、村庄的典型经验，逐步形成以5个市（县）城区为中心、带动全市161个乡镇、以乡镇辐射6060个村庄的创建布局。1988年9月，青岛市在全国文明村镇建设座谈会上作典型发言。1989年，全市有11个乡镇被评为市级文明乡镇；11个乡镇被评为县级文明乡镇。36个村庄被评为市级文明村庄标兵，791个村庄被评为市级文明村庄，1158个村庄被评为县级文明村庄，占全市村庄总数的32%。

进入90年代，全市农村广泛开展文化、科技、卫生“三下乡”活动，通过建立农村文化大院，采取集中与分散相结合，定期组织农业、科技、文化、卫生等部门到农村普及文化、科技、卫生知识，把图书报刊、广播电视、电影戏剧、科技资料、卫生保健服务不断地送到农村。科技部门以建立科普示范基地为龙头，广泛开展“科普之春”“科普大集”等群众性科普活动，向广大农民传播、推广、普及农业新技术。文明村镇建设由治理“脏、乱、差”开始转向提高农民思想道德和科学文化水平。实施文明村镇建设“四大工程”（文明乡镇建设龙头工程，“三优一做”主题工程，文明村庄建设基础工程，创建文明家庭细胞工程），先后总结推广以崂山沙子口镇为代表的外向经济带动型、即墨七级镇为代表的私营经济带动型、平度南村镇和胶南王台镇为代表的综合经济发展型等不同类型的先进典型。1996年，平度市同和街道办事处获全国小城镇建设示范镇称号。1997年，青岛市涌现出省级文明乡镇10个、文明村庄6个，市级文明乡镇35个、文明村庄标兵和文明村庄713个，区（市）级文明乡镇21个、文明村庄1509个。区（市）级以上文明乡镇占乡镇总数的42%，区（市）级以上文明村庄占村庄总数的36.7%。八星级文明户和五好家庭占农户的61%。

1998年开始，在全市农村实施“三绿”（绿林、绿地、绿河）工程，改善农村村容村貌和农民生活居住环境，倡导科学文明健康生活方式。涌现出以李沧区十梅庵村、胶州市东店子村为代表的“全国创建文明村镇工作先进单位”，以平度市同和街道办事处为代表的“全国小城镇建设示范镇”等一批小城镇建设示范点。1998年，胶南市、平度市、莱西市等获得第四届山东省精神文明建设先进县（市）区称号。2001年，青岛市在全国文明小城镇建设座谈会上，介绍题为《“育人”与“建城”并举，加快推进农村城市化进程》的经验。2003年

90年代初，文明村庄评选活动在全市广泛开展，涌现出平度同和村等多个全国文明村庄

10月，青岛市印发《关于进一步深化创建文明村镇活动的意见》，把创建文明村镇、文明小城镇、文明村庄、文明户活动作为推动农村两个文明建设重要内容，明确提出以创建文明小城镇为龙头，建立健全创建工作目标责任制，制定考核标准和奖惩政策，用3～5年时间实现文明小康村镇创建目标。同年，印发《关于在全市深入开展城乡共建文明活动的意见》，实行城乡联动，以城带乡，增强城市文化、企业文化和城市文明对农村的辐射力，以优化镇村风气、镇村秩序、镇容村貌和镇村文化为重点，改水、改厕、整治街道、绿化，建立环境卫生管理长效机制，进行生态环境建设，提高城乡整体文明水平。2004年，青岛市各市（区）、各乡镇（街道）普遍开展城乡共建文明活动，全市790多个文明单位与镇村“结对共建”，127个乡镇（街道）的5993个村庄共建成文明街4518条，共建单位为共建镇村筹措资金6000多万元。为推进农村文明程度提高、加快农村城市化进程做实事好事4000余件，开展农民技能培训5000多班（次），使40多万农村劳动力学到一技之长，33.85万农村劳动力转向第二、三产业。青岛市重点培育推出第二批5个文明小城镇示范点，胶州市李哥庄镇继续保持“全国文明小城镇示范点”称号。在山东省农村精神文明建设工作经验交流会上介绍“建设文明小康村，推动农村精神文明建设再上新水平”的经验。11月，在省文明委开展评选表彰省级文明村镇活动中，青岛有24个村镇获省级文明村镇称号，莱西市“以评立德，以德治市”经验在全省进行推广。次年，莱西市“为民服务代理制”作为全国重要典型和全省重大典型，被中央、省主要媒体进行集中宣传。

2005年，青岛市开展建设“生产发展、生活富裕、乡风文明、村容整洁、管理民主”的社会主义新农村，开展创建文明生态村活动。通过整治生态环境，发展生态经济，培育生态文化，实现经济与社会、农村与城市、人与自然的协调发展，全市创建文明村镇活动进入全新发展阶段。10月，城阳区城阳街道城阳村、即墨市通济街道西北关村、胶州市李哥庄镇、崂山区中韩街道金家岭村、胶南市隐珠镇北高家庄村、李沧区湘潭路街道大枣园村、莱西市水集街道水集一村、平度市南村镇8个村镇，被中央文明委表彰为“全国文明村镇”和“创建文明村镇工作先进村镇”，受表彰村镇数量居全国同类城市前茅。

至2005年底，全市农村建成文明街5554条，占村庄总数的92.7%。各乡镇相继建成文化广场149个、文化活动中心101个，建成率达90.2%。村文化大院建成率81.6%，有村图书室4017个，藏书总量120多万册。全市村一级成立“庄户剧团”313个，群众业余文艺队伍4873支，“大地欢歌”农村文化艺术节文艺演出近3000场次。送图书下乡4万余册，送电影下乡近万场，受益群众400万人次。当年，全市还评选表彰市级文明信用村34个。

第三节　创建文明行业

1980年9月，青岛市百货公司针对工作中“经营思想不端正、服务态度不好、服务质量不高”问题，开展以语言艺术、便民措施、商品陈列为主要内容的文明经商、优良服务活动。1981年在文明礼貌月活动中，重点抓好“窗口”（商业、公共交通和服务）行业优质服务，集中力量改善“十个一”（一条路“中山路”、一条线“5路电车线”、一个公园“中山公园”、一个商店“百货一店”、一个车站“青岛火车站”、一个客运站“大港客运站”、一个电影院“红星电影院”、一个游览区“栈桥”、一个饭店“青岛饭店”、一个旅馆“青岛饭店附设旅馆部”）服务，由此拉开服务行业文明创建的序幕。1982年，结合“全民文明礼貌月”活动，连续3年在“窗口”服务行业推行文明礼貌服务。全市商业服务“窗口”单位以“主动、热情、耐心、

1988年起，青岛市连续三年在服务“窗口”行业开展“三优一推广”活动。图为公交6路线乘务员在交流优质服务经验

系统“电霸”作风、以电权谋私、对用户敲诈等；邮电行业报刊短缺、信件遗失、电报误期；运输装卸部门野蛮装卸等。

自1986年起，创建文明行业由“窗口”服务单位向加强行业职业道德建设方向发展。7月，制定15个服务行业《文明服务规范》和《职业道德规范》，在全市百货、饮食、蔬菜、粮食、供销、公交、客运、燃料、邮电、银行10个“窗口”行业开展优质服务竞赛，评选“百行状元”，普及10字日常礼貌用语（您好、请、谢谢、对不起、再见），创建文明行业活动开始走上正轨。1987年，全市各行各业进行以“职业道德教育”为内容的全员轮训，共有68万人参加培训，各“窗口”行业普遍制定“职业道德规范”，在商业、粮食、供销、医药、银行、交通运输、公用事业、物资、邮电、电业“十大窗口行业”960个基层店（站、所），5000余名营业员和1800多户个体经营者中，开展争创“百面红旗、千名状元”优质服务竞赛活动，重点解决群众生活中的落粮食关系难、提取粮票难、中午买粮难、早晨就餐难、买车船票难、乘车难、购买小商品难、退换商品难、存取款难等问题。当年全市树立130个“优质服务红旗单位”和165名“市级服务状元”。

周到”为主要内容，普遍开展“说话和气，尊重他人，有问必答，不私分商品，不开后门，不搭配商品，不克扣群众，不随意提价”的转变服务作风活动，并在各商店设立群众监督电话、信箱和意见簿，接受群众监督检查。随后，青岛市组织在商业服务、公用事业、医疗卫生等部门开展优质服务竞赛活动，改善服务态度，延长服务时间，增加服务项目，增设服务网点，增添花色品种，推广挂牌服务，纠正少秤短尺、掺杂使假和“开后门”“拉关系”等不正之风。1984年，在商业服务业、医疗卫生、交通运输、邮电、文娱体育场所、风景旅游区、公园、闹市区等“窗口”行业，组织开展文明行为、礼貌用语基本训练以及争创文明岗位、评选最佳营业员活动，重点解决关系群众切身利益、群众意见较大的“十差”问题，包括商业、粮食、供销、医院、交通运输行业的“冷硬顶”；公用事业、化工行业的液化气质量；商业系统少秤短尺、克扣群众；卫生系统看病难、住院难、取药难；商业、粮食、物资系统的粮店午休、煤店周一全休影响群众买粮、买煤；饮食服务行业餐具和理发工具消毒；旅馆服务业更换被褥、床单和枕套不及时；电业

自1988年起，连续3年在“窗口”行业广泛深入开展“三优一推广”活动，重点在党政机关和商业、粮食、供销、公用事业、邮电、交通、铁路、民航、电业、金融保险、文化卫生、环卫园林、旅游宾馆、公安交警、物资、集贸市场等“窗口”行业，推行职业道德、职业理想、职业纪律、职业技能教育。各“窗口”行业以推进优

质服务为重点，广泛开展创“文明班组、文明岗位、文明车厢”和评选最佳营业员（服务员）活动，服务质量和服务水平得到显著提高。1992年，青岛市广泛开展“岗位学雷锋，行业树新风”活动，系统地进行职业道德轮训，重点抓医疗卫生行业中市民反映强烈的不正之风问题。卫生系统以加强医德医风建设为突破口，开展“三学三创一做”（学雷锋、白求恩和身边先模人物，创优质服务、优美环境、优良秩序，做廉洁文明医务工作者）活动，与各级医疗卫生单位签订《医德医风建设责任目标书》，并确定在市立医院等4个示范医院试点，实行医德医风建设目标责任制管理，推出“急救生命绿色通道、医患道德双向承诺、扶贫病房”三大便民举措，医患关系得到较大改善。

1993年，全市创建文明行业进入“创服务品牌，树行业形象”新阶段。在党政机关中开展“送党情、办实事、解民忧”活动，教育机关干部确立公仆意识，增强服务意识，树立党和政府良好形象；在企业开展以爱厂、爱职工、爱岗位、爱产品和树好党员形象、树好干部形象、树好工人形象、树好企业形象为主要内容的“四爱四树”活动；在“窗口”服务行业，普遍落实《职业道德规范》和个人行为规范，全面推广规范化、标准化服务。9月，召开全市“窗口”行业职业道德建设现场会，推广青岛市交警支队等单位突出职业道德建设、搞好规范化服务的经验做法。1995年9月，以交通客运行业为突破口，开展“陆海空客运满意在岛城”活动。全市交通客运“窗口”单位和口岸执法部门，民航、铁路、港口、公路客运、市内公共交通和出租汽车等客运“窗口”部门和边防、海关、卫生检验、动植物检疫等执法部门，以实现“三化”（服务规范化、举止文明化、语言标准化）、“三感”（让旅客有安全感、方便感、亲切感）为重点内容，组织开展历时半年的优质服务竞赛活动，培育出青岛交运集团“情满旅途”——全国交通运输行业第一个服务品牌。全市政法、工商、税务、卫生、交通、民政、商业、公用事业等19个与人民群众生活密切相关行业，效仿“陆海空客运满意在岛城”做法，以创建文明行业活动为载体，以“为您服务、向您承诺、请您监督、让您满意”为基本内容，建立和完善职业道德建设目标责任体系，大力推行规范化服务，基本形成行业内部长效管理机制与社会外部监督制约机制相结合的职业道德建设体系。1996年，创建文明行业重点转向党政机关和垄断性行业行风建设。以建立一个规范（服务规范）、两个机制（激励机制和约束机制）为中心，全面推行社会服务责任赔偿制度。严肃认真整治“吃拿卡要报”“门难进、脸难看、事难办”等行业不正之风，实行“三公开”（服务责任公开、办事程序公开、监督制约公开），行业不正之风得到有效遏制。1997年，将社会服务责任赔偿制推广到政法、卫生、教育、交通、旅游、邮电、金融、公用事业、房产、工商、税务、商业、电业、新闻14个行业。1998年，制定“创建文明行业10条考察评比标准”，全市各行业、系统普遍建立以岗位文明规范为主要内容的管理制度、严格有力的奖惩制度、内部与外部相结合的监督制度等“三项制度”，把创建文明行业纳入各级领导班子任期目标。1999年6月，印发《青岛市“窗口”行业创建文明行业标准汇编》，并组织全市73个行业制定各自文明行业创建标准，全市创建文明行业进入全方位发展轨道。同年，青岛市命名第一批服务品牌，海尔“真诚到永远”、交运集团“情满旅途”、公用事业“98111”服务热线、“海滨小金”、“海之情”青京列车、“公交张锋”6个服务品牌受到表彰。

自2000年起，青岛市全面推行政府管理体系转变职能、规范市场、政务公开、依法行政、效能监督“五项工程”，创建学习型、创新型、竞争型、服务型“四型机关”，“做人民满意公务员”以及快办理、快审批、快落实，提高

1999年，"海滨小金"被评为青岛市"六大服务品牌"之一。图为金喜凤（左一）帮顾客挑选海参

青岛网通"情传万家"、青岛航务二公司"浇注明天"、青岛电业公司"亮出精彩"等一批服务名牌，广大群众从中享受到真情、真诚的优质服务。同年，在旅游景区、宾馆、餐饮业、旅行社、交通客运业、旅游商品经营业率先开展"践行诚信宣言、建设诚信青岛"活动，打造"诚信青岛"；在私营企业、个体工商业户、民间组织中，开展争创"诚信私营企业""诚信个体工商户""诚信民间组织"活动；在医疗机构开展创建"诚信医院"活动；在全市中小学开展"诚实守信做文明学生"主题教育；在农村开展"农村文明信用户"评选活动；在出租客运行业开展"擦亮奥运窗口，争做诚信使者"系列活动。

机关工作效率"三快一提高"活动，在具有对外服务职能的政府部门相继设立便民服务厅和机关效能投诉电话，大力推行"阳光政务"。在市直机关开展"学习海尔经验，争创机关服务名牌"活动，涌现出市劳动和社会保障局"真情相助"、市统计局"市情信达"、市档案局"文档服务连心桥"、市侨办"凝侨兴市"、公安局市南分局"平安市南"等一批政务服务名牌，以及市中级人民法院、青岛税务系统（含国税局和地税局）、公用事业"98111"服务热线、海尔集团、青岛港务局、青岛长途汽车站和客运出租车行业管理等一批在全国有影响的精神文明建设先进典型。2002年，市工商行政管理局、市供电公司、98111管理服务中心、长途汽车站等单位被命名为"全国创建文明行业工作先进单位"。2003年9月，印发《青岛市文明行业创建管理办法》，将文明行业创建细化分为73个行业，各行业对照创建标准制定各自行业创建标准，经专家认证向社会公布，接受群众监督。创建文明行业工作由此走上制度化、规范化轨道。全市90%服务行业开展"创服务名牌、树青岛形象"活动，涌现"海之情"青京列车、

2004年4月，印发《关于开展建设"诚信青岛"深化文明行业创建工作的实施意见》，加强25个重点"窗口"行业单位创建工作，开展"铸造诚信"活动，引导金融、商贸、餐饮、旅游、公共交通、出租汽车等服务行业优秀骨干企业建立和扩大"诚信联盟"。全面开通"12315"网络，营造公平有序市场经济秩序。各行各业普遍开展"职工诚信示范岗""诚信民间组织""擦亮迎奥窗口，争做诚信使者""导游文明形象大使""诚信私营企业""诚信个体工商户""文明经营示范市场"、建立"诚信联盟"等共铸诚信活动。深入开展"百城万店无假货"活动，建立国家级示范街1条、省级示范街3条。2005年，在机场车站、海关口岸、宾馆饭店等11个行业中评选诚信单位，全市有666个岗位被授予"青岛市职工诚信示范岗"荣誉称号。有393家私营企业和个体工商户获得"诚信私营企业"和"诚信

2004年，在“诚信青岛”活动中，中山路被评为全国“百城万店无假货”示范街

个体工商户”称号，291个民间组织获得“诚信民间组织”荣誉 称号，15家企业被评为山东省首届文明诚信民营企业，12个工商户被评为山东省首届文明诚信个体工商户，7家企业被评为山东省文明经营示范点，6家工商户获得“山东省规范化文明市场”称号。

至2005年底，全市共涌现出全国创建文明行业工作先进单位12个，全国创建文明行业工作示范点2个；省级文明行业示范点15个，省级文明行业1个；市级文明行业5个，市级创建文明行业工作先进行业5个，创建文明行业工作先进部门4个，市级创建文明行业工作示范点35个，市级服务名牌23个，行业服务品牌300多个。

第四节　创建文明社区

文明社区创建活动始于改革开放初期的“五好家庭”活动。1979年，市妇联在市北区泰山路下段居委会开展“五好”（遵纪守法，治安管理好；积极学习，教育革命后代好；正确处理婚姻家庭关系，计划生育好；节约储蓄，卫生好；邻里团结，互助好）活动试点工作。1980年4月，青岛市印发《关于开展“五好”活动试点情况的报告》，推进以街道居委会和农村村庄为单位、以楼院和村庄为主体的“五好家庭”活动，并出现以文明小区为主要形式的创建活动。到1987年，全市城乡共评出“五好家庭”48万多户，占全市总户数的30.8%。

1992年，青岛市在城市街道开展社区共建和文明小区、文明楼院、文明家庭等创建活动。1993年，总结推广市南区文登路街道办事处区域共建活动、台东区华阳路针织一厂家委会社区服务经验，提出以社区服务为突破口，增强和完善在社会服务、美化环境、稳定社会秩序、方便群众生活方面的综合功能。各街道办事处发挥居（家）委会作用，本着便民、利民、方便群众生活的原则，因地制宜地发展第三产业和为群众服务项目，解决一批群众反映较大、意见较为集中的“热点、难点”问题。1995年，印发《青岛市创建文明小区管理试行办法》，提出文明小区管理要实行“条块结合，以块为主，齐抓共管”原则，创建文明小区要着力提高社区交通、环保、卫生、绿化、治安、服务水平，改善城市居民生活环境和生活质量，并具体规定市级文明小区5项26条标准。自此，把社区精神文明建设各项任务落实到街道、楼院和千家万户。

1996年11月，市委七届七次全委（扩大）会议正式提出创建“文明社区”概念，把社区治安、社区环境、社区服务、社区教育、社区文化5项工作作为文明社区建设主要内容，全市精神文明创建活动重心逐步向街道社区、居民小区、楼院、家庭延伸，创建文明社区同创建文明单位一道成为全市群众性精神文明建设基础工程。

1998年，青岛市印发《关于加强城市社区建设的指导性意见》，把推进社区建设作为重大改革工程、基础工作和民心工程来抓，提出“重心下移、服务先行、功能配套、资源共享、多方共建”的工作思路，努力建设管理有序、服务完善、环境优美、治安良好、生活便利、人际关系和谐友爱的新型社区。同时修订《文明小区创建管理办法》，明确以街道办事处为主体，以居（家）委会为依托，以实现群众“参与、互助、和谐、文明”为基本要求，从社区治安、社区环境、社区服务、社区教育、社区文化等方面入手，把群众日常生活需求纳入社区建设轨道，文明社区建设由社区服务、社区卫生、社区文化、社区管理向基层民主、组织建设等方面发展。1999年，民政部向全国推广青岛市开展社区建设成功经验。

2000年，青岛市印发《关于加强社区精神文明建设的三年规划》和《关于深入开展创建文明社区活动的实施意见》，建立专职工作队伍与居民骨干组成的创建工作网络，深入开展“倡导文明新风，共建美好家园”活动，发动社区居民按照“美化居住环境、维护社会治安、丰富文体生活、普及科学知识、拓展社区服务、密切人际关系”要求，实行文明素质进社区、科技知识进社区、便民服务进社区、文化活动进社区、优美环境进社区和治安管理进社区“六进社区”，把居民群众日常生活需求全部纳入社区建设范畴。9月，在全国文明社区创建工作会议上，青岛市作《坚持“五位一体”，创建文明社区》经验介绍。当年，全市51个街道办事处建设面积200平方米以上的社区服务中心，747个居（家）委会中有40%建立30平方米以上的社区服务站。2001年，完善《创建文明社区考核测评体系》，设置社区教育、社区环境、社区秩序、社区服务、社区文化、组织领导6项35条考核标准。各区分别建立“社区服务中心”和“街道社区事务受理中心”，全市各类社区服务设施1600多个，社区服务网点8000多个，社区服务专职队伍和志愿者队伍规模3.2万人。健全社区服务管理体系、服务救助体系和设施服务体系，形成市、区、街、居四级服务网络，有300个社区进入市、区（市）两级文明社区行列。其中，四方区海伦街道海伦社区为全国创建文明社区示范点，四方区被教育部命名为全国社区教育实验区。2002年，建立文明社区千分制考核制度，广泛开展“道德、科技、文体、法律、卫生”五进社区活动。8月，在全市街道社区开展“创建学习型社区”活动，依托青岛广播电视大学建立青岛社区大学，整合社区教育资源，依托驻社区各级各类学校、图书馆、文化馆、企事业单位，构建起市、区、街、居四级市民素质教育网络。9月，青岛市被民政部授予“全国社区建设示范市”，市南区、市北区、四方区被授予“全国社区建设示范区”。教育部社区教育专家组在四方区召开会议，推广四方区社区

2005年，青岛市四方区举行首届“邻居节”启动仪式

教育工作经验。

2003年，推广市南区八大湖街道组建社区文明巡访团做法，以“做小事、管闲事、纠错事、谈心事、议大事”为主要内容，在全市组建近万人的社区文明巡访队伍。2004年，开展社区图书室援建和社区读书活动，社会各界捐书百余万册，援建全市575个社区图书室。9月，李沧区永青苑社区入选“中国十佳我最喜爱的社区”，同时获“全国十佳学习型社区”称号。12月，市南区金门路街道仙游路社区等10个社区获青岛市十佳“我最喜爱的社区”命名表彰。在“首届全国社区文明风采电视大赛”中，青岛市代表队获得一等奖。2005年，在全市街道社区普遍开展“建和谐社区，创文明城市”活动，制定《和谐社区示范点标准》，在全市7区确立14个和谐社区示范点，在各街道社区广泛开展“民评官、民评政、民评民”活动，建立党政机关定期到基层社区解决实际问题的工作制度，组织与居民联系密切的部门和单位定期深入社区，了解并解决社区在社区建设、劳动就业、社会救助、矛盾纠纷调解、医疗卫生、社区服务、养老托幼，以及环境建设、物业管理、水电气暖和文体设施建设方面的问题。

进入21世纪后，青岛市社区健身场所日益增多

至2005年，青岛市初步建立起以社区党组织为核心，社区居民代表会议、社区民主协商议事会、社区居委会为主体，社区居委会各工作委员会和各居民小组为依托，社区服务组织为补充的新型社区组织体系，全市71%的社区进入市区两级文明社区行列。

社区服务

1996年，青岛市建立完善社会化社区服务网络，各区分别建立面积200平方米以上的社区服务中心，设立街道社区事务受理中心，实行“一厅式服务、敞开式办公，一次性受理”工作模式，形成以一个中心，即街道社区服务中心；两大系统，即服务系统和求助系统；三级网络，即区、街、居各自独立又相互联系的社区服务工作网络；十大服务系列，即为一般居民提供生活服务、卫生服务、文化服务、教育服务、安全服务，为特殊居民提供老年人服务、残疾人服务、优抚对象服务、困难居民与困难职工服务、婚丧服务的社区服务社会化新格局。1997年1月，四方区开通全市第一部社区服务居民求助电话，此后又开通集治安报警、医疗急救、家庭防盗、咨询服务、家教服务和文化娱乐于一体的“一点通”智能服务网络系统，148法律援助中心、120急救中心、98111服务热线等服务求助系统延伸到社区。2000年，青岛市组织开展以社区志愿者为主体的各项援助活动。投入4000万元资助社区老年福利设施建设。至2005年，市级财政共投放资金9670万元，在市区建立410处“星光老年之家”、566处室外老年健身场地，安装健身器材3600余件。兴办各类托老、助残、抚幼、医疗、文化教育等福利性、公益性设施近2000个，各类家政服务站（点）、儿童餐桌、小维修站

（点）、小商业网点等便民利民设施8000多个。社区服务项目安置下岗、失业人员2万余人次。

社区文化

1996年，各区（市）开展“唱好四季歌”、“樱之春”音乐舞蹈周、“青岛之夏”艺术节、“金秋十月”合唱周等系列活动。四方区海云庵糖球会，市南区秧歌会，市北区萝卜会、元宵山会，以及各类文艺汇演等群众性文化活动，将社区文化渗透到居民生活中。2000年，组织“欢乐假日——社区广场文化系列主题活动”，此后每年4月份启动，10月份结束，每周双休日以“五四广场”为中心，依托全市各社区广场进行文艺演出，每年演出上百场，100多万名群众参与。2001年，全市开展道德组歌进社区活动，组织“道德组歌”合唱比赛100余场次，自创道德歌曲500多首，170多万人参加学唱。2002年，实施文化工作进社区“八大工程”（专业艺术、流动图书、培训辅导、人文奥运、道德教育、科普教育进社区和公益设施开放日、社区资源共享日）。各专业院团、业余文化团体送戏、送节目到街道、社区、广场和楼院。当年，举办“青岛市公益文化项目推介会”，共有68个项目与65家企业单位达成合作协议，提供社区文化合作资金412万元。2003年，开展文化活动在社区、文化讲座在社区、文化展览在社区、读书活动在社区、群众文化辅导进社区、图书馆服务进社区、文艺演出进社区、电影放映进社区8项活动，形成良好社区文化环境。青岛市被中央文明办、文化部确定为5个全国文化进社区典型城市之一。2004年5月，开展“做文明市民，创文明城市，办成功奥帆赛”社区居民主题读书活动，5万多名市民参加社区文明知识竞赛，全市建立575个社区图书室。2005年，市、区（市）两级政府投资2300万元，对市内4区100处面积不足50平方米的街道社区室内文化场所进行改扩建，市区所有社区均设立群众文化活动中心（场地），其中面积300平方米以上社区广场130多个。2002～2005年，青岛市连续4年参加中央文明办、文化部组织的全国“四进社区”文艺展演，获得3项金奖。

社区环境

1996年，在创建“国家卫生城市”活动中，全市各居民楼院开展以清理楼院杂物为重点的“楼道革命”，围绕整治卫生环境开展拆除违章建筑、整治社区卫生、清除乱贴乱画、绿化社区环境、美化居民楼院“五大战役”。1998年，各区围绕创建卫生先进区，开展“环境卫生进社区”活动，从抓好环境卫生、绿化，改变小区面貌入手，建立专兼职保洁队伍，发动群众整治小区卫生，拆除违章建筑，清理卫生死角，整治小区内街巷、甬道、庭院、楼道、绿地及各种公共娱乐场所环境。新建居民小区三季有花、四季常绿，绿化面积达到30%。对旧城改造小区

丰富多彩的社区文化生活

和老居民小区，实行见缝插绿，立体绿化。2001年，开展绿色环保社区系列创建活动，建成达标社区157个、达标楼院1812个、绿色环保社区16个。2004年6月，建立以每月第一个星期五为“全民环境卫生日”的长效管理机制，按照“门前三包”和门内达标责任制要求，组织社区居民和驻区单位清扫环境卫生，搞好环境绿化，清除卫生死角。2005年，加强医疗卫生和基层文体设施建设，各社区居委会设立“民情室”，完善社区居民活动室、警务室、医疗站、服务站和健身路径等设施。2003～2005年，各社区普遍建立文化广场、室内综合活动室等，打造环境优美、温馨和谐新型社区。

2001年，青岛市推行社区警务寻访制度。图为民警正在进行社区普法宣传

社区教育

1998年，青岛市从小学抽调优秀教师到街道办事处挂职，担任社区教育助理，在社区建立市民文明学校、家长学校、实践基地、文化教育庭院、双休日英语角、社区书屋等教育场所，汇聚社区内有专长、热心青少年教育的人员，聘请社区内老革命、老干部、老教师担任市民文明学校、社区家长学校辅导员和社区教育志愿者。当年，全市从中小学选派中层干部、优秀教师120余人次进入社区挂职。2001年，开展“文明格言进社区、进家庭”行动，大学生科技、教育、文化“三进巷”志愿者活动和“欢乐假日”广场文化活动。四方区被教育部命名为“全国社区教育实验区”。2002年，在全市开展“创建学习型社区”活动，依托青岛广播电视大学建立青岛社区大学，构建市、区、街、居四级市民素质教育网络，全市区、街、居三级普遍建立科普画廊、橱窗和专栏，90%社区达到市、区（市）两级文明社区标准。2003年8月，开展社区教育实验工作，以成人教育为重点，开发利用社区各类教育资源，围绕道德建设、文明礼仪、生产技能、法律法规、健康卫生等方面，开展多形式、多层次学历教育和培训。其间，举办“学习超市”、百名专家百场讲座、公益课堂等活动，发挥10万余名社区教育志愿者和义工讲师团作用，集中进行道德法制主题型教育、通用技能提高型教育、就业转岗定向型教育、娱乐休闲艺能性教育、适应环境的外来人口融入型教育。2005年，全市共建立社区学校500余所，构建社区居民终身教育体系。

社区治安

1996年，青岛市制定《关于开展创建安全小区活动的实施意见》，从健全安全创建活动机制、安全创建防范机制、安全创建教育机制入手，实施居民楼道亮化、小区围墙封闭、防盗门安装等基础设施建设工程。1997年9月，启动社区公众报警求助联动系统。在公安110报警服务系统基础上，由市长公开电话及25个网络单位组织建立“三方通话”，强化社区治安综合治理。2000年，市内4区采取安全防范措施的居民楼院有1.35万个，楼院看护率90%以上。2001年，市公安局采取四项措施加强社区警务建设：一是配置社区警力，在每个社区配置社区民警1～2名；二是设置警务室；三是明确社区民警职责，即情报搜集、人口管理、治安管理、调解纠纷、安全防范等；四是实行“弹性工作制”，民警参加夜间巡逻，使夜间发案率明显降低。2002年，筹资1400万元在市区组建1400人的社区保安队。2003～2005年，全市开展法律进社区活动，围绕社区居民关心的热点、难点问题，开展法律咨询服务。开通12348三级法律服务热线174条，创设“法律援助进社区”和“亲和仲裁”等一批法律援助品牌。2005年，全市有1.1万个各类基层调解委员会，上半年排查调处各类矛盾纠纷1.24万起，调处成功率98.56%，市民群众对社会治安满意率达到97%。

第五节　军警民共建

80年代初，驻青部队主动与驻地单位定点挂钩，结成互助帮扶关系，开始探索军民共建社会主义精神文明的活动形式。在连续3年开展“文明礼貌月”活动中，驻青部队共出动兵力68万人次、汽车7687台次，清扫街道1038条，清挖污水沟渠9042米，清运垃圾1.9万余吨，整理厂容231个，粉刷墙壁2918平方米，绿化1560平方米；为群众义务理发7.5万余人次，治病75万余人次，抢救群众2.4万余人次，照顾烈军属五保户4877户，修理各种物品2.7万余件，赠书32万余册，培训各类技术骨干1.8万余人，342个学雷锋小组做好事1440件。

1983年9月30日，市政府与驻青部队领导机关联合印发《关于广泛开展军民共建社会主义精神文明活动的意见》，对军民共建活动内容、工作重点和文明先进单位标准作出具体规定，明确提出“以地方党委领导为主、以发动群众自己动手为主、以做好思想政治工作为主”的“三为主”原则，规定军民共建活动以“五讲四美三热

90年代初，每逢节假日青岛驻军都派出“学雷锋小组”开展便民服务活动。图为武警战士在栈桥附近为群众修理电器

爱”为主要内容，重点抓好爱国主义、共产主义思想教育，发动军地双方共同治理“脏、乱、差”，加强军地双方文化教育宣传阵地建设，地方要向人民解放军学习，部队要把帮助地方搞好精神文明建设作为光荣任务、支持地方物质文明建设。《意见》还确定军民共建文明先进单位的6个条件，从此，军警民共建工作纳入全市社会主义精神文明建设总体布局，军民结对共建如雨后春笋般全面铺开。1985年2月，在青岛市文明单位命名表彰大会上，首次表彰87个军民共建单位和17个民兵带建先进单位。10月，青岛市命名表彰153名“五讲四美三热爱”活动积极分子，并授予19人“军民共建活动积极分子”称号。

1987年，军民警共建活动列入《青岛市“七五”期间社会主义精神文明建设规划》，提出“全社会要广泛开展军民共建、警民共建、工农共建等活动”，全市军民共建活动由点到线到面，由城市到乡村，由单一形式向多层面、多形式发展，逐步形成以部队驻地为中心，军民双拥共建为主体，军民共建、工农共建、警民共建和民兵带建等多种形式，形成上下贯通、点面结合的共建格局，涌现出北海舰队105舰与青岛市盲童学校、潜艇学院13队和市政二公司等一批在全

市有影响的共建单位。1989年4月，印发《关于深入开展军民共建社会主义精神文明活动的决定》，明确军民共建社会主义精神文明7项基本内容，提出军民共建活动具体措施。

90年代初，围绕争创“全国双拥模范城”，开启“双拥共建”新阶段。1991年6月，市政府成立双拥办，开展创建全国双拥模范城工作。通过拥军优属、拥政爱民、军民共建、国防教育等形式多样、内容丰富的共建活动，建起军地共同学雷锋小组4600余个、便民服务队2600余支，开展“雷锋精神在青岛”“学雷锋广场活动”“学雷锋精神奉献实践活动大集”等，做好事20余万件，全市军民共建单位达到1480个，有259个单位进入市、区（市）文明单位行列。1992年，按照“就地就近、便于开展活动”要求，进一步调整共建布局，军民共建活动逐步向“军民共建、双拥共建、国防教育”三位一体方向发展。总结推广市南区文登路街道办事处与驻区单位、驻军、派出所开展“六联六建”活动经验，共建活动由基层单位共建扩大到行业和区域性共建，由单纯思想共建延伸到政治、军事、经济、文化、科技、意识形态等领域共建，形成条块结合、区域联片、城乡一体、辐射八方的军民共建新格局，军民共建活动走上“关系协调、布局合理、规模适度、双方受益”轨道。1993年，青岛市被评为“全国双拥模范城”。1994年，青岛市提出“加强军政军民团结、提高部队战斗力，发展社会生产力、促进社会稳定”共建要求，充分发挥部队与地方各自优势，把维护社会稳定、整治市容环境、创建国家卫生城市作为军警民共建活动重要内容，共建领域不断扩大，当年再度蝉联“全国双拥模范城”。1995年，发展和完善军警民共建、工农共建、厂校共建、厂居共建、城乡共建等多种共建形式，共建活动实现由重数量向更注重质量和实效转变，由基层单位一对一共建向区域性、网络式、系统化共建发展，形成军警民共建、军民携手共创文明城市格局。其中，海军北海舰队105舰与青岛盲校、海军潜艇学院13队与市政二公司被中宣部、解放军总政治部授予“全国军民共建先进单位”称号。当年，有69个单位被评为青岛市军警民共建标兵单位，391个单位被评为青岛市军警民共建先进单位。1997年，驻青部队在“讲文明、树新风优化市容环境”战役中，主动承担横贯市区的海泊河清淤工程，先后出动1.7万余名官兵、1140余台机械，在经流市区2560米河道中，清除积存淤泥4.83万立方米、近8.2万余吨，彻底改善海泊河沿岸环境，为创建文明城市作出重大贡献。“海泊河清淤工程”被评为1997年度青岛市精神文明十件实事之首。1997年9月，中宣部、解放军总政治部

1997年，驻青部队主动承担当年“十件实事”之首的“海泊河清淤工程”。左为官兵清淤现场，右为改造后的海泊河

联合表彰23对全国军民共建精神文明先进单位，其中沙子口镇与北海舰队某部共建结对成为山东省唯一获此荣誉的共建单位。

1999年，驻青部队把争创“全国双拥模范城”和“国家卫生城市”纳入创建“全国文明城市”轨道，实现“三城并创”格局。北海舰队和青岛警备区首长加入青岛市创建文明城市工作领导小组，共同规划部署全市创建工作，军地双方广泛开展共建国防、共建精神文明、共建优美环境、共建社会稳定机制“四共建”活动，积极参加奥运场馆、海滨步行道等市政工程和全市重大项目建设，建立军警民联防制度，实行“军警民联片共建优美社区”目标责任制，共同打造青岛国际化大城市文明形象。北海舰队普遍组织官兵学习《青岛市市民文明公约》和“八不”行为规范，开展争当“思想美、语言美、行为美”文明军人活动，积极参与创建文明城市活动，认真搞好部队驻地环境整治、违章建筑治理、临街建筑粉刷以及军车管理等问题，树立人民子弟兵良好形象。

进入21世纪，军警民共建活动出现跨系统、跨行业、跨地域、结成多方联建组织形式，军地双方合力共建，走出“共建、共育、共防、共治”新路子。青岛革命烈士纪念馆与青岛广播电视大学、劳教支队等20家单位联合共建，形成10个机关、事业单位和10所大中小学校携手共建精神文明的“双十”共建局面。交通部航务二公司四处与武警山东边防教导大队联系“四面八方”共建网络，进而影响吸收黄岛发电厂等近10个单位实现联片共建，实行思想工作联网互学、文化活动联唱互补，精神文明联抓互助、经济指标联保互帮，有效推动经济技术开发区共建活动开展。市史志办公室和警备区船运大队，市水利局和舰队通信总站，市国家安全局和61419部队等共建对子，逐步建立机关对机关、基层对基层，上下贯通的系统化共建组织，有效增强共建工作整体功能。2003年2月，印发《青岛市军警民共建社会主义精神文明工作管理办法》，总结军民共建活动20年成功经验，进一步明确军民共建工作指导思想、方针、根本原则，提出军民共建活动要以经济建设为中心，与创建文明城市、创建文明社区、创建文明村镇、创建文明行业和创建文明单位紧密结合，在坚持以思想共建为主要内容的同时，根据各自特点，充分发挥各自优势，广泛开展包括思想、政治、文化、教育、卫生、科技等领域交流合作，想方设法多为对方办一些好事、实事。《办法》确立军民共建签约、规划、联席会、建档、备案等具体制度要求，完善军警民共建评选表彰机制，军警民共建活动向经常化、制度化和规范化方向发展。当年，青岛市再次获得“全国双拥模范城”称号，成为全国获得双拥“五连冠”城市之一。2004年，创建“全国文明城市”进入冲刺阶段，驻青部队充分发挥人才、技术装备等优势，积极参与各项创建活动，尤其在急难险重任务中发挥主力军和突击队作用。12月，驻青部队领导机关召开青岛驻军参与创建全国文明城市工作会议，组织各部队开展“整治环境，美化家园”活动，搞好环境治理、园林绿化，加强营院和家属院管理。驻青部队官兵自觉投身“做文明市民、建文明城市、办成功奥帆赛”活动，推广普及“文明用语，文明待人，文明办事，文明行车”规则。2005年，海军92995部队发出《支持青岛市创建文明城市倡议书》，倡导驻青各部队为创城工作再立新功。北海舰队政治部转发《倡议书》，驻青各部队重点加强官兵“文明值勤、文明办公、礼貌待人、优质服务”教育，积极参与创建文明城市活动。2004～2005年，驻青部队共派出官兵8.44万人次，出动车辆、机械1.25万台次，飞机68架次，舰船64艘次，清理各类垃圾8700多吨，植树124.9万株，绿化草地3200多公顷，支持工程建设218项。在创建全国文明城市中，驻青37223部队、海军博物馆、37031部队30分队、37474部队、38660部队、青岛警备区侦察船运大队6单位和17名干部战士，被市委、市政府评为突出贡献单位和个人，有7个驻军单位被评为先进单位。

至2005年，青岛市有军民共建点2000余个，有5对10个单位被评为“全国军民双拥共建先进单位”；29个单位分别被解放军总政治部、海军、济南军区和山东省人民政府授予“建设社会主义精神文明先进单位”。

第六节　特色与典型

全市群众性精神文明创建活动从学雷锋、做好事及开展“五讲四美”活动起步，逐步发展到创建文明单位、文明村镇、文明行业、文明社区和军警民共建，涌现出一批在全国、全省有影响的先进单位、典型活动、服务品牌和典型经验，如105舰与盲童学校共建活动、青岛驻军参与“引黄济青”工程、“六联六建”活动、交运集团“情满旅途”、公用事业“98111”服务热线、全国文明小村镇示范点——胶州市李哥庄镇、全国创建文明村镇工作先进单位——即墨市西北关村、莱西市“为民服务代理制”、全国文明村镇——城阳区城阳村、海尔“真诚到永远”、“海滨小金”、“海之情”青京列车、“公交张锋”等。

105舰与盲童学校共建活动

早在1975年，北海舰队105舰与青岛市盲童学校建立联系，开展互帮互学互促活动。105舰派出战士作为校外辅导员，配合学校对盲童进行人生观教育，每逢周六党团活动日和星期日，舰上的学雷锋小组和校外辅导员到学校为盲童做好事。同时，部队也经常邀请盲童给指战员讲自己克服困难、勤奋好学的故事，激励官兵安心服役，爱军习武，军地双方由此结下深厚友谊。1982年8月，105舰被海军评为精神文明标兵单位。1994年被评为“全国军民共建先进单位”，受到解放军总政治部、中宣部表彰。进入21世纪，105舰官兵每年对入校新生进行军训，教官以军队标准严格训练盲生列队、走步和收拾内务，培养盲生对自己、对集体、对学校、对社会的责任意识。2000年，在全市中学生军校工作汇报展演中，盲生队列表演获得表彰。2004年12月，海军105舰和市盲校的创新案例《特殊军训》，获青岛市军警民共建创新暨主题标识征集一等奖。

青岛驻军参与“引黄济青”工程

1986年4月，驻青解放军和武警部队先后抽调兵力5000余人，以及运输车辆、工程机械和器材，担负“引黄济青”桃源河改造工程任务。经过4个多月苦战，共挖土石方130万余立方米，修筑新河道长7.73公里。11月，又增调部队参与白沙河工地会战。青岛警备区增调兵力1200余人，率先开赴工地连续奋战21天，共投入劳动日2.1万余个，车辆1586台次，挖运土石方3.1万余立方米，提前完成任务。北海舰队37484部队承担开挖1000米暗渠任务，因地质复杂，施工部队风餐露宿，经过3个多月昼夜苦战，开挖土石方12万余立方米，按时完成工程任务。北海舰队37484部队被山东省委、省政府授予“引黄济青，造福人民”锦旗。

“六联六建”活动

1993年4月，市南区文登路街道办事处以街道办为主体、居委会为依托、驻区单位为骨干，开展军警民共建文明管区活动。500多个驻青部队单位积极参与城市管理工作，建立军警民治安巡逻队，协助街道拆除违章建筑和环境卫生日常保洁，形成思想政治工作、社会治安综合治理、公益事业、计划生育、环境建设和经济建设的群体，增强军警民驻在管区、热爱管区、关心管区、建设管区的意识，协同加强区街精神文明建设整体合力，形成军警民共建文明管区“六联六建（思想政治工作联做，共育四有新人；社会治安联防，共创安定环境；公益事业联办，共建服务设施；计划生育联管，共同提高素质；环境建设联建，共创优美环境；经济建设联抓，共图区

1999年，青岛市建立的98111服务热线，是全国首家综合市政公共服务热线。图为工作人员苦练基本功

精神文明先进单位”荣誉称号，连续14年被评为山东省文明单位。

公用事业“98111”服务热线

1996年，市公用事业系统被列为全市重点“纠风”单位。自来水、管道燃气、罐装液化气、供热、公交5个行业向社会公布热线电话、服务内容、服务标准，建立起社会服务责任赔偿制度。1998年7月，市公用事业局开通5条尾号为“111”的行业热线电话，寓意“一流产品质量、一流工作效率、一流服务水平”，提供指挥协调、投诉处理、咨询和信息服务，解决群众反映的热点难点问题。1999年8月，公用事业局投资300余万元，将原有5条热线合并为1条综合性服务热线——“98111”，在全国率先把集中呼叫技术用于便民服务，可同时打进30部电话，服务范围涵盖7区5市，形成由热线服务中心、二线网络单位和三级责任单位组成的服务网络，24小时受理市民关于供水、供气、供热、市政排水、环境卫生等问题的投诉，方便快捷地解决群众反映的问题。1999年，“98111”服务热线被命名青岛市第一批服务名牌。2005年12月，根据建设部规定，市公用事业服务热线“98111”改为“12319”。至2005年共受理群众来电840余万个，日均3800个，最高时达1.1万个。热线中心获首批全国文明单位、全国创建文明行业工作先进单位、全国最佳呼叫中心、中国呼叫中心十大影响力品牌等多项荣誉称号。

域繁荣）”经验。1996年11月，“六联六建”经验列入《青岛市“九五”期间社会主义精神文明规划纲要》，全市“六联六建”活动形成高潮，并涌现出工农、厂校、厂居、城乡等多种共建形式。

市政二公司与潜艇学院学员13队共建活动

青岛市政二公司与海军潜艇学院学员13队在共建初期，开展共建一条街、节日互访、迎来送往、参加学员班务会、“红嫂”献爱心等活动。每年庆“七一”期间，双方联合评议、表彰先进党支部和优秀党员。1990年，市政二公司依托潜艇学院人才、知识、技术优势，在青岛市最早创办军民共建党校，以党员培训、干部教育、职工轮训、入党积极分子培养等为主要内容，先后开设哲学、党史、法律、经济管理等10多门课程，累计培训1680人次，公司95%以上中层领导、业务骨干参加共建党校培训。市政二公司协助部队建立军人俱乐部，为品学兼优学员设立“市政人”奖学金，丰富和活跃部队文化生活。1994年和1997年，市政二公司与海军潜艇学院学员13队两次被中宣部、解放军总政治部授予“全国军民共建社会主义

海尔“真诚到永远”

20世纪80年代，中国家电业处于卖方市场阶段。多数国产家电行业普遍质量较差、可靠性低，且缺乏完备的售后服务。1984年，在海

尔集团成立之初就确定名牌战略，把产品质量放在管理工作的第一位，1985年的一天，有用户写信反映：海尔电冰箱有质量问题。张瑞敏知道后，马上检查仓库，发现还有76台电冰箱不合格。他亲自带头砸掉这些每台800多元、相对于一名职工两年工资收入的冰箱。这一事件不仅让海尔员工的心头感到震动，也让消费者感受到海尔的真诚。从此，海尔把“真诚到永远”的服务理念贯穿到设计、开发、生产、销售各环节。比如，海尔在规范售后服务环节，规定一整套工作程序：从入门介绍、自带鞋套、在自带地巾上修理，到修理结束后用自带抹布将产品擦拭干净、电话回访征求用户意见，处处体现“顾客第一”的服务理念。1991年，在全国首次评选“中国十大驰名商标”中，海尔成为中国驰名商标中最年轻的品牌。

此后，海尔不断提升“真诚到永远”服务品牌。从“只要用户一个电话，剩下的事由我们来做”到“星级服务一条龙”，再到售后服务的“海尔全程管家365”，海尔产品走到哪里，服务品牌就延伸到哪里。1999年，“真诚到永远”被命名为青岛市第一批服务名牌。

“海之情”青京列车

“海之情”青京列车担负着青岛—北京旅客运输任务，前身为50年代全国首批“红旗列车”之一，80年代入选全国“百面红旗”。1996年，济南铁路青岛客运段启动“海之情”品牌创建工程。开展为家长排解心中愁的“车递儿童”；为重点旅客搭起爱心桥的“温馨接力”；为病人开辟平安路的“随车医生”；为游子营造天伦乐的“生日祝福”活动。1999年，“海之情”被命名为青岛市第一批服务名牌。2000年9月，成为全国首件列车服务商标。此后，青岛客运段制定《“海之情”品牌质量手册》，导入CIS（企业识别系统），对列车服务标准、列车标志进行全面提升，使服务更全面、更细腻、更温馨、更具人性化。“海之情”逐渐成为旅客心目中的“名牌列车”。

交运集团“情满旅途”

1995年7月，青岛市交运集团在青岛长途汽车站发起“情满旅途联手大行动”，活动在短时间内由青岛一地一企扩展到全国50余家公路客运站，被评为1996年度青岛市“精神文明十件好事”之一，“情满旅途”服务品牌成为全国首个公路旅客运输交通品牌，交通部两次在青岛召开现场经验交流会进行推广。1998年，青岛长途汽车站制定规范化服务工作标准及管理考核办法，建立完善与之配套的30个管理制度、199条工作标准，实行百分制动态考核。交运集团在国家商标总局注册“情满旅途”服务商标，成为全国公路客运行业首个服务品牌。1999年，交运集团“情满旅途”被命名为青岛市第一批服务名牌。2001年，省文明办、省工商局在青岛召开现场会，向全省推广“情满

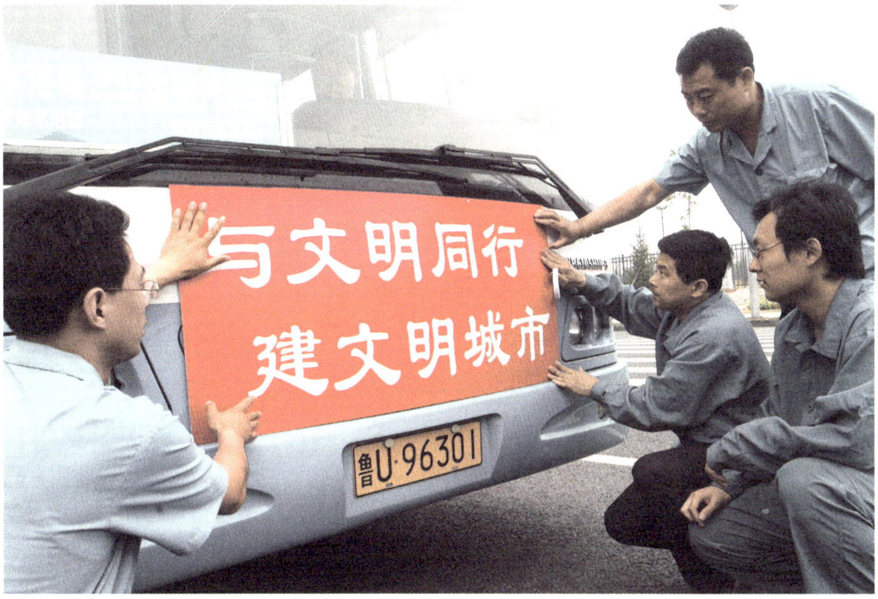

“情满旅途”服务品牌成为全国首个公路旅客运输交通品牌

胶州市李哥庄镇实施“三大工程（靓化、平民、富民）”，2001年被授予“全国创建文明小村镇示范点”荣誉称号

旅途”经验；新华社、经济日报社在青岛举办“情满旅途”品牌高级论坛。

全国文明小村镇示范点——胶州市李哥庄镇

胶州市李哥庄镇在文明村镇建设中，组织实施“三大民心工程”：一是“靓化工程”，运用BOT等方式融资2亿多元，建起400公顷生态林、150米宽大沽河沿岸生态林带、占地40公顷植物园和日处理污水2万吨污水处理厂；二是“平民工程”，建设山东省内高水平镇级人民广场，每年举办数十场文化娱乐活动，建成1500平方米镇文化体育活动中心；三是“富民工程”，先后建起16个蔬菜基地、育苗基地、养殖基地，培养致富能手，在全镇开展典型示范、以富带贫，增加农民收入。2001年，被命名为“全国创建文明小村镇示范点”。

全国创建文明村镇工作先进单位——即墨市西北关村

即墨市通济街道西北关村1999年成立村精神文明建设办公室，每年对村民集中进行普法教育，定期举办各种技能培训班。村两委先后投资200万元，硬化整修街道8600平方米，铺设污水管道8400米。投资400万元建起通济小学，投资1700万元建起“墨香苑老年公寓”，并对村里65岁以上老人实行义务供养，为村民营造环境整洁、安居乐业的生活环境。同时，村两委把评选“十星级文明户”“小康户”作为群众性精神文明活动载体，每年由农户自我申报，村民直评，由村两委登门挂牌，在全村形成村民自我约束、自我管理的良好氛围。2002年10月，中央文明委授予“全国创建文明村镇工作先进单位”称号。

莱西市“为民服务代理制”

2003年9月，莱西市大力推行“为民服务代理制”，探索创新农村精神文明建设机制。在市、镇、村3级设立代理服务机构，群众提出办事申请并提供相关材料后，各级代理服务机构在规定时限内提供无偿全程代理服务，实现“进一家门办理，收规定费办完、按承诺时办结”，建立起方便群众办事的“绿色通道”，提高办事效率，增强政府公信力。2004年12月，被中宣部作为重要典型，由全国10家新闻媒体进行集中宣传。至2005年8月，莱西市代理服务机构共为群众办结代理事项4.93万件，按期办结率、群众满意率均为100%。

全国文明村镇——城阳区城阳村

城阳区城阳街道城阳村以创建和谐村庄为目标，通过建立“共同富裕，爱心互助”保障机制，建成全省一流养老院、幼儿园和文化娱乐公园。累计投资9700万元用于村容村貌建设，全村2600户村民搬进宽敞新居。2004年，村内生产总值完成3.65亿元，上缴国家税金5506万元，人均收入6680元。城阳村委通过设立“精神文明奖励基金”，鼓励村民积极投入文明创建活动，仅2004年就发放精神文明奖励金1500万元。2005年10月获得“全国文明村镇”称号。

第三章　创建文明城市

80年代初，青岛市在开展“全民文明礼貌月”活动中，以实现社会风气、社会秩序根本好转为标志，以整顿市容卫生为突破口，清理市容卫生，整顿社会秩序，改善服务态度，进入创建文明城市初级阶段。

1987年，在《青岛市“七五”期间社会主义精神文明建设规划》中，第一次明确提出“广泛开展创建文明城市活动”，全市创建文明城市活动纳入精神文明建设的总体布局。1993年后，创建文明城市活动内容规范为以“三优一做”为主要内容。1996年，《青岛市“九五”期间社会主义精神文明建设规划纲要》首次提出创建“全国文明城市”的目标，争取“九五”期间跨入全国文明城市行列，文明城市创建工作进入深化提升阶段。1999年，青岛市在《关于深入开展创建文明城市活动的决定》中，明确提出“力争首批进入全国文明城市行列”目标，全市创建文明城市活动进入蓬勃发展新阶段。当年，青岛市被评为“全国创建文明城市工作先进市”。

2001年，市委、市政府印发《关于进一步深化创建文明城市工作的意见》，提出率先建设成为全国文明城市目标，制定6个方面28项整治措施，并将创建工作正式纳入全市重点工作目标考核体系。2002年，《青岛市“十五”期间社会主义精神文明建设规划纲要》提出“力争进入首批全国文明城市行列和创建学习型城市、建设文化强市”总体目标。2004年，以迎办2008奥帆赛为契机，以争创全国文明城市为总抓手，把培育城市精神、人文奥运和创建学习型城市三大工程紧密结合起来，着力建设“繁荣青岛”“文明青岛”“平安青岛”，构筑“生态青岛”“诚信青岛”“品牌青岛”“温馨青岛”“活力青岛”，打造“帆船之都”“音乐之岛”“影视之城”，更加深入地开展群众性创建文明城市活动。青岛市先后获得国家卫生城市、中国人居环境奖、全国社会治安综合治理优秀城市、国家园林城市、国家环保模范城市、全国社区建设示范市、全国双拥模范城市、全国无偿献血先进组织城市、中国优秀旅游城市、国家历史文化名城、全国水土保持和生态环境建设示范城市、全国节水型城市、全国科技进步先进市、全国畅通工程一级管理城市、全国无障碍设施建设示范市等荣誉称号。

2005年6月，青岛市顺利通过“山东省文明城市”测评。7月，获“山东省文明城市”称号。8月，顺利通过“全国文明城市”测评。10月26日，中央文明委授予青岛市首批“全国文明城市”称号。

2005年的青岛市区

第一节　组织领导

1999年2月，围绕创建“全国创建文明城市工作先进市”，青岛市成立创建文明城市工作领导小组，建立各项工作制度，提出“加强思想道德教育、优化城市管理、强化城市治安秩序、提高窗口行业服务质量、活跃群众文化活动、改造城市基础设施”总体要求。3月，从加强领导体制入手，建立全市创建文明城市党政联席会议、办公会议、目标责任制和监督检查四项制度，下设督查、协调、宣教秘书、优良秩序、优美环境、优质服务、文化建设、社区建设、旅游服务9个专业组，负责“创城”活动的规划、指导、协调、组织实施和检查考核。党政联席会议由市委、市政府主要领导主持，专题研究创建工作中全局性重大问题；办公会议由担负创建文明城市工作责任的52个部门“一把手”参加，不定期举行。形成在市委、市政府统一领导下，市文明委统筹规划，市文明办组织协调、分类指导，各相关部门、行业具体组织实施，工、青、妇、科协等群团组织密切配合，各区（市）狠抓落实，城乡联动，军警民共建的工作机制。4月，制订《1999年创建文明城市实施方案》，印发《青岛市1999年创建文明城市重点工作责任目标》，明确“市民素质提高、社会秩序优良、各类服务优质、环境整洁优美、文化繁荣健康、社区功能完善、双拥共建扎实、基础建设完备、组织领导有力”等9个方面的分工领导、目标内容及进度、责任单位，并将任务具体分解到各区（市）及市直责任部门。各区（市）和市直各责任单位，普遍建立领导机构，实施“一把手”工程，并把创建文明城市工作作为考核各级领导干部的重要内容和依据。7月21日，正式向省文明委提出“全国创建文明城市工作先进市”参评申请。9月16日，中央文明委授予青岛市“全国创建文明城市工作先进市”称号。9月30日，召开全市“珍惜荣誉，巩固成果，提高创建文明城市工作水平”动员大会，表彰获得全国精神文明建设工作先进单位的51个单位和72名个人，对在创建工作作出突出贡献的60个先进单位和120名先进个人进行命名表彰。

2001年3月，印发《2001年度创建文明城市工作实施方案》《主要工作目标任务及责任分解》，把创建全国文明城市工作纳入市委、市政府年终重点工作目标考核。12月，公布《2001年创建文明城市工作检查考核办法》，规定凡是创建文明城市工作未达到优良等次的，不能进入全市重点目标考核先进单位行列。对每年在全市重点目标考核中名列前20名的单位主要领导立功受奖，连续3年列后三位的予以诫勉。各区（市）、各部门层层分解，把活动内容量化、细化、具体化，责任到人，定期考核。2002年，进一步完善党政联席会议、办公会议、目标责任制、监督检查4项制度，把创建文明城市工作任务细分落实到7区5市和46个职能部门，纳入全市重点工作目标考核。4月底，青岛市顺利通过中央文明办复查验收，保持“全国创建文明城市先进城市”荣誉称号。中央文明委组织人民日报社、中央人民广播电台、中央电视台等16家中央新闻媒体，对青岛市创建文明城市工作进行集中宣传。2003年12月，印发《关于创建全国文明城市的意见》，明确提出“力争进入首批全国文明城市行列”目标，并将这一目标写进《政府工作报告》。青岛市提出“加强思想道德教育、提高市民综合素质”“优化城市环境、建设生态城市”“维护社会稳定、创造优良秩序”“强化诚信建设、优化服务环境”“提升城市文化品位、着力打造现代文化名城”5项工作任务，确定强化领导责任制、强化依法治市和以德治市紧密结合管理机制、强化条块结合同创共建工作机制、强化舆论宣传、强化物质保障机制等5项工作措施。同时成立由市委、市政府分管领导牵头负责的6个专业工作组，实行市领导、区（市）和部门、基层单位“三级责任制”，畅通部门走访、来信来访、公开电话、日常督查、媒体网络5条民意渠道，从上到下建立起创建文明城市长效机制。2004年9月，中央文明委颁发《全国文明城市测评体系（试行）》。青岛市依此逐条进行分解，制定《全国文明城市测评准备工作责任分解》，围绕创造“廉洁高效的政务环境”“公平公正的法治环境”“规范守信的市场环境”“健康向上的人文环境”“安居乐业的生活环境”“可持续发展的生态环境”和“扎实有效的创建活动”等7个方面、37个指标和119项测评内容，具体分解为257项标准，纳入全市各部门“三个文明”年度绩效考核。11月，青岛市作为全国副省级城市唯一代表，参加中央文明办《全国文明城市测评体系》试行工作暨成果鉴定座谈会，介绍《坚持科学发展观，实现创建文明城市新跨越》的创建经验。11月30日，市委、市政府召开“创建全国文明城市、生态市，迎接2008年奥帆赛动员大会”，对创建全国文明城市工作进行全面部署，发布《青岛奥运行动规划——城市文明建设规划》，全市掀起“做文明市民、建文明城市、办成功奥帆赛”热潮。

2005年10月26日，青岛市获得首批“全国文明城市”称号。图为在台东三路商业步行街举办的创建文明城市成果图片展

2005年初，中央文明办印发《关于推荐全国文明城市、文明村镇、文明单位和全国精神文明创建工作先进单位的通知》，同时出台《全国文明城市测评体系操作手册》。3月，《青岛市创建全国文明城市工作目标责任分解》和《青岛市创建全国文明城市工作手册》，把创建工作目标、要求和责任落实到各区（市）和94个市直单位，纳入全市工作目标考核。为创造整洁优美的城市环境，全面启动市容环境和社会秩序等12项整治。市创建工作督查组和市统计局城市调查队，通过调查问卷、实地考察记录和现场督查，为全国文明城市迎检准备工作提供第一手资料。6月20日，省文明委对创建工作进行测评，青岛市以总分130.573分（满分131分）的成绩顺利通过测评，并以全省第一名的成绩被推荐参评全国文明城市。为迎接中央文明办测评工作，青岛市成立9个创建工作督导组，由市领导分工包片，市人大、市政协有关领导参与，按照市内7区和行业分组，深入到创建工作第一线进行督导检查，对创建工作薄弱环节限期进行整改。7月31日，中央文明办“全国文明城市测评组”用5天时间，对青岛市创建全国文明城市工作进行测评。9月5日，中央文明办对全国文明城市候选名单进行公示，青岛市以省会和副省级城市组第二名的成绩进入公示行列。2005年10月26日，中央文明委在北京召开全国精神文明建设表彰大会，青岛市获得首批“全国文明城市”称号。

第二节　城市环境改善

80年代初，青岛市以整顿市容卫生为突破

1986年，《青岛市“门前三包”责任管理办法》公布实施。图为中山路春和楼工作人员在清扫门前卫生

口，以治理“脏、乱、差”为重点，开展群众性城市环境整治活动。1984年，青岛市印发《关于加强市容环境卫生管理的通告》和《关于“一要三不准”的通告》，重点解决乱穿马路、随地吐痰、乱扔烟头、乱设摊点问题，市容面貌有了较大改观。1986年，颁布《青岛市“门前三包”责任制管理办法》，在全市街（路）和各县城推行“门前三包”（包卫生、包秩序、包绿化）责任制，位于400多条街（路）两侧的3000多个单位，与街道办事处、公安派出所签订“门前三包”合同书，组织2500多名“门前三包”监督员上岗劝导，制止随地吐痰、乱设摊点、乱扔杂物等现象。

进入90年代，按照创建文明城市总体要求，大力改善城市环境和群众生活环境，组织对北部城区杭州路、大沙路、四流北路等道路进行整修；对张村河、李村河、大村河等河道进行整治。1994年开始，连续5年在全市广泛开展“治理市容市貌”“控制燃用散煤”“治理市场秩序”活动，着力解决市内83条主干道、600多处角落“脏乱差”问题。整治小街小巷，实施“平改坡”工程，开展“楼道革命”，清除居民楼院杂物、清理卫生死角、改善居住环境。1997年，印发《关于创建青岛市文明标志区域的实施意见》，在中山路商业街、青岛火车站、青岛长途汽车站、青岛港客运站、青岛流亭机场、栈桥、鲁迅公园、小青岛、太平宫、太清宫、汇泉广场、五四广场、东海路、香港路、八大关等15个主要风景旅游景区、交通枢纽场站和商业街，建成代表青岛精神文明建设水平的文明标志区域，并以此为样板，推动创建文明城市工作深入开展。1998年11月，青岛市印发《城市环境综合整治总体方案》，成立市环境综合整治总指挥部，在全市开展“人人参与、美化家园”活动，集中实施火车站及栈桥周边环境垃圾治理，占路市场，城市道路、居民小区环境、楼院亮化等专项治理。1999年，青岛市成立城市管理监察总队，实施相对集中的城市管理行政处罚制度，加大综合执法力度，逐步实现城市管理由粗放型向质量型转变，由单一型向综合型转变，由突击型向长效型转变。4月，印发《关于平除市内山头和城乡交通干线两侧坟墓的通告》，在两个月内平除市区山头、城乡铁路和市级以上公路两侧1000米范围内暴露坟头。5月起，以“保护生态环境，倡导文明新风”为主题，开展植树绿化、清理白色垃圾、改善空气质量、治理水源污染等活动。10月，在全市开展“巩固成果、整治污染、净化环境”专项治理活动，重点解决冬季燃烧散煤污染空气、乱贴乱画、乱倒垃圾、建筑工地卫生管理等问题。各单位开展“我为岛城添光彩、人人做一件文明事”“我为创建文明城市献一计”“八不劝诫”等活动。连续不断地开展城市环境综合整治，先后针对楼道乱堆乱放杂物、乱贴乱画、非法广告、卫生死角、违章建筑、占路市场等问题进行专项治理。同年，市政府投资3.1亿元，实施海泊河综合整治一期工程、福州路景观路建设和城市亮化美化等工程，城市环境面貌得到明显改善。

进入21世纪，围绕创建“全国文明城市”，青岛市发动社会各界参与开展新一轮城市环境综合整治工作。着重解决市容市貌、市场秩序、交通秩序和污染扰民问题，集中整治垃圾清运，道路破损，占路经营，交通秩序，建筑工地管理，集贸市场管理，树挂，河道清理，车站、码头、机场卫生秩序和治安秩序整顿，违章建筑，破旧广告漏字掉字，乱贴乱画等12个方面问题。同时，以路域整治为重点，先后整治福州路、辽阳路、银川路、中山路、辽宁路、太平路、莱阳路、贵州路、鱼山路、沂水路、江苏路、大学路、华阳路等重点路域脏乱差现象；集中开展整治“乱贴乱画广告”行动和“市区报刊零售市场经营秩序”专项整治工作；确定每月第一个星期五为“全民环境卫生日”，以“三项整治”（清理垃圾、清除违章、搞好绿化）为重点，集中开展清理违法建筑工作，拆除违法建筑近100万平方米。2001年6月，命名青岛海洋大学、青岛大学、青岛雕塑园、崂山世纪广场、文博中心、音乐广场、文化名人雕塑园7个重要文化场所，为第二批市级文明标志区域，提高市级文明标志区域文化内涵。

2005年，为迎接全国文明城市测评，启动市容环境和秩序12项整治工作，加大户外牌匾、门头字号、占路亭体、非法占路经营整治力度，整治308国道、重庆路、青银路、胶州湾公路等城市主干道周边环境，郑州路河、杭州路河、大村河等河道改造，加快“平改坡”和小街小巷整治，整治铁路沿线两侧环境卫生，整治火车站、长途汽车站、轮渡、机场、公交车站点及周边环境秩序，整治城乡结合部环境卫生，整治废品收购点、修车点、洗车点及其周边环境，治理非法“摩的”，整治农贸市场周边环境和“冒市”问题，整治乱贴乱画小广告，整治乱倒建筑垃圾。投资8000万元，改造1300处背街小巷，对北部城区杭州路、大沙路、四流北路等道路进行整修，北部城市面貌明显改善。

至2005年底，全市城市绿化覆盖率38%，城市人均公共绿地面积11平方米，环境空气质量优良率90.4%，生活垃圾无害化处理率100%，污水处理率81.47%，烟尘控制区覆盖率100%，城市水域功能区水质达标率100%，各项指标均居全国同类城市领先水平。东海路、香港路分别获得国家设计金奖和“中国人居环境范例奖”。

第三节　全民参与

1993年后，青岛市以“三优一做”活动为载体，发动广大市民争做文明市民，积极参与城市环境综合整治，在创建全国文明城市实践中，不

2002年，青岛老年志愿者为庆祝北京申奥成功举行长跑活动

2005年4月，青岛市在“五四广场”举行“我为创城加一分”签字活动

大容量地增加市民文明素质教育内容，引发市民参与文明素质讨论。在青岛电视台举办“文明——从我做起”电视对话特别直播节目。市直各部门、人大代表、政协委员、先模人物、服务明星代表、专家教授、市民代表等360多人参加现场讨论，场外市民通过4部热线，对普遍存在的不文明现象及其整治办法，提出122条意见和建议。各区（市）结合各自实际，发动社区居民开展查不文明现象、论不文明现象危害、改不文明事情的“查、论、改”活动，吸引广大市民参与创建文明城市活动。2001年8月起，历时四个多月，在全市范围内开展“文明从我做起，提升青岛形象”大讨论，内容涉及公德意识、诚信意识、主人翁意识、守法意识、学习意识五个方面。《青岛日报》《青岛晚报》《生活导报》报道好人好事，引导市民列举发生在身边不文明现象，找原因、查根源、论危害，树立文明意识，争做文明市民，参与文明城市创建。

断激发广大市民热爱青岛、建设青岛、美化青岛热情，形成城市管理、社会治安综合治理、行业风气、市民文明素质“四位一体”，整体推进创建文明城市格局。

1999年，在全市开展“我为创建文明城市献一计”金点子征集活动。同时，市文明委组建由人大代表、政协委员和先进市民代表组成的市民文明巡访团，并逐步扩展到7区5市、延伸至各社区，活跃在创建文明城市的各个层面。同年，在全市开展“保护生态环境，倡导文明新风”活动，全市各部门广泛组织“大手小手齐动手，美丽家园共拥有”卫生清洁大行动、“城市文明从家做起”“小手拉大手、共建文明城”“周日青年志愿者行动”“青少年跨世纪纪念林”等一系列宣传教育活动，提高市民环境保护意识和城市主人翁意识。

2000年，围绕“美化居住环境、维护社会治安、丰富文体生活、普及科学知识、拓展社区服务、密切人际关系”6个方面，在全市开展“倡导文明新风，共建美好家园”活动，引导广大市民树立文明形象，改善“窗口”服务，维护交通秩序、爱护公共设施、清理环境卫生。各新闻媒体

自2003年起，在全市连续开展“我为青岛发展献计策”市民月活动，实施“问政于民、听政于民、议政于民、接受监督于民”的“三政一监督”决策模式，广大市民通过电视对话、网上对话、市民议事厅、开通“12345市长热线周”、青岛电视台“市民议事厅”等方式，参与创建全国文明城市活动。每年都收到市民提出各类意见和建议上万条，90%以上建议得到政府各部门采纳和办理。2003年3月，在市内7区开展城市文明交通“三让”（车让人、人让车、车让车）活动，市文明办、市公安局联合发出《关于在全市范围开展城市文明交通“三让”活动的通知》，解决行人乱穿马路、车辆乱停抢行等现象，构建

安全和谐、文明有序道路交通环境。2004年，开展“文明城市万人巡访”和“文明啄木鸟”活动，提高民众对创城工作知晓率、参与率。开展“关注身边的道德细节”教育活动，归纳整理出青岛人20个亮点和20种陋习，配发漫画和评论，在网络和报纸上组织市民热议。11月，青岛市大学生文明礼仪宣讲演示团深入党政机关、街道、社区、“窗口”单位和大中小学校，进行文明礼仪宣讲演示100多场，听众6万多人。驻青部队领导机关召开青岛驻军参与创建全国文明城市工作会议，组织各部队开展“整治环境，美化家园”活动，搞好环境治理、园林绿化，加强营院和家属院管理，推广普及“文明用语，文明待人、文明办事，自觉遵守文明行车”规则，积极投身“做文明市民、建文明城市、办成功奥帆赛”活动。

2005年，市政府向全市人民发出《全民动员，人人参与，共创全国文明城市》公开信，印发《创建文明城市工作手册》《创城靠大家，创城为大家》公益张贴画等。广泛开展“与文明同行，建文明城市”“我为创城加一分，做可爱的青岛人”“做文明使者，建文明城市”等各种形式创建活动，发动全民征集“创建文明城市徽标”和“文明城市、和谐社会歌曲”“热爱青岛的N个理由”和“文明短信”，举办“街头DV抓拍大赛”和“我最讨厌的十大驾驶陋习、十大行人交通陋习”等评选活动，在青岛传媒网《百姓说事》栏目推出“寻找社区热心人，共建文明城市”活动，引导百姓发现和宣传身边为社区文明创建、社区公益事业无私奉献的热心人。驻青部队派出官兵8.44万人次，清理各类垃圾8700多吨，植树124.9万株，绿化草地3200多公顷，支持工程建设218项。形成人人参与、美化家园、携手共建文明城市的社会环境。

第四节　特色与典型

在创建全国文明城市过程中，青岛市加强组织领导，引导市民参与，开展城市环境综合整治，组织开展“三优一做”“我为青岛发展献计策”、市民文明巡访团、文明交通“三让”、人文奥运工程等一系列文明创建活动。

“三优一做”活动

1993年5～10月，在全市首次开展“创优良秩序、优美环境、优质服务、做文明市民”活动，将精神文明建设与城市管理、社会治安综合治理等工作有机结合，进一步改善城市面貌和文明程度。青岛市成立活动领导小组，各区和市直有关部门普遍制订具体实施方案，落实目标和责任。整个活动坚持广泛吸引群众参与，坚持注重实效，以市容环境卫生、社会治安为突破口，重点解决环境脏、秩序乱、服务差问题，特别是抓住群众普遍关心、反映强烈、意见集中的热点和难点问题，集中时间、集中人力物力突出整治。在此基础上，全市开展层层争做“十佳先进单位”“十佳文明市民”活动，广

1993年，青岛市开展“三优一做”活动。图为获得首届“十佳先进单位和文明市民”的代表

泛组织全市群众进行测评，共收到测评票12万张，从中产生青京239/240列车组等10个“十佳先进单位”和杜瑶瑶等10名“十佳文明市民”，使整个评选过程演变成向全市人民进行“创三优、做文明市民”再教育过程，做文明市民、创十佳单位、建文明城市的良好社会风尚更加深入人心。自1994年起，“三优一做”活动成为创建文明城市主要内容和活动形式。

“我为青岛发展献计策”活动

1999年3月16日，青岛市启动“我为创建文明城市献一计”金点子征集活动，动员市民围绕城市建设和城市管理建言献策。在不到半年的时间里，共收到广大市民建议4780条，内容涉及城市规划、城市管理、市政工程、环境保护、治安管理等46个方面。青岛电视台开办“金点子”作者及相关领导现场对话交流直播节目，广大市民参加“如何把金点子变为现实”大讨论。9月，市文明委对50个“金点子”以及65名“金点子”作者予以通报表彰。市委、市人大、市政府、市政协及有关部门对“金点子”高度重视，对市民意见和建议进行分析归类，对合理化建议加以采纳，“人民群众旁听人大工作会议”“在高科园建设海外学子创业园”等一批“金点子”得到落实。2003年后，青岛市把征集市民“金点子”活动拓展为每年7月的“我为青岛发展献计策”市民月活动，分“市民献计策、市委书记与市民网上对话、举办市民议事厅”3个板块。当年，首届“市民议事厅”共收到市民提出意见和建议1.01万件。其中，有近百条工作建议被采纳，有12个重要建议纳入市委、市政府议事日程。2004年“市民月”活动期间，收到市民意见和建议1.13万条。市长办公会先后两次就市民反映比较集中的10个问题进行专题研究，其中100多条批评性意见反映的问题得到迅速整改。2005年7月，“‘我为青岛发展献计策’市民月”活动收到市民建议近2万条。首次举办“12345市长热线周”，9位副市长走进青岛人民广播电台新闻直播间，与市民对话交流，9天内共接听市民热线收到意见和建议1152条，通过短信平台和网站收到意见和建议900多条，网帖60多条。

市民文明巡访团

1999年6月，青岛市遴选18名责任心强、作风正派、热心公益事业的人大代表、政协委员及十佳文明市民、基层干部、市民代表，组建“市民文明巡访团”，了解社情民意，反映群众呼声，对创建文明城市进行社会监督，督促各部门及时为群众排忧解难，架起政府与百姓间桥梁，被群众誉为“布衣钦差”。《青岛晚报》和《生活导报》开设“市民文明巡访团在行动”专栏，协同巡访团参与社会巡访活动，对不文明行为或单位进行曝光。中央文明办《精神文明建设》登载《青岛市组织市民文明巡访团反映民意加强监督》文章，推广其经验做

1998年成立的“市民文明巡访团”，遴选多名退休老干部为群众排忧解难，被誉为“布衣钦差”

法。《人民日报》以《文明需要督导》为题，对青岛市民文明巡访团的做法进行报道。2001年9月，7区5市全部建立市民文明巡访团，市、区两级巡访团成员达到130多人。2003年4月，市南区八大湖街道办事处率先成立社区市民文明巡访团。7月，全市社区普遍建立市民文明巡访团，形成市、区、社区三级文明巡访网络。2004年，市民文明巡访团成员逾万人。至2005年，市民巡访团共接到群众来信、来访、来电576人次，组织巡访活动420多次，解决430多个问题，向市委、市政府报送调研报告6份。

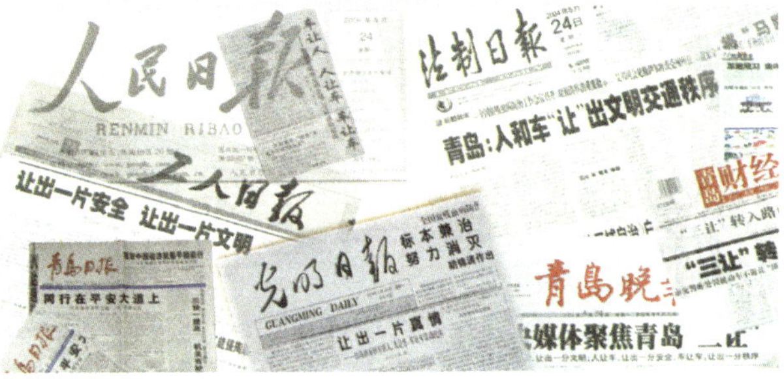

2004年5月，全国各级新闻媒体报道青岛“三让”活动

2003年，青岛市开展城市文明交通“三让”活动，当年交通事故数下降18%

文明交通“三让”活动

2000年，公安部、建设部提出在全国实施城市交通管理“畅通工程”，青岛市结合自身实际，开展交通安全宣传“五进”活动，市民文明交通意识明显增强，道路交通秩序明显好转，交通法规和交通安全常识普及率达到95%，规范化停车率达到90%。2002年，青岛市首次获得国家“实施畅通工程模范管理城市”称号。2003年，青岛市把创建文明交通环境作为创建全国文明城市重要内容，针对行人乱穿马路、车辆乱停抢行等现象，以礼让“斑马线”为切入点，在市内7区开展城市文明交通“三让”（车让人、人让车、车让车）活动。3月12日，印发《关于在市区范围开展城市文明交通“三让”活动的通知》，提出“车让人，让出一分文明；人让车，让出一分安全；车让车，让出一分秩序”，改善城市交通秩序和市民生活环境。5～8月，集中整治车辆严重违章行为，在全市各新闻媒体开设交通违章曝光“排行榜”。9月，印发《青岛市“遵守‘三让’平安出行”交通安全宣传教育和整治活动方案》，将文明交通“三让”活动由市内7区向周边5市扩展。10月26日，市委宣传部、市文明办、市公安局、青岛电视台联合主办“三让、文明、和谐”现场直播对话特别节目。在全市先后举办“三让”宣传日，发放《致市民、致机动车驾驶员、致中小学生一封信》30余万份，开展评选“十种行车交通陋习”和“十种行人交通陋习”“遵守‘三让’，平安出行”“告别陋习，争做文明行车人”等系列宣传活动，创建“三让”示范社区、示范单位、示范学校、示范道路，强化市民交通意识和文明行为规范。中央电视台《焦点访谈》栏目专题报道青岛开展城市文明交通“三让”活动情况。2004年，发挥党政机关示范带动作用，在市直机关公务员和驾驶员中开展“遵守‘三让’，向我看齐”承诺活动，在城市客运出租行业开展“遵章驾驶、共树形象”评选优胜企业、优秀驾驶员活动，举办文明交通“三让”电视知识竞赛。2004年5月23、24日，根据中宣部新闻局安排，人民日报社等11家中央新闻媒体，对青岛开展“三让”活动进行集中宣传报道。2005年4月，召开全市深化文明交通“三让”争创全国文明城市大会，在全市举行

2003年5月2日，青岛市举行倒计时200天“千鼓百琴奥运情”广场文化活动

“与文明同行建文明城市”活动启动仪式，千名志愿者在全市主要街道路口对过往行人及车辆进行“遵守‘三让’，平安出行”劝导宣传活动，市文明委向违反“三让”车辆所在单位下发违规通知书，责令整改。9月，省文明办、省公安厅向全省推广青岛市优化交通环境经验，要求在全省开展城市文明交通“三让”活动。2005年，机动车礼让“斑马线”比率上升至25%，城市机动车违章率下降约50%，全市道路交通事故起数、死亡人数、受伤人数、经济损失比上一年同期分别下降24.5%、20.25%、4.71%、27.38%，交通事故死伤人数连续3年下降。2002～2005年，青岛市连续4年被建设部、公安部表彰为“全国实施畅通工程A类模范管理城市”。

人文奥运工程

2001年7月13日，北京成功申办2008年奥运会，青岛成为奥帆赛承办城市。为实现“承办一届历史上最出色的奥帆赛”目标，青岛市将创建全国文明城市与推进“人文奥运”工程紧密结合起来。当年，全市7万多人次参加“学外语，迎奥运”系列活动。2002年，举办“做文明市民，建文明城市，办成功奥运”电视知识竞赛，开展“五环小蓝帽”志愿者系列活动，众多志愿者参与首届奥林匹克文化节筹备和服务工作。2003年4月，市第九次党代会把推进人文奥运列为全市精神文明建设“三大工程”（培育城市精神、推进人文奥运、创建学习型城市）之一，在全市开展“做文明市民、建文明城市、办成功奥帆赛”系列文明教育和实践活动。2004年4月，北京奥组委网站公布《青岛奥运行动规划——城市文明建设规划》。青岛市发起“我为奥运种棵树”活动，市党政军领导、各界干部群众和驻青部队代表5000余人，共同为“奥运林”植树2.5万余棵。举办“迎奥运，展风采——港中旅杯”青岛市首届导游文明形象大使电视大赛。大学生文明礼仪宣讲演示团深入基层演示倡导讲文明、讲礼仪良好风尚。举办“小节大德”教育活动、青岛人“20个文明亮点”和“20个陋习”大讨论、出租车等行业“争做文明使者，擦亮奥运窗口”活动、“我为创建文明城市添光彩”普通话、外语双语大赛等，进一步提高市民人文素养和公共道德水平。建立文明城市创建和迎办奥运推行注册志愿者制度，登记注册志愿者33万人，占全市人口的12.8%，举办纪念志愿服务10周年特别节目、奥帆赛志愿者项目启动仪式等大型活动。2005年，奥帆委正式公布《青岛市人文奥运行动计划实施意见》。青岛市启动以“健步行、构建和谐社会，迎奥运、共创文明城市”为主题的万人健步行活动，举行“奥运向我们走来”——北京2008年奥运会倒计时1000天庆祝活动，举办第二十九届奥林匹克运动会帆船比赛志愿者项目启动仪式。“人文奥运”融入到创建全国文明城市之中，全面提升青岛市文化品位、文化内涵和城市文明程度，树立起青岛市良好国际形象。

第五篇 残疾人事业 老龄事业 慈善事业

残疾人事业 解放后，青岛市残疾人事业得到党和政府高度重视。1950年青岛市民政局首次为残疾人员评定等级，代发《革命残疾人员证明书》。1953年设立盲人藤器厂，专门安置盲人就业。1959年，组织开展盲人、聋哑人调查，并开始在青岛医学院进行残疾人康复工作。市盲人聋哑人协会、市盲人聋哑人俱乐部组织开展残疾人文艺、体育等活动，其中在1960年第三届全国盲人田径通信赛上，青岛运动员杨永亮全盲60米赛跑以7.6秒成绩平世界纪录。进入70年代，残疾人教育、就业、康复及文体活动得到发展，尤其是盲聋哑学校、弱智儿童学校以及福利企业、盲人按摩院等有所增加。1979年，全市共有盲人、聋哑人5855人，给有劳动能力的683人安置工作。学龄盲童、聋哑儿童大部分入学，尚未入学的仅88人。

老龄事业 青岛市人口发展在经历了建国前高出生、高死亡、低自然增长率阶段后，由五六十年代高出生、低死亡（三年自然灾害除外）、高自然增长率转变为80年代低出生、低死亡、低自然增长阶段。人口年龄结构也由五六十年代的年轻型转变为70年代的成年型。80年代之前，青岛市老龄问题并不突出，老龄事业的重点是在全社会倡导尊老敬老社会风气，救济鳏寡孤独老年人和农村“五保户”。

慈善事业 青岛素有乐善好施、助人为乐、扶危济困的社会风气。20世纪20年代，胶澳商埠督办公署先后创办济良所、教养局、育婴堂、贫民习艺所等机构，开展社会慈善活动。1943年冬，日本侵略军对胶东地区进行“扫荡”，将抓来的1000多人囚禁于青岛体育场，其中近400人死于非命。红卍字会青岛分会出面保释，使剩下的600多人幸免一死，并发给棉衣、路费，遣送回乡。

解放初期，青岛市组织对无依无靠的老、弱、孤、幼进行收容安置，收容游民、妓女、乞丐和其他流浪人员，组织有劳动能力的城市贫民生产自救。此后，陆续创办青岛市社会福利院、青岛市儿童福利院、青岛市劳动教养管理所、妇女教育所等福利机构。同时，广泛开展互助、捐献和慈善活动，支援抗美援朝和国家建设。

第一章　残疾人事业

1979年9月，恢复青岛市盲人聋哑人协会组织。当年，青岛市共有盲人1938人、聋哑人3917人。1989年2月24日，青岛市残疾人联合会正式成立，并召开青岛市残疾人联合会第一次代表大会。1990年12月28日《中华人民共和国残疾人保障法》颁布。1991年10月，《青岛市保障残疾人合法权益规定》施行。

改革开放后，青岛市先后组织实施残疾人就业“万千行动”工程、康复工程、素质教育工程、扶贫工程、生活救助工程、安居工程、维权工程等，广泛开展残疾人文化、体育活动，为全市8万多名残疾人提供康复、就业、扶贫、维权服务。1985年2月，国务院批准在全国范围内对各类残疾人进行抽样调查，青岛市的莱西县成为抽查地区。1990年12月28日，《中华人民共和国残疾人保障法》实施后，1991年5月，青岛市第十届人大常委会第二十二次会议通过《青岛市保障残疾人合法权益规定》，于1991年10月1日起施行，青岛市残疾人事业开始走上法制轨道。

2003年10月，为全面、准确掌握青岛市持证残疾人的数量、素质、结构、分布和居住环境等方面的情况，市政府组织对全市残疾人进行入户普查。普查对象主要为青岛市常住户口并持有“中华人民共和国残疾人证”的残疾人；普查内容包括：残疾人基本信息、康复信息、职业信息、社会保障信息、经济状况等。2004年4月普查结束，共普查到持证残疾人8.59万人，占全市人口总数的1.12%。其中，崂山区比例最高为1.81%。

至2005年，青岛市6.5万名残疾人得到康复治疗，3.9万名白内障患者实施手术，100多名残疾学生迈进大、中专院校大门；2.2万名残疾人接受职业培训，1.4万名残疾人走上工作岗位。青岛市投入扶贫贷款1700多万元，使2万余名残疾人享受到社会保障。为1800户农村贫困残疾人家庭免费修建房屋。为残疾人提供法律咨询服务2600件，使600多名残疾人通过法律程序维护合法权益，挽回损失70多万元。发展残疾人文体事业，成功举办青岛市残疾人10届田径运动会和9届文艺汇演。

2004年青岛市各区（市）各类别持“残疾证”人员统计表

表5-1　　　　单位：人

区域名称	视力	听力	言语	智力	肢体	精神	合计
市南区	438	357	100	600	1945	576	4016
市北区	660	489	162	909	2780	808	5808
四方区	521	345	108	690	2055	719	4438
李沧区	372	319	58	552	2270	388	3959
崂山区	300	298	132	366	2360	162	3618
黄岛区	331	239	183	410	2269	146	3578
城阳区	587	513	190	806	4394	255	6745

续表5-1

区域名称	视力	听力	言语	智力	肢体	精神	合计
即墨市	1081	1246	255	1383	7752	496	12213
胶州市	766	761	149	936	5199	503	8314
胶南市	1447	1239	159	1801	7617	1023	13286
莱西市	529	657	219	981	4697	453	7536
平度市	844	937	310	1412	8238	680	12421
合计	7876	7400	2025	10846	51576	6209	85932

第一节　康　复

青岛市实施残疾人康复的历史较早。70年代，残疾人康复的重点为肢体康复，此后逐步发展到视力、听力、精神等康复。1989年，青岛市残疾人事业领导小组制定《残疾人三项康复工作五年规则》，自此，青岛市残疾人三项康复工作（包括白内障复明、儿麻矫治、聋儿语言康复）得到快速发展。从1979年到2005年，全市6.5万名残疾人得到不同程度的康复或功能补偿。

视力残疾康复

白内障复明　1989年，市民政局、市卫生局、市财政局、市教育局、市劳动局和市残联印发《青岛市残疾人三项康复工作实施方案》，从1991年开始白内障复明工作，至2005年，青岛市为3.93万名白内障患者实施复明手术，使他们重见光明，基本实现白内障发现一例治疗一例的“白内障无障碍市”目标。其中，1998年实施“视觉第一中国行动”（中国政府与国际狮子会合作开展的大型防盲治盲项目）后，共实施白内障复明手术2.69万例，脱盲率达到98%，脱残率达90%以上，人工晶体植入率达95%。同时，对2495例白内障患者实施手术补助，对1684例贫困家庭白内障患者减免医疗手术费用90%以上，为2537例特困家庭及70岁以上老年白内障患者免费实施复明手术。在实施复明手术患者中，年龄最小的不到6个月，最大的有百岁老人。2003年1月1日，在“爱心拍卖·复明行动”第一槌活动中，拍卖募集资金2.7万元，全部用于救助贫困白内障患者实施复明手术。

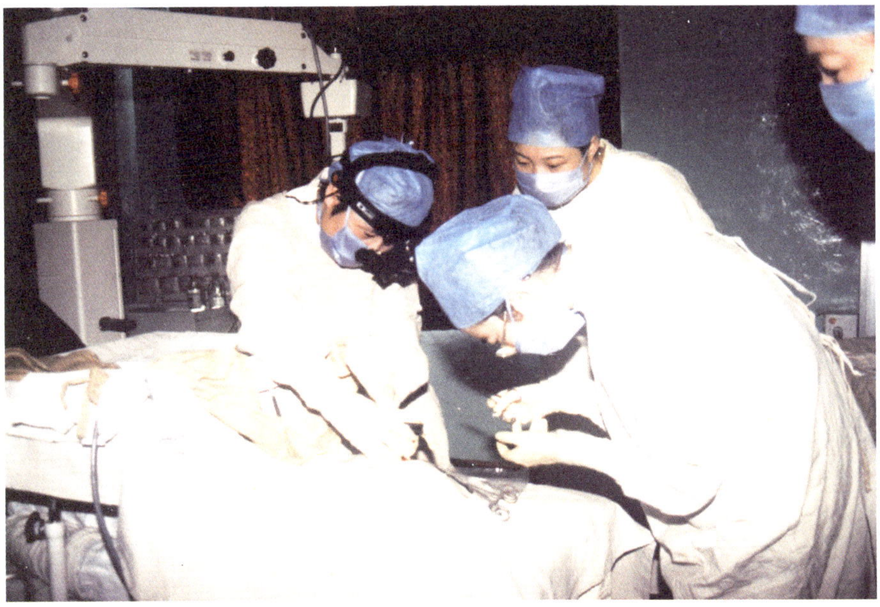

进入90年代，残疾人康复工程重点发展视力、听力和精神康复。图为医疗人员进行白内障复明手术现场

青岛市盲校学生用手触摸乐器

听力语言康复

自1988年起，青岛市残疾人活动中心开办学龄前聋儿听力语言康复训练班，接收15名学龄前聋儿进行听力语言康复训练。1991年开始，相继建立7个聋儿语训康复机构，对学龄前聋儿进行听力语言训练及学前教育工作。1992年，根据《全国聋儿听力语言训练工作“八五”实施方案》要求，指导区（市）及聋儿康复机构做好学龄前聋儿听力语言康复工作，逐步形成以市残疾人康复职业培训中心为示范，各区（市）聋儿康复机构为骨干，家庭康复点为基础的康复工作体系。同时，建立聋儿评估制度，每年组织康复专家对聋儿进行康复训练评估，对适合进入普通学校学习的聋儿，由市教委安排到普通学校随班就读。2002年8月，印发《青岛市聋儿早期干预工作实施意见》，对0～7岁聋儿实施“早发现、早诊断、早康复”早期干预工作，投资14万元为市聋儿康复中心购置先进的发音与语言训练设备（启音博士）。2001～2005年，共对414名学龄前聋儿进行康复训练，有52名聋儿进入普通小学随班就读，44名入普通幼儿园，入普小普幼率达25%；共为259名聋儿配发助听器；对192名困难家庭聋儿给予训练救助。1988～2005年，全市共组织对1070名聋儿进行语言训练。

低视力康复　1990年后，青岛市设立低视力康复中心（点）、定点眼镜店，培训技术人员和低视力患者家属，宣传普及康复训练知识，共为1409名低视力者配用助视器，使他们不同程度改善视功能，提高生活自理能力。1996年6月，在胶州、平度等区（市）建立低视力康复点，开展低视力康复工作。2002年1月，确定2家眼镜店为首批低视力康复定点眼镜店，并授牌“青岛市低视力康复服务定点单位”，对低视力患者开展验光、配戴助视器、训练指导等康复服务。从1990年到2005年，全市共为视力残疾人配戴助视器1409个，低视力康复达802人。

盲人定向行走训练　2000～2005年，市南区、四方区被中国残联确定为全国开展盲人定向行走训练服务试点区。青岛市同时在市南、四方、市北、李沧4区开展盲人定向行走训练服务试点工作。2002年8月，举办首期盲人定向行走训练服务培训班，来自市内4区残联康复管理干部、康复志愿者、盲协主席共50余人参加培训。市内4区相继成立盲人定向行走训练服务领导小组和技术指导组，开展业务培训和定向行走训练，共向盲人免费配发盲杖515根。

肢体残疾康复

1988年，青岛市第二人民医院建立小儿麻痹后遗症手术康复中心站，当年进行小儿麻痹后遗症手术375人次。1996～2005年，青岛市共对2800多名肢体残疾者进行康复训练，为1900多名肢体残疾者装配矫形器。通过医疗康复与社区康复训练，使大多数肢残者提高生活自理和参与社会生活能力。

麻风畸残康复　2001年，经统计青岛市有麻风愈后存活病人1900余人。其中，二级以上畸残者926人，有康复需求者487例。在康复需求人数中，每名麻风畸残者往往同时含有多个部位残疾，其中可见性畸残：眼部235例、手部404例、足部288例、单侧面瘫34例、双侧面瘫32例。2003年7月，青岛市组织实施麻风畸残康复工作，并在胶南市举行“情系残疾人.温暖千万家”麻风畸残康复活动启动仪式，免费向麻风畸残者发放防护鞋、防护眼镜、拐杖、轮椅等防护用品和辅助用具2000余件。组织普及型假肢装配站技术人员，深入平度、即墨、胶南、莱西、胶州市农村免费为麻风畸残缺肢者装配假肢27例。指导麻风畸残者进行康复训练640余人次。市卫生局、市残联联合组派医疗队，深入农村免费为麻风畸残者实施矫治手术57例。同年，国家医疗队赴胶州市第三人民医院，为61名麻风畸残者实施矫治手术。至2005年，通过实施一系列康复行动，青岛市麻风畸残康复需求者基本达到“人人享有康复服务”目标。

小儿麻痹后遗症矫治　1989年，青岛市组织实施小儿麻痹后遗症矫治手术工作，依托市第二人民医院建立市小儿麻痹后遗症矫治手术中心，承担小儿麻痹后遗症矫形手术、康复训练和医疗康复技术骨干培训工作。至2005年，青岛市共为1761名小儿麻痹后遗症患者实施矫治手术与康复训练。

智力残疾儿康复

1995年12月，为加强智力残疾儿童康复机构管理，青岛市统一康复中心（站）收费标准。1996年，各区（市）及相关康复机构，开展学龄前智力残疾儿童家庭训练工作。各级残疾儿童康复机构建立智残儿童康复档案，不断提高康复训练质量。2001～2005年，共对1200多名学龄前智残儿童进行康复训练，康复有效率达95%以上。实施贫困智力残疾儿童康复救助163名，每人每年救助康复训练补助经费450元，救助资金达7.3万余元。

智力残疾儿童进行康复训练

第二节　教育

1979年，青岛市残疾人教育主要是建立聋哑和盲人学校，进行盲人、聋哑人教师培训，组织盲人、聋哑人职工参加文化学习，开展聋哑人手语规范化及推广活动。1983年4月，青岛市开设第一个弱智儿童辅读班。至1987年底，青岛市有盲聋哑学校8所、弱智儿童学校6所，在校学生1368人。青岛盲童学校、聋哑学校开设按摩、木工、缝纫等职业中专班。市盲人聋哑人协会鼓励和支持盲聋哑人自学成才，参加中等专业学校和函授大学学习的残疾人逐渐增多，有12人获得大、中专毕业（结业）证书或单科合格证书。1990年，市盲校开办盲人按摩中专班和高中班，市聋校及各区（市）聋校开设职业班。1992年，

2003年，李沧区举办残疾人保健按摩培训班

市残联成立市残疾人中等专业学校。至1995年，全市共有特教学校17所，其中，盲校1所、聋校6所、弱智学校6所、特教综合学校4所；普通学校附设特教班30个，在校生达到3487人，使可接受普通教育的残疾儿童少年入学率达到与其他儿童少年同步，盲、聋、弱智儿童少年入学率达到90%以上。

1996年，为改善残疾人中等专业学校办学条件，青岛市拨款40万元用于购置教学设备，当年在校生达到27人，毕业17人。1999年，对市盲校10名特困生每人给予300元救助金。各区（市）对辖区内考入大、中专院校的残疾学生实行奖励和补助政策，共对2710名残疾人进行技术培训。2000年，对129名残疾人贫困学生或家庭子女进行救助或奖励。对可以接受九年义务教育却因贫困失学或辍学的残疾儿童、少年全面实施救助，使残疾儿童、少年入学率达到95%以上。2001年印发《青岛市救助贫困残疾学生和奖励残疾大学生暂行办法》，对接受义务教育的7区贫困残疾学生每年救助300元，5市贫困残疾学生每年救助200元；对接受普通中等教育和职业中等教育的7区贫困残疾学生每年救助500元，5市贫困残疾学生每年救助300元；对接受普通高等教育的贫困残疾学生每年救助2000元；对升入普通高等院校专科及以上的残疾学生一次性奖励2000～5000元。当年，全市有3455名残疾人接受修鞋、配钥匙、计算机、电器维修等职业培训。2004年，青岛电视大学开办残疾人远程教育学院，当年招收第一批学生共28名。至2005年，全市基本普及残疾儿童、少年九年制义务教育，残疾儿童、少年入学率达到95%以上。

第三节　就　业

中共十一届三中全会以后，青岛市盲人聋哑人协会积极配合有关部门，广开生产门路，安置残疾人就业。至1986年安置盲聋哑人就业达300余人，市区有劳动能力的盲聋哑人就业率达到95%以上。1989年市残疾人联合会成立后，安置就业对象扩展至肢体残疾人、智力残疾人和精神残疾人。进入90年代，青岛市制定完善有关法规和扶持政策，广泛开展职业培训和就业服务，全面实施按比例安排残疾人就业，大力扶持个体就业和自愿组织就业，稳定、搞活集中就业，使残疾人劳动就业工作水平得到提高。2001年7月，市政府办公厅转发市残联、市劳动和社会保障局等10部门联合制定的《关于进一步加强残疾人劳动就业工作的意见》，全面完善残疾人就业工作方针、目标、措施和优惠扶持政策。次年，实施《青岛市盲人（残疾人）保健按摩行业管理办法》，对盲人技能培训、开业与经营、保护与扶持、管理与监督进行规范。2005年8月，青岛市残联、财政局联合制定《青岛市促进残疾人就业暂行办法》，加大优惠扶持力度，残疾人劳动就业逐步向普及化、稳定化、合理化发展。自1994年至2005年，全市多渠道、多形式安置残疾人就业1.43万人，其中盲人按摩从业人员242人。

集中就业

改革开放后，青岛市各级政府重视残疾人就业，社会福利生产发展较快。到1988年末，全市城乡创办福利企业达405家，安置有劳动能力的残疾人就业达6340人，盲人按摩院（所）11处，130名盲人从事按摩工作。1992年，新办福利企业35家，安置260名残疾人就业。全市福利企业达468家，共安置8590名残疾人就业。2000年之后，由于社会福利企业呈现萎缩态势，残疾人就业安置渠道逐步由集中就业转向按比例就业。

按比例就业

1992年5月，国家计委、劳动部、民政部、中国残联印发《关于在部分城市开展残疾人劳动就业服务和按比例就业试点工作的通知》，决定在上海、广州、青岛等城市开展残疾人劳动就业服务和按比例安排残疾人就业试点。1993年9月，市政府批转市计委等六部门《关于按比例安排残疾人就业报告》，要求辖区内的机关、团体、企事业单位、城乡集体经济组织，均要安排一定数量的残疾人就业，并为他们选择适当工种和岗位。安排残疾人就业比例为单位在职人数的1.6%。安排残疾人未达到规定比例，每少安排1名残疾人，每年按上年度全市职工人均收入额缴纳残疾人就业保障金。同年12月，在四方区进行按比例安排残疾人就业工作试点，将驻四方区30人以上的273个单位纳入试点范围。当年，5个单位按比例安排27名残疾人就业，81个单位缴纳保障金65万元。1995年，按比例安排残疾人就业工作推广至市南区、市北区、四方区、李沧区。1996年，崂山区、胶州市、平度市实施按比例安排残疾人就业工作。1997年，全市各单位残疾人就业保障金统一向青岛市收费局缴纳，直接进入财政账户。

2001年，按比例安排残疾人就业扩展到“三资”企业。当年有520家“三资”企业缴纳保障金或安置残疾人就业。2002年3月，《青岛市按比例安排残疾人就业工作奖励暂行办法》规定，对超过规定比例新安置残疾人就业的用人单位，每安置1人，根据残疾级别，奖励3000～5000元，当年有8个单位超比例安置11人，按规定受到相应奖励。2003年初，在全市开展“走访一万家用人单位，寻找一千个残疾人就业岗位”残疾人就业“万千”行动，全市共有1547名残疾人登记求职，市及区（市）举办残疾人就业专场洽谈会8场，有300余个单位安排945名残疾人就业。

2005年，《青岛市按比例安排残疾人就业奖励办法》实施。当年，全市按比例安置残疾人就业1042人，收缴残疾人就业保障金4839万元。

1992年，青岛市被确定为全国残疾人就业试点城市。图为2003年6月召开的青岛市按比例安排残疾人就业工作暨表彰会

1994～2005年青岛市按比例安排残疾人就业及收缴保障金统计表

表5-2

年份	安排残疾人就业人数（人）		收缴保障金数额（万元）		
	合计	其中按比例安置	市级	区（市）级	合计
1994	–	27	65	0	65
1995	707	50	365	20	385
1996	483	136	330	49	379
1997	770	426	609	84	693
1998	741	89	570	69	639
1999	1386	138	524	180	704
2000	2521	325	590	170	760
2001	2359	668	888	302	1190
2002	1507	594	1060	360	1420
2003	1719	591	1030	544	1574
2004	1051	516	990	376	1366
2005	1042	523	421	4418	4839
合计	14286	4083	7442	6572	14014

说明：1.1994年收缴保障金为在四方区试点收缴的数额

2.2004年由于受“非典”影响，免收2003年度服务性行业保障金

3.2005年企业类单位保障金改由纳税所在区（市）地税部门代收

个体就业

80年代后期，在市政府优惠政策扶持下，青岛市城镇残疾人开办个体小商业、维修服务业等，农村残疾人发展养殖业、种植业、手工加工业等，个体就业成为市场经济条件下解决残疾人就业的新渠道。1993年，市税务局和市残联联合印发《关于对残疾人从事个体经营有关减免税收问题的通知》，规定月营业额4000元以下、收益额600元以下免征流转税和所得税。1994年下发《关于对残疾人从事个体经营减免税问题的补充通知》，将残疾人个体经营者征税起征点提高到5000元。1999年，市政府规定，各级工商行政管理部门应优先为残疾人办理登记注册手续，免收市场管理费和个体工商户管理费等。2002年7月，《青岛市残疾人个人或自愿组织起来就业扶持金管理使用暂行办法》规定，对具有合适项目和一定经营能力的青岛市城镇待业、失业低保户残疾人和农村低保户残疾人从事个体经营根据项目不同，给予2000～6000元扶持金。2003年起，对残疾人本人独立从事个体经营的，免征营业税；月营业额在5000元以下的，免征营业税和个人所得税，超过上述标准的收入部分，减半征收个人所得税；对残疾人经营为主，并雇用少数人员辅助经营的，实行定额减免税收办法。2005年8月，《青岛市促进残疾人就业暂行办法》将对残疾人从事个体经营扶持金标准提高至4000～8000元，扶持范围扩大至非低保户；增加鼓励能工巧匠以师傅带徒弟的形式对残疾人技能

培训等内容；对培训后从事个体经营的，每培训1人，一次性给予师傅600元培训补贴等优惠扶持政策。

至2005年底，全市城乡残疾人从事个体经营并享受减免税费优惠的个体经营户达4221人（户）。

第四节　救 助

社会保障

1979年后，青岛市继续对于暂无法就业，而生活确有困难的残疾人由政府发给救济。对失去劳动能力沿街流浪乞讨的盲聋哑等残疾人，则由收容所或生产教养院进行收容和安置。进入90年代，广泛开展“志愿者行动”“红领巾助残”“学雷锋小组”等活动，帮助残疾人解决实际生活困难。1992～1999年，投放580万元残疾人康复扶贫贷款，发展莱西市奶牛、城阳区车锁加工、即墨市养猪和制针、平度市肉牛和养鸡等项目，扶持5800名适合参加生产劳动的贫困残疾人解决温饱问题。2000年，在城市贫困残疾人领取最低生活保障金的基础上，对不同级别贫困残疾人每月增发相应补助。各区（市）免除贫困户集资、提留、义务工、口粮田承包费、子女义务教育学杂费，给特困户每人每月定期救济，村委会包残疾人特困户口粮、烧草、住房修缮等。2001年，增加残疾人生活补助金数额，扩大领取补助金人员范围。市内4区残疾人生活补助金由根据残疾程度每人每月增加至50～100元，发放范围也扩大至持有临时救济金领取证的残疾人，发放总金额由每年50余万元增至200余万元。2002年2月，青岛市颁发《关于市内4区低保家庭中残疾人、孤寡老人生活补助金调整的意见》。5月，市政府决定出资百万元，三年内分期为3万孤残家庭配发灭火器。8月，遭遇特殊困难的残疾人可申请到最高为800元的临时救助，每户每年一般不超过两次。当年开始，每年从福利彩票公益金收入中拿出200万元，市财政出资14万元，扩大和提高市南区、市北区、四方区、李沧区低保家庭中的残疾人和60岁以上孤寡老人的生活补助金发放范围和标准。2004年，制定《关于对市内4区困难残疾人发放生活补助的意见》，对市内4区家庭人均收入在低保标准上浮20%之间的持证残疾人，根据残疾级别每月补助50～100

1999年，青岛市第九次举办“全国助残日”活动

元，全市有近千名残疾人得到救助，年救助总金额达55万元。青岛市在低保线以上实施社会救助是社会保障政策的重要突破，在山东省尚属首家。

2005年，残疾人社会保障体制更加完善。低保残疾人生活补助标准调整为每人每月一级残疾130元，二级残疾100元，三级、四级残疾60元。同年，青岛市印发《关于进一步完善农村最低生活保障制度的通知》，农村低保家庭中残疾人差额领取农村低保金后，增发残疾人专项生活补助。全年共向城镇残疾人发放最低生活保障金、特殊救助金、生活补助金达1930余万元，救助残疾人2.62万人。至2005年底，青岛市利用康复扶贫贷款累计建设扶贫基地80余处，扶持助困残疾人2.3万余名。

社会帮扶

1995年，青岛市组织开展向残疾人献爱心捐赠活动，号召机关、团体和企事业单位积极捐款捐物，扶残助残。1999年，各区（市）开展结对帮扶工作，其中，市南区残联与特困残疾人签订结对帮扶协议，每季度帮扶特困残疾人600元。2001年，为确保完成《中国残疾人事业“十五”计划纲要》，提出的要“建立和完善社会医疗救助和社会救济救助等制度，帮助解决无业残疾人的基本医疗和基本养老问题”的任务目标，青岛市组织开展“新世纪爱心捐资助残”活动，历时4个月，共募集资金1104.29万元，支持建立“科技型、辐射型”扶贫基地9处。2002年，新结帮扶对子1860个，全年扶持残疾人脱贫1562人。2005年，开展领导干部包村、党员干部包户的“一帮一”扶贫工程，新结帮扶对子1531对，全年共扶持795名贫困残疾人脱贫。

安居工程

2003年，青岛市实施农村贫困残疾人安居工程。当年投入资金近300万元，为农村285户特困残疾人解决住房问题。2004年，组织实施“青岛市农村贫困残疾人安居工程实施计划”，计划用5年时间总投资9000万元[市财政投入3000万元，各区（市）财政投入3000万元，福利彩票公益金、残疾人福利基金会投入3000万元]，在平度市、莱西市、即墨市、胶州市、胶南市、城阳区、崂山区、黄岛区、李沧区范围内，对持有“农村最低生活保障证”的5000个残疾人家庭“危、破、陋”住房，按照每户60～80平方米的标准进行新建或修缮，使其住房达到当地中等生活水平。2005年，农村贫困残疾人安居工程列入市政府在城乡建设和改善人民生活方面重点办好实事之一。当年，市财力投入600万元，各区（市）财力投入600万元，福利彩票公益金投入400万元，残疾人福利基金会投入200万元，共计投资1800万元，完成1085户住房修建任务，其中新建721户、修缮364户。

2004年，青岛市开始实施“农村残疾人安居工程”，计划用5年时间完成农村5000户残疾人家庭住房改建工程。图为改建后的残疾人安居住房

第五节　残疾人联合会

1989年2月24日，青岛市残疾人联合会第一次代表大会召开，青岛市残疾人联合会正式成立。至2005年，青岛市残疾人联合会共召开4次代表大会。

青岛市残疾人联合会管理盲人协会、聋哑人协会、肢残人协会、智力残疾人及亲友协会和精神病人及亲友协会、残疾人福利基金会等组织协会。主要职责为：团结、教育残疾人遵守法律，维护残疾人合法权益，开展残疾人康复、教育、就业、扶贫等工作，指导和管理各类残疾人社团组织等。各区（市）及所属乡镇、街道设立残疾人联合会，社区（村）均相应设立残疾人协会并配备残疾人联络员。

代表大会

青岛市残疾人联合会第一次代表大会　1989年2月24日至25日召开青岛市残疾人联合会第一次代表大会。出席代表175名，特邀代表15名。会议审议并通过《团结奋斗，开拓前进，把青岛市残疾人事业推向新阶段》工作报告、《青岛市实施〈中国残疾人联合会章程〉细则》《青岛市残疾人联合会评议委员会组织规则》等。大会选举产生青岛市残疾人联合会首届主席团委员78名，选举产生主席团主席1人、副主席8人、名誉主席2人；推选执行理事会理事长1人、副理事长2人；推举产生青岛市残疾人联合会评议委员会主任1人、副主任5人、委员4人。青岛市残疾人福利基金会同时成立。聘任基金会名誉理事长1人、名誉理事6人；推举基金会理事长1人、副理事长9人、理事42人、秘书长1人。

青岛市残疾人联合会第二次代表大会　1993年5月28日至29日召开青岛市残疾人联合会第二次代表大会。出席代表174名，特邀代表8名。会议审议并通过《抓住机遇，开拓进取，发展有中国特色的残疾人事业》的工作报告。大会选举产生青岛市残疾人联合会第二届主席团委员76名。选举产生主席团主席1人、副主席10人、名誉主席3人；推举执行理事会理事长1人、副理事长3人。会议决定青岛市残疾人联合会第二次代表大会不再设评议委员会。

青岛市残疾人联合会第三次代表大会　1998年8月4日至5日召开青岛市残疾人联合会第三次代表大会。出席代表184名，列席代表7名，特邀代表14名。会议审议并通过《扎实工作，拼搏进取，把充满活力、蓬勃发展的残疾人事业推向二十一世纪》的工作报告。大会选举产生青岛市残疾人联合会第三届主席团委员87名。选举产生主席团主席1人、副主席7人、名誉主席3人；推举执行理事会理事长1人、副理事长3人、理事1人。2001年11月28日三届二次主席团会议上调整主席团主席1人，增补残疾人主席团委员6名，调换主席团委员27名，调换、增补后主席团委员为93人；推举副理事长1人。

青岛市残疾人联合会第四次代表大会　2003年6月18日至19日召开青岛市残疾人联合会第四次代表大会。出席代表184名。会议审议并通过《与时俱进，开拓创新，团结带领全市广大残疾人为全面建设小康社会，率先基本实现现代化而努力奋斗》的工作报告。大会选举产生青岛市残疾人联合会第四届主席团委员73名。选举产生主席团主席1人、副主席7人、名誉主席2人；推举执行理事会理事长1人、副理事长4人、理事7人。2005年2月25日四届二次主席团会议调整主席团主席1人。

专门协会

1993年5月，青岛市残疾人联合会第二次代表大会召开，青岛市盲人协会、聋人协会、肢残人协会、智力残疾人及亲友协会、精神残疾人及亲友协会5个专门协会同时建立。1998年，市南区、市北区、四方区、李沧区专门协会成立。同年，开展“青岛市肢残人节”活动，在青岛经济广播电台创办面向残疾人生活的《自强之声》节目。进入21世纪，青岛市残疾人典型人物和品牌队伍建设发展迅速，涌现出一批具有全国性影响的先进个人和集体。其中，市北区残疾人志愿者服务队获得“全国志愿者助残先进集体”“自强集体”“中国优秀志愿者服务集体”等荣誉称号。2003年，专门协会工作开始面向基层，结合青岛市建立整合社区工作，建立基层社区残协。6月，市残联与市财政局联合印发《关于做好社区残疾人工作联络员选聘工作的通知》，通过公开选拔，为市内4区475个社区配备社区残疾人工作联络员。至2005年，全市共建立社区残协983个，社区残疾人工作联络员802名，基本达到“哪里有社区，哪里就有社区残协”。

第二章　老龄事业

80年代，青岛市人口发展进入低出生、低死亡、低自然增长阶段，人口年龄结构从70年代的成年型转变为80年代末的老年型。1987年，全市65岁以上人口超过总人口的7%，标志着青岛市进入人口老龄化社会。

1987年，青岛市老龄问题委员会成立。1990年青岛市老龄问题委员会更名为青岛市老龄工作委员会。1997年，组织实施《青岛市老龄事业发展规划（1997～2000年）》。同年，青岛市老龄工作委员会改为议事协调机构，下设办公室。1999年1月，市政府印发《关于加强全市老龄工作的通知》，明确老龄工作跨世纪发展的任务、要求和工作措施，并在全市开展“创建敬老模范区（市）”活动。2001年，《青岛市老龄事业发展“十五”规划》开始执行，全市老龄事业进入计划有序的发展阶段。到2005年，青岛市“六个老有”（老有所养、老有所医、老有所教、老有所学、老有所为、老有所乐）水平全面提高，老龄事业进入蓬勃发展阶段。

1982～2005年青岛市老年人口增长情况表

表5-3

年份	老年人口(万人)	占总人口百分比(%)	年份	老年人口(万人)	占总人口百分比(%)
1982	56.5	9.27	1996	88.7	12.76
1987	64.6	10.2	1997	90.6	12.99
1988	66.6	10.5	1998	97.7	14.05
1989	68.6	10.8	1999	98.3	14.11
1990	73.2	10.98	2000	101.9	14.5
1991	74	11.14	2001	103.8	14.69
1992	78.6	11.6	2002	105.2	14.81
1993	81.4	12.08	2003	106.9	14.95
1994	83	12.04	2004	110.2	15.3
1995	86.5	12.51	2005	115.2	15.75

说明：1983～1986年无统计数据

第一节　养老保障

青岛市社会养老保障制度始于1984年企业合同工职工养老保险制度的建立，此后逐步扩大到城镇所有企业及其从业人员，以及个体工商户和自由职业者等各类从业人员。至2005年末，全市参保企业2.9万多家，在职职工112.3万人，离退休人员37.25万人，职工负担系数为0.33。

青岛市农村社会养老保险制度始于1992年3月。2003年起，探索建立“个人、村集体、乡镇（街道）财政、区（市）财政四方筹资，个人账户与社会统筹相结合”的新型农村社会基本养老保险制度。2005年4月，《青岛市农民工参加基本养老保险暂行规定》施行，至2005年底，新型农村养老保险制度在青岛市全面推开，其中农村“五保”老人由村集体供养为主改为由各级财政供养为主，5市（胶南市、胶州市、即墨市、平度市、莱西市）的被征地农民养老保险参保率占被征地农民适龄人员的42.8%。至2005年底，全市共有75万农民参加农村社会养老保险制度，累计收缴保险费15亿元。其中，新型农村养老保险制度参保总人数24万人，收缴保险费总额为11亿元；老农村养老保险参保总人数为51万人，收缴保险费4亿元；共有11万人已享受领取养老金待遇，累计支出养老金5亿元。

1987年后，青岛市推行签订家庭赡养协议书和青年结婚养老保证书制度。2005年，全市《家庭赡养协议书》签订率平均达到95%以上。从90年代开始，集中收住老年人的城市养老服务机构迅速发展起来。1999年12月，市政府颁布《青岛市养老服务机构管理办法》，对开办养老服务机构的原则、条件、手续、收费等作出明确规定，城市养老服务机构进入规范化发展阶段。至2005年底，市内4区共有养老服务机构82处，床位总量6037张，千名老人拥有床位22.9张。

第二节　老年文化

老年教育

1984年青岛市老年大学创办，标志着老年教育工作开始起步。1992年，全市老年大学（学校）达174所，在校学员2万余人。1995年，市政府印发《关于加强青岛市老年教育工作的意见》，提出全市老年教育工作的指导思想和办学方针，确立发挥青岛市老年大学中心示范作用，推进全市老年教育四级网络建设的长远工作目标。1997年，全市老年大学、老年学校达308所，学员2.4万余人。2000年，市老年大学在全国率先制定《青岛市区、市级老年大学办学水平评估标准》，有力推动老年大学教学质量和办学水平的提高。当年，全市老年大学、老年学校587所，其中，市级老年大学1所，区（市）级老年大学14所，街道（乡镇）、村级老年学校572所，

2005年，市北区退休人员组成的腰鼓队现场表演

1984年，青岛市老年大学成立。图为书法班学员研习书法

1500万元，建成市老年大学新教学楼并投入使用，共有184个教学班，编班学员6300余人，开设近40门课程。市老年大学成为一所具有一定规模、设备比较完善的多学制、多学科、多层次的综合性老年大学。

青岛老年艺术专修大学　2005年3月成立，是一所突出艺术特色的老年大学。2005年，在校学员2719人。专业包括声乐、舞蹈、乐器、书画、计算机应用、英语、摄影、京剧表演、胶州秧歌、影视表演、民族韵律操、京剧打击乐、日语、数码摄像、牡丹专修、国标麻将等。自“七彩风”华龄艺术团各团队成立后，陆续吸纳一些专业突出的大学学员参加多场公益演出，在市老年文艺调演、风采大赛等比赛中多次获奖。

在校学员3.6万名，占全市60岁以上老年人口的3.5%，全市四级办学网络初步形成。至2005年底，市、区（市）全部建立老年大学，街道（镇）全部建起老年学校，30%的行政村和社区建立老年学校。全市共有老年学员13.5万人，占老年人口的11.7%。

青岛市老年大学　1984年11月成立，隶属于市委老干部局。建校初期，没有固定校舍，靠租赁教室上课，开设5门课程，5个班级，编班学员511人。1994年，市老年大学教学班发展到36个，课程设置23门。1997年新招学员1500名，设教学班61个。1999年，市政府投资为市老年大学建成一座5层教学楼和面积为600平方米的室外操场，面向全社会老年人开放。当年，学员达3200人，设教学班91个，编班人数达4000人次，开设书画、音乐、舞蹈、摄影、钢琴、计算机等31门课程，初步形成多学制、多学科、多层次、综合性的老年学府。随着老年大学的发展，至2003年，大学有158个教学班，学员6000余人次，开设书法、国画、声乐、舞蹈、摄影、钢琴、计算机等34门课程。2004年11月，经市委研究同意，加挂中共青岛市委老干部党校牌子，承担老干部党员的教育培训任务。2005年，市财政投资

文体娱乐

70年代，全市参加体育锻炼的老年人逐渐增多，老年人体育及比赛纳入各级政府和体育部门议事日程。1982年，举办第一届全市老年人运动会。1982年、1983年先后建立起老年人长跑、网球、冬泳、足球、乒乓球队。1984年7月，市老年人体育协会成立。1988年后，以老年迪斯科、门球为代表的老年体育运动形成热潮。1994年，全市新开辟老年人体育活动场地1500多处，活动室2000多个。至2001年底，全市建起老年人活动场（室）1700余处，门球场1500余个。青岛市各级文化部门利用广场、街头、楼院等，积极引导和鼓励老年人开展以自编自导、自娱自乐为主的露天舞会、秧歌比赛、京剧票友大赛等文化活动。

2002年，四方区投资145万元改建的区老年人活动中心，市南区投资近百万元改建面积为

1300平方米的老年人活动中心，经济技术开发区投资200多万元建设的“夕阳红健身娱乐中心”投入使用。青岛市老年人文艺协会、老年书画协会、老摄影家协会、老年人体育协会等老年社团组织和老年健身舞（操）队、老年时装模特队、老年秧歌队、老年合唱团等经常组织举办各种比赛和演出活动，一些文体项目在全国、省、市举办的比赛中屡获大奖。2003年开始实施“星光计划”，青岛市建有“星光老年之家”的街道办事处和居委会占总数80.2%。2005年，市财政投资1500万元、福彩公益金资助726万元，建成青岛市老年服务中心。

至2005年底，全市“星光老年之家”达410处，室外老年健身场地566处，市老年体协有正规门球场4个。12个区（市）有活动中心和活动室611处、门球场81个、其他活动场所96处。街道（乡镇）、社区（村）共有活动室3401处、门球场1623个、健身路径和广场等场地1097处。

青岛市老年服务中心　2005年3月正式启用，总建筑面积达3419平方米，总投资2200万元。市老年服务中心内部有活动室9个，配备棋牌、模拟高尔夫、沙壶球、气悬球、飞镖、乒乓球、台球以及各种健身器材，并设有一个多功能厅，可以举办舞会、晚会等大型活动；教室7间，配备计算机、钢琴、电子琴、民族乐器、书法、绘画等教学设施；还配备舞蹈室、理疗保健室、图书馆、阅览室，以及办公室、会议室、接待室等。青岛市老年服务中心设有老年艺术专修大学、综合业务部、文体活动部、助老服务部四部门，拥有“七彩风”志愿服务团、“七彩风”华龄艺术团两支社会公益活动服务队伍。2005年，在市老年服务中心参加活动与学习的老年人达4000余人次。

“七彩风”华龄艺术团　由市老年服务中心组建的一支以老年人为主体的中老年文艺队伍，2005年4月正式成立。“七彩风”华龄艺术团有民族乐团、交响乐团、京剧团、吕剧团、歌舞团、合唱团6个团队，团员达400余人。艺术团常年在基层开展公益演出，极大地活跃基层社区老年人的生活。

第三节　参与社会生活

改革开放后，青岛市各级老龄工作部门组织低龄老年人在自愿量力的前提下，兴办经济实体。至1993年底，全市有老年经济实体537个，从业人员达5849人，营业额3亿元，利润1228万元，上缴税金430万元。1994年，停止执行对老年经济实体免征所得税和流转税的优惠政策，老年经济实体发展受到影响，到1997年底，全市仅剩86个，从业人员减至611人，营业额仅4930万元，利润36万元。进入21世纪，全市老年人通过各种渠道，在民事调解、绿化家园、维护社会

2005年4月成立的“七彩风”华龄艺术团，是由热爱艺术的中老年人组成的文艺团队。图为其歌舞团在社区演出

治安等社会公益事业中继续发挥积极作用。2001年，青岛市实施“银发工程”，建立山东省首家老年人才市场和老年人才信息库，为老年人才和用人单位牵线搭桥。至2005年，共举办9次中老年人才交流洽谈会，1200多家单位提供7000余个招聘岗位，2万多人参加洽谈会。2005年，青岛市各级关心下一代委员会发展到4100多个，有6万余名老年人参与关心下一代工作。

“银龄行动”志愿活动

2004年，青岛市组织老年知识分子志愿者开展“银龄行动”，支援菏泽的经济发展和社会建设。青岛市拨付专项经费21万元，经市卫生局、市教育局、市农机服务中心和胶州市、胶南市、平度市老龄办积极推荐和向社会公开招募，从40多位报名者中选拔21名具有一定业务、技术专长的老年知识分子志愿者，参加对菏泽东明县医院、东明县教育局、鄄城县中医院、定陶县富国绣品厂、牡丹区水龙机械厂、齐鲁音乐学院6个单位的援助活动，为当地经济、卫生、教育事业的发展作出贡献。

“七彩风”华龄志愿服务团

2005年7月，为发动全市老年人参与文明城市创建工作，成立青岛市“七彩风”华龄志愿服务团，为老年志愿服务组织。下设社区文明队、文化咨询队、宣传环保骑游队、畅通工程疏导队、新闻报道摄影队、法律咨询服务队、医疗健身队、关心下一代教育队、科技知识指导队等，年底共有团员200余人。开展为创建文明城市做贡献、“五四广场”大型咨询、为青岛发展献计策等大型志愿服务活动7次，作报告3场，献计献策300余条。其中，在“我为青岛发展献计策”市民月活动期间，志愿服务团团员提出为高龄老人查体的建议被有关部门采纳，促成青岛市80岁以上老年人体检补助制度的建立。

第四节　老年维权

1996年10月1日，《中华人民共和国老年人权益保障法》颁布实施。自1998年起，青岛市和各区（市）老年人法律援助联络中心相继成立。7月，市政府颁布实施《青岛市优待老年人规定》。2005年7月，《青岛市实施〈中华人民共和国老年人权益保障法〉若干规定》颁布，为维护老年人合法权益提供有力的法律武器。

涉老案件审理

1999年2月，青岛市中级人民法院成立老龄工作委员会，负责监督指导全市法院受理、审理各类涉老案件，依法保护老年人合法权益。6月，市中级人民法院制定《关于依法保障老年人合法权益和为老年人提供法律服务的规定》，要求全市两级法院对涉老案件优先立案、优先审理、优先执行，根据有关法律规定和老年人的实际支付能力酌情减、缓、免诉讼费用，并对审判过程中

1990年11月，青岛市中级人民法院开展老年人法律咨询服务活动，为全市老年人提供法律援助

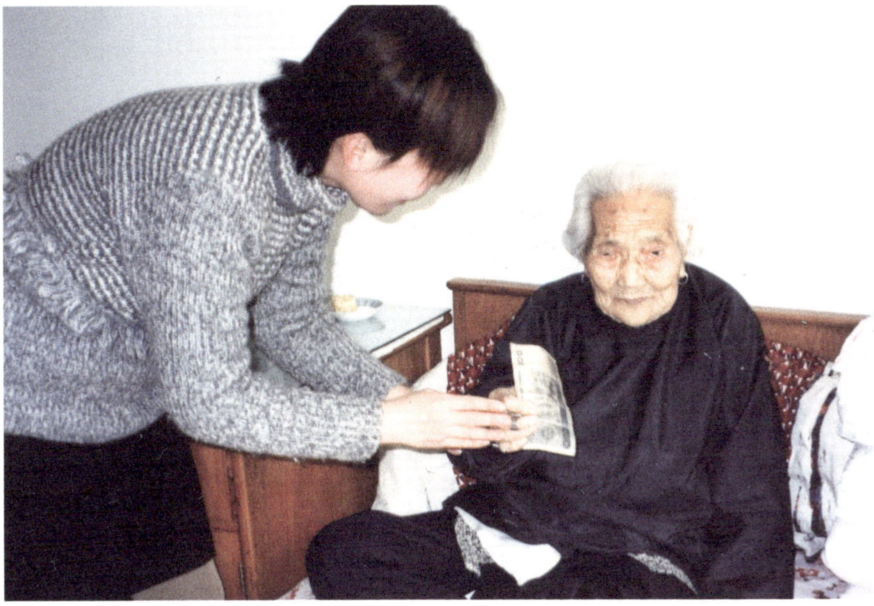

1997年后，青岛市为百岁以上老人每月发放长寿补贴。图为百岁老人蒲培花收到补贴费

如何依法保护老年人的合法权益作出详细规定。2003年3月，市中级人民法院《关于依法审理“涉老”案件、便利老年人诉讼若干问题的规定》明确，青岛市中级人民法院老年维权工作领导小组是全市法院“涉老”案件审判和执行工作的组织协调机构，负责“涉老”案件审判和执行工作政策制定、业务指导和组织协调。2005年7月，市中级人民法院就《青岛市实施〈中华人民共和国老年人权益保障法〉若干规定》制定实施细则，对如何在立案、审判、执行过程中贯彻实施《青岛市实施〈中华人民共和国老年人权益保障法〉若干规定》，维护老年人合法权益作出详细规定。

1996～2005年，全市各级法院受理涉老案件5631件，结案5333件，结案率为94.7%，为老年当事人减、免、缓缴诉讼费91万余元。

法律援助

1998年11月，市司法局、市老龄办联合印发《关于进一步做好为老年人提供法律援助工作的通知》。12月，市老年人法律援助联络中心成立，为因经济困难打不起官司的老年人、“五保”老人、城市无经济收入的老年人、市级以上老劳动模范、烈军属提供法律援助和法律咨询服务。至2005年，全市共为2.57万名老年人提供法律咨询服务，为2733名老年人提供法律援助；各级司法行政部门调解涉老纠纷2.09万起，办理赡养协议公证7.81万件，遗嘱抚养公证1040件，遗嘱公证929件。

优待政策

1993年，青岛市为市内5区离休干部和70岁以上老年人颁发“敬老优待证”，实行9项优待服务。1998年7月，颁布《青岛市优待老年人规定》，在执行山东省8项优待政策基础上，增加老年人在医疗、观看展览演出、游览名胜景点、购书、照相、安装有线电视电话、使用公厕等10项优惠待遇。至2002年，为全市60岁及以上老年人发放优待证68万人次，为全市60岁及以上农村老年人免除义务工和劳动积累工，为全市30.8万名70岁及以上农村老年人免除“三提五统”费5143.6万元。

2003年4月，再次修订《青岛市优待老年人规定》，增加优待内容：70周岁以上的农业户口老年人凭优待证就医，检查费、护理费、床位费等由个人自负部分减收5%；老年人凭优待证到影剧院观看日场影视片和在法定假日乘坐青岛至黄岛轮渡的购票费，实行半价优惠；老年人凭“城市居民最低生活保障证”，免交安装自来水表和电表改造费等。随后，在全市范围内换发新版山东省老年人优待证。到2005年，累计办证43.28万套，办证数量居全省首位。全市共办理老年人乘车优待卡14.33万张，其中70岁以上老年免费乘车卡8.25万张，65岁以上老年乘车优惠卡6.08万张。

2003年，《青岛市优待老年人规定》增加老年人出行的优惠政策。图为四方区海伦路办卡点为65岁以上老年人办理乘车优惠卡

1997年，开始为全市百岁及以上老人每人每月发放100元长寿补贴。2003年，百岁以上的老年人补贴增加到200元。至2005年，共为2183名百岁老人发放长寿补贴402.66万元。

第三章　慈善事业

1979年，青岛市慈善事业仍由市民政部门具体管理。1980年，恢复青岛红十字会，至1988年，12区（市、县）和600余家基层单位建立红十字会组织，青岛市慈善活动多以接受社会团体和个人捐款，临时帮助社会弱势群体为主。1995年9月，市北区慈善协会成立后，各区（市）相继成立专门慈善组织，承担各项慈善事业活动的组织协调工作。2001年12月8日，青岛市慈善总会成立，承担起慈善事业各项活动的组织协调工作，在全市逐步形成以民政部门主导、慈善组织运作、社会广泛参与的慈善事业运行机制。青岛市广开渠道募集善款，用于救助工程、救助项目。2002年5月，在南非召开的国际联合劝募协会世界大会上，海尔集团获得“全球企业杰出领袖奖”，海尔首席执行官张瑞敏获得世界“最佳捐赠者奖”。6月，青岛市获得“公益明星城市”荣誉称号，青岛啤酒集团有限公司、青岛双星集团分别获“公益明星单位”和“公益爱心单位”称号，并将名字镌刻于北京八达岭长城“中国儿童慈善功德碑”上。当年，经青岛市慈善总会推荐，韩国驻青岛总领事夫人金金龙女士和青岛“微尘”、澳柯玛集团、伟东置业王端瑞先生获得民政部颁发的“首届中华慈善奖”。

至2005年底，全市共募集善款1.51亿元，其中市慈善总会募集3791万元，支出慈善救助金4750万元，使全市39.43万户（机构或单位）家庭的115.7万人（次）得到救助。

第一节　募　捐

2001年12月8日，青岛市慈善总会成立后，各区（市）相继成立专门慈善组织，在基层设立接收机构，接收社会各界的日常捐助。通过设立创始基金、开展每年一度“爱心飞扬——慈善一日捐”、元旦第一槌“爱心拍卖”、主题慈善募捐、“慈善晚会”等活动募集慈善资金。同时不断拓展募集渠道，通过主题义卖、典型事例、设置募捐箱等多种形式广泛募集善款。至2005年，市慈善总会共募集善款4750万元。

创始基金

2001年8月，《关于成立青岛市慈善总会的请示》中确定：通过征集创始单位和个人的办法筹集创始基金，创始基金暂定为2000万元，作为相对固定的资产动息不动本，利息用于支付日常开支。总会成立之时，通过征集创始人的办法募集创始基金捐款574.9万元。2004～2005年共从福彩公益金中划拨专款200余万元，用于积累创始基金，至2005年底，征集创始基金达791万元。

“爱心飞扬——慈善一日捐”活动

2001年12月8日，青岛市慈善总会召开成立大会，并发出“人间自有真情在，我为慈善一日捐”倡议书，把每年12月8日定为“慈善捐赠日”，号召广大市民积极行动起来，企业捐出一天的利润或节约的一笔支出，个人捐出一天的工资收入或节约的一笔支出，向弱势群体献出一份爱心。同年，首次“慈善一日捐”活动共接收善款4.28万元。

2002年11月13日，市政府办公厅印发《关于开展慈善一日捐活动的通知》，确定每年12月8日至次年1月8日为“慈善一日捐”活动月。当年，“慈善一日捐”活动主题为“捐一日工资，保万家安康”，全市所募集善款3905.7万元全部用于实施慈善医疗救助项目，使市内4区近万户特困家庭得到相应医疗救助。2004年，为与山东省慈善总会“慈善一日捐”活动同步，将每年12月8日启动的“慈善一日捐”活动月时间调整为每年5月中旬进行，并成立全市“慈善一日捐”领导小组。2004年，全市“慈善一日捐”共接收善款3480多万元，其中，市慈善总会接收998.62万元，各区（市）接收2400余万元。

2005年5月22日，“爱心飞扬——慈善一日捐”全民献爱心大型慈善宣传义演活动在“五四广场”举行，全市共接收捐款4217万元。自2001年至2005年，全市“爱心飞扬——慈善一日捐”共募集善款9727.98万元，其中市慈善总会募集2384.93万元。

“元旦第一槌——爱心拍卖”活动

2002年元旦，市慈善总会举办首届“元旦第一槌——爱心拍卖”之“救助孤老”慈善募捐义拍活动，拍卖会上71件拍卖品成交，共拍得爱心款3.5万元，购买彩电50台赠送民政部门选定的孤寡老人。自此，每年元旦举行一次爱心拍卖活动，定名为“元旦第一槌——爱心拍卖”。2003年“元旦第一槌——爱心拍卖”活动主题确定为“复明行动”，拍卖所得4.8万余元，全部用于救助白内障患者。2004年元旦，举办“元旦第一槌——爱心拍卖”之“救助因贫困失学的春蕾女童”活动，参加拍卖的拍品159件，大部分为青岛拍卖行部分存档物资和市慈善总会接收捐赠物品以及部分市民捐赠物资，经过两个多小时的激烈竞拍，拍得善款2.46万元，全部用于捐助100余名春蕾女童。2005年“元旦第一槌——爱心拍卖”之“爱心助学”拍卖活动，100余件拍品共拍得善款4.6万元，全部购买学习文具赠给市内4区的贫困小学生。自2002年至2005年，举行4次“元旦第一槌——爱心拍卖”活动，筹集爱心款15.25万元，全部用于扶贫济困。

2003年，“让爱心飞扬”慈善晚会现场

慈善晚会募捐

2001年12月8日晚，青岛市第一次举行“让爱心飞扬”慈善电视特别节目晚会。晚会节目由真实感人的爱心故事改编而成，出席晚会各界人士现场捐款，场外群众参与热线电话捐款。首届晚会上，从北京专程来到青岛的著名科学家修瑞娟，捐出联合国教科文组织颁发的“世界杰出女科学家”奖金1万元；现场300多位观众捐款近4万元，场内场外认捐款物达40余万元。2002年，市慈善总会成立一周年时，再次举办“让爱心飞扬”大型直播晚会，共接收社会各界捐款捐物及认捐善款约700万元。2003年12月8日，举办第三届“让爱心飞扬”大型直播晚会，市领导、驻青部队首长、韩国驻青总领事以及热心公益事业的社会各界代表近2000人出席并捐款，现场共募集善款840余万元。2004年、2005年的晚会均未组织现场募捐活动，只在现场摆放捐款箱，参加晚会的观众自由捐款。

主题慈善募捐

2002年5月，青岛市开展主题为“关爱弱势群体，共享温暖阳光”——让爱心飞扬慈善贴花募捐活动。青岛大学、中国海洋大学、青岛科技大学、海信广场、中外运空运青岛分公司的1000名志愿者，头戴印有慈善总会会徽的红太阳帽，身披“让爱心飞扬”绶带，手提特制捐款袋，在栈桥、鲁迅公园、中山公园、五四广场等旅游景点向游人宣传慈善，呼唤爱心，动员募捐。两天共募善款3万元。

第二节 救 助

1980年，恢复青岛红十字会，组织公民无偿献血、参与救灾等。90年代，通过在各大商场、酒店和机场设立募捐箱接受市民的爱心捐款。2001年青岛市慈善总会成立后，开始运用募集的资金开展“助学、助医、助残、安老、慈孤、救危、济困”等一系列爱心救助活动，特别是“爱心飞扬”慈善品牌在全国影响巨大，得到社会各界广泛赞誉。至2005年，支出慈善救助金3146万元，使全市39.43万户（机构或单位）家庭的115.7万人次受益。

慈善助学

2001年12月14日，青岛大学、青岛海洋大学、青岛建工学院和青岛化工学院26名特困生得到每人每月200元助学金，开启青岛市慈善助学的序幕。2002年8月，《慈善助学实施意见》对资助对象和条件、被资助人员、资助办法、形式和金额、组织领导等作出具体规定。确定助学范围为市内4区5万多户最低生活保障线以下特困家庭、子女考入青岛市或外地正规高校就读的，及驻青岛的中国海洋大学、青岛大学、青岛科技大学、青岛建筑工程学院4所高校中家庭特别困难的学生。当年，共有5批203名贫困大学生获得每人每年1500元助学金。

2002年。青岛市慈善总会举办资助驻青高校特困大学生活动

另外，确定胶州、胶南、莱西三市贫困山区特困家庭的孤残儿童作为救助对象，出资42.5万元，为850名特困家庭小学生进行一次性资助。2003年8月9日，举行特困大学生资助仪式，向当年升入国家普通高等院校的首批50名青岛籍特困本科生，每人一次性发放2000元助学金。26日，又向考入国家普通高等院校的第二批53名青岛籍特困本科生，每人一次性发放2000元助学金。至此，累计发放助学金56.6万元，资助309名特困大学生步入高等学府。当年，举行爱心助学活动，为全市各高校23名孤儿大学生每人资助1500元助学金。

自2004年起，在实施山东省慈善总会安排的慈善助学（儿童）项目中，省、市和各区（市）三级上下联动，共投入42.5万元（其中，省慈善总会支出13万元，市慈善总会支出14.5万元，胶州、胶南和莱西三市各支出5万元），资助3个市850名特困、孤残、弱智儿童完成九年义务教育学业。10月，向青岛大学、中国海洋大学等67名特困大学生转赠定向捐赠的10万余元助学金。2005年1月15日，举行第五次救助外地贫困大学生救助金发放仪式，对考入中国海洋大学、青岛大学、青岛科技大学、青岛理工大学、青岛职业技术学院等5所高校的50名外地贫困大学生给予每人1500元生活资助，共发放助学金7.5万元。2月23日，将“元旦第一槌——爱心拍卖”活动筹得的4.6万元善款购置学习文具，发放给全市1850名特困家庭小学生。当年，为180名特困大学生提供每人每年1500元至2000元的助学金，共发放助学金35万元。

至2005年底，共为727名特困大学生累计发放助学金150多万元。在全国20个省、直辖市、自治区建立希望小学73所，建爱心图书室56处，建爱心电脑室66处；支持学校6680套办公设备，为60所中小学校改善办学条件；先后救助困难学生3.15万人，资助贫困中学生6300人。

慈善助医

“微笑列车” 微笑列车(The Smile Train)是美国注册的一家全球性慈善组织，由著名美籍华人、国际联合电脑公司(CA)董事长兼首席执行官王嘉廉，微软公司总裁比尔·盖茨等资助成立，致力于改善全球先天性唇腭裂患者的生活。包括中国在内的24个国家和地区开展项目，免费为唇腭裂的贫困儿童进行矫治手术。1999年，“微笑列车”与中华慈善总会合作在中国试点。2001年，青岛市主动与中华慈善总会联系，完成申报、考核和评审工作，将“微笑列车”项目引入青岛。10月19日，青岛大学医学院附属医院顺利通过由中华慈善总会组织国际“微笑列车”专家组的考察评审，成为山东省“微笑列车”项目第5家定点医院。2002年3月11日，“微笑列车”第一批患者入院接受手术，青岛电视台、青岛人民广播电台组织现场直播。至2005年，全市接受免费唇腭裂手术共计142批次324人，每例患者补助4000元，合计129.6万元。

慈善门诊 2002年9月，市慈善总会制定《关于慈善医疗救助试行办法》《关于开设慈善医疗门诊试行办法》，对实施的范围和救助对象、救助标准、慈善医疗门诊的确定、申报和医疗程序、医疗救助资金来源、慈善医疗门诊的领导和组织等作出规定，确定在市内4区逐步开设慈善医疗门诊，对享受最低生活保障家庭中无医疗保险的人员实施医疗救助。市南区作为试点区，开设首批“慈善门诊”。10月18日，青医附院、市人民医院、市南区人民医院和浮山医院同时挂上“慈善门诊”牌匾，青岛市首批“慈善门诊”正式开业，市南区1259户特困家庭全部办理“慈善医疗救助卡”，前往这些医疗门诊可享受一定额度的减免费就医。2003年3月17日，四方区在海慈医院、青纺医院、民建医院、四方区医院开设“慈善门诊”，有1283户特困家庭办理“慈善医疗救助卡”。随后，各区（市）陆续启动慈善医疗救助项目，开展“慈善门诊”活动。

此项目运作两年后，因救助范围过大、资金来源不足，市南区、四方区暂时停止。

2005年，青岛市13家设立“慈善医疗门诊”的医院，联合共同对特困家庭实施慈善医疗救助，给每户每年提供700元医疗补助，使4766户特困家庭受益，全年支出善款80余万元。后选定市第三人民医院、德民中西医结合医院、李沧区第三人民医院、沙子口街道卫生院等16家医院为“慈善门诊”定点医院。当年，该项目共支出善款219.5万元，“慈善门诊”减免各种费用157.6万元，使4766户次特困家庭受益。

“爱心飞扬”心连心救助工程 2005年3月2日，启动以奉献爱心、温暖心脏病患儿为主题的“心连心”救助工程，旨在对青岛市低保家庭和贫困家庭中1至14周岁儿童，确诊为患房间隔缺损、室间隔缺损、动脉导管未闭、肺动脉狭窄、法乐式三联症和病情较轻的法乐式四联症患者，给予免费治疗。据估算，每年全市新生患先天性心脏病的儿童近600名，其中有条件实施手术的约400名左右。首批获救助患儿为24名，每名获2万元资助。至2005年，共救助先天性心脏病患者140多名，支出善款共计203万元。

“三百爱心”工程 2005年6月28日，青医附院开展“三百爱心”工程。市慈善总会出资30万元，在全省范围内选取100名先天性心脏病患儿、100名唇腭裂患儿、100名白血病患儿在青医附院免费实施手术。来自青岛、泰安、枣庄、德州、菏泽等地市的300名儿童得到有效诊治。

“鱼水情”爱心救助工程 2005年“八一”建军节前夕，开展以慈善医疗为主题的“鱼水情”爱心救助工程。救助范围是青岛市特困家庭及外地到青岛务工人员的先天性心脏病患者。市慈善总会为每名患者提供手术费5000元至1万元，海军四〇一医院减免相应的挂号、检查、治疗、住院等费用。市慈善总会出资10万元作为项目的启动资金，海军四〇一医院也将“慈善一日捐”所捐善款纳入到“鱼水情”爱心救助金，同时还向社会募集部分定向捐助资金来支持这一项目开展。首批获得救助的患者有20名。

救助老幼危困

慈善安老 2001年元旦，青岛市首次举办“慈善重晚情”关爱老人活动，转赠保暖内衣30套。2002年元旦，举行“元旦第一槌——爱心拍卖”之“救助孤老”慈善募捐义拍活动，共拍得爱心款3.5万元，购买彩电50台赠送给选定的孤寡老人。当年，安老项目共支出130万元。2004年10月28日，按照中华慈善总会要求，向全市165所养老机构发放1000套价值2.35万元的《养老护理员培训教程》。2005年10月10日，值重阳节到来之际，慰问为青岛市慈

2005年，青岛市开展“关注鱼水情爱心救助工程”活动。图为海军四〇一医院的医护人员捐款现场

善事业作出突出贡献的“慈善老人”代表，即获得“全国爱心捐助奖”的已故中国科学院资深院士曾呈奎的遗孀张宜范女士、素有“捐款专业户”之称的潘正言老人、省吃俭用捐款6万元助学的畲春华夫妇，感谢他们多年来对慈善事业的热情支持。青岛市用于慈善安老的善款40余万元，救助孤寡老人500人次。

2002年，青岛市开展“慈善福彩送温暖”助困活动。图为李沧区慈善机构向低保户发放粮油慰问品

慈善助幼　2002年5月26日，市慈善总会募集善款5000余元，重点救助贝叶佳、张茜、孙晓蓓、张竟龙、马健等5位病困小学生，让他们度过一个难忘的“六一”儿童节。11月29日，开展关注“瓦登博格综合症”患儿小森宇的活动，发动300多位热心市民为他捐赠9万余元手术费，小森宇成功实施手术。2003年5月31日，向国棉五厂特困职工家庭的孩子们捐赠红豆牛奶饮料120箱、少儿读物480册、童鞋80双，总价值为1.38万元。2004年1月15日，“爱心拍卖援助春蕾女童”元旦第一槌活动所募集的善款2.46万元全部捐给“春蕾计划”，用于捐助青岛市100余名因家庭困难而失学的春蕾女童。2005年2月23日，用 “元旦第一槌——爱心拍卖”活动筹得的4.6万元善款购置学习文具，发放给全市1850名特困家庭小学生。至2005年，约45万元用于青岛市慈善扶幼，救助幼儿上千人。

慈善救危　2001年7月，市慈善总会开展部分定向社会慈善救危工作，青岛大学高职院2001级艺术专业新生王海霞成为第一个受助者。同年还救助再生障碍性贫血青年患者孔祥伟。2003年12月8日，在“让爱心飞扬”电视晚会上，呼吁社会用爱心挽救身患白血病的女青年李娜娜，随后社会各界踊跃捐赠，为李娜娜募集医疗费15万元。半年后，李娜娜经手术恢复良好并正式工作。2004年2月26日，发起救助勇救小伙伴而被大火烧成重伤的9岁少年金军善的活动，共募集社会捐款13万元。2005年7月14日，救助患白血病的贫困大学生查存科。至2005年，为患有急症病人和遭遇突发性灾难的困难家庭提供临时性救助共计260多人次，累计支出500多万元。

慈善助困　2002年开始设立慈善助困项目，每年元旦和春节期间，从接受社会捐款或企业、单位专向助困捐赠款和福彩基金中拿出部分资金，对市区（5市由该市慈善机构负责）低保对象、“三老”优抚对象、孤儿、孤老、农村五保户等困难家庭发放救助金或慰问品。2002年1月，市慈善总会出资100万元、市福利彩票发行中心从福彩公益金中支出200万元，共同开展“慈善福彩送温暖”活动，给全市4.3万户城乡低保对象、“三老”优抚对象、孤儿、孤老、农村五保户等困难家庭送去慰问品。2004年1月，市慈善总会支出500万元，与市福彩发行中心联合开展“慈善福彩元旦春节送温暖”行动，将30万升食用调和油、600吨优质大米发送到全市近6

万户城乡低保家庭、城乡生活困难的老烈属、老伤残军人、老复员军人及农村五保户等困难群众手中，帮助困难群众过好安乐祥和的元旦春节。2005年1月，筹集款额500万元，开展“慈善福彩送温暖”活动，对全市6.47万户城乡低保对象、生活困难的老烈属、老伤残军人、老复员军人和农村五保户等特困家庭，每户赠送价值80元的慰问品（20斤大米，5公升花生油），让困难群众过好年。自2002年至2005年共开展4年，16.77万户困难群众受益。

慈善培训

“慈善教育再就业培训”由香港汇丰银行于1981年成立汇丰银行慈善基金时首次提出，主要内容是积极支持内地慈善事业，在社会福利、赈灾救济、教育培训、医疗服务等方面捐款累计超过3000万港币。2003年获得汇丰银行慈善教育项目委员会批准，出资14.2万元对青岛市300名下岗职工、失业人员进行家政服务和养老护理两个项目技能培训。2004年，汇丰银行再次资助25.35万元，开设养老护理、保健按摩、居家保姆、月子护理等4个专业，培训下岗失业人员400名，上岗率达到92.5%。2003～2005年，共举办“慈善教育再就业培训班”3期，培训学员1000多人，支出培训费60.5万余元，为下岗、失业、低保、协保及家庭特别困难的人员，开设养老护理、保健按摩、居家保姆、月子护理、育婴师等课程，就业率达到95%。举办“救护知识培训班、打工妹知识讲座、慈爱相伴护送导医、孤独儿训练陪护、模拟家庭”等培训班28期，累计培训人数16万人次。

慈善超市

2003年，为探索集中捐助与日常捐助并举的社会化捐助新途径，实现“捐、助、卖”三位一体的捐助新模式，在市区建立10个慈善超市和互助站，为4000余户特困家庭发放救助卡。7月15日，将首批价值6.29万元的1500袋大米、700桶花生油，转赠给市南区、市北区、四方区、李沧区的慈善超市和互助站，免费发放给特困家庭。至2005年，在市内4区建立27家慈善超市和互助站，为5000多户特困家庭免费发放物资价值180余万元。

慈善赈灾

2003年春，一场突如其来的“非典”灾难袭击全国。4月29日，青岛市公布抗击“非典”捐赠热线，开始接受社会各界为防治“非典”捐赠的款物。5月1日，首次看望慰问胸科医院一线的医护人员，并捐赠2万元现金及海信电视机1台。9日，在香格里拉大饭店举行抗击“非典”捐赠仪式，将内蒙古蒙牛乳业有限公司、青岛圣杰科技发展有限公司等6家企业捐赠价值216万元款物，转赠给青岛市各大医院、血站、航空、铁路、公路、公交和防“非典”检查站等17家抗击“非典”一线部门。19日，捐赠

2003年，青岛市建立10个慈善超市和救助站。图为困难家庭人员在市北区“阳光救助”慈善超市选购生活用品

给抗击“非典”一线的市疾病控制中心医护人员价值12万元的社会捐赠款物，用于购买抗击“非典”急需设备及慰问一线工作人员。2003年，青岛市共捐赠抗击“非典”款物价值1754.8万元，青岛献血量在全国支援北京的血液总量中占1/4，献血者名单被首都博物馆永久收藏。

2005年，青岛市立医院医务人员向印度洋海啸灾民捐款

2005年春节期间，印度洋沿岸10多个国家受到地震引发的海啸袭击。1月7日，“青岛市人民向印度洋海啸灾区捐赠”活动在市民政大厦举行，现场捐赠共计70余万元。社会各界迅速掀起捐助热潮，共募集善款383万元，从此，青岛市开始国际灾难民间援助活动。

第六篇 民族 宗教

民族 1891年青岛建置后，工商业逐步兴起，少数民族陆续到此谋生。最先到青岛的是满族人和回族人。德日侵占时期，各纺织工厂均有满族、蒙古族、回族等少数民族工人。建国后，党和政府实行民族平等与团结政策，少数民族的风俗习惯和宗教信仰得到尊重，政治权利、文化教育权利等得到保障。六七十年代，全国各地少数民族人员因部队转业、大中专院校毕业生分配、婚嫁等方式到青岛居住，少数民族人口大量增加，主要有满族、朝鲜族、壮族、回族、苗族、白族、彝族等。其中，部分少数民族居住相对集中。如满族人主要分布于李沧区，回族人主要分布于四方区。“文化大革命”期间，民族政策遭到破坏，民族事务机构停止办公。

宗教 崂山道教在西汉时已露端倪，许多著名道士慕名到崂山栖居讲道。公元前140年（汉武帝建元元年），张廉夫来到崂山修行课徒，建“三官庙”“老子庙”为太清宫之雏形。后有李哲玄、刘若拙、刘处玄等历代道士苦心经营，太清宫成为全真道教随山派和崂山道教的祖庭。法海寺创建于魏武帝时期，距今已有1700余年，为青岛地区最古老的佛教寺院之一。412年（东晋义熙八年）夏初，高僧法显从天竺取经归国，乘船至青州长广郡牢山（今崂山）南岸登陆，在不其城讲经说法，并在其登陆之地建造石佛寺(栲栳岛之潮海院)。尔后，许多朝代都建有寺院，佛教逐步得到发展。到解放前夕，青岛市区(包括崂山县)尚存有于姑庵、华严寺、湛山寺等佛教寺院13处，和尚21人，尼姑6人，寄居5人。

1873年，美国基督教传教士郭显德在崂山、即墨一带进行传教活动。1897年德国侵占青岛，天主教、伊斯兰教传入青岛。据《胶澳志·宗教》记载：“胶澳一区为外人所占据者二十余年，市区以内儒释道之感格，远不如天主堂耶稣教之有势力。而在乡间则一神教更不如多神教之占优胜。”

建国后，党和政府实行宗教信仰自由政策，对宗教进行社会主义改造。“文化大革命”期间，多数寺庙、宫观、教堂被封闭，宗教人员被遣送原籍。

第一章 民 族

中共十一届三中全会后，青岛市认真贯彻平等、团结、友爱、互助的民族政策，加强对民族工作的领导。80年代初，在全市进行民族政策和民族团结的宣传教育，纠正在民族工作中存在的“左”的错误，平反冤假错案，解决尊重少数民族风俗习惯等方面存在的问题。80年代，青岛市少数民族人口快速增长。1982年全市少数民族人口6724人，1990年达到9790人。青岛市进一步贯彻落实民族政策，发展民族团结进步事业。90年代，实施《青岛市清真食品生产经营网点管理暂行规定》，尊重少数民族风俗习惯，保障少数民族合法权益。同时，扶持和鼓励少数民族发展生产，帮助解决生活中的具体困难，积极支援边疆少数民族地区经济建设，在青岛市90多个对口协作项目中，少数民族地区有30多个。

进入21世纪，青岛市紧紧围绕“共同团结奋斗，共同繁荣发展”的主题，每年开展民族团结进步宣传月活动，促进民族团结进步。少数民族融入青岛当地社会生活，积极参加政治活动、经济建设和文化事业。至2005年，有56人次当选为市级以上人大代表，55人次担任市级以上政协委员。据2000年第五次全国人口普查统计，青岛市有少数民族50个，3.3万人，其中朝鲜族1.45万人、满族7959人、蒙古族3179人、回族3027人、壮族831人，其他少数民族人口较少，只有一人的少数民族有5个。

第一节 族 源

青岛市主要少数民族有满族、朝鲜族、蒙古族、回族、壮族、苗族、彝族、白族等，其来源主要为部队复员转业人员和随军家属、大专院校毕业生分配、工作调动等。

满族

青岛建置后，最初到青岛的满族人主要来自山东青州北城（原清政府八旗驻防城），1919年，青岛铃木丝厂（青岛印染厂）常到青州收购蚕茧，发现青州满族女子是天足，便于做工，便开始在北城招工，称为“养成工”（只供食宿不发工资）。1929年底，青州北城旗兵团解体，青岛四方机车车辆厂副厂长唐良恩（青州北城人）派专车接来数千旗民，安排他们到四方机车厂和沧口多家纱厂做工，此后沧口成为青岛市满族人集聚区。其中部分满族工人是青岛市第一批工会会员，参加由中国共产党领导的纺织工人反帝、反封建、反压迫大罢工运动。青州北城满族青年自小习武，部分人来到青岛后担任警察。青岛解放前夕，国民党消防队大队长马元敬（青州北城满族）率领全队官兵于1949年5月24日起义，担负起保护电厂、电台、粮库等重要公共设施的重任，为青岛解放作出贡献。1964年全国第二次人口统计时，全市少数民族共5944人，其中满族4296人，占全市少数民族人口的72%。仅国棉六厂第一宿舍80户人家中，78户为青州满族。

90年代后，青岛市满族人口大量增加，除正常人口繁衍外，主要为大专院校毕业分配、军队复员转业和随军家属，以及工作调动到青岛投资发展等人员。1990年，全市满族人口5307人，2000年达到7959人。

朝鲜族

建国初期，由部队转业到青岛的李硕浩、朴正太等15人，是历史上最早徙居青岛的朝鲜族人。1978年前，各大专院校分配到青岛的朝鲜族毕业生有27人。中共十一届三中全会后，落实党的知识分子政策，部分朝鲜族知识分子为解决夫妻长期分居问题而调入青岛，随军少数民族家属问题得到妥善解决，先后有43名朝鲜族人员调入青岛。1990年，全市有朝鲜族人487人。1992年，中国与韩国正式建立外交关系，韩国企业到青岛投资建厂逐年增多，吸引大量东北地区朝鲜族人员到青岛就业。2000年，全市有朝鲜族人口1.45万人。

蒙古族

蒙古族人徙居青岛，始于1904年蒙古族少年脱希奎到青岛学徒当厨工。1918年，蒙古族青年富布真等人由北京到青岛谋生。1929年，在青岛谋生的蒙古族人共12人（均为北京原八旗兵丁），多数当工人，后又将家眷先后迁来青岛，蒙古族人数增加到35人。1930年，青岛市警察局曾派人两次去北京招收警察200余人，其中不少是蒙古族男性青年。建国后，由于人员调动、军队复员、转业和大专院校毕业生分配及人口自然增长，1990年青岛市蒙古族人口达284人，2000年全市有蒙古族人口3179人。

回族

1904年6月胶济铁路建成通车后，鲁西南、鲁西北及京、津等地回民陆续到青岛谋生。何连会、何连登兄弟于1928年来到青岛，以经营土产杂品为生，成为最早到青岛的回民。1929年，马福祥（回族）担任青岛市长，其随员多为回民。1937年，刘尊五（济宁人，回族）到青岛经营胶州盐业，随其来青岛的盐警中有部分回民。同年，有二三十名北京籍回民在青岛开设摊点经营古玩、首饰及工艺品。此外还有部分回民在青岛铁路、纺织、卷烟及学校、医院等行业谋生。建国后，青岛回民大量增加，主要是复员、转业军人及其家属、大专院校毕业生分配等。1990年，全市有回族人口2220人，2000年达到3027人。

壮族

解放后，青岛市壮族人口主要是复员转业军人及其家属，因工作调到青岛安家的工人、干部及其家属，还有大专院校毕业分配到青岛的学生，全市不过百人左右。七八十年代，广西、云南等地的壮族青年妇女，因婚嫁来到即墨、莱西、平度、胶南等地。1990年，全市壮族人口769人，2000年达到831人。

苗族

苗族人迁居青岛始于建国后，起初人口很少，至1964年只有4人。1982年，全市苗族人口不足20人，多居于市区。80年代，云南等地的苗族青年妇女因婚嫁相继迁入莱西、崂山等县（市）务农。1990年，全市有苗族人口238人，其中，莱西县100人。2000年，全市苗族人口达到765人。

彝族

彝族人迁居青岛始于建国后，主要分布于市南、台东、四方、沧口、崂山、黄岛及即墨、平度、莱西等县（区、市）。1990年，全市有彝族人口52人，2000年达到422人。

白族

白族人迁居青岛始于建国后，主要分布于市南、台东、四方、崂山、黄岛及胶州、即墨、平度、莱西等县（区、市）。1990年，全市有白族人口57人，2000年达到202人。

第二节　人　口

数量与分布

据2000年第五次全国人口普查数据统计，1953年至2000年的47年间，青岛市少数民族成分由13个增加到50个，人口由3589人增加到3.3万人，占全市总人口的0.44%。

2000年第五次全国人口普查数据显示，青岛市少数民族人口分布呈现“大分散、小集中”特点。80%的少数民族集中在市区，千人以上的少数民族有朝鲜族、满族、蒙古族和回族；少数民族人口超过1000人的街道有李村、城阳、流亭、中韩。

青岛市主要少数民族人口统计表

表6-1　　　　单位：人

项目 民族	全国第三次人口普查（1982年）	全国第四次人口普查（1990年）	全国第五次人口普查（2000年）
朝鲜族	158	487	14491
满族	4297	5307	7959
蒙古族	150	284	3179
回族	1826	2220	3027
壮族	152	769	831
苗族	18	238	765
土家族	23	32	613
彝族	2	52	422
白族	12	57	202
藏族	6	22	214
维吾尔族	7	21	191
傈僳族	–	21	191
布依族	4	30	142
侗族	3	43	119
达斡尔族	2	18	100
傣族	1	13	84
锡伯族	17	31	81
瑶族	7	32	66
哈尼族	1	13	45
畲族	5	17	43
其他少数民族	20	83	247
合计	6724	9790	33012

人口构成

2000年第五次全国人口普查数据显示，青岛市少数民族人口年龄构成为：0～19岁占20.7%，20～39岁占52%，40～59岁占20.5%，60～79岁占6.2%，80岁以上占0.6%。

从行业分布看，朝鲜族、满族、回族从事制造业人数最多，分别为605人、152人、39人，占该民族总人数的4.18%、1.91%、1.29%；蒙古族从事农林牧渔业的人数最多，为101人，占该民族总人数的3.18%；朝鲜族从事商业服务业人员最多，为338人，占该民族总人数的2.33%；满族、回族从事生活运输设备操作行业的人数最多，分别为124人、40人，占该民族总人数的1.56%、1.32%。

青岛市主要少数民族人员职业分布情况表

表6-2 单位：人

民族	国家机关党群组织企事业单位负责人	专业技术人员	办事人员和有关人员	商业服务业人员	农林牧渔水利业生产人员	生活运输设备操作人员及有关人员	合计
蒙古族	9	30	11	39	100	47	236
回族	12	20	20	36	14	40	142
藏族	–	3	–	2	5	4	14
维吾尔族	1	–	–	1	2	1	5
苗族	–	4	1	4	29	14	52
彝族	–	–	–	3	21	2	26
壮族	1	5	1	2	43	14	66
布依族	1	1	–	1	2	–	5
朝鲜族	110	196	108	338	31	238	1021
满族	18	72	49	89	58	124	410
侗族	1	3	–	–	3	7	14
瑶族	–	2	–	1	2	1	6
白族	1	–	–	1	11	2	15
土家族	–	1	–	3	12	15	31
哈尼族	–	–	–	1	2	1	3
傣族	–	–	–	1	8	1	10
黎族	–	–	–	–	2	–	2
傈僳族	–	–	–	–	29	–	29

说明：据2000年第五次全国人口普查数据

第三节　少数民族团体

青岛市少数民族联合会

1991年8月，青岛市少数民族联谊会成立。1993年，青岛市四方区成立第一个区级少数民族联谊会。2005年，青岛市少数民族联谊会更名为青岛市少数民族联合会，办公地点在市南区常州路9号。

青岛市少数民族联合会开展各种形式的民族文化、教育体育活动。每年举办系列活动，如春节迎春茶话会、“五四”青年联欢会、“六一”儿童节为盲校学生查体、暑期少儿夏令营、少数民族书画展、教师节尊师重教活动、重阳节敬老

青岛市第五届少数民族文艺汇演现场

活动等。青岛市少数民族联谊会发挥少数民族能歌善舞的优势，成立民族艺术团，开展文艺演出活动。1996年，在山东省首届少数民族文艺汇演中，民族艺术团选送的小品、诗朗诵、器乐联奏等获奖。

至2005年底，青岛市少数民族联合会有会员300余人（50个民族成分），全市有7个区（市）级少数民族社团，会员477人。

青岛市少数民族经济发展促进会

2002年8月，青岛市少数民族经济发展促进会成立，办公地点在青岛市福州南路9号新世界大厦。少数民族经济发展促进会的宗旨是发挥政府与企业之间的桥梁和纽带作用，带领少数民族群众遵守法律法规和社会道德规范，提高少数民族科技文化水平，发展少数民族经济，发展平等、团结、互助的新型社会主义民族关系，促进各民族共同繁荣进步。

第四节　民族事务

1979年，市委统战部继续负责全市民族宗教工作，设民族宗教科，青岛市民族工作逐步恢复。1984年7月，市政府民族事务处与市政府宗教事务处被确定为市政府局级工作机构（一套机构两个牌子），主管全市民族宗教工作。自1988年至2005年，青岛市先后召开民族团结进步表彰大会3次，举办“民族团结进步宣传月”活动5次。2005年，青岛市民族事务局被山东省人民政府评为山东省第五次民族团结进步模范集体。

权益保障

尊重风俗习惯　解放后，青岛市推行土葬改革实行火葬时，尊重有伊斯兰教生活习惯的少数民族继续实行土葬，并且划出特定土地作为公墓供其使用。1978年，市政府在市北区洪山坡马兰顶划拨0.23公顷的土地作为市内4区回民墓地。1999年再次划拨0.23公顷墓地为回民专用，并拨70万元专项资金用于墓地围墙及绿化建设。2004年，青岛市第三次划拨0.47公顷土地为回民墓地，由青岛市伊斯兰教协会管理使用。

针对有伊斯兰教生活习惯的少数民族群众开斋节要到清真寺礼拜的风俗，80年代初，在开斋节期间，回族等10个民族的职工放假一天。1991年，针对全市清真企业偏少、不能满足穆斯林需要的状况，在青岛火车站、第一海水浴场设立清真快餐车，方便少数民族群众。2002年，青岛市财政局、人事局规定，有伊斯兰教生活习惯的少数民族职工，原每月享受4.5元伙食补助标准提高到7.5元，原不享受伙食补助的每月享受3元。

干部培养选拔　市委认真贯彻落实党的干部政策，加强对少数民族干部的培养教育。1995年，组织对全市少数民族干部情况进行调查统计。1997年11月，举办为期4天的全市首期少数民族干部培训班，共有10个少数民族的34名干部参加培训。2002年，青岛市民族宗教局印发《青岛市培养选拔少数民族干部工作四年规划及实施意见》，具体规定少数民族干部的培养教育、实践锻炼、后备干部队伍建设等措施。2005年，举办少数民族干部培训班，培训少数民族干部32人。

至2005年底，青岛市有少数民族干部1300人，其中副市级1人、局级8人、处级52人、科级（乡镇级）107人，约占全市干部总数的5‰。从行业分布看，党政机关占24%，事业单位占42%，企业占34%；从年龄结构看，35岁以下的占44%，36～40岁的占17%，41～50岁的占26%，51～60岁的占12%，60岁以上的占1%；从文化层次看，研究生以上文化程度的占19%，大学文化程度的占31%，大专文化程度的占41%，大专以下文化程度的占9%。技术类人员中，高级职称的占21.3%，中级职称的占35.2%，初级职称的占43.5%。

参政议政　青岛市历届人民代表大会和政治协商会议都有少数民族代表及委员出席，少数民族中人大代表、政协委员人数逐届增多。少数民族在代表委员总数中的比例超过其在全市人口总数中的比例。2005年，全市有少数民族市级人大代表6人，市级政协委员8人。

维权服务　2002年，青岛市设立“少数民族之家”服务热线，建立服务热线值班、来电办理、督办等工作制度，接受和办理少数民族群众电话咨询，督促有关部门解决少数民族群众生产生活难题，维护少数民族群众合法权益。此后，设立市、区（市）、街道办事处（镇）等三级服务热线工作网络，平均每天为少数民族群众解答咨询电话10余个。2004年，建立民族工作进社区的工作机制，加强市、区（市）、街道办事处（镇）三级管理网络建设，涌现出市南区金门路街道办事处社区民族工作、天山小学“知我民族、爱我中华”民族特色教育以及城阳区创建“城阳人品牌”等先进典型。

少数民族企业

改革开放后，青岛市合理设置清真饭店和清真食品生产加工、供应网点，并在投资、贷款、税收等方面给予扶持，全市清真食品企业得到较快发展。1989年12月27日，实施《青岛市清真食品生产经营网点管理暂行规定》。进入90年代，市政府对城市民族贸易企业和民族用品定点生产企业实行优惠政策，对进入本市兴办企业和从事其他合法经营活动的外地少数民族人员提供便利条件，支持企业改善生产营业条件，增强企业的市场竞争力。1996年后，朝鲜族人士经营的企业大量入驻青岛，主要从事制造业（服装、玩具、鞋、工艺品等）和服务业（饮食、会所、酒店等），劳动用工（以朝鲜族为主）2500多人。至2005年底，全市注册少数民族法人代表企业150余家，企业注册资本总额6000多万元，投资总额近亿元，年销售（经营）额3亿多元，出口创汇3000多万美元，年实现利税2600万元，企业员工9500多名（其中40%为少数民族）。

文化教育

考生加分　1990年8月30日《山东省民族工作条例》规定：“国家举办的各级各类学校招收新生时，应对少数民族考生适当降低录取分数线”。青岛市规定，凡是少数民族子女报考大专院校，录取分数一律照顾10分。2003年，规范少数民族考生工作程序，并印制《青岛市少数民族考生加分指南》。

开设新疆班　2000年8月，党中央、国务院决定在12个城市开设内地新疆高中班。青岛崂山二中是全国首批13所承办学校之一。2000年、2001年每年招收人数为80人，2002～2005年每年增加到125人。民族班学生来自维吾尔族、哈萨克族、塔吉克族、柯尔克孜族、蒙古族、乌兹别克族、回族等。学校领导和任教老师用爱心、细心、耐心、责任心，进行思想上引导、生活上指导、心理上疏导、学习上辅导，帮助学生度过想家关、生活关、语言关、思想关、学习关等，新疆班工作取得突出成绩。崂山二中曾被授予“山东省民族教育民族团结先进集体”“山东省教育

2000年，青岛崂山二中开设新疆班，至2005年共有160名学生毕业。图为新疆班同学参加升国旗仪式

援藏援疆先进单位”“青岛市民族团结进步模范集体”等称号。2004年，首届80名新疆学生毕业。至2005年，共有在校学生500人，已经毕业160人。

民族书画展　1991年11月，在青岛展览中心举办青岛市首届民族书画展，共有167幅作品参展，参观人数达5000人次。12月15日，百名青岛民族书画家作品精选大展暨百家青岛企业经济建设及作品推广展览，在北京民族文化宫开幕，从征集的7个民族近800幅书画篆刻作品中，选出280幅参展。有500人参加开幕式，青岛市参展企业人员、书画爱好者近100人专程赴京参加，参观人数达2万人次。中央电视台及十几家新闻单位作宣传报道。

民族政策

宣传《城市民族工作条例》　1993年9月15日，《城市民族工作条例》颁布实行。青岛市认真组织宣传工作，在“市长学法日”上宣讲《城市民族工作条例》，并在《青岛日报》上全文刊登，对宣传贯彻和落实情况进行报道。1995年，在《城市民族工作条例》颁布两周年之际，青岛市组织进行大规模宣传活动，在少数民族聚居区和其他重要活动场所悬挂宣传横幅、标语和其他宣传标志，利用宣传车、宣传栏、宣传板报等多种工具和手段，在辖区范围内广泛开展宣传活动，全市参加活动的各族群众超过3万人。同年，拍摄制作《青岛民族工作》电视专题片，宣传改革开放后青岛市民族工作取得成就和民族团结进步典型。

民族团结进步宣传月　2001年10月，青岛市开展第一个“民族团结进步宣传月”活动，组织评选“民族团结楼、院、家庭”和献“金点子”等活动。国庆节期间，全市各少数民族代表身着艳丽的民族服装与社会各界代表近万人参加升国旗仪式。中央电视台、山东电视台对活动进行专访。2002年10月，在“民族团结进步宣传月”活动中，青岛市推出“迎奥运、促团结、我为青岛添光彩”系列活动，开展“公民道德建设”文艺演出少数民族专场、“迎奥运”民族书画展、征文比赛、少数民族传统体育项目运动会、全市少数民族代表座谈会等活动，组织参加“福彩杯”山东省民族知识有奖竞赛活动，全市50个少数民族的6000余人参加活动。同年，实施《青岛市民族工作系统法制宣传教育第四个五年规划》。

2004年10月，举办“青岛市民族团结进步宣传月”开幕式暨大型文艺演出，举办民族工作形势报告会；开展“青岛发展我出力，青岛美丽我贡献”征文活动，共收到征文35篇；参加“泰山民族杯”民主法制知识竞赛，共有2400多人参加答题活动；召开“我为青岛发展献计策”少数民族代表座谈会，开展第五个全市民族团结进步宣传月活动，举办少数民族体育运动会。至2005

年，共举行5次民族团结进步宣传月，10余万人次参加宣传月活动。

青岛市民族团结进步表彰大会　1988年9月27日，青岛市召开首次民族团结进步表彰大会，来自全市各行各业的汉族、满族、回族、壮族、朝鲜族、蒙古族、维吾尔族等民族工作先进集体、先进个人、特邀代表等共154人参加会议，16位先进集体和先进个人代表在会上介绍经验，14个先进集体、58位先进个人受到表彰。1995年6月，召开青岛市第二次民族团结进步表彰大会，传达国务院第二次全国民族团结进步表彰大会和山东省第三次民族团结进步表彰电视电话会议精神，总结全市在贯彻党的民族政策、发展少数民族经济和社会事业、促进民族团结进步方面取得的成就和经验，对在民族团结进步事业中作出突出成绩的15个先进集体、38个先进个人给予表彰奖励。2000年12月18日，青岛市召开全市民族工作会议暨第三次民族团结进步表彰大会，会议通过《关于进一步做好新形势下民族工作的意见》，并对15个民族团结进步先进集体、37名先进个人进行表彰。2005年，青岛市民族事务局被山东省人民政府评为山东省第五次民族团结进步模范集体。

第二章　宗　教

青岛市有佛教、道教、伊斯兰教、天主教、基督教5种宗教。

“文化大革命”结束后，青岛市贯彻执行党的宗教方针政策，恢复和建立宗教工作机构和宗教爱国组织，宗教界人士历史积案全部得到平反或纠正，“文化大革命”中的遗留问题得到妥善处理和解决，宗教团体房产政策大部分得到落实，并有计划地恢复开放一批寺观和教堂。1991年之后，特别是《中华人民共和国境内外国人宗教活动管理规定》和《宗教活动场所管理条例》颁布实施后，组织对全市宗教活动场所进行登记发证，加强宗教活动场所的内部管理，大部分场所建立健全人员、财务、会计、治安、消防、卫生防疫、文物保护等管理制度。组织开展评选“五好”文明宗教活动场所活动，有35处宗教活动场所被评为全市“五好”文明宗教活动场所，有8处宗教活动场所被评为全省文明宗教活动场所。青岛市宗教事务步入依法管理轨道。

至2005年底，据统计全市共有依法登记的宗教活动场所140处；宗教教职人员160余人，其中佛教比丘30余人，道教道士60余人，伊斯兰教阿訇3人，天主教主教1人、神父7人，基督教牧师30人、长老14人、传道员19人、神学生6人；信教群众10.5万余人，其中佛教居士3.6万人，道教居士1000余人，穆斯林3000余人，天主教信徒5000余人，基督教信徒6万余人。全市宗教界先后有50多人担任或推荐为全国、省、市、区（市）人大代表和政协委员职务。

第一节　佛　教

中共十一届三中全会后，落实党的宗教政策，青岛市佛教活动逐步恢复。1984年，原来占用湛山寺的单位全部搬走，湛山寺收回全部房产，并于1986年12月30日正式对外开放。1991年7月，成立青岛市佛教协会。2005年，青岛市有全市性佛教团体1个，依法登记寺院1处，比丘30余人，居士3.6万人。

青岛市佛教协会

1985年6月，青岛市佛教协会筹备委员会在湛山寺召开成立大会，青岛市佛教界代表12人出席会议。会议审议通过《青岛市佛教协会筹备委员会工作报告》《青岛市佛教协会章程》，选举真寂居士为会长。

1991年7月，正式成立青岛市佛教协会，办公地址设在市南区芝泉路2号。同月，在湛山寺召开青岛市佛教协会第一届代表会议，34名代表出席会议。审议通过《青岛市佛教协会筹备委员会工作报告》《青岛市佛教协会章程》，选举产生青岛市佛教协会第一届理事会，会长为真寂居士，同时选举3名副会长、1名秘书长、15名理事。1992年5月，青岛市佛教协会注册登记，领取“山东省社会团体法人登记证”，证号为：鲁（青）社团证字第299号。1998年3月，换发“社会团体法人登记证书”，证号为：鲁社证字第B0299号。12月，在湛山寺召开青岛市佛教协会第二届代表会议，出席会议的理事和代表31名。审议通过《青岛市佛教协会章程（修改草案）》；选举产生青岛市佛教协会第二届理事会，明哲法师任会长，副会长兼秘书长1名，理事15名。2002年11月，在湛山寺召开青岛市佛教协会第三届代表会议，出席会议的理事和代表55名，选举产生青岛市佛教协会第三届理事会，明哲法师再次当选为会长，选举副会长2名（其中副会长兼秘书长1名），理事15名。审议通过《青岛市佛教协会章程（修改草案）》，修改后的《青岛市佛教协会章程》共有5章17条，确立青岛市佛教协会的总则、任务、组织领导、财务等事项。

1995年后，湛山寺多次维修扩建，新建放生池、药师塔、藏经楼、斋堂、卧佛殿等。图为2001年的湛山寺

佛教寺院及学院

青岛市湛山寺　始建于1932年，地处青岛市市南区太平山南麓，市南区芝泉路2号至4号，是中国佛教天台宗最年轻的寺院之一。寺院坐北面南，是一座五进布局的中国传统风格的建筑群，依次为山门、天王殿、大雄宝殿、三圣殿、藏经楼等。

1982年12月，湛山寺被列为青岛市市级文物保护单位。1983年，国务院确定湛山寺为汉族地区佛教重点开放寺庙之一。11月，请回原湛山寺学僧纯智法师和真寂居士，协助筹备恢复湛山寺工作，其他法师等相继到寺常住。1984年7月，使用湛山寺殿堂房屋的青岛照相机厂全部搬出，寺内临时房居住的30户居民迁离寺庙。12月，由国家宗教事务局、山东省宗教事务局、青岛市政府拨款共计150余万元对湛山寺进行全面修缮。1986年12月，湛山寺修复完毕，经市政府宗教事务处批准为佛教活动场所，12月30日正式对外开放。当年，常住僧众30余人，信众1000多人。每月的初一、十五都举办法会。按照佛教的节日经常举办华严法会、弥陀法会、观音法会、地藏法会、药师法会等宗教活动。每年农历四月初八的佛诞节、春节期间都举行祈福“世界和平，国泰民安”法会。

1987年6月，经中国佛教协会会长赵朴初先生举荐，原北京广济寺首座明哲法师到湛山寺任住持。湛山寺自筹资金陆续对殿堂、僧寮、塔院等进行全面修缮改造。1990年，筹款20万元新建钟楼、鼓楼。1995～2005年，三次维修药师塔，供奉铜质贴金药师佛像1万尊。1996年3月，对放生池进行清淤、护坡改造，在放生池四周建汉白玉围栏，池中安放汉白玉观世音菩萨立像1尊。1998年，市政府将湛山寺药师塔园归属湛山寺管理。1999年，投资近100万元，在大雄宝殿东侧新建“湛山晨钟”，大钟为铜质，高2米，重约7吨，由上海交通大学中华青铜公司制作。2000年元旦零时，湛山寺住持明哲与湛山寺僧众、信教群众及社会各界人士共5000余人共同敲响“湛山晨钟”，迎接新世纪的到来。2001年，投资500万元新建1200平方米的藏经楼1座，建筑为明清风格，带廊上下各11间，底层为法堂，二层为藏经楼。2002年9月，投入200多万元对湛山寺及药师塔塔院环境进行整治绿化，共植树2000株，平整铺设道路场地3000平方米。2003年，投资约300万元新建斋堂、僧寮等，共计1057平方米。2005年3月，在湛山寺院内西北角新建倓虚法师纪念馆和卧佛殿，共计250平方米。一层殿内供奉卧佛1尊，为整块缅甸玉雕刻而成，重约38吨；二层为湛山寺开山祖师倓虚法师纪念馆。

1997年10月6日，根据国务院宗教事务局《宗教活动场所登记管理办法》规定，青岛湛山寺依法登记，统一登记编号：宗场证字（鲁）F020000008。1987～2005年，湛山寺登记皈依的佛教居士约3.6万人。

2005年，湛山寺占地面积6.7万平方米，建筑面积7799平方米。有比丘30余人。

崂山华严寺　位于崂山风景区东部那罗延山半腰，1652年（清顺治九年）即墨乡绅黄坦出资修建，称“华严庵”“华严祥院”，占地4000平方米，四进式院落，有房屋120余间，建筑面积2000平方米。清代华严寺与法海寺、石佛寺并称为崂山三大寺院。1931年，青岛市市长沈鸿烈为华严庵赠匾，改名为“华严寺”，并沿用至今，建国前曾多次修缮。“文化大革命”期间遭到严重破坏。1999～2001年，投资3000余万元修复。修复后的华严寺为重檐斗拱歇山式木制建筑，主殿“大雄宝殿”供奉释迦牟尼、文殊菩萨和普贤菩萨，是华严三圣。寺前路西有塔院，内有第一代住持慈沾大师的砖塔和第二代住持善和(螳螂拳创始人于七)石塔。

山东湛山佛学院　2004年8月，山东省宗教事务局印发《关于转发国家宗教局〈关于同意筹办“山东湛山佛学院”有关问题的批复〉的通知》。9月，正式成立山东湛山佛学院，为山东省唯一一所被国家宗教局批准的省级宗教院校，同时成立董事会，校址设在青岛市湛山寺。10月22日，在青岛市湛山寺法堂举行开学典礼，来自海内外的佛教诸山长老、佛教界人士及信众共6000多人参加开学典礼。第一届大专班招收38名学僧入学。

山东湛山佛学院由山东省佛教协会会长、青岛市佛教协会会长明哲任院长。学院设教务处和编辑部，佛学院配备僧人教师11名（其中本科及研究生学历以上教师8名），另有社会兼职教师5人。主要开设天台宗及唯识、中观、教史、戒律、基础理论等25门课程，还开

清顺治九年（1652）建立的崂山最大的寺庙—华严寺举行佛事活动

2004年10月22日，在青岛湛山寺举行山东湛山佛学院成立暨首届大专班开学典礼

设“政策法规”“时事政治”“中国哲学史”“计算机”“大学语文”“英语”等社会文化课，逐步形成山东湛山佛学院“显密圆融，台贤并重，禅净双修”的佛教教育文化体系。学院设有200多平方米大专班教室1个，300多平方米讲堂1个，100多平方米图书馆1个，1200多平方米两层教师寮和学生寮2栋，学院图书馆藏书、期刊、影像资料等8万余册。

2005年5月，山东湛山佛学院创办出版《菩提道》季刊杂志，在全国佛教界内部发行。当年，在校学生38人。

主要活动

佛事活动　1986年为国际和平年，6月25日，青岛市佛教协会筹备委员会会长真寂居士带领僧众30余人，在湛山寺三圣殿主持诵经祈福法会仪式，拥护党和国家的和平外交政策。1987年5月5日（农历四月初八），湛山寺举行恢复开放后的第一个佛诞节庙会，2200余名信众参加祈福活动。1988年6月6日，湛山寺举行方丈升座暨全堂佛像开光盛典，明哲担任湛山寺第三任方丈。2002年9月、2005年9月，湛山寺两次举行三坛大戒，受戒佛戒弟子共600多人，遍布全国各地佛教寺院。

文化交流　1986～2005年，青岛市佛教协会、青岛湛山寺多次组织湛山寺僧众和山东湛山佛学院学生到中国佛教协会、北京广济寺、中国佛学院、北京法源寺、北京灵光寺、五台山寺院、上海玉佛寺等访问。组织10多次访问团到日本、韩国、新加坡、美国、泰国、加拿大等国家和中国香港、澳门、台湾等地区进行佛教文化交流，宣传党的宗教信仰自由政策，增进相互了解和友谊。先后20多次邀请中国香港、澳门、台湾等地区和美国、韩国、日本等国家的佛教界人士到湛山寺进行讲学和交流。接待美国、日本、韩国、法国、加拿大、新加坡等国的访问团100多次。1991年12月，应中国香港佛教联合会邀请，青岛市佛教协会会长明哲带领青岛市佛教协会一行4人赴中国香港进行友好访问，拜访香港青山寺、东林寺、西方寺、极乐寺等。

第二节　道 教

中共十一届三中全会后，青岛市对太清宫、太平宫、上清宫、明霞洞等道教宫观进行修缮，重塑神像，接回被规劝返原籍的道士，界定地界。1989年，崂山太清宫正式对外开放。1992年，修缮完毕的太平宫、明霞洞、上清宫依次对外开放。1996年，青岛市对道教场所进行统一登记管理。2005年，有全市性道教团体1个，依法登记宫观10处，道士60余人，居士1000余人。

青岛市道教协会

1985年5月，青岛市道教协会筹备委员会正式成立，办公地址设在崂山太清宫。1989年6

拥有2000多年历史的崂山太清宫为全真道教随山派的祖庭。图为崂山太清宫正门

月，青岛市道教协会召开第一次代表会议，25名代表出席，会议讨论通过《青岛市道教协会章程》，选举产生青岛市道教协会第一届委员会。选举匡常修为会长，副会长2人，秘书长1人，委员5人，会员100人。1993年1月18日，匡常修会长因病在崂山太清宫去世，因其在培养年轻道教人才、传授崂山道乐、武功等方面作出较大贡献，崂山太清宫为其修建碑塔以示纪念。1998年1月，青岛市道教协会召开第二次代表会议，选举产生第二届委员会，聘请孙真淳为名誉会长，选举刘怀元为会长，副会长3人。2002年12月，青岛市道教协会召开第三次代表会议，选举产生第三届委员会，聘请孙真淳为名誉会长，选举刘怀元为会长，副会长2人，秘书长1人。

道教宫观

崂山太清宫　创建于公元前140年（西汉建元元年），迄今已有两千多年历史。素有“神仙之宅，灵异之府”之称，是崂山“九宫八观七十二庵”中规模最大的道观，亦称“下清宫”。位于崂山东南部太清湾畔，前临浩海，背依七峰。

“文化大革命”期间，崂山太清宫遭到严重破坏，神像被推倒砸烂，道士被驱逐，庙内的古书、字画、古物、法器几乎全部被毁或流失。1979年，太清宫由青岛市园林局管理。1980年，落实党的宗教政策，由市园林局出面将道士匡常修、孙真淳、李宗廉、王自臻和道姑崔静一接回太清宫，重新开始宗教活动。1982年12月，青岛市将崂山太清宫、童真宫、法海寺、明道观、白云洞、上清宫、太平宫、华楼宫、华严寺、蔚竹庵等列为市级文物保护单位。1983年，国务院确定崂山太清宫为“汉族地区道教全国重点宫观”之一。

1985年，崂山太清宫恢复正常宗教生活。6月1日，为落实省政府办公厅《关于迅速将泰山碧霞祠、崂山太清宫移交宗教事务部门管理的函》要求，青岛市召开崂山太清宫移交工作会议。7月6日至15日，在崂山太清宫正式办理移交手续，由青岛市道教协会筹备委员会负责管理太清宫。1986年为国际和平年，6月25日，太清宫道众在道长匡常修的带领下，在三清殿内首次举行大型宗教活动，诵经祈祷，坚决拥护党和国家的和平外交政策。1987年3月，组织对三清殿院内所有房屋进行修缮。在“三皇殿”院恢复庙内原有的“救苦殿”，重塑“救苦天尊、孚佑帝君、慈航道人”三尊神像；恢复“耿祖殿”，重塑“扶教真人”；将原有中国十大神医的小木牌位改为坐像；在“三官殿”增添四大元帅壁画；在“三清殿”门外恢复王灵官（护法）神像。1989年3月29日（农历三月初三），特邀中国道教协会一行17人到崂山太清宫主持为期两天的全堂神像开光法会活动。同日，崂山太清宫正式对外开放。

1990年4月，市政府《关于崂山太清宫四至范围及有关问题的会议纪要》确定，崂山太清宫的范围为："东到沟底以内，西至自茶田沿墙堤自然弯曲到路边，南至顺林边道路到三角地北侧的沟底以内，北至康有为碑刻"。1993年，青岛市道教协会投资50余万元，对崂山太清宫内的翰林院、藏经楼、寮房和道教协会办公用房进行修缮。新建二层斋堂楼，并在翰林院和三皇殿院内各建一个防火池。1996年6月，根据《宗教活动场所登记管理办法》，崂山太清宫依法登记，统一登记编号：宗场证字（鲁）D020000001。1997年4月，陆续修建后山围墙并立石桩，在海边太清宫入口处修建大牌楼。1998年10月，经协商，原太清宫东部由青岛市旅游局修建的太清山庄所有房屋和周边用地全部有偿归属太清宫。

自2001年起，青岛市道教协会投资2000余万元，对崂山太清宫前、后区进行扩建，增建山门、钟鼓楼、元辰阁、元君阁、混元殿、文昌殿、财神殿等殿堂建筑及院墙，并新塑神像。2003年，经市政府与当地驻军协调，将太清宫西边的玉楼饭店置换给太清宫。2005年11月16日，崂山太清宫举行新建殿堂神像开光法会活动，邀请北京白云观经师团、武汉长春观经师团和崂山太清宫新组建的经师团一起为神像开光祝贺。国家宗教事务局发来贺电，中国道教协会会长任法融道长以及全国各大名山宫观道长、学者等400余人参加开光庆典活动。

2005年，崂山太清宫共有道士50余人，占地面积1.2万平方米。

崂山上清宫　创建于宋初，是宋太祖赵匡胤为华盖真人刘若拙敕建的道场，至宋末废圮。1317年（元延祐四年）重修。"文化大革命"期间，神像、石碑遭破坏，各种法供器流失，房屋由崂山林场职工使用。

1982年12月31日，青岛市将上清宫列为市级文物保护单位。1990年，进行上清宫开放前的准备工作，次年3月，在上清宫举行开工典礼。对正、偏殿进行修缮，聘请河南南阳市泥塑第四代传人制作神像，并移栽耐冬和四季桂等花木。1992年，上清宫全部神像彩绘结束。新建上清宫分前后两进庭院，呈长方形，占地1000余平方米，后院是正殿，东、西配殿和寮房院。正殿祀玉皇，左、右配殿祀三官和七真塑像。9月21日，举行神像开光典礼，中国道教协会一行16人来崂山上清宫主持神像开光典礼。12月6日，新建成并保留明末清初建筑特点的上清宫正式对外开放。1996年6月，崂山上清宫依法登记，统一登记编号：宗场证字（鲁）D020000003。

2005年，崂山上清宫有道士2人，占地面积3000平方米。

崂山明霞洞　位于崂山上清宫以北的昆仑山主峰——玄武峰下，海拔650米。系一天然巨石构成，洞高约两米，面积10余平方米，洞额

1992年，崂山太清宫举行佛像开光仪式后对外开放。图为前来参观的外国友人

崂山道士习武强身

镌刻“明霞洞”，洞东一巨石，上镌“天半朱霞”，洞外石壁上刻有孙紫阳道士修真记。洞右是道院，为道教“金山派”祖庭，占地200平方米，房屋30间，原有斗母、观音两座大殿均为砖木结构硬山式建筑。

由于年久失修，明霞洞梁檩腐朽，部分房屋渗漏严重。1982年12月31日，青岛市政府列明霞洞为市级文物保护单位。1990年，青岛市药材站将明霞洞移交青岛市道教协会管理，由青岛市道教协会对大殿进行维修。大殿正中供奉玉皇、左供奉托塔天王、右供奉太白金星三尊木雕神像，拆除位于大殿对面的10间平房，又对石洞进行清理，保留原有的石磨、石碾。因明霞洞系道教金山派祖庭，故大殿瓦件是黄色琉璃瓦，在崂山所有道教宫观中仅此一处。1992年9月21日，举行神像开光仪式，中国道教协会一行16人到崂山明霞洞主持神像开光典礼。12月6日，明霞洞作为道教活动场所正式对外开放。1996年6月，崂山明霞洞依法登记，统一登记编号：宗场证字（鲁）D020000004。

2005年，崂山明霞洞有道士2人，占地面积2500平方米。

崂山太平宫　位于仰口湾畔上苑山半，负山面海，故有海上宫殿之称，因建于北宋太平兴国年间，初名“太平兴国院”，后更名为“太平宫”。

1979年，太平宫大殿、配殿及附属房屋保存较好，由崂山风景管理委员会初步修缮，并作为旅游景点对外开放。1982年12月31日，市政府公布太平宫为市级文物保护单位。1992年，太平宫交由青岛市道教协会管理并进行修缮。将漏雨的屋顶拆掉并加高30厘米，在宫西空地上新建可容纳30余人的客堂，在宫北套建围墙。6月1日，太平宫作为道教活动场所正式对外开放，由太清宫派驻道士管理。太平宫为二进院落，大殿三间建在后院。内祀“妈祖”，东西配殿各三间，东祀“关公”，西祀“文昌”。西院建有道舍，院中一井名“龙涎”，西一巨石，因状似“卧龙”得名“龙眠石”。东院建有一钟亭，内悬一古钟，其旁石碑上镌刻“上苑晓钟”（此钟系从即墨金口天后宫所购，为清初铸造）。1996年6月，崂山太平宫依法登记，统一登记编号：宗场证字（鲁）D020000003。

2005年，崂山太平宫有道士4人，占地面积1000平方米。

宗教活动

1985年5月崂山太清宫恢复正常宗教生活以后，道众每日早午晚三时，值殿者盥沐漱口，衣冠整齐，于正殿及各殿依次焚香、焚表、朝真、诵经，每日照例三次功课，戊日禁止。每逢朔望、诸神圣诞、三元、五腊，各殿献供、焚香、焚表，全体道众诵经一昼夜。每年农历腊月二十五、年除夕、正月初二进行年祭。每年清明节、端阳（午）节、七月十五、八月十五、十月初一、十二月初八、腊月二十三等节日进行节祭。成立崂山道乐团、崂山道教武术团，每天免费为游客表演。

第三节 伊斯兰教

1982年7月，青岛清真寺重新对外开放，2005年4月，位于同安路的新建清真寺开工。2005年，青岛有全市性伊斯兰教团体1个，依法登记的清真寺1处，阿訇3人，穆斯林3027人。

青岛市伊斯兰教协会

1983年11月，召开青岛市伊斯兰教协会第一次代表会议，出席代表55人。会议审议通过《青岛市伊斯兰教协会筹备委员会工作报告》《青岛市伊斯兰教协会章程》，选举产生由14人组成的青岛市伊斯兰教协会第一届委员会。选举金宝兴任会长，副会长2人，秘书长1人。办公地址设在常州路9号青岛清真寺。1988年10月，召开青岛市伊斯兰教协会第二次代表会议，出席代表65人。通过《青岛市伊斯兰教协会章程》，选举产生由15人组成的青岛市伊斯兰教协会第二届委员会。选举金宝兴任会长，副会长4人（其中1人兼秘书长）。1995年，召开青岛市伊斯兰教协会第三次代表会议，选举产生由17人组成的青岛市伊斯兰教协会第三届委员会。1992年5月，由青岛市民政局注册登记，领取“山东省社会团体法人登记证”，证号为：鲁（青）社团证字第300号。1998年3月，换发“社会团体法人登记证”，证号为：鲁社证字第B0300号。2000年11月，召开青岛市伊斯兰教协会第四次代表会议，出席代表67人。通过《青岛市伊斯兰教协会章程》，选举产生由29人组成的青岛市伊斯兰教协会第四届委员会。选举杨树勋任会长，副会长2人、秘书长1人。

清真寺

青岛清真寺 位于常州路9号，占地面积1880多平方米，楼上大殿能容纳百余人礼拜，楼下为办公室、学员室、会议室、伙房等，院内有平房11间。1981年9月，原使用清真寺单位全部搬出。市政府先后拨款12万元，对清真寺进行全面维修。1982年7月23日开斋节时，青岛清真寺对外开放。当日由新聘阿訇孙维忠主持会礼，全市400余名穆斯林参加活动。1996年2月，青岛市清真寺依法登记，统一登记编号：宗场证字（鲁）Y020000005。2005年，青岛市穆斯林人口达3027人，清真寺有阿訇3人。

新清真寺 2000年，在青岛市人大十二届三次会议上，18位人大代表联合提出《关于对我市清真寺进行重建的议案》。经研究，青岛市政府同意对清真寺进行异地重建，建设资金采取青岛市伊斯兰教协会自筹和市政府资助相结合的办法解决。市政府在市北区同安路581号规划土地0.67公顷，用于建设青岛市清真寺和穆斯林培训中心，并资助300万元。后因建寺地址有争议，市北区政府又无偿划拨同安路579号土地0.33公

2005年，位于市北区同安路的青岛新清真寺开工，次年建成

顷用于建寺。2005年4月25日开工建设，建筑面积近4000平方米。

宗教活动

伊斯兰教的三大节日是开斋节、古尔邦节（宰牲节）和圣纪，节日的具体日期依伊斯兰教历而定。开斋节、古尔邦节当日，穆斯林要齐聚清真寺举行会礼。

1982年清真寺对外开放后，由于青岛市穆斯林人口较少（常住人口3000多人），居住不集中，礼拜聚礼的只有二三十人。1995年后，随着西北穆斯林陆续进入青岛办餐饮（开拉面馆）、做生意，以及到青岛贸易、留学、船员不断增多，前来清真寺礼主麻的聚礼人数增至100余人，其中外国穆斯林20人左右。2005年，开斋节到清真寺欢度节日人数达到1000多人。

第四节　天主教

中共十一届三中全会后，青岛市天主教爱国会进行重新开放教堂、收回宗教房产、安置教职人员等工作。1987年12月，召开天主教青岛教区教务工作会议，根据中国天主教主教团、中国天主教教务委员会有关选圣主教的规定和《青岛教区主教选举办法》，选举青岛教区神父韩锡让为天主教青岛教区正权主教，成为建国后青岛天主教第一位自选自圣的主教，青岛天主教结束近40年主教空缺的状况。1992年3月，韩锡让主教病逝。2000年8月，青岛教区在浙江路天主教堂为李明述神父举行祝圣主教仪式，1300余名信教群众和来宾参加。

2005年，青岛市有全市性天主教团体1个，依法登记的教堂、活动点11处，主教1人，神父7人，修女13人，信徒约5000人。

青岛市天主教爱国会

青岛市天主教爱国会于1956年10月成立，“文化大革命”期间中止活动，1979年7月恢复活动。1992年5月，由青岛市民政局注册登记，颁发“山东省社会团体法人登记证”。1998年3月，换发“社会团体法人登记证书”，证号为：鲁社证字第B0481号。办公地址为青岛市浙江路15号。

1981～2005年，先后召开4次青岛市天主教代表会议，选举产生第三至第六届青岛市天主教爱国会。1981年12月11～16日，召开青岛市天主教第三次代表会议，通过《青岛市天主教爱国会章程》，选举青岛市天主教爱国会第三届委员会，邵文舟任主任。1989年6月26～27日，召开青岛市天主教第四次代表会议，通过《青岛市天主教爱国会章程》，选举青岛市天主教爱国会第四届委员会，韩锡让任主任。1998年12月28～29日，召开青岛市天主教第五次代表会议，通过《青岛市天主教爱国会章程》，选举青岛市天主教爱国会第五届委员会，陈天浩任主任。2002年11月20～21日，召开青岛市天主教第六次代表会议，通过《青岛市天主教爱国会章程》，选举青岛市

青岛市浙江路天主教堂

天主教爱国会第六届委员会，陈天浩任主任。

天主教堂

青岛市浙江路天主教堂　位于青岛市市南区浙江路15号，原名“青岛圣弥厄尔天主教堂”，由德国设计师毕娄哈设计，1932年修建，1934年竣工。教堂占地面积1900平方米，结构以钢筋混凝土与花岗石混合建造而成，屋顶覆盖舌形红瓦，平面呈十字形，正面高30米处设有平台，两侧有对称而又高耸的双塔楼（钟塔），钟塔高度均为56米，顶端有4.5米高的十字架，塔内上部悬有4个巨大铜钟。1997年10月依法登记，统一登记编号：宗场证字（鲁）T020000007。

“文化大革命”初期，教堂及其主教府（附属房）被4个单位使用。1980年秋，修配厂和查抄物资办公室迁出教堂，修缮教堂的更衣所作为临时宗教活动场所（小教堂）。1980年12月24日夜，举行圣诞节子时弥撒。1981年春，市政府拨款35万元修缮教堂，1982年春竣工。1982年4月11日复活节，正式复堂开放。1998年，市政府拨款100万元，由青岛市天主教爱国会对教堂进行整修，1999年5月1日正式对市民和游客开放。至2005年，先后投资200多万元对该教堂维修建设。

平度马家疃天主教堂　解放后，马家疃天主教堂建房40余间。1963～1993年曾为村办小学使用。1993年，马家疃教堂重新作为宗教活动场所开放，1995年10月依法登记，统一登记编号：宗场证字（鲁）T020220006。2005年，平度马家疃天主教堂有神父1人，信众500余人。

2005年青岛市其他天主教堂和活动点情况表

表6-3

场所名称	所在区(市)	登记时间	建成时间	建筑面积（平方米）	占地面积（平方米）	信徒人数（人）
青岛市四方区遵化路天主教堂	四方区	1999.12	1998	391	655.35	400
青岛市李沧区永康路天主教堂	李沧区	1995.1	1948	162	708	400
青岛市黄岛区珠江路天主教活动点	黄岛区	1999.12	–	80	–	200
即墨市天主教堂	即墨市	1999.12	–	200	300	300
平度市明村镇陈家屯天主教堂	平度市	1995.1	1933	204	2200	450
平度市白埠镇李家埠子天主教堂	平度市	1996.11	1996	209	1074	250
平度市祝沟镇东连各庄天主教堂	平度市	2001.5	1922	150	1039	150
平度市李园街道朱家井天主教活动点	平度市	2009.6	2008	180	220	200
平度市城关街道乔家天主教活动点	平度市	2004.1	2003	180	210	200

教职人员

自1978年落实党的宗教政策以来，青岛市天主教爱国会注重教职人员的培养，选拔优秀年轻信徒到神哲学院学习，有3名神父到国外留学攻读博士。1998年8月和2002年3月，在浙江路天主教堂先后有3名修生晋铎（晋升神父）。2000年和2001年分别有5名修女在浙江路天主教堂发终身愿（成为修女）。

至2005年，有主教1人，神父7人，修女13人，各教堂和活动点都有专职神父做弥撒，信教群众约5000人。

第五节　基督教

中共十一届三中全会以后，青岛市逐步恢复宗教爱国组织和宗教活动，基督教堂也逐渐恢复宗教活动。1981～2002年，青岛市先后召开五次基督教代表会议。1987年起，信徒人数逐年增加。青岛基督教的信徒成分结构发生新变化，中青年及知识分子的比例不断上升。青岛基督教会与境外教会交往逐渐增多，主要有美国、英国、德国、瑞典、日本、韩国等国家和中国香港、台湾等地区。

2005年，青岛市有全市性基督教团体2个，依法登记的基督教堂29处，基督教活动点88处；教职人员69人，其中牧师30人，长老14人，传道员19人，神学生6人。信徒6万多人。

基督教团体

青岛市基督教团体有青岛市基督教三自爱国运动委员会、青岛市基督教协会，对外简称青岛市基督教两会。两会合署办公，分工合作，共同负责日常事务。青岛市基督教三自爱国运动委员会成立于1954年10月，青岛市基督教协会成立于1981年5月。1992年5月14日，青岛市基督教协会在市民政局注册登记，证号为：鲁社证字第B0297号。9月20日，青岛市基督教三自爱国运动委员会在市民政局注册登记，证号为：鲁社证字第B0298号。青岛市基督教两会自成立至1998年在江苏路基督教堂办公。1998年因教堂修缮，临时迁至观象二路基督教堂办公。1999年，迁至济宁路31号办公。2003年，迁至延安三路117号11楼办公。

青岛市基督教代表会议是青岛市基督教三自爱国运动委员会和青岛市基督教协会最高机构。1978～2005年共召开5次，选举产生青岛市基督教三自爱国运动委员会第四、五、六、七、八届委员会和青岛市基督教协会第一、二、三、四、五届委员会。2003年，在全国基督教代表会议上，孙斌当选为全国基督教三自爱国运动委员会常委。

自1981年起，青岛市各县（市）陆续成立基督教三自爱国运动委员会，市内4区也分别由青岛市基督教两会派驻三自爱国小组。2005年，青岛市基督教两会对市南、市北、四方、李沧区的

青岛市江苏路基督教堂

教堂和活动点在财务、资金、房产、教务、教职人员等方面实行统一管理制度。至2005年底，青岛市基督教成立市级团体2个，区（市）级团体8个，区三自爱国小组4个。

基督教堂

江苏路基督教堂　位于青岛市市南区江苏路15号。1996年7月依法登记，统一登记编号：宗场证字（鲁）J020000006，教务和管理等工作由青岛市基督教两会负责。

1980年恢复礼拜后，每年江苏路教堂聚会安排有主日礼拜、查经聚会、妇女聚会、礼拜六聚会。1985年，原擘饼聚会信徒也在此恢复聚会。1990年，教堂人力打钟设施在保持原貌的基础上，安装一套电动打钟设备。1991年11月，修缮塔楼避雷针。1992年6月，被确定为省级文物保护单位。

1998年，市政府拨款100万元对教堂进行维修，硬化地面，美化、绿化周边环境。1999年5月1日，江苏路基督教堂作为青岛市著名旅游景点向社会正式开放，所得门票收入全部归市基督教两会所有。自此，除主日礼拜以外，白天所有聚会迁到龙山路教堂举行。2000年，设立每周五晚上的青年聚会，参加人数约300人。2001年，被评为“全省文明宗教活动场所”。2003年，设立每周六的早祷聚会。2004年，设立慕道班之后的初信栽培聚会。青岛市基督教两会所有重大活动如按立圣职典礼、圣诞节及复活节崇拜、友好交流、接待来访、信徒婚礼等均在江苏路基督教堂举行。

2005年，受洗登记的信徒有3670人，每周参加礼拜活动的信徒约3000人。

市南区观象二路基督教堂　位于青岛市市南区观象二路1号，又称圣保罗堂。1996年1月依法登记，统一登记编号：宗场证字（鲁）J020130001。1993年，教堂收回使用权，经过整修后于1995年5月26日恢复聚会。该堂设主日礼拜、查经聚会、慕道班等活动。1999年12月，被确定为青岛市市级文物保护单位。2005年，参加礼拜信徒约3000人。

市北区清和路基督教堂　位于青岛市市北区原清和路。1996年5月依法登记，统一登记编号：宗场证字（鲁）J020140001。1985年12月15日，礼拜堂经简单维修后举行献堂典礼。2000年，青岛市基督教两会对房屋进行全面改造，除大礼拜堂由市基督教两会进行大修外，其余房产全部纳入威海路步行街统一改造范围。改造后的清和路教堂焕然一新，由大堂主体建筑和副堂三层建筑构成，成为威海路步行街的一处景观。

2005年，教堂建立堂管会、唱诗班、服务组、探访组、卫生组、售书组、白衣组以及图书室。每周安排主日崇拜、青年聚会、早祷聚会、查经聚会、祷告见证会，每周参加聚会信徒3000多人。

市南区龙山路基督教堂　位于青岛市市南区龙山路4号，2000年1月依法登记，统一登记编号：宗场证字（鲁）J020130003。该教堂历史上属基督徒聚会处，1958年实行联合礼拜，安息日星期六聚会也迁至该教堂。1994年恢复礼拜后，原聚会处擘饼聚会和安息日礼拜六聚会迁回该教堂，至2003年相继恢复原聚会处的造就聚会、交通聚会、祷告聚会。

2005年，龙山路教堂每周举行三种聚会，即联合礼拜、原聚会处“擘饼聚会”、安息日“礼拜六聚会”。每周参加聚会信徒有1500人。

崂山区南北岭基督教堂　位于青岛市崂山区北宅街道南北岭村。1986年和1998年两次翻新扩建。教堂占地840多平方米，正堂200多平方米。1995年8月依法登记，统一登记编号：宗场证字（鲁）J020170001。

1999年，崂山区基督教三自爱国运动委员会为规范宗教活动场所管理，以南北岭教堂为试点，实行“以堂带点，以点包村”管理模式。该堂负责带北宅街道辖区内东陈、峪夼、周哥庄、五龙涧、兰家庄5个基督教活动点，包南北岭、凉泉、西乌衣巷、东乌衣巷、北头、晖流、张家村、燕石、大崂、孙家、卧龙、我乐、磅石、河东、双石屋、观崂等16个村的宗教活动。2001年，被评为“崂山区文明宗教活动场所”。2002年，被评为“青岛市五好文明宗教活动场所”“山东省文明宗教活动场所”。2003年10月，举行建堂130周年庆祝大会。全国基督教协会副会长、山东省基督教协会会长高峰参加庆祝活动。该教堂先后选送4人赴神学院深造。

2005年，南北岭基督教堂有正式信徒198人，以堂带点范围内信徒共571人。

2005年青岛市其他基督教堂和活动点情况表

表6-4

场所名称	登记时间	建设或租赁时间	建筑面积（平方米）	占地面积（平方米）	信徒人数
海尔路基督教活动点（市管）	2001.12	2001.12	–	–	–
市南区湛山基督教活动点	1996.1	–	200	–	200
市南区上杭路基督教活动点	2000.12	2000.9	460	–	1500
市南区台西三路基督教活动点	2005.12	2005.9	470	–	400
市北区伊春路基督教活动点	1996.5	–	480	–	1500
市北区浮山后基督教活动点	2001.11	–	200	–	500
市北区武定路基督教活动点	2004.7	–	120	–	150
四方区嘉禾路基督教堂	1995.11	–	480	593	1500
四方区开平路基督教活动点	1995.11	–	380	700	700
四方区河西村基督教活动点	1996.6	–	99	–	100
四方区宜阳路基督教活动点	2001.6	–	212	–	300
四方区洛阳路盐滩基督教活动点	2003.12	–	47	–	20
四方区洛阳路广厦基督教活动点	2003.12	–	50	–	20
四方区河西街道大山基督教活动点	2003.12	–	75	–	20
四方区阜新路南山基督教活动点	2003.12	–	33	53	20
四方区洛阳路香里基督教活动点	2003.12	–	49	77	25
李沧区滨河路基督教堂	1995.12	1904	594.23	–	–
李沧区东南渠基督教堂	1996.2	1994	1129.85	–	–
李沧区四流中路基督教堂	1996.2	1999	156.08	–	–
李沧区桃园基督教活动点	1996.10	–	203	–	130
李沧区王家下河基督教堂	1996.12	1993	573.33	–	–
李沧区唐山路基督教活动点	1997.10	–	143	–	–

续表6-4

场所名称	登记时间	建设或租赁时间	建筑面积（平方米）	占地面积（平方米）	信徒人数
李沧区河南庄基督教活动点	1998.12	–	40	–	35
李沧区永昌路基督教堂	2000.11	–	260	–	–
李沧区上王埠基督教活动点	2000.12	–	90	–	–
李沧区十梅庵基督教堂	2001.11	2001	608.32	–	–
李沧区九水西路基督教活动点	2002.6	–	600	–	100
李沧区中崂路基督活动点	2005.6	–	–	–	–
崂山区峪夼基督教活动点	1995.8	–	20	20	36
崂山区解家河基督教堂	1995.8	–	249	419	220
崂山区前登瀛基督教堂	1995.8	–	300	300	270
崂山区枯桃基督教堂	1995.8	–	680	1100	260
崂山区中韩基督教活动点	1995.8	–	88	216	150
崂山区大麦岛基督教活动点	1995.8	–	147	147	100
崂山区周戈庄基督教活动点	1995.11	–	60	75	100
崂山区东陈基督教活动点	1995.11	–	60	60	120
崂山区南龙口基督教活动点	1995.11	–	47	110	50
崂山区钟家沟基督教活动点	1995.11	–	95	95	40
崂山区石老人基督教活动点	1995.11	–	110	110	160
崂山区兰家庄基督教活动点	1995.12	–	360	900	90
崂山区王家村基督教活动点	1996.12	–	300	450	150
崂山区北姜基督教活动点	2000.4	–	120	120	150
崂山区汉河村基督教活动点	2002.8	–	120	120	70
崂山区五龙涧基督教活动点	2005.2	–	50	50	70
崂山区桑元基督教活动点	2005.2	–	160	160	70
崂山区南宅基督教活动点	2005.2	–	80	80	50
黄岛区长江路基督教活动点	2002.10	2000	–	–	1000
黄岛区武夷山路基督教活动点	2004.1	2000	–	–	60
黄岛区黄河中路基督教活动点	2004.9	2007	–	–	200
黄岛区舟山街基督教活动点	2004.1	2003	–	–	200
黄岛区长江东路基督教活动点	2004.12	2003	–	–	20

续表6-4

场所名称	登记时间	建设或租赁时间	建筑面积（平方米）	占地面积（平方米）	信徒人数
城阳区郝家营基督教活动点	1995.10	1980	210	–	150
城阳区前海西基督教堂	1995.10	1987	616	–	160
城阳区棘洪滩基督教堂	1995.10	1993	660	–	230
城阳区向阳基督教活动点	1995.10	1996	150	–	30
城阳区王林庄基督教活动点	1995.10	1988	140	–	50
城阳区小庄基督教活动点	1995.10	2006	160	–	120
城阳区后金基督教活动点	1995.10	1992	150	–	100
城阳区京口基督教活动点	1995.10	1999	3000	–	600
城阳区西郭庄基督教活动点	1995.10	1985	70	–	70
城阳区北后楼基督教活动点	1995.10	1995	400	–	120
城阳区西流亭基督教活动点	1995.10	1994	350	–	230
城阳区王家女姑基督教活动点	1995.10	1995	150	–	70
城阳区苇山基督教活动点	1995.10	1979	170	–	100
城阳区仙家寨基督教活动点	1995.10	1988	150	–	80
城阳区石沟基督教堂	1995.10	2003	1600	–	260
城阳区西后楼基督教活动点	1995.10	1998	70	–	60
城阳区夏庄基督教活动点	1995.10	1996	550	–	300
城阳区云头崮基督教活动点	1995.10	1980	160	–	80
城阳区邵哥庄基督教活动点	2003.10	2000	130	–	30
城阳区双埠基督教活动点	2003.11	2000	150	–	100
城阳区小北曲基督教活动点	2005.2	2005	150	–	100
城阳区丹山基督教活动点	2005.2	1999	150	–	130
城阳区上马基督教活动点	2005.2	2004	150	–	160
即墨市北关基督教堂	1995.8	1908	350	900	400
即墨市云桥基督教活动点	1995.8	1994	200	400	200
即墨市大金家基督教活动点	1995.8	1994	200	400	200
即墨市大北岭基督教活动点	1995.8	1908	150	300	60
即墨市满贡基督教活动点	1995.8	1995	100	100	200
即墨市南泉基督教活动点	2000.9	1995	150	200	100

续表6-4

场所名称	登记时间	建设或租赁时间	建筑面积（平方米）	占地面积（平方米）	信徒人数
即墨市辛庄基督教活动点	2000.9	1996	350	600	200
即墨市北林基督教活动点	2001.5	1996	100	200	50
即墨市普东基督教活动点	2001.5	1995	200	400	300
即墨市公元庄基督教活动点	2001.9	1908	300	600	200
即墨市环秀城南基督教活动点	2003.10	2003	1000	2650	400
即墨市泉上基督教活动点	2003.11	1996	100	400	60
胶南市人民路基督教活动点	2003.12	2003.7	100	–	20
胶南市上海路基督教活动点	2003.12	2003.7	50	–	20
胶南市海滨新村基督教活动点	2003.12	2003.7	50	–	30
胶南市银桥大街基督教活动点	2004.7	2004.1	350	–	120
胶南市灵山卫基督教活动点	2005.2	2004.11	150	–	50
胶南市金河基督教活动点	2005.2	2004.11	50	–	20
胶州市基督教堂	1991.11	1999.6	600	2667	3300
胶州市张应镇大朱戈基督教活动点	1999.1	1999.1	200	–	160
胶州市洋河镇冷家村基督教活动点	1999.1	1999.1	50	110	60
胶州市云溪街道郑家小庄基督教活动点	1999.1	1999	–	–	–
平度市李园街道基督教堂	1995.10	1985	150	–	510
平度市李园街道七里河基督教堂	1995.10	1930	200	–	700
平度市店子镇高古庄基督教堂	1995.10	1987	130	–	300
平度市马戈庄镇古庄基督教堂	1995.10	1995	100	–	200
平度市崔召镇河洼基督教堂	1995.10	1989	160	–	390
莱西市基督教堂	1995.6	1990	315	753	600
莱西市姜山三村基督教堂	1995.6	1986	370	667	200
莱西市孙受镇东赵基督教堂	1995.6	1994	140	170	50
莱西市河头镇大埠洼基督教堂	1995.6	2001	180	312	80
莱西市马连庄镇咸家屯基督教活动点	1995.6	2000	160	372	60
莱西市武备镇史格庄基督教活动点	1995.6	1999	110	180	70
莱西市南墅镇南墅基督教活动点	1995.6	2002	140	200	60
莱西市李权庄镇李权庄基督教活动点	1995.6	2002	140	350	60

续表6-4

场所名称	登记时间	建设或租赁时间	建筑面积（平方米）	占地面积（平方米）	信徒人数
莱西市店埠镇西南阁村基督教活动点	1995.6	1986	68	200	40
莱西市院上镇院上村基督教活动点	1995.6	1986	55	180	20

教职人员及信众

教职人员　1981年青岛市基督教第四次代表会议后，开始重视青年人才培养工作，选送优秀青年信徒就读神学院，至2005年共有45人分别就读于金陵协和神学院、华东神学院和山东神学院。青岛市基督教两会定期组织教职人员参加政治学习、查经学习、同工月会等，并到北京、南京、四川、贵州、云南、陕西等地的爱国主义教育基地参观学习。青岛教会为解决青年教职人员结婚后两地分居的问题，1999年接收1名外地到青岛教会工作的同工。鉴于青岛教会与韩国教会友好往来需要，2001年选调1名从南京金陵神学院毕业的精通朝鲜语同工到青岛教会工作。至2005年，按立牧师26人，长老10人。

信众　青岛市基督教自80年代初期恢复礼拜后，信徒人数逐年递增，由1981年的几百人发展到2005年的6万多人，分布在7区5市。

教务工作

义工培训班　青岛市基督教两会为增加教会讲道人员数量，缓解教牧人员不足的问题，自2000年开始举办义工培训班。课程以新约圣经内容为主，主要有“新、旧约概论”“耶稣生平”“摩西五经”“教会历史”等19门课程，由青岛教会教牧人员任课。同时开设“宗教法规”讲座，由青岛市宗教事务局工作人员授课。至2005年已举办7期，共266人接受培训。很多学员成为教会中重要的信徒骨干和传道人。为提高青岛教会唱诗班的综合素质，青岛市基督教两会于2000年、2004年分别举办圣乐培训活动。

神学思想建设　青岛市基督教两会积极开展神学思想建设。1998年，在中国基督教三自爱国运动委员会和中国基督教协会召开的“济南会议”上作出“加强神学思想建设”倡议，得到广大教牧人员和信徒的积极响应。青岛市基督教两会自1998年开始每两年举行一次神学思想研讨会。2000年，全国基督教“圣经观学术研讨会”在青岛举行，同时举行山东省基督教两会书画展。

宗教活动

青岛基督教自1980年恢复宗教活动后，按照基督教教义教规进行教务活动，主持礼拜、聚会、礼仪等活动。礼拜、礼仪包括主日礼拜、圣餐礼拜、按立圣职礼拜、洗礼礼拜、浸礼礼拜、追思礼拜、敬老礼拜、圣诞节礼拜、复活节礼拜等。按照“联合礼拜，适当照顾教帕特点”原则，组织“礼拜六聚会”“擘饼聚会”。教会也为信徒举行教堂婚礼和丧礼。除礼拜外，还有各种丰富的聚会活动，如查经聚会、造就聚会、祷告聚会、青年聚会、慕道班聚会、栽培班聚会等。同时，青岛市基督教两会积极开展对外文化交流活动。自1984年至2005年，先后组团赴日本、瑞典、挪威、丹麦、德国等国家和中国香港地区访问，接待国际四方会、美国美南浸信会、瑞典浸信联会、尼日利亚大主教等来访。

第六节　宗教事务

1979年，中共青岛市委批转市委统战部《关于贯彻全省宗教工作会议的意见》，组织进行党的宗教政策再教育，健全宗教工作机构，解决宗教工作经费。1980年9月，青岛市政

2005年，青岛市道教协会接待泰国诗琳通公主（左一）并赠送礼物

府宗教事务处恢复办公，11月印发《关于宗教问题的意见》。同时，涉及宗教事务和宗教人士的一批冤假错案得到纠正，宗教房产政策逐步得到落实，宗教团体逐渐恢复活动。

1994年，青岛市开展宗教活动场所登记和年检工作，探索依法管理宗教事务的有效途径。在基督教活动场所推行“五簿三册一账”（五簿：会议记录簿，大事记录簿，宗教仪式记录簿，好人好事记录簿，奉献情况登记簿；三册：慕道友花名册，受洗人员花名册，受浸人员花名册；一账：财务收支明细账）和“以堂带点、以点包村”管理模式，得到国家宗教事务局和山东省宗教事务局的肯定和推广。开展宗教团体评估工作和“五好”文明宗教活动场所创建活动，强化宗教团体、宗教活动场所规范化建设。

宗教政策

学习宣传　1979年，全省宗教工作会议之后，市委统战部组织开展党的宗教政策再教育活动，抓好宗教干部学习培训，重点学习党的宗教政策、宗教法规和宗教知识。同时利用报纸、电台、电视台等媒体开展群众性宣传活动。1994年，组织学习和宣传《中华人民共和国境内外国人宗教活动管理规定》《宗教活动场所管理条例》和《山东省宗教活动场所管理办法》，4次举办宗教法规讲座，并编印宗教法规宣传材料2000份。1995年，组织各区（市）分管领导、街道（乡镇）领导以及统战、宗教工作干部和宗教教职人员，参加宗教政策知识答卷考试，共有1000多人参加。在市社会主义学院举办培训班，讲授宗教政策法规课6次。此后，每年集中组织宗教政策学习班、国际国内宗教形势报告会等。

1999年起，在全市范围内开展宗教政策法规宣传月活动，起初为每年8月，后调整为每年1月。宣传月期间，集中宣传马克思主义宗教观、党的宗教政策和国家法规，组织宗教团体、宗教教职人员学习宗教法规交流会等。至2005年，共开展7次宣传月活动，约70万人次参加活动。2000年，市委党校在各类培训计划中增设宗教政策课程，对市管领导干部、处级干部、中青年干部及乡镇干部进行党的宗教政策和宗教形势培训。2005年2月，市政府召开贯彻《宗教事务条例》工作会议，采取以会代训形式，对乡镇以上分管领导和各级干部进行培训。

落实房产　1989年8月，市宗教事务局会同市房产管理局等有关部门，对全市宗教房地产进行实地清查，确认市区共有宗教房地产132处，约8万平方米。落实政策的26处，占应落实总数的26.65%。补发“文化大革命”期间停发的自管房和经租房租金132万元。

1990年3月，市土地管理局决定，位于青岛湛山寺西侧的原湛山寺1932平方米墓地由市园林局植物园移交湛山寺使用。同年，发还于姑庵所有房屋、殿堂和附属6间平房的产权。1991年，市房产管理局将1958年房管部门代管经租的宗教房屋产权，全部发还各宗教团体。其中天主教23处，2.11万平方米；基督教38处，2.14万平方米；伊斯兰教1处，原有220平方米，实际发还660平方米。宗教团体按月提取租金的30%，分别自1991年7月、12月按1987年3月房租提高后实际租金的30%拨给宗教团体，并对此间所欠部分全部补发，共计19.04万元；市房产管理局将济宁路33号乙房屋产权补偿给宗教团体，另补偿80万元。1993年，市房产管理局发还天主教、基督教团体在市内5区70处约5.95万平方米房产的产权证明。天主教团体收回临淮关路4号的使用权和北九水原修女院（1091平方米）的房产，基督教团体收回观象二路1号原教堂的使用权。1994年，落实宗教房产4处，共计3700多平方米，追回欠款额14万元。1995年，青岛市基督教团体通过法律途径收回济宁路31号房产，并追回所欠房租35万元。湛山寺墓地和崂山"林场饭店"分别归还佛道教团体。

1996年，制定《关于对本市土地使用权出让、转让和城市房屋改造中涉及宗教房地产问题的处理意见》，解决清和路42号和济宁路31号基督教房产遗留问题，1997年收回清和路基督教堂附属房屋的使用权。2000年，落实原台东一路33号天主教房产补偿问题，2000年7月，召开落实宗教房产政策专题会议，为市天主教爱国会香港中路18号原天主教墓地确权发证。

至2005年底，共收回宗教房产100余处，8万多平方米。

宣传教育

宣传表彰　1989年10月，召开全市宗教界为四化作贡献经验交流会，近百名宗教界人士出席会议。会上，表彰先进个人80名，先进集体20个。1997年3月，召开青岛市宗教界为社会主义两个文明建设作贡献交流会，市级各宗教爱国团体的负责人及先进集体代表、先进个人共120余人参加大会，7个先进集体和23名先进个人受到表彰，部分先进集体代表和先进个人发言。2004年，开展"保稳定，促适应，我为青岛做贡献"系列活动，在各区（市）举办"宗教界与社会主义社会相适应图片巡展"。

学习培训　宗教爱国组织坚持学习日制度，进行形势、时事政治、政策、法制和独立自主自办教会的教育。1992年8月，首次举办为期6天的由40名各宗教团体年轻宗教人员参加的学习班，宣讲国内外形势、建设中国特色社会主义理论、宗教政策和外事接待知识等。1995年，组织宗教界上层人士参观东部新市区和青岛经济技术开发区，加深对改革开放的认识。1999年，举办4期宗教界上层人士、宗教教职人员培训班和1期宗教团体财会人员培训班。2000年，举办2期宗教团体负责人、宗教教职人员学习班，

2004年，青岛市举办"宗教与社会主义社会相适应图片展"。图为江苏路基督教堂展区

结合形势进行党的宗教政策和法律法规教育。2003年，举办全市宗教团体负责人培训班，在全市宗教界开展“保稳定，促适应，我为青岛做贡献”征文活动，共收到征文37篇，其中优秀征文《适应才有生命力》被《中国宗教》全文刊登。

“五好”团体、场所建设 1999年，在宗教界开展“双迎”（迎接建国50周年，迎接澳门回归）、“双创”（创文明宗教活动场所，创先进宗教团体）活动。2001年，在全市开展创建“五好”（爱国主义教育好、遵纪守法好、自身管理好、团结信徒好、社会服务好）宗教团体和“五好”文明宗教活动场所活动。当年，有6个宗教团体、17处宗教活动场所受到表彰，有8处宗教活动场所获“省文明宗教活动场所”称号。2003年，开展评选“五好”活动，有13个宗教团体（含宗教爱国小组）被评为“五好”文明宗教团体，35个宗教活动场所被评为“五好”文明宗教活动场所。2004年，青岛市宗教事务局创建“心手相连”宗教工作文明服务品牌。

依法管理

场所登记与年检 1994年，在天主教、基督教宗教活动场所进行登记发证试点工作。1995年，召开宗教团体负责人座谈会和各区（市）民族宗教局长工作会议，统一部署登记发证工作。当年全市有67处宗教活动场所登记发证，占总数的95%。1997年，完成崂山4处道教宫观和江苏路基督教堂的申请登记工作。至此，全市宗教活动场所登记发证工作基本完成，依法登记宗教活动场所140处。

1997年，依法推进宗教活动场所管理，组织开展每年一次的宗教活动场所年检工作。当年，全市有75处宗教活动场所被确定为合格，临时登记1处，暂缓登记10处，不予登记22处，取缔37处。1998年，开展评选“全市宗教活动场所登记工作先进集体”和“全市宗教活动场所登记工作先进个人”活动，共有6个单位、18名个人获先进称号。平度市民族宗教局被评为全省宗教活动场所登记工作先进集体。2000年，细化考核标准，加大宗教活动场所年检工作力度，采取“听”“查”“问”等形式，对宗教活动场所进行抽查。市宗教事务局和崂山区民族宗教局获“山东省宗教活动场所年检先进集体”称号。2005年，年检制度取消。

场所管理与评估 2001年，针对青岛市外资企业中韩资企业较多、常驻人员中基督教信徒较多的情况，把驻青岛外国人的宗教活动纳入依法管理范围，根据《中华人民共和国境内外国人宗教活动管理规定实施细则》规定，为全市境内外国人指定一处基督教临时活动地点。同年，市宗教事务局会同市委统战部对青岛市基督教“两会”、市佛教协会、市道教协会换届3年来的工作进行评估，总结成绩，发现典型，推广经验，促进工作。2002年，在基督教活动场所推广实行“五簿三册一账”管理模式，国家宗教事务局机关刊专题介绍青岛市城阳区开展这项工作的经验。2003年，实施《青岛市宗教教职人员管理办法》《青岛市宗教团体及宗教活动场所财务管理暂行规定》《青岛市宗教团体聘用工作人员及临时用工管理办法》，建立宗教团体负责人外出报告制度和宗教团体工作定期交流制度。2003年，在农村基督教活动场所推广“以堂带点、以点包村”管理模式。2004年，在崂山区召开“以堂带点、以点包村”现场经验交流会，对7个全市性宗教团体工作进行评议。2005年，青岛市道教协会理顺内部管理体制，建立健全协会、宫观管理制度，规范宫观管理。

宗教团体慈善活动

全市各宗教团体恢复活动后，积极开展“关心社会、服务社会、奉献社会”公益慈善活动。青岛市道教协会自1985年起，先后帮扶3所农村小学，为学校改造校舍、修建操场、更新桌椅板凳、购置教学用具、电脑等。自1987年起，青岛湛山寺举办慈善爱心捐助法会，先后为南方水灾地区、甘肃和青海贫困地区、即墨段泊岚小学、

1996年，崂山太清宫捐资20万元，在平度市旧店镇罗头村建立育德小学

黄岛红石崖河西小学、市社会儿童福利院、贫困家庭、贫困学生等捐款共260余万元。90年代，全市各宗教团体组织教职人员和信教群众，开展救灾捐款、扶贫济困等社会慈善活动。青岛市天主教爱国会设立助学基金，每年捐资平度市贫困小学及学生。1996年，各宗教团体共捐献3.5万元、衣物6000件，用于灾区救助。崂山太清宫捐资20万元，建成平度旧店镇育德小学。1999年，市佛教协会向贵州铜仁地区捐款5万元、衣物3000余件，向社会福利院捐款1万元。市基督教会向平度、胶州灾区捐款2000元。李沧区基督教会响应市双拥办、市民政局等8个单位倡议的“爱心献功臣”活动，捐款3000元。2003年，组织开展“关注社会、回报社会、适应社会”活动，各宗教团体分别与农村小学结对子，共资助学校10余万元，捐赠计算机12台、学生桌椅300套、学生文具盒500个、图书2000册，帮助10名困难学生完成学业。2005年，市基督教两会资助莱西市前车小学20万元。

1979～2005年，全市各宗教团体累计捐款达700万元。其中，青岛市道教协会组织向南方水灾、贫困地区、市社会福利院、市慈善总会、市红十字会、山东省慈善总会、山东省红十字会等捐款捐物累计200余万元。

第七篇 风 俗

青岛，地处沿海，渔耕并兴。由于近现代以来特殊的历史背景，在地方风俗中表现出新旧观念并存、陆海习俗共生、中西文化交融的特色。

据民国《胶澳志》载："胶澳自开埠以来，五方杂处，市乡人民埋首痛心于外人管理之下者二十余年，直至接收后乃得复见汉官威仪，商埠以内非土民固有之俗也。而乡间则异是，冠婚丧祭犹有古风，不故为标新立异，不浮慕奇技淫巧。"在沿海地区有渔业民俗。青岛天后宫庙会、海云庵庙会、清溪庵庙会等，大都与海神祭祀有关。在平原和丘陵地区有传统农业民俗。"三弯、九动、十八态"的胶州秧歌，运用方言土语演唱的"柳腔""茂腔"等地方戏曲以及造型精美的饽饽磕子等，具有中国北方农村传统文化的特征。在市区有颇具"山海味儿"的时尚生活习俗，郊游、赶海、喝啤酒等生活方式，体现出青岛风俗中"海派文化"特点。

青岛，古代即墨属地。"人性刚绝，志气缓慢，语声上，形容大，此水土之风也"，即墨方言的"地瓜味"，世代承袭，音韵流芳，绵延至今。

概　述

“一方水土养一方人”，青岛地区在长期历史发展过程中，形成多姿多彩的民俗生活方式和鲜明的生活特点，构成青岛有别于其他地域的民俗特色。

青岛民俗文化历史悠久，由于历史、地理和文化等诸多原因，青岛民俗具有海陆文化交融的鲜明特征。主要表现在建置前农业民俗和渔业民俗交相辉映以及建置后中西文化的碰撞、融合。青岛设防前的民俗文化更多表现出传统内容，如清同治版《即墨县志》所记：“民以樵苏为业，渔盐为利，淡泊自足，不尚文饰。”在沿海地区，人们创造出丰富多彩的渔业民俗，形成很多具有海洋特色的习俗惯制；在平原和丘陵地区，人们主要从事农业生产，深受农耕文化影响，农业生产民俗根基深厚，也形成一些特有民俗。渔业民俗和农业民俗在长期传承过程中互相影响、融合，形成青岛民俗文化中具有鲜明特色、有别于内陆地区的日常生活、民俗信仰、民间语言等民俗特点，“礼仪之风有足称者”。青岛建置后，随之而来的是外国人的生活方式、外地人的不断涌入。清末，青岛从沿海渔村口岸迅速发展成为大都市，融合东西方、南北方文化精髓，发展出适合自身生存新的生活方式，许多新民俗涌现，并辐射、影响到周边的县镇、村落。

青岛解放后，党和政府推行移风易俗，求神拜佛、烧香磕头等一些具有封建迷信色彩的习俗被革除，崇尚科学、讲究卫生、殡葬改革、婚事新办等一批新民俗渐成风气，“文化大革命”期间的“破四旧、立四新”运动，将一些优秀文化传统和历史文化遗产当作“旧思想、旧文化、旧风俗、旧习惯”加以破除。实行改革开放后，青岛成为中国重要的沿海开放城市。在国际文化交往中，一些具有西方文化元素的生活方式，如婚纱、烫发、西装、西餐、交际舞等，再一次融入青岛人的日常生活，并成为一种生活时尚。

青岛民俗文化绚烂多姿，海陆文化交融，独具特色。随着时代变化，青岛民俗也在发生变化，但“山海味儿”已经形成，其变化只是一些细节的复原、摒弃或添加，整体的民俗生活模式和民俗特征已很难改变。

第一章　日常生活民俗

青岛近现代日常生活民俗的特点是从等级化走向普遍化，从相对稳定的制度化走向流行导向的时尚化。由于所处的地域环境和历史背景，青岛日常生活民俗一方面体现中国传统社会的民俗精髓，另一方面也融入很多西方元素，出现新旧观念并存、中西文化杂陈、渔业民俗丰富的局面。

第一节　饮　食

近代，由于天灾人祸和生产水平限制，青岛地区民众很容易沦入饥饿的境地，这种处境从正反两个方面影响到饮食民俗。一方面，由于食物绝对不足，“少吃”“省着吃”成为可取的饮食策略；另一方面，饥饿又导致在节庆和祭祀时食物的丰盛。改革开放后，青岛人的饮食民俗发生较大变化，主要体现在日常食俗和宴饮食俗等方面。

日常食俗

主食　青岛人的主食在平原地区、沿海一带和丘陵地区有所不同。平原地区以小米、玉米、小麦、地瓜为主，杂以高粱、豆类、黍子等五谷杂粮，寻常人家吃得多是小米干饭。如即墨等地把做干饭叫做“捞干饭”。农家常吃小米稀饭、玉米渣子饭，或用玉米面熬成的各种面子饭。在沿海地区人们以玉米饼子为主要食品，有烀饼子、蒸饼子和菜饼子等多种。玉米饼子就咸鱼、虾酱是青岛沿海渔民中最常见的吃法。丘陵、山区人家多以地瓜为主食，兼食杂粮，老百姓有“锅上地瓜蛋，锅下地瓜干，改善生活吃顿地瓜面”之说。地瓜面吃法多样，可单独和面烙饼或烀饼子，还可与其他面粉混合包饺子、擀面条或做其他面食。

改革开放后，人民生活水平提高，特别是1982年农村实行家庭联产承包责任制后，主食结构发生很大变化。城乡百姓大多以小麦、大米为主食，主食除饽饽（馒头）、面条、包子、馉馇（水饺）和大米饭外，还有油条、油饼、糖饼、糖包、馄饨、花卷、锅贴等。进入90年代后，越来越多城乡人家不再自己制作主食，而是到摊点、店铺购买花样繁多的食品，主食在食物中的比例也呈下降趋势。在青岛城区，逐渐形成很多知名的特色主食，如青岛大包、三鲜锅贴、排骨米饭、鲅鱼水饺等。同时，西方饮食方式也大规模进入青岛，麦当劳、肯德基中的汉堡和薯条搭配成为人们经常食用的主食，披萨、意大利面、牛排等西方食品也经常出现在青岛人的餐桌上。

副食　80年代前，副食主要以自种的蔬菜、野菜、自制的咸菜、虾酱以及咸鱼等为主，肉类、蛋类是寻常人家办喜事和待客的珍品，还有一些点心。蔬菜一天难有一顿，且缺油少料，多以虾酱、咸菜为主。

改革开放后，副食有各类蔬菜、豆腐、蛋、海鲜、肉类等，还有香肠、火腿肠、包肚、烧鸡、扒鸡、烧肉、五香肉及各种点心罐头。做菜讲究煎、炒、烹、炸，菜肴讲营养、重口味，佐料增加味精、香油、蚝油等，五谷杂粮和田间野菜又回到人们的餐桌。青岛人常吃的野菜有山菜、苦菜、荠菜、扫帚菜、灰菜、蛐蛐芽、海蓬菜、蚂蚱菜等，也吃槐花和榆树钱。很多昆虫也是青岛人常吃的菜肴，如桑蚕蛹、蝉和蝉的幼虫、蚂蚱等。沿海渔民还喜欢大葱蘸大酱就饼子吃，大酱有豆瓣酱、面酱、虾酱等。越来越多来自全国各地的特产或隔季瓜果蔬菜也出现在青岛人的餐桌上，成为日常生活中不可或缺的调剂。

青岛地处东部沿海，“哈啤酒、吃蛤蜊”，逐渐成为青岛人饮食生活的一种“标配”。鲅鱼、鲈鱼、黄花鱼、加吉鱼、面包鱼、多宝鱼、大头鱼、面条鱼、梭鱼、黑头鱼、偏口鱼、牙片鱼等是青岛人常吃的鱼类海鲜，各种蛤蜊、扇贝、海虹、海蛎子、海螺、香螺、海瓜子、螃蟹、蛎虾、大虾、虾虎、八带、比管、墨鱼、海肠、海胆等小海鲜也是多数青岛人的最爱。此外，海带、裙带菜、石花菜、海苔等海洋植物也经常出现在青岛人餐桌上。

改革开放后，作为稀罕之物的果汁种类逐渐增多，碳酸类饮料如雪碧、可乐也走入百姓家庭，城乡居民喝奶的习惯逐渐养成。酒、碳酸饮料、矿泉水、果菜汁、茶叶等各种饮料大量充斥着市场，丰富着百姓餐桌。

食制　青岛农村习惯全家同炕共桌吃饭，

青岛崂山王哥庄大馒头花样多、口感好，已有500年历史

春、夏、秋季一日三餐，冬季或农闲时两餐。早饭一般为小米稀饭或高粱面、玉米面粥，配以玉米面饼子、地瓜、地瓜干。高粱面、玉米面粥统称“黏粥”，也叫“糊涂”。晌饭多为小米干饭，有时掺上豇豆等。晚饭多为面汤（面条）。这种饮食安排叫“两稀一干”。正餐之间吃东西叫“搬嘴”“垫补”“搬零嘴”。解放后，农闲时的“两顿饭”多改为一日三餐，然而早饭吃稀粥的习惯无论城市还是农村大都没有改变。家庭饮食生活中，男女有差别的习俗逐步消失。

改革开放后，农林牧副渔业的全面发展，为城乡提供更多的肉、蛋、奶、蔬菜和水产等农副产品。青岛市大力实施“菜篮子”“放心肉”“放心食油”和“大众面食”工程，丰富居民的一日三餐。人们不再仅仅追求吃饱、吃好，更追求合理膳食、均衡营养，一度被人们抛弃的五谷杂粮和田间野菜又回到百姓餐桌上。逢年过节、婚丧嫁娶、朋友相聚时“下饭店、吃馆子”逐渐成为人们的一种基本生活方式。肯德基、麦当劳等外资快餐企业在青岛市区陆续出现，川菜、湘菜等各类餐馆、酒楼也迅速占领餐饮市场，还出现不少以地方美食为主的个性餐馆。吃大排档、户外烧烤等也成为人们喜欢的一种生活方式。人们对饮食的要求更多的转移到对身体的健康有益上。

青岛特色饮食文化——喝啤酒、吃蛤蜊

谷雨前后鲅鱼上市，沿海一带有此时女婿给老丈人、丈母娘送鲅鱼的习俗。90年代后，每年新鲜鲅鱼上市成为青岛人向长辈表孝心的时机。

宴饮食俗

青岛人豪爽好客，重视礼仪往来，不管平日生活如何简朴，遇到办席请客，也必尽力操办。民间宴席一般先设茶点，再上4～6个冷菜拼盘，然后上8～12个热菜。城市宴席以精巧为上，农村宴席以丰厚为好。

饮酒习俗　逢宴必备酒，无酒不成席。在宴席上，主人总希望客人开怀畅饮，敬酒的礼节多种多样。斟酒必须斟满，叫“茶要倒浅，酒要倒满”；敬酒要自己先喝，叫作“先喝为敬”；敬酒还要连敬双杯，叫作“好事成双”；而劝酒的辞令更是五花八门。

改革开放后，白酒、啤酒、葡萄酒、黄酒、果酒并用。逢年过节，各种礼品、保健酒早早地摆上柜台，黄金酒、葡萄酒林林总总，为市民走亲访友提供选择。从散装酒到礼品酒，从白酒、黄酒到保健酒，酒类品种的日益丰富，体现市民生活品质的提高。敬酒时可以多人敬一人，劝酒词很流行，如“感情深咱就一口闷，感情浅你就舔一舔”等。“喝（ha）啤酒、吃蛤蜊、洗海澡、玩崂山”是许多外地人到青岛要体验的生活，青岛人用塑料袋装散啤酒带回家成为街头一景。

宴饮座次　青岛农村走亲访友多当日去当日回，主家待客以午餐为主，午餐过后不多时，客人告辞，主家必再备一餐，餐后始送行，名为“二道饭”。也有客人刚到时，主人先上荷包鸡蛋，叫“烧水喝”，然后再备酒备菜，开正席。农家宴多设在炕上，用炕桌，向外方位左为首位，右为次位，依次递推，主人坐在炕下凳子上，若用方桌，也是仿照这种次序。

改革开放后，市民着装从买布自己剪裁制作发展到挑选不同款式品牌的成衣。图为80年代人们选购花布

青岛市区宴请客人时，主人坐在酒席上正对门的中间位置，叫作主陪。主陪右首为最重要的客人，称为一宾；左首为第二位的客人，称为二宾。背对门中间位置坐着的是副陪，副陪右首为三宾，左首为四宾。有的还有三陪、四陪。一般人员等宾客落座后可以随便入座，酒席结束时一般是让主陪敬酒。

宴饮忌讳　在饮食民俗中有许多禁忌和约定俗成的规矩，青岛人称此为“忌讳”或“讲究”。如客人没吃完饭或宴席未散忌收拾碗筷，客人未离开时不能扫地；饮酒划拳时不能用小拇指，用小拇指与对方划拳不仅对对方不尊重还有表示对方是“小人”的意思，因此在表示“一”的时候习惯用大拇指；客人做客时吃的第一顿饭一般不吃“水饺”，水饺是送行的食品，青岛民间有“送客饺子，迎客面”的礼俗。

第二节　服　饰

青岛近代服饰风俗发展表现为从朴素向鲜靓、从遮体御寒向美观时髦的变化。随着生活水平的提高，服装从一衣多季向一季多衣发展。服装样式从长袍马褂、西装、中山装的同一，到绿军装、红裙子、喇叭裤、羽绒服的风行，再到休闲服、职业装、松糕鞋、唐装的个性，人们逐渐讲究舒适大方、彰显个性的衣着。青岛服饰风俗体现出鲜明的“洋气、时尚”风格，引领时代潮流。

男子服饰

帽子　解放前，富家男子冬季戴皮、棉帽，春秋两季戴瓜皮帽或礼帽，夏季戴细草编遮阳帽。苇笠为农民和市贩劳动者用以遮阳避雨之具。为防严寒，男子出门多戴“耳捂”。解放后，又增八角帽、工人帽、解放帽、有檐平顶帽、鸭舌帽等。

改革开放后，随着人们审美意识的增强，帽子除保暖遮阳的实用功能外，装饰美化功能日显突出。不同款式、色调的单帽、棉帽、草帽、皮帽等款式多样，太阳帽、棒球帽、贝雷帽、连衣帽等广为流行，服饰文化更加丰富多彩。帽子面料、款式都更为讲究，多为人们衣服装饰的亮点。

上、下衣　解放前，富家男子穿绸缎长袍、右襟大衣、马褂、短褂、肥便裤。普通人家男子穿土布对襟短装和肥大过膝上衣，短褂小袄、粗布短衣。上衣分单衫、夹袄、棉袄三类。上衣为对襟，下端左右两边有两个长方兜，一排布制扣子，称“子母扣”。裤子为直裆、带腰、宽腿单裤或棉裤。贫苦人家常在夏季将棉衣里的棉花扒出来作单衣穿，冬季再将单衣套上棉花作棉衣穿。时髦的服饰是男人喜庆节日穿长袍，学生多穿学生制服，中青年男性着中山装。50年代后，中青年男子穿蓝色或黑色的中山服、军便服、国防服、青年服等。冬季穿棉大衣或呢子大衣，乡间人习惯称之为“大氅”，夏季穿制服短裤。

改革开放后，城乡男女衣着质地无大差异，穿化纤、毛质地的西装、羽绒服、呢大衣、风衣、毛衣者日增，款式花色多姿多彩，其他还有猎服、牛仔服、中山服等。人们追求流行时尚，穿衣开始讲究款式、品牌和料子。进入90年代，服装更趋多样化，人们注重款式，追求新潮。西服、夹克服、太空服、T恤衫、猎装、裘皮服装等款式多样。春秋衣、睡衣等成为家居服。21世纪后，男子的衣服追求休闲、舒适、个性，除在工作场合着正装或工作装外，在日常生活中服饰搭配多种多样，运动装、休闲装成为多数人的选择。

鞋、袜　解放前，富家男子脚穿黑色呢布圆口鞋或双脸鞋，也有穿皮鞋者。普通农民穿麻绳纳底的布鞋或胶底鞋。山民、渔民冬季进山或出海时多穿“猪皮绑”以裹足。制作猪皮绑比较简单：用刮掉油脂没有去毛的猪皮，根据自己脚板的大小将猪皮剪成方头形状，再对折成鞋筒状，然后捏合起来，用粗针穿麻绳缝好即可穿用。带毛的猪皮绑里面多填充玉米皮、麦秸之类干草，有条件的则填充旧棉花或牲畜毛，使之暖和实用。20世纪初，青岛还出现过一种类似猪皮绑称为“熬皮绑”的简易“绑”类鞋。“熬皮绑”多用旧轮胎外带作鞋底、用旧帆布或帘子布下脚料作鞋面缝制而成，崂山、即墨、黄岛一带山民和部分沿海渔民常穿。很多农民冬天穿蒲草鞋和毡窝子，其余季节都赤足。当时，农民多穿布袜和粗、细线袜，布袜用手工“小土布”做成，耐穿，但粗糙厚重。机制线袜传入后，因穿着舒适，很快流行开来。解放后，人们多穿胶鞋、布鞋、皮鞋、半腰皮靴、凉鞋、拖鞋、橡胶水鞋等。尼龙袜、精制线袜、化纤袜等都曾流行。

改革开放后，各式各样的皮鞋、运动鞋、休闲鞋等在市场上随处可见，人们更加重视鞋的舒适、品牌、款式和质量。拖鞋逐渐流行，成为很多人家的家居鞋。布袜又开始流行，针织袜、尼龙袜、棉线袜等各种质料、款式的袜子给人们提供更多选择。手工制作的鞋垫逐渐消失，取而代之的是各式各样的机制鞋垫，出现真皮鞋垫、竹纤鞋垫等，增加防脚臭、治脚气等医疗功能。

2005年第五届青岛国际时装周时装发布会现场

发式　解放前，乡间男子多剃光头，俗称“和尚头”。城镇人多蓄发，发式有平头、分头两种，分头又有正分、偏分、背头等样式。建国后，发型多种多样，男子多留分头、小平头、大平头、一边倒和剃光头。

改革开放后，男子发型日趋时髦，有背头、平头、分头、一面倒、青年头等。青少年男子多蓄“运动式”“游泳式”“青年式”“拢式”发型；少年儿童一般留平头，有的在前额留片发，其余头发全部推光，叫“娃娃檐儿”；老年男子喜留平头或剃光头。很多青年人把头发染成各种颜色而彰显个性，少数人蓄长发、扎辫子、蓄胡须。

青岛老字号“盛锡福”生产的女帽

女子服饰

帽　解放前，中青年妇女多不戴帽，有的老年妇女戴“箍帽”。还有戴黑色平绒做成的软帽，帽前饰以绿色琉璃“帽珠”，叫“老婆帽子”。农家女戴布质大耳朵箍。解放后，女子多戴针织毛绒帽或围自织的长条毛线围巾。

改革开放后，女士帽子不仅具有简单的实用功能，样式、用途不断增多。为美丽漂亮，女士对帽子的装饰作用有更多的要求。青岛街头可见到圆帽、针织帽、宽边帽、棒球帽、渔夫帽、鸭舌帽、毛线帽、呢帽、草帽等。女士们会把帽子和墨镜、丝巾以及身上的衣服完美搭配，帽子的装饰和引领潮流的作用更加突出。

上、下衣　解放前，青岛城里富家女子穿大襟宽袖花边罩褂和肥管花边裤，年轻时尚女子也有穿旗袍或白褂黑裙。普通人家女子穿粗布大襟短褂、长裤，无装饰。喜庆节日妇女穿镶边上衣。青年女子还穿“紧身”或“肚兜”，“紧身”是一种彩色内衣，布扣密密麻麻，穿时紧贴上身。“肚兜”也是青年妇女的一种内衣，设布带系腰间，兜面多绣石榴、寿桃等吉祥图案。

解放后，农村老年女性衣着无大变化，中青年妇女多穿列宁装和各式翻领上衣、连衣裙，但流行时间不长。冬季穿带帽的短大衣，有棉、皮两种，分别叫“棉猴”和“皮猴”。农民仍着便衣裤褂，布料有所改善，土布逐渐被灯芯绒布等代替。

改革开放后，女性服饰从原来注重价格和款式变化转为注重品牌，服饰讲究“洋气”和引领潮流，花色款式、品牌和布料层出不穷。青年穿燕翼衫、健美裤、翻皮大衣、连衣裙、百褶裙、西服、西服裙等，衣饰款式常有变化。中年妇女多穿翻领上衣和西装裤，农村少数老年人，仍着便褂便裤。进入90年代，哈韩服、夏衣冬穿等各式衣服出现在大街小巷，展现出青岛女性赶时髦的“洋气”和新潮的特性。人们逐渐习惯于到品牌店、专卖店和大型综合购物商场购买衣服。越来越多的国外品牌进驻青岛市场，品牌和品位在女士的着装中占据越来越重要的地位，对穿着个性的崇尚、对品牌的迷恋、对品位的追求是进入21世纪后青岛女士服饰最重要的特点之一。

鞋、袜　解放前，青岛女子多穿一种自做的用麻绳纳包木底、竹板夹帮的木底绣花弓鞋，也有人穿圆口偏带布鞋或皮鞋。富家女穿皮底绣花鞋、割花鞋、缎面绣花鞋、三色底毛呢鞋等。解放后，女子穿胶鞋、布鞋、皮鞋、半腰皮靴、凉鞋、拖鞋、橡胶水鞋、运动鞋等，青年女子多穿质地考究的高跟皮鞋。

改革开放后，女士鞋袜在质料、样式等方面新品种层出不穷。女青年穿高跟鞋，中年妇女多穿布便鞋或半高跟鞋，名牌鞋越来越多。90年代后，女式高跟鞋、平底鞋、靴子、露趾鞋、松糕鞋、登山鞋、帆布鞋等式样繁多，并逐渐成为与服装搭配的亮点。袜子种类也日益增多，毛巾袜、真丝袜、弹力袜、丝光袜、五趾袜、线袜、纱袜、棉袜、毛袜等应有尽有，款式有高帮、低帮、长筒、七分、九分等，不胜枚举。连裤袜、长筒袜等成为时髦女性的常见穿着。

发式　解放前，青岛地区幼女在头部绾双髻，长大未婚时梳一长辫或双辫，辫梢扎头绳，垂背后，额前蓄齐眉刘海，至出嫁时则束发髻，俗称“挽簪”。结婚后绾一圆髻，套发网，盘脑后，称“绾簪”，有的少妇也前蓄刘海。老年女性头发稀疏，簪小，称“鬏鬏”。解放后，许多青年女子剪去辫子，蓄齐肩发或扎两只“羊角刷子”，已婚女子多蓄齐肩发，老年妇女仍束发髻。中青年妇女多剪短发，俗称“披毛”。一种额前头发隆起叫作“飞机头”的发型曾在即墨、崂山一带已婚妇女中盛行一时。城镇有少数妇女烫发，发型有“海鸥”“进步”“海浪”“跃进”等。

改革开放后，女青年烫发的渐多，发型日趋时髦，有中年式、青年式、运动式、披肩式、菊花式、波浪式等。中、老年妇女多剪短发，有的在头两侧各梳一短辫，叫“扎两把刷子”。在脑后将头发拢起，人们戏称“鸦鹊尾巴”。进入90年代，“理发师”被称为“发型设计师”，各种各样的欧美、日韩时尚发型兴起。染发的、烫发的、拉直的、复古BOB头、电棒烫、陶瓷离子烫等皆为常见。每个爱美女性都可以在发廊或者形象设计店做与自己的头型、年纪、职业等相匹配的发型。“做头”“美容”“护肤”成为女性生活中的组成部分，也成为青岛女性引领潮流的一种标志。

饰物　解放前，富家女子的饰物大致是簪金银珠翠绢花和金银珠宝耳环，戴金银玉翠手镯，金质或镶钻戒指；普通人家佩戴的饰物，有银质或铜质的发簪、耳环、手镯、戒指等。小孩戴的手镯为圆形，对接处有两个小圆豆，以避免损伤皮肉。有的在手镯上系一对小铃铛，小孩摇动小手，哗哗作响，饶有情趣。已婚妇女多戴簪，簪一般为平板式，上部微弯，下部尖细。另有一种针形簪子，簪头镶有珠子或珠花。

改革开放后，青岛女子更加注重搭配饰物，耳环、戒指、手镯、项链、丝巾、胸针、腰饰、提包等成为女式常用饰品。金银珠宝的首饰花样品种繁多，金戒指、金耳环、金项链、玉镯、钻石戒指等进入寻常百姓家。女子烫染发、修眉、抹口红、美甲等十分普遍。

进入21世纪，人们越来越注重服装的时尚风格和品质。图为青岛东泰佳世客商场服装店

第三节　居住

青岛人的居住场所经历一个较为明显的变化过程，在不同地域、不同时期人们居住的建筑样式、布局等均

青岛市崂山区常家村新旧房屋对比

有较大差异。传统居住的海草房、土坯房等逐步消失，但家屋布置习俗基本得以延续；城市中较有特色的里院、平民大院等也难觅痕迹，单元房、城市居住小区等成为人们主要的居住方式。

农村居住民俗

村名　青岛农村除极少数住“山庵”的看山人外，多聚集一起居住，因而构成大小不同的建筑群，称作“村”“庄”“疃”或“屯”。村庄命名方式有以下几种：以姓氏和地理位置特征为名，如“岳家”“赵家”等，有的加“屯”“沟”“店”等字，如“于家屯”“王家沟”“徐家店”等；以地理环境取名，以立村地较为明显的地理环境或地方风物为村庄命名，如簸箕岭、窝洛子、雕龙嘴等；以建村祖先的姓名或特征而得名，如崂山的晓望村、莱西的李胡子庄；以建村人的职业为村名，如崂山的皂户村、会场等；以神话传说中的名称命名，如崂山的女姑山村、登瀛村等；以旧时驻军军屯或官屯为名，如鳌山卫、雄崖所等；以寺庙、古冢等古代遗址为名，如庙头、石佛院、砖塔岭等；以具吉祥寓意的词语为名，如金家岭、我乐村、卧龙村等；还有以建村时当地的树木花草为名，如桃林、枣园等。

村道　村里的道路，大的叫“街”，多为东西向，称前街、后街。大的村庄街多，则冠姓氏为街名，如张家街、王家街。小的道路称“胡同”，多以姓氏、堂号、村中名人或树木为名，如宋家胡同、福来胡同、解元胡同、老槐树胡同等，很狭窄的小路称“夹道”，人们经常聚集闲谈的地方称“懒汉子窝”“老头窝”。

公共设施　村落的公共设施大致有礼仪活动场所和生产生活基础设施，前者有祠堂、庙宇、戏台、贤良碑、节义碑等，后者有场院、道路、水源等。解放前，青岛地区很多村庄都有祠堂和庙宇，绝大部分村庄都有土地庙，有的村庄还有关帝庙、三官庙等，村民在逢年过节和初一、十五等日子会到庙里上香叩拜。

“场院”是在夏天为收割麦子而平整出的一块场地，解放后，每个生产队都有一个场院。场院一般都在村庄边。夏秋季，吃过晚饭，村中男性大多会集中到场院聊天。一些老人会讲故事和趣闻，能持续讲到晚上十一二点。男孩子最喜欢去听故事，他们在地上铺用蒲草编的蓑衣或席子，或坐或躺入神地听，不知不觉间听到大人都散去才回家。年轻女子较少到场院去，她们在街上、胡同头上，呼打蒲扇，抱着孩子风凉唠嗑。改革开放后，炎热夏季越来越多的人选择晚饭后在家开空调看电视，场院渐渐冷清。很多村庄和社区修建村民文化活动中心、健身设施，恢复乡村文艺组织。有些村庄还重新修建传统庙宇、戏台等，村庄和社区的公共设施日益丰富。

房屋　青岛地区传统住房较有特色，房屋结构为起脊，用梁、柱构成骨架，窗是木棂的。山区农家用黄泥鹅卵石墙，山草顶，卵石围墙；

平原地区是乱石基，土打墙，麦秸草顶，土围墙。较有特色的是沿海一带渔民多用乱石坐基，土打墙，海带草披顶的“海草房”，冬暖夏凉、生态环保。一幢房屋3～5间成套，坐北朝南的房间为“正屋”，坐南朝北的为“倒屋”，东西两侧为“厢屋”。正屋中间一间为“正间”，两边分别叫“东间”“西间”，再往里叫“套间”。正间设锅灶两个，通东、西间炕内，供冬季热炕取暖。正间与东间墙壁上多留一小方洞，叫“灯窝”，洞内可放油灯，一盏灯可照明正、东两间房。也有人把它叫“婆婆眼”，说从方洞中可看到灶间的行动，供婆婆监视媳妇用。在正间上方用木板或高粱秸扎顶棚，也叫“天棚”，冬天可用来存放地瓜。东、西间多用花纸贴棚顶，装饰有蝙蝠、团花等剪纸，叫“仰棚”。

解放后，住房式样逐渐变化，并越来越讲究。农村建房开始统一规划，多为正房四间，一明三暗，厢房三间。正房一般是砌石地基，红砖墙壁，红瓦苫顶，九或十一檩骨架，十三或十五棂窗，木板正间门，高大宽敞。院墙砖石到顶，黑漆大门，手推车可以自由进出。后来又兴起正房五间，木板门改为镶玻璃门，木棂窗改玻璃窗。

改革开放后，农村建房一般是正房五间，前窗多开四扇，后窗改两扇，明间后窗，高、宽同前窗，旁间为檐窗，高、宽各为1米，正间门两旁又开设耳窗；室内地面或铺瓷砖或抹水泥，室内墙壁多抹白灰；天棚以木板钉、白灰抹为多；室外墙壁多涂以彩色水刷石或粘石。进入90年代，越来越多的农户建起二层楼房或直接住进村里统一建设的单元楼房，父辈念叨“楼上楼下，电灯电话”的理想生活成为现实。农民更加注重对房屋的装修，铝合金门窗、瓷砖地面、涂料刷墙、房屋吊顶等成为普遍现象，很多农民还效仿城市民居，在房屋内设计建造整洁干净的厨房、卫生间、洗澡间等。

院落　青岛民间住所大都各自成院，院落俗称“天井”“院子”。许多人家喜欢设前后两院。前院面积大，是一家人平日活动的主要场地，院里建猪圈、厕所，喜栽石榴、月季等花卉树木。后院很小，作用是挡住后窗，认为后窗临街“不成住处”，有的种香椿树和耐冬等。院内

2005年，青岛市崂山区北宅科社区

2005年的青岛劈柴院

有“前不栽桑，后不栽柳，院内不栽鬼拍手”之说。厕所设在院落一角，矮墙露天，男女通用，有的和畜栏、猪圈连在一起。改革开放后，已较少设后院。

在临街墙上，镶嵌带“鼻梁”的石块，用以拴骡马，叫“拴马石”。院墙上面抹石灰或泥，叫“打墙头顶”，抹成半圆形，叫“和尚头”。院墙不得高于屋檐。临街院墙处留有大门口，俗称“街门”或“街门口”。街门多为南向或东向，胡同里也有西向，但很少北向。街门要与对门邻居的大门口偏离，叫“斜对门”。大门一般漆黑色，老辈有功名的人家可漆红色。门上部修有门楼，旧时大门和门楼都是财势的象征，富有人家的门楼修四角飞檐，上饰有“龙头”“寿狗”等吉祥物，大门高大，彩画装饰。平常人家的大门、门楼都很简陋，门楼多用草毡，有的大门没有门楼，叫“土门子”。解放后，院墙多用石块垒下部，上面垒砖，外面用水泥抹平；也有的用砖或水泥砌成几何图案，称作“花墙”。大门内大多建有影壁，俗称“影壁墙”“照壁”，中间写“福”字，两边绘鹿、鹤等图案。

住所大门忌冲着山丘、河流、大道、水井和坟墓，认为这样会遭邪气和不吉利，若无法避开，则要在门上挂“八卦镜”破解；宅基不能直冲街道，也不能面对庙宇，如无法避开，要在宅子外面一角安一块小石碑，上刻“泰山石敢当”“太公在此”“吉星高照”等字样。

上梁　上梁是盖房最重要的工序之一，俗称“起屋”。上梁时间，多选用卯时、辰时，取“旭日东升”之意。梁檩上要贴上“上梁大吉”等字样的红纸横批，还要绑上筷子，用红绳系上铜制钱，挂上红布等饰物，以求吉利。上梁时，房屋四周燃放鞭炮，正间当中安设方桌，摆设供品，点燃红烛，由建房人家的主人跪拜。莱西、平度一带在上梁时，木匠、瓦匠师傅还要边唱喜歌边往下扔一些龙、凤、虎、蝶等形状的小饽饽、糖块、花生等，逗引孩子们哄抢。上梁仪式结束后的当天，主人要在新房宴请亲朋、工匠和帮工者，酒菜很丰盛。

互助　旧时，盖房有邻帮友助之风。修房盖屋，备料如伐木、采石头、运沙和砖瓦，以及开工后的和泥、挑水、来往递料诸事都有邻里帮工。改革开放后，出现专门建筑队，帮工者锐减。新房落成后，主人在新房设宴答谢亲友邻里。新房盖好迁居时，亲友带礼品祝贺，主人以酒席招待，名“烧炕”“温锅”。

城市居住民俗

青岛城市居住民俗表现较为丰富、独特。自开埠后，青岛即为五方杂处之地，六州八县闯青岛和德日两国相继侵占，使青岛的城市居住民俗独具特色。青岛被称作“东方瑞士”“万国建筑博览”，还被总结为“红瓦、绿树、碧海、蓝天”。青岛的历史建筑多是两层、三层，大型公共建筑和单体庭院式建筑较多，风格各异的山花、围墙、门廊、阳台、老虎窗多见。在街道中

2005年，青岛市浮山后居民区

家合围而住，从同一个大门中进出，同走一个楼梯，同上一个厕所，各家之间少有隐私，彼此坦诚相待。

青岛里院是早期社会的一个缩影，由于人群居住较多，逐渐形成亲切和睦，有人情味的一种民俗生活方式。里院还有较为独特的文化娱乐活动，旧时民间艺人很多是靠“串里”谋生，有的里院还建有“票社”，自拉自唱，自娱自乐。“广兴里”院内就曾设过小型电影院、剧场和说书场。“劈柴院”是老青岛有名的美食街，院内说书的、唱戏的、杂耍的颇为热闹，琳琅满目的日用百货和南北小吃应有尽有。劈柴院发展成为青岛里院文化的典型代表。

心景观建筑上，半圆形转角多、塔楼多。由于山体和道路的连接曲折多样，使得路与路之间的石阶路多、主干道旁边的支路多、行道树树种多。

街道　青岛城市街道沿山建设，往往斜行、盘曲，当地居民为人指路不说东南西北，只说“往上走”“往下走”“向左拐”“往右拐”。街道绝大部分用地名做街名，各省名如湖南、湖北、辽宁、吉林，各大城市如北京、天津、广州、成都，各县名如费县、潍县、即墨都可在青岛街道路牌上找到。有的街道用江湖、山川、峡岭、关隘等名称命名，且形成一些特定的街区，如八大关、八大湖、八大峡等。

里院　里院是青岛特有的一种华洋折中式居住形式，主要融合中国传统四合院式和欧洲商住式公寓楼房建筑特点。始建于19世纪末，终止于20世纪30年代，一直到20世纪末还在使用。里院临街而建，多以两三层楼房为主，形成围合式院落。其主要特点是将房子建在院子四周，院子留在中心，青岛人称之为“天井”。“里”的大门多为拱形通道通往内部，称为“大门洞”。“里”多为一户一间，也有一户两间，其住户来自五湖四海，多为城市中下层人群。在里院，大

平民大院　平民大院是30年代青岛市政府为“闯码头”“闯青岛”贫民所建的廉租房。多为平房，每间房16~18平方米，称为“平民大院”。在平民大院，分片安装多个自来水龙头，青岛人叫“水龙池子”，周围几条马路的人都到此挑水吃。平民大院内没有厕所，后来私搭乱建现象非常普遍。平民大院承载很多到青岛外地人的苦痛记忆。改革开放后，很多平民大院得到改造或拆除，一些保留下来的大院另做他用。

西式建筑　青岛的西式建筑较多，有“万国建筑博览”之称。居住类建筑多采用独立式设计，配庭院。屋面以红瓦坡顶为主，局部起山墙或塔楼。墙面多为清水砖或水泥抹面着米黄色，上部附仿木构装饰。西式建筑对其临近的中国房屋构造也产生影响，中国人房屋多采用一些欧洲建筑中的拱券、敞廊、折线式山墙等细部处理手法。

城市社区　解放后，筒子楼是多数城市居

民的居住方式。改革开放后，随着住房分配制度改革，单元房开始逐步兴起，青岛人的住房条件发生很大变化。进入21世纪，对住房的选择与装修成为人们表现个性、体现自己独特风格和品位的重要领域，人们可以自由选择的不再仅仅是住房，而是自己的生活方式。很多居民搬进花园式小区，小区内部注重绿化和封闭式管理，草坪、花园、绿树，甚至是主题公园都在小区内。人们对住房的内部装修更加重视，现代简约风格、田园风格、中式风格、地中海风格、新古典风格等各类风格应有尽有，尽显个性。青岛居民整体居住环境得到极大改善。青岛前海一线的别墅住宅、高层住宅也成为一些城市居民的居住首选。

第四节　交通行旅

海运商贸民俗

海运商贸　青岛海运历史悠久，琅琊古港、大珠山港、板桥镇、塔埠头等都是历史著名的海港。琅琊古港为春秋战国时期南北方五大古港之首，大珠山港在唐代已是通往朝鲜、日本的重要口岸，板桥镇曾是宋朝北方最大的外交、外贸港口，塔埠头是明清时期胶州湾的主要口岸。青岛地名中带“口”字的海口如青岛口、女姑口、沧口、金口、董家口、沙子口、登瀛口等，大都在渔港基础上发展成商贸口岸。明清时期，青岛沿海航运业发达，女姑口已是“百物鳞集，千艘云屯”，宋家口港常有南方商船来往。清光绪年间，大批商船停泊贡口、积米崖、董家口等港口装卸货物。解放前，仅往来红石崖港的货船就有百余艘。当时，搬运装卸形成行业，装卸工由工头从港口附近村民中招结成帮，有船而集，无船则散，全靠肩扛人抬。

解放后，海运日渐兴盛，青岛港口建设得到突飞猛进的发展，港口经济成为青岛市重要的经济支柱之一。如胶南红石崖、积米崖和其他沿海口岸纷纷成立木帆船管理社，专事组织运输。用于货运多为非机动船，主要是小舢板、木帆船、拖驳。机动船主要是机轮、机动船，多用于捕捞。60年代后，水运机动船逐渐增多。改革开放后，青岛港建成后开通海上商务航线，成为东亚著名的现代化海港。

海运商贸形成青岛富有特色的海运民俗。传统社会的货栈民俗、港口建设时期的“闯码头”民俗以及新时期港口工人的行业民俗构成海运民俗的主要内容。如港口上的码头工人

1986年，青岛与黄岛客运航线开通。图为往来于团岛和薛家岛之间的轮渡客船

“干到秋，穷到秋，剩下麻袋和手钩。抬煤抬盐，磨不断的铁锁链。铁锨不离手，杠子不离肩。脚踏七寸宽铁板，抬着煤盐去登天。一步走不牢，尸首看不见”。这是德日占领青岛时期，码头工人生命任人践踏的真实写照。解放前的码头工人同样是“出的是牛马力，吃的是猪狗食”，人们把码头工人，叫“臭苦力”，叫“老搬”，叫“扛大包的”。解放后，尤其是改革开放后，随着港口生产机械化、自动化程度的提高，人工搬运逐步被机械化装卸取代。此外，港口上的各式渔具、生产工具以及往来于胶州湾的各式船舶等构成青岛海运商贸民俗的主要内容，海神信仰、祭海习俗、避风习俗等也是海运民俗的特色所在。如青岛沿海地区对海神、妈祖的信仰比较普遍，沿海各村建有龙王庙或者供奉当地海神的庙宇。在一些商贸口岸，如青岛口、金口等地较早的修建妈祖庙。

海洋客运　解放前，青岛就有“小火轮”专营客运，海上客运较盛。中国、日本、丹麦等国的民营客船往来于青岛至红石崖、安子口岸之间，为人们出行提供便利。改革开放后，大型轮渡、小型游艇等在青岛海面上逐渐增多，出门坐轮渡、客轮，旅游坐游艇、游轮成为很多青岛当地人以及游客的一种生活方式。80年代，根据经济发展的需要，开通团岛至黄岛和薛家岛轮渡。1986～2005年，青岛轮渡共运送旅客1亿人次，大大方便人们往来于市区与黄岛之间。

陆路民俗

出行方式　青岛的非机动车主要有独轮车、地排车、马车、自行车等。清朝末年，交通运输工具有轿子、轿车、花车、手推木制独轮车、木制双轮铁瓦车等。民国时期，渐有手推胶轮车、胶轮马车、自行车，还有大量木轮手推车和少量木轮马车来往于内陆与贡口港、安子港和红石崖港之间运输货物。其中，地排车因木制轮子包有铁皮，为保护路面，青岛市区内主要道路在路两边加铺车轨石条，并成为青岛道路的主要特色。自行车在青岛有很长历史，30年代起市民开始大量使用，到解放前，因其快捷方便为运输小型货物的首选，解放后逐渐成为城乡居民出行的主要交通工具。改革开放后，胶轮小推车、地排车等被逐步淘汰，有些农村地区还在使用铁质手推车。自行车也逐渐被三轮车、摩托车、电动自行车、私家车所替代。

胶济铁路开通后，火车成为青岛民众出行的重要工具。解放前，四方、沧口一带学生上学的最好选择就是坐火车，工人上班一般也选择坐火车，当时坐马车和公交车是较为奢侈的选择。解放后，青岛火车站的市郊客车发运量增大，青岛火车站、沙岭庄火车站接送货物和人员增多，仍有很多城阳、沧口等地百姓乘坐火车往返于青岛与家乡之间做生意、走亲戚。解放后，青岛各区（市）积极修复公路，发展汽车客运。城市公交车、城际客运成为人们出行的重要选择。改革开放后，人力、畜力车渐被拖拉机、汽车等机动车取代，摩托车

80年代末，骑摩托车在青岛年轻人群中成为一种时尚

日益增多，有人自购面包车、小轿车。机动车取代非机动车成为最重要的交通和运输工具。人们出行可以方便地乘坐公交车、出租车、火车、长途汽车、飞机等。进入21世纪，许多居民拥有私家汽车。越来越多的青岛百姓把小轿车当作自己生活、出行、谋生的现代化工具，私家车扩大普通百姓的生活版图，也带来他们生活方式的变化。公交车为市民提供更加舒适、环保的交通服务。车内装备越来越人性化，电子语音报站器、电子显示屏、闭路电视、舒适的座椅、方便的把手，乘客旅途不再寂寞。

进入21世纪，青岛市私家车保有量逐年增加，人们出行以车代步成为常态。图为青岛市东西快速路上来往的车流

行旅习俗　旧时，青岛人启程一般要先择吉日，“要待走，三六九”。每月的初五、十五、二十五都不能出远门，更不能在外住宿。有的地方忌双日出门，二、五、八诸日不宜离家宜归家，有谚语为证“二五八，好回家”。上路前数日，必遍辞亲友。

旧时迎贵客一般在村外迎候，也有迎出数十里的。近年则均到车站、码头迎接，统称为接站。客人到家，设酒饭款待，名为接风或洗尘、洗泥。

亲人远行或远客告别，置酒置饭相送，名为饯行或饯别。临别赠物、赠钱，乡间名为送行礼。近年乡间亦临别赠送纪念品、合影留念等。乡间另有一种赠别方式，叫“送元宝”，有亲友远行，煮十个鸡蛋相送，取“十全十美”的吉利含义。广泛流行于青岛民间的风俗是亲人回家吃面条，出门吃饺子，有“出门饺子回家面”的谚语。

改革开放后，出门求学、经商、参军、工作的青岛人越来越多。游子出门时，家人到车站送行。得知归期，家人赶到车站、停车点“接站”，回到家里吃面条，接风洗尘。进入21世纪，出门旅游的青岛人越来越多，团队游、自助游、自驾游等旅游形式逐步成为一种生活方式。人们会利用假期举家出游，出游的地点因人而异，有的家庭选择出国旅游、有的家庭选择到国内著名风景名胜景点旅游、更多的家庭选择在青岛市近郊游玩。由于飞机、火车、轮船等交通工具的快速便捷，城际间的探亲更为方便，许多传统的行旅习俗逐渐式微。

第二章　生产贸易民俗

青岛老百姓长期繁衍生息在这片古老的土地上，创造、享用并传承很多模式化的生产贸易民俗。这些民俗表现在物质生产、贸易等方面，彰显出青岛的地域特色。青岛既有悠久的农业种植传统，也有古老的渔业、盐业生产传统，很多沿海农民亦渔亦农亦盐，农业、渔业是青岛最为重要的物质生产方式。

第一节　农业生产

青岛境内地貌类型复杂，有山地、丘陵、平原和洼地。虽地处沿海，但农业生产仍是人们生活收入的主要来源。解放后，北部不靠海的百姓因地制宜，采取排涝治洼、改造盐碱地、改山治岭等多项措施，通过建谷坊、修梯田、修补地阡等方式使农田耕种面积增加，农业生产习俗也相应发生变化。

农业作物

自清代以后，青岛境内农民以种植小麦、谷子、高粱、玉米、地瓜等粮食作物为主，兼种大麦、绿豆、豌豆、荞麦等小杂粮，农作物种类变化不大。50年代农业合作化后，进行耕作制度改革，小麦、玉米、地瓜等高产作物面积逐年扩大，谷子、高粱等低产作物逐年减少。

80年代，自行车是青岛地区农民出行的主要交通工具

改革开放后，芋头、生姜、果木等果蔬作物种植规模迅速扩大，出现蔬菜生产专业户、专业村，商品蔬菜发展迅速。进入90年代，胶州大白菜、平度马家沟芹菜、城阳青大白菜、赵村实梗芹菜、三叶儿黄瓜、翘头青萝卜、狗塔埠莴苣、洼里水萝卜等特色品种深受百姓喜爱。野菜如荠菜、苋菜、苦菜、山马齿苋、拳头菜等品种成为人们餐桌上的食品。青岛水果在这一时期也有较大变化，除继续种植苹果、梨、桃等传统水果外，青岛丘陵地区农民开始较大规模地种植樱桃、杏、草莓、山楂、枣、李子、柿子、栗子、葡萄等，崂山中国樱桃、崂山巨峰葡萄、崂山杏、平度大泽山葡萄、胶南草莓等水果品种已有较高知名度，种植规模不断扩大。

农业生产

耕作制度　解放前，农事耕作长期以一年一熟与两年三熟制为主，春地瓜一年一熟，谷子、小麦、秋大豆连作为两年三熟。建国后，不断改革耕作技术，春花生——小麦——夏玉米轮作方式普遍，小麦——夏玉米一年二熟轮作面积增加，适合夏播的花生品种陆续育成，出现小麦——夏花生——小麦——夏玉米两年四熟轮作制。

改革开放后，青岛地区出现粮油、瓜、菜间作套种多种形式，尤其大、小沽河沿岸平原区，盛行花生间西瓜、玉米套黄瓜等。也出现粮、菜间作，如土豆、早甘蓝间作春玉米，大白菜套种冬小麦等。还有粮、果间作，如在幼龄果园间作花生、地瓜、草莓、西瓜等。随着地膜覆盖种植法在农业生产的普遍使用，大棚蔬菜种植技术在青岛地区推广迅速。冬季，农民利用日光塑料大棚种植瓜果或蔬菜，既获得反季节果蔬，又增加收入。进入21世纪，农机在农作物生产的普遍使用，现代科技手段更加广泛应用到农业生产上。

生产工具　传统农具一般为木制、铁制和石制，主要用于耕作、播种、灌溉、收割、脱

山区农民用“驮犁具”耕地

粒、运输等。

改革开放后，农业生产工具发生很大变化，农村家庭养牲畜用于生产的已经很少。在平原地区和山区的较大面积的土地上，机引犁、机引耙、花生穴播机、人力地膜覆盖机、机动喷雾喷粉器、联合收割机、农用汽车和农用拖拉机等成为人们的主要生产工具。农业机械作业服务领域也由耕、播、收向秸秆还田、秸秆机械化青贮、秸秆打捆等方面发展，由单一的作业项目向复式、“一条龙”作业模式发展。但在部分偏远山区的小面积耕作中，锄头、镰刀、锨、镢等仍有使用，人们还用“驮犁具”耕地，用胶轮车往山上送化肥。

农业管理　“庄稼一枝花，全凭粪当家”，青岛传统的农用肥料以有机肥为主，种类有人粪尿、圈肥、炕洞土、湾泥、屋土、绿肥、腥肥、饼肥、干灰、鸡粪等。解放前，青岛市场就有少量化肥出售。解放后，化肥用量迅速增加，种类也陆续增多。进入21世纪后，农民使用粪肥的现象有所改观，在自家菜园里普遍使用有机肥。崂山很多人家又开始用大粪种庄稼和茶叶。

青岛传统防治虫害的方法大致有三种：一种是在麦子、谷子等农作物播种的时候往粪土中撒上红矾，以避免种芽被虫子吃掉；一种是农作物长出来后，在农作物上撒红矾、米糠和草木灰的混合物杀虫或者使用含毒的白蒲草汁涂抹到叶子上；还有一种是最原始的办法，到农田里去捉虫子，如高粱发生虫害时，摇晃高粱秆让虫子落到笼子里。改革开放后，农作物病虫害防治主要以化学防治为主，通过喷洒农药来控制虫害。此外，还常采取轮作、换茬的方式以防治病虫害和保持土壤肥料利用率。

青岛农村在麦收时一般都会“打场”，不同农作物收获方式也不同。谷子是从地里把穗掐回来，运到场院里用连枷打；豆子和麦子是割下主干，运到场院里来打；山区也有直接把庄稼拔出来，人挑或用驴驮到场院里打。改革开放后，农民的收获方式发生大变化，青岛地区收获农作物基本使用联合收割机，能够一次完成收割、脱粒、分离茎秆、清除杂余物等农田工作，“打场”“扬场”越来越少见。

改革开放后，农村机械化耕种收割成为主要生产方式。图为小麦联合收割作业现场

农业民俗

春耕民俗　农历二月二早饭后，农民一般会牵着牲畜到田间试犁，象征性地犁一犁土地，叫“犁新土”，平度叫“破土”。犁地时嘴里要念叨喜歌：“犁破新春土，牛踩丰收亩，春种一位粟，秋收万亩籽。”二月二这天也叫“上工日”，是农民开始下地春耕的日子，也是旧时崂山、即墨、胶州等地的“觅汉”、莱西的“扛长活的”到东家上工的日子。

神灵祭祀　为祈求农作物丰收，青岛农民对很多神灵进行祭祀，有代表性的是土地神和李老爷。传说二月二是土地神的生日，青岛每个村落都有土地庙，农民这天要用煎饼、单饼、油条、芽葱等祭祀土地神，以祈求新的一年五谷丰登。李老爷就是“秃尾巴老李”，在即墨、平度等地都有与他有关的庙会。如平度马戈庄镇闫村每年农历四月十七、十八两天都要举行盛大的“麦黄节”来祭祀李老爷。

求雨　在青岛，农民为祈求五谷丰登、风调雨顺，创造出多种求雨方式。久旱不雨时，由当地乡绅或有名望地位者出面，组织群众捐钱捐物求雨。求雨方式大致有三种：一是淘井，把井里的水拉出来，把淤泥清干净，并且三天内不许在此口井中挑水；二是到庙宇求雨，在庙宇里搭棚子，请和尚、道士念经，主要在龙王庙、关帝庙、狐仙庙等，很多儿童在上学前都去磕头求雨；三是打旱魃。即墨小龙山龙王庙是青岛地区信仰“秃尾巴老李”——李龙王的故乡，从明清以后，盛行“取龙牌”祈雨的习俗。

求丰收　农民求丰收的方式多种多样。如二月二打囤子，用锅灰画出圆圈和梯子，在中间打十字，象征粮食满囤。在胶南、黄岛等地，许多农活不许女人参加，有谚语“女人上了场，来年少打粮”。还有地区正月十五要打着灯笼到处照一照，在树杈上放上石头，祈祷丰收。

占验　青岛地区还有很多占验习俗。有谚语“麦子成或秕，单看正月廿十一”“收豆不收豆，单看四月廿十六（或者是十六）”，如果这两天天气晴好，就预示着麦子、豆子能有个好收成。有些地区在正月十五这天还会做12盏面灯，如果是闰年做13盏，并根据灯里剩油的情况来占验当年每月的旱涝情况。

打秋千　青岛地区有清明打秋千的民俗。清明时节各个村庄都会搭许多秋千架，年轻女子们都要打扮漂亮，外出串门，然后去打秋千。据说，如果秋千荡得高就意味着将来的生活会过得好。打秋千活动在娱乐的同时，也有祈盼农业丰收的意蕴。

改革开放后，青岛农业民俗出现较大变化，由于科技发展和农民文化生活水平提升，以往常见的求雨仪式、祭祀仪式等已较为少见。但农民的信仰和占验习惯却流传下来，农村普遍存在一些神灵信仰，祈求农业丰收的一些占验习惯和祈求丰收的习俗依然延续。

第二节　渔盐生产

青岛渔盐业生产历史悠久，沿海居民多以打鱼为生。旧时，渔民经常是在拿生命讨生活，渔民祖祖辈辈形成与行业相适应的行为方式、思想观念，以及一系列渔业生产民俗。青岛沿海自古产盐，从煮盐到晒盐，民俗特色也较为突出。

渔业生产民俗

造船　渔船是渔民赖以生存的最重要的生产工具。很多木制渔船由渔民手工制作完成。造船的工艺复杂，需要用到大拉锯、小手锯、刨、锛、凿子等20余种工具，要经过定盘、艌船、做橹、做舵、做桅杆和帆、做锚、刷桐油等多道工序。造船的技艺几乎完全依靠口传心授来传承，造船时也要注意较多禁忌。渔船造成之日，亲朋送红旗祝贺，选吉日举行“开光”仪式，船主在天亮前到船上焚纸、放鞭、上香，将红棉布条悬挂在船头。另外，携两只红冠公鸡，一只在船头开刀，使鸡血顺船而下，流过船头两边的“船眼睛”，俗称“开光”。另一只放掉，谓之“放生”。

明代海患频仍，朝廷下令封海，沿海渔民多以木筏捕鱼。解放前，渔船主要有舢板、桷子、豆荚子等。解放后，渔业生产逐步发展，木帆船、机帆船随之增加，助航助渔设备也陆续配套。渔船上逐步配备收音机、电台、无线电话机等通信设施，开始使用测向仪、探鱼仪、定位仪等设备。改革开放后，新发展的渔船多属小型机动帆渔船，在近海从事海底拖网和定置网捕捞。机动渔船上基本装备对讲机、彩色探鱼仪等设施。

捕捞作业　青岛海洋捕捞渔具按结构和作业方式，分为网渔具、钓渔具、杂渔具三种。网渔具种类达80余种，主要有挂网、围网、圆网、坛子网、流网、拖网、绷网、拐网、鲻鱼网、底八扣网、丝网、虾网等。钓渔具主要有底线钩、手线钩、滚钩、旱钩4种，主钓真鲷、鳗鱼、带鱼以及比目鱼等。杂渔具主要有蛄蝼网、墨鱼网、蛤耙、潜水器、浮子、沉子、索具等。改革开放后，开始使用起网机，减轻劳动强度提高工效。

解放前，作业渔场多在沿海和近海。解放后，海洋渔场大体分为远洋、外海、近海、沿海4种。70年代末，近海海产资源减少，近海捕捞作业停用大拉网、裤裆网和快钩，仅用挂子网、幛网和甏网等，主要捕虾、蟹、乌贼、青鳞鱼等。改革开放后，为保护资源而由拖网捕捞转为流网捕捞，主要捕鲳鱼、马鲛、对虾等，近海捕捞增加坛子网作业。

赶海　大海影响青岛老百姓的生活，其中，“赶海”是最吸引人们参与的活动。青岛渔民称出海打鱼为“赶海市”，称返航为“收山”。“赶海”主要指在近海滩涂和礁石上寻找蛤蜊、海螺等小海货。赶海人除渔民外，还有很多寻常百姓，他们一般等海水落潮时，带篓子、抓钩、短铲赶到海边，主要挖蛤蜊、捉蟹子、拾海螺、钓虾虎、捉蛏子等。如果是晚上，还要带灯具照明。改革开放之后，“赶海”习俗一直延续，城阳区还举办“红岛蛤蜊节”发展乡村旅游。

海水养殖　青岛海岸线长、海湾多、滩涂广，发展海水养殖业具有得天独厚的自然条件。解放后开始发展海带养殖生产，70年代达到高峰。改革开放后，在浅海重点发展海带、贻贝、石花菜等筏式养殖，岛屿岩礁区进行海参、鲍鱼等优质品种的养殖，在滩涂进行菲律宾蛤、泥蚶、文蛤、竹蛏、牡蛎等经济贝类的养殖，对虾、扇贝养殖实现集约化、工厂化生产。海水养殖采取个体或合伙入股成立公司进行生产作业，养殖形式主要有潮间带滩涂养殖、潮下带滩涂养殖等。

水产品加工　改革开放前，青岛水产品加工主要有卤腌、干晒两种方式。卤腌制品主要是咸鳓鱼、咸鲅鱼、咸带鱼和海蜇等。50～60年代

青岛市民将在大海退潮时，捡拾岸边海螺、蛤蜊等的生活情趣称为“赶海”

为卤制加工盛期，改革开放后逐渐减少，除腌制部分海蜇外，其余水产品均不使用卤腌加工法。干制品分淡晒和咸晒两类。淡晒制品以鲅鱼干、带鱼干、乌鱼干、银鱼干、鲨鱼肉干等为多，其中鲅鱼干、乌鱼干等为干类之佳品。改革开放后，干制品以咸晒为主，以海米、乌鱼干为大宗，沿海渔村均有出产。

祭海　“谷雨一到，百船靠岸”，为祈求渔业丰收、海上平安，每年谷雨前后沿海各渔村纷纷祭海，出海前到庙宇祭神，祈求龙王、妈祖、观音大士、秃尾巴老李等神灵保佑海不扬波、舱满归来。各渔村的祭海，大多始于明代。渔民祭海时，要把一头杀好的猪摆放在供桌上做祭品，也有用猪头代替整猪的。所祭海神以东海龙王为主神，其他受祭祀神灵由各村渔民或渔行来定。除出海前祭拜神灵外，每逢初一、十五和重大节日，渔民家属也会到庙里

青岛崂山渔民在清洗海蜇

烧香祈祷。青岛举行祭海仪式较有影响的村庄有即墨的周戈庄、黄龙庄，胶南的灵山岛等。周戈庄所祭的海神有东海龙王、天老爷、观音老母、四财主和孙仙姑。黄岛区的陈家岛一带也有当地的海神娘娘陈姑，相传陈姑为灵山卫的一名少女，容貌俊美，因不甘受恶霸污辱愤而投海，后成为这一带的女海神。相传旧时有一浙江商船北行至陈家岛一带海域受阻，多亏陈姑显灵相助得以顺风顺浪前行，不久后发大财，船主便“带上能工巧匠和满船的建筑材料前来建庙”。陈姑庙建成后香火旺盛，尤其是农历七月二十八陈姑生日这天，这一带渔民和南北海商多赶来祭祀。海龙王是青岛本土渔业主祭的海神，妈祖主要为南方来青岛海商的祭祀对象，称为“天后”“海神娘娘”。即墨民间有“龙王保小船，娘娘保大船；龙王保发财，娘娘保平安”的说法。解放后，青岛地区祭海习俗逐渐弱化直至被取消。改革开放后，祭海作为一种民间文化活动在多地恢复。

渔民禁忌　青岛渔民禁忌很多，主要有语言禁忌、行为禁忌等。在语言方面，较普遍的是忌说“翻”“破”“漏”“碎”“倒”“停”“死”等字音，必须说时要用别的字音来代替，如称“帆船”为“风船”，称拉船上桅杆为“长篷”或“撑篷”等。在行为方面，在船上不准背着手走动，不准吹口哨和喧哗，不准坐船边垂足水中，器物不得翻扣，不准把筷子横搁在碗上，船舱内不准放鱼篓等。此外，渔民非常尊崇船老大，船老大是一船之长，懂天文识海情，既有经验又有技术，是出海安全和渔业丰收的保证，故而船老大在渔船上和渔村里都是具有号召力的权威人物。

盐业生产民俗

青岛沿海地区有取不尽的制盐原料——海水和储藏量巨大的地下卤水，青岛海岸线蜿蜒曲折，港湾众多，非常适合盐业生产。传说炎黄时期，夙沙氏就在青岛的红岛一带发明煮海为盐。青岛地区传统的盐业生产主要有煎盐和

晒盐两种。

清代之前，青岛煎盐大致采用“夙沙氏煮海为盐”的方法，刮土淋卤，取卤熬盐，用石莲子试浓度，然后存入井（坑）内，用时取出，倾入锅内，置锅于灶上，燃薪煎制。海盐锅煎之法和用具历经朝代更迭，基本无大改变。煎盐除需盐滩外，盐户还要有柴山草荡用以供给煎盐使用的燃料，需要有盐锅。盐滩的计量单位是“副”，草荡的计量单位是“处”，盐锅的计量单位是“面”。

青岛地区为传统的盐业生产区。图为90年代青岛东风盐场晒盐场景

清末，青岛各地制盐大多改为晒制之法。青岛的晒盐一直到解放前大多采用“沟滩法”，盐户大多兼事农业生产，主要靠天吃饭。由于晒盐对天气的要求不同，因此，盐户对天气有一种特殊心情，既盼天色晴好便于晒盐，又盼风调雨顺庄稼丰收，心情极为忐忑。50年代，青岛进行盐改，成立盐场，改进生产程序。改革开放后，盐场上的盐业生产技术日益进步，盐田面积扩大，盐的品种越来越多。盐业生产实现滩田结构合理化、工艺操作科学化、生产的机械化，实施新卤、深卤、长期结晶为主体，塑模苫盖，死碴盐护固池底，活碴盐结晶，常年晒制，机械收盐的新工艺。

第三节　商业贸易

青岛商业贸易民俗丰富，在1897年德国人占领前，胶州、即墨等地都是商业重镇，有“金胶州、银潍县、铁打的即墨金不换”之说。青岛的商埠、港口经济富有特色，与老百姓生活密切相关的贸易形式流传下来，其中，集市与山会起着满足百姓基本生活需要的重要作用。

口岸商贸

青岛沿海有很多天然港湾，早期港口贸易主要是在这些港湾中进行海产品交易，口岸商贸逐步繁荣。在港口，近海作业的渔船一天一靠岸，捕捞的海产品由商贩销往周边地区，称为“贩海鲜”。远海作业的渔船大多把捕捞的鲜鱼腌制起来贮存在船舱中，满载方归。小满前后为春汛高峰期，满载而归的渔船不断驶入港口，来自各地的商家鱼贩不断穿梭于商行与渔船之间，采购商品，卖食品、烧酒、蔬菜的商贩也推销自己的货物，码头上人来人往，形成富有特色的商贸民俗。随着港口发展，港口上贸易的商品不再只是海鲜，很多商船开始贩运各种货物，随之在码头上出现很多商行，港口成为各项物资集结的地点。

商行发展促进渔业市场发展，也促进民俗信仰的繁盛。青岛很多港口附近建设龙王庙、观音大士庙、妈祖庙等庙宇，围绕这些庙宇的祭拜和庙会活动成为口岸商贸民俗的重要组成部分。

商埠

建置前青岛的商贸活动很兴盛。明清至民国时，胶州的八大行、钱市街等特色商业街的出现，即墨金口李秉和的“春”字号及其商贸民

青岛历史上著名的“两湖会馆”现为大学路小学校舍

俗，以及胶州、即墨、平度等地的商帮、商号、商会等习俗共同彰显青岛商贸民俗的丰富多彩。青岛自开埠后，由于相继经受德国、日本的殖民统治，商埠的贸易习俗呈现出较多与传统习俗不同的地方。

商帮　青岛建置后，全国各地的商人在青岛经营开设许多各具特色的商铺，逐渐形成具有不同地域特征的商业帮会。各大商帮都有专业分工，黄县帮以纱布为主，掖县帮多经营草辫，即墨帮垄断花生市场，江浙帮长于货栈仓储，广东帮包揽洋广杂货。其中尤以黄县、掖县、即墨等山东商帮“最能团结与互助，苟同帮中有一时资力不敷周转活仓促发生困难者，每集全帮之力援助之”。一般商业帮会没有全体性的正式组织，只有在同一城镇经商的同帮商人才有正式组织机构。青岛财力较大的商帮，一般建有一座会馆，作为商帮组织机构的所在地，像齐燕会馆、广东会馆、三江会馆等。老青岛的各商帮之间在生意上彼此联系很少，有各自的经营之道。但是，各商帮的店掌柜等上层管理人员却常来常往，经常聚会。各个商帮的掌柜定时在自己的店里轮流坐庄，让厨师烹饪拿手菜请其他商帮的店掌柜吃饭。

改革开放后，商帮在青岛重新出现，并在商业活动中发挥着举足轻重的作用。商帮的形成，与亲戚、朋友、老乡之间相互扶持有关。70年代，第一批赣榆人带着家乡的干鲜海货勇闯青岛，创立赣榆商帮；第二批闯青岛的赣榆人在前辈的指引下将门派发扬光大；第三、第四批恰逢江湖门派林立时期，赣榆商帮整体上也开始随市场作出调整，为避免过度竞争，商户各自寻找特色经营，竞争有序。历经前后四批赣榆创业者的努力，以原市场三路为首的青岛干海货市场中赣榆人一家独大，市场三路周边、中山路、抚顺路、火车站等地的干海产品批发市场或干海产品聚集地，处处可见赣榆人的身影。赣榆商帮在青拥有500多家店铺或摊位，从业人数达2000人。20世纪80年代，耳濡目染行商之道的聊城人将生意触角伸进青岛的人民路周边，围绕着五金件小轴承做起买卖。依靠聊城家乡的产业集散地优势以及港口开放城市青岛这一平台，聊城商帮的小轴承逐渐成为大产业，不仅占据青岛八成以上的轴承市场，还以青岛为基地向全国乃至全球市场挺进。聊城人在青岛做买卖的头条规矩是“不抢老乡买卖”。

商会　依照清政府颁布的《商会简明章程》，1910年青岛商务总会正式成立，标志着传统商帮过渡到现代商会。商会不分行业、不论地缘、自愿入会、会务公开、职能明晰，是城市各界商业人士共同参与的团体。青岛市商会成立后以商业调查为枢轴，扶翼同业。一些政府不好出头的事，商会也主动参与。商会还有协调产销关系、制定行业规范，提倡商业道德、监督商品质量，沟通官商联系、保证货源充足，调解商业纠纷、劳资关系等职能。解放前，商会参与组建青岛物品证券交易所和胶澳电气公司，成立至善堂、贫民习艺所。

改革开放后，青岛经济迅速发展，吸引全国各地的商人到此经营，众多的商人产生互相帮助的内在需求。这一时期较突出的是同乡会、联谊会、商会的成立。很多同乡会吸纳的成员不单是商人，还包括在政、学、军界，甚至打工族在内的同乡，有的同乡会每年聚会，编印通讯录，组织联谊活动，承担的职能越来越多。

商号　旧时青岛起店号很有讲究，需要使用吉利字，主要有“顺裕兴隆瑞永昌，元亨万利复丰祥。泰和茂盛同千德，谦吉公仁协鼎光。聚益中通全信义，久恒大美庆安康。新春正合生成广，润发洪源厚福长”。如青岛老店铺的名字就有“益和成”“德顺成”“复盛号”“谦祥益”“福兴永”“福兴祥”“华丰泰”“裕生福”“祥泰号”“宏仁堂”等。也有店铺取名不遵循以上规矩，如“陈家饭铺”“万国洗染店”“天真照相馆”“华厂西服店”“乐口福饭店”等。

改革开放后，商品经济发展，各类店铺如雨后春笋般涌现，店铺经营方式发生较大变化，命名采用新式方法。有些命名体现出城市特色，如青岛饭店、海滨超市、栈桥王子饭店等；有些命名主要体现出企业的追求和期望，如利群、百盛、利客来等；还有企业由外商直接投资兴建、管理，名称特色鲜明，如沃尔玛、佳世客、家乐福等等。很多较大店铺开始采用企业化现代管理方式，经营管理更加精细化、正规化，为顾客提供的服务越来越好。

街里　“街里”这个词，流行于清朝末年至20世纪80年代，主要指以青岛中山路为主，包括黄岛路、四方路、潍县路等几条相邻道路组成的购物休闲地域，在老青岛人心目中有市中心的地位，逛街里曾经是一种时髦，是几代青岛人美好生活的回忆。青岛童谣唱道：“一二一，上街里。买书包，买铅笔，到了学校考第一。”带孩子逛街里是大人对孩子的一种奖励。街里曾经是最能满足生活需求的地方，“身着谦祥益，脚蹬盛锡福，手戴亨得利，喝酒春和楼”正是老青岛人对街里需求和期待的生动写照。

集市与山会

集市　旧时青岛地区的集市大都五日或三日一集，相邻的集市有“逢五排十”之说。商贩在集上大多搭棚、摆地摊陈设商品。清末至民国期间，集市以自由交易为主。交易商品主要有粮食、海产品、手工制品、木材、禽蛋、蔬菜、水果等，依地理位置、交通、物产集散等情况形成不同的市场特点。在即墨，沿海集市如鳌山卫、王村、丰城、金口以海产品为名；山区集市如皋虞、窝洛子、温泉等以柴草、野味见长；灵山、普东、官庄、移风店、刘家庄等平原地区的集市以蔬菜、禽、畜、粮食为主；即墨城、蓝村等交通要道集市物资丰富，以手工业制品、工业产品为多。集市有大小之分，大集市各色货物齐全，

2005年的李村大集

有粮食、牲畜、鱼虾、盐、木料、杂货、蔬菜、水果等；小集市仅有鸡蛋、蔬菜等。

解放初期，一般集市设有粮食市、牲畜市、海产品市、木料市、竹席条货市、禽蛋市、蔬菜市等，自由议价进行交易。实行计划经济体制之后，集市贸易受到限制，甚至当作“资本主义尾巴”被取缔。青岛地区集市规模、交易品种等严重萎缩。改革开放后，集市交易率先恢复并日渐繁荣。在青岛市区，虽然大部分集市都被商场、商店、地摊、夜市和农贸市场等取代，但还有一些集市顽强地生存下来，如李村大集、辛安大集、武家庄大集等。

山会　青岛地区一般称庙会为“山会”。山会是一种综合性集会，可以祭祀神灵、看戏娱乐、探亲访友和进行商品交易等。山会会期长短不一，从一两天到数天不等。山会时商贩云集，于庙宇外空地上搭棚摆摊，出售商品，商品主要有镰刀、锄头等小五金农具，家具、坛罐、灯盏、铁锅等居家用品，香烛、纸钱、文疏等宗教用品，糖画、泥老虎、灯彩等民间工艺品，水果、海鲜等应时产品，糖球、臭豆腐、糕点等风味小吃，以及布匹衣物、针头线脑等，品种繁多。青岛山会除日用品之外，大宗货物一般具有突出的生产季节性和地方特色，如海云庵糖球会以买卖糖球的为多，清溪庵萝卜会以买卖潍县萝卜的为多，浮山果子庙会以买卖香油果子的为多。改革开放后，海云庵糖球会、清溪庵萝卜会等先后恢复，山会再一次融入青岛百姓的生活。

第三章　家族、礼仪民俗

青岛地区的家族在长期传承过程中，建立并沿袭群体内的互动关系以及开展群体活动时所形成的习俗惯制，家族称谓、家谱、祠堂等民俗符号构成青岛家族民俗的主要内容。家族成员的生老病死、婚姻礼仪等很多活动在家族内完成，无论是生育、庆寿民俗，还是婚姻、丧葬民俗，都形成具有青岛特色的习俗惯制。这些礼俗在形塑青岛人性格、完成个人社会化过程等方面发挥重要作用。

第一节　家 族

解放前，青岛地区数世同堂的大家族较多。改革开放后，家庭趋向小型化，多为一对夫妻或一对夫妻加子女构成，家族民俗在许多方面得到传承。

家族称谓

在青岛地区，家族内、亲戚间的称谓不尽相同。莱西称父亲为“爹”，称母亲为“妈”，称祖父为“爷爷”，称祖母为“奶奶”。崂山、即墨一带称父亲为“爹”，称母亲为“娘”，称祖父为“爷爷”，称祖母则为“妈妈（ma二声）”。胶州有地方称父亲为“大大”，大部分地区按排行叫“爹”，如“大爹”“二爹”“三爹”等。父亲兄弟的配偶叫“大娘”“二娘”或“大妈”“二妈”。平度称“大娘”“婶儿”“娘娘”。

祖父之父称“老爷爷”，祖父之母则称“老妈妈（ma二声）”或“老奶奶”。祖父之祖父母，则称“老老爷爷”“老老妈妈（ma二声）”或“老老奶奶”。

妻对夫的父母称“爹”“娘”或“妈”，对外人则称“公公”“婆婆”或“孩子他爷爷”“孩子他奶奶”；对夫之兄称“大伯”，弟称“小叔”；称夫之姐为“大姑”、妹为“小姑”；称夫之侄、侄女为“侄子”“侄女”或直呼其名。

公、婆称儿媳为“媳子”，直呼则根据儿媳的姓氏叫“某嫚”，如张嫚、王嫚。

家谱

青岛地区的宗族，一般均有记载家族世系的家谱。青岛地区有两种“家谱”：一种是图表式，可悬挂祭祀，称“家谱”“族影”；另一种装订成册，登记较详，称为“谱书”“家乘”。谱书纂修，有一定体例格式，一般有谱序、凡例、命名定式、世系表、坟茔方位图等。境内姓氏大都在立谱时确定以后的世序用字。世序用字一般挑选吉祥词，联成五言绝句，如崖头张姓，从十七世起用“锡福起华宗，从忠永寿同，存怀思继述，积庆效承明”。世序用字一旦确定，宗族之内男子起大名时必须按字排辈，世序俗称辈分。用某字做辈则称犯某字，同辈人则称某字辈。“破四旧”“文化大革命”期间，很多家谱被烧毁。

改革开放后，青岛农村百姓在家里供奉“族影”“家乘”的现象普遍。进入21世纪，搬入楼房居住的农村年轻人在家里很少挂“族影”，家谱的重要性日益突出。有些家族开始重新编修家谱、家乘，家谱成为认祖归宗和追根溯源的重要纽带和凭证。

祠堂

解放前，青岛很多家族建有祠堂，有些地方叫“影房”，祠堂有堂号，如广和堂、玉德堂等。祠堂的建筑规模大小有别，一般比民房要好。祠堂里面悬挂老辈宗谱，过年时摆供，族人去祭奠，烧香烧纸。祠堂也是族中子孙办理婚、丧、寿、诞以及族中议事之地。文化大革命的“破四旧”运动，大部分祠堂被毁，有的转作其他用途。改革开放后，少量祠堂得到恢复。

分家

解放前，青岛部分家庭中成员一起生活，父子两代、子孙三代或四世同堂，十几口人生活在一个院子里。分家较为普遍，分家后各个家庭各立门户“另过”，大家庭成员在过年过节或重要日子才聚在一起。

分家是家庭中大事，要找几位有权威的人见证，写一份分家单。分家的原则是父母健在由父母做主，并邀请亲戚族人参加；父母不在则遵其遗嘱，并请戚族尊长娘舅参加。分家时，要请来中间人，也称“见证人”，当面将土地、房屋、财产、赡养老人等事项在分家单上写清楚。新分各户和中间人都要在分家单上签字画押。分家单由父亲和儿子每人保管一份。闺女不分财产，但如若闺女没有出嫁，需给她留一份嫁妆，或由嫂子为其准备一份。青岛俗语称“爹送轻，娘送重，舅舅送去就没命”，显示舅舅在分家中处于较重要地位。改革开放后，乡村男子多婚后即分出单过，还出现赡养老人的女儿亦可分得家产的现象。

分家后，赡养老人有多种形式：有老人单独起灶，诸子分摊粮草和钱款，按月交给老人；有老人固定于一家吃饭，其他几个儿子按月按季拿粮、交款；有老人的口粮田交由一个儿子耕种，该子管老人吃粮，其他儿子只摊钱不摊粮；有老人轮流到几个儿子家里吃饭，俗称“轮饭吃”，

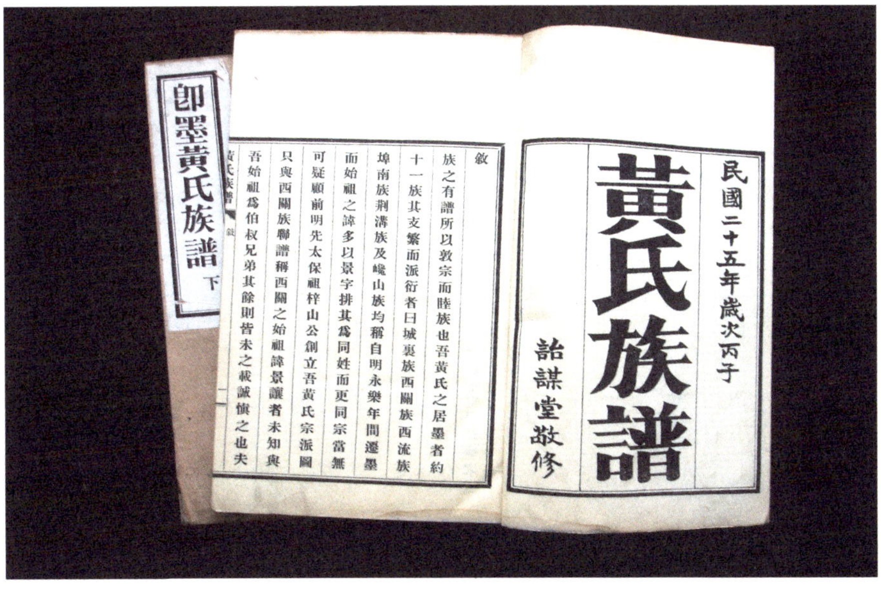

进入21世纪，许多家族开始重新编修家谱。图为重新印刷的《即墨黄氏族谱》

每家十日半月或数月，由兄弟间议定。改革开放后，城乡居民家庭的经济条件尤其是居住条件逐步改善，子女结婚后一般要分家单过。但分家不再举办仪式，具体事宜多由父母和子女商定。

第二节　生育和庆寿

诞生礼俗

报喜　孕妇平安分娩后，家里要办的第一件事是“挑红”，即在大门上挂一块红布，告知乡邻孩子已平安降生。莱西等地要在屋门上挂一桃枝，桃枝上用红线系着葱、枣和栗子，寓意孩子将来聪明，早日成家立业。“挑红”起报喜作用。婴儿出生的当天或第二、三天，女婿要亲自到丈母娘家报喜。胶州一带报喜的时间因生男生女而不同，生男是第三天，生女是第六天。报喜时带20个1斤重的馒头，娘家全部留下，再回送鸡蛋、小米和小孩尿布、衣被等。婴儿降生后，让其枕书本睡，预祝长大读书好学；让其穿毛边布衫，称“给送生娘娘戴孝”。

过三日　婴儿降生的第三天，要过“三日”，也有地区过“六日”。主要是宴请亲朋吃喜面、喝喜酒，还要向乡邻家送喜蛋，一般送6个或9个。新生儿洗澡，意在洗去婴儿前世的污垢，期望今生平安吉祥。给孩子命名也是“过三日”的一项内容，乳名多由祖父母或父母等长辈提前起好，在这天向亲友宣布。改革开放后，若婴儿为剖腹产出生，一般产妇出院后过“十二日”。

送汤米　亲朋好友及产妇娘家人在孩子出生后会前来祝贺，称“送汤米”，也叫“看喜”。通常邻居在看到“挑红”后就会给产妇“送汤米”，主要是鸡蛋、饼干、面粉、红糖等礼物。在孩子出生后第六、十二或十八天，产妇娘家人会去男方家“送汤米”，一般送猪蹄、鸡、卷子、褯子等。

改革开放后，“送汤米”习俗仍相沿不衰，但随着人民生活水平提高，亲友“送汤米”的花样越来越多，礼品越来越贵重、丰富，喜主设宴场面也越来越大。亲友“看喜”以钱代物者渐多，钱也从起初的数元到后来的数百元甚至上千元不等，有的人家还直接将庆贺的地点设在酒店。

满月　婴儿降生一个月要“过满月”，这天给婴儿理发，俗称“铰头”。铰头要在上午进行，请族中未婚姑娘在婴儿头上自下而上铰三圈，铰下的胎毛用一张面箩接住，再用红布包好，缝在婴儿枕头里。铰头时须有舅舅在场，如舅舅不在，则在小孩身旁放一个蒜臼（谐音“舅”），代替舅舅参加。下午，由舅舅搬回去住，叫“搬满月”。

过百岁　婴儿出生100天（也有99天）称“百岁”。亲戚朋友前往庆贺，礼物多为小儿衣服、鞋、帽或几尺花布。在胶州，这天上午要在一棵柳树下举行婴儿穿新衣仪式，柳树旁放一个量粮食的斗，斗前放一个盛新衣的筛子，由姑或姨给婴儿穿上新衣后，将婴儿抱到斗上摇几摇，依循“依着柳坐着斗，小孩活到九十九”的习俗。这天，外祖父家及亲友要带衣裤、帽子、鞋袜及长命锁等前来祝贺。俗有“姑姑的裤子姨姨的袄，舅母的花鞋满街跑；舅舅送把长命锁，姥爷的帽子戴到老”之说。平度、莱西还有“姑家的裤子姨家的袄，妗子家的花鞋穿到老”的俗谚。过百岁还要喝喜酒、吃喜面，亲朋好友欢聚一堂，祝贺孩子长命百岁。

改革开放后，参加“百岁宴”的亲朋好友多送现金，宴请也多改在酒店，并拍摄“百岁照”留念。很多家庭过百岁还要给婴儿戴“百家锁”（也叫“长命锁”）、穿“百家衣”。宴席上举行重要项目“抓周”，也叫“试周”，在一个大盘里放上书本、小算盘、刀剪、钱币等物品任婴儿随意抓取，以此来预测人生和未来。

认干亲　有时孩子出生后不是很健康，为了孩子好养，青岛很多地方还有认“干亲”的习俗。一般是在孩子出生后给其找一个外姓人家作干爹干娘，举行认亲仪式，形成比较固定的亲戚关系。改革开放后，认干亲的习俗依然存在，城市里的年轻父母也有的找自己好友给孩子当干亲，为孩子提供更加好的成长环境。

进入21世纪，老人庆寿越来越受重视。当日儿女多欢聚一堂，共同为老人庆寿

庆寿民俗

过生日　青岛人过生日，一般早晨喝面条，中午吃干饭，晚上吃饺子。生辰日忌喝黏粥，俗语有“喝了黏粥，一年糊涂”之说。解放后，人民生活水平提高，无论老人还是小孩子过生日，家人或亲友会聚在一起庆贺。改革开放后，到酒店庆祝生日，家人、亲友欢聚一堂，唱生日歌，品生日蛋糕，吃长寿面，成为很多人的选择。

祝寿　庆贺老人生日谓“祝寿”“上寿”，一般由儿孙辈置办礼品，阖家欢聚共餐。在青岛民间，五十岁以前称“过生日”，五十岁以后每十年为一大寿，到六十、七十、八十、九十岁以上的寿辰，为“庆寿日”。祝寿时的讲究一直较受人重视，如老人活到一百岁时，也只能说“九十九岁大寿”等。

解放后，子女备寿桃、寿面、寿酒，全家为老人过寿的现象渐多。改革开放后，城市和农村庆寿、过生日习俗都很盛行，父母到五十岁以上，子女们就开始用心操办其生日宴会。亲友送寿酒、蛋糕，子女设宴，举家欢聚一堂，共同为老人庆寿。

第三节　婚　姻

青岛人重视婚姻民俗，并发展出丰富的婚姻礼仪和习俗。青岛是较早与西方文明接触的城市，不知不觉间融入很多西方文化元素，婚姻礼俗中渗入较多西式风俗。

农村婚姻民俗

说媒　旧时说媒也叫“保媒”，媒人可以是亲友、熟人，也可以是媒婆，他们按照门当户对、年龄般配、家境相当等基本条件，往返男女双方家中游说。双方有意，则由男方向女家提亲。若双方满意，两家男女互换年庚帖子，请算命先生“合婚”，推算双方属相和生辰八字是“相生”还是“相克”，如不相克，才可商议结亲的事。解放后，越来越多的年轻人在工作、生活中建立感情并恋爱，结婚组建家庭。改革开放后，自由恋爱现象虽然越来越普遍，社会上也开始出现专门的婚姻介绍机构，并举办大规模的相亲活动。

相亲　相亲，也叫“相对象”，是由媒人约男女双方到第三者家中见面，彼此相中即可建立恋爱关系。经过多次交往，认为条件成熟，就安排女方到男方“验家”。验家时，男方要准备酒饭和礼钱，女方若满意就会答应留下吃饭，若叫“爹、妈”，男方父母要掏钱给女方，叫“见面礼”，这门亲事就算定下。改革开放后，“验家”习俗在农村还普遍存在，但在城镇中常以两家人在一起吃顿饭来确立婚事。

订婚　俗称“定亲”或“下媒柬”。旧时，订婚要换柬，由男方家准备柬帖两张，一张写明男方年龄和生辰八字，封面写上“敬求金诺”等求亲字样，用红漆匣装好送往女家。女方接柬后，照样填好另一张，写上“谨遵玉言”或“愿结秦晋”等允亲字样送还男家，表示同意结亲。双方确定联姻后，男方备好“定亲礼”馈赠女方，俗称“撒媒柬”，并准备“媒柬”，写明男女年庚、家长和媒人姓名，双方交换，作为联姻依据。

改革开放后，订婚的衣物、器具都追求高档。订婚的日子一般是由双方家长协商决定。订婚当天，男方要带的聘礼有订婚戒指等首饰、礼金、两条红腰带、两个红包袱、至少两套衣服、小六样等，女方家要给男方准备一双新鞋。礼金也叫订婚钱或彩礼钱，数额曾经为1001元、10001元，即千里挑一、万里挑一，后来水涨船高，礼金有越来越多的趋势。订婚后，双方夫妻关系正式确立。

送日子　旧时，男方根据女方命相，查定喜期，通知女方，俗称“送日子”，也叫“下婚书”。再备礼品馈赠女方，并附“迎婚帖”，上书新娘冠笄、坐帐、开面、梳妆、上下轿的面向与“嫁女客”所忌属相等事宜。双方各自通知亲友，亲友以钱、物为礼品相赠。男方称“看喜”，女方称“添箱”。改革开放后，在婚嫁礼仪上，婚期除讲究“黄道吉日”外，选五一、国庆、新年等节日的亦不少，农历的双日中的“六”“八”等仍受人们喜欢。

送嫁妆　婚期前一天，女方向男方家送嫁妆，俗称“过嫁妆”。嫁妆多是箱、柜、桌、椅、被褥等生活必备品，被褥则讲究“两铺两盖”或“四铺四盖”。

解放前，富家大户为摆阔气，雇用挑夫抬嫁妆，由男傧陪送，送嫁妆的队伍浩浩荡荡。贫寒人家则将女子常用的衣服、被褥等必需用品托人送到男方家，或由男方家派人来取。但无论嫁妆多少，一对“长命灯”必不可少。送走嫁妆后，女方家要请一个公婆、夫婿、儿女皆全的妇女给待嫁女儿“开脸”和“上头”。

改革开放后，青岛农村仍有“送嫁妆”“开脸”的习俗，但绾髻的已很少。崂山、即墨等地还有“铺房”习俗。由女方来送嫁妆的男傧和男方家人一起安床、铺床。床的四周放上栗子和枣，铺上被褥后再让一个小男孩在上面打几个滚，以求早生贵子。

农村婚礼上的祭拜天地仪式

娶亲　解放前，有钱人家雇两乘轿，一乘叫“官轿”，由新郎乘坐，新娘坐的叫“花轿”。新郎到女方家迎娶时要先拜家里祖先和父母，叫“谢亲”，随后由送亲客陪同吃面条和鸡蛋。新娘离家时两脚不能沾土，由兄弟抱着上轿。轿里放一个包有脸盆和镜子的包袱。

改革开放后，结婚当天新郎一早到婚庆公司装饰婚车，聘请摄影师、照相师，

21世纪后，一些年轻人选择举行特色婚礼，部分旧式婚俗得到恢复

新娘早早化妆、穿婚纱。上午吉时新郎赶至新娘家举行迎亲仪式，接上新娘后再回到新郎家继续进行仪式。迎亲队伍来到女方家，女方要包饺子，吃完饺子新人方可离开。过去在庭院里设置的香案前拜天地，住楼房就将香案设在楼下，案上摆放馒头、水果、酒、烧纸等贡品，由司仪主持仪式。午饭前赶至酒店举行结婚仪式和喜宴，下午新婚录像，晚上闹洞房。很多新人选择舞狮、拱门、婚庆表演、礼炮等增加喜庆氛围。婚车方面，红色喜庆、黑色庄重、白色典雅纯洁，选择这三种颜色的新人最多。较多人青睐大红色车队。婚车也有差色搭配，一般是头车不同，新人可以选择一款豪华款的婚车作为头车，红色或白色为多，红色象征红红火火，白色有白头偕老之意。青岛结婚选用婚车一般为四辆、六辆、八辆，都是双数，这个数量不包括前面的摄像车。

喜宴　婚礼当日男方要准备酒席招待客人。改革开放前，青岛农村多吃流水席，在自己家里办，流水席第一场要招待送亲的娘家人，席位在主堂屋内，其他人在客房或院子里。开席后先上菜，一般讲究八馃四肴，然后上十大碗，新郎父亲要致辞。菜上齐后，司仪要带领新郎新娘逐桌敬酒，亲戚要给新娘的婆婆认亲钱，次日婆婆再将钱给新娘。

改革开放后，喜宴一般在酒店举行。在主持人的安排下，婚礼仪式正式开始，新娘和新郎以及宾客可以相互敬酒。敬酒是婚宴上的重头戏，敬酒时，新人应先敬主桌，先敬女方父母和男方父母，再敬其他长辈，然后是次桌。一般从两家的长辈开始，之后是亲戚和父母的同事、朋友，最后是与新人同辈的朋友、同学、同事。敬酒时伴郎、伴娘要捧酒瓶或饮料随行，随时斟倒。若遇到需要代酒的情况，伴郎、伴娘也义不容辞。

闹洞房　闹洞房是婚礼中必不可少的过程，俗话说“新婚三日无大小”。所以不分大小辈分，亲友都可以闹新房捉弄新郎新娘，由于青岛乡俗认为不闹不喜、越闹越吉利，因此，闹洞房常常十分热闹。众多闹房者一般有人主持，他人附和，新郎新娘听从安排指挥，不得拒绝，更不能发脾气、冷场。传统的闹房节目大都很文明高雅，诸如新人握握手、唱支歌、喝交杯酒、说说对口词、点燃过桥烟、空中吃苹果等。进入21世纪，闹洞房节目内容越来越复杂，新人完成难度大，人们更注重的是闹洞房这种游戏本身带来的乐趣。

回门　在青岛一些地方，婚后第三天，新娘由新郎陪同回娘家，叫“回门”。胶州等地是婚后第二天新郎、新娘到女方家认亲，第三天返回男方家，第六天新娘父兄或弟侄到男方家探亲，第九天女方家接新娘回家，称为“叫二，还三，住九”，以后按正常亲戚走动。胶南、黄岛

拍婚纱照的习俗从90年代开始流行，从室内到室外，从相似到个性，带有鲜明的时代特征

等有不同风俗，在新婚第二天晚上，新娘要去本村与丈夫家关系较好的外姓人家中去住一晚，称为“叫三日”。接待新娘的这家人要事先洗好被褥，打扫干净屋子以示对新娘的重视及欢迎。新婚第三天是“看三日”，这天新娘的父母亲要去“叫三日”的人家中将女儿接回婆家，新娘穿和结婚当天一样的衣服，盖红盖头。新娘父母在接女儿之前要准备好鞋、袜、针、线、锥等，并用一个包袱将其包好，一同带到亲家，以备女儿日后使用。新婚第四天，新郎要带两包桃酥去岳父家“踩新路”。新娘父母要准备四个、六个或八个不等的饭菜。新娘的男性长辈如大爷、父亲、叔叔要陪新女婿一起吃饭。新婚第五天是“送五日”，新娘可以回娘家，在娘家住上几天，具体住的天数可以双方商量。此后新娘回婆家，和新家人一起开始新生活。

城市婚姻民俗

青岛的城市婚姻民俗较早加入西方和现代元素，如婚纱、婚纱照、汽车、教堂、国旗等在解放前就已经较为普遍。中西合璧式的婚礼凸显青岛城市婚姻民俗特色。据民国《增修胶志》记载，民国年间胶州城区的婚姻民俗为“婚娶时，新郎皆着便服，惟新妇仍珠冠蟒袍，装饰如旧。间有用文明结婚者，其仪节与旧制大异，仅士绅喜新者为之，惟官衔牌已改旧式，依仗亦概用国旗”。当时的文明结婚仪式大略如下：“奏乐；证婚人、主婚人和介绍人入席；男女傧相引新郎新娘在乐曲声中入席，内向立，行结婚礼，新郎新娘相向三鞠躬，交换饰物；证婚人读证书；新郎新娘和介绍人、证婚人、主婚人用印；证婚人读诵词；来宾代表和主婚人致祝词；新郎新娘以鞠躬的方式依次谢主婚人、证婚人、介绍人、来宾；新郎新娘在乐曲中退场；集体合影。”

改革开放后，青岛城区婚礼的程序一般是新郎出发前，家里准备6盘东西携带：苹果、橘子、花生、大枣、点心、烟（一般是两盘干果，水果、糖、点心等自由组合，烟不摆盘），用粉红纸垫在盘底。出发前，伴郎给新郎穿衣打领带，由母亲整理，新郎经父母许可后出发。出发后新郎家中马上在房内屋外主要地点贴喜字，喜字分镜喜、窗喜、床喜、路喜等，贴路喜要从路口往家里倒着贴，古力盖、消防栓等用粉红纸贴上，贴喜字规矩是“迎头见喜”，即新郎新娘一路上走来迎头的前方墙面

婚礼上正在吃宽心面的新婚夫妻

要贴喜字。新郎、伴郎携带红包、结婚证、手捧花、胸花等到达新娘家，新娘的伙伴会堵在门口要红包，叫“堵门”，要求新郎塞钱或解决难题。过关后开门，新娘背朝门坐在卧室的床上，要求新郎找新娘的新鞋，找到鞋后，新郎新娘一起坐在床上吃“滚蛋饺”，一般盛6个，吃4个留下2个，留个想头表示还回来。吃完水饺后，新郎新娘一起出来，新人拜见父母，给父母吃喜糖、敬茶。新娘出发前，准备好带走的东西：两个盆中放枣、花生、桂圆、栗子、红筷子、宽心面等六样物品，盆用红包袱包好。新娘离家时要有送亲的人，新娘的舅舅、哥哥等提两个包袱，不能倒手、不能放下，一直送上车。新娘出门不能回头，不到新郎家不能说话。接亲要安排双数车队，副驾驶上都要坐一个平辈的人押车，一般是新郎的弟兄。新人进门后，新郎先跟父母汇报，并介绍一下送亲的女方家人。新人拜见父母并敬茶，新郎家女长辈接包袱，要用与送包袱的人相反的手接，途中不能倒手。把栗子、枣、花生、桂圆、莲子等撒到床上和褥子底下，吃宽心面。家人合影过后前往酒店。以上是改革开放后青岛一般家庭娶亲当天的仪式，在一些细节、顺序上不同区（市）习俗各有不同。

2005年6月，在石老人观光园举行“海誓山盟”集体婚礼

新人家中仪式举行完之后到酒店设宴招待宾朋。按照青岛风俗，婚宴一般在中午举行，时间定在吉时（分秒为双数）。亲友送礼祝贺，送“喜钱”的居多，礼金从几十元至数百元乃至上千元不等。喜宴上有专门的司仪，整个仪式通常包括主持人介绍、主婚人致辞、证婚人宣读结婚书、双方单位领导讲话、新人父母上台致辞、新郎新娘致辞、新郎新娘交换戒指等环节。婚宴上第一道鱼时，新娘起身换第二套礼服并换妆。新人倒香槟、切蛋糕、点烛台、喝交杯酒等。上第二道鱼时，新人开始挨桌敬酒。酒店所有活动结束后，新娘再次换装，准备去拍外景。按照青岛习俗，晚宴是答谢帮忙的朋友，不像白天那么隆重，却更热闹。晚间闹洞房。改革开放后，青岛城区还出现一些其他的婚礼形式，如旅行结婚度蜜月，还有把婚事办得既勤俭节约又隆重热烈的集体婚礼。

第四节　丧 葬

青岛人的丧葬礼俗可以概括为“隆丧厚葬，香火永继”。隆丧厚葬是青岛丧葬礼俗的主流，丧葬过程中保持“事死如事生”原则，神主牌位和香火祭祀的设立，都是把死亡虚构成生命形式转换的一种文化景象。解放后，青岛地区丧礼虽受旧俗影响，但经社会主义改造后，一切从简办理。1976年，殡葬制度改革，推行火化，人们在火化后仍按旧的仪式将骨灰盒葬于公墓，墓前放置花圈、祭品。改革开放后，虽然人去世后火化已成习俗，但治丧旧俗逐渐恢复，“送盘缠”“烧七”“过周年”时，焚化冥宅、冥库、“金银山”“摇钱树”等纸扎品，报庙、送盘缠、入殓、出殡等习俗在很多农村重新出现。

城镇的丧葬风俗变化较少，一般在火化前举行遗体告别仪式，或举行追悼会，亲朋敬献花圈或花篮，遗体火化当天将骨灰盒安放在公墓。从1991年开始，青岛市在全国率先开展骨灰海葬活动，在每年的清明节和农历十月初一期间各组织一次。至2005年，全市已举行海葬活动50余次，抛撒骨灰3000多具。不做坟茔而把骨灰埋在树下的树葬方式也有市民使用。海葬和树葬因符合人生回归自然的规律，成为比较先进、理想的新型骨灰安置形式，为越来越多的人所接受。

治丧礼俗

准备后事　解放前，青岛的老人到60岁左右，殷实人家就开始着手准备棺材和寿衣。棺材常用楸木和柏木。寿衣材料以丝、棉为主，颜色有蓝色、紫色等，形式多为中式。寿衣上身是棉袄，下身棉裤，经济宽裕的可做长袍马褂，帽子有棉帽，也有瓜皮帽，脚穿浅口的布鞋和白袜子。80年代后，随着生活水平逐年提高，年至70而亡者已是少数，提前准备寿衣的习俗在农村较为多见。

初丧　人临终前，亲属要为之沐浴更衣，守候跟前，高声呼喊死者称谓，称作“叫魂”。人咽气后，移尸“停尸床”上。“停尸床”多用门板临时搭成，放在正屋明间，床头冲屋门。尸身上要盖一块白布，压五块生铁，头上盖一张黄表纸，口里衔一枚制钱，床下放一盏油灯。女性大多还要梳妆洁面，佩戴金银首饰。如果人在外死亡，尸身不准进家，在屋外搭一小棚停放。尸身停放妥当，要根据死者岁数用白纸剪出若干纸条扎成“招魂幡”悬挂大门前，“幡”也是报丧的一种形式，送葬时在坟前焚化。

报丧　人死后，丧家近亲晚辈到亲友家报告死讯，说明死因和死亡时间，或写“讣告”派人送出报丧。同时，在院内南墙或大门内照壁上“发丧榜”，用白纸写上死者生卒年月及寿限。丧榜写法很有讲究，男的榜文字数必为奇数，女为偶数，两边两行要比中间低两字。年龄上也有区别，不足60岁称“得年”，60岁以上称“享年”，70岁以上称“享寿”，80岁以上称“高寿”。改革开放后，通信技术发达，报丧多改用电话通知。

停灵　一般人停灵三天，有钱人家有停灵七天的，也有停五天的。实行火葬后，一般都是去世当天就火化，火化回来骨灰盒在家里停三天，三天后发丧。

孝服　青岛地区孝服是一件白大褂，头上扎麻绳，称为“披麻戴孝”，鞋全白。孝女和孝妇穿白衣白裤，头披白巾。近支的亲戚都穿白鞋，远支的鞋上挂白即可。即墨有些地方孙辈只戴一顶孝帽，女婿腰扎白孝带，孙女婿扎蓝孝带，如果去世的是一位老人，腰带只能系一个扣。改革开放后，丧事从简，城市一般不再穿孝服，改着素色衣服、戴黑袖章、佩白花。

报庙　死者去世后要到土地庙“送浆水”“送盘缠”。第二日傍晚，抬“纸草”到土地庙前焚烧。烧完“纸草”后，儿女晚辈向西南叩头，哭喊对死者的称谓。缛礼絮叨：“向西南走吧！上金桥、走明路，苦处施钱，甜处安身”等语，意谓给死去的人指路，让其灵魂回归故乡。

吊唁　青岛民间称吊唁为“吊孝”。死者入殓后，停灵家中，丧家亲属在家中设灵堂，富有人家则搭设灵棚。亲友吊孝时，孝子跪在棺材前面，孝女和孝妇跪在棺材后面，中间用一帘子隔开。一见有人来，孝子孝女都哭着磕头，送亲友走的时候，也哭着磕头。吊唁人一般携带礼品，过去是烧纸、花圈，改革开放后多为送钱，丧家登记。

待席　“待席”是青岛地区特有的词汇，指设宴席招待来吊孝的客人。待席分两种：一种是专为女客设的席，只吃饭，不喝酒，6～8个菜，一桌8人，叫“待饭席”；一种是为男人设的不仅吃饭还要喝酒的席，8～12个菜，一桌也是8人，叫“待酒席”。改革开放后，很多丧主家会到饭店招待客人，“待席”风俗有淡化趋势。

执事　执事者有些地方也叫“司事客”，是村里一些能办事、懂礼俗、有威信的人。执事具体负责筹划灵堂设置，邀请吹鼓手、厨师，报丧、丧服制作等事宜；丧主邀请他们前来执事，决定丧事的规模以及各个程序的分工安排。执事者的职责从死者咽气接受丧主邀请开始，一直到死者下葬，甚至到死者“五七”、周年之后，才算完成。改革开放后，丧事基本都由村里成立的红白理事会帮助完成。

下葬礼俗

出殡　出殡也叫发丧，是丧礼中最隆重的礼俗，一般在死者去世第三日下午进行。出殡的程序一般为：闹丧，吹鼓手清晨来到丧家门前吹奏哀乐；背棺，鼓乐声中，十几名背棺人走进灵堂，分前后、两侧将灵柩背出，放在彩架上，围上棺罩；发引，由8人（多者32人）将灵柩缓缓抬起；摔老盆，灵柩离地时，由长子将一个瓦盆摔碎。随后，送葬队伍向村外走，队伍最前面是一个纸扎的面目狰狞的“开路神”，也叫“打鬼神”，用以驱赶沿路鬼魂，后跟铭旌、挽联、纸活、孝子和灵柩。在出殡的沿途，有死者生前好友摆设的“路祭”。逢路祭时，灵柩要停下，亲友祭拜，孝子答谢。路祭以后，妇女返回，其他人伴灵柩去墓地。出殡回来之后，在门口把逝者枕头里面的糠、豆子等倒出来点着，在上面放一铜盆，盆里放上水，逝者有几个儿女就放几个铜钱或硬币，儿女回来每人拿一个钱。

改革开放后，许多农村地区的出殡习俗得以恢复，葬礼时会请吹鼓班子，出殡路上走二三十米停灵一次，孝子们跪叩如仪。在一些城中村和郊区，由于公墓离家比较远，送葬队伍多由车队组成。

下葬　出殡队伍到墓地后，灵柩撤去棺罩或取出骨灰盒，连同陪葬品一并放入墓穴内，陪葬品多为纸扎或泥塑的车马器皿。莱西等地放和死者岁数相等数量的小枣饽饽。随后铲土掩埋，筑起坟堆。平度等地有下葬时要子女先入坟坑中点“长明灯”的习俗。

改革开放后，城区百姓将骨灰放入陵园，也有人讲究风水和排场，由于资源紧缺，城区墓地价格一路飙升。农村百姓也将骨灰放入政府专门兴建的公墓或“骨灰堂”里去。逢年过节和忌日，家人直接到公墓或骨灰堂去缅怀、祭奠，开始出现鲜花祭奠等形式。但也有人将已经火葬的骨灰再装入棺材埋葬，并且大操大办丧事。

圆坟　葬后第二天或第三天，子女为死者“圆坟”。丧者亲属带高粱、谷子等种子来到坟地，将种子与土搅拌后，绕坟正、反方向各转3圈，边撒种子边念叨：“一撒金，二撒银，三撒骡马成了群，光要做官为官的，不要喝酒赌钱的”，然后，烧香祭拜。至此，丧俗礼仪基本结束。

服丧礼俗

烧七　从丧者死亡第一天起，每七天子女上坟祭扫一次，叫“烧七”，共七次，少数地方烧十次。“五七”为大祭，亲友参加。百日祭扫称“烧百日”。每年于死者去世之日祭扫，称“烧周年”，至烧完三周年为止，到第九年再上一次，谓之“十年周年九年上”。改革开放后，纸扎祭品花样翻新，增加小汽车、电视机、手机、电脑以及高楼洋房等。

守孝　守孝是死者儿女们在死者下葬后恪守的孝道。旧时要求守孝三年，期间禁忌嫁娶，不走亲访友，不搞娱乐活动。解放后，守孝到“五七”后可以将孝服脱掉，外出拜友。但是当年春节，不能去别人家拜年。老人去世三年内，过年不贴春联，不放鞭炮。

生活在城市中的居民去世后，亲属先将尸体送到殡仪馆，修面整容，设灵堂，通知亲朋好友前来举行遗体告别仪式，召开追悼会等，然后进行火化，再将骨灰安葬。“烧七”“烧周年”等祭拜仪式与农村基本相同，一些禁忌如百日内戴黑纱守孝、不能穿红挂绿、当年春节不出门拜年等习俗仍被遵守。

第四章　岁时节日民俗

青岛地区的岁时节日民俗集中体现青岛人的精神风貌和文化创造。近代，青岛岁时节日民俗既表现出传承，也出现较多变异，主要表现在一些传统节日里加入新的民俗内容和文化解释，传统节会以全新的形式实现文化的再生产，更多融进时代风貌和地域特色，一些节会已成为青岛的民俗文化符号和发展地方经济的重要载体。

第一节　传统节日

青岛的传统节日和全国其他地方大致相同，在规定的日子里完成一定的节日礼仪，但节日期间的习俗却表现出较为鲜明的地方特色。

春节

青岛人也叫“过年”“大年”“阴历年”。从辞灶开始，男人们忙着置办年货，打扫室内外卫生；女人们忙着蒸馒头，做年糕，磨豆腐。家家“扫灰”“扫尘”，粉刷墙壁，洗澡理发，买新衣，做馒头，蒸豆包，做豆腐，蒸年糕，蒸米面，割肉买鱼，购置新碗筷。

腊月三十，家家贴春联、粘过门钱、糊新窗纸、贴窗屏、挂年画，尤其要贴“福”字。沿海渔民到船上贴春联。午饭后，堂屋挂家谱，摆香案、烛台和供品。崂山、胶州、胶南等地男人们下午提灯笼、端供品，到祖茔请先辈亡灵回家过年，然后在大门外放鞭炮，点香烧纸“接灶”“请神”。除夕晚上通宵不眠，称“守岁”，晚辈给长辈磕头拜年，长辈受拜后向晚辈赏钱，称“守岁钱”“压腰钱”或“压岁钱”。初一凌晨起，同宗邻里互相登门拜祝，先近族，后邻居，互相“拜年”。早饭后，妇女结伴探望长者，看新媳妇。此日不泼水、扫地。初二，走姑家、姨家拜年，傍晚吃饺子，供祖先，焚烧天地牌位，撤去谷草及拦门棍，拿着香纸到宗庙或大路口焚烧，放鞭炮送祖宗回归，谓之“送神”“送年”。初三、初五到岳父家拜年，其他日子亲友互访，直到正月十五。莱西等地有“初三老娘初四老姑，初五初六看丈母”之说。

改革开放后，春节前鞭炮可以方便地买到，并出现花样繁多的烟花。市场上开始出现印制的春联，内容以歌颂改革开放、党的政策和美好生活为主。大年三十晚上看“春节联欢晚会”成为许多家庭必备的过年项目，春节期间外出旅游也渐成风尚。团圆年饭种类丰盛，越来越多的人家到酒店吃年夜饭。进入21世纪，电话拜年、短信拜年、网上拜年等新的拜年形式被很多人采用。城区百姓年初一去庙会、旅游景点等场所看广场演出，也有人到图书馆、博物馆等场所学习“充电”。春节依然是全民狂欢的文化节日。

2005年春节期间，琳琅满目的商品市场

元宵节

正月十五元宵节，青

岛人也叫“灯节”“上元节”。农村有些家庭用面做鸡、狗、龙、猪等象征12个月或12生肖的灯，注入食油或插蜡烛，不做面灯则代以小蜡烛。傍晚，先到族茔送灯，一坟一盏。回家后，将面灯点燃，照射各处，灯光所及，预兆洁净。晚上吃过元宵或饺子以后，家家户户焚香烧纸，放鞭炮、焰火。即墨、平度等地在正月十五还以“灯花卜”形式占卜来年庄稼的收成。村社还组织高跷、龙灯等民间社火表演。元宵节的节日食品多为用面粉做的“神虫”“升鸡”或水饺，也有人家食用元宵。

清明节前后，被誉为“江北第一茶”崂山绿茶开始上市。图为市民在茶园采摘新茶

改革开放后，现滚现卖的“元宵”成为市区多数人家首选的节日食品。各县市举办元宵灯会，很多区（市）和街道组织表演队伍白天举行文艺演出，沿街舞龙灯、跑旱船、踩高跷、扭秧歌，晚上燃放礼炮、烟花来庆祝，有些地区还举办“赏灯”“猜灯谜”等活动。

二月二

农历二月初二，青岛也叫“龙抬头”“春龙节”“青龙节”。有童谣道出二月二的习俗：“二月二，炒棋子，大人孩子一席子；二月二，炒豆子，老婆孩子一溜子。白面棋子两头尖，包顿馉馇敬老天；炒豆子圆溜溜，今年‘抓入’好年头；爬囤子，爬高楼，老婆孩子热炕头……”

旧有为避免刺伤龙眼，此日不准动针的习俗。早晨太阳未出前，用草木灰在庭院里、大门口、场院中打灰囤、画囤梯，中间放上五谷杂粮，预兆当年粮食满仓。在屋周围也撒一圈草木灰，祈祷房屋不遭风险，防止毒虫进家。农民早晨喝面条，放鞭炮，焚香烧纸。饭后各家妇女炒糖豆、炒面棋，相传吃了不牙疼。“面棋”也叫“棋子”，解放前多用地瓜干面加糖水和面做成，切成菱形，大的如巴掌，小的似麦粒。孩子们分食糖豆。胶州有吃“银鱼”的习俗，寓意为“年年有余”。

改革开放后，在有些农村地区，打灰囤、犁新土等习俗又有出现，单饼、油条、糖豆、棋子、煎饼等仍是节日食品。由于正月里不动剪，二月二当天理发“剃龙头”成为普遍的民俗习惯。

清明节

青岛人也称“冷节”“禁烟节”。四方区流传的民谚“打一千，骂一万，清明吃顿好饱饭，骡子、马闲一天；媳妇过晌放半天，下午就去打秋千”道出青岛清明节习俗的主要内容，有踏青、扫墓、插柳、放风筝、荡秋千、坐寒食等。

清明节有扫墓的习俗。扫墓俗称“上坟”，节前两天，人们开始祭扫祖坟，节日当天哭祭新坟。也有人家会修整坟墓，大多数是象征性地给坟头添添土，在上面压些纸钱。解放前，人们祭祀完毕进行野餐，将上供的食品吃掉，叫作“吃福根”。

清明节过去是妇女们最快乐的日子。年轻的姑娘、媳妇们，穿着节日盛装，头插柳条或松枝，外出踏青游玩、打秋千。新婚媳妇要打扮得像结婚时一样漂亮，在家“坐寒食”，邻居本家妇女则争相来看新媳妇。新媳妇家门前一般都有秋千，看完媳妇就出来打秋千，所以莱西、即墨一代都有“闺女的清明小厮（男孩子）的年”的俗语。清明节早饭吃鸡蛋、大葱。青岛妇女一般做一些形态各异的面燕，有单头、双头、平翅、别翅等，并将面燕赠送亲友，人们还以此评价妇女的巧拙。

解放后，清明节主要是祭扫烈士墓，植树造林。改革开放后，逐渐恢复为亲人扫墓的习俗。清明节男人带香纸、供品到祖茔上坟，并给祖坟添新土、挂纸钱。市区百姓到殡仪馆和各大公墓祭奠亲人，祭扫时往往带烧纸、冥币甚至还有纸人纸马，单纯只用鲜花祭奠的还占少数。

端午节

农历五月初五端午节，青岛也叫“端阳节”“五月节”。节日食品主要是粽子。即墨有“吃了端午粽，就把棉袄扔”的民谚。解放前，青岛普通人家的粽子多用芦叶包着黏黄米蒸煮。此外，还有端午吃鸡蛋的风俗。有些村庄五月端午新麦上场时，儿媳妇给公婆送第一锅饽饽。

端午节清晨，男女老少都到野外采艾叶上露水，用来擦脸、擦眼，以求清爽明目。有些人还把露水沾湿的手巾带回家，给不能出门的老人擦脸、擦胳臂和脖子。到田野“拉露水”时，人们会拔一些艾蒿带回，插在大门和屋门两旁，用来避邪。还有人采集榆、柳、桑、槐、曲五种树头晒干，给新生的小孩洗浴或留作日后治风湿之用。

端午节时，妇女、小孩为避瘟疫都佩戴香袋。小孩在五月初一早晨太阳没出来前，在手脖、脚脖上拴五彩线，据说可以驱“五毒”。等端午节后下第一场雨时，扯断彩线扔到雨水里，取意为变成小蛇游走。有的地区还有扎笤帚、戴胖孩的习俗。用五颜六色的苘麻扎成长约三四厘米的小笤帚、小炊帚，或用各色花布做成形态不同的胖娃娃给孩子们佩戴，用以祈福消灾。即墨、崂山等地的妇女在端午节清晨外出采野茶，回家后带露水上锅蒸熟，然后晒干，以备盛夏泡水饮用。

解放后，端午节“拉露水”、佩香囊等习俗逐渐消失。改革开放后，清晨外出采艾蒿插在自家房门和给孩子拴五彩线的习俗兴盛起来。吃粽子的习俗一直保持，粽子种类日益繁多，许多价格昂贵的粽子成为送礼的抢手货，吃粽子已不限于端午节，平时人们也常食用。

吃粽子是端午节主要习俗。图为在劈柴院举行的包粽子比赛

半年

青岛地区在六月初一过半年。“半年”俗称“小年”，此时，夏收已经结束，农家要尝新麦、蒸饽饽、走亲戚。过半年的节日食品是“馉馇”（饺子），人们吃用新麦做的白面馉馇庆贺上半年的丰收，预示下半年更大的丰收。崂山有“新面饽饽敬哥哥”的习

俗，即麦子登场后妹妹要做饽饽给哥哥尝新。旧时胶州农村在这一天不下地干活，长工放工一天，叫“挂锄”。平度地区在这天中午要拿新麦馒头上坟祭祖。

六月六

农历六月六日为晒衣节，人们在这天晾晒衣服、书籍，据说这天晒过的衣物不招虫子。莱西地区有采集椿树之花（俗称咕咕）挂于门庭之上，或在儿童脖子上挂咕咕花环以避蚊蝇的风俗。平度地区中午吃包子。李沧地区吃炒面，意为消暑，增长肌肉，有谚语“六月六，看谷秀，吃了炒面好长肉”。即墨流传这天为海蜇生日，认为天下一个雨星，海中就生一个海蜇。即墨、崂山一带还有新媳妇歇伏的习俗，即新媳妇可以回娘家住一个月。

立秋

立秋是农家重视的大节气。青岛地区有“立秋开头坐一坐，来年春天挨顿饿”的俗谚，提醒人们要加紧农事活动，夺取粮棉丰收。青岛地区立秋喜下雨，俗语说：“立秋，哪里下雨哪里收。”莱西农谚则说：“入伏下雨伏里旱，立秋下雨好吃饭。”人们还将立秋日的时分和气候联系起来，“朝立秋，凉飕飕；夜立秋，热到头。”这天，人们要吃面条、饺子、包子，有“立秋的饺子入伏面，吃了夏天不出汗”的说法。莱西要吃一种用豆沫和青菜做成的叫作“渣”的小豆腐，有“吃了立秋的渣，大人小孩不呕也不拉”之说。莱西、即墨等地这天忌到河里洗澡，说立秋洗澡，身上要长秋狗子，即痱子一类的皮肤病。

七夕节

农历七月初七，青岛地区亦称“七夕”“乞巧节”“女儿节”“雨节”，是姑娘们最为重视的节日。青岛有“七夕拜七姐神”之俗，即“乞巧”。未成年女孩在这天祭祀织女，祈求有一双巧手。歌谣有“我请姐姐吃甜瓜，姐姐教给我纺棉花；我请姐姐吃大枣，姐姐教我做花袄……”。磕“巧果”是青岛地区最具代表性的习俗，“巧果”又称“乞巧果子”“巧饽饽”“焨花”，是七夕节的应节食品，用白面做成鸡、鸭、猫、狗等各种形状，将多个巧果穿成串，戴在小孩子的脖颈、手腕上，或挑在高粱秆上，据说可以辟邪，吃了巧果，孩子心灵手巧。大的巧果要放在锅里蒸，蒸好后用来供奉牛郎织女，以祈求生活甜蜜幸福。城阳地区这天吃叫“窳花”的花样奇巧的小面饼，青年妇女各拿精工针线凑一起过“七巧会”。崂山、李沧此日也吃“焨花”。晚上人们在院子里遥望天河，预测秋季作物收成如何。农谚说：“天河弯弯吃干饭，天河直溜吃气馏。”改革开放后，磕“巧果”的习俗在很多地方流传下来。进入21世纪，人们更重视七夕节的爱情内涵，有些新人特意选择在这天登记，也有人在这天为情侣选购礼物。

财神节

农历七月二十二是青岛民间的财神节。这一天，所有经商的、炒股的、买外汇的甚至普通百姓大都会选个吉时放几挂爆竹，预示日子红红火火。改革开放后，财神节越来越隆重，逐渐成为城乡百姓普遍庆祝的节日。这天，青岛人要专祭财神。祭祀时，红烛高烧，鞭炮齐鸣，用面做成元宝、圣虫，或用钱做成钱龙。水饺叫“元宝”，寓意招财进宝。一般中午就能听到噼里啪啦的鞭炮声，晚上更是鞭炮齐鸣，礼花齐放。财神节讲究吃“菜”，取其谐音“财”，寓意财源广进。

中秋节

农历八月十五中秋节，青岛地区也叫“团圆节”“八月半”“八月节”。解放前，青岛市区过中秋节流行孩童圆月儿、唱月儿、女子比月儿等民俗活动，青岛开埠后此俗随潍县人闯青岛带入并流行。青岛地区还有望月预知天气的习俗，民谚有“八月十五云遮月，正月十五雪打灯”的说法。在这一天人们置办酒菜，全家欢聚。晚饭后，摆上月饼、西瓜、水果等，共同赏月。在节前节后走亲访友也带上几斤月饼。

解放后，人们对中秋节越来越重视，把月饼视为团圆丰收的象征。月饼的制作也越来越讲究。中秋节是丰收团圆的节日，青岛农民也把自家特产作为节日食品，如在黄岛柳花泊，中秋节各家各户要吃芋头，如果本家芋头产量高还会分发给邻居亲友。改革开放后，吃团圆饭、赏月的习俗延续下来，中秋节成为除春节外的第二大节日，越来越多的城镇居民除送月饼外，还互相赠送烟、酒、螃蟹等各种礼品。

重阳节

农历九月初九重阳节，青岛地区有登高的民俗。旧时，重阳节次日子女要为老人送长寿衣，为60岁以上老人做寿桃、设长寿宴、吃长寿面。1988年，重阳节定为“老人节”后，不少单位在这天组织老人外出游玩观光，子女也回家团聚，为老人过节。

十月一

农历十月初一是寒衣节，是民间祭祀祖先、秋季扫墓的日子，因而又有“秋祭日”“祭祖节”的叫法。青岛地区有吃大馉馇、小馉馇等风俗。旧时，妇女们在这天缝制寒衣，送给远方的亲人。若亲人已去世，就用纸做成寒衣然后烧掉，因而又叫“寒衣节”。即墨在寒衣节前一天，全家要到祖坟添土，叫“上大坟”。改革开放后多改为一家一户携带少量供品“上小坟”。

过去寒衣节又叫“散工节”。即墨、崂山、平度、胶州、胶南、莱西都有“十月一净坡”和“十月一坡了（净）场光”的俗谚。从这天开始全年农事结束。

冬至

冬至俗称“交九”。人们以中午门前日影为测标，说“过了冬，一天长一葱”。民间还以冬至日期预测冬季的寒暖，有“冬在头（月初），冻死牛；冬在中（月中），暖烘烘；冬在尾（月末），冻死鬼”的俗谚。从这天开始便“进九”了，人们要“数九”，九数完了，冬天便结束了。青岛习俗为冬至这天包饺子、吃饺子，延续至今。城阳、崂山、即墨一带冬至过两天，第一天叫“鬼冬”，吃小馉馇；冬至日叫“人冬”，吃大馉馇。

腊八节

农历十二月初八，青岛俗称“腊八节”“过腊八”。这天喝腊八粥，有“吃了腊八粥，就把年来数”的说法，预示年节已近，应该着手准备。即墨做腊八粥除各种米类、豆类凑足八样外，还加上枣和栗子，寓意“早下力气”，求得来年丰收。莱西、即墨等地忌讳妇女在娘家过腊八，腊八前妇女要回到婆家直到大年初三。过去，学塾在这天孩子放假，所以就有俗谚“吃了腊八枣，背起书包往家跑”和“吃了腊八，不怕啦”，指不用再挨私塾先生的板子。莱西等地区还有酿“腊八醋”、制作“腊八蒜”的习俗。改革开放后，青岛地区做“腊八粥”、吃“腊八蒜”的习俗得以延

小年在胶东地区又称为“辞灶”，其后人们开始忙年

续，只是做“腊八粥”的米类、豆类不再由各家筹备，而是直接到商场超市购买由商家配齐的原料。“腊八蒜”也无需自行研制，很多人直接到商场超市购买制成品。

小年

农历腊月二十三是小年，青岛地区又叫辞灶。民间有送“灶君”上天的习俗。一般于日落至天黑时辞灶，在锅灶上方张贴“灶码”以代“灶王”，在锅台上摆上糖瓜、水果等供奉灶神。当天晚上还要吃饺子，饺子煮出来以后要焚纸烧香放鞭炮，并把旧的灶神像揭下来烧掉，换上新的灶神像，寓意是送灶神上天。崂山地区祭灶时还要供上碗面汤，俗话说：“灶王爷本姓张，一年一顿杂面汤。”跟“拜月”相反，祭灶是男人的事，民间有“男不拜月，女不祭灶”的说法。旧时，“辞灶”对于欠债的人是一个重要关口，胶州有民谣“送信的腊八，要命的糖瓜，救命的饽饽”。腊月初八债主送信给欠债人要钱，腊八催债，一旦躲过大年三十，当年债务一笔勾销。辞灶过后，忙年节奏越来越快，城乡集贸物品交易活跃，有“扫尘二十三，辞灶在眼前，二十六蒸干粮，东邻右舍把年办”等民谣。改革开放后，人们生活水平逐步提高，辞灶的诸多风俗又开始盛行。

第二节　传统节会

青岛地区的人们除和全国各地百姓一样顺应时序，过传统的岁时节日外，还发展出许多依托庙宇的传统节会。市内主要有天后宫庙会、海云庵糖球会、清溪庵萝卜会、周戈庄上网节等。青岛各区（市）也有很多特色节会，如即墨有东京山庙会、金口天后宫庙会，胶州有艾山庙会、玉皇庙会等，崂山有华严寺庙会、沙子口庙会，平度有东关山会、万家玉皇庙会等，莱西有莱西山会，黄岛有龙泉庙会，胶南有黄山李老爷庙会等。

青岛天后宫庙会

青岛天后宫原名天妃宫，俗称青岛大庙，位于青岛太平路19号，是青岛市内最早的古建筑之一，供奉海神娘娘，正月初一为庙会。据青岛村胡存约残存《海云堂随记》记载：“年除日、正月十五、三月十五，口上商家循例至天后庙上香，叩拜财神、天后、观音、吕祖诸神佛。此时，庙中香火最盛，四乡村镇民妇人等，来者亦多”。天后宫则设台“耍景，或一台，间或两台，多时亦常设于总镇衙门南侧”。“每届新正，口上商民人等群集天后宫，焚香祝祷，年复一年，代代如此，已成积俗。自元旦至元宵，日日人群络绎，杂耍、小场、大书、兆姑（茂腔）、梆柳（柳腔）、秧歌，江湖把式无所不有……商家最重初五日，晨起拜财神，燃放鞭炮，谓之‘满堂红’，饮酒煮饺子，盛于盆，称‘聚宝盆’。焚香拜财神，并于店铺门首悬挂红彩，以志‘红财盈门’。”太平路自中山路口至常州路口两侧为会场，北侧是摊贩，作为新春庙会，主要售卖玩具、吃食，如空竹、万花筒、面具、木制刀枪、布泥娃娃、绢花、“卜卜噔”（一种玻璃

2005年，青岛天后宫庙会开幕式现场

制的玩具）等；江苏路口、常州路口一带为鞭炮、“滴答金”以及香、烛集市；近海边一侧有套圈、打棋谱、气枪射气球、拉洋片等，也有吹糖人、捏江米人的民间艺人；太平路小学操场为戏曲、曲艺演出地。解放后，庙会渐渐衰落。

1996年，青岛市政府对天后宫进行全面修复，作为青岛市民俗博物馆，于1998年正式对外开放。为传承具有青岛特色的民俗文化，深度挖掘天后宫的文化底蕴，自2000年春节开始恢复举办有500多年历史的天后宫新正民俗庙会。自此，每年庙会于除夕夜敲响的第一声钟声开始，历时一个月。举办新年撞钟仪式、民俗风情摄影大赛、“迎新春”对联、灯谜大赛、“百姓乐”民间艺术杂耍表演赛、“童年的回忆”民间游戏竞技表演赛、“祭海”民俗表演、民间剪纸大赛、民俗文化藏品交流鉴赏大集、“亮出你的绝活来”民间艺人绝活展示、文艺演出等丰富多彩的民俗文化活动，为青岛春节增添一项历史悠久、乡土气息浓郁的文化活动，“天后宫新正民俗文化庙会”成为春节期间青岛老市区最吸引人的庙会之一。

清溪庵萝卜会

清溪庵萝卜会，曾叫作玉皇庙庙会。玉皇庙，又名下村庙，俗称台东大庙，位于台东镇杨家村，始建于元朝，因正殿供奉着玉皇大帝，故名玉皇庙。正月初九是玉皇大帝诞辰之日，定为玉皇庙庙会，会期三天。因清溪河流经玉皇庙，1934年玉皇庙改名清溪庵。每年正月初九，人们都云集清溪庵，祈福求安。庙会时值“立春”前后，因民间有吃萝卜“咬春”之说，所以庙会上卖青、红瓤萝卜的特别多，萝卜成为庙会的主要商品，久而久之，就有“清溪庵萝卜会”之名，又因庵在台东镇，故又称为“台东萝卜会”。庙会期间，庙内“搭台唱戏”吸引众多居士和善男信女虔诚焚香、烧纸磕头，求神灵庇护保佑，香火不断。庙外集市上萝卜是主角，还有山货、干海货、土产杂货、瓜果梨枣、花鸟鱼虫、小商品、民间工艺品等，游客如织，人头攒动，摩肩接踵。

1952年，在“破除封建迷信”运动中神像被捣毁，清溪庵变成台东半导体零件厂的厂房。1965年，拆除清溪庵前院前殿，新建三层楼为台东文化馆。1991年正月初九至十一，由台东区政府组织，在南山市场举办第一届“萝卜会”。1992年正月十五，市北区政府在大庙山举办第一届“元宵山会”。1995年，“萝卜会”与“元宵山会”两会合一，萝卜会由原来的3天改为7天，每年正月初九至正月十五举办，并正式定名为“青岛（市北）萝卜会·元宵山会”。随着南山市场退路进室和周边改造，萝卜会的两个牌坊也相继拆除，萝卜会与元宵山会寻址在昌乐路举行。

2004年，青岛清溪庵萝卜会上的萝卜雕刻艺术

进入21世纪后，萝卜会·元宵山会因其丰富多彩的各类文化活动和商贸活动，成为青岛市春节期间规

模大、颇具影响的一项民俗文化活动。

海云庵糖球会

海云庵兴建于1467年（明成化三年），距今已有五百多年历史。当时，海云庵一带只有东四方村、西四方村、小村庄和湖岛村，人们以下海捕鱼和耕种农田为生，建庙是为祈求神灵，保佑平安与丰收。海云庵初建时，北庙屋三间为正殿，称“大士庵”，供奉观世音菩萨铜像；南庙屋两间，称“关帝庙”，供奉关羽、周仓、关平神像。海云庵建成后，每年正月十六第一个大潮日，远近渔民出海之前都要到海云庵来祭拜，以求出海顺利，获得丰收。由于庙会上卖糖球的商贩较多，而且制作技术精湛，花色品种丰富，遂以糖球而名扬四方，民众也逐渐将庙会称为“糖球会”。庙会期间，庵前的海云街摊位云集、百货杂陈、表演不断，与会者扶老携幼、络绎于途。1924年，海云庵“以世远年湮，墙垣倾圮，金碧无辉，地当通衢，殊不雅观”而败落。1926年，“有浙绍善士王涨诚先生倡率本街发起人等于各方各界募捐修葺”，翻修后的海云庵焕然一新。解放后，海云庵渐渐衰落。

2005年的青岛海云庵糖球会

1990年，四方区政府正式成立“糖球会办公室”，开始筹备恢复传统的庙会活动，并正式命名为“青岛海云庵糖球会”。每年正月十六开始，举办规模盛大的“青岛海云庵糖球会”。届时海云庵广场以及周边街道人头攒动，茂腔、柳腔、皮影、杂耍、剪纸、年画、秧歌大赛、锣鼓大赛等民间艺术活动丰富多彩；山楂、软枣、山药豆、橘子瓣等品种不同、造型各异的糖球令人垂涎；各类手工艺品、风味小吃又让人应接不暇，吸引着周边的群众前来赶会。海云庵糖球会在青岛地区乃至胶东半岛渐已成为人们心目中民俗文化活动的代名词，并以其浓厚的民俗底蕴和特有的民俗文化，每年吸引游客上百万人次，成为岛城春节期间一道不可或缺的民俗文化“盛宴”。2005年，海云庵糖球会获“中国十大民俗节会”称号。

周戈庄上网节

起源于即墨市田横镇周戈庄传统的祭海仪式，也叫“上网节”。自明代起，周戈庄一带的渔民每年三月谷雨出海打鱼之前，都要举行祭海仪式，这一风俗世代传承下来。周戈庄祭海原无固定日期，多采取查黄历的方式，结合潮水，选择谷雨前后一个吉日举行。由于各渔家出海前的准备工作进度不一，所选日子也不统一。改革开放后，统一将3月18日定为上网日，称为“周戈庄上网节”。进入21世纪，政府参与并组织祭海活动，祭海节先后被命名为“周戈庄祭海民俗文化节”“田横祭海民俗文化节”等。举行仪式的祭品是三牲和“圣虫”。猪要用个头大的黑毛公猪，鸡要用雄鸡，鱼要用三四斤以上的鲈鱼。祭祀前，要用黄表纸写“太平文疏”。祭海过程主要是列船、摆供、祭、奠、唱戏、聚餐，连续三天。期间，方圆几十里的人们以及周戈庄渔民的

2005年4月，青岛周戈庄渔民举行祭海仪式

亲朋好友，都相约前来。节庆期间，邻村渔民前来龙王庙烧香还愿，商贩设摊销售香烛纸钱、土产品、玩具、衣物和食品，许多知名小吃和走码头的小杂耍班子也闻讯前来参加节会。

沙子口庙会

1634年（明崇祯七年）渔民们因为连年丰收，在崂山姜哥庄村东黍子冈盖起一座庙，起名“沧海观”，又称海庙，内供奉龙王和天后。每年逢正月十三日是东海龙王生日，也是崂山沙子口一带渔民祭海和出海的日子。旧时，正月十二渔民将龙王牌位请出海庙，坐轿子沿南姜村、东姜村、石湾村、北姜村巡行，最后返回西姜村海庙中供奉。正月十三早晨，沙子口庙会拉开帷幕，最隆重的是祭海仪式，届时装扮一新的渔船排满海湾，五颜六色的网标迎风飘扬。宣读祭文后，将祭品撒向大海，感谢大海对渔民的恩泽。渔民们在神像前烧香磕头，感谢龙王爷的恩赐，使他们鱼虾满舱，同时也恳求龙王爷和妈祖娘娘保佑大人孩子新年平安。上完香后，大家站在海边放鞭炮，同时各种民俗表演纷纷登场。周围村民以及四乡八疃的乡亲大都在这一天到姜哥庄一带走亲戚、逛庙会。解放后，庙会渐停。1999年得以恢复，古老的庙会活动被注入新的时代内涵，成为集信仰、商贸、旅游、娱乐于一体的民间喜闻乐见的盛会。

青云宫庙会

青云宫位于青岛市城阳区红岛镇高家村海边，建有正殿三间，东、西偏房两处，正殿塑有龙母像和秃尾巴黑龙老李像。青云宫庙会也叫龙母会，旧时，每年农历九月二十五日开庙逢会，会期三天。整个过程由迎会、开光、谢会组成，庙会期间有栓孩子、拜龙母、喝龙涎水、扫一扫、照镜子、龙脊、刷山雨、送（捐）帐子等民俗活动。逢会时，沿海渔村男女老少赶来烧香祈求龙母和秃尾巴黑龙保佑平安，人山人海，热闹非常。“文化大革命”期间庙宇被毁。1991年，由当地群众集资重建，并恢复青云宫庙会，会期由三天改为五天。

小龙山庙会

小龙山，又名天井山，位于即墨城东龙山街道，系崂山余脉。农历六月十三，是传说中秃尾巴老李诞辰日和其一年一度回乡祭母的日子，也是小龙山庙会的日子。据万历七年《即墨县志》记载：“天井山，在县东十里。山巅石窍若井，其水常盈，渊深莫测。旁有龙王庙，遇旱祷雨多应。”龙山山顶有被称为“天井”的天然深井、始建于南宋的龙王庙、慈禧太后亲书的“泽周壮武”匾额、光绪皇帝敕封的“九江王”圣旨、御赐灯笼一对、历代关于李龙王的诗文碑刻，现存明清以后地方官员所刻的金、银、铜质求雨龙牌63面，为全国独特的求雨文物。

明清及民国时期，每逢庙会，来自鳌山卫、海阳县方向的“香会”队伍，浩浩荡荡如长龙蜿蜒而来，庙内庙外香烟缭绕，钟声幽幽。各路“香会”的形式丰富多彩，社村分别组队，各队风格不一，一般是乐队开路，众人执旗罗伞扇，随后是八人或更多人抬的“龙王轿”，后面还有依次排列的行雨使者及刀、剑、枪、戟等兵器模型。小龙山庙会原为群众自发性庙会，当地群众前来祭拜“黑龙”。进入21世纪，当地政府开始重视小龙山庙会的传承，连年举办庙会并扩大其影响力，同时重视对“秃尾巴老李”传说故事的挖掘整理。

湛山寺庙会

湛山寺为佛家寺院，位于青岛市湛山村后的半坡上，面海倚山，有“湛山清梵”之美称。1934年始建，历时十年，分五期建成。建成后，每年农历四月初八举行浴佛节，纪念如来佛祖的诞辰。届时僧众、居士在主持方丈带领下，在浴佛坛上举行浴佛仪式。开庙逢会三天，进庙烧香的善男信女络绎不绝。湛山寺庙会在“文化大革命”时期曾一度中断，1988年恢复。此后每年举办，并逐渐融经贸、旅游活动于一体，上万人次赶庙会，众多商摊叫卖，各地民间艺人到此表演。

1988年恢复湛山寺庙会，期间举办丰富多彩的民俗文化活动。图为民间艺人舞龙表演

华严寺庙会

华严寺原名华严庵，又名华严禅院，位于崂山王哥庄镇返岭后村西那罗延山上，为崂山现存唯一佛寺。华严寺庙会原在每年四月初八举行，因正值渔民出海之时，香火很盛，渔民多来烧香拜佛，祈求平安丰收。

60年代中期庙会停办。1985年起原华严寺庙会和“寂光洞”庙会合为一个庙会，改为正月初八举行，届时从各区（市）驱车赶来的人们虔诚地进香烧纸求佛。

第三节　新兴节会

除传统的节日、节会外，新兴节会在青岛人的日常生活中也扮演着非常重要的角色。这些节日或节会多为适应现代社会人们生活的需要应运而生。它们以年为周期循环往复，且各有特定的活动内容，因而具有“节日”形态，发挥“节日”功能。

改革开放后，西方的生活方式与文化观念也一同涌入国门，致使圣诞节、情人节、愚人节、母亲节等洋节逐渐兴起并冲击着中国传统节日体系。政府机关、企事业单位和个体工商户逢重大节庆或有意义的纪念日，越来越重视举行升旗、奠基、剪彩、揭牌、开业庆典、赠送花篮、锣鼓队祝贺等仪式，这些仪式在很大程度上已成为人们普遍遵守的民俗。

新兴节日

情人节　2月14日，年轻人很重视此节。节日当天，恋爱男女、夫妻约会，男子会送玫瑰、巧克力、首饰等礼物给女子，也有情侣会到饭店共进晚餐。情人节之前，青岛的花店、商家会营造出浓厚的节日氛围，节日当天街头常有鲜花商贩叫卖玫瑰花等。有饭店推出情人节套餐、晚宴，为顾客营造温馨浪漫的氛围。

愚人节　4月1日，青少年较热衷，这天青岛的学生、年轻白领们会用各种方式开一些愚弄人的玩笑或搞恶作剧，还会送令人意外的礼物捉弄对方。围绕愚人节，捉弄人的礼物也较畅销。

母亲节　5月的第二个星期日，节日当天，子女们会给母亲买礼物、送康乃馨以表达对母亲养育的感激之情，很多子女会回家和母亲热热闹闹地吃一顿团圆饭。青岛的各类商家也不放过这一大商机，纷纷推出赠给母亲礼品的促销活动。有些医院还会借节日推出针对妇女的优惠活动。

圣诞节　12月24日晚为平安夜，25日晚为圣诞夜，26日晚为狂欢夜。西方传说这天晚上圣诞老人会给孩子送礼物来。在青岛，圣诞节是年轻人十分喜爱的节日。节日里，青少年们会互送苹果、橙子等礼物，恋爱男女约会吃饭。基督教信徒会按照教俗举办庆祝活动。圣诞节期间，青岛一些商场、酒店甚至合资企业都会营造出浓厚的节日氛围，圣诞树、圣诞老人的装扮以及包装起来的苹果遍布大街小巷。青岛有些酒店还会举办盛大的圣诞派对，越来越多的人们在圣诞节期间参加各式聚会。

新兴节会

青岛国际啤酒节　作为青岛市重大节庆活动，1990年开始每年举办一次。啤酒节不断丰富节日的文化内涵，增加游客的参与性，形成休闲、娱乐、观光、度假、旅游功能齐全的综合旅游项目，国际国内影响不断扩大。每年8月底9月初，人们沉浸在啤酒的清香及狂欢气氛中，欣赏艺术巡游、大型开幕式、专场主题晚会的精彩演出和酒棚演出，参加各种游艺活动。人们同饮、同醉、同欢乐，整个岛城在欢乐中沸腾。啤酒节已经成为青岛的城市品牌，对百姓生活产生深刻影响。

青岛北宅樱桃节　自1996年始，每年5月举行，由崂山区政府、青岛市旅游局、青岛崂山风景区管委会等联合主办。北宅樱桃节是以生态旅游、健身旅游为主题，集休闲度假、民俗旅游于一体的节会活动。主要内容有游园品尝、山里人家、采摘樱桃比赛、北宅名胜和风情游、民俗文化周活动、经济发展研讨会等。每年樱桃成熟的季节，参加北宅樱桃节、体验乡村风俗已成为青岛人一项不可或缺的民俗体验活动。人们品尝地

第六届青岛国际啤酒节于1996年8月举办，主会场设在青岛国际啤酒城，29个国内外啤酒厂家和代理商参节，接待游客93万人次，共销售啤酒310吨

青岛大泽山葡萄节始于1987年，每年葡萄成熟的季节在平度市大泽山举办具有民俗特色的节庆活动

道的农家宴，睡睡农家炕，走走田间小路，亲身体验具有山区农家特色的生活。

大泽山葡萄节　原为平度市大泽山区独有的民间传统节日——“财神节”（农历七月二十二），相传起源于唐朝初年。1987年，平度市大泽山镇政府决定将每年的农历七月二十二日定为大泽山葡萄节。1991年，平度市将“大泽山葡萄节”改为“平度葡萄节”，时间定在每年9月1～3日，并逐渐发展成为集文化、旅游和经贸于一体的重要民间节庆活动。1995年，大泽山镇被农业部授予“中国葡萄之乡”称号，葡萄节最终命名为“青岛大泽山葡萄节”。2002年，大泽山镇进一步创新葡萄节的举办形式和内容，除镇政府与海尔集团联合举办的大型葡萄游园、歌舞晚会外，又组织秧歌、舞龙等具有地方特色的民俗文艺演出。此后，青岛大泽山葡萄节在突出乡土民俗特色的同时，举办庆葡萄丰收大集、家电推介会、招商引资洽谈会、喝葡萄酒大赛、吃葡萄大赛、钓鱼大赛、民间广场文艺、专场文艺晚会、焰火晚会等娱乐活动。

第五章　民俗信仰

青岛负山滨海，独特的地理环境使得境内信仰多样化，信仰对象主要包括自然神、祖先神、行业神、鬼怪等，这些神灵多为祈求农业、渔业顺利进行而设置。民俗信仰世代传承，拥有广泛的社会基础，神灵的地位和神灵之间的关系因地而异，具有很大的随意性和灵活性。民间信仰的表现方式反映出青岛人的信仰观念和对待世界的态度。

第一节　信仰对象

天地神

天地神是青岛民间普遍信仰和崇拜的神祇，被看作是主宰宇宙万物的大神。春节，在农村每家院内都扎天棚，棚顶用松枝、竹叶装饰，门上贴对联，棚中供牌位，牌位上写“天地三界十方万灵真宰之神”，供奉祭品香火。有些人家在院内南墙上挖一个小神龛，常年放置天地神牌位，称“天地窝子”，春节祭天地神，平日不再祭祀。改革开放后，这一习俗在农村地区恢复并传承下来。

土地爷

解放前，青岛地区几乎每个村庄都建有土地庙，庙里一般有两尊石头雕成的坐像，称为“土地爷”和“土地奶奶”。土地庙用石头砌成，庙宇很小且简陋，高不过丈。按旧俗，人死后，死者家属首先要到那里去“报庙”，意思是陪鬼魂前去报到。因为土地爷除管理土地和保佑风调雨顺、庄稼丰收外，还兼任城隍手下的地方官，负责收容羁押新丧的鬼魂，所以死者家属在亡人发丧前要一日三次去送浆水，焚香烧纸，请求土地爷照应。

在青岛人心目中，土地爷地位卑微，只管辖一个村的行政事务，庙宇简陋、神像矮小。过去经常发生土地爷搬家（即雕像被搬走）和两座庙里土地奶奶被互换的恶作剧，并编造出“风流土地爷”的故事。黄岛柳花泊地区的一些村落还流传土地爷爱赌把自己老婆输掉的故事。1964年，很多土地庙被拆除。但到土地庙“报庙”的习俗却流传下来。改革开放后，有些村庄重修土地庙和土地爷、土地奶奶的塑像，对土地爷的信仰在大部分农村地区传承下来。

关老爷

关帝圣君即关羽，俗称关公、关夫子、武圣人，老百姓则尊称为“关老爷”，对其庙宇称“老爷庙”。旧时，青岛地区大小村庄都为之立庙，庙内塑关公神像和关平、周仓像。春节时前往祭拜，祈求来年得福；天旱时拜庙求雨；甚至异姓兄弟结拜也要到关帝庙换金兰谱，取“桃园三结义、生死与共”之意，请关帝作盟证。青岛农村春节祭祖，嫡长子家正堂供宗谱，分居的庶子家中则供关帝、挂关帝像，可见民间对关公的信仰是其他神祇所不能企及的。“文化大革命”期间，很多关帝庙被拆除或另做他用。改革开放后，部分关帝庙得以重修。关帝信仰流传下来，很多商业店铺供奉关帝神位或神像，祈求财源广进。

龙王

青岛沿海渔民尊东海龙王敖广为“海神”，在海边建立龙王庙。每年谷雨春汛时，渔民在庙前设供祭拜，祈求风调雨顺、海上平安。民间流传龙王负责掌管陆地上的雨云变幻。解放前，在平度地区，每逢天旱，各地宗族乡绅组织民众到龙王庙去祈雨。祈雨时，常请几位盛装道士助阵。道士们走在祈雨队伍前面，同时用笙管等乐器吹奏祈雨法曲。众多善男信女头缠柳条、手执香烛，虔诚地跟在后面。祈雨队伍进入龙王庙，便一齐跪倒在龙王神像前，燃上香烛；道士开始在法曲演奏中齐声念祈雨经文，求龙王保佑普降甘霖。如果久旱不雨，民间祈雨不应、旱情严重时，当地最高行政长官便亲自出马，率州县城官员、士绅，前往龙王庙祈雨，恳求上苍降雨以解民困。青岛地区以即墨小龙山取龙牌求雨的仪式最为隆重，主要由预约准备、迎请龙牌、取龙牌、请回龙牌、求雨、送牌谢雨等环节组成，从明嘉靖二十四年的第一块龙牌到解放前的第六十三块龙牌，折射出青岛地区农耕文化对雨水的渴望和对求雨的重视。

田横祭海节上祭祀龙王的贡品

解放后，龙王庙多被拆除，但祭海、祈求龙王的风俗沿袭下来。改革开放后，一些龙王庙得以修复，其他庙宇中也有供奉龙王神位或神像的。青岛渔民出海前，仍举行传统祭海仪式。青岛天后宫设有龙王殿，供奉龙王。崂山王哥庄、庙子、姜哥庄等渔村都在谷雨时赶“海庙会”，庙会上有民间游艺和商贸活动。

海神娘娘

青岛市区、即墨金口、胶州等海口都建有天后宫，即海神娘娘庙。青岛人崇奉海神娘娘，大致有两种情况。一种是青岛开埠后，往来船只多在青岛停泊，南方商贾为保海运平安，不惜巨资为妈祖修庙，妈祖信仰遂盛极一时；另一种情况是青岛渔民们崇拜海神娘娘，渔民出海前必进庙祭拜，祈求海上平安。两种情况叠加下，海神均被视为航海者的保护神。近代以后，青岛地区原有几个天后宫相继荒废，只有少数如青岛天后宫、金口天后宫等得以存留。

改革开放后，天后信仰渐有复兴之势，有些天后庙得以重修，一些庙宇如海云庵也供奉天后神像，即墨周戈庄、城阳红岛民俗村等地新建天后宫。

山神

青岛地区山村多在村的东山北侧立山神庙，庙宇甚小，内有一石雕像，即“山神爷”。村民对山神祭祀无固定时间，多在开春耕作、采石、造林时，烧香烧纸，祈求作业安全和免遭野兽伤害。改革开放后，此习俗在一些山区仍然流行。

财神

财神俗称“财神爷”，文财神是比干丞相，武财神是赵公明元帅或关羽。胶州的财神画像是一个肩背黄色钱袋的红袍老翁，身旁是两个手捧元宝的童子，叫作“增福财神”，意思是不但增财，还能增福。

旧时，除夕“接灶”时，农家各户到村前路头摆供祭祀，迎接财神。祭祀完毕后，手捧一炷香回家，路上不准回头、说话，直到进家把香插到香炉里为止。崂山、即墨一带，有小年后陆续到各家送财神的习俗，祝贺过年发财。如已买到画像，则说“财神已经请回来了”。平度每年农历七月二十二日给财神爷过生日，叫“财神会”，家家摆宴席，户户放鞭炮，以示庆贺。商号店铺对财神尤为崇敬，有商号常年供奉，每月初一、十五两天，香火不断。

改革开放后，农历七月二十二为青岛民间的财神节。这一天，经商的、炒股的、买外汇的甚至普通老百姓，都要大放鞭炮、大宴宾朋，感谢财神到来，感谢亲朋支持。欢欢喜喜、热热闹闹庆祝一整天，节日气氛愈加浓郁。

城隍

青岛民间对城隍的信奉较普遍。旧时，即墨、胶州、平度等县城外以及灵山卫、鳌山卫、浮山所等卫所凡是有城的地方都设有城隍庙，城隍庙均设在县城门外野地，禁立于城内。庙内塑阴间县官像，意为冥府的父母官，不但主管城镇一切事务和人间祸福，还兼管诉讼和掌管孤魂冤鬼。人们遇到天灾人祸，孩子生病或诉讼等事，都到城隍庙许愿祷告，以保人丁安乐、事业顺利。旧时，每年清明节、农历七月十五和十月一日，平度古城都举办城隍出巡活动。在出巡之日，人们将城隍老爷、城隍奶奶木雕像抬出庙来，平时到城隍庙许愿之人扮作“牛头”“马面”“无常”等在前鸣锣开道，鼓乐相随于后，在城区大街缓缓行进巡视。到四关出巡时，或出东门，或出南门。出巡队伍一路行至城东北角之“厉坛”，在此将城隍老爷、城隍奶奶供于神台上，前列祭品，由文武官员及士绅致祭，礼节隆重。祭毕，人们再抬起神像由南门或东门进入城里，抬回城隍庙。

青岛市区原城隍庙位于浮山所城东南，有道士常住。30年代，城隍庙道士于起祥、傅子真是道乐能手，人们到城隍庙求雨、祭祀时，道士们一面演奏，一面咏唱经韵、诵念咒语。因城隍庙是城区中主管阴间的官府，故百姓家如有丧事均在这里举行“送盘缠”等仪式。解放后，青岛地区不再举行城隍祭祀仪式。

其他

狐仙、黄仙　在崂山、即墨、胶州、平度、黄岛等地民间多迷信狐狸和黄鼬，认为它们年深日久就会成仙得道、变幻人形。如有得罪，就会给人带来灾难。出于敬畏心理，人们多把它们当仙家供奉，禁忌直呼其名，对狐狸要称“胡仙”“胡三太爷”，也有地方叫“四财主”或“胡四太爷”，说它是“胡三太爷”的弟弟，对黄鼬以“老黄”“黄仙”称之。解放后，破除封建迷信，普及科学文化知识，人们不再迷信“狐仙、黄仙”，但民间仍有故事传说。

刺猬　过去被认为是神虫，伤害不得。据说谁家草堆粮囤有刺猬做巢，谁家运气好，招财进宝，草烧不完，粮吃不完。所以，春节捏灯，清明蒸燕，都少不了刺猬。有些戏班称刺猬为“白二爷”，对其崇敬有加。

鲸鱼　青岛沿海渔民和航海者视鲸鱼为神物，沿海民间传说它是龙王爷的保驾大臣。“过龙兵”时龙王乘坐由十四匹海马拉的珊瑚车，车两边各有四条大鲸鱼，俗称“炮手”，负责鸣炮前进。所以，见到鲸鱼群就是见“龙兵过”，所有船只必须避让，焚香烧纸，敲锣打鼓。专营海运业的大帆船都带响器，并向海里倾倒大米、馒头，为龙兵们添粮草。等到鲸群过后，渔货船方可恢复作业或航行。

生长于寺庙的古树常被善男信女作为信仰对象。图为生长于崂山太清宫的2200年树龄的“汉柏凌霄”

古树　传说古树年久日深自成精灵，就有了灵验。青岛很多古树被人当成精灵，烧香叩拜许愿，求治病难。还愿的红布、红绸挂满树枝。

第二节　信仰方式

有信仰就有信仰行动，它比任何宗教教义都古老。青岛民间信仰表现在多个方面，除各种信仰对象外，人们心理上和行为上的信仰主要表现为建庙、祭祀、巫术和禁忌等四大类。

建庙

旧时，青岛地区建庙之风很兴盛，几乎村村都有土地庙、关帝庙，大的村庄还有三官庙。据统计，到清朝末期仅平度县就有大小庙宇245座，有些庙宇由于香火旺盛，又处于人口较密集地带，逐渐形成庙会。崂山素有“九宫八观七十二庵”之称，解放前区内庙会多且盛，会址一般设在寺庙附近，时间多在民间传统节日、神佛诞辰日。庙会时，人们从四面八方聚集，有求神拜佛许愿、还愿的，多数是玩耍、看热闹的。庙会上有唱大戏的、踩高跷的、舞狮的、跑旱船的、打把势卖艺的等，有卖各种小吃、玩具的，人山人海、热闹非凡。“文化大革命”初期，庙宇多被拆毁，庙会随之消失。

改革开放后，许多庙宇得以重建，也有一些新建庙宇，部分庙会得以恢复。

祭祀

青岛民间祭祀主要包括对神灵和祖先的祭祀。解放前，神灵祭祀除常规的节日、纪念日、庙会日外，人们会在每月的初一、十五到庙宇祭拜，或临时性为祈雨、求子、求财等事项祭祀。对祖先的祭祀有全族性的和家庭性的，全族

青岛天后宫的妈祖神像

性的一般在年节时合族到祠堂或墓地祭祀祖先，家庭性的一般在年节和家庭有婚丧嫁娶等大事件时祭祀祖先。祭祀用品非常丰盛，有大小三牲、水果、饽饽、香烛、文疏等。很多祭祀用品实现商品化生产，如各个庙会上的文疏几乎全部被印刷品取代，文疏类别多种多样，有全家平安、生意发财、好运来、职务高升、工作顺利、一帆风顺、家和万事兴、婚姻美满、小孩旺、如意、求子、升学、事业有成、心想事成、人车平安、求婚、家庭和睦、健康长寿、养殖、行船、祭车等，还有专门给某个神灵的文疏，如胡三太爷文疏、先天老爷文书等。

求神

旧时有信神不信医的习俗。谁家有人生病，认为是丢了魂或中了邪，不去请大夫治疗，而去请巫求神。凡求神者，先要给神婆、神汉交送礼品，然后给神摆放供品，烧香焚纸。病轻者往往不治自愈，即认为是求神有灵；病重者财命两空，反说命该如此，甘受其害。在农村，妇女相信神佛能治病消灾，遇天灾人祸时祷告神佛保佑并许愿酬谢，扎“纸草”“褡子”，内装纸钱，送十字路口火化还愿。建国后，逐步破除封建迷信。

禁忌

青岛的禁忌民俗种类繁多，包含在各类民俗事象中。旧时，将孕妇和产妇视为不洁之人。凡有喜丧事的人家，三天之内，不让孕妇和产妇在场，以免她们身上的秽气冲了新人的喜气或死者的灵魂。寡妇或孤寡无子女的妇女，被认为是不吉祥的人。办喜事不用她们帮忙，也不欢迎她们到场。过年烧香烧纸、摆供桌、祭品、敬神等事，不准妇女插手。已出嫁的女子回娘家，必须在腊月二十三以前离开娘家回婆家去，正月初二晚上送年以前不得再回娘家，更不准在娘家过春节。赴喜宴时，不能穿素服。吊丧时不能穿鲜艳的衣服。婚喜事尚红忌白，尚双忌单。结婚时新娘忌遇服丧者，更忌遇出殡的。喜家不吃丧家的饭，产妇不能看新媳妇。

节日期间禁忌最多。除夕日晚饭后，用麸皮把大门拦起来，外人不能随便出入。半夜前后不能高声谈话，说话要说吉利话，不能说“死、破、穷、哭”等字眼，直到初三（送年后）才能开禁。正月初一、初二两天不能扫地，不能到井上挑水，不能挑尿粪往园地里送。大年初三，到井上挑水或往园地里送粪时，必须带上烧纸、鞭炮到井沿上或园地里去放。家遇丧事，三年不贴春联，但亦有贴蓝、绿纸对联者。春节前立春，不能在立春后打扫房屋，小孩子不能在立春后剃头。正月初九为碓臼日，不准动碓磨。二月初二不动针，怕扎了龙眼。

在青岛服饰民俗中，服饰的颜色、样式、制作方法都有许多禁忌。如子女在服孝期间不能穿红、黄、绿等鲜艳色彩服装，只能穿白、灰、黑等素色衣服；婚嫁、生育、过年等喜庆日子则忌穿白、黑等素色服装，甚至新郎结婚时穿的衬衣也不用白布；衣服下摆忌有毛边，带毛边的是丧服，穿了不吉利。

在民间，常认为双数吉利，衣服扣子却喜单忌双，“四六不成才”，认为双数会影响穿衣人事业的成功。

衣服破了或掉了扣子，忌穿在身上缝补。如果必须在身上补，被缝者口中要衔一根草，说这样针不扎人。

家中有生麻疹、天花的，忌生人进家。探望病人得上午去，忌下午和晚上探望病人。谓中午以后太阳下落，精神不旺，会加重病情。

老人活到100岁，忌说百岁，永远说99岁。

斟酒、倒茶，忌手握壶瓶的脖颈，形意为“掐脖子”，对人不恭。盛饭添汤忌瓢勺外翻，形意为“胳膊肘向外拐”。要从门口进屋送食物，忌窗口递送，意谓“囚饭”。

第六章　游艺民俗

青岛地区的游艺民俗丰富多彩，来源于青岛传统的生产方式、生活方式与社会结构，是青岛民俗文化中的一丛奇葩。青岛人的游艺民俗对于社会团结和文化传承具有重要作用，人们在参与游艺中体验构建地方文化共同体。从某种程度上说，青岛人从小是靠游艺活动养成“家园”“故乡”和“地方”的体验和认同感。

第一节　民间游戏与竞技

民间游戏是一种以口头形式传授、以直接参与为目的的竞技和演示活动。对儿童来说，游戏不仅是娱乐方式，还是锻炼身体和磨炼意志的有效手段，为儿童进入成年人社会作准备。成人的游戏增添更多竞赛体力、技巧、技艺的内容，多体现为竞技。改革开放后，抽陀螺、滚铁环、下地棋等传统游戏项目日趋式微，积木、七巧板等儿童玩具以及电子游戏、少儿兴趣班等活动日益丰富。

民间游戏

青岛的民间游戏丰富多彩，包括儿童游戏、青少年游戏、成人游戏等。不同年龄阶段玩的游戏也有区别，一般是由易到难。民间游戏中很多是全国普及的，如捉迷藏、跳皮筋、摔泥娃娃、溜冰、拾鹣鸪等，也有些具有青岛地方特色。

改革开放后，由于生活条件改善和社会环境变化，很多传统游戏已难觅踪迹，青岛地区除跳皮筋、跳房等游戏外，又发明和传入许多新游戏。在公园、学校、小区里有专给孩子准备的娱乐场地，其中有跷跷板、滑梯等。随着社会信息化速度的加快，越来越多的孩子在家里玩电子游戏。

捉迷藏　捉迷藏一般是男孩子玩的游戏，青岛人叫“藏猫儿”。青岛的“藏猫儿”有两种形式。一种是一名儿童用布蒙上眼睛乱摸，其他儿童在附近躲闪，由被摸中的儿童蒙上眼睛，继续游戏；另一种是由一名儿童先蒙上眼睛并开始数数，其他小朋友迅速找到可藏身之处藏匿起来。数完后，寻找到躲藏的儿童，可交替继续游戏。

打懒老婆　“打懒老婆”就是抽陀螺，陀螺为自制，将一段长5～6厘米的圆木底端旋成圆锥形，锥尖安上砂粒或钢珠。在平地上玩时，先将陀螺缠进鞭绳，然后锥尖朝下，猛地将鞭绳一抽，陀螺便在冰面上急速旋转起来。过一会旋转速度放慢时，再用鞭子抽，使其不停旋转。

溜冰　青岛人把溜冰叫“擦滑儿”，冬天水面结冰的时候，孩子们都会脚穿自制类似木屐的东西，两手各拄一根底端带钉子的竹棍。溜冰时，两根竹棍着地，两手用力一撑，双脚便迅速向前滑出去。等速度放慢时再撑，不停地在冰面上滑行。80年代初期，青岛地区曾经兴起“溜旱冰”运动并一直延续。

踢毽子　踢毽子是青岛民间极为普遍的游戏运动。改革开放后，踢毽子游戏已经不再限于儿童，很多城区市民把踢毽子作为强身健体、愉悦身心的锻炼手段。

打老爷儿　“打老爷儿”就是五个孩子找几块石头进行游戏，民谣有“扔块石头放这里是鼻子，两边是耳朵，中间是脑袋。四块石头五个人打，打着脑袋的当主人，就是老爷”，打着“耳朵”“鼻子”的就当衙役。有一个人会什么也打不着，就只有听凭老爷处置。都打完之后，老爷就会坐在那里，吩咐衙役打那个什么也没打着的人。确定什么时候不打就是由衙役问老爷“打金鼓，敲金砖，问问老爷吃不吃烟？”回答吃烟，那就不打了；回答不吃，就再打。五个人通过剪子包袱锤的方式确定“打老爷儿”的顺序。

碰鸡蛋　碰鸡蛋是青岛儿童在清明节期间常玩的游戏。游戏玩法是每个小朋友拿一个鸡蛋，找一个同伴碰鸡蛋。鸡蛋被碰破的小朋友退出游戏，胜利者继续，最终以自己手里的鸡蛋把别人鸡蛋全部碰碎的小朋友成为“蛋王”。

摔泥娃娃　摔泥娃娃是青岛农村小朋友经常玩的游戏。游戏玩法是找黑粘土加水和匀，反复揉搓，使泥团更有韧性。游戏双方各用揉搓好的泥巴捏成一个圆形泥娃娃，要把泥娃娃尽量做得表面光滑，尤其底部要做到厚薄适宜。摔时，向泥娃娃底部哈一口气，嘴里高喊：“东南风、西北风，我的娃娃好大声”，用力将泥娃娃口朝下摔在石板或平地上。泥娃娃的底部会炸出或大或小的窟窿，游戏双方各自用自己的泥巴把对方的窟窿补上。

将媳妇　将媳妇是男女儿童模仿大人结婚的游戏。游戏开始前，先推选出“新郎”“新娘”，其余人扮作其他人员。新郎一方要有人扮大马，让新郎骑在身上去迎亲；新娘一方要找出两个有力气的男孩子两臂交叉用手握住对方手脖，搭成花轿，让新娘坐在上面。送亲乐队的孩子们会双手握拢在嘴边，摇头晃脑地发出“呜噜哇、呜噜哇”的声音，热热闹闹地抬着新娘送到新郎的门上。到家后，扮马的和抬轿子的孩子会把新郎新娘扔在地上，游戏结束。

民间竞技

青岛的民间竞技表现丰富，按照类别划分，主要有力量型、技巧型、技艺型等。力量型竞技主要有摔跤、拔河、掰手腕等，技巧型竞技主要有荡秋千、滚铁环、顶拐、武术等，技艺型竞技主要有下地棋、打扑克等。

摔跤　青岛的摔跤多在沙滩、草地或刚犁耕过的土地上进行，参与摔跤的人多为儿童。摔跤没有太多规则，摔跤者使用摔、绊、扑、搂、抱、甩、拉等招数，以把对方摔倒或压在地上取胜。

掰手腕　掰手腕多在男性青少年中进行，是一种比臂力和手腕力的竞技运动。一般由竞技双方先选择一个平台，都把胳膊肘放到平台上，互相紧握右手或左手，随着裁判口令，用力把对方手腕掰倒为胜。掰手腕有时也并非势均力敌，力量大的一方有时会允许对方用两只手掰自己的一只手，有时甚至允许对手使用全身的力气拉拽。

荡秋千　荡秋千活动在青岛民间比较广泛，且有悠久历史。建国初期，青岛很多农村清明节

打“懒老婆”，即为抽陀螺。图为节庆活动使用的大陀螺

期间村村都架秋千。新娶媳妇的农户必须架秋千，男女老少都争着荡，有“打个秋千不腰疼”之说。50年代后该活动逐渐减少。改革开放后，荡秋千活动又逐渐兴起，许多公园、学校架起铁梁、铁索、铁斗秋千，供儿童娱乐。

打尜　“打尜”是把一截木棍两头削尖，就做成一个“尜儿”。敲打一端就会弹起，在空中划出一道美丽的抛物线，再以长棍迅速将其击中，“尜儿”就被打出去了，比赛双方以击远者为胜。

骑马打仗　骑马打仗一般是男孩子玩的游戏，一个人背着另一个人，背人的就是马。孩子分成两拨，自愿组合，两人一组，一般较高大的孩子当马，把另一个背起来，然后两拨人就上马开打、对冲。骑马的人可以用手拉扯对方，只要把人从马上拉下来或使对方连人带马一起摔倒者为胜，对方就得下赛场。当马的孩子不准动手拉扯对方，但可以用身体去撞对方的“马”。

滚铁环　滚铁环是改革开放后青岛男孩子常玩的一种竞技游戏，铁环一般就地取材，用钢筋或旧自行车车圈做成，再用一尺多长的粗铁条或钢筋做一条推杆。游戏方法就是用推杆推动铁环前进，控制其方向，一般比谁推得远、推得快，以铁环倒地为输。

顶拐　青岛的顶拐游戏多在冬天人们穿上棉裤之后进行。比赛通常两人进行，也可以多人分成两队互相搏击。比赛者右手抓住左脚脚踝，右腿一条腿跳着用膝盖去顶对方，把对方顶倒就算赢。顶拐时左腿可以向上挑，也可以向下压，很讲究技巧。该项游戏在改革开放后逐渐消失。

武术　青岛许多地方有习武之风。城阳、平度、莱西等地有些村庄有群众自发组织的“拳房”，百姓利用农闲及夜晚、阴雨天到拳房或在自己家中练习武术。莱西望城镇辛庄村的武术活动世代不衰，为全县闻名的武术村，村中常见中老年人打太极拳、练气功；小学成立武术队，配备武术教师，利用体育课及课外活动教练武术；幼儿园配备体育保育员传授武术操和武术基本功。青岛武术颇具特色，如崂山道教武术、螳螂拳、查拳、崂山九水梅花拳、傅士古短拳等都有较深厚的群众基础和影响力。

下地棋　青岛人在田间地头、村头巷尾可以随时就地取材、因陋就简，展开棋类竞技。一般是在地上画棋盘，找来树枝或石子当棋子下地棋。地棋的种类主要有“五局”“五福”“马虎吃孩子”“憋死牛”等，各有一套游戏规则。下地棋需要有较强的技艺和运筹帷幄能力，很能锻炼心智。

打“够级”是青岛一项特色娱乐活动。图为2005年青岛“够级”大赛现场

打扑克　也叫“打牌”。过去打牌一般是由4人凑局，打“争上游”“三五反”“三擒一”等。改革开放后，由2人以上凑局打“拖拉机”、3人凑局打“斗地主”，3人以上凑局打“手把一”、5人凑局打“保皇”、6人凑局打“够级”等。打“够级”非常普及，在青岛的大街小巷、公园广场经常能看到一群人围在一起打“够级”。

第二节　民间艺术

胶州秧歌

青岛民间艺术有自身古老的传承渊源，在当今社会又继续在生产劳动中，饮食、服饰与居住等日常生活中，岁时节日、人生仪礼和民间信仰等活动中发挥不可替代的作用。民间艺术主要包括民间音乐、民间戏曲、民间工艺技艺等。解放后，经过“戏曲改革”运动，青岛戏曲、曲艺在内容和艺术表现形式上推陈出新，涌现出一批深受群众喜爱的优秀曲目。改革开放后，电影、电视剧、歌剧、话剧、音乐、舞蹈等娱乐节目日益丰富多彩，观众的审美需求和鉴赏水品普遍提高，但青少年对传统民间艺术的喜好程度明显减弱。

民间音乐

青岛民间音乐多用在农村迎娶、丧葬等重大场合。民间音乐的器乐主要有吹管乐和打击乐。民间有专门的音乐班子，专事吹管乐的称“吹手班”，常用乐器有唢呐、笛子、大喇叭等；专事打击乐的称“锣鼓班”，常用乐器有大鼓、小鼓、大锣、小锣、大钹、小钹等。青岛较有特色的民间音乐是崂山民间吹奏乐，它吸收崂山道教音乐精华，直接参与丧葬、喜庆等民俗活动，具有深厚的生存土壤和广泛的群众基础。莱西市民间音乐代表性演出队伍主要分布在孙受、水集和马连庄等地。青岛解放前多为丧葬、结婚所用，富裕人家有人去世，雇用音乐班子吹奏，用于葬礼场合。平民百姓婚嫁等喜庆之日也雇用吹鼓乐队演奏欢快的曲子来庆祝。改革开放后，莱西鼓吹乐已成为民间喜庆佳宴、祭祀典礼、迎送礼宾和婚嫁丧葬场合不可或缺的演出。

社火杂艺

节日和庙会期间，青岛各地会组织民间文艺活动。这种民间自发、以相同志趣和爱好为结合条件的非营利性群众自娱组织，在全国很多地方叫作“社火”。“社火杂艺”的内容非常丰富，以舞龙灯、耍狮子、跑竹马、踩高跷、跑旱船、扭秧歌等活动为主。

秧歌　秧歌在青岛各区（市）都较为普遍。青岛的秧歌多为地秧歌，节日、庆典或傍晚闲暇时，在街巷、广场活动。秧歌队伍由普通百姓组成，少则几十人，多则上百人。有的秧歌队伍采取小品形式，扮成贪官、丑婆、傻小、憨妮、渔夫、公子等角色，有的打伞，有的甩红绸、手绢或耍扇子，踩着鼓点跑场子。秧歌表演分为“大场”和“小场”。大场表演由全体演员出场，由持伞领舞人统一指挥，先由各类角色出场亮相，然后变换各种队形进行跑场。在跑场间隙，领舞者即兴发挥，自编自唱秧歌调小段。“小场”俗称“扮故事”，由秧歌队的部分演员载歌载舞地表演一些有故事情节的小段。青岛最有名气的秧歌是胶州秧歌，又称“地秧歌”“跑秧歌”，民间称“扭断腰”“三道弯”，是山东省三大秧歌之一。胶州秧歌的舞蹈、唱腔、伴奏均有一定程

农村婚礼上的舞狮表演

序，共有六个行当、两种表现形式、两种流派和一整套演出习俗。胶州秧歌是广场艺术，在村落空地演出，分为迎秧歌、拜庙、拜爷、演出、领赏。此外还有莱西秧歌，从农历冬月至来年三月为活动期，春节前后与正月十五活动最为火爆。莱西秧歌集舞蹈、戏剧、音乐等多种元素于一体。莱西秧歌中丑婆一角别具特色，其表演不拘程序、泼辣大方、诙谐风趣、幽默滑稽，与其他秧歌有所区别。宝山地秧歌最早流传于胶南市宝山镇黄山后村，当地称“耍耍”，也称“地秧歌”，它的舞蹈动作粗犷而原始，少有雕琢。即墨秧歌因风格不同分为东、西两路，东路特点是唱舞并重，西路特点是以唱为主。秧歌的演出内容多属民俗风情、乡野传说，语言则采用当地方言土语，诙谐幽默，生动活泼，富有浓郁的乡土气息和生活韵味。

舞龙　青岛称舞龙为“跑龙灯”“耍龙灯”，在平度、莱西、即墨、崂山等地均有舞龙的传统。龙灯由龙头、龙身、龙尾组成。演出时表演者一人擎龙头，一人擎龙尾，其余每人擎一节龙身，领舞人执“珠”引龙出洞，全龙在锣鼓声中按节奏起舞，随珠子翻腾，谓之“龙戏珠”，舞龙有“龙头串花”“滚龙”“卧龙”“盘龙”等花样。晚间演出时在龙身内点蜡烛，使其通身明亮，宛如活龙横空。青岛地区舞龙以崂山区孙家下庄为代表。孙家下庄的龙舞得活、舞得圆、神态真、套路多、速度快。整个舞蹈由盘、滚、游、翻、跳、戏等基本套路和小游龙、大游龙等过渡动作组成。所有舞蹈动作都在龙的游动中进行，“形变龙不停，龙走套路生”“人紧龙也圆，龙飞人亦舞”，造型生动，动作间的衔接和转承十分紧凑。队形流畅多变，动作一气呵成，远望动感十足，近观粗犷雄壮。青岛地区的舞龙游艺活动，多在元宵节期间举办。

舞狮　青岛民间称舞狮为“耍狮子”，每逢新春佳节和元宵节，人们以舞狮助兴。青岛的舞狮多属北派，风格以“武”为主，主要表现狮子的勇猛性格，动作有跳跃、爬高、跌扑、腾转等。狮子舞动时，配以堂鼓、大锣、小锣、大钹、小钹等乐器，动作合拍，表演惟妙惟肖。青岛较有特色的舞狮是九狮图和崂山东韩舞狮。九狮图又称九狮舞，20年代，即墨城北阁里村民借鉴传统的双狮舞，编排九狮图。九狮图的表演队伍由12名演员组成，其中4人执两只“母狮”，7人各执一只“子狮”，另一人执绣球。九狮图的表演形式分“走街”和“圆场”两部分。演员通过一连串舞蹈动作表现狮子的气质、神态和性格。九狮图表演属硬架子灯舞，要求演员具备一定武术基础，舞蹈动作刚柔结合，干净利落。改革开放后，城乡出现很多舞狮队伍，舞狮也不再仅限于节日庆祝，很多婚礼、开业典礼、庆祝仪式上都会邀请舞狮队伍到场助兴。

高跷　高跷也是青岛民间常见的社火表演形式。表演者双脚踩着木高跷，扮成各种人物，按照一定的规矩、套路，手持道具或行或走，或演或唱。青岛高跷有文跷和武跷之别。文跷讲究扭、逗，主要表演情节简单的小戏；武跷用打击乐伴奏，以表演特技为主，把惊险的表演与优美的造型艺术融为一体。青岛地区较有特色的高跷是崂山沟崖高跷，它融文跷与武跷两种表现形式为一体，高跷队始终保持一边跑、一边扭、一边唱的传统特点，但舞的水平和唱的歌词却与时俱进，腿子越来越高，花样越来越多，表演内容越来越丰富。

跑旱船　跑旱船流行于青岛各区（市）。旱船多用木条或竹子制成无底船壳，上有船亭，外糊花纸，饰以图案。船舷用布围绕，画有波浪花样。演员一男一女，女演员居船中，手扶船帮似乘船，男演员摇橹随锣鼓节奏表演，船身左摇右晃，时进时退，翘首伏尾，表演逆水、顺水、转弯、遇风浪等情节。跑旱船除舞蹈外，还伴有对唱。此节目和其他节目配合演出，极富风趣。每逢喜庆节日，青岛各乡镇均有演出，过去多在庙会上表演。改革开放后，作为一种文艺形式经常参加节日、庆典和游行演出。

打花棍　青岛也称花棍舞、打花棍，是一种通俗歌舞表演形式，莱西、胶南、平度等地均有演出。旧社会因穷人利用这种歌舞形式作为讨饭谋生的工具，见景生情地编唱吉利话以求得施舍，因而得名“打花棍”。青岛打花棍以莱西花棍较具特色，它以摇击或敲击发音，敲击部位有肩、腰、背、臂、肘、两手、两膝、两足以及两棍相击，可振动铜钱作响，形成复杂的节奏变化，并配以各种舞姿。莱西花棍的特点为边歌边舞，唱词通常由民间艺人自编，可叙事、可抒情。

扛阁

其他　烛竹马是流传在平度田庄一带的民间舞蹈形式，夜间表演时在“竹马”前、后放上蜡烛，因此得名烛竹马。表演者骑竹马，主要表现“澶渊之盟”中萧太后领兵打仗的情景。烛竹马在节庆和大型文化活动时演出。

扛阁又称“张村扛阁”，是青岛平度郑家张村一带的民间广场舞蹈形式。当地群众吸收杂技成分和秧歌“扭”的特点，利用一套特制锻铁道具，将两人上下连为一体，采取真真假假相结合的手法，形成独特而又惊险玄妙的艺术表演形式。扛阁是在“抬阁”基础上，将形式和道具加以演变而成。扛阁的适应性较强，除节庆活动外，红白喜事、祭祀活动均可演出，深受群众喜爱。

假形舞是借助道具由一人表演两个角色的舞蹈形式，主要特点是每一角色都是半真半假，在青岛各县市均有表演。假形舞以“猪八戒背媳妇”“老头摔跤”和“姜老背姜婆”为代表。在“猪八戒背媳妇”中，猪八戒的上半身是假的，

元宵节期间的民俗表演

下半身是真的；“媳妇”的上半身是真的，下半身是假的；在服装的掩饰下，“媳妇”看上去由猪八戒背着。“老头摔跤”中的两个老头也是半真半假，化妆相似，模样相近，表演中面对面地“扭”“打”“跌”“滚”作摔跤状。“姜老背姜婆”表演者男扮女装，着民间古装，扮作姜婆形象，胸前用一农用簸箕制作一个姜公形象，两者合为一体成为姜公背姜婆的造型，表现一对年迈劳动夫妇真挚相爱、相濡以沫的淳朴感情。在锣鼓伴奏下，颠跳起舞，做出各种动作，妙趣横生，生活气息浓郁。

跑水斗是在青岛沿海地区流行的一种民间舞蹈形式。人们用竹条制作成鱼、鳖、虾、蟹、蛤蜊等各种海产品的模型框架，在上面粘贴彩色布料。表演时身披模型，伴随锣鼓节奏，沿街打斗、嬉闹、取乐。平度城西南关的跑水斗较出名。

民间工艺技艺

在青岛，民间工艺技艺主要是农民和手工匠人的艺术，也是城乡广大民众自己创造、自己享用并具有一定经济价值的艺术品。青岛的民间工艺技艺大多具有实用性，在民间服饰、民间建筑、民间饮食花样、交通运输工具，以及各种家具、陶瓷器皿、竹编、草编器物中得以体现和应用。同时，民间工艺技艺作品也经过艺人美化和加工，表达民众智慧和愿望。

剪纸　剪纸在青岛地区亦称“铰花”，有悠久的历史和广泛的群众基础，各区（市）都有各自剪纸传统。青岛剪纸以胶州剪纸为代表，胶南、黄岛、城阳等地剪纸同属环胶州湾剪纸的一部分。平度、莱西民间剪纸具有自身特色。剪纸者多为妇女，工具只是一把剪刀，材料为羊毛纸，主要用于喜日节庆烘托热烈的气氛，多用大红色。也有以黑色油光纸剪花装饰居室顶棚的，其底色用红色或粉红色，质朴美丽。驱邪避灾的剪纸用黄色。

胶州剪纸形式多样，题材广泛，分为单色剪纸、活动剪纸、彩色剪纸和贴彩剪纸四种表现形式，具有阴阳搭配、讲究对称、简洁明快的特色。胶州剪纸花样繁多，有专门用作装饰的窗花、顶棚花、墙花、箱橱花、镜子花，有专供男女婚嫁迎娶用的喜字花类，有岁庆节日祝寿贺喜时馈赠亲友使用的饽饽花类，还有专门用于丧葬礼仪的奠字花类，以及枕头花、门帘花、鞋花等。与其他地方剪纸相比，胶州剪纸多用细线“刺刺”来突出画面的细腻与层次感，当地人称为“打毛毛”。剪纸是胶州人民生活不可缺少的组成部分，婚嫁喜事和节庆时，墙上有喜花，窗上有窗花，顶棚上有顶棚花，炕边镶炕围花，镜子上贴镜花，连送喜的饽饽（馒头）上也贴有饽饽花。

莱西剪纸形式主要有窗花、条子、窗心、墙花、鞋花、灯笼花、盒子花及天棚花等。最具代表性的动感剪纸是斗鸡。将一对争斗的公鸡剪纸悬于室内窗户正中，一线透过窗纸联系户外一纸鸢，风吹纸鸢动，牵动室内剪纸公鸡争斗，类似皮影戏，分外有趣。

平度剪纸也是民间重要的居家装饰品，如窗花、顶棚花、墙花、斗盒花等。作品题材包括神话传说、历史故事、戏曲人物、男耕女织、丰收欢庆、节日祈福等，图案有花卉、蝴蝶、燕子、乌龟、麒麟、凤凰、十二生肖、百鸟图、喜鹊登枝、喜娃娃、戏曲人物等。

改革开放后，民间剪纸技艺渐衰，昔日极普通的女红手工已被视为绝技。但剪纸在技法、题材、应用范围等方面都有新发展。刻纸、应时作品等艺术形式不断出现，剪纸在实用功能减少的情况下增添更多艺术价值，成为收藏、展览的艺术品。

年画　青岛地区过年有张贴年画的习俗。年画的张贴处一般为屋门、窗榜、炕围、灶间、粮囤、畜圈等，内容多为麒麟送子、连年有鱼、五子登科等。其中有代表性的是平度宗家庄木版年画和胶南年画。改革开放后，张贴年画的习俗在农村不少地方得以保留，年画艺术作为非物质文化遗产被挖掘整理并得以传承。

宗家庄木版年画始于清道光年间，鼎盛时期有年画字号30余家。宗家庄木版年画的体裁包括

青岛民间艺人的剪纸作品

“三裁”“窗顶”“毛方子”等，按用途可分为神供类和装饰类。神供类有灶神二座、三座，财神、菩萨有正座、偏座等；装饰类多表现神话故事、鸟兽、花卉，以三国、宋、明各朝代戏曲故事或民间笑话、寓言和神话故事为内容。宗家庄木版年画的特点是重用大红大绿艳紫明黄，色彩鲜艳，强烈沉着，构图完整、饱满、匀称，造型夸张、粗犷、朴实，尤其是“线版”，线条流畅、工细、刚劲、挺拔，在诸种木版年画中独树一帜。

胶南年画有浓厚的乡土气息，画面充满喜庆、欢乐、祥和的气氛，以直观好看为标准，不强求形似而力求神似。如鸡鸭牛羊身上绘有的装饰图案，大小肥瘦根据画面而定，不受实际情况限制，创造出一种具体与抽象共存的风格，使画面颜色既完整统一又丰富多彩，既鲜艳夺目又不粗鄙俗气。

布艺　青岛民间用布制作的工艺品非常多，较有代表性的有刺绣、虎头鞋、虎头帽、布老虎、胶州绒孩、即墨镶边等。

青岛民间刺绣是妇女“女红”手艺之一，作品多为生活实用品，如绣花鞋、布兜兜、嫁衣、手帕、门帘、枕头、披肩、荷包、鞋垫等。所用工具称为“绣花撑子”，刺绣针法复杂多变，有乱针绣、束针绣、双面绣、辫子股等。刺绣图案有花鸟虫鱼、鸳鸯、燕子等。

虎头鞋、虎头帽、布老虎等在青岛各区（市）也较普遍。百姓家中添丁后，要给孩子做戴在头上的小披风，用丝线绣出眼睛、眉毛、鼻子、嘴巴，俨然虎头模样，脚上再穿上一双绣虎头的鞋子，暗寓“无病无灾，长大当官”的美好意愿，在“百岁”这天打扮一新，头戴虎头帽，脚踏虎头鞋，别有一番喜庆气象。如果生女孩，则改用绿色染布，做成虎头帽、虎头鞋，穿戴起来，称为“绿娘子”，同样有望女成凤之意。有代表性的虎头帽、虎头鞋制作手工技艺一直流传于即墨移风店镇的大沽河畔，经过多年演变，在用材、颜色上虽发生变化，但仍保留古朴原始的本色。较有特色的

胶州布老虎用黄布缝制，内填充碎布料。大的长达30多厘米，可以做儿童的枕头；小的仅有寸许，可以做小摆设或者儿童玩具。布老虎有锦老虎、母子虎、双头虎、虎枕等多种形式，造型夸张生动，饱满威武，头圆、尾硬、腿短，眼、鼻、嘴都是用色纸剪好后贴在头部，嘴边粘羽毛为胡须，以纸剪“王”字贴于额头。

胶州绒孩是一种手工艺品玩具，在胶州已有百余年历史。用细金属丝和茼毛扎制，着彩色，一般取材于戏剧人物、仕女或动物。刚开始时，绒孩头部为布制，1930年前后，艺人徐高氏将其改为墨鱼骨制作，使绒孩更加精致。

即墨镶边也是青岛布艺的代表作品。明清时期，即墨民间就广泛流传“小扣锁”和刺绣等手工工艺，1918年手工艺人卢忠溪从外国洋行引进一幅意大利“手拿花边”底样并学习推广。随着“手拿花边”流传发展，民间艺人在加工制作过程中不断吸收“小扣锁”、刺绣等工艺特点和针法，使之相互交融，逐渐衍生形成一套独特的具有民族传统特色和地方艺术风格的工艺针法，称为“即墨手拿花边”，是“即墨镶边”的雏形。此后，手工艺人在继承传统技艺的基础上不断创新，逐渐发展形成品种繁多、用途广泛、绚丽多姿的“即墨镶边”，在国际上享有“抽纱瑰珍”之美誉。

雕塑　在青岛历史上，雕塑有石雕、木雕、砖雕等，多用于建筑物装饰。改革开放后，青岛城市雕塑日益增多，且常以群落聚集，市内单以园命名的雕塑群便有10处以上，如青岛雕塑园、文化名人雕塑园、海涛园、海趣园、海风园、海韵园等。这些雕塑寓教于美，体现出人与自然的交融和北方滨海城市的文化蕴涵。青岛也出现一批在全国有较高知名度的城市雕塑家。

石雕种类包括园林雕塑、建筑雕塑、人物雕塑等，有石狮子、佛像、墓碑、墓志铭、牌坊、石磨、牲口槽、栏杆、凉亭、石凳等。崂山、珠山的许多村民世代以石匠为业。

砖雕是一种住宅装饰艺术，有“山花”“滷头花”“马头花”“影壁花”和圆雕等。砖雕内容有富贵吉祥、兴旺和睦、长寿平安的动物纹，也有绚丽多姿的花卉纹和图案花纹，具有浓厚的生活气息。民间砖雕用以美化家园，丰富精神文化生活。举凡大家贵族和平民百姓，青砖瓦房或多或少皆有砖雕装饰，且有明显的时代风格。莱西民间砖雕极富特色，画面主要由几何形的线、面、体组成，具有形式美和感官美，形象化砖雕运用象征手法表现某种特定内容。

饽饽磕子

木雕分为立体圆雕、根雕、浮雕三类，一般选用楠木、黄杨木、紫檀、樟木、柏木、银杏、沉香等树木为原料，以历史故事与人物、神像、十二生肖、文艺作品等为雕刻题材，创作出人物、器物、动物等艺术形象。木雕还有核雕和根雕。平度和黄岛曾出现较负盛名的根雕艺人。人们还雕刻出专用的模子——饽饽磕子来磕制面食。饽饽磕子又称“面模”，即雕刻出来制作面食的专用木制模具，造型质朴，图案采用浮雕与线刻结合的方法刻成，装饰性很强。饽饽磕子造型多以莲蓬、金鱼等为主，取“合和吉祥”之意。农村居家一般有几件或成套的“饽饽磕子”，用材多为优质梨木、苹果木、山楂木等果木。使用时将和好的面团放入刻有花纹图案的磕子中，磕出后，上锅蒸、烙烤、油炸，最后用胭脂点染而成。其中尤以即墨、莱西的“饽饽磕子”最为出名。

葫芦雕刻源于明代，兴盛于清代，衰落于清末民国，20世纪中期再度发展。葫芦雕刻的原料主要有大瓢瓜，大丫丫和扁圆葫芦三种。最具特色和影响力的是镂空工艺，此外还有线刻敷彩、剔地着色等技艺，工艺特色鲜明，别具风格。莱西葫芦雕刻的内容丰富多彩，有传统的吉祥符号、历史故事、神话传说等，具有祈福纳祥和镇宅避邪等寓意，颇受欢迎。

贝雕　青岛贝雕是一种以中国传统工艺为表现手法，以珍稀螺壳为原料，巧用其天然色泽和纹理形状，精心雕琢成平贴、半浮雕、镶嵌、立体等多种形式和规格的工艺品。主要有挂画、首饰、纪念品等种类，表现题材有花鸟、人物、山水、静物等。青岛贝雕工艺品厂制作的贝雕作品先后被北京人民大会堂、毛主席纪念堂等悬挂，并作为珍贵礼品馈赠外国友人。

面塑　青岛面塑花样品种丰富多彩。青岛人办喜事时，亲戚朋友多做“喜饽饽”，在饽饽顶部塑有花枝、喜鹊、鸳鸯等，并染以各种色彩。春节，制作枣饽饽。正月十五和祭海时，制作“圣虫”“刺猬”“升鸡”等。清明节，制作“子推燕”；七月七做“巧饼”；孩子过百岁做“长穗（岁）”“万穗（岁）”；老人庆寿常做寿桃。用面模做成的鱼、桃、元宝、荷叶、莲蓬和十二生肖等象征吉祥的面食造型美观。此外还有走街串巷、应节赶会的民间艺人，用面捏出各种花卉、人物塑像等售卖。改革开放后，城镇和一些村落出现专业面塑作坊。

面塑

制陶　青岛的制陶业由来已久。据即墨北阡遗址考古资料可知，早在距今约六七千年前的北辛文化、大汶口文化时期，青岛先民已掌握较高的制陶技艺，并传承至今。改革开放后，青岛人制作的陶器和陶制工艺品主要为庙宇寺观屋顶上的龙、凤、狮、狗等装饰瑞兽，家庭用的罐、坛、瓮、缸、盆、透孔篦子、箸笼子、香烛、蜡台、烟火匣子、花盆、面“磕子”，娱乐用的象棋、口哨、弹弓丸以及丧葬用的泥钱、下世罐子、灯碗等。城阳西城汇黑陶生产始于明代，兴起于清代，解放后达到鼎盛时期。罐瓦盆生产是西城汇村民祖辈流传的传家宝，当地出产得天独厚的黑粘土，加之村民灵巧的双手和精湛的技艺，土窑烧制出的罐盆色泽光亮，敲打声音清脆、响亮，泥盆盛稀饭不冽，饭罩热馒头不湿皮。制作的罐、盆等器皿漆黑光亮，胎薄坚硬，式样美观；制作的花盆、脸盆、香炉、卦炉纹印清晰，造型奇巧；祠

80年代，在青岛地区畅销的平度草制工艺品

堂、庙宇等古建筑用的俗称“狗子兽”“望天吼”“东望西撒”及小型烧酒用具、船上盛甜水用的甏等美观实用，畅销各地。

编织　青岛地区主要有草编、条编两类，编织物一般为实用品和工艺品。改革开放初期，草编、条编制品大量用于出口创汇，成为当地农民增收致富的渠道。

青岛的草编原料包括麦秸、蒲草、玉米皮、草麻、草柳等，草编品种包括草帽、草茶垫、草门帘、草提篮、草拖鞋、草地毯、草坐垫、草纸篓、草壁挂以及各种草装饰品和草包装品。平度草编在青岛地区影响较大，改革开放后，平度草制工艺品厂大量涌现，一些草制品已成为行业品牌。

条编指用棉槐条、蜡条、柳条、竹条等原料编织成偏篓、提篮、筐子、果筐、囤底、装篓、鸟笼、筦篼、簸箩、笊篱等物品，编织工艺是先盘底，然后织帮、锁口和修剪。即墨市七级镇大欧村的大欧鸟笼质量精良，当地有“张院的簸箕、毛子埠的升、大欧的鸟笼进了京”的俗语。大欧鸟笼选用上好的竹料及梧桐木，将鸟笼框圈制好后，放于锅中蒸煮。鸟笼不干裂、不变形、坚固耐用，分大、中、小三个型号，按形状可分为圆形、方形、扁形、花鼓形、凸腰形等。胶南市泊里镇有“红席之乡”的美誉，泊里红席俗称秫秸席，是用高粱经去根、剔梢、捆坯子、破刮篾子、编隔子和挑席子等多道工序编织而成，有红白两种颜色，交叉编织出各种不同花纹的图案。泊里红席编织细密、纹理清晰，成为百姓婚嫁、逢年过节亲朋好友互相赠送的礼品。

第三节　曲艺和戏曲

在长期的发展过程中，青岛地区产生多种多样的曲艺和戏曲形式。这些艺术形式的重要特点是用百姓耳熟能详的方言土语演唱，内容也大都与百姓生活密切相关或是家喻户晓的故事。土生土长的青岛人一般都会哼唱几句家乡戏，这成为青岛人自我娱乐、强化认同的重要文化符号。

民间曲艺

大鼓书　大鼓书在青岛也叫“瞎汉书”“说书”“盲人调”，其内容称“鼓儿词”，县内多系盲人所唱。一副钢板，一只渔鼓，自扮自唱，间或有三弦伴奏。解放前，盲人为生活所迫靠说大鼓书糊口，其唱词由拜师所得，内容多为民间故事、武侠神怪等。盲人或单独或结伙，手持长竿探路，身背鱼鼓，走村串镇，多在夜晚于街头、场院击鼓演唱。大鼓书在青岛市区、即墨、莱西等地各有传承脉络。胶东大鼓按照地域可分“北路”“东路”“南路”三派，主要演唱板式有鼓套、起腔、二板、平腔、落腔、悲腔、快板，表演形式主要是说和唱，通过说和唱来交代故事、描绘人物、介绍环境、渲染气氛。即墨大鼓形成于民国初年，后北葛村盲艺人高思连集胶东大鼓、渔鼓和咣咣三种曲艺形式之大成，创造即墨大鼓，后日趋完善。即墨大鼓唱词讲究韵辙，唱腔有慢板、四六、快板三种，以唱为主，间以评白，其评白沿袭东鲁大鼓的特点，在运用即墨方言的基础上稍带安徽地方口音。

快板　青岛民间称快板为“顺口溜儿”“练贫话”或“联评话”。民间快板的伴奏不拘一格，即兴吟唱时可用手掌、石块、瓦片、碗筷等击节，早年间乞丐沿街乞讨，击节多用竹板、碎子，也有用两块牛肩胛骨相击，被百姓称为“打牛骨头的”。快板因其能叙事、说理、抒情，较适合群众性文化宣传活动，因此，解放后说唱内容加以去粗取精，发挥文化宣传的作用。文化大革命期间，快板一度成为青岛城乡文化宣传工作的重要艺术形式。

胶州八角鼓　胶州八角鼓最初由北京“旗人八角鼓”蜕变而成。清朝雍正年间，一位在北京做官的胶州人因故遭贬，带回一批旗人八角鼓段子，八角鼓便在胶州一些财主和乡绅中逐渐传播开来。他们自称为“厅房戏”“学士戏”“清客戏”，普通百姓则称之为“财主戏”“财主八角鼓”“财主帮”。道光年间，“财主帮”出现一位叛逆者，绰号“匡四痴”，有较高的八角鼓演唱水平，因家境败落沦为乞丐，靠演唱八角鼓走街串户，乞讨度日。后来，匡四痴又与他的儿子匡戟如一起演出。从此，胶州八角鼓作为一种曲艺形式在普通百姓中传播开来。胶州八角鼓有鲜明地方特色和旺盛生命力，曲调不拘泥阴阳平仄，不受长短句填词束缚，唱词朗朗上口，生动活泼。当地胶州人有“听着鼓子戏，就把营生撂”的说法。

民间戏曲

青岛演唱的民间戏曲种类繁多，具有本土特色、深受当地人喜爱的戏曲主要有茂腔、柳腔等。

茂腔　清康熙年间，茂腔作为一种演唱形式出现于潍坊、高密、胶县一带，在两百多年的发展历程中，曾叫作“肘鼓子”“周姑子”“轴棍子”“正歌子”等，后期被称为“本肘鼓”“冒肘鼓”“茂肘鼓”等。最初，在城乡活动只有一个人挨门演唱，艺人们称这种形式为“唱门子”，后发展到“撂地”演出，在集市广场或街旁道边设点演出。在演唱形式上又出现戏班，从单纯的演唱向代言体的戏剧过渡，演出场地上有剧中人物出现，从一个演员扮演几个角色发展到一个演员扮演一个角色，并有简单化装，为茂腔发展成为地方戏的雏形。1910年，昌潍地区的茂肘鼓艺人进入青岛演出。1920年，茂肘鼓戏班“顺和班”在青岛演出活动，随后茂肘鼓艺人一方面保持自己的风格和特点，一方面吸收其他地方戏的长处，在艺术上获得长足进步。形成原板、二板、反调、大悲调、快打慢唱等板腔体系，传统剧目有120余个。1940年，在青岛小鲍岛一带活动的“宿家班”已经有花旦、青衣、大生、娃娃生、武生等行当，并配有服装、道具等。

茂腔表演

青岛解放后，对茂肘鼓进行抢救，将流散的艺人组织起来学习，并将茂肘鼓正式定名为“茂腔”。茂腔在青岛各区（市）影响深远，很多村镇在60年代有自己的茂腔剧团。改革开放后，茂腔和其他剧种一样面临着“人气”不旺的问题。为此，茂腔剧团积极改进和丰富唱腔，并适当加快音乐旋律、节奏，使茂腔重新“茂盛”起来。茂腔优秀剧目被拍成戏曲艺术片或录制成专辑、唱片、磁带发行，深受茂腔听众欢迎。茂腔艺术开始恢复，剧团、服装、剧目等都得到较快发展，茂腔艺术活跃于广阔的城乡之中。

柳腔　柳腔大致产生于清代中叶的即墨县西部地区，逐渐形成后流行于胶东一带。柳腔由民间说唱“本肘鼓”演变形成的，又称“老拐调”“哦嗬唵”。它和苏北的淮海小戏、山东的五音戏、柳琴戏等剧种有一定的近缘关系。“本肘鼓”与即墨当地民间小曲、秧歌相互融合，不仅声腔发生变化，而且由说唱体逐步演变为演唱体。19世纪后期，柳腔受莱阳县“四弦小调”影响，并采用四根弦胡琴伴奏，配以唢呐帮腔。初用四胡伴奏时，因没有乐谱，琴师拉的和演员唱的不能完全协调，他们之间就互相配合着往上“溜”，因而被称为“溜腔”。后来，艺人们觉得“溜”字不雅，就借用同音字“柳”字，正式定名为“柳腔”。由于柳腔在即墨境内广泛流传，因而人们称即墨为“柳腔之乡”，称柳腔为“即墨柳腔”。“进了即墨地，踩了两脚泥，吃着地瓜干，听着柳腔戏”这一民谣是对柳腔在即墨地位的生动描述。平度东乡也是柳腔的故乡，有“柳腔窝子”之称，当地有“村村有柳腔、人人都会唱”的美谈。

柳腔运用即墨地区方言，通俗易懂，朴实亲切，充满生活气息，具有浓烈的乡土风味。每逢年节庙会，艺人们便临时搭班登台演出。柳腔采用民乐伴奏，分为文场和武场。柳腔表演逐步形成“手眼身发步”各种表演程序，使唱念做打舞有机结合。柳腔以演出剧情曲折的唱功戏为主，包括悲剧、喜剧、闹剧等，主要传统剧目有《四大京》《八大记》等。

1959年11月，青岛市柳腔剧团赴北京演出，并三次于中南海怀仁堂汇报演出《赵美蓉观灯》《割袍》等传统剧目，获得“胶东之花”美誉。由此，柳腔成为全国知名的剧种，柳腔的发展进入全盛时期。改革开放后，村办业余柳腔剧团遍布青岛广大农村，活跃和丰富农村群众文化生活。

海云庵糖球会上的柳腔表演

第七章　民俗语言

青岛民俗语言是民俗文化的重要组成部分，包括以口语为主的语言形式及运用规则，类型化语言行为及与之关联的生活情景，支配语言行为并与语言的意义、功能凝结在一起的民众精神或民俗心理。民俗语言既是其他民俗现象的载体，自身也是最能彰显地方特色的一种民俗现象。解放后，党和政府大力普及义务教育，扫除青壮年文盲，普通话在青少年中得到推广。改革开放后，青岛方言中一些适用面较窄的词汇逐渐消失，一些新词汇、外来语融入到青岛人的日常用语之中。

第一节　方 言

青岛方言属于北方方言，隶属于胶辽官话。按照方言的内部异同，青岛方言可以分为7个区：市区、城阳（代表崂山等近郊区）、即墨、莱西、平度、胶州、胶南（包括黄岛）。这七区的方言，在语音、词汇、语法等方面也存在种种差异。

语音

与普通话相比，青岛方言在语音上的特点是：声母细分，韵母简化，声调减少。

普通话的同一组声母，在青岛话中分为两类：其一，普通话的zh、ch、sh声母一类读舌尖后音[tʂ]、[tʂ ‘]、[ʂ]，一类读舌叶音[tʃ]、[tʃ ‘]、[ʃ]；其二，普通话声母j、q、x也分为两类，一类读较厚的舌面前音[tɕ]、[tɕ ‘]、[ɕ]，另一类读带齿间音色彩的舌尖前音[ts]、[ts ‘]、[s]。另外，声母r、z在部分字中脱落（即“零声母”，例如，日→意），在部分字中被声母l代替（例如，仍→棱），在部分字中被声母y代替（例如，肉→又）。er在普通话中为零声母，老派青岛话可读作[iə]。

青岛方言的韵母体现出音节结构的单纯化，首先表现在复合元音韵母单化，如[ei]→[e]，[ai]→[ɛ]，[au]→[ɔ]；其次，前鼻音韵母鼻化，前鼻音韵母失去舌尖鼻音[n]，其前韵母变为鼻化元音，例如，[ian]→[iã]；再次，后鼻音韵母合并，如[əη]和[uη]合并，[iη]和[yη]合并。

在声调方面，青岛方言最突出的特点是声调减少，只有三个单字调，普通话中读去声的字，除少数读阴平之外，其他的都跟阳平合为一类，如在青岛话中“阳”和“样”“严”和“验”“祥”和“象”的发音都是相同的。

词汇

改革开放后，青岛方言中部分和普通话差异较大或适用面较窄的词汇逐渐被替代或消失，但多数方言词汇保留下来，也融入一些新词汇。

衣食住行　称绒衣为“卫生衣”，汗衫为“汗溜儿”，拖鞋为“呱打”，雨鞋为“水鞋”。口袋叫“布袋”。比如：“大夏天的，穿个汗溜儿就行了，眼看天要冷了，该添件卫生衣。”“你看你，下雨天还穿着个呱打板。”“我不是买不起水鞋嘛。”把金戒指称为“金嘎子”“金镏子”。

馒头叫“饽饽”，面条叫“面汤”，油条叫“香油果子”，菜团叫“气馏”。过去由于生活清贫，人们一般会买肥猪肉，炼出的猪油叫“荤油”，把酱油叫“清酱”，醋叫“忌讳”。蛤蜊叫“嘎啦”

院子为“天井”，堂屋为“正屋”，炉灶为“锅头”，烟囱为“浮臭”，走廊叫“厦檐”，大门洞叫“过道”，影壁叫“照壁”，门槛叫“门坎儿”，纸制的天花板叫“仰棚”或“糊糊”，墙角叫“墙旮儿”，篱笆叫“障子”，厕所叫“茅房”，方凳叫“杌子”，烧水壶叫“燎壶”，水桶叫“筲”，枕头叫“豆枕”，拖把叫“地板擦子”，斗笠叫“苇帘”，自行车叫“脚扎车子”。

性质状态　饭菜馊了叫“酸了”，很少叫“丁点儿”，很多叫“若干”。

衣服整洁叫“板正”。如：这个人穿得真板正。

脏乱叫“派赖”。如：王二麻子家真派赖。

生活富裕叫“超盈”。如：前几年收入低，日子过得紧巴巴的，这几年靠了好政策致富，日子也超盈了。

工艺精美叫“刷刮”，技术熟练叫“涮流”。如：王小二木匠手艺可涮流了，小方桌做得真刷刮。

物品受潮叫“艮”，粥不稠叫“懈澥”。

较好称“不离”，极坏叫“疵毛”。如：王家的大闺女长得真俊，真不离，不像狗蛋那么疵毛。

皱纹叫“楚楚儿”。如：老太太长了一脸楚楚儿。

圆圈儿叫“嘎拉儿”。如：在地上划个嘎拉儿，就在那里挖树坑吧。

一切就绪叫“入官入府”。如：明天就过年了，肉也割了，菜也买了，年画也请了，安排得入官入府的了。

行为情态　称估计、猜测为“估摸”“谋量”，考虑为“寻思”，袒护为“偏向”，教唆为“挑怂”。比如：“我估摸着村长肯定是受了王老五的挑怂，偏向着他儿子。”“那也不一定，你快别瞎寻思了。”

修理、医治、打扮都叫“扎箍”。如：“那张桌子坏了，快找木匠扎箍一下。”“这孩子冻着了，快到医院扎箍扎箍吧！”“那小嫚扎箍起来还真俊！”

损坏叫“踢蹬”，收拢叫“划拉”。如：把那些踢蹬的筐子划拉到墙角去，别伤着人。

藏物叫“掖”，剪叫“铰”。如：就这么块破布还掖着藏着的，拿出来给你铰了。

批评叫“训”，斥责叫“审”，夸奖叫“愿”。如：看这孩子叫老师给训的，真是的。人家都愿俺这孩子好，自己都不舍得审呢。

劝说双方把事办成叫“圆成”，屈服和疲惫不堪都叫“草鸡”。如：这事你给俺圆成圆成吧，跑了四五趟没办成，我真草鸡了。

把东西从容器中倒出叫“押”，泥墙叫“镘墙”，砌砖叫“理砖”，把东西撒开叫“呲扬”。如：从那个瓶子里押点胶搅到水泥里，理砖镘墙还结实。押时仔细点，别把袋里的水泥呲扬了。

用筷子夹物叫“叨”，用刀削叫“旋”。如：吃饭时主人总会拿着筷子劝客人：叨叨菜。

“闹”为两人生气产生隔阂，脚踢叫“卷”，脚踹叫“膀”（pai，平声），拳打叫“歪”，掌击叫“忽”。如：两个人为争一个花瓶闹了，动手打了起来。他卷了她一脚，她歪了他一拳，他反过来膀了她一脚，她顺手忽了他一巴掌。

骂叫“噘”，躺下叫“趄下”。如：这老头被老婆噘的生气了，早早趄下了。

胡作非为叫“作动”，敷衍搪塞叫“糊弄”。如：你别糊弄我了，作动得全村不得安生。

令人难堪、无法处理的事叫“坐蜡”，注意观察叫“瞅候”，未注意叫“没过眼”。如：刚才没过眼是谁过去了，你给我瞅候着点儿，让我逮住，非让他坐蜡不可。

形容人趾高气昂、得意忘形叫“涨癫”“洋相”或“杠杠”，说某人自傲叫“翅鳞”。慷慨解囊叫“大手”，斤斤计较叫“小气”，吝啬叫“嘎”，贪婪叫“下作”，懈怠叫“疲沓”，清楚叫“群亮”，当面鄙视叫“挖吼”，抢白叫“呛促”，拍马屁叫“舔抹”，不顺心叫“窝囊”，不愉快叫“肮脏”，饥饿叫“饥困”，舒服叫“愉作”，享受叫“恣悠”，放纵称“扎撒”，讨厌叫“烦气”，喜欢叫“稀罕”，能精打细算叫“会过”，动作快叫“麻溜”，态度安详叫“大样”，交了好运叫“走字儿”，碰上坏事叫“倒槽”，消极怠工叫“迂磨”，主动钻研叫“钻算”，背地里给人亏吃叫“插把”，不厌其烦地央求叫“粘缠”，不要脸皮叫“死皮赖脸”，心灵手巧叫“技良”，不修边幅叫“埋汰”，反之叫“时行”，历数过错叫“把数”，差点发生危险叫“真玄乎”。

时分气象　称凉爽为“风凉”，乘凉也叫“风凉”，莱西一带称“凉快”。如：到树荫底下去风凉风凉（或凉快凉快）。

气温偏低为“凉森”或“冷清”，太阳为

“日头”，月亮为“月明”，雾为“雾露”，如谚语：“早上雾露天，晌午晒死獾”。月晕为“风嘎拉”，流星为“贼星”。昨天为“夜来”，晚上为“黑夜”，莱西、平度称“瞎黑”，夏天为“伏天”，结冰为“上冻”。

长庚星为“大毛愣”，启明星为“三毛愣”，莱西称“大毛郎”“三毛郎”。各区市都有“大毛愣出来二毛愣撵，三毛愣出来明了天”的民谚。

人体与疾病　称额头为“眼灵盖”或“叶楞盖”，颌为“下巴骨”，肘为“拐脊头”，臀为“腚锤子”，腋为“胳膊窝”，胫骨为“干腿子”，膝盖为“波洛盖”，拳头为“皮锤”。

生天花为“生痘”，长麻疹为“生瘀子”，胃痛为“心口痛”，患疟疾为“发脾寒”，感冒为“冻着了”或“闪着了”，痢疾为“拉肚子”，中耳炎为“生耳朵底子”，花柳病叫“长大疮”，轻病叫“不愉作”，重病叫“不善乎”，夭折叫“不好养”，体格健壮叫“挺妥”。

婚丧礼仪　男方娶亲叫“将媳妇”，女方出嫁叫“做（zuo）媳妇”，莱西、平度叫“出门子”，女方嫁女叫“发付闺女”，嫁妆叫“陪送”，亲友向男方送贺礼叫“看喜”，向女方送贺礼叫“添箱”，怀孕叫“有了”，小产叫“小月子”，吊唁叫“吊孝”，扫墓叫“上坟”，祝贺乔迁叫“烧炕”，请求陌生人帮忙说“劳驾”，要求人让路时说“借光”。

人品称谓　男孩叫“小骚”，女孩叫“小嫚”。称常办蠢事的人为“半吊子”“嘲巴”“彪呼呼”“彪子”，“半吊子”与“二百五”含义相同。不识好歹又有些“神道”的人为“半仙”，头脑简单、说话粗鲁的人为“二虎头”，脾气倔强又好抬杠的人为“杠子头”，言行不端的人为“杂碎”，不务正业和不办正事的人称为“屎蛋”“流球”。

改革开放后，随着普通话的普及和人们交流增多，各区（市）的方言向市区话靠拢，而青岛话整体上向普通话靠拢。不过作为地方文化的载体，方言具有极强生命力，使用并传承方言依然是多数青岛人在生活语境中的选择。此外，还有很多新出现的词汇也融进青岛人的语言中，如卡拉OK、VCD等。

语法

青岛方言的语法可从词法和句法两方面来记述说明。

词法　青岛方言的词法主要表现在词缀、儿化音、代词、副词、形容词、数词和量词上具有独特的地域特色。

青岛方言的前缀与普通话基本相同，中缀较少，但后缀与普通话相比丰富得多。青岛的名词性后缀主要有“子”“厮”“巴”“汉”“价”“古”“疙瘩”等，如鞋带子、母狗子、瞎厮、瞎汉、朝巴、晚上价、夹古道、老实疙瘩；动词性后缀主要有“巴”“达”“悠”“查”“古”“拉”“么”“嘎”“弄”“送”“乎”等，如捏巴、摔达、转悠、扒查、捅古、扒拉、舔么、戳嘎、摆弄、告送、摆乎；形容词性后缀主要有“巴”“乎”“棱”等，如俊巴、紧巴巴、热乎、斜棱、酸溜溜等。

青岛方言的儿化是一个非常突出的特点，儿化音节非常多。名词儿化如半天儿、眼泪儿、围巾儿等；动词儿化在莱西话中非常普遍，如下儿课了、看儿个够、走儿累了、倒儿碗儿去了等；形容词儿化如饿儿过劲了、好儿很了等。

青岛方言中的代词较多。在人称代词中，第一人称代词主要有“俺”“咱”等，如俺吃饭了、咱老师来了没有；第二人称代词主要是“恁”，如恁来俺家玩吧、恁都去吧；第三人称代词主要有“人家”，如人家不去了、你可别小看人家。指示代词在青岛方言中采用的是三分法，近指使用“这”，中指使用“乜”，远指使用“那”，如“是这个，乜个，还是那个啊？”青岛方言中的疑问代词主要有“谁们”“几儿”“咋”等，如谁们在说话、这咋办等。另外，“海儿”“么是”“精”等几个程度副词颇具青岛特色。如海儿好了、么是大、精小、精窄、精湿等。

青岛方言中的数词和量词具有较为鲜明的地域特色。在分数上，青岛方言中常用“成儿”表示“十分之几”，如两成儿就是2/10；在倍数上，青岛方言常用“合”“下”表示倍数，如我的书有你两合的（我的书是你的两倍）、有三下这么多（有三倍这个多）；在概数上，青岛方言的表达较多，有“拉”“数”“来往”“若干”“老鼻子”“约莫着”等，如十拉个、千数人、一斤来往沉、来了若干人、他家的钱老鼻子啦、么点儿点儿、这块地约莫着有千数亩。青岛方言的量词有两个显著特点，一是简化现象，二是兼类现象。简化现象突出表现在量词“个”的使用上，如一个羊、一个门、一个帽子等；兼类现象突出表现在量词“块”的使用上，如一块电影、一块电池、一块电视机等。

青岛方言中大多不使用“很”“非常”等形容词，而以其他单音节形容词代替，如很苦说“倍苦”，非常甜说“甘甜”，另外还有“吼辣”“焦酸”“钢硬”“稀软”“喷香”“稀烂”“风快”“绷紧”“崩脆”“酥焦”“溜薄”“甘黄”“烘黑”“通红”等。普通话中的一些双音节词在青岛方言中常用单音词表示，如窗户称“窗”，被子称“被”，哥哥称“哥”，屋子称“屋”。青岛方言中还有些与普通话意义和词素都相同的词，但在运用语序上大不相同，如诚实说成“实诚”，摆布说“布摆”，积攒说“攒积”，颠倒说“倒颠”，捣鼓说“鼓捣”，偏就说“就俯”，男女傧相说“男女相傧”等。

句法　青岛方言在句法上也独具特色。

补语在青岛方言中与普通话的差别较明显，主要表现在肯定句和疑问句上，如青岛话说能看见、能不能看见，普通话一般说看得见、看得见看不见；在程度补语上，青岛方言在形容词前加副词等表示，如死辣、怪冷；在处所补语上，青岛方言多将处所补语放在动词后面，这时动词的发音比较重、比较长，如扔天井来、把饭端桌子上。

青岛方言中有一种把字句不用“把”字，如抓起他来、推他地下。青岛方言中主要用一个“叫”字表示被动，而且可以采用不同句式，如锁叫他给我掉了、锁叫他给掉了、锁叫他掉了、这棵树叫风把它给刮倒了。

青岛方言中的比较句有特殊句式：一是在比较语后面加“起”字表示比较，如他走路快起我、我的身子强起你、我不高起你；二是带“跟（赶）”字的比较句，如他跟（赶）上我胖了；三是对等的比较，往往采用“相仿、仿佛、一样、一般”等词语表示，如她和你相仿高、大路和小路一样（一般）远。

在疑问句中，青岛方言一般不用“吗”提问，而是使用两种方法表示疑问：一是采用语调上扬的方法，如你待上医院？你待去？二是采用反复问句的方法，如今天是不是礼拜天？你上没上过北京？

第二节　民间熟语

民间熟语使用率高、流行面广，是民俗语言中最基本、最丰富、最常用的部分，主要包括童谣、俗语、谚语、歇后语、谜语、称谓语、流行语、吉祥语等。青岛民众创造出的许多民间熟语，具有鲜明的地域特点和审美情趣。改革开放后，随着科技、教育、文化事业的发展，一些气象谚语被天气预报取代，一些口头文学被确定为非物质文化遗产，许多民间童谣逐渐失传。

童谣

童谣是儿童或成人在照看儿童时哼唱的歌谣，往往和游戏一起进行。儿童通过吟唱或聆听童谣，达到认识社会、愉悦身心的目的。青岛的童谣有很多，主要包括游戏童谣、教诲童谣和时政童谣三类。

游戏童谣　主要是儿童玩乐时哼唱的有节奏短句。如：

吃不了给嫩姨，嫩姨吃个嘎啦皮！

天马流星拳，专治气管炎！

对不起，起不对，脚木丫子开大会。

发死赖，输得快，不带来，打洋洋台。

红鼻子头，盖高楼，高楼底下一群猴，猴跑了，楼倒了，红鼻子头摔倒了。

黄豆绿豆叭，吃个小地瓜；大米干饭炒豆芽，一炒一个叭。

老高老高技术高，不用剪子，不用刀，一把一把地往下薅，薅的老高直蹦高，老高，老高白蹦高。

手心手拉背，不过不带来，倒霉，活该，死疙瘩解不开，解不开，解不开……

一米二米三，上高山，高山上不去，快要滚下来……

教诲童谣　偏重于对儿童的教诲作用，能丰富孩子们的知识，启发智慧和想象。如：

扁珠芽，红根根儿，姥娘教俺引针针儿。引不上，姥娘打俺两柱棒。上南园，哭一场，回来还是亲姥娘。

扯锯，割（ga）锯，割倒姥娘大槐树。姥娘不给饭儿吃，锅台后里抓把盐吃。齁着，买个火烧兜着。

为什么不点灯？外边儿刮大风。为什么不关门？外边儿还有人。为什么不梳头？没有桂花油。为什么不洗脸？没有胰子碱。为什么不戴花儿？男的不在家。

炒萝卜炒萝卜切切切，炒萝卜炒萝卜捏捏捏，炒萝卜炒萝卜抓痒痒，炒萝卜炒萝卜砍猪头。

地瓜地瓜锤啊，打小人啊，小人不让打啊，偏要打个耍啊。

丢丢不要脸，挎着篮子卖甜干，卖给你你不要，卖给嫩娘笑哈哈。

对子纸，过门钱儿，过年过节吃好饭儿。

皮子精、皮子精，吃俺娘和俺兄，吃俺姊妹俩可不中。

小巴狗，你看家，俺上东庄姑姑家，姑姑给你炒猪肉，姑姑给你包馉馇，回来喂你吃个饱，往后更要听俺的话。

小宝宝，疹子起，不死也得褪层皮。茅根芦根烧水喝，发现麻疹要隔离。

小孩小孩你白哭，我给你买个小老虎，鼓噶鼓噶两毛五。

小妹妹，长得好，脚又小，手又巧，两把剪子对着铰。铰了个鸡，满场飞；铰了个狗，满场走；铰了个小孩打滴溜。

时政童谣　一般是儿童哼唱的与时政或历史有关的童谣。如：

咚不隆咚强，我是李向阳，鬼子来抓我，我就上城墙。

解放前马瘦毛长耷拉鬃，穷人说话没人听，现如今翻身得地有了吃穿用，受苦人当了主人翁。

日本鬼儿，喝凉水儿；打了坛子赔了本儿。坐汽车，甩轱轮儿；坐飞机，掉了翅儿；坐轮船，沉了底儿；到了山东挨枪子儿。

谚语

谚语是民众丰富智慧和普遍经验的规律性总结。其内容富有经验性、哲理性，形式具有口语性、精炼性、艺术性，使用具有实践性、讽劝性和训诫性。青岛谚语多生动反映民俗内容。

农业谚语　主要是以农业生产时序和农作物种植注意事项为内容的谚语。如：

八月初一下一阵，旱到来年五月尽。

白露早，寒露迟，秋分种麦正合适。

布谷鸟叫，农时到。

春分秋分，昼夜不分。

春天懒一懒，秋天白瞪眼。

春下一粒种，秋收万石粮。

豆子开花，墙沟摸虾。

谷三千，麦六十，大收豌豆八个粒。

光施肥，不浇水，苗儿气得撅着嘴。

积肥如积粮，粮在肥中藏。

交了十月节，飘起风来就是雪。

立春晴一天，不用力气好耕田。

六月六看谷秀，七月七看谷米。

麦地不深翻，麦根无处钻。

南风不受北风的气，倒过来就是三五日。

七月十五定旱涝，八月十五定太平。

千买卖，万买卖，不如翻土块。

秋分无生田，白露动刀镰。

三春不如一春忙，绣女下了床。

四月初一初二麦丹黄，初三初四麦有糠，初五初六麦上场。

头伏萝卜，二伏荠，三伏里头种白菜。

五月大，瓜菜葫芦不进家。五月小，瓜菜葫芦吃不了。

燕子钻天山戴帽，蚂蚁搬家蛇过道，水缸穿裙有预兆，庄稼人不信拔艾蒿。

有钱难买五月旱，六月连雨吃饱饭。

十月一，晒海底，拾毂辘儿，砸海蛎。

夏季田，一天一宿差一拳。

气象谚语　主要是有关气候和物候变化规律总结的谚语。如：

不怕初一下，就怕初二阴。不怕十五下，就怕十六阴。

春雾雨，夏雾热，秋雾凉风，冬雾雪。

大旱三年忘不了五月十三（关老爷磨刀）。

大雪不封地，住不了三二日。

东虹雾露，西虹雨。

海水冒沫要刮大风。

黑风白雨黄雹子。

久晴有雾必有雨，久雨有雾必转晴。

坷垃云，晒死人。

六月北风当日湾，七月的北风晴了天，不刮北风不下雨，不刮北风不晴天。

蚂蚁打阡，雨天过不了三天。

清明断雪不断雪，谷雨断霜不断霜。

蜻蜓钻天鸡晒翅，明天就是雨来日。

秋热有雨，春冷有雨。

日落西无云，明天刮北风。

天低有雨，天高旱。

天河里边一块云，不过三天雨淋淋。

晚看天云东西横，不隔三日总有风。

小珠山戴帽，懒汉睡觉。

云盖霜天天不好，下严霜出毒日。

震前动物有预兆，家家户户应知道。骡马受惊不进圈，猪不吃食跳栏跑。鸡飞上树狗哀嚎，鸽子惊飞不回巢。鱼儿浮头跳出水，鸭子出水岸上闹。冰天雪地蛇出洞，老鼠发呆四处逃。摸清习性辨真假，发现异常要报告。

猪撒欢，刮风天。

生活经验谚语　主要是有关人们日常生活中生活经验的高度总结和提炼的谚语。如：

熟能生巧，巧能生精。

一步赶不上，十步撵不过来。

一日不念口生，二日不写手生。

有饭不给懒汉吃。

有饭舍给饥人，有话说与知音。

歇后语

歇后语，又称俏皮话，也是青岛民间较为喜闻乐见的语言形式之一，它轻松活泼，俏皮幽默，表现了民众旷达乐观的精神风貌。此处举例青岛流传较广的一些歇后语。

八带鱼戴眼镜——冒充斯文先生

沧口的蛤蜊——半仙（鲜）

红岛的蛤蜊——真仙（鲜）

大姑娘摇橹——浪摆

南山的肥肉——膘子

蛏子娶蛤蜊——肥瘦搭配

蛏子笑话蛤蜊——扯不长长，搓不团团

巴狗子上岸——狗抖擞

老八带蛸——满脑袋坏水

煮熟的螃蟹——自来红

小媳妇洗海澡——浪上加浪

闭眼跳栈桥——瞎扑腾

哈（喝）海水，作报告——咸（闲）话不少

瞎汉洗海澡——不知道深浅

古力井里吹唢呐——响（想）不开

崂山顶上照镜子——高（搞）对象

崂山顶上吹喇叭——响（响）得开

酱油腌瓜籽——咸胸仁（人）

船上放爆仗——海（很）响了

鲁迅公园的礁石——抗浪头

不吃鱼肉，不吃刺——吃鳞（翅鳞）

鼻子尖上挂饭帚——光耍（刷）嘴皮

昌邑西来——危险（潍县）

揣着元宝上吊——舍命不舍财

船上烙饼——倒过来（掉过来）

大年五更出月明（亮）——没有的事

豆腐掉在草灰里——吹不得，打不得

狗皮挂在墙上——不像话（画）

花岗岩脑袋——死不开窍

炕头上使犁——惊（耕）人

老龙王搬家——厉害（离海）

马尾拴豆腐——提不起来

南山顶上滚碌碡——实磕实（石磕石）

牛牯娶媳妇——自了由（恣了牛）

扫帚顶门——杈杈多

石头蛋子腌咸菜——言（盐）不进

谜语

谜语是口头流传的“传统”问题或难题，意在考验人们的智力水平和反应能力，一般分为谜面和谜底。青岛的谜语流传较广，在民间被称为“猜门”“破门”“破谜”等。主要分为物谜、事谜、字谜三类。

物谜　是以具体事物为谜底的谜语，这是数量最多的一类。如：

从南来了个老张，身上背着个皮箱，手拿剪子两把，还有筷子四双。（蟹子）

东山一头牛，西山一头牛，到了天黑来碰头。（两扇门）

东一扇，西一扇，到老不相见。（耳朵）

红媳妇坐高楼，来了风乱点头。（柿子）

里面光，外面涩，给你块小谜儿猜到黑。（顶针）

一个虎，一个豹，一个压着一个跳。（铡刀）

一家分两院，两院子孙多，多的倒比少的少，少的倒比多得多。（算盘）

昨天我从黄岛过，买了一百稀奇货，回家全都吃光了，看看还有二百个。（蛤蜊）

骨拐爹，骨拐娘，骨拐打了一铺炕。骨拐搂着骨拐困，骨拐长在骨拐上。（生姜）

哄黑，哄黑，三骨节，六条腿。（蚂蚁）

一棵草儿，溜儿地跑，开黄花，结哎吆。（蒺藜）

事谜　事谜是以人们的行为或某些自然现象做谜底。如：

朝也来，夜也来，只是从来不露面，“咕咚、咕咚”几下门，羞羞答答就离开。（风）

是轻是重，心里有秤；轻的开除，重的留用。（簸箕扇粮）

像个大姑娘，冷面热心肠，提灯照夜路，从来不声张。（月亮）

别看浑身黑，心灵无限美，为了万家暖，献身烧成灰。（煤炭）

字谜　字谜是根据汉字的音、形、义，利用笔画、字形的增损、离合等手法制作的。如：

爹娘不在家，女儿把门插。（囡）

二小二小，头上长草。（蒜）

说大有大，说小有小；要想猜到，翻开书找。（尖）

一口吃了个牛尾巴。（告）

一点一横，两眼一瞪。（六）

左一撇，右一撇，中间夹着只“老婆脚”。（小）

第三节　口头文学

口头文学属于语言民俗，是民众精神文化的

重要组成部分。青岛人充分发挥其丰富的表现功能和概括能力，创造出多种多样的口头文学艺术形式，展示青岛地区人们的瑰丽想象，表现出高尚的审美情趣和深刻的理性认识。解放后尤其是文化大革命期间，口头文学中一些带有迷信色彩的神话传说逐渐失传。改革开放后，有些神话传说和民间故事作为非物质文化遗产被收藏整理，但传播范围有限。

历史人物传说

青岛历史上曾出现过许多著名人物，他们有些是青岛本地人，有些是到过青岛的外地人，都与青岛有着密不可分的联系。青岛百姓把他们记在心里、说在口中，与青岛的山川风物、生活习俗等相结合，创作并流传有关历史人物的传说故事，表现出青岛口头文学与社会生活的密切关系。在青岛广泛流传着秦始皇与琅琊台、田横与田横岛、康王与康王坟、李世民与大珠山、刘墉、蒲松龄、高凤翰、韩复榘、黄嘉善、童恢、胡峄阳的传说等。

《琅琊台和跺脚山》写道琅琊台是当年秦始皇逼着百姓们为他用人工垒起的观景台。《田横岛》写道田横在洛阳自杀后，五百壮士在所在岛最高处自杀，后当地老百姓殡葬五百壮士，并把该岛命名为田横岛。《李世民重修石门寺》写道李世民遭追杀，跑到大珠山里，被石门寺门口的大蜘蛛救下，后来重修石门寺。《蒲松龄写〈劳山道士〉》讲蒲松龄住进太清宫，看见值更道士穿墙而过，他观察道教生活，后写下《劳山道士》。这类故事直接讲述僧道与民众较为亲密的关系，表明在现实生活中宗教信仰对世俗的影响。也有反映僧道欺压百姓、为非作歹的故事。《刘墉耙和尚》写道，清乾隆年间，崂山铁瓦殿和尚强男霸女，“佛光普照，不干不净，何以服众”，皇帝、州府县官僚均包庇其行为，刘墉施巧计和知县将和尚处罚的故事。黄嘉善、童恢、胡峄阳都是青岛本土历史上的重要人物，在黄嘉善的家乡即墨、童恢的家乡崂山、胡峄阳的家乡城阳，都流传着有关他们的一系列传说。

山海风物传说

青岛与海为伴，历史上的青岛民众“靠海吃海”，与海洋结下不解之缘。在老百姓口头传承、讲述的民间传说故事中，很多与海洋有关，与渔民生活状况相关。与海洋相关的传说构成青岛口头文学的一大特色，也是青岛口头文学里面最为精彩的传说种类之一。如《崂山的传说》讲到“在老早以前，茫茫的东海滩上，一没山，二没岭，方圆百里是一马平川的草地，后来一对勇敢的兄妹制服兴风作浪、危害人间的大鳌，大鳌的遗骨便化作南北长四十里，东西宽三十里的一座山，由于这座山是大鳌化成，人们便把它叫作鳌山。”石老人的传说、八仙过海的传说、水淹沧州的传说、“沉了洪州，立了胶州”的传说等都反映出青岛口头文学所具有的海洋文化特色。

风俗传说

青岛还有独具特色的山川景物以及地方风物传说，如崂山传说、大珠山传说、小珠山传说、大泽山传说、浮山传说等。这些传说与山川景物特征紧密结合，仿佛有根有据。如《浮山戴帽》说崂山脚下、麦岛海边，有座高高隆起的大山，名叫浮山。每逢阴天的时候，浮山顶上总有朵像白莲花状的云彩飘浮着，人们为它起了个很生动的名字叫“浮山戴帽”。为什么会有这种奇特的自然形象呢？气象学家会作出科学解释，而人们却幻想出一个美丽的爱情故事。女主人公为了让荒山秃岭长遍花草树木，便把彩色飘带从腰间解下来，在浮山顶上围了三匝，让它变成一朵奇特的云，降下甘霖，浇灌着山上的红花绿树。《石婆婆的传说》讲一个善良的老婆婆和同样善良艺高的老和尚舍己救人的故事。在死亡面前，他们不畏艰险，勇斗大虫，从大虫口中救出两个拾草的孩子，最后老婆婆累得化为石崮，老和尚失去一双耳朵，化为佛耳崖，被救出的两个孩子在佛耳崖住下来。为纪念为民除害、牺牲自己的先人，珍惜先人的丰功，后人们尊奉石婆婆崮和佛耳崖。《石老人胸前的大窟窿是怎么来的》《石老人和美人礁》等传说讲述石老人这一标志性景点的来历。这类传说很多，是千姿百态、呈奇献秀的山川景物与虚拟想象的巧妙结合，显示出青岛口头文学浓厚鲜明的地方特色。

《秃尾巴老李的来历》《龙母坟和龙母庙》讲述被人们广为供奉的秃尾巴老李的来历以及修建龙母庙并举办庙会的原因。在现代庙会上人们还在不断讲述秃尾巴老李的各种传说。《娶媳妇为什么要放爆竹》讲述青岛地区娶媳妇放鞭炮的原因是不其县令童恢用烧火的办法识破冒充新娘子的玉面狐狸的伎俩，并放火炮驱邪，此后每逢娶媳妇时，人们便放鞭炮来驱邪贺喜。《清明插柳枝的来历》讲述皇帝为一户大户人家大门楼边插杨柳枝，却被阴错阳差地当成是皇帝为黎民百姓赐福，大家都折来杨柳枝插在自家大门楼两边，此后被当成除祸免灾的风俗习惯流传下来。《过门钱的来历》讲述每到过年前一天，崂山人要在门楣上贴用彩纸剪成长四寸宽三寸的搭撒钱的来历，把王莽作乱的历史故事引入进来。《石老人村为什么又叫黄金村》《神堂村的来历》等故事也都把地方风俗的起源融入故事中进行解释，使青岛口头文学具有回味悠长的特质。

民间故事

青岛口头文学中有很大一部分是全国性民间故事。青岛较大影响的口头文学形式如崂山民间故事、大泽山民间故事、金口民间故事、田横民间故事等在全国广为流传。

《老子一气化“三清”》讲老子与“三霄女”争斗，化为三清的故事。《和尚和瞎汉》讲和尚与瞎汉互相帮助，和尚带着瞎汉到小人国和大人国经历奇遇的故事。《孙不二棋盘石上遇仙师》讲孙不二崂山修道，在棋盘石遇两仙人，被授予医书，让她干完一千件好事以增强德行，最终成功。《张果老倒骑驴的来历》讲张果老崂山被太上老君度化升仙。《何仙姑的故事》讲道士升仙并变为女身。《白云洞神道舍药》讲白云洞修行的老神仙和他的12个徒弟用一朵莲花云将白云洞遮住，使老百姓不能上山打扰，后百姓被妖怪祸害，老神仙为民除害并治愈世人，老神仙升仙后，其大徒弟留下，继续在白云洞修行。《刘道士看牌》讲荒草庵刘道士最大嗜好是看牌，常常邀请庵下村里的赌友到庵中聚赌，嘴里不干净，因忘记烧香续火被小鬼教训，后劝诫村民不要赌博，“四村八疃的赌徒们也尽都收敛，再也不敢聚赌了。”《王善人梦游荒草庵》讲王善人梦见阎王和牛头、马面处置阳间恶人，更加一心向善，也教育子孙后代积善行德、永不害人。《浮山庙的传说》讲庙中和尚呼风唤雨，搅涛掀浪，见钱眼红，终被人破了风水而死去。《赵道士施法铁瓦飞》讲崂山东华宫年代久远，屋漏墙塌，道长赵来顺到南方化缘募捐，乘船巧遇龙卷风，道士施展法术，使得众人捐款叩拜，道士提出捐建铁瓦要求，借用民众力量把铁瓦运到崂山上并使道观兴盛。

民间歌谣

青岛民间歌谣广泛流行于青岛各区市，是一种地方性民间音乐小调，多具有海陆相兼的民俗特色，集中反映当地的生产发展及民俗风情、艺术形态等，表现青岛人的豪爽性格及喜怒哀乐，至今仍保存原创的许多基本特征。青岛民间歌谣种类大体可分情歌、风俗歌、渔家号子等，曾广泛流传于街头巷尾，出现于闺房姐妹之中。现在，在一些祭祀、节庆等仪式场合，民歌仍发挥积极作用。即墨民歌、胶州民歌、平度民歌是青岛民歌中的典型代表。

情歌　情歌的内容主要是反映男女爱情，多清新明快、积极向上。如即墨情歌《等郎来》：“一盘大虾米，二盘炒白菜，三盘炖鲜鱼，四盘醉螃蟹，烫上那两壶老黄酒呀，但等俺的情郎来呀”。胶州情歌《赶集》以细腻的艺术手法刻画出情窦初开的少女见到心上人时的情景：“俺那天去到东庄把集赶，哎呦遇见了情哥哥在买锄镰，我有心上前去说上那几句话，怕的是那些赶集的人儿背后道闲言。今日想那个明日盼，盼的是那一天。他那里朝着我使上几眼，哎呦我提着个小竹篮转到村后边，在村头柳树下将他来等，俺俩人儿把知心的话儿说出了好几番。今日想那个明日盼，盼的是那一天。”胶州情歌《小二姐做媳妇》则用点睛之笔描绘一个天真活泼少女出嫁时的心理活动：“一对子铜锣开响道，两帮子吹手吹打着，这一棚子吹的是十样景，那一棚子吹的是秧歌调。小二姐盼着那个做媳妇，没料想今日轮着了我，忙把枣红布头搭上去，两眼不住地往外瞅。”平度情歌《石榴花》对女子成长的过程进行高度概括：“石榴花，打杈杈，俺娘生了俺自家（己）。姥娘给俺饽饽吃，妗子给俺把粉搽，一搽搽到十七八，找个婆家家口大，马来驮、驴来拉，吹手喇叭将（娶）进家。”

风俗歌　风俗歌主要反映民间生活和人们面对生活的态度。如即墨情歌《旱船调》以夸张幽默的语言塑造出一个个滨海少女豪爽不拘的生动形象：“十个闺女九个疯，数着这个不大疯，打一个飞脚上了关东；十个闺女九个馋，数着这个不大馋，生吃鲜鱼蘸醋盐；十个闺女九个痴，数着这个不大痴，打一个飞脚上了关西；十个闺女九个白，数着这个头等白，模样长得像包黑。”崂山民歌《渔家苦》则真切道出渔民们面朝大海背朝天、辛勤劳作却备受苦难的哀怨：“朝下海，晚归山，累得腿痛腰又酸，碗里蒸虾酱，盆里地瓜干，遇上灾荒年，三尺肠子闲着二尺半”。平度民歌《钉盖垫》将用高粱秆钉盖垫的民俗生活场景十分诗意地表现出来：“高粱秆高又高，用手掐下它的梢，拣一拣，挑一挑，不短、不长、不粗、不细，钉起盖垫才正好。新钉的盖垫圆又圆，手艺本是能工巧匠亲手传，横三竖四安排就，钢针麻线手中攥，先钉个棋子块，再钉上个九连环，针针距距密又密，根根穿得紧相连，锅顶上不大不小盖得严，憋得那热气儿直‘咕得儿’，一点也捞不着往外钻。”平度民歌《里庄来了个新媳妇》讲述新式娶媳妇的热闹场面：“又敲锣又打鼓，里庄来了个新媳妇。不骑马来不坐轿，也不戴那红头罩。前面扭秧歌儿哎咳，后面呼口号哎咳。旁边的大娘点头笑，呼呼隆隆真热闹。”

渔家号子　渔家号子又称“渔民号子”或“海洋号子”，是渔民劳作在大海浪涛间的劳动者之歌。青岛渔家号子分为许多种，有的粗犷有力，有的优美抒情，有的诙谐风趣，还有的近于呼喊。青岛滨海地带的渔家号子主要有《推船号子》《拔网号子》《撑篷号子》《推锚号子》《揽篷号子》《绞管号子》《拔棹号子》《吊鱼号子》《拉网号子》《起锚号子》《摇橹号子》《靠钉号子》《收山号子》等。《推船号子》是出海时多人合力把渔船从沙滩推进大海中所用的号子，这类号子有领有合，声音铿锵有力，一呼百应，颇有特色。《拔网号子》《拉网号子》等一类号子是渔民们把收获的鱼虾连同渔网一起往船上或者岸上拉时用的号子，所以情绪饱满喜悦，气氛较活跃。而《撑篷号子》是渔船出海之后要借海上风力前进，需要大家合力把大篷拉升起来所用的号子。由于主桅杆的篷大，拉起来特别吃力，所以号子要铿锵有力，拉篷时的速度才能加快，一鼓作气将篷撑到主桅杆顶部。《摇橹号子》《拔棹号子》等一类号子因渔船大小不同，使用的橹大小有别，摇橹的速度和力度也不同，所以唱出的号子也分紧与慢两大类。《靠钉号子》是渔船在海洋中航行时，突然掉转风向，需要紧急调篷时所使用。相较而言，渔船返航时用的《收山号子》基本上是舒缓类型的号子，因为在海上辛勤劳作了很长时间，终于要载着鱼虾回家，大家心情比较喜悦，唱出的号子也具有抒情的味道。另外，《揽篷号子》《吊鱼号子》等也都各具特色。各类渔家号子虽然风格不同，急缓各异，但都反映出海洋文化特色。

人 物

青岛，物华天宝，人杰地灵，历史悠久，文化灿烂，涌现出即墨大夫、田横、田单、李哲玄、蓝田、高凤翰等著名人物。青岛建置后，近现代文明兴起。20世纪30年代，闻一多、沈从文、梁实秋、老舍、蒋丙然、高平子等一批文人学者来到青岛，从事教学、科研和文学创作活动，成就青岛科技、教育、文化事业的辉煌。在抗日战争、解放战争时期，一批革命先烈、仁人志士为民族独立和人民解放，建立永载史册的丰功伟绩。

解放后，青岛人民积极投身社会主义革命和建设事业，在抗美援朝和中越自卫还击战中，涌现出一批英勇献身的革命烈士。在工业、农业、商业、科技、教育、文化等领域，许多劳动模范、科技工作者、工程技术人员为国家建设作出突出贡献。

本志“人物传”收录人物81人，“人物传略”收录人物219人，“人物表”收录人物146人。

人物传

陆侃如

陆侃如（1903—1978），字衎庐，作家、学者，江苏海门人。1922年考入北京大学中文系。1924年入清华大学研究院，专攻中国古典文学。1927年毕业，先后在上海中国公学、复旦大学、暨南大学等校任教。1929年与冯沅君在上海结婚，开始合作研究中国古典文学。1932年一起赴巴黎留学，经三年学习，双双获巴黎大学文学博士学位。1935年回国后，任燕京大学教授兼中文系主任。抗战爆发后北平沦陷，于1938年初南下昆明，迁至云南中山大学师范学院任教。1942年任四川三台内迁的东北大学文学院院长兼中文系主任。1947年到青岛，任国立山东大学中文系教授兼校务委员会副主任委员、图书馆馆长。1951年后任山东大学副校长、校科学研究委员会主任、《文史哲》编委会主任。1953年加入九三学社，为九三学社山东地方组织创始人之一，历任九三学社中央常委、青岛分社主任委员、济南分社筹委会主任等职。同年，任全国政协委员、中国文学艺术界联合会委员、中国作家协会理事。1956年当选为青岛市文学艺术界联合会首任主席。1958年随山东大学迁居济南。

陆侃如自1923年开始出版学术专著。著有《屈原》《宋玉》《陆侃如古典文学论文集》，与冯沅君合著《中国诗史》《中国文学史简编》《中国古典文学简史》，与高亨等合著《楚辞选》，与助手合作出版《文心雕龙选译》《刘勰论创作》《文心雕龙译注》《楚辞选译》等。1978年12月病逝，临终前将其珍存的书籍和近3万元存款全部捐献给山东大学。

刘坦

刘坦（1911—1979），原名刘振庆，曾任一机部电器局局长，莱西顾家村人。1927年小学毕业后任初级小学教员，并加入“莱阳县少年同志社”，组织农民协会，开办农民夜校。1930年，以农民协会的名义组织贫苦农民批斗叶家庄村（今属莱阳市）大地主陈东明。1933年6月加入中国共产党。同年7月任招（远）莱（阳）边区特支委员、莱阳边区区委组织委员。积极发展党的组织，筹集党的活动经费，带领党员同地主恶霸开展经济斗争，并率游击队员收缴招远县马家乡公所“手提式”机枪两挺。同时，主持创建顾家村党支部。1934年2月中共莱阳县委遭破坏时，遭“捕共队”搜捕。脱险后，主持招莱边区党的工作，安排已暴露的党员安全转移。后经党组织介绍，到黄县、蓬莱等地以做短工为掩护，开展党的工作。9月，中共胶东特委遭破坏，刘坦与党组织失掉联系。11月与共青团山东省工委接上关系后，主持撤销招莱边区特支，建立招远特支，任特支书记。1935年4月，因叛徒出卖，在青岛被捕，押在济南反省院，1937年10月抗日民族统一战线形成后被释放。回乡后着手恢复党组织，以马连庄为中心，成立平招莱掖边区临时委员会，通过“中华民族解放先锋队”组织开展抗日救亡活动。1938年2月，莱阳国共合作局面形成，任“中华民族解放先锋队”县队部驻莱阳城办事处主任，4月任中共莱阳县委书记，在县内建立3个区委。6月，国民党南岚乡校将马连庄小学查封，逮捕校长田绰永、学董田文广，刘坦在领导师生和群众请愿斗争中受伤被捕，1939年经党组织营救获释后，离开莱阳去胶东区党委工作，历任组织部组织科科长、代理组织部部长。解放战争时期任中共胶东区委常委、胶东区行政公署主任等职。

建国后，历任中共上海市委组织部副部长，

中共华东工业部委员会委员、副部长，一机部党组成员、基建司司长、电器局局长等职。“文化大革命”中，刘坦遭到迫害。粉碎江青反革命集团后，恢复工作。1979年3月20日病逝。

童第周

童第周（1902—1979），字慰孙，生物学家、教育家，浙江鄞县人。1918年入宁波师范学习，1922年考入上海复旦大学哲学系心理学专业，1930年由亲友资助到比利时、法国留学，获博士学位。1934年不顾日本即将发动的大规模侵华战争的危险，毅然放弃国外优越的工作和生活条件，回到祖国，任国立山东大学生物系教授。抗日战争爆发后，又先后在中央大学医学院、同济大学、复旦大学，中国心理生理研究所任教授、研究员。1946年回青岛参加国立山东大学复校工作，并担任生物系教授、主任。1947年积极支持青岛学生“反饥饿、反迫害”的游行示威，向各地传递登载学生游行和军警镇压学生报道的英文版《民言报》。1948年，任中央研究院院士，并任英国剑桥大学、美国耶鲁大学客座研究员。1949年3月回到位于青岛的山东大学任动物系教授兼系主任。1950年受聘兼任中国科学院实验生物研究所副所长、中国科学院水生生物研究所青岛海洋生物研究室（中国科学院海洋研究所前身）主任。1951年任山东大学副校长。1955年当选为中国科学院（生物学部）学部委员、生物学部副主任。1959～1978年任中国科学院海洋研究所所长。1960年兼任中国科学院动物研究所研究员（在该所所长陈桢逝世后，童第周一度任所长）。1978年起任中国科学院副院长，同年加入中国共产党。是第一至第四届全国人大代表，第三至第五届全国人大常委会委员，民盟中央常委，第五届全国政协副主席。

童第周一生致力于实验胚胎学、细胞生物学和发育生物学的研究。1930～1934年，在比利时的比京大学布拉舍实验室，在对棕蛙卵子受精面与对称面的关系的研究中，证明对称面不完全决定于受精面，而决定于卵子内部的两侧对称结构状态。在对海鞘早期发育的研究中，证明在受精卵子中已经存在着器官形成物质，而且有了一定的分布，精子的进入对此没有决定性的影响。另一方面，观察到内胚层和外胚层似乎有相当的等能性，而且吸附乳头和感觉细胞的形成依赖于外来因素，说明卵质对个体发育的重要性。这项研究成果使其成为中国实验胚胎学的创始人之一。

文昌鱼在生物进化中占有重要地位，是脊椎动物的祖先。童第周领导的研究小组首先在青岛解决文昌鱼的饲养、产卵和人工授精的技术，为系统研究文昌鱼的胚胎发育奠定基础，并利用显微技术对文昌鱼胚胎发育机理进行一系列的研究，对文昌鱼卵的发育能力提出很重要的修正意见，在国际上受到重视。童第周等所证明的文昌鱼卵这些早期发育特点，进一步论证文昌鱼在进化上的地位是介乎无脊椎动物和脊椎动物之间的过渡类型。这方面工作也支持他后期关于核质关系研究的论据。

童第周对鱼类的胚胎发育能力和细胞遗传的研究也作出卓越的贡献。其在40年代开始的实验结果中就证明在金鱼的卵子中，赤道线以下植物性半球的一边，卵子含有一种有关个体形成的物质，它在发育的早期由植物极性逐步流向动物极性，是形成完整胚胎不可缺少的物质基础。

童第周不仅是一位誉满全球的生物学家，而且是一位治学严谨、作风正派的教育家。曾在国内多所大学任教，教授过普通动物学、细胞学、比较解剖学、遗传学、胚胎学和实验胚胎学等，为中国的生物科学界培养大批优秀人才。1979年3月30日病逝。

穆瑞五

穆瑞五（1898—1979），皮肤病专家，北京市人。1925年毕业于北京协和医学院，留校任住院医师、助教。1929年赴瑞士留学，在苏黎世大学医学院皮肤科任研究员兼自愿助教。1930年被推荐为在丹麦举行的国际第八届皮肤科学会中国代表，列亚洲医生的首席，当时的中国在国际上处处受到歧视，这一安排为祖国争光。1931年回国后，任北京协和医学院讲师、副教授。1939年被美国皮肤科学会推荐为通讯会员。1949年应聘到青岛任山东大学医学院内科主任、皮肤科主任、教授。1952年担任中华医学会理事、中华医学会青岛分会理事长，被聘为卫生部卫生教材编审委员会特约编审、《中华医学杂志》编委等。1952年开始，领导皮肤科的教学医务人员，深入工农业生产第一线，进行各种职业性皮肤病的调查与防治，在5年左右的时间内，先后调查包括冶金、石油、化工等60多个行业，100多个工厂、农业社，对查出的各种皮肤病提出防治建议，有的还写出报告。1954年当选为青岛市人代会代表、山东省第一届政协委员。

1956年山东大学医学院独立建院，称青岛医学院，他任皮肤科主任，院科委主任。1956年、1959年分别被评为青岛市卫生先进工作者、山东省卫生先进工作者。1958年当选为省第二届人代会代表。1959年任山东省第二届政协委员。1963年任青岛医学院副院长。1964年当选为全国第三届人大代表。1978年任第五届全国政协委员。

穆瑞五是中国早期从事皮肤病学医疗、教学和研究工作的学者。自1927年起，即先后在国内外有关杂志上发表论文，如《北京发癣的真菌研究》（《中华医学杂志》英文版，1930年第16卷）、《雌激素对于在家兔内人工接种之梅毒感染所产生之影响》（美国《实验性生物学和医学学会议事录》1935年第33卷）、《在梅毒性主动脉炎病人内静脉注射新阿斯凡纳明对心动电流图产生的即刻影响》（与董承琅合作，美国《心脏病杂志》1940年第19卷）。有关制盐业、染料厂职业性皮肤病的调查报告两篇（与人合作），发表在《中华皮肤科杂志》1958年第6期。穆瑞五所编写的教科书、参考书有《职业性皮肤病》（主编，人民卫生出版社出版，1957年）、《皮肤病及性病学》（与杨国亮等合作，人民卫生出版社出版，1958年）、《皮肤病及性病学》（与刘蔚同等合作，人民卫生出版社出版，1963年）、《麻风病学》（主编，山东科技出版社出版）等多种。他的研究和著述，在国内外受到重视和好评。1979年10月病逝。

高友三

高友三（1896—1980），又名高会益，民间艺人，胶州市人。出身铜匠世家，11岁辍学从艺。由于心灵手巧，加上父亲言传身教，在青年时铜匠技艺就赶上了父亲。他打制的十二生肖铜印和铸铜佛像受到人们的喜爱。还曾学习绘画、剪纸，其《胶州八景图》剪纸作品被瑞典籍牧师以重金购买收藏。1915年其设计、印制《友三铅画之宝》，以每匣套100块银元高价出售。1922年，胶州大同印书局从德国买进一台自动号码机出现故障，四处请人修理无果，高友三闻讯自荐，数日内修好。通过修机器，他详细研究其机械性能和工作原理，并改进仿制两台，以每台60块银元的价格向外埠销售。1935年，其剪纸、工艺品参加青岛工艺品展览会并获奖，瑞典、日本、美国的古董商，纷纷前来订货，并以每套4块大洋成交，胶州花边厂包销其产品，向国外发售。1942年在中国工艺品博览会上，其剪纸作品获奖。之后，把剪纸作品汇成《高友三窗花集》20余卷收藏，迄今仅存的两卷藏于胶州市博物馆。

建国后，高友三的剪纸作品曾多次参加山东省工艺美术展览会、胶州专区工艺美术展览会展览，并多次获奖，曾获县政府授予的“光荣艺人”称号。1956年，创作雕刻花卉、铜刻佛像、剪纸册等参加山东省工艺品展览会，全部展品均被国家收藏。1957年7月，出席全国工艺美术艺人代表会议，受到周恩来总理的接见。同年10月，毛泽东主席视察山东，在参观工艺美术品时接见他，并在其剪纸作品一侧题下一个“翼”字，以示鼓励。1965年春，整理多年收藏的历代钱币，编写出《历代古钱谱》，其大部分手稿藏于青岛市博物馆，胶州市博物馆存有两卷。1973年，创作的窗花《渔樵耕读》四联参加全国第一届工艺美术展览会，获荣誉奖。1980年春病逝。

杜宗甫

杜宗甫（1901—1980），又名杜嘉，字宗佛，号无咎居士，书画、雕刻艺术家，山东莱州人。自幼好学，性喜书画雕刻，在原籍商业学校毕业后，在家自修书画雕刻。1925年赴上海学习绘画雕刻，并借以维生。1927年考入正风文学院，毕业后留校任文书，仍勤学苦练书画雕刻。后转入商界任文牍，仍孜孜不倦研习绘画、雕刻。1935年后，曾从政或就商，均不合意愿而辞职。1951年应聘为青岛市美术学校国画教员。1956年先后加入民盟、民革组织。曾当选为第一至五届青岛市政协委员和第二、三届山东省政协委员。1962年任青岛市工艺美术研究所副所长。

杜宗甫自学成才，精雕刻，善绘画，工书法。1941年以作品山水、人物、翎毛、花卉共六七十幅，象牙雕刻三四十方，与画家赵今慧联名举办书画展览，轰动岛城。《大青岛报》出专刊，介绍其牙雕《美国大总统罗斯福像》《清高宗刺虎图》（在美国芝加哥博览会均获最优等奖状）、《灵山大会图》。《灵山大会图》系在四寸长、三寸宽的牙板上刻佛像百尊，配以虎狮风景，惟妙惟肖。这三大作品均被海内外赏识者视为珍品。

1952年，杜宗甫在四寸长、二寸宽象牙板上，雕刻毛泽东主席半身像，背面刻有《实践论》《新民主主义论》（节刻）共2万多字，献给毛泽东主席。1953年斯大林逝世时，在同样大象牙板上又雕刻斯大林半身像和毛泽东主席写的《伟大的友谊》全文，背面刻马林科夫悼词（俄文）送给苏共中央。1954年《中华人民共和国宪法》颁布后，以象牙图章一颗底印刻“与天地兮同寿，与日月兮齐光”，边款刻《宪法》全文，奉贺毛泽东主席。1955年在一个米粒大的象牙板上刻有80多字的毛泽东主席长征诗。其作品繁多，《八骏图》《春耕图》《鲁迅公园》等数十方，脍炙人口；《把一切献给党》刻画在党旗下的11个工农兵英雄人物，栩栩如生；在三寸长、二寸宽牙板上雕刻《政权归于苏维埃，和平归于各族人民》，镌刻着斯大林、斯维尔德洛夫、捷尔任斯基等数十人的形象，须眉生动，各尽其妙。

杜宗甫曾被聘为青岛画院理事。1954年绘《崂山长卷》卷长6丈，自荷花村至下清宫共绘名胜古迹16处。其书法亦独具风格，行、草、篆、隶无一不工，作品曾参加全国书法展览，三次被选送日本展览，蜚声日本。1957年出席全国工艺美术艺人代表会议。1963年出席全国手工业合作社社员代表会。1964年出席山东省手工业技术人员代表会。同年，被山东省手工业管理局授予“老艺人”称号。其事迹被《山东省二轻工业志》《齐鲁文化大辞典》《中国艺术家辞典》收录。1980年8月30日病逝。

高芳先

高芳先（1914—1980），字天佐，曾任国民政府军陆军少将，即墨西元庄村人。自幼习武，拜武术名师学习北派少林拳、地功拳、孙膑拳、形意拳、中国摔跤等。曾任青岛国术馆教官。1933年获第十七届华北运动会拳术及摔跤冠军，1935年获第六届全国运动会中量级摔跤冠军。

1937年底随沈鸿烈、李先良撤离青岛。后随李先良参加青岛保安总队，在鲁东、崂山抗战。利用在青岛武术界名气和徒弟众多之利，到崂山后，收编部队，整顿纪律，以崂山为根据地与日军周旋。劫枪支、抢子弹、杀日寇、打汉奸。两年共获得敌人钢枪800余支，机枪9挺，棉布数千匹。由此青岛保安总队的力量得到加强，震慑青岛的日军。1942年10月在崂山驻防地作战时被日军俘虏，12月初成功越狱，重回崂山根据地。1942年任青岛保安大（总）队督查大队大队长、副总队长，1944年任总队长。1945年9月随李先良率部进入市区接收日军投降，兼任青岛市警察局局长等职。1948年青岛保安总队改编为青岛保安旅（后编为陆军第九十一师），任少将旅（师）长。1949年青岛解放前夕去台湾。1953年退役后，在台中开武馆传授武艺，门徒遍布台湾社会各界。1980年10月病逝于台中。

孙家进

孙家进（1958—1980），革命烈士，山东莒县人。1978年4月入伍，1979年12月加入中国共产党。入伍后历任青岛警备区某部战士、副班长。入伍前就是一个好青年，上学时一直是“三好学生”，务农时连年是“五好社员”，被选为生产队干部。入伍后，吃苦能干，出色完成各项任务。由于成绩突出，在全连同年入伍的战士中，第一个入党。他苦练军事技能，不断总结训练经验，编写35份达8万字的军事教案，成为全连的优秀教练员。由于军事素质好，教学得法，县武装部多次请他去帮助训练民兵，受到地方干部和民兵的欢迎。

1980年12月19日，在胶南县泊里公社集训民兵组织手榴弹实弹投掷时，由于一名女民兵精神过度紧张，不慎将拉弦的手榴弹投落在身体左后侧约4米远的斜坡上。在这危及生命的关头，孙家进奋不顾身地冲上去，一把将其按倒在地，迅速捡弹排险。董瑞青安全脱险，而孙家进却因手榴弹爆炸而身负重伤，经抢救无效牺牲。12月28日，中共青岛警备区委员会决定给孙家进追记一等功，青岛警备区政治部批准孙家进为革命烈士。1981年6月7日，中央军委授予孙家进“舍己救人的好战士”荣誉称号，号召全军指战员向孙家进学习。6月10日，中共济南军区委员会作出《关于开展向“舍己救人的好战士”孙家进学习活动的决定》。6月12日，军区在济南隆重举行中央军委授予孙家进“舍己救人的好战士”荣誉称号命名大会。

顾懋林

顾懋林（1914—1981），铁路客车制造专家，江苏江都人。1940年毕业于上海交通大学。1944年赴重庆交通大学任助教。1945～1946年赴美国芝加哥机车厂实习，回国后在浙赣铁路萧山工厂等处任副工程师。1953年调铁道部任工程师。1954年调四方机厂，历任技术设计科副总设计师，客车设计科副科长、科长，科研所副所长等职。曾先后领导、主持参与设计、试制数十种新型客车，为六七十年代的客车产品升级换代作出突出贡献，成为中国著名的铁路客车产品制造专家。1954年，在改造21型旧客车、设计22型金属结构新客车中，发挥技术中坚作用，使22型客车成为中国铁路干线上运行的主型客车。1956年，参与设计和试制中国第一辆22型软卧客车。1957年，主导提出的22型硬卧、硬座车定型设计方案，经第一机械工业部、铁道部批准作为5～10年内全国客车设计与制造的依据。1958年，参与设计中国第一列双层客车，大胆采用以中国拱型建筑形式为主体的车体结构，并在某些方面超过国际先进水平。1966年，主持设计、制造中国第一列北京至莫斯科国际列车，结束中国国际列车一直依靠国外进口的历史。

先后当选为第三、四、八届青岛市人大代

表；第三、五届山东省人大代表，第二届山东省政协委员；第三、四、五届全国人大代表。在1978年全国铁路科技大会上，被铁道部授予先进个人光荣称号。1979年加入中国共产党。曾任山东省机械工程学会副理事长，中国铁道学会车辆专业委员会委员、客车学组副组长，中国铁道学会山东分会副理事长，青岛市科协副主席等职。1981年6月6日病逝。

沈 福 彭

沈福彭（1908—1982），解剖学专家，江苏苏州人。出身于医学世家，少年时患脊椎骨结核卧床4年，而立志学医。1932年燕京大学化学系毕业后，赴比利时布鲁塞尔大学医学院攻读医学。抗日战争爆发后，和其他留学生共同组织演讲，写文章，宣传抗战，争取国际舆论对中国的支持，还节衣缩食捐款支援抗战。1939年7月，以优异成绩获医学博士学位，并留校任教。面对国内日益严重的抗日形势，谢绝师友的挽留，放弃国外优越的工作条件，于1939年返回祖国，受聘于云南大学医学院，同年加入中华医学会。1946年应聘到青岛，任山东大学医学院教授，主讲解剖学、骨外科学，是山东大学医学院的创始人之一，先后任解剖科主任、附属医院院长。1953年加入民盟，曾任山东大学民盟支部主委、民盟青岛市委第一届副主委，民盟山东省委第一届常委。被选为青岛市人大代表。1956年山东大学医学院独立建院，称青岛医学院，任教授、附属医院院长、解剖学教研室主任。次年当选为首届青岛市解剖学会理事长。1957年被错划为右派。1978年当选为第三届青岛市解剖学会理事长。1979年错案得以纠正。1981年11月加入中国共产党。曾任青岛医学院顾问、山东省政协委员。长年全身心地投入教学、科研和师资培养工作，在右眼几乎失明的情况下，仍指导研究生不断翻译介绍最新专业资料，为同行审校论著，甘为人梯。编译《骨关节解剖学》和《心血管解剖学》。生前立下遗嘱，将遗体献给医学教育事业，使后人从他“多病的躯体上再获得一点资料，以供研讨”；骨架做成标本，使他“能在倾心的岗位上继续站岗”。

1982年2月9日沈福彭病逝后，中共青岛医学院党委委员会实现他的遗愿，并作出《关于向沈福彭同志学习的决定》。中共山东省委、省人民政府于1982年6月11日发出《关于向优秀共产党员、医学教授沈福彭同志学习的通知》。中央和山东省、青岛市新闻媒介广泛报道他的事迹。

李 玉 香

李玉香（1926—1982），女，艺名大嘲，全国先进生产者，戏曲演员，青岛地方剧种茂腔艺术的代表人物，胶州李家河村人。自幼家境贫寒，靠父母游乡卖唱为生。天资聪颖，深受其母姜氏（肘鼓艺人，艺名“二花包”）的教诲，五岁时开始盘凳子演唱，18岁时与其弟、妹组成“李家班”在胶州一带撂地摊卖唱，能演出《四大京》《八大计》等茂腔传统剧目。1945年到青岛定居，后联合京剧、梆子、柳腔艺人同台演出，吸收其他剧种的艺术之长，改革“木肘鼓”冗长单调的腔法，把京剧的“唱、念、做、打”及手、眼、身、步的基本功融于茂腔，把茂腔艺术推入新境地，形成独特风格，深受观众的喜爱。青岛解放后，在胶东文协的领导下，于1951年成立“青岛市光明茂腔剧团”，并被任命为团长。先后整理排演《张羽煮海》《小女婿》等大型茂腔剧目。1956年加入中国共产党。1959年出席全国群英会，受到毛泽东主席的接见。1956～1959年在专业剧作家的协作下，先后整理排演传统茂腔剧目《罗衫记》《花灯记》《隔帘》《劝嫁》等，并担任主演。1959年率团晋京，在中南海小礼堂演出《花灯记》，刘少奇、李先念、陈毅等中央领导观看演出并接见李玉香。“文化大革命”中，被打成“戏霸”遭到批斗。中共十一届三中全会后，被安排到青岛市文化局戏剧研究室工作。曾当选第二、三届山东省政协委员。1982年8月在青岛病逝。

潘作新

潘作新（1903—1983），眼科专家，山东莱州人。1923年考入济南齐鲁大学医科。1927年转读北京协和医学校（协和医学院前身），1930年毕业后留任协和医院眼科。1935年赴南京军医学校任医科主任，1936年被学校派往奥地利维也纳大学眼科研习半年（研究员）。1938～1942年在中国红十字会救护队工作，先后任第十一、十三中队队长，带领医疗队深入晋东南根据地为抗日服务。1943～1947年先后任西北医学院教授、南京中央医院眼科主任。1947年8月到青岛，应聘于国立山东大学医学院，任眼科教授兼附属医院眼科主任，1949年任附属医院院长。在长期的眼科医疗实践中，总结创造出“切断睑板矫正内翻新手术”，在1948年第34卷第5期的《中华医学杂志》发表后，获得眼科学界的重视，被载入眼科学教科书和眼科文献，被称之为“潘氏手术”。1956年青岛医学院独立建院后，历任青岛医学院眼科主任、副院长。主持建立眼科病理研究室，在眼科病理方面作出开创性的工作。1956年加入九三学社，任九三学社青岛分社常委。1978年任青岛医学院院长。

潘作新是国内从事眼科病理研究最早的学者之一。在长达半个世纪的医疗、教学和研究工作中，取得丰硕成果。在国内外学术刊物上发表的论文主要有《增殖性网膜炎玻璃体中新生血管形成》《中国人眼眶的测量》《马凡氏综合症》《眼内恶性黑色素瘤眼外蔓延》《睫状体上皮细胞增生及睫状体良性上皮细胞瘤的组织学观察》等。作为一位眼科专家，经常为一些眼疾患者缺乏移植角膜丧失视力而惋惜，带头倡议死后捐献角膜。曾任第五届山东省人大常委会委员、中华医学会眼科学会委员、山东省眼科学会主任委员、中华医学会青岛分会名誉理事长等。1983年2月病逝，遵照其遗愿，将其眼球移作教学研究用，角膜移植给山东海阳县的一位青年农民。

苏白

苏白（1926—1983），别名英心，别署陈风，自号不三不四楼居士，工艺美术师、篆刻家，山东烟台人。自幼喜欢书法、绘画，12岁时学习篆刻，曾得张叔愚等名家指教。解放后，当过中学教师，工作之余篆刻作品万余方。其作品淳朴刚健，古拙浑厚，气势磅礴。1983年在全国首次篆刻征稿评比中，其“身无媚骨”印获一等奖。汇有《苏白印蜕》《苏白印稿》数十集。作品多次在国内外展出，声誉卓著，颇受同道赞许。著名篆刻书画家君陶曾评论说：“老友苏白先生治印甚勤，初法散木，得其神髓。旋变，乃见自家面目。”

苏白乐于助人，诲人不倦，虽然身体羸弱，生活艰苦，却全力培养提携年轻人。1982年到河南讲学，因疾病缠身，劳累过度，以致当场病倒在讲台上。不时将自己精心搜集的印谱印蜕无偿送给学生，很多都是孤本善本。许多外地慕名而来的求学者，有的就住在他家里，当面求教。对一些来信求教的外地学子，他总是每信必答，耐心释疑，无私奉献，循循善诱，谆谆教导。

曾任青岛市工艺美术研究所篆刻研究室主任、工艺美术师，中国书法家协会会员，山东省书法家协会常务理事，西泠印社社员。1983年5月病逝。

束星北

束星北（1907—1983），物理学家、中国海洋物理学奠基人之一，江苏扬州人。1924年就学于杭州之江大学物理系。1926年赴美国堪萨斯州拜克大学学习。1927年赴德国求学、考察。1928年赴英国爱丁堡大学学习，对爱因斯坦的相对论产生极大兴趣。1930年2月，经导师引荐，转入剑桥大学，师从著名天体物理学家爱丁顿教授。同年8月，被爱丁顿推荐到美国麻省理工学院做研究生和数学系助教。1931年5月完成硕士论文，获麻省理工学院理学硕士学位。

1931年回国，先后在浙江大学任教19年（其间曾在上海暨南大学、交通大学短暂任教，1944年10月至1945年9月被国民政府军令部技术室借聘）。其间，与王淦昌教授共同研究β衰变问题，取得成果。抗日战争爆发后，辗转到设在云南昆明的西南联大任教。曾应国民政府邀请赴重庆研制雷达，并于1945年春研制成功中国首部雷达，为抗击日军侵略作出贡献。抗日战争胜利后，回到浙江大学从事教学工作。讲课从不照本宣科，而是启发引导学生思索、探讨，培养出来的大批人才很多在国内外享有盛名，著名物理学家李政道、吴健雄等，都曾受益于他。

1952年，束星北应聘到山东大学物理系任教，并开始研究气象学，先后发表《气象动力学》《流体力学》等多篇学术论文。中国气象学会委托他在青岛筹建气象研究所。1955年“肃反”运动中被停职审查，1957年反右运动中受批判，1958年被错定为“极右派分子”和“历史反革命分子”，“留校控制使用”，判处“管制三年”，发往月子口水库劳动改造。1961年转入青岛医学院，继续“管制”劳动，至1965年撤销“管制”。1978年被国家海洋局第一海洋研究所聘为研究员，从事海洋物理研究。1979年获平反，恢复名誉。

在国家海洋局第一海洋研究所（驻青岛）时，凭借深厚的数学基础，从海洋内波在动力海洋学研究的重要性及其对潜艇安全潜航的威胁构成出发，正式开展以实测为基础的海洋内波研究，填补国内空白，并在国际研究领域争得地位。此外，又举办28名科研人员参加的“动力海洋学进修班”，为研究所培养一批学术带头人。所创建的研究组，成为中国从事海洋内波研究的一支重要力量。1979年春，航天工业部为一项科研项目向社会广征方案，束星北的方案被国家采纳并一次试验成功，为中国航天工业的发展立下功劳。束星北也成为中国历史上第一枚洲际导弹轨道的计算者。

1981年，束星北当选为山东物理学会名誉理事长和中国海洋物理学会名誉理事长。1983年10月在青岛去世。按其遗愿，其遗体捐献给青岛医学院作教学研究用。著有《电磁学讲义》《狭义相对论》等。

李慕

李慕（1914—1984），原名李隆兴，曾用名李铁民，曾任青岛市市长，山东蓬莱人。少年时期就读于营口师范学校。1932年回乡教学，经常阅读进步书刊，受到进步思想熏陶。1934年参加中共党员慕湘组织的尘烟文艺社，为《蓬莱日报》副刊《尘烟周刊》撰稿，宣传进步思想。1937年，参加中华民族解放先锋队和抗日救亡团体蓬莱县抗战服务团。1938年7月，参加中共蓬莱县委举办的国防教育训练班学习；8月，加入中国共产党。国防训练班结业后，任蓬莱县九区区公所指导员，发动群众组建抗日自卫团和工、农、青、妇抗日救亡团体；筹集资金，支援抗日前线。此后，历任县政府代理秘书、视导主任、蓬莱县第二行署主任、蓬莱县政府秘书兼民政科长、蓬莱县县长兼县大队大队长等职。1941年9月，赴鲁南抗日军政大学学习。1942年3月后，历任北海减租减息工作队分队长、北海专署副专员兼蓬莱县县长、蓬莱县县长、烟台市政府秘书长、胶东行署财政处处长等职。其间，积极发展、巩固和扩大抗日根据地。在抗日根据地，组织群众，发展抗日武装及自卫团组织，开展减租减息，大力发展生产，筹款筹粮，发动群众参军参战；在敌占区，建立秘密抗日组织和灰色政权(两面政权)，发动群众抗粮、抗捐、抗征夫。组织和发动群众，深入开展反“扫荡”、反“封锁”、反“蚕食”斗争，经常带领小分队冒着生命危险，风餐露宿，昼伏夜出，伺机打击敌人，多次受到上级表彰。

1949年6月，李慕调青岛工作，先后任青岛市军管会财粮部部长、财政局局长、财经委员会副主任、副市长、市长等职，为稳定青岛物价，发展生产，迅速恢复青岛国民经济做出积极努力。1963年，因滕景禄案件蒙受冤屈，调任山东省财贸办公室副主任。

1979年当选为山东省第五届人民代表大会常务委员会委员，1983年任中共山东省顾问委员会委员。1984年1月7日在济南病逝。

陈新华

陈新华（1920—1984），原名陈泗华，别名陈芝文，曾任青岛警备区司令员，湖南资兴人。1938年7月参加八路军，到延安抗日军政大学六分校学习。1939年4月加入中国共产党。1940年2月，任抗日军政大学总校第三团二大队六队排长。1941年6月，任华东总分校军事助教。1942年3月，任新四军军部巡视团团员。1943年1月，任新四军七师教导大队军事教员，曾指挥一个连成功突破日军包围。1943年3月，任新四军七师独立团侦察参谋。1944年8月，任新四军七师沿江支队侦察连连长。1944年10月，任新四军十九旅司令部作战股作教参谋。1945年11月至1950年3月，历任新四军十九旅作教股副股长、侦察股股长，二十一师司令部作战科科长、六十二团参谋长，七十五师二二四团副团长、二二三团副团长，参加过诸诚、淄川、兖州攻坚战，胶河、胶济路阻击战和莱芜、南麻、淮海、渡江战役。1947年在莱芜战役中荣立一等功。1950年3月，任华东军区高干训练班部训科科长。1953年5月，任华东军区司令部军事训练处战术科科长。1956年4月，任济南军区司令部军训处处长。1962年2月到高等军事院校学习，12月任济南军区司令部军训部部长。1964年组织指导济南军区部队、民兵开展军事大比武，掀起练兵热潮，受到中共中央、国务院、中央军委领导的表扬。1965年6月，任某师师长。1968年2月，任六十七军副军长。1978年5月，任六十七军军长。1981年6月，任青岛警备区司令员。1983年离休。

1956年获得三级独立自由勋章、三级解放勋章。1964年晋升大校军衔。1984年3月3日病逝。

言少朋

言少朋（1915—1984），京剧演员，北京市人，蒙古族。生于京剧世家，深受艺术熏陶，是京剧言派艺术创始人言菊朋长子，为言派第二代传人。师从京剧艺术大师马连良，在继承言派艺术的同时，又学习马派艺术，具有较深艺术造诣。1955年由北京调入青岛市京剧团，历任演员、副团长、团长。1955～1958年，主演京剧《屈原》《炼印》《春秋笔》《四进士》《野猪林》等传统名剧目，赴大连、烟台、天津、石家庄、太原、西安、徐州等20多个城市巡回演出，受到各地票友和观众的欢迎。1959年在山东省第二届戏曲会演中，获表演一等奖。同年，在周恩来总理关怀和亲自安排下，晋京演出言派名剧《卧龙吊孝》，使绝响于京剧舞台十余年的言派艺术得到复苏重振。《人民日报》为此发表《喜看言派有后》的评论文章。1959年10月在济南为毛泽东主席演出言派戏专场，受到毛泽东主席接见。同年又在上海和苏州向刘少奇、邓小平、陈毅、贺龙等中央领导作了言派戏专场汇报演出。60年代初，京剧言派艺术进入中兴鼎盛时期，先后挖掘整理出《吞吴恨》《上天台》等20出言派剧目，并对言派艺术大胆创新，使言派的委婉飘逸风格与马派刚劲亢亮风格浑然一体。1957～1960年，先后获“青岛市先进工作者”，“青岛市教育、文化、卫生界社会主义建设先进工作者”荣誉称号。曾当选第二届山东省政协委员，第一届青岛市政协委员、第二届政协常委。1962年9月调离青岛。1984年12月在上海病逝。

尹致中

尹致中（1902—1984），实业家、民族资本家，山东莱阳人。1916年到青岛，先后在日商高谷洋行、寺庄洋行当童仆，夜间在日本实业学校学习日语，后就读于青岛商学院。1926年去日本，在制针厂学徒，在广岛高级工业学校学习。1928年回国。1929年在青岛创办忠记针厂。1931年自行发明连三式自动制针机，建立中国第一家制针企业——冀鲁制针厂，填补中国制针工业的空白，结束仰赖洋针进口的历史。1932年，以高价购得日本手缝针专用生产设备制鼻机全部技术资料，将生产工艺由原来的砸鼻、穿孔、分割三机生产，改造成一台机完成，提高生产效率，扩大生产规模。1933年又创立兴华实业机器厂，专门制造制针机器。1936年任中华工业联合会青岛分会主席。“七七事变”后去上海，在法租界设立大中工业社临时制针厂。后在香港开设大中工业社制针厂，在重庆设立大川实业公司机械厂、石棉厂。1942年在成都成立大星实业公司，并任重庆机器同业公会理事长，国民政府经济部干事、生产局顾问。1945年日本投降后回青岛，收回冀鲁制针厂，标得敌产大福染织厂、大信化学公司、大北木厂，创办青岛高级工业职业学校，并任青岛市工业会理事长、青岛市参议会参议员。1947年当选国民大会代表。1949年在台湾创办大东公司。1952年任香港中华厂商联合会副主席、名誉主席。1962年在香港创办大洋实业股份有限公司，专营制铁及船舶业务。1969年创办螺丝总汇股份有限公司。1984年病逝于香港。

石 建

石建（1965—1985），原名石剑，革命烈士，山东滕州人。出身革命军人家庭。1984年5月，加入共青团，同年10月应征入伍，成为海军第一航空机务学校学员。

1985年5月4日，学校组织团员青年到崂山春游。中午，当石建和战友来到龙潭瀑附近时，天降大雨，山洪暴发。龙潭瀑前的石桥被湍急的洪水淹没，几十名游客冒险涉水过桥时，一女青年不慎被激流卷入桥下深潭。石建纵身跳入水中，用力将她推向岸边。女青年得救，石建却被冲向水的深处。在与洪水搏斗中，他又发现一男青年正在激流中挣扎，便不顾自己的危险处境，奋力前去营救。这时，一排洪峰猛压过来，把他俩吞没。男青年在下游被人救起，石建却光荣牺牲。

石建牺牲后，海军航空兵部队追认他为革命烈士，并追记一等功；海军授予他“舍己救人的模范共青团员”荣誉称号；中共青岛市委、青岛市人民政府授予他“爱民模范”光荣称号。12月30日青岛市举行抢险英雄群体纪念碑揭幕仪式。纪念碑主碑是一块100余立方米的花岗岩，高4.5米，面向南，矗立在崂山龙潭瀑旁。碑体上镶嵌着石建烈士的半身浮雕铜像，并雕刻着表现英雄群体抢险救人的长幅浮雕。诗人贺敬之的题诗《咏崂山英雄群体》，镌刻于主碑上。此外还镌刻记述其事的纪事碑文。

方宗熙

方宗熙（1912—1985），又名方少青，生物学家，福建云霄人。1936年毕业于厦门大学，获学士学位后，留校任生物系助教。1937年夏回原籍云霄中学任生物学教师。1938年初，赴印尼苏门答腊巨港中学任生物学教师兼教务主任，后因日军侵占南洋，避居巨港山区经营菜园。1946年初赴新加坡华侨中学任教师兼图书馆主任，并参加胡愈之组织的民盟马来亚支部的创建工作。1947年秋，赴英国留学，在伦敦大学研究人类遗传学，1949年底获遗传学博士学位。在办理回国手续的过程中，因遭到英国政府和国民党使馆的阻挠，于1950年6月赴加拿大多伦多大学做研究工作。1951年2月回国，在北京出版总署任编审，同年7月调人民教育出版社生物学编辑室任主任，先后编辑出版《自然》《植物学》《动物学》《人体解剖生理学》《达尔文主义基础》等教科书，并与周建人、叶笃庄合译《物种起源》《动物和植物家养下的变异》等书。1953年，应山东大学副校长童第周之邀，到山东大学生物系任教授。1958年10月，山东大学由青岛迁往济南后，留在青岛筹建山东海洋学院生物系。1959年3月山东海洋学院建立后，曾先后任该院海洋生物遗传教研室主任、系主任及副院长。曾当选第三、五、六届全国人大代表，兼任第四、五届山东省政协副主席，民盟中央委员，全国侨联委员，民盟山东省委常委，山东省侨联副主席，青岛市侨联主席，中国科学院海洋研究所兼职研究员，山东海洋学院学术委员会副主任，中国遗传学会副理事长，中国海洋学会副理事长兼秘书长，全国科普作家协会副理事长兼《遗传》杂志主编、《海洋学报》副主编、《山东海洋学院学报》编委会副主任等。

著有《生物学引论》《普通遗传学》《达尔文主义》《生命的进化》《拉马克学说》《细胞遗传学》等，还有《古猿怎样变成人》《生命发展的辩证法》《遗传与育种》《生命进行曲》《遗传工程浅学》《生物基础知识》等科普通俗读物。科研成果主要有：海带常规育种和有关遗传研究，培育出“海青一、二、三号”海带新品种，并推广海带常规育种的原理和方法；海带单倍体遗传研究，选育出性状优良的“单海一号”新品种；海带杂种优势研究，培育出高产、高碘、抗病性强的杂交种“单杂10号”；裙带菜、紫菜的遗传研究；与美国西伊里诺大学马德修教授合作进行应用植物微核技术检测环境污染物的研究，在全国建立检测环境污染的遗传学方法。撰写数十篇海洋生物方面的论文，并多次赴美国、加拿大、日本、英国、联邦德国、法国、新加坡等国家和中国香港地区访问讲学。1985年7月6日病逝于青岛。

赫崇本

赫崇本（1908—1985），物理海洋学家，辽宁凤城人，满族。1932年7月毕业于清华大学物理系，先后在天津河北工学院、山东烟台益文中学、天津南开中学、清华大学、昆明西南联大讲授物理。1943年11月赴美国加州理工学院气象系攻读博士学位，1947年7月完成博士论文后到加州大学斯克里普斯海洋研究所研究物理海洋学。1949年回国，在山东大学任教授、系主任。1950年1月，与童第周、曾呈奎等人发起成立中国海洋湖沼学会，并担任领导工作，还在中国科学院水生生物研究所青岛海洋生物研究室兼任研究员，并任物理研究分组的负责人。1956年4月加入中国共产党，并参加中国第一个科学发展长远规划的制订工作。1958～1960年参与全国首次海洋综合调查的领导工作，曾任国家科委海洋组副组长，并同曾呈奎等科学家联名建议国务院成立国家海洋局。对中国海洋观测台站的设置、标准观测断面的选择、海洋仪器的研制和开发等都曾提出过不少富有远见的建议和意见。1959年参与山东海洋学院的筹建工作，先后担任教务长、副院长、院学术委员会主任、物理海洋研究所所长等职。还是国务院学位委员会理学评议组成员，曾任《中国科学》编委，《中国大百科全书·海洋学卷》副主编，《中国海洋湖沼学会理论丛书》第一副主编，中国海洋湖沼学会第一、二、三届副理事长；还担任中国科学院海洋研究所学术委员会委员、南海海洋研究所学术顾问。1959年参加中、苏、朝、越四国渔业会议。曾主持《海洋学基础理论丛书》《中国大百科全书》海洋卷、《辞海》海洋条目、《海洋学辞典》《海洋与湖沼学报》的编审工作。

赫崇本在物理海洋学特别是在中国近海水文特征的变化、水团分析和浅海海洋调查方法等方面都有深入研究。主持编写《海洋学》《潮汐学》《动力气象》等多种教材，发表《黄海冷水团的形成及其性质的初步探讨》《关于浅海海洋调查与分析的几点意见》《关于海洋水文气象调查精度问题》《海洋调查的一些基本问题》《十年来的中国科学综合调查（1949～1959）“海洋调查”》《浅海水文调查的一些问题》《全国海洋调查综合报告——水团分册》《对发展中国海洋科学的几点意见》等文章。是中国物理海洋学的奠基人之一。1985年7月14日病逝于青岛。

王仲荦

王仲荦（1913—1986），曾用名王颂平、王元崇，历史学家，浙江余姚人。在上海读完小学、中学和大学，以诗文受到国学大师章太炎器重，收为弟子。1938年任章太炎文学院院长室秘书主任兼中国通史教授。1940年由上海辗转至昆明，任云贵监察使李印泉（章太炎盟兄弟）秘书，兼修云南地方志。1942年到重庆中央大学中文系任教。1946年，随中央大学回到南京。1947年，因支持学生民主运动，与十多位教授被解职。同年，应聘到青岛，任国立山东大学中文系副教授。任教期间，经常拿出自己的工资接济学生。1958年随山东大学迁往济南。历任山东大学历史系教授、历史系主任、校学术委员会副主任委员、《文史哲》编委会副主任，中国史学会理事、中国唐史学会副会长，山东省史学会理事长，国务院古籍整理小组成员，教育部历史学科第一届学位评议组成员、中国首批中国古代史博士生导师。1984年曾赴日本讲学。

王仲荦著述丰富，多有创见，自成一家，是魏晋封建论的代表学者。50年代开始研究魏晋南北朝史，花了五六年的时间写成《魏晋南北朝隋初唐史》，对中国中世纪370余年的复杂历史进行梳理，扭转过去因偏见造成的蒙昧状态，开辟魏晋南北朝历史研究新局面。著有《西昆酬唱集注》《北周六典》《北周地理志》等。其《魏晋南北朝史》获全国高等学校优秀教材奖，《鹊华山馆丛稿》《隋唐五代史》获山东省社会科学优秀成果一等奖。70岁高龄还整理章太炎遗著，主持《太炎先生全集》编辑出版工作。1986年6月4日病逝。

刘恩兰

刘恩兰（1905—1986），女，地理学家，山东安丘人。青年时代就读于南京汇文女子中学、南京金陵女子大学，毕业后在该校附中任教。1929年考入美国克拉克大学攻读自然地理，获硕士学位。1931年经欧洲回国，任金陵女子大学地理系主任。1939年赴英国牛津大学就读，获自然地理学博士学位。回国后任内迁于成都的金陵女子大学系主任。参加教育家蔡元培创建的中国科学社，并同气象学家竺可桢一起创建中国地理学会、中国气象学会。1946年赴美国讲学并考察美国西部地区，在此期间，实地考察西欧、北美和苏联等十几个国家的地理和社会。1948年回国后仍在金陵女子大学任教授，同年出席国民党全国代表大会。

建国后，受农业部部长李书诚之邀，参加永定河水土保持调查和淮河水坝、溢洪道地质研究。还应周恩来总理邀请，参与中国科学院的组建工作。1951年调长春东北师范大学地理系任教授。1954年调哈尔滨军事工程学院海军系任海道测量教研室主任，在此期间，曾参与1956年松花江洪峰问题研究和桑干河流域水土保持调查。

1961年调天津海军航保部工作。1964～1972年在国家海洋局第一海洋研究所工作，虽年过六旬，仍常带领青年科技人员开展海河口、厦门大澄水道泥沙洄淤调查和青岛海区声场调查，同时翻译大量海洋文献资料。1972年回北京，后任国家海洋局顾问。

解放初加入九三学社，55岁时加入中国共产党，是第三、四、五届全国政协委员。晚年将全部积蓄2万元交做党费；中美建交不久，又主动申请将1946年在美国讲学时的酬金取回，作为海洋学会的科学基金。

刘恩兰一生未婚，将毕生精力致力于祖国的教育、科学和海洋事业。1987年，国家海洋局以她的名字设立“刘恩兰青年科技奖励基金”。著有《中国农业气象》《中国雨量变率的研究》《雨量密度》《川西之高山聚落》《河西走廊经济发展中的地理条件》《海岸控制与航道维护》《动员舰艇收集海洋资料，进一步保证航行安全》和《青岛近海声场》等。1986年7月15日病逝于北京。

康志强

康志强（1912—1986），原名康世发，别号康子祥，曾任海军北海舰队政委，江西兴国人。1930年5月参加中国工农红军。1931年9月加入共青团，次年7月转为中共党员。1931年11月起，历任红一军团第四军十二师三十五团排长、连长，新编师连政治指导员。1932年7月，入红军学校学习。后历任红军学校彭杨步兵学校政治教员、军委干部团政治教导员兼连政治指导员、红一军团第二师四团连政治指导员。1936年1月起，历任红军一师一团政委、红一军团政治部组织科科长、随营学校政治大队大队长。参加中央苏区第一至四次反“围剿”作战和长征。在强渡金沙江、直罗镇战役和四川土城等战斗中，带领部队英勇作战。1937年7月，任八路军第一一五师教导大队大队长，率部参加平型关战斗。1938年3月起，历任八路军三四四旅六八九团政治处主任、政委，三四四旅政委等职，在晋东南反“九路围攻”中，指挥部队于武乡地区与日军进行白刃战，取得长乐村战斗的胜利，受到上级表扬。1941年11月，任新四军四师九旅政委。1942年11月，任淮北三分区政委兼地委书记，领导和发展邳（县）睢（宁）铜（山）抗日根据地，多次粉碎日本侵略军的“扫荡”。1947年3月，任华东野战军二纵副政委、政委。1948年11月任华东野战军二十一军政委，指挥所属部队参加朝阳集、鲁南、莱芜、孟良崮、济南、淮海、渡江等重大战役。1951年1月，任华东军区海军副政委兼政治部主任。1955年7月，任海军东海舰队政委。“文化大革命”中受迫害。重新工作后，于1975年8月任海军北海舰队副政委。1978年5月，任北海舰队政委。1981年3月，任海军副政委。

1955年，被授予中将军衔，获得二级八一勋章、一级独立自由勋章、一级解放勋章。是中共第十二次全国代表大会代表。1986年11月1日病逝于北京。

赖可可

赖可可（1911—1987），又名赖哥、羽鸿、梦凡，曾任中共青岛市委书记，广东大埔人。1925年，在大埔县高陂镇仰文学校读书。1926年，考入厦门市集美学校农林部，后任农林部学生会主席。1928年6月，加入共青团。1929年春转为中共党员。8月，奉中共漳州市委派遣深入龙海县开展农民运动。1930年春，赴上海群治大学文学系就读，加入反帝大同盟。后任中共上海市闸北区委书记。8月，参加中共中央在上海市法国租界医院举办的学习班。结业后，被派往江西瑞金苏区。同年冬，随叶剑英、萧劲光等到香港，由中共广东省委地下交通员引领密赴广东省汕头市。11月抵达闽西虎岗村，任中共闽粤赣特委文教部干事，后历任工农红军第十二军第三十四师政治部组织干事、宣传干事、宣传科长，永定独立团政委，第十二军第三十六师政治部宣传科科长。1933年，在江西中央苏区的肃反中遭诬陷，被开除党籍。1934年，任工农红军第一军团第一师参谋处文书，随军参加长征。1935年冬，经红军总政治部批准，恢复党籍。1936年，随军东渡黄河，复任第一师政治部宣传科科长。随后西征，迎接工农红军第二、四方面军北上。抗日战争时期，历任第一军团直属队政治处俱乐部主任、第一军团政治部宣传科科长、八路军第一一五师宣传部副部长、山东省军区政治部宣传部部长等职。解放战争时期，调任山东滨海军区政治部主任。1946年8月，调任胶东军区政治部主任。1948年春，任中共胶东区委副书记兼胶东军区副政委，参与解放烟台的战斗。1949年春，任中共胶东区委书记兼胶东军区政委。6月，任青岛市军事管制委员会副主任、青岛市市长、中共青岛市委书记。1953年2月，任中共中央山东分局副书记兼组织部部长、青岛海军基地政委。1957年任山东省政府工业交通部部长。1961年7月，调任中共浙江省委常委、秘书长。1965年，任中共浙江省委书记处书记、省委书记。“文化大革命”期间，任浙江省革委会副主任，中共浙江省委副书记、书记等职，犯有严重错误。1987年2月17日在杭州病逝。同年3月，被开除党籍。

李　林

李林（1903—1987），原名李凤集，化名仲翔，曾任山东省政协副主席，莱西后周格庄村人。青年时代向往革命，1926年加入国民党，在济南从事工人运动。1927年“四一二”政变后，脱离国民党，返乡执教，组织读书会，引导青年寻求革命救国道路。1931年考入青岛大学，因领导抗日爱国学生运动，1932年被开除学籍。1933年2月加入中国共产党。中共青岛市临时委员会成立后任市委委员，同时任中共山东省工委委员兼秘书长。12月，李林因山东省工委交通员叛变被捕，在狱中他坚贞不屈，领导难友同反动当局进行坚决的斗争。1937年9月抗日民族统一战线形成后，于10月出狱，回乡掌握莱阳党组织恢复情况后，去泰安汇报莱阳“中华民族解放先锋队”和党组织恢复发展情况，12月莱阳县委重建。1938年初参加中共领导的徂徕山抗日武装斗争。1940年后，历任中共山东省委组织部部长、中央组织部高级研究班党支部书记、陕北公学分校党总支委员、八路军山东纵队民运部部长等职。解放战争期间，任中共中央华东局委员兼组织部部长。建国后，历任中共山东分局委员兼工委书记，旅大市委常委，旅大市政府党组书记、副市长，曲阜师范学院党委委员、副院长。“文化大革命”中受迫害。1978年3月任第五届全国政协委员。1979年12月任第四届山东省政协副主席。1983年12月离休，1987年4月5日病逝。

万振法

万振法（1945—1987），革命烈士，即墨河阳庄人。1964年入伍，1968年3月加入中国共产党，历任班长、排长、副连长，曾两次立三等功。1982年转业，任即墨县公安局城关分局民警。1987年12月5日13时许，辽宁省清原县农民李某，为达到霸占女青年张某的目的，携带炸药窜至张某干活的即墨县蓝鳌路一个体饭店，挟持店主，扬言如果带不走张某就将张某、店主和饭店炸毁。当时，正逢即墨城大集，在店内用餐和店外围观的群众很多，情况十分危急。万振法和民警国立悟接报后，迅速赶到现场，先把饭店的服务员和就餐群众20余人疏散，安排联防队员撤离围观群众，并同随后到达的城关分局副局长成方乾、民警石正先一起，耐心劝导犯罪分子，设法解救被挟持的店主。犯罪分子执迷不悟，死死抓住店主不放，威胁要引爆炸药，在千钧一发之际，4名公安民警奋不顾身扑向犯罪分子，犯罪分子点燃炸药，万振法、成方乾、国立悟当场牺牲。1987年12月24日，公安部授予万振法“全国公安战线一级英雄模范”荣誉称号。

赫保真

赫保真（1904—1987），字聘卿，国画家，山东潍坊人。幼年受家庭熏陶喜爱绘画。因时处军阀战乱，仅小学毕业就辍学谋生。初在潍县学做生意，在学生营业部做伙计，利用工余时间，研习作画。始习西画，继作国画。1921年与郭兰村、傅柳坪组织“益社”，研究国画，并共同参加上海美专的函授学习，同时拜丁东斋、刘秩东为师。1922年经丁东斋倡导，在“益社”的基础上扩大范围，吸取国画爱好者参加，成立“同志画社”。他刻苦学习，博采众长，技艺大进。

1924年到青岛。先后在青岛一中、教师进修学院、工艺美术学校任教，长期从事音乐、美术教育工作，多次举办个人作品展。1959～1979年，从理论与实践两方面探索，推陈出新，创出属于自己的独具风貌的绘画语言“五结合画牡丹法”，即“古今结合、中西结合、工写结合、彩墨结合、主客观结合的画法”，被誉为“赫牡丹”。擅长花卉，兼画人物、山水，笔墨潇洒，设色艳丽，雅俗共赏，典雅大方。代表作有《和平鸽》《碧海巧绣海带田》《神州山川处处春》《牡丹》等。作品《牡丹》具有雍容华贵、国色天香的艺术风格。作品多次参加全国和山东省美展，并为人民大会堂山东厅创作《满堂红》《十里荷香》等巨幅画屏。

为中国美术家协会会员、中国美协山东分会理事、民盟山东省委顾问。山东美术出版社出版《赫保真画选》。

吴尚勤

吴尚勤（1921—1988），女，实验胚胎学家、发育生物学家，江苏吴县人。中学时代就积极参加民主运动，跟随进步人士闹学潮，被学校扣发文凭。1938年，以同等学历考入南京中央大学医学院，在生物学家、实验胚胎学家童第周教授指导下做胚胎实验。毕业后，留校任解剖科助教。1949年调入山东大学动物系，做童第周教授的助手。1950年8月，调刚刚成立的中国科学院海洋研究所的前身——中国科学院水生生物研究所青岛海洋生物研究室工作。

吴尚勤把毕生的精力都投入在实验胚胎、分子生物学、发育生物学的研究上。1953～1956年，在国家重点科研项目“船蛆防除研究”中，完成船蛆的发育和生活习性的研究任务，为寻求有效的防除方法提供理论基础，该研究项目获1966年全国科研发明奖一等奖。1953～1967年，作为第二负责人参加童第周领导的“细胞核与细胞质的相互关系的研究——文昌鱼的器官与发育”研究课题，获1978年全国科学大会奖。1956年，其“硬骨鱼胚胎发育的研究”获中国科学院自然科学一等奖。1960年与丈夫娄康后一起在国内首先解决了对虾室内人工育苗的问题，为全国对虾增养殖工作的发展打下基础。在卵子早期分化研究方面，组织并领导“低等原索动物卵子细胞质受精前的分化”的研究课题，通过大量实验，证明细胞质的局部定位是在未受精的成熟卵子中就已经存在，从而把卵子细胞质分化于受精之时，推进到受精前的成熟卵子中。这一发现，使她和课题组获得1982年中国科学院重大科技成果一等奖。

1956～1957年，连续两次出席青岛市第一、二届妇女社会主义建设积极分子代表大会；1960年，出席山东省妇女社会主义建设积极分子代表大会；1965年当选第三届青岛市政协委员；1978

年当选青岛市革委会委员；1980年当选青岛市“三八红旗手”，同年，美国卡内基研究院授予她卡内基荣誉会员称号；1984年，美国伍兹霍尔海洋生物研究室授予她Lillie（莉莉）荣誉会员称号。

吴尚勤重视理论与实践的结合。80年代中期，积极配合并指导山东省日照市开展水产品增养殖的工作和研究。1988年3月11日，在赶赴日照养虾场途中，因车祸不幸罹难。

为表彰其为中国海洋生物科学所作的贡献，经山东省人民政府批准，山东省人民政府、中国科学院海洋研究所、日照水产研究所和吴尚勤亲属及生前好友共同发起组织成立“吴尚勤奖学金会”，旨在奖励和培养更多的发育生物学人才，以繁荣学术，促进海洋生物科学的进步。

沈 从 文

沈从文（1902—1988），原名岳焕，别号小兵，笔名懋林、休芸芸、甲辰、璇若等，作家，湖南凤凰人。1917年小学毕业后，因家中生活困难参加军校“预备兵技术班”，不久被提为上士司书。1921年离开军队后到北京求学。曾任香山慈幼院编辑、香山教育图书馆职员、北京大学图书馆编目，同时开始文学创作。1926年，其小说开始在《小说月报》上发表。是年，北新书局出版他的散文、小说、戏曲、诗歌合集《鸭子》。1927年，其小说集《蜜柑》由新月书店出版。3年间，先后发表作品170余篇。1928年1月，与丁玲和胡也频在上海一起创办《红黑》《人间》刊物。后任《中央日报》文艺副刊主编、国立武汉大学教授。

1931年8月，沈从文到青岛任国立青岛大学教授，主讲小说史和散文写作。在青岛期间，完成短篇小说集《虎雏》、传记文学《记胡也频》，短篇小说《都市一夫人》《三个女性》《月下小景》《八骏图》等，《边城》也是在这期间酝酿而成的。

1933年秋，沈从文离开青岛回北京，任《大公报 · 文艺周刊》主编，后去昆明西南联大师范学院任副教授，第二年转任北京大学教授，讲授中国现代文学和写作课程。

建国后，沈从文被安排到革命大学学习，结业后，被分配到历史博物馆工作。后历任中国社会科学院历史研究员、中国古代服饰研究室主任，并当选全国政协常委。著有小说《边城》《长河》等，辑有《沈从文子集》《沈从文全集》等。1988年5月10日病逝于北京。

毛 汉 礼

毛汉礼（1919—1988），物理海洋学家，浙江诸暨人。1943年浙江大学毕业后，到中央研究院气象研究所任助理员。1947年去美国加州大学斯克里普斯海洋研究所进修海洋学，获硕士和博士学位。1951年申请回归祖国，受到美国政府阻挠，暂留该所作研究副教授。后经周恩来总理在日内瓦国际会议上力争，美国政府被迫准予其离境。1954年8月回国后，历任中国科学院海洋研究所副研究员、研究员，研究室副主任、主任，副所长等职务。1980年被选为中国科学院（地学部）学部委员。先后担任国务院科学规划委员会学科组成员，国务院学位委员会学科组成员，国家科委海洋组成员，中国海洋湖沼学会副理事长，国际海洋物理科学协会中国委员会主席，九三学社中央委员，第四、五届山东省政协常委，青岛市科协副主席等职务。被列为《中国大百科全书》中的知名科学家。1984年11月加入中国共产党。

曾承担国家重大任务，在国家历次制定海洋科学规划时，多次发表文章，为领导决策提供信息与建议。在执行“12年科学发展规划”时期，主持“规划”国内首次大型海洋调查——“渤海及北黄海西部海海洋综合调查”；继又以全国海洋综合调查技术指导组组长身份，全面参加领导全国海洋综合调查，取得一批高质量的资料，并编辑出版《全国海洋综合调查资料汇编》《全国海洋综合调查海洋图集和潮流图集》和《全国海洋综合调查报告》。这项工作1978年获全国科学大会奖。嗣后，又组织领导国家规划中的许多重大海洋调查研究课题，诸如“黄、东海大陆架综合调查研究”“黄、东海环流结构与海气相互作用的研究”等，为中国海洋的自然环境和海洋科学的不断开拓与发展打下基础。

毛汉礼为发展中国海洋科学事业培养一大批骨干力量，有的成为国内外知名科学家。晚年虽患病，但仍多次赴美、加、日、澳、德、法等国开会、考察和讲学。著译作丰硕。几十年中，在国内外发表论文、报告40余篇，出版专著、译作多册。1957年，与日本著名海洋学家吉田耕造合作的《一个大水平尺度的上升流理论》，被同行公认为是研究上升流的经典著作之一。组织领导的中国科学院重点项目共完成论文30余篇，其中《东海环流结构中的两个主要分量》和《黄、东海水文物理学的调查研究》两篇论文，在国内外学术会议上博得好评，分别获得1985年中国科学院一等奖和二等奖。翻译出版100多万字的英、美经典海洋著作，为培养海洋科技人才提供教材。1988年11月22日病逝于青岛。

殷孟伦

殷孟伦（1908—1988），字石臞，语言学家，四川郫县人。早年曾受业于赵少咸（世忠）、黄侃（季刚），并接受过章太炎的启发和指导。曾在黄侃门下学习和工作多年，受到黄侃细致、系统而具体的指导，在传统语言学的文字、音韵、训诂方面打下扎实基础。1932年毕业于国立中央大学中文系。1935年留学日本东京帝国大学文学研究院，1937年“七七事变”前回国。1941年任四川大学中文系教授兼系主任，1945年兼任中央大学中文系副教授。1953年到青岛，任山东大学中文系教授兼古汉语教研室主任、语言研究室主任、校学术委员会委员和《文史哲》编委会委员。1958年随山东大学迁往济南。1980年后当选为山东省社会科学联合会副主席、山东语言学会理事长、中国训诂学研究会副会长、中国语言学会理事、汉语音韵学研究会顾问。

殷孟伦治学严谨，在文字、音韵、训诂及版本、目录、校勘和史地考证等方面，均有很深造诣。建国前有《谢灵运诗》《中国语言学概说》《程瑶田〈果裸转语记〉疏证》等著作出版；建国后又有《汉魏六朝百三家集题注解》《训诂学概论》《古汉语简论》《子云乡人类稿》等10余种专著、数十篇论文传世。其《程瑶田〈果赢转语记〉疏证》《〈四声五音九弄反纽图〉解释》《〈尔雅〉简说》《训诂学的回顾与前瞻》《段玉裁和他的〈说文解字注〉》《王念孙父子〈广雅疏证〉在汉语研究史上的地位》《莫友芝与〈韵学源流〉的关系质疑》《试论碎叶城在唐代的地理位置》等论文和专著，在海内外都产生较大影响。1988年12月14日病逝。

郑鹤声

郑鹤声（1901—1989），字萼荪，学者，浙江诸暨人。1920年考入南京高等师范学堂文史地部，1924年毕业时将论文《汉隋间之史学》撰成10余万字专著，由上海中华书局出版。1925年起先后任教于云南高等师范、东陆大学（今云南大学）。1929年任南京国民政府教育部编审处编审、教育部编译馆专任编译兼人文组主任，编译馆转为国史馆后，任纂修兼史料处处长。1949年4月南京解放，国史馆改为中国科学院近代史研究所，任研究员。其间，兼课于中央政治学校和中央大学，讲授中国近代史和中国史部目录学。1951年至青岛，任教于山东大学，历任历史系教授、中国近代史教研室主任、中西交通史研究室名誉主任、校学术委员会委员等。1958年随山东大学迁往济南。是第二至五届山东省政协委员，山东省地方史志编纂委员会委员。

从1919年起郑鹤声即在上海《申报》《新闻报》等报刊发表文章，治史60余年，研究领域十分广阔，尤长于中国史学史、中国近代史和中西交通史。一生出版和发表著述160余种，2000余万字，主要著作有《中国近世史》《近世中西史日对照表》《中华民国建国史》《汉隋间之史学》《中国史部目录学》《中国文献学概要》《司马迁年谱》《班固年谱》《杜佑年谱》《袁枢年谱》《郑和》《郑和遗事汇编》《郑和下西洋资料汇编》《十四至十七世纪中国与海外诸国关系史料》等。1984年被评为山东省优秀社会科学工作者。1989年4月20日在济南病逝。

闫正连

闫正连（1963—1989），革命烈士，山东临沂人。1982年12月入伍，为武警部队青岛支队市南消防一中队战士，1983年升为班长。其所带的班在业务训练、内务整理、军民共建方面均获优异成绩，连续五年被评为尖子班。1986年5月加入中国共产党。1987年7月和8名战友一起参加山东省消防技术对抗赛，获总分第一，立三等功一次。1988年3月，被任命为代理副中队长。1987年5月，大兴安岭森林发生特大火灾，咬破手指，写下“坚决请战”的血书。

1989年8月12日，黄岛油库五号油罐因雷击爆炸起火，1.6万吨原油燃烧奔泻，严重威胁着周围大小15个油罐和国家重点工程安全。10时15分，闫正连奉命带领消防车和战士飞奔火场，担负着五号油罐东侧30米处四号油罐的冷却任务，连续3个多小时不下火线。14时许，风向突变。五号油罐的烈火向四号油罐压下来，罐壁泛起股股白烟，罐内发出刺耳的尖叫声，更大的灾难就要发生。面对险境，闫正连沉着冷静，一面指挥再调两支水枪加强喷水力量，一面带领前沿阵地的战士向空中喷水，在四、五号油罐间筑成水幕，试图阻止火势蔓延。但终因风大火猛，形势恶化，被命令撤离现场。闫正连不顾个人安危指挥战士们首先撤离。当多数人撤下后，回头发现两名新战士还在抱枪射水，边喊边向他们跑去。正当他们退离时，四号油罐爆炸，烈焰高达几百米，闫正连和两名新战士被近千度的油火吞噬，壮烈牺牲。

1989年8月19日，武警总部批准闫正连为革命烈士。1989年9月22日，李鹏、邓小平签署国务院、中央军委命令授予闫正连“灭火战斗英雄”称号，并颁发“一级英雄模范”奖章。命令指出：闫正连在扑灭黄岛油库特大火灾的战斗中，为了保护国家财产和人民生命的安全献出自己年轻的生命，表现出献身祖国、献身社会主义事业高度的政治觉悟；公而忘私、舍己救人的崇高品质；英勇顽强、临危不惧的革命英雄主义精神，为保卫社会主义现代化建设作出突出贡献，是全军和武警部队广大指战员学习的榜样。

严力宾

严力宾（1957—1989），革命烈士，河北易县人。1970年在河北省沙河县新城中学就读，后转胶县一中。1974年高中毕业后，放弃留校工作的机会，自愿到前店口乡下乡插队，任该乡知青组长、团小组长。期间，热心照顾烈军属、五保户，虚心向农民学习果树的栽培技术，精心负责知青组工作，深受知青的拥戴和老乡的好评。1977年加入中国共产党。是年，被广州远洋运输公司录用为远洋船员，派往厦门集美航海学校学习。1980年调入青岛远洋运输公司，任船舶一级机工，曾三次被公司选派到外轮上工作。

严力宾长期坚持理论学习，在下乡插队和

在武胜海轮工作期间，经常阅读理论书刊，通读《资本论》。在外派工作期间，两次瞻仰马克思墓，经常与船友一起学习毛主席著作、诗词，留下数十万字的读书笔记和书信。

严力宾以雷锋为榜样，刻苦钻研业务，不计个人得失，无私奉献，曾多次受到表彰。在外派期间始终洁身自好，一尘不染，保持中国海员的民族气节，赢得外籍船员的交口称赞。英籍轮机长劝他到英国定居，澳大利亚人士愿以高额担保费和高额工资让其在澳定居，都被婉言谢绝。他说："外国再好，生活再优越，毕竟是他人的故乡；中国再穷，生活再苦，她毕竟是生我养我的母亲。我不能忘记祖国，更不能做背叛祖国的事情。"1986年被评为公司文明职工标兵。

1989年11月18日，严力宾所在的青岛远洋运输公司"武胜号"海轮在香港合兴船厂修理时，因港方工人操作不慎，引燃棉纱，造成火灾。在这关键时刻，严力宾临危不惧，最先赶到现场，把个人安危置之度外，奋勇救火，不幸光荣牺牲。

严力宾牺牲后，江泽民总书记为他题词"学习严力宾同志，做坚定的共产主义战士"；杨尚昆主席题词"学习严力宾同志忠于党、忠于祖国、忠于人民"；李鹏总理题词"远洋深处留下他的航迹，海员心中树起他的丰碑"。被追授为山东省劳动模范并获全国"五一劳动奖章"，被交通部授予"雷锋式优秀船员"。中共山东省委和青岛市委追授他为"优秀共产党员"；山东省人民政府和山东省军区授予他"雷锋式的好船员、好民兵"称号；山东省人民政府批准他为革命烈士，共青团山东省委授予他"雷锋式好青年"；共青团青岛市委作出决定，号召全市青年向严力宾学习。

黄劭显

黄劭显（1914—1989），地质学家，即墨新生村人。1932年，参加中国共产党的外围组织"反帝大同盟"。后参加"一二·九"运动。1934年考入北京大学地质系，1940年毕业于西南联大。毕业后，主要从事野外区域地质工作，曾与地质学家许杰、孟宪民等合作进行云南东川铜矿区及其外围地区的地质调查与测量工作，并出版《云南东川地区图及报告》。1944年，与地质学家王曰伦等人首次赴祁连山区进行大范围区域地质调查。其后，三次赴贺兰山进行地质调查，在没有地形图的情况下，步测绘制1：200000的北段地质图，首次在中国发现铬铁矿，填补中国矿种上的一个空白。

建国后，黄劭显先后在甘北及陕北从事煤田的勘测工作及小松山铬铁矿的进一步勘探工作。1955年冬，调至第二机械工业部，专门从事铀矿资源的调查研究工作，为中国研制第一颗原子弹供应原料。在任中南309队副总地质师时，就国内某地区新发现的一个铀矿床的成因问题，曾对时任总地质师的苏联专家的结论提出不同看法。1964年10月中国第一颗原子弹爆炸成功，在原子弹铀料供应方面，黄劭显作出重要贡献。此后，先后任地质局副总地质师，核工业总公司第三研究所副总地质师、副所长，核工业部科技委委员、高级工程师，中国核学会铀矿地质学会理事长，中国地质学会矿床专业委员会常委，《铀矿地质》主编等职务。中美邦交正常化后，曾赴美国参加国际铀矿地质研讨会，并对美国西部铀矿床进行全面考察。黄劭显还为培养铀矿地质人才做了大量的工作，著有《甘肃青海二省油页岩概论及新油田之推测》《宁夏小松山铬铁矿之发现》《宁夏小松山铬铁矿及其有关火成杂岩之初步研究》等。1980年当选为中国科学院学部委员。1989年在北京逝世。

刘特夫

刘特夫（1910—1990），原名卢冠州，曾任中共青岛市委第一书记，山东德州人。1928年在济南省立第一师范学校读书期间，开始接受革命思想。“九一八”事变后，投身革命，加入共青团，1931年11月加入中国共产党，参加与组织学生抗日救亡运动，从事党的地下工作。1933年2月，被捕入狱。在狱中，坚贞不屈，严守机密，带头绝食，同敌人进行坚决斗争。

1937年抗日战争爆发，获释出狱后，积极响应中共山东省委的号召，参与组建人民抗日武装组织，创建抗日根据地，并参加1938年1月的徂徕山起义。1938年8月，山东各地抗日起义武装组织整编为八路军山东纵队，任纵队第四支队政治指导员。同年12月，任第四支队政治部组织干事兼党总支书记。1939年5月，任第四支队政治直属队教导员。1940年5月，任第四支队卫生部政委。1943年1月，任中共莒北县工作委员会书记。1944年9月，任中共青岛工作委员会（地下）书记。解放战争时期，历任中共青岛工委书记兼滨北城工部部长，青岛中纺公司军事代表、党委副书记等职。

青岛解放后，曾任青岛中纺公司党委副书记、书记。1954年后，任中共青岛市委常委、工业部副部长、部长。1956年，任中共青岛市委副书记、书记处书记。1959年3月，任青岛市委代理第一书记，后任中共青岛市委第一书记。60年代初，受党内“左”的影响，错定为反党案件的代理人，受到错误处理，后经中央复议彻底平反。“文化大革命”中，受政治迫害。晚年身患重病，仍研究、撰写党史资料。1976年6月离休。1984年7月经中共中央批准，享受副省级待遇。曾任第四届山东省政协常委。1990年2月在济南病逝。

周志俊

周志俊（1898—1990），字志俊，以字称，名明焯，号市隐，又号艮轩，爱国实业家，安徽东至人。系民国初年两任财政总长周学熙次子。1918年任青岛华新纱厂（周学熙投资最大的企业）见习董事，1925年任常务董事，主持厂务。青岛时有日本纱厂6家，形成对华新纱厂的包围。在激烈的市场竞争中，华新纱厂废除封建式管理，推行科学管理制度。在山东高密、安丘等地开办植棉试验场，推广美国斯字棉种，建立可靠的原料基地。1928年订购瑞士1800千瓦汽轮发电机，自行发电。1932年引进英国大牵伸纺纱机，产品质量明显提高，60支棉纱、80支股线等新品种获美国芝加哥百年进步博览会优秀产品奖。1933年出访欧美10国，引进设备，延伸工艺流程。次年设立布场。1935年又增设印染场。经苦心经营，逐年扩充，到“七七事变”前，华新纱厂已拥有纱锭5万枚、布机500台及全套印染设备，成为中国北方最大的棉纺织全能厂。其十分重视新产品开发，1936年研制出仿190号阴丹士林布，取名“爱国蓝”，成为市场上的抢手货，利润高居北方各纺织厂之首。

1938年1月青岛沦陷后，华新纱厂被日商强迫收买。抗日战争期间，周志俊在上海开办信和纱厂、信孚印染厂、久安银行、久安保险公司等10多家企业，成为上海久安系的代表人物。抗日战争胜利后，赎回青岛华新纱厂，续任常务董事，直至青岛解放。

青岛解放后，中共青岛市委邀请周志俊参加各界人士代表会议，共商国家大事。为发展生产，从香港调回大量资金，并将250万股息全部用于生产和职工的福利事业。先后将77亩果木园、高密轧花厂、个人住宅多处献给政府。在抗美援朝时，其所属企业捐献三架战斗机。在对资本主义工商业进行社会主义改造时，多次写信给青岛市人民政府，要求放弃私股，将企业改为公私合营。1953年9月30日，青岛市政府批准华新纱厂正式公私合营。社会主义改造完成后，要求放弃华新纱厂总经理职务，将企业完全委托给公方管理。1966年6月15日，华新纱厂正式改为国营企业，定名为国营青岛第九棉纺织染厂。

曾当选第五、六届全国政协委员，第一至四届山东省政协副主席，第一届青岛市政协副主席，第五、六届山东省人大常委会副主任，山东省工商联主委等。1990年6月在济南病逝。

林绍文

林绍文（1907—1990），海洋生物学家，福建漳州人。1924～1930年就读于北平燕京大学生物系及研究院。1930年任厦门大学讲师，同年赴美国留学。1930～1933年就读于美国康耐尔大学生物系获哲学博士学位，并获选ZIGAMA XI 会员。1933年归国后任厦门大学副教授，能熟练使用英语、汉语普通话和几种中国方言讲课。

1935年，受国立山东大学校长赵太侔的邀请，举家到青岛，受聘担任山东大学生物系教授兼主任，与生物学家童第周等一道为生物系教学作出贡献。抗日战争爆发后，山东大学迁往内地时随校南迁。1938年任国立贵阳医学院生物形态系教授及主任，并兼任省立贵阳科学馆馆长。1940年，应生物学家曾呈奎的邀请，赴香港任海洋生物研究所技正，并在香港大学生物系担任客座讲师。香港被日军侵占后，辗转重回贵阳，任军政部战时军用卫生人员训练所生物形态系主任教官。抗日战争胜利后，回到上海。1946年受农林部委派主持筹建中央水产研究所，翌年建成，任首届所长。

自1949年6月起一直担任FAO（联合国粮农组织）渔业技术专家和亚洲及远东地区渔业养殖专家，历时23年。首次成功地解决罗氏沼虾人工育苗和养殖技术，为远东地区的淡水养殖发展、人才培训作出重大贡献，被公认为暖水鱼类养殖的世界权威，誉为“淡水虾养殖之父”。1970年、1972年先后获泰国国立农科大学水产科学荣誉博士学位和新加坡大学理科荣誉博士学位。1973年9月和1976年6～11月先后担任台湾农复会渔业组顾问。1973年，离开FAO。退休后定居美国。1974～1976年，任美国华盛顿大学渔业学院客座教授。1974～1986年，任美国迈阿密大学海洋及大气学院名誉教授。

曾在国内外的刊物上发表研究论文及调查报告40余篇、出版专著两部，并两度应邀在“海洋食物与药物”研讨会及“FAO水产养殖技术大会”等国际会议上，撰文介绍亚洲及全世界的淡水虾养殖情况。为表彰其丰功伟绩，世界水产养殖学会于1974年颁赠他终身名誉奖，此奖是首次颁发给亚洲水产学者。1975年，被美国华盛顿大学授予沃克—艾姆斯教授衔。1986年，被亚洲水产学会授予首届亚洲水产学会终身名誉会员奖。1990年7月19日病逝。

李梦周

李梦周（1927—1990），山东东营人。1945年4月参加革命，1946年加入中国共产党。历任山东省利津县渤海行署商行营业主任，惠民县渤海行署烟厂副经理，惠民兴鲁烟草公司二厂副厂长、一厂指导员，山东烟草公司德州烟厂监委，济南市山东专卖公司业务科副科长。1953年8月，调任中国专卖公司青岛一级站科长。后历任青岛市专卖公司副经理、青岛药材公司经理、青岛山东省委第二初级党校教员、青岛市委党校组织科副科长、青岛市糖业烟酒公司经理、青岛市饮食服务公司副主任、青岛市饮食服务公司党委书记、青岛市供销社副主任。1978年9月任青岛市机关事务管理局副局长，1984年6月兼任副书记。1986年1月任青岛海天大酒店有限公司董事长。

在革命战争年代，多次深入敌后筹集物资，曾立一等功。1970年任青岛市饮食服务公司党委书记兼经理时，由于“文化大革命”的影响，市场供应紧张，群众吃饭难、住宿难。为解决吃饭难，引进加工糕点办法，亲自主持研制、改进杠子头火烧的机械加工制作工艺，与工人们日夜苦干，建起硬面火烧加工厂，使产品成为市民的抢手货。为解决旅客住宿难，采用将旅社单人床改为双人床，利用澡堂接待旅客等手段。同时为从根本上解决问题，重点抓了饮食网点的基本建设，先后主持建造青岛饭店、台东旅社、四方旅社等，大大缓解全市的吃饭难、住宿难等问题，扭转饮食服务业的落后局面。在任青岛市机关事务局副局长时，主持筹建黄海饭店、八大关宾馆等，扩建改造太平角等24栋接待别墅，同时还主持新建200多套住房，约2万平方米。

1986年1月，调任青岛海天大酒店董事长，上任之初，就独自搬进工地，吃住在工地。紧张和疲劳使他病倒，但拒绝住院治疗，一边输液，一边听取汇报，处理工作。海天大酒店股东涉及中、港、澳、新等八家股东，协调十分困难，其上任后，以高效的工作赢得各方信任，与各方股东建立友好、合作、开拓的董事关系。经过两年奋战，一座3万平方米、330套客房的星级宾馆建成。开业之初，收到向海天大酒店推荐员工的条子500张，都坚持来者欢迎，机会均等，参加考试，择优录用的原则，对他的子女、亲戚却要求不能进海天大酒店工作。1987年、1988年连续两年被评为青岛市优秀共产党员。

1990年9月16日，在青岛病逝。1993年3月4日，中共青岛市委、市政府举行“青岛市弘扬雷锋精神，向李梦周同志学习动员大会”，并宣布在党员干部中开展向李梦周同志学习的决定。决定要求，全市党员干部要“学习李梦周同志思想解放、勇于探索的创新意识和进取精神；学习他勤勤恳恳、任劳任怨、忘我工作的无私奉献精神；学习他密切联系群众，全心全意为人民服务的精神；学习他严于律己，廉洁奉公的精神”。

李福亭

李福亭（1922—1990），曾任青岛警备区政委，山东莱芜人。1940年2月加入中国共产党。8月，任莱芜六区动委会组织委员兼文书。1941年1月，任莱芜县公安局文书，3月任莱芜县公安局股长。1942年9月，任博莱县公安局股长。1943年10月调泰山专署公安局工作。1944年2月，任鲁中军区第一军分区政治部保卫科干事。1945年7月，任鲁中军区四师政治部保卫科干事。1946年12月，任鲁中军区四师十团政治处保卫股干事。1947年9月，任华东野战军第八纵队政治部保卫科干事。1948年8月起，任华东野战军第八纵队二十三师六十九团保卫股股长、科长等。先后参加过张店、李官庄、开封、淮海、魏小窑、运河桥等战役和战斗。朝鲜战争爆发后，随军入朝鲜作战，参加第二、四、五次战役。1953年2月，入中央人民公安学院五系学习。1954年4月，任二十六军政治部保卫处副处长，1956年4月任处长。1964年8月，任济南军区政治部保卫部副部长，1969年11月任部长。1968年2月至1973年5月，任山东省公安机关军管会副主任。1977年12月，任济南军区炮兵副政委。1978年3月，入解放军政治学院高级班学习一年。1981年6月，任青岛警备区政委。曾获得三级独立自由勋章、三级解放勋章。1988年获自由功勋荣誉章。1990年9月在济南去世。

易耀彩

易耀彩（1917—1990），曾任海军北海舰队政委，江西泰和人。少年时代积极参加当地农民运动。1929年5月加入共青团，1931年2月转为中共党员。1930年8月，参加中国工农红军。1931年6月起，历任红军独立第五师十五团政治处干事，第八军团二十三师六十七团连政治指导员、师政治部组织干事，中央军委总参谋部第一局二科科员。参加中央苏区第一至五次反“围剿”作战和长征。1937年1月，入抗日军政大学学习；9月起，历任八路军第一二〇师三五八旅司令部作战科科长，晋察冀军区第四纵队三十四团营长、团长，第五军分区参谋长，第四军分区参谋长。1944年7月，任晋察冀军区参谋长。先后参加老营堡袭击战、百团大战和晋察冀边区反“扫荡”作战，参与组织指挥西子湾、赤城、围攻北平和张家口日军指挥所等战斗。1945年8月起，历任张家口卫戍区司令员，晋察冀野战军第八旅旅长，第三纵队副司令员，第六十三军副军长。参加绥远、邯郸、大同、平津等著名战役和战斗。在保北战役中，率第八旅与其他部队协同作战，歼敌4个团，受到中央军委通报表扬。1950年9月，转入海军工作，任海军青岛基地司令员，领导组建海军青岛基地。1953年8月入苏联伏罗希洛夫海军学院学习。1955年被授予海军少将军衔。1957年回国。1958年1月任海军潜水艇学校校长。1960年8月，任海军北海舰队第一副司令员。1969～1971年，任海军北海舰队政委。1971～1972年，兼任青岛市革委会主任。

曾获二级八一勋章、一级独立自由勋章、一级解放勋章、一级红星功勋荣誉章。是中共第九届中央候补委员。1990年10月3日在北京病逝。

李秉政

李秉政（1920—1990），曾用名李均瀛、雷贯宇，曾任青岛市市长，山东泰安人。1939年9月参加革命，并加入中国共产党。1940年12月至1945年6月，历任泰安县公安局科长、县委便衣队长、公安局审讯股股长。期间，带领便衣队，深入敌占区，组织指挥锄奸反霸，瓦解和争取伪军反正，受到山东省公安总局通令嘉奖。1945年7月，任泰安专署审讯干事，组织领导肃反、镇反，稳准狠地打击敌人的破坏活动。1946年3月后，任新泰县公安局副局长、局长。1948年5月，任淮北县公安局局长、县委委员。1949年3月任西海专署公安局局长，4月任滨北专署公安局局长。1950年6月后，任胶州专署公安处处长、地委委员、副专员。1954年11月，任山东省公安厅副厅长、党组副书记，深入基层发动群众、组织防范、带领干警连续破案，成绩优异。1968～1975年，被打入冤狱达七年之久，身心受到严重摧残，但始终对党忠贞不渝，同江青反革命集团进行坚决斗争。1975年10月后，历任中共青岛市委副书记、市革委会代主任，青岛市人民政府市长、党组书记。1983年4月，任青岛市人大常委会主任、党组书记。在青岛市委、市政府和市人大常委会的领导岗位上，拨乱反正，平反冤假错案，解决历史遗留问题，对青岛市的经济建设、改革开放、社会稳定和民主法制建设，作出贡献。

曾当选为第五、六届山东省人大代表，第五届山东省人大常委会委员，第八、九、十青岛市届人大代表。1990年10月20日在青岛病逝。

尹左芬

尹左芬（1913—1991），女，别号逸君，水产学家，山东日照人。1937年毕业于国立山东大学生物系。抗日战争期间，在四川万县等地从事中高等教育。1947年受聘任国立山东大学水产系教授。1952年任山东大学农学院副教授。1959年任山东海洋学院教授，长期担任水产系副主任、主任。

在中国水产科教战线上辛勤耕耘40余年，在海洋无脊椎动物学及其开发利用方面有很深的造诣，所发表的《纵沟纽虫科·枝吻纽虫属的一新种——湛江枝吻纽虫的研究》《异纽目·纵沟纽虫科一新属新种——中华枝吻纽虫》等论文，奠定中国纽虫动物门研究的基础，填补中国纽形动物研究的空白，为世界海洋生物学界所瞩目。编著的《无脊椎动物学》，一直是全国高等水产院校的基础教材。

曾先后当选为国家科委水产专业组成员，中国水产学会第一、二、三届理事会理事，第二届理事会常务理事，国家海水养殖专业委员会副主任委员，山东省水产学会第一、二届理事会理事长，山东省动物学会第二届理事、顾问，《中国水产学报》编委，中国对虾养殖科技攻关领导小组副组长等职。1941年10月加入国民党。1952年加入民盟。曾任第五、六届青岛市政协委员，民盟青岛市委第五届委员。1991年1月在青岛病逝。

刘知侠

刘知侠（1918—1991），原名刘兆林，笔名知侠，作家，河南卫辉人。自幼家贫，跟随父亲在村边道清铁路打工、捡煤核，跟随母亲在外祖母家放猪。11岁时才上半工半读学校，后在一位校长的资助下读了两年初中。后因校长病故，失学又失业。苦闷中找遍散失于农村的各类书籍，开始文学创作并发表作品。“七七事变”后赴延安，1938年9月入延安抗日军政大学，同年加入中国共产党。1939年5月抗大毕业后，留校学习军事专业。1940年初，分配到抗大文工团任文艺股股长。1943年调山东文协，主编《山东文化》刊物并兼任党支部书记。1948年作为随军记者，参加淮海战役。在抗日战争、解放战争年代，一手握笔，一手持枪，战斗在第一线，从一位战地记者成为一名作家。

全国解放后调济南市文联工作。1950年山东省文联成立，任编创部部长、秘书长、党组成员。在此期间创作短篇小说《铺草》，深受广大读者喜爱。1952～1953年长篇小说《铁道游击队》出版，后改编成电影文学剧本，搬上银幕。据统计，《铁道游击队》各种编本共出版300余万册，并译成英、俄、法、德、朝、越等8国文字在国外发行。

1953年，调上海作家协会，从事专业创作。将建国后发表的短篇小说编成《铺草集》，同时创作《铁道游击队的小队员们》。1959年，被选为山东省文联副主席兼中国作家协会山东分会主席，并担任《山东文学》杂志主编，同年被选为中国文联委员、中国作家协会理事。1960年创作短篇小说《红嫂》和中篇小说《沂蒙山的故事》等，后又将这些作品汇集成《沂蒙山故事集》。在“文化大革命”期间，受到严重迫害，被打成“山东文学界头号黑线人物”，《铁道游击队》被定为“大毒草”。1980年任山东省文联党组书记，并开始中篇小说《芳林嫂》的创作。

1985年迁居青岛后，任青岛市文联名誉主席，长期从事文学艺术创作活动。完成40万字的长篇小说《沂蒙飞虎》与40万字的《知侠中短篇小说选》以及20万字的《战地日记》（即淮海战役见闻录）。在生命的最后5年，以超人的毅力为读者又留下100多万字的作品。1991年9月3日在青岛病逝。

萧涤非

萧涤非（1906—1991），历史学家，江西临川人。1926年，以优异成绩同时考取清华大学和东南大学（即中央大学）。因慕梁启超之名，遂入清华大学中文系。在校期间，不仅学习全优，而且是一名体育健将，创造的11秒1的清华大学百米纪录，一直保持到解放后。1933年清华大学研究院毕业后，到青岛国立山东大学中文系任讲师。1936年秋，国难当头，学潮迭起，山大校长易人，萧涤非被解聘。年底，应聘到四川大学任教。1941年，因拒绝参加国民党被解聘。后应闻一多之邀，到西南联大任副教授，其间生活极其艰难。1947年回青岛任国立山东大学中文系教授。1951年，在北京华北革命大学学习，学习结束后仍回山东大学，先后任该校中文系古典文学教研室主任、系主任，副教务长，学报《文史哲》副主编，《光明日报·文学遗产》编委等职。1952年加入民盟。1958年随山东大学迁往济南。1964年被选为第三届全国人民代表大会代表。1978年、1983年被选为第五、六届全国政协委员。此外，还先后被选为第四届山东省文联副主席、山东古典文学研究会会长、第一届中国唐代文学学会会长，被聘为国务院学位委员会第一届学科评论组成员，国务院古籍出版规划小组顾问，《中国大百科全书·中国文学卷》编委，中国诗词学会顾问，山东大学学术委员会副主任、《文史哲》研究所名誉所长、博士研究生导师，《文史哲》编委、编委会副主任，山东诗词学会及山东社科联顾问，江西师范大学学术顾问，《杜甫全集校注》主编。

参与编写的《中国文学史》是全国高等院校的通用教材，获1988年国家教育委员会优秀教材一等奖。一生致力于中国文学史研究，其中以杜甫研究尤为卓著，被学界称为“20世纪的杜甫”，著有《杜甫研究》《杜甫诗选注》等。1991年病逝。

李师斌

李师斌（1927—1992），艺名“十令童”，京剧演员，天津市人。出身贫寒，6岁拜师学艺，专习京剧文武老生，8岁就登台演出，10岁成为辽东“关东唐派”的后起之秀。1948年12月参加中国人民解放军，在第四野战军四十四军政治部京剧团任演员，1950年10月转入志愿军政治部京剧团，赴朝鲜前线演出，1951年加入中国共产党。1953年8月荣立三等功，并被朝鲜民主主义共和国授予“共和国荣誉勋章”。1956年，以志愿军某部歼灭南朝鲜陆军“王牌”——“白虎团”的真实事件为素材，创作编写出现代多幕京剧《奇袭白虎团》，成为中国京剧现代戏的经典剧目。1957年赴上海拜师周信芳，学习麒派艺术。其间，主演《响马传》《赤壁之战》等剧目，在国内产生较大影响。1958年12月随志愿军政治部京剧团转入山东省京剧团，先后任演员、导演、艺委会委员、副团长等职。1962年，调青岛市京剧团任副团长，先后担纲主演《斩韩信》《采石矶》等剧目，又改编排演现代剧目《碧血红崖》。1964年5月与剧团演员张春秋一道调入山东省《红嫂》剧组，饰演二号人物——解放军排长彭林，并担任唱腔及身段设计。1964年6月《红嫂》剧组晋京参加全国现代戏观摩会演大会。7月中旬，周恩来总理在首都剧场观看《红嫂》，并接见张春秋、李师斌等演职员。8月12日，毛泽东主席在北戴河观看《红嫂》，并与全体演员合影留念。

李师斌在几十年的演艺生涯中，善于学习，集编、导、演于一身，并能把各流派之长融为一体，为发展京剧文武老生艺术作出贡献。是第二、三、五、六届山东省政协委员。1989年11月离休，1992年3月病逝于青岛。

修德

修德（1921—1992），字石竹，书法家，即墨西门里人。受其祖父影响，自幼酷爱书法。1936年小学毕业后，进青岛公华印刷厂学徒。利用裁下来的废纸头练字，常常废寝忘食，先后临颜、柳、欧、魏等碑帖。1950年8月入青岛国棉五厂，先后当过瓦工、供销员、厂工会美工等。

修德擅油画、水粉、国画、篆刻、诗词。“文化大革命”后期专攻书法，博学古今，善书楷、行、草诸体。1979年参加全国群众书法评选获一等奖。书法作品主要有黄河碑林勒石、“崂山梯子石记”、崂山劈石口的“劈石开天”“田横岛五百壮士碑”“黄岛救火烈士碑”、1988年为市政府题写的“青岛市人民政府” 等。出版的作品有《修德书法艺术集》《修德书法手卷》《修德书法作品集》，以及同王永成、冯凭、张淑愚合作出版的《诗书画印(合集)》《修德书法选集》等。其作品不仅享誉国内，还流传到日本、新加坡、泰国、美国、英国等国家。书法作品参加1983年的日本东京中谷扇舟书道展，1984年、1985年的日本横须贺市清尚二次书道展，1985年的国际书展，1987年的国际临书大展，得到国内外著名人士的赞誉。其事迹被编辑为《修德书法艺术之路》，由工人出版社出版。修德是中国书法家协会会员，山东省书协理事，青岛市第十届人大代表。1992年病逝。

为了弘扬修德的书法艺术，中国书协和十梅庵村委会联合，在其家乡建"当代书圣修德书法碑林"，塑就花岗岩修德座像。日本的中谷扇舟、韩国的权昌伦和中国台湾地区的《书友》杂志社等，各自给"碑林"题写匾额。赵朴初为"碑林"题写"修德书法碑林"6个大字。

匡常修

匡常修（1904—1993），原名匡桂林，字华泉、和阳，号山原，别号卧云居士、一道人，胶州石灰窑人。15岁在胶州城学徒，业余读书习武。18岁时到青岛四方兴华鞋店学徒，19岁回胶县改学中医，并习武授徒。1930年其妻病故，遂至崂山白云洞，拜其叔父匡真觉道人为师，成为崂山道士。匡真觉为武当派传人李是卿的徒弟，道术与武功俱有根底。在其教诲传授下，匡常修道术日益精深，先后在崂山白云洞、明霞洞、凝真观、太清宫修行，成为全真道金山派道士。

1952年被推选为青岛市各界人民代表会议代表。1956年，参加崂山的道观和寺院组成的佛道教生产合作社，为医药组负责人，在沧口明真观内行医治病。"文化大革命"初，崂山的庙宇遭破坏，被遣回原籍，在胶县城关公社中云大队行医14年，颇有声誉。1980年春，因落实宗教政策回到崂山太清宫任监院。同年5月，被选为中国道教协会第三届理事会理事，主持崂山道教宫观庙事活动。1985年当选为山东省道教协会筹委会副会长，1989年当选为青岛市道教协会会长。

匡常修除精于道法玄学外，还擅长气功、医学、武术，并颇有造诣，对道教音乐、绘画及诗词歌赋也有广泛爱好。写有《玄真篇注解》《乾元丹指》《先天气功基础要诀》《吕祖万字碑》《武当别传》及《本草诗编》等书稿。是第四、五届山东省政协委员，第一、六、七届青岛市政协委员。1993年1月在青岛去世。

姜树茂

姜树茂（1933—1993），作家，莱西茂芝场村人。1949年参加革命，1951年加入中国共产党。曾当过工作队员、税务征收员、区文书、县委调研员、青岛市委宣传部干事。由于工作的需要，经常把遇到的新人新事写成新闻通讯发表在报纸上，继而又写了许多人物特写。1954年春天，在《青岛文艺》上发表第一篇短篇小说《牲口的风波》。之后，又陆续在当时有影响的刊物《萌芽》《文艺月报》上发表《小会计》《两个女人的命运》《评级》等多篇小说，出版儿童故事集《园艺姑娘》、短篇小说集《捕鱼的人》。1957年调青岛市文联工作，历任《海鸥》文学月刊编辑、编委，后任主编及文联副主席，市文化局副局长。1979年加入中国作家协会，曾任中国作家协会山东分会副主席，出席全国第四次文代会及中国作协第三、四次代表大会。1981年后，任青岛市文联主席、党组书记、编审。

主要作品有长篇小说《渔岛怒潮》《渔港之春》《常乐岛》，中短篇小说集《姜树茂中短篇小说选》等。其中，描写解放战争时期海岛渔民在共产党领导下同反动派进行斗争的《渔岛怒潮》，富有浓厚海岛生活气息。此书印行近100万册，并被拍成同名电影。1993年6月9日病逝。

李先良

李先良（1904—1993），曾任国民政府青岛市市长，江苏吴县人。早年入江苏省立第一师范学校、南京国民党中央党务学校，后留学美国。1929年任国民党中央执行委员会干事。1933年任国民党青岛市执行委员会常务委员。1938年任国民党山东省执行委员会委员兼山东省政府委员、鲁东行署主任及鲁东联军总指挥等职。后派所部鲁东行署独立营大部潜回崂山，会同原青岛国术馆一些骨干进行抗战。1942年鲁东行署结束，以青岛代市长身份进崂山，组建战时青岛市政府和青岛保安大队，出任市政府秘书长（代行市长职权）兼保安大（总）队大（总）队长，领导所部坚持抗战。战时市政府驻华严寺，以太清宫为军事干部及保甲长训练基地，以白云洞为枪械修造所，以太平宫为军需品粮秣库。1943年1月起代理青岛市市长，兼青岛保安总队总队长。到1944年青岛保安总队人数已由最初的300余人增至4000余人，到1945年抗战胜利前夕，已辖有五个大队，人数增至6000余人，成为青岛地区坚持抗战的重要力量。

1945年8月日本投降后任青岛市市长，9月率部进入市区，接收青岛行政。同年任国民党中央委员会候补执行委员。任青岛市市长不久，就因实施《甄审令》在青岛激起“反甄审”运动。1948年7月被免去市长职。1949年初去台湾。1957年受聘为台湾国立政治大学教授，1974年退休。后移民加拿大。著有《鲁青抗战纪实》《中日战争（1937～1945）》《抗战回忆录》《市政学》《都市计划学》《都市与区域计划学》等。1993年病逝。

骆宾基

骆宾基（1917—1994），原名张璞君，作家，平度廉家村人。出生于吉林珲春市。16岁去北平考学，因错过报名时间，在北京大学旁听、自学。后去哈尔滨精华学院学习俄语，不久辍学。当过中学教员、编辑等。1936年春赴上海，写成反映东北抗日义勇军斗争的处女作——长篇小说《边陲线上》，受到茅盾的称许。1937年“八一三”事变后，在上海、浙东一带参加救亡运动。1938年春，在浙东加入中国共产党，并任中共嵊县县委宣传部部长。1940年冬到桂林，当选为桂林文艺界抗敌协会理事。其间，失去与党的组织关系。40年代，辗转于桂林、香港、重庆、上海等地从事革命文学活动，创作《罪证》《北望园的春天》《老女仆》《吴非有》《乡亲康大刚》等中、短篇小说和自传体长篇小说《姜步畏家史·幼年》等。其小说笔法细腻，人物生动，擅长渲染气氛，具有鲜明的东北农村地方色彩和时代气息。1946年发表《萧红小传》，为现代中国文学留下珍贵的资料。曾因从事革命文学活动而受到国民党迫害。1944年在重庆被国民党特务逮捕，后经中共党组织多方营救，保释出狱。1947年3月在长春又遭国民党军队逮捕，关押于南京军法局监狱，后因国共和谈，以政治犯身份获释。1949年6月出席全国第一次文代会。

解放后调山东，任山东省文教委员会委员、省文联副主席、省政协委员。其间，深入农村体验生活，创作短篇小说《夜走黄泥岗》《父女俩》《山区收购站》等和话剧《结婚之前》。1962年，调任北京市作协筹委会副主席。“文化大革命”期间，被隔离审查，遭受批斗。1974年被安排在北京市文史馆工作。1978年11月，当选为中国文联理事，中国作协理事，北京市作协副主席，并任北京市政协委员。1982年春，重新加入中国共产党。晚年疾病缠身，半身不遂，仍以顽强毅力，潜心研究上古史与文字学，写成具有很高学术价值的《金文新考》《〈诗经〉新解》等，共约250余万字。1994年6月于北京病逝。

成庆泰

成庆泰（1914—1994），鱼类学家，河北巨鹿人。1939年毕业于北京中法大学生物系，并任该校生物系助教、北平研究院动物研究所助理研究员。1948年11月赴法国巴黎留学，1951年获巴黎大学理学博士学位。1951年11月回国后，历任中国科学院水生生物研究所青岛海洋生物研究室助理研究员，中国科学院海洋研究所副研究员、研究员、脊椎动物研究室副主任、学术委员会委员等职。

从事海洋鱼类的分类区系研究30余年，与中国科学院动物研究所、上海水产学院等单位合作，亲临国内的各大渔港、渔场和渔村，对中国各海区鱼类进行大量的调查研究、采集工作，获得极为丰富的资料和标本。在此基础上，单独或与人合作，先后撰写《黄渤海鱼类调查报告》《南海鱼类志》《东海鱼类志》《中国经济动物志——海产鱼类》《中国海洋鱼类原色图集（第一、二集）》《中国动物图谱——鱼类第四册》《中国南海诸岛海域鱼类志》《中国鱼类系统检索（上、下册）》和《拉、汉、英鱼类名称》等专著，为中国海洋鱼类分类区系研究奠定基础，对指导全国各海区鱼类资源的开发利用和养殖生产有着极其重要的意义。单独或与人合作，共发表论文30余篇。其代表作《中国东方鲀属鱼类分类研究》引起国内外的重视，并得到国际公认。1985年7月，应邀出席在日本东京召开的第二届印度洋—太平洋国际鱼类学会议，发表《中国隆鱼科分类系统和地理分布研究》的学术论文，得到学术同行的好评。1987年，合著的《中国鱼类系统检索》出版，被誉为中国鱼类分类学的第二个里程碑。

曾任中国鱼类学会第一、二、三届副理事长，青岛市动物学会理事长，山东省动物学会副理事长，中国自然科学博物馆协会理事，山东省自然科学博物馆协会副理事长，中国动物志编辑委员会委员等职。是中共党员、九三学社社员，先后当选为第四、五届青岛市人大代表和第五、六届青岛市政协委员。1994年8月病逝。

丁秋生

丁秋生（1913—1995），曾任海军北海舰队政委，湖南湘乡人。少年时期即到江西萍乡安源煤矿做童工，接受进步思想，多次参加罢工斗争。1930年8月，参加中国工农红军。1931年10月加入共青团，1932年8月转入中国共产党，历任红三军团第四师十团连政治指导员，红九军团第十四师四十一团政委，中央红军干部团第一营政委，红二十五军第七十三师二一八团政委，军团教导营政委等，参加过中央苏区第一至五次反“围剿”作战。长征途中，参加四渡赤水、遵义、金沙江、大渡河等著名战斗和战役。1937年9月，入延安抗日军政大学学习，后任抗日军政大学政治部组织部股长、政工干部训练队队长兼政治指导员、分校党务科科长、军委工程学校政委。1941年起，历任八路军山东纵队第一旅政治部主任、鲁中军区第四团政委、鲁南军区政治部主任。参加鲁中、鲁南反“扫荡”、反“蚕食”作战和讨吴（吴化文）战役。1945年12月起，历任山东野战军第八师、第三纵队政委，第三野战军二十二军政委兼中共宁波地委书记和宁波市军事管制委员会主任。率部参加泗州、宿迁、鲁南、莱芜、孟良崮、沙土集、洛阳、开封、济南、淮海、渡江和解放舟山群岛等著名战役。在解放舟山金塘岛战斗中，指挥一个加强师消灭国民党守军一个加强师，首创以木帆船渡海作战战胜强敌的战例。

1950年1月起，历任第七兵团政治部主任兼浙江军区政治部主任、浙江军区副政委、华东军区干部管理部部长。1956年9月起，先后入中央党校、高等军事学院学习。1960年8月，任海军北海舰队政委，为北海舰队的组建和部队全面建设作出重大贡献。“文化大革命”中，与林彪、江青反革命集团进行坚决的斗争。1978年3月重新工作后，任南京高级陆军学校政委。1983年6

月离休。

1955年，被授予中将军衔。获二级八一勋章、一级独立自由勋章、一级解放勋章。1988年，获得一级红星功勋荣誉章。是第四、六、七届全国政协委员，中共第十二次全国代表大会代表。1995年1月4日在北京病逝。

张秀云

张秀云（1928—1995），女，戏曲演员，胶州城关人。3岁开始跟养父母学茂腔，5岁登台演出，13岁时成为台柱子，并由茂腔改唱柳腔。喜爱各种地方戏剧，在改唱柳腔戏时吸收其他地方戏的精髓唱腔，并与柳腔的曲调相融合，形成柳腔的新板式。工青衣、花旦、老旦。在演唱柳腔中的“悲宫”时，巧妙地运用评剧“悲调”中的精典之处，形成独创的特点。在“大悲宫”唱腔中运用大量的滑音，使整个“悲调”旋律凄楚哀怨，缠绵悱恻，充分表现人物泣不成声的悲切心情。凭借其得天独厚的嗓音，演唱委婉缠绵，特别是“悲调”唱腔，悲切苍凉，催人泪下。还将茂腔中的“反调”融于柳腔中。代表剧目有《寻儿记》《西京》《北京》《观灯》《谢瑶环》《朝阳沟》等。

1954年8月，参加山东省第一届戏曲观摩演出大会演出《金簪记》获优秀演员奖，1956年山东省第二届戏曲观摩大会演出《割袍》获演员一等奖。1959年，主演的《赵美蓉观灯》被选为代表地方戏剧种晋京汇报演出，受到刘少奇、周恩来、贺龙等国家领导人的接见。周恩来总理等国家领导人两次在中南海设宴招待，与周总理同桌就餐，受到周总理的高度赞扬和对柳腔的肯定。为此，中国戏剧家协会召开专题座谈会，北京各大报纸亦纷纷载文，对柳腔艺术给予极高的评价和极大的关注，将这一青岛地方剧种称为“胶东之花”。文化部也将柳腔剧种正式列入全国主要剧种的第16位。1960年代表青岛市文艺界，出席在北京召开的全国文代会，受到毛泽东主席接见及合影留念。同年，被青岛市人民委员会授予“青岛市教育、文化、卫生方面社会主义建设先进工作者”称号。

“文化大革命”中，被打成“戏霸”受到批斗。70年代初青岛市柳腔剧团被撤销。70年代末，恢复柳腔剧种，成立即墨县柳腔剧团，是该团组建领导成员之一。1984年组织成立青岛张秀云柳腔剧团，培养一批优秀学员。是第四届山东省政协委员，第一届青岛市政协委员。1995年正月在青岛病逝。

王效禹

王效禹（1915—1995），曾用名赵尧卿，山东青州人。1938年参加工作，同年加入中国共产党。曾任中共益都县委组织部部长、渤海区党委干部科科长、临淄县委书记、清中军分区副政委兼团政委、博兴县委书记、清河军分区十四团政委、清河地委书记兼军分区政委、山东分局检查处处长、山东省人民检察院副检察长。1958年受留党察看两年、降三级及撤销一切职务处分。翌年，任德州国棉一厂副厂长。1965年恢复原级别任青岛市副市长。

1967年，组织指挥青岛“造反派”，于1月22日夺了中共青岛市委、市人委的党政大权。2月2日，召集25个“造反派”组织联合成立“山东省无产阶级革命造反派联合革命委员会”。2月3日“大联合革命委员会”在省体育场召开近10万人大会，宣布夺了省委、省人委的大权，后被称为“二三夺权”。5月9日，省革委会根据中央决定，公布王效禹任山东省革委会主任。在任期间，先后发动“反逆流”“反复旧”等运动，制造震惊山东的“五七事件”和许多地方武斗事件，把大批领导干部打成“走资派”，进行错误批判。

1969年11月，王效禹被停职检查。1971年3

月30日中共中央撤销其山东省革委会党的核心领导小组组长、省革委会主任职务。之后，被下放到辽宁盘锦农场劳动改造。1979年2月，中共中央批示："王效禹是资产阶级野心家、阴谋家，林彪、'四人帮'在山东的代理人，开除党籍，可不逮捕法办，由山东省委监督管理，继续下放劳动。"1995年3月在山东青州去世。

马忠全

马忠全（1914—1995），曾任海军北海舰队司令员，湖北黄安人。1930年10月，参加中国工农红军；12月，加入中国共产党。1934年12月起，历任红四方面军第四军十二师三十四团连长、营长，第十师三十团参谋。参加鄂豫皖苏区第二至第四次反"围剿"、川陕苏区反"围攻"作战和长征。1937年8月起，历任八路军第一二九师三八五旅七六九团连长、营长、副团长，第三八五旅十四团团长，第七六九团教务长、太行军区第五军分区副司令员。参加夜袭阳明堡、响堂铺战斗、晋东南反"九路围攻"作战、白晋铁路破击战，在百团大战中获一等功奖章。后参加邢永沙、冀中区"五一"反"扫荡"作战，蟠武、安阳等战役。1945年8月起，历任晋冀鲁豫军区太行纵队第四支队支队长、第三纵队八旅旅长，中原军区皖西军区第二军分区司令员兼独立旅旅长、皖北独立师师长，第二野战军十军三十师师长，后兼任川南军区乐山军分区司令员。参加上党、邯郸、滑县、汤阴、进军大别山、进军西南等战役。

1951年1月，入军事学院学习。1952年8月，任海军快艇学校校长。1955年2月，任海军青岛基地副司令员。1959年11月，任海军南海舰队副司令员兼榆林基地司令员。1961年12月，任海军北海舰队副司令员兼旅顺基地司令员。1969年8月，任海军北海舰队司令员。1972～1973年曾兼任青岛市革委会主任。1973年7月，任海军副司令员兼北海舰队司令员。1975～1982年，任海军副司令员。

1955年，被授予少将军衔。获二级八一勋章、二级独立自由勋章、一级解放勋章。1988年获一级红星功勋荣誉章。是第六、七届全国政协委员，中共第九、十次全国代表大会代表。1995年7月30日在北京病逝。

马绪涛

马绪涛（1924—1995），民主人士，浙江奉化人。1943年入上海复旦大学学习，1947年毕业后到青岛，先后在青岛市工务局、新慎记营造厂工作。1956年2月任青岛公私合营建筑公司副经理，1958年7月任青岛建筑公司第二、三工地副主任。1956年4月起，任第一至五届山东省政协委员。1963年10月起任青岛市政协副秘书长，并任第三、四届青岛市政协常委。1978年后，任第五至七届青岛市政协副主席。1988年2月起连续当选第七、八届山东省人大常委会副主任。1993年当选为第十一届青岛市人大常委会副主任。

1956年2月加入中国民主建国会。1966年2月起，任民建青岛市第三至七届委员会主任委员。为民建第三至六届中央委员会委员，民建第一至四届山东省委员会副主任委员。1965年8月起当选为青岛市工商联第四届执行委员会副主任委员和第五、六届执行委员会主任委员。

50年代初期，积极响应党和政府的号召，动员其父在建筑行业率先实行公私合营，对推动全行业的社会主义改造发挥重要作用。"文化大革命"期间，虽历经坎坷，但对中国共产党充满坚定信念。中共十一届三中全会后，拥护改革开放，积极投身于共产党领导的爱国统一战线和社会主义现代化建设事业，在参政议政、民主协商、涉外联谊、培训办学等方面做了大量工作。倡导青岛市民建开展"议政日"活动，为民主党派参政议政开辟一条新的有效途径，在山东省乃至全国产生较大影响。在山东省人大常委会副主任和青岛市人大常委会副主任领导岗位上，深入群众，积极开展调查研究，及时反映社情民意，在贯彻党和国家的民族、宗教、侨务政策和实施国家法律、法规等方面，提出许多建设性意见，解决不少实际问题。

1995年10月27日病逝于青岛。1996年9月8日，中共山东省委作出在全省开展向马绪涛学习活动的决定。决定指出：马绪涛是山东省优秀党外领导干部、民主党派成员的杰出代表，著名爱国民主人士。号召在全省共产党员、广大干部，特别是领导干部和爱国统一战线成员中，广泛开展向马绪涛学习的活动。

范澄川

范澄川（1896—1995），原名新度，字澄川，民族实业家，湖南长沙人。1919年湖南工业专门学校肄业后，考入上海宝兴长实业公司，在宝成第二厂当实习生，后转入吴淞大华纱厂、上海申新第二纱厂。1925年因病去职。次年参加北伐军，曾任武汉国民政府军委会参谋处宣传科长。1928年在北平任电车公司车务课长。1933年回湘任湖南公矿矿产营业处长。1935年受湖南省政府任命，接任湖南第一纺织厂厂长。从管理入手，采取充实设备、裁减人员、改进技术等措施，迅速扭转亏损局面，年盈利140余万元，后进一步向省政府建议，与中国银行合股在湖南另设新厂，获准后筹备新厂建设，后因广州沦陷，将所购英机3万锭经河内运往昆明设厂。

1945年10月，应中国纺织建设公司总经理束云章邀请，就任中国纺织建设公司青岛分公司经理，主持接收日商在青岛开办的各纺织厂。对厂内漏报的无账物资，组织全面清查；对各厂积压的废旧机器，设立废机整理工作团；另将清理出的约6万锭纺机、500台织机分送各厂，并设废花厂、保全工养成工厂各一所。为总结推广青岛各厂的管理方法，指导鼓励技术人员深入调查研究，主持编辑《青岛中纺各厂设备之特点》，在纺织界备受欢迎。1946年11月，华新纱厂由原主赎回，其他纺织厂全部复工。范澄川主持合并两个印染厂、两个针织厂、两个梭管厂，扩大原属丰田的机械厂、新建一个化工厂，使青岛纺织职工总数由5000人增至2万余人，奠定青岛纺织工业的发展基础。青岛解放前夕，与中共青岛党组织取得联系，以公司经理身份组织护厂团，率领全公司职工开展护厂运动，避免损失。

青岛解放后，继任中纺青岛分公司经理，1951年1月改任华东纺织管理局副局长。1950年9月至1953年2月先后当选青岛市人委委员、山东省政府委员。1953年3月调中纺部任顾问，1954年任中纺部纺织科学研究院副院长，1966年退休。1992年4月加入中国共产党。1995年在北京病逝。

罗竹风

罗竹风（1911—1996），语言学家、出版家、宗教学家、杂文家，平度七里河子村人。1935年，毕业于北京大学中文系、哲学系。“七七事变”后，响应中共中央北方局“脱下长衫，参加游击队”的号召，投笔从戎，回到家乡与乔天华组建平度第一支抗日人民武装，活跃在大泽山一带，1938年加入中国共产党。抗日战争时期，任平度县第一任抗日民主政府县长，抗战日报社社长，八路军胶东五支队秘书长、宣传部部长，胶东文协副会长，胶东公学教务长。解放战争时期，任山东省教育厅督学主任、山东大学军代表。建国后，历任山东大学教务长、华东抗美援朝总分会秘书长、上海市宗教事务处处长、上海市哲学社会科学学术委员会(筹)秘书长、上海市出版局局长、上海市哲学社会科学学会联合会主席等。曾为第七、八届上海市人大常委会委员，中共上海市第四次代表大会代表。

罗竹风长期活跃在文化战线上，大型辞书编纂是其最突出的学术成果之一。1958～1989年，从《辞海》未定稿到正式出版，始终担任常务副主编，主持《辞海》的编纂修订工作，是《辞海》的主要决策者、组织者、审订者。“文化大革命”期间，受到错误批判和残酷折磨，特别因发表《杂家》一文，遭受江青反革命集团严重迫害，但始终坚持真理，坚持原则，同江青反革命集团进行坚决的斗争。

1979年，受命出任《汉语大词典》主编，担负起编纂出版新中国第一部大型语言工具书的重任。1994年4月，经过十余年的辛勤操劳，13卷本的《汉语大词典》全部出版，被誉为“我国辞书史上的典范，堪称中国之最”，“世界上最出色的一部中文词典”，联合国教科文组织把它列为世界权威工具书之一。除上述两部大型辞书外，还主编《中国大百科全书·宗教卷》《中国人名大词典》《中国社会主义时期的宗教问题》《宗教通史简编》等。1993年，因病住进上海华东医院。住院期间，仍笔耕不辍，撰写大量的杂文、论文、散文。

罗竹风一生致力于出版事业，直到晚年才结集出版两本个人专著：《杂家和编辑》《行云流水六十秋》。1996年11月4日在上海病逝。

刘众前

刘众前（1921—1996），曾用名张立修、刘锡鸿，曾任中共青岛市委书记，山东莱芜人。1938年10月，参加莱芜县第十区抗日总动委员会，不久调任莱芜青救团县团部秘书，同年12月加入中国共产党。1939年3月，任中共泰山特委青年部宣传科长。1940年3月，到中共山东分局党校学习。半年，结业后留校（已改为鲁中区党委党校）任助教、教员。1942年2月后，任莱东县委委员、宣传部部长，参与领导莱东县反“自首”斗争。1945年8月至1947年冬，担任章丘县委副书记、书记，带领干部、群众和地方武装推广土地改革、保卫人民胜利果实、镇压反动势力活动、抵御国民党军队的进攻。

1948年3月任中共泰安县委书记，次年任中共泰安地委委员、宣传部部长。1953年4月起任中共泰安地委副书记、书记。1958年任中共济南市委书记处书记。1961年任中共泰安地委书记兼泰安军分区第一政委。1965年任山东省农林办公室主任兼党委书记。1970年任山东省农业局副局长，先后主持兴建和参与主持兴建黄前、雪野、光明、金斗、卧虎山等大中型水库和济平引湖、济南灌渠、黄河洛口水利工程。1972年后，历任中共青岛市革委会核心领导小组组长，青岛市革委会副主任、主任，中共青岛市委书记，青岛市政协主席。1979年任山东省副省长。1983年7月任省顾问委员会常委，1988年任省顾委副主任。是中共第八次、第十一次全国代表大会代表。1996年12月11日在济南病逝。

仇志海

仇志海（1936—1997），雕塑家、黑陶艺术家，城阳区栾家沟岔村人。1956年2月入伍，1957年加入中国共产党。历任炊事员、班长、司务长、管理员、文化干部、济南军区政治部创作室一级美术师（副军级）。为中国美术家协会会员、山东省美术家协会副主席、中国雕塑协会理事。

从小喜欢艺术，特别是喜爱雕塑艺术。1963年上半年，将自己的童年经历用捏泥人的形式表现出来，受到部队首长和战友的鼓励，从此开始雕塑创作。60年代被部队战士誉为战士雕塑家、泥人仇。1964年其雕塑作品《读》《饲养员》《工间》参加济南军区美术展览并获奖。1969年其作品《爱民模范盛习友》参加全军、全国美术展览。1977年其作品《鞠躬尽瘁》《飞》参加全国美术展览。同年出席第四次全国文代会。

1984年后，仇志海全身心地投入到黑陶艺术创作中。为了再现黑陶的风采，带领儿子仇世森在日照市向阳河村自费搭棚建窑，大胆创新，将儒、释、道文化精华吸收到雕塑艺术的创作中，创作世界上最大的黑陶《华夏祖缸》。其身高1.68米，直径2米，周长6.6米，重250公斤，壁厚仅10毫米，缸面塑有《盘古开天地》《陶祖》《夸父追日》《老子》《孔子》等33位华夏祖神和历史名人。随后《陶魂》《高山流水》《气势》《汉罐》《举手佛》《一把抓》等诸多艺术品陆续问世。国内外学术界、艺术界的专家公认“仇氏黑陶”是“本世纪最辉煌的艺术成果之一”。

仇志海从事雕塑艺术工作30多年，共创作雕塑作品一万余件，其中泥塑《长征路上》《铁蛋》《延水长流》、钢塑《鞠躬尽瘁》等作为珍品，被中国美术馆、中国历史博物馆、中国军事博物馆、天津市博物馆收藏。1988年1月23日“仇志海黑陶艺术展览”在中国美术馆开幕。1989年4月28日仇氏黑陶赴香港展出，被誉为“陶瓷艺术之魂”。1989年6月，仇氏黑陶在新加坡展览。此后仇氏陶艺相继到亚洲、大洋洲、美洲等数十个国家和地区进行展览，风靡全球。后来，仇氏黑陶成为国家领导人馈赠外国宾客的高级礼品，并被作为世界珍品收藏于法国、俄罗斯、美国、新加坡、日本等国家级博物馆。

1989年9月，仇氏黑陶烧制工艺和艺术水平被山东省文化厅授予“科技进步特等奖”。同年10月被文化部授予“科技进步一等奖”。1990年12月被国家科委授予“国家科技进步一等奖”。1989年12月，获得比利时布鲁塞尔第38届“尤里卡”发明金奖。1992年中央军委主席江泽民签署命令为仇志海记一等功。1996年6月，仇志海又获“军队专业技术重大贡献奖”，受到江泽民和中央军委其他领导的亲切接见。

1997年7月22日，仇志海在济南工作室因病去世。2000年6月，青岛市城阳区在城区中心建成“仇氏黑陶艺术馆”，并对外开放。

石珍荣

石珍荣（1927—1997），女，眼科专家，平度市人。1952年山东大学医学院毕业后留校任教，在山东大学医学院、青岛医学院从事眼科教学、医疗及研究工作，曾任眼科学教研室主任，眼科病理研究室主任、硕士生导师。

长期从事眼科学的教学和眼科病理的研究，先后在《中华眼科杂志》等刊物发表《有关角膜内皮细胞观察》《人眼的胚胎发育》《麻风眼病的研究》等论文30余篇，参与《英汉医学词典》《英汉医学生物学词素略词词典》及《医学百科全书》眼疾病部分的编写，还参与翻译《基本人体生理学》《生命的起源》等7部专著。专著、翻译约55万字。其科研成果曾分获山东省、省卫生厅、省教育厅科技成果二等奖。

曾任第六、七届全国人大代表，九三学社山东省委委员，中华医学会眼科学会理事，中华医学会山东分会及青岛分会理事。系山东省专业技术拔尖人才，两次被评为“青岛市三八红旗手”，1986年、1987年两次被授予“山东省三八红旗手”荣誉称号，1989年被国务院侨务办公室、中华全国归国华侨联合会授予“全国优秀归侨、侨眷知识分子”荣誉称号。享受政府特殊津贴。1997年11月病逝。

张瑞厚

张瑞厚（1920—1998），曾任青岛警备区政委，山西平定人。1938年4月参加太行区平东游击队，同年8月加入中国共产党。入伍后，历任太行区平东游击队战士、班长，太行区正太游击队排长、大队政治指导员。先后参加百团大战，娘子关、榆次、阳泉、反“扫荡”等战斗。面对日伪军残酷的“铁壁合围”“三光政策”，带领部队多次粉碎敌人的“扫荡”，扩大根据地。

1945年8月至1951年2月，历任太行二分区三十团一营政治教导员、华东三纵八旅二十三团政治处主任、十一军三十一师九十三团政委。先后参加上党、平汉、定陶、鄄南、滑县、千里挺进大别山、陇海、鲁西南、淮海、渡江、挺进大西南、解放重庆、成都等上百次战役、战斗。

1949年12月，调任四川省广安县委书记，发动群众巩固政权、恢复经济、清剿国民党残余武装和土匪，进行土地改革。朝鲜战争爆发后，重返军队，任十一军三十二师政治部主任，随十六军赴朝参战。历经多次战役、战斗，数次负伤，被定为二等甲级残废军人。1956年9月，任十六军四十七师政治部主任，之后到解放军重庆第七速成中学和解放军政治学院进修。1959年毕业后，历任西藏军区黑河军分区第二政委，陆军第十一师政委、党委书记、军区党委委员、军区政治部副主任等职，参加西藏平叛、民族改革和1962年的中印边境自卫反击战。由于长期的高原缺氧、身体受到严重损害。1971年1月调回内地，任济南军区二十六军副政委。1978年3月，任青岛警备区政委、党委书记兼青岛市委常委。1981年6月，任青岛警备区正军职顾问。1982年离休。

1962年被授予大校军衔。曾获三级独立勋章、解放勋章、解放奖章和独立功勋荣誉章。1998年4月在青岛病逝。

马连辉

马连辉（1917—1998），曾任青岛警备区司令员，河北景县人。1934年至1938年1月在国民党军队先后任学兵、学员、排长、副连长、代连长。1938年1月奔赴延安抗日军政大学学习，同年4月加入中国共产党。抗日战争时期，历任教员、副营长、作战股长、团参谋长等职，参加山东徒山、赵家庄、李家庄、淄川战斗。解放战争时期，历任副团长、团长、师参谋长等职，参加安丘、莱芜、孟良崮、豫东、开封、淮海、渡江、上海等战役。1951年12月至1952年4月参加抗美援朝第二、四、五次战役，任副师长。1954～1957年入军事学院学习。1957年6月，任二十六军某师师长。1960年8月，任二十六军参谋长。1963年7月，任济南军区工程兵部副主任兼参谋长。1973年10月，任二十六军副军长。1978年5月，任青岛警备区司令员。1981年6月，任青岛警备区正军职顾问。1982年2月离休。

马连辉作战勇敢，不怕苦、不怕死，身上多处负伤，是三等甲级残废。在任团长时曾立二等功，并被誉为爱兵楷模。1955年9月被授予大校军衔，响应上级号召下连当兵。1958年八一电影制片厂专门拍摄《马大校当连长》的纪录片，在全军部队放映。1968～1972年，先后担任平阴、北镇两座黄河大桥的建桥总指挥，提前3个月优质、安全地完成任务，为国家节约大量资金，《人民日报》《解放军报》《大众日报》均有报道。曾获二级独立自由勋章、二级解放勋章、国旗勋章和荣誉勋章。1998年6月2日病逝。

陈济敏

陈济敏（1959—1998），优秀乡镇党委书记，胶南曹戈庄人。1976年参加工作，1980年5月加入中国共产党。历任胶南镇通讯报道员、团委副书记、党委秘书、党委组织委员、党委副书记，理务关乡乡长，铁山镇镇长等职。1997年7月至1998年6月任琅琊镇党委书记。

1992年陈济敏到理务关乡任乡长，不到两年，使理务关乡的经济实力达到胶南市中等水平。1994年，任铁山镇镇长，带领乡亲们劈山修路、筑坝拦水，用两年多的时间，使山里管区7个村甩掉贫困帽子。1997年到琅琊镇后，白天和村民一起劳动，晚上和村民盘坐在炕头上，促膝谈心，一起探讨致富路。在他的建议下，琅琊镇决定把中央延长土地承包期30年不变的政策，延伸到岩礁开发上，极大地调动农民投资开发的积极性，3000亩岩礁很快被开发利用，成为该镇经济发展的新增长点，仅岩礁养殖一项，三年增收9000多万元。

陈济敏长年坚持读书学习，并坚持联系实际，学以致用，先后写下111本、70多万字的读书笔记和日记。下乡随身总是带着一个“困难群众记事本”，进村后的第一件事就是先询问村里的困难户情况，记在本上，分轻重缓急逐个解决。理务关乡红旗村曲富莲的丈夫去世后，她赡养着两个丧失劳动能力的老人，还带着两个孩子、一个患精神病的弟弟和一个未成年的侄子艰难度日。陈济敏了解情况后，把曲富莲作为自己的扶贫“联系户”，借去市里开会的机会，从自己家中带上两袋面粉和200元钱亲自送到曲富莲家中，说是政府给的救济，并安慰她一定要照顾好老人和孩子。此后，曲富莲每年都能收到几次这样的“救济款”和“救济粮”。陈济敏帮助别人从不声张，也不留名，因此，到底帮过多少困难家庭，资助过多少学生，自己掏了多少钱，谁也说不清，但其妻子和孩子却一直住农村3间普通的平房。

陈济敏生活俭朴，到琅琊镇工作时，带的铺盖是20年前刚参加工作时买的。在任乡镇领导干部期间，坚持骑自行车下乡，回家也从不让司机专程接送，而是去挤公共汽车，有时干脆骑自行车回家。1997年，琅琊镇财政收入400多万元，但作为书记的陈济敏却舍不得乱花一分钱。为了方便深夜学习工作，自费买了一盏台灯，平时所用的笔记本也绝大多数是自掏腰包买的。

1998年6月18日，陈济敏因患过敏性哮喘，抢救无效倒在工作岗位上。安葬时，500多名干部群众自发冒雨从十几里外赶到殡仪馆为他送行。1998年9月3日，中共青岛市委作出《关于追授陈济敏同志“优秀乡镇党委书记”称号，开展向陈济敏同志学习活动的决定》。同日，青岛市人民政府作出《关于为陈济敏同志追记二等功的决定》。1998年12月22日，中共山东省委作出《关于开展向陈济敏同志学习活动的决定》。

陆光庭

陆光庭（1920—1998），曾任九三学社青岛市委主委，云南昆明人。1944年毕业于云南大学医学院，并留校任教。1947年9月调入国立山东大学医学院任人体解剖学教研室讲解员、讲师。1956年山东大学医学院独立建院，称青岛医学院，先后任副教授、教授，兼任人体解剖学教研室主任、院长办公室副主任、教务处副主任等职。从事高等医学教育和科研工作40余年，是德高望重的老教授，是人体解剖学科的创建人之一。以教学、科研方面的杰出成就在人体解剖学界赢得很高的声誉。组织主编《人体解剖学》《局部解剖学》讲义，参加编写《医学百科全书解剖学分册》，在《中华医学杂志》等刊物上发表《雅司病的治疗》等论文。在《解剖学报》《针刺麻醉》等杂志上发表《三角肌、冈上肌、前锯肌的肌电观察》《翼外肌的肌电》等论文10余篇。

曾任第七届全国人大代表，第三至六届山东省政协委员，第二、三届青岛市政协常委、副秘书长，九三学社第六、七、八届中央委员，九三学社山东省第一、二届委员会副主委，九三学社青岛市委主委、名誉主委，山东省解剖学会副理事长等。享受政府特殊津贴。1998年6月病逝。

任质斌

任质斌（1915—1998），曾任中共青岛市委书记，即墨南关村人。青少年时期受革命思想影响参加共青团外围组织“少年之友社”和反帝同盟组织，投身到反对日本侵略者和封建军阀的斗争中。1931年考入北平中国大学，1932年加入共青团，不久被派往中央苏区工作，1934年转为中共党员。参加过长征。曾任中央苏区反帝总同盟代主任，中华苏维埃政府西北办事处秘书长兼红色中华报社社长，红军教导师政治部宣传科长、民运科长等职。

抗日战争时期，历任中共庆阳县委书记，中共镇原中心县委书记，中共河南省委副书记，新四军豫鄂挺进纵队政治部主任、代政委，豫鄂边区军政委员会书记，新四军第五师政治部主任、副政委、代政委等职。是新四军第五师和豫鄂边区主要领导人之一，为创建新四军第五师，为开辟、巩固和发展鄂豫皖、湘赣抗日民主根据地，赢得中原敌后抗战胜利立下功勋。

解放战争时期，历任中共中原局委员、中原军区第二纵队政委、中原军区副政委。参与领导指挥中原部队，并正确执行中央和毛泽东的战略部署，成功牵制国民党30余万军队，为解放区做好反内战准备，迎击国民党军的进攻赢得时间。1948年1月转到地方工作，曾任华东局城工部部长、淄博特区党委书记等。

建国后，历任中共山东分局秘书长、中共青岛市委书记、中共山东分局副书记兼统战部部长、山东省人民政府秘书长、中共山东省委党校校长、中共华东局副秘书长兼政研室主任、中共安徽省委书记处书记兼秘书长等。1976年起，先后任安徽省人民法院院长，中共安徽省委常委、省委统战部部长、省委秘书长。1977年在中共第十一次全国代表大会上当选中共中央候补委员。1980年后，任国家文物局党组书记、局长，为《中华人民共和国文物保护法》的制定作出重要贡献。1982年后任中共中央顾问委员会委员。是中共十二大代表，第五届全国政协常委。1998年12月在北京病逝。

吴宝铃

吴宝铃（1925—1998），海洋生物学家，辽宁绥中人，满族。1949年北京师范大学生物系毕业后留校任助教。1957～1961年在苏联科学院研究所进修与工作，回国后先后任国家海洋局第一海洋研究所助理研究员、副研究员、副所长、名誉所长。

曾师从著名海洋生物学家乌沙科夫教授，具有深厚的海洋生物学理论基础。主要从事多毛类动物学底栖生物学、生态学等海洋科学和环境科学研究，为中国环境保护、资源的持续利用和海洋事业的发展作出巨大贡献。是海参、紫海胆人工育苗的开拓者。曾在赤道太平洋首次发现日本鳗鲡产卵场，为解决人工育苗提供急需的环境资料。领导多个国内外科学组织，参与多种学术刊物的编写，足迹遍及十几个国家和地区。是国内第一位在南北极进行海洋生物考察的学者，曾主持国家、部委、省、市几十个科研项目，主持并组织在中国举办的第五届国际多毛类动物学会议。还撰写过大量著作，发表多篇综合性和科普性文章，其中学术论文200余篇、专著7部，著有《中国近海沙海蚕科研究》《黄海多毛类环节动物》等。其著作曾获全国科技优秀图书奖，科研成果曾11次获国家、省部级一、二、三等奖。

曾任中国科学院动物志编委会常委及《多毛类》卷主编，国家级海洋自然保护区评审委员会副主任委员，国际生物海洋学协会（IABO）中国联络员及国际珊瑚礁委员会委员，北太平洋科学组织（PICES）生物海洋学组成员，国际生态学研究所海洋部委员，美国水生科学顾问委员会委员，德国著名刊物《海洋生态学》编委会顾问，中国海洋学会理事，中国海洋生物工程专业委员会主任，国务院海洋资源开发、保护、研究专家组成员，中国科学院生物学部学科组成员，中国科学院环境委员会委员，国家南极学术委员会生物医学组组长，国家海洋局科学技术委员会副主任，中国大百科全书海洋科学海洋污染组主编，中国环境科学学会常务理事，山东大学、南京大学兼职教授，中国生态学会副理事长。1986年出席中共第十三次全国代表大会，1993年获全国“五一劳动奖章”。1998年吴宝铃病逝。

杨　力

杨力（1918—1999），原名杨家吾，曾用名杨金辉，曾任海军北海舰队司令员，江西瑞金人。1931年3月，参加中国工农红军。1932年2月加入共青团，1933年3月加入中国共产党。历任中央警卫团副排长，红一军团第一师一团排长，红一方面军前敌总指挥部特务团连长、参谋。参加中央苏区第三至五次反“围剿”作战和长征。1936年，参加东渡黄河战役。1937年3月，入前敌总部参训队学习。后随八路军第一一五师随营学校北上抗日，任晋察冀军区游击第二支队支队长，第四军分区八大队参谋长、营长，平灵大队大队长，第九、第八地区队参谋长，第三十六团参谋长，参加平型关战役、百团大战和北岳区历次反“扫荡”作战，在敌后抗日根据地与日军进行艰苦斗争。1945年10月起，历任冀中纵队第一旅副参谋长，冀察热辽军区独立第十三旅参谋长，热西军分区副司令员，独立第七师参谋长、副师长，第四野战军四十六军一五九师副师长，参加内蒙古多伦、热河省古北口平古线等战斗和平津、渡江等战役。

1950年9月起，历任海军航空学校副校长、海军第一航空学校校长。1960年8月，任海军北海舰队副司令员。1982年10月，任海军北海舰队司令员，致力于军事训练改革，加强部队的战场和后勤设施建设，多次组织实施舰队辖区重大演习。1983年8月起，任海军北海舰队顾问。1985年10月离休。曾获三级八一勋章、二级独立自由勋章、二级解放勋章。1961年晋升少将军衔。1988年，获一级红星功勋荣誉章。是第六届全国人大代表。1999年9月20日病逝。

刘昌毅

刘昌毅（1914—1999），原名刘昌义，曾任海军北海舰队司令员，湖北黄安人。少年时受农民革命运动影响，15岁参加农工会和少年先锋队。1929年9月参加中国工农红军。1930年4月加入共青团，1931年4月转为中共党员。土地革命战争时期，历任红四方面军第九军二十五师七十五团排长、连政治指导员、营长，第二十七师七十六团副团长、团长，参加鄂豫皖苏区反“围剿”、川陕苏区反“围攻”作战和长征。抗日战争时期，历任八路军第一二九师三八六旅侦察科科长，青年抗日纵队第三团参谋长，山西青年抗敌决死第三纵队参谋长，太行军区第三军分区副司令员、代司令员，参加百团大战、太行区历次反“扫荡”，作战勇敢，机智果断，被誉为“太行战将”。1945年，任太行军区南下第六支队司令员，后任河南军区第六支队司令员，参与开辟豫西根据地，率部参加奇义战役等。1946年任中原军区第一纵队三旅旅长、纵队副司令员，参与指挥中原突围战役的南路部队作战；后又率部转战大别山，在与上级失去联系的情况下，主动发展革命武装，组建皖西人民自卫军，任司令员，领导开辟皖西解放区。1947年起，任中原野战军第三纵队、第二野战军三纵队副司令员，参加淮海战役。

建国后，任铁道公安部队副司令员。1954年，任旅顺基地副司令员。1956年起，历任海军旅顺基地司令员、青岛基地司令员。1960年8月，任海军北海舰队第一任司令员，为舰队的组建和发展作出重大贡献。1978年12月任广州军区副司令员，参与指挥中越边境自卫还击战。曾获二级八一勋章、一级独立自由勋章、一级解放勋章。1955年被授予中将军衔。1988年获一级红星荣誉勋章。是第三、四、五届全国政协委员。1999年11月1日病逝。

于黑丁

于黑丁（1914—2001），作家，即墨苏口村人。1930年在青岛市立中学读书时，接受作家王统照的指教，开始文学创作，发表第一篇描写乡情的短篇小说。1933年经中共党员乔天华、俞启威的介绍，在青岛投身左翼文艺运动。翌年，加入中国共产党。其间，一边主编《青岛民报》副刊，联络各个文艺小组，开展各种活动，一边从事写作，通过文学作品揭露日本军国主义的侵华罪行，讴歌中国人民的反抗精神，先后发表小说《愤起》《野居之群》《深夜出击》《抗争》《魔窟》等。1935年青岛中共党组织遭破坏后，奉命撤离报社，先后辗转于北平、上海，一面寻找党组织，一面从事文学创作，在上海的《申报·自由谈》《文学界》《作家》《创作》《文学》等十余家报纸、期刊上发表大量文学作品。1937年抗日战争爆发后，赴抗战前线，辗转华北各地，参加战地抗日宣传活动。1938年，赴武汉，与臧克家等作家、艺术家组成文化工作团，并担任副团长，赴第五战区进行抗日宣传，发表中篇小说《沁河岸上》和《战地报告》等作品。1939年，到达重庆，参加中华文艺界抗敌协会的活动。1940年赴延安，1941年9月重新加入中国共产党。先后担任延安文艺界抗敌协会理事、秘书长及《谷雨》杂志编委。1945年秋，随晋冀鲁豫干部队到达太行山。1946年任晋冀鲁豫区文联理事，主持《北方杂志》的编辑工作，同时，撰写反映边区变化的小说和散文。1948年冬，任中共中原局机关报《中原日报·副刊》主编、中原文艺界协会副主席，并和李季一起筹办长江文艺。1949年5月，任中南五省文艺界赴京代表团团长，率团进京参加全国第一次文学艺术工作者代表会。会后，返回武汉，筹建中南文联，任文联党组副书记、文联副主席，主编《长江文艺》。

建国后，先后担任中南作协主席、武汉作协主席、湖北省文联主席兼党组书记、河南省文联主席兼党组书记等职。是第五、六、七届全国人大代表。作品结集的有《炭窑》《母子》《农村故事》《北大荒之夜》《战友》《火场》《沁河岸上》等，文艺理论著作结集的有《文艺论集》《作家·时代》等。2000年，被授予河南省文学奖——“终生荣誉奖”。2001年2月病逝。

彭作义

彭作义（1945—2001），曾任青啤集团总经理，山东日照人。1959年参加工作，1966年加入中国共产党。曾是青岛市沧口区机关机械厂工人，青岛火柴厂工人、保卫科干事、党支部书记。1973年4月任青岛市一轻局干部。1982年后，历任青岛第二食品厂党总支副书记、书记、厂长。1993年后，历任青岛大洋食品集团党委书记、董事长、总经理。1996年6月后，历任青啤公司副董事长、总经理，青啤集团公司副董事长、总经理。在青岛啤酒面临严峻的市场形势情况下，率领经营班子，果断调整公司经营发展战略，下大气力逐步建起公司自己的覆盖全国市场的销售网络，打开青啤的市场销路。同时，积极推行高起点发展、低成本扩张的发展战略，使青岛啤酒的企业规模及市场份额迅速扩大，保持青啤在国内市场的领先地位，并抢先占据国内市场制高点，基本完成公司在国内市场的战略布局。

先后获全国轻工系统劳动模范、全国轻工业优秀企业家、青岛市劳动模范、青岛市出口创汇状元、全国食品工业优秀企业家、山东省劳动模范、山东省优秀企业家等称号。2000年被评为全国劳动模范，入选中国经济年度人物，享受国家颁发的特殊专家津贴。2001年7月在青岛去世。

王景瑞

王景瑞（1905—2001），又名王义成，曾任轻工业部办公厅副主任，崂山区蓝家庄人。1922年入沧口日商钟渊纱厂做工，因参加组织工人罢工，被迫离开纱厂，到日本平原洋行当店员。1926年，和弟弟王焕章开设的阳谷路38号木炭铺成为青岛党的活动中心和联络站。1927年1月加入中国共产党。1928年底任中共青岛市委委员、职工部部长。1929年2月任中共青岛市委书记。4月调中共山东省委，任省委委员兼淄川特派员。不久，在淄川被捕，1934年保释出狱。“七七事变”后，加入中华民族解放先锋队，并于11月初正式接上中共党组织关系，恢复党籍，在崂山成立毕家村支部抗日游击队。中共东北军工委批准撤销中共青岛特支后，成立中共青岛市委，任组织部部长。1938～1949年，历任中共鲁东南工委委员、中共确山县委组织部部长、县委书记，确山县人民抗日游击大队政委，中共竹沟地委书记，中共汝南地委副书记兼组织部部长、地委书记，信应地委委员、信罗边工委书记，中共鄂东第一地委委员兼陂南中心县委书记，中共黄麻经工委书记，信确桐工委书记，汝正确信工委书记，汝正确县委书记、县长、县大队政委等职务。

建国后，先后在郑州、武汉工作，任中原、中南和武汉市总工会劳保部部长兼武汉市供销合作总社主任。1954年11月调北京，任全国手工业合作总社推销局代局长，后任中央工艺美术学院党委书记。1958年冬调邯郸，任邯郸市纺管局党委副书记、书记。1961年调北京，任第二轻工业部小农具局局长、部直属机关党委委员、办公厅第一副主任。“文化大革命”中受冲击，平反后任轻工业部办公厅副主任。1982年底离休。2001年9月在北京病逝。

尚之四

尚之四（1921—2001），戏曲导演，平度尚家疃村人。少年时入青岛北京路小学读书，中学时代就读于青岛礼贤中学，高中阶段入德文班学习。1942年入平度中学任音乐美术教员。1943年加入中国共产党。1945年后，历任西南海干校、西海中学教务副主任兼音乐美术教员。其间，协助平度城工商界创建平度第一个由共产党领导的文艺演出团体——平度城厢京剧俱乐部，时常带团慰问前线部队和支前民工。1948年参加接收潍坊特别市工作，后任潍坊特别市民众教育馆副馆长，12月调任潍坊特别市文工团团长兼导演，带领文工团赴淮海战役前线慰问演出。1952年山东省鲁剧团（翌年改名为山东省吕剧团）成立，被调任副团长兼导演。1955年率团赴朝鲜慰问中国人民志愿军。1957年调任省戏曲研究室副主任。1963年参与京剧《奇袭白虎团》编导工作。1975年调山东省京剧团任导演。1980年调省吕剧团任副团长兼党总支副书记。在50多年艺术生涯中，执导各类剧目百余个，获奖作品有：歌剧《不要杀他》、现代吕剧《李二嫂改嫁》《光明大道》。山东梆子《万家香》晋京演出后，尚之四的舞台美术设计模型，由文化部戏剧博物馆收藏。是中国戏剧家协会理事，全国戏曲现代戏研究会发起人之一。1985年离休。2001年12月病逝。

李长如

李长如（1918—2002），曾任海军北海舰队政委，河南罗山（今湖北大悟）人。1930年4月参加中国工农红军。1934年9月加入共青团，1935年5月转入中国共产党。历任宣传队队长、交通员。参加鄂豫皖苏区第二至四次反“围剿”作战和游击战争。1938年8月起，历任新四军连政治指导员、营政治教导员。参加蒋家口、棋盘岭、周家岗、路东反“扫荡”和路西反“扫荡”等战斗。1941年11月在安徽定远大桥镇战斗中，指挥突击队担任主攻，歼敌一个营，记一等功一次。1943年12月入延安中央党校学习。1945年8月起，历任团政治部主任、团政委、师政治部副主任、主任。参加四平保卫战、辽沈、平津、衡宝、广东、万山群岛等战役。1952年10月，任中南军区海军政治部副主任。1954年10月，任华东军区海军第六舰队政委。1956年12月任海军东海舰队政治部主任。1961年晋升少将军衔。1967年3月，任国家海洋局政委。1979年12月调青岛，任海军北海舰队副政委。1982年1月，任海军北海舰队政委。1955年，获三级八一勋章、二级独立自由勋章、二级解放勋章。1988年，获一级红星功勋荣誉章。是中共第九、十一次全国代表大会代表。2002年10月在上海逝世。

谭抒真

谭抒真（1907—2002），曾用名书祯，小提琴演奏家、教育家、乐器专家，青岛市人。幼年学民族乐器，14岁学小提琴。1927年进入上海工部局交响乐团，任小提琴演奏员，兼任上海艺术大学、新华艺术大学、上海美术专科学校小提琴教师。1928年赴日本，随捷克斯洛伐克小提琴家柯尼希学习。归国后继续在上海美术专科学校和工部局乐队从事教学和演奏。1930年回到青岛，活跃于青岛各个演奏场，成为30年代青岛文艺高潮时期的知名演员。1935年协助王玫在青岛制作出中国第一把小提琴，1937年自己也制成小提琴。1947年起，任国立上海音乐专科学校小提琴教授。1949年后，历任上海音乐学院副院长兼管弦乐系主任、轻工业部乐器研究所所长、上海音乐协会副主席。1951年创办上海音乐学院的乐器工厂。1956年任轻工业部乐器研究所所长，同年开办全国提琴制作室和训练班。1978年起，在上海音乐学院首次建立提琴制作专业，亲自授课指导，为培育科学制作提琴的专门人才倾注心力。1979年被选为中国音乐家协会理事和音协上海分会副主席。1982年被美国旧金山音乐学院授予名誉博士学位。1983年获美国交响乐协会荣誉奖。先后担任法国玛格丽特·朗·蒂博国际小提琴比赛、英国卡尔·弗莱什国际小提琴比赛评委。被收入1984年纽约出版的《世界名人录》。

谭抒真从事演奏和音乐教育76年，为中国教龄最长的音乐教育家，培养中国几代专业的提琴制作人才，被称为中国小提琴教育开拓者和一代宗师。2002年11月逝世。

张敬焘

张敬焘（1914—2002），曾任青岛市市长，山东淄博人。1936年参加中华民族解放先锋队，任民先博山县队部组织部部长。1937年6月加入中国共产党。抗日战争时期，历任中共博山县特别支部和县工委宣传委员，山东人民抗日救国军第六军大队政治部副主任，八路军山东抗日游击队第四支队一团五连政治指导员，中共博山县委书记、泰山地委委员、博山县抗日民主政府县长、益（都）临（朐）工委书记、鲁中区委副书记。解放战争时期，先后任中共淄博特委书记兼淄博警备区政委、泰山地委副书记兼组织部部长、华东局党校学员兼总支书记、华东建设大学教导处副主任、中共泰山地委书记、泰山军分区政委。

建国后，任中共泰安地委副书记、书记兼泰安军分区政委。1952年后任上海市普陀区委书记、市委委员、副秘书长等职。1960年10月调青岛，历任中共青岛市委第一书记兼市长、第四届青岛市政协主席。1970年3月后，历任济南市革委会副主任、市委副书记、市委书记兼任济南市革委会主任等。1975年9月后，历任烟台市革委会副主任、市委副书记。1977年10月任山东省重点工程会战指挥部副指挥。1978年后，历任山东省革委会委员、工交办公室副主任、基建委员会主任、省革委副主任、副省长。曾当选第三届全国人民代表大会代表。2002年12月在济南病逝。

臧克家

臧克家（1905—2004），曾用名瑗望，笔名少全、何嘉，诗人，山东诸城人。自幼受祖父、父亲影响，打下良好的古典诗文基础。1923年夏，考入山东省立第一师范。其间，阅读大量新文学作品，并开始习作新诗。1925年首次在《语丝》上发表作品。1927年，入中央军事政治学校武汉分校，曾参加北伐战争。1929年考入国立青岛大学补习班，翌年考入该校中文系，得到闻一多、王统照的教诲与帮助。在校期间，创作的《难民》《老马》《有的人》等诗篇，以凝练诗句描写旧中国农民忍辱负重的悲苦生活；1933年第一部诗集《烙印》出版。次年以长诗《罪恶的黑手》蜚声诗坛。1934年毕业后到山东省省立第七中学任语文老师。1937年至1942年任第五战区司令长官部秘书、战时文化工作团团长，文化工作委员会委员，三十军参议，三一出版社副社长。1942～1946年任重庆中华全国文艺界抗敌协会候补理事。1946～1948年任上海《侨声报》文艺副刊、《文讯》月刊、《创造诗丛》主编。

建国后，历任华北大学三部研究员、新闻出版总署编审、人民出版社编审，中国作家协会书记处书记、理事、顾问，《诗刊》主编、编委、顾问，中国写作学会会长，中国文联第三、四届委员，中国作家协会第一至三届理事。是第二、三届全国人大代表，第五、八届全国政协委员，第六、七届全国政协常委。

出版有诗集《罪恶的黑手》《自己的写照》《运河》《从军行》《泥淖集》《淮上吟》《呜咽的云烟》《泥土的歌》《生命的秋天》《臧克家诗选》《一颗新星》《春风集》《欢呼集》《毛泽东诗词鉴赏》《毛主席诗词讲解》(和周振甫合写)《今昔吟》《怀人集》《臧克家选集》等。2000年1月获首届“中国诗人奖——终生成就奖”。2003年获由国际诗人笔会颁发的“中国当代诗魂金奖”。“文化大革命”中遭受迫害，1972年平反回到北京。2004年2月在北京病逝。

苏　军

苏军（1921—2004），原名陈仰贤，曾任海军北海舰队司令员，安徽肥东人。1938年6月，参加革命工作。1939年5月，加入中国共产党。1940年2月，参加新四军。1941年3月起，历任新四军第二师锄奸部科员、第二师六旅兼路西军分区直属队特派员。参加淮南黄疃庙、鲁南介河等战斗。1946年12月，任华东野战军第七纵队二十师六十团一营政治教导员。连续参加苏中、莱芜、孟良崮、南麻临朐、胶东、潍县、兖州、淮海等战役战斗。在兖州战役中，与营长共同带领全营首先攻入兖州城，该营第一连被华东野战军授予“第一个登城英雄连”荣誉称号。1949年1月，任第三野战军二十五军七十四师政治部保卫科科长。参加渡江战役。1949年5月起，历任华东军区海军扫雷舰军代表，护卫舰政委，护卫舰大队副政委、政委、大队长。1954年4月，任海军驱逐舰大队大队长兼驱逐舰舰长，领导组建海军第一支驱逐舰部队。1957年1月，入苏联伏罗希洛夫海军学院学习。1960年毕业回国。同年9月，任海军潜艇支队支队长。1968年11月，任海军北海舰队参谋长。1970年1月，任海军烟台基地司令员。1975年11月，任海军东海舰队参谋长。1977年4月，任海军潜艇学校校长。1983年8月至1985年8月，任海军北海舰队司令员。

1955年，获三级独立自由勋章、三级解放勋章。1988年获独立功勋荣誉章。2004年6月16日在青岛逝世。

曾呈奎

曾呈奎（1909—2005），号泽农，海洋生物学家，中国海藻学研究奠基人和海藻化学工业的开拓者，福建厦门人。1927年夏入厦门大学植物系学习，1931年获厦门大学理学学士学位，厦门大学毕业后又去岭南大学攻读硕士学位，1940年又去美国密执安大学攻读博士，1942年获该校拉克哈姆博士后奖学金，随后又到美国加利福尼亚州立大学斯克里普斯海洋研究所进修物理海洋学和海洋化学。1943年，接受该研究所的委托，开展被美国列为战略物资的琼胶原料的生产和加工方法的调查研究。为了实现“泽农”的宏愿，1946年，不惜放弃美国优越的工作条件和优厚的生活待遇，回到战争连绵不断、贫穷落后的祖国，担任国立山东大学教授、植物系主任。1949年青岛解放前夕，拒绝跟随国民党政府南迁，放弃和家人团聚的机会，只身留在青岛迎接解放。新中国成立后，与童第周、张玺于1950年共同筹建中国科学院水生生物研究所青岛海洋生物研究室——中国科学院海洋研究所前身，标志着现代中国海洋科学全面、系统、规模化发展的开始。1980年当选中国科学院学部委员（院士）。1985年当选第三世界科学院院士。历任中国科学院海洋研究所研究员、副所长、所长、名誉所长，山东省人大常委会副主任，第三至第九届全国人大代表，中国海洋湖沼学会和中国藻类学会理事长、名誉理事长，国际藻类学会主席，国家攀登计划（B）“海水增养殖生物优良种质和抗病力的基础研究”项目首席科学家。

70多年的科研和教学生涯中，致力于海洋生物学的研究，为中国海洋生物学的研究献出毕生的精力。组织、领导对国内海域的海藻进行系统调查和分类，在海藻形态分类研究中发现百余个新种、两个新属、一个新科，奠定中国海藻分类学在国际学术界的地位。对紫菜生活史和海带栽培生物学的研究，开辟海藻化学这一我国化学工业新领域，为中国海藻栽培及其生产事业奠定基础。对海藻比较光合作用和色素吸收、海藻生物技术（包括基因工程）进行一系列的研究，阐明海洋水产必须走农牧化道路。倡议开展蓝色农业、保护海洋环境，积极为国家科技战略布局和科技教育事业的发展建言献策，为推动中国乃至世界海洋生物学和海水增养殖业的发展作出不可磨灭的贡献。独自或与他人合作先后发表400余篇高水平的学术论文，出版14部学术专著，1978年获中国科学院重大科技成果奖，1978年获三项全国科学大会奖，1986年获中国科学院科技进步奖一等奖，1991年被中共山东省委、省政府授予“杰出贡献科学家”荣誉称号，1995年获太平洋科学大会奖，1997年获何梁何利基金科技进步奖，2000年获山东省科技进步奖一等奖，2001年获美国藻类学会杰出贡献奖，2002年获山东省科学技术最高奖。著有《海藻栽培学》《海带养殖学》等。2005年1月在青岛逝世。

人物传略

邓汉祥（1888—1979），字鸣阶，全国政协委员，贵州盘县人。1905年考取秀才，后入湖北军校学习。1911年参加武昌起义，历任北洋政府秘书长，南京国民政府贵州省政府顾问、四川省府秘书长等职，代理过四川省政府主席。1942年参加中国国民党。1949年12月，随刘文辉、邓锡侯、潘文华在四川彭县起义。建国后，当选第四、五届全国政协委员，第一、二、三届四川省政协委员。1974年迁居青岛，当选第五届青岛市政协常委。

葛敬恩（1889—1979），字湛侯，曾任国民政府青岛市代市长，浙江嘉兴人。1907年加入同盟会，1911年参加新军起义。民国建立后，任兵站交通部部长、南北议和会议军界代表。后入北京陆军大学、日本陆军大学学习，毕业后在浙军任职。1927年后，历任国民革命军总司令部参谋处长，国民政府军事委员会参谋厅长、建设委员会委员等职。1930年3月，任青岛特别市市长，其间，组建青岛保安队，并接待来青岛出席中国科学社第十五届年会的与会代表。同年6月辞职，9月离任。1930年后，历任国民政府参谋本部次长、国民政府军事委员会第一厅副厅长、航空署署长兼中央航空学校代理校长、浙江省政府委员等职。抗日战争胜利后，参加在台日军受降仪式，1947年辞职。1949年8月，与在上海的国民党立法委员50余人联名通电宣告起义。建国后当选第四届全国人大代表，第四、五届全国政协委员。

凌爱莲（1910—1979），女，曾用名凌滢若、凌景周，幼儿教育工作者，山东青州人。1929年10月考入益都省立第四师范学校，1933年8月毕业后留校任附小幼稚园教员。1941年后任小学、中学教员。1947年2月任益都民众教育馆馆长。1948年2月后分别在青岛市黄台路小学、北京路小学执教。1952年9月着手创办青岛市湖南路幼儿园，任园长，至1976年11月。其治学严谨，创建幼儿教育的一整套管理制度和教学方法，培养一批具有较高专业水平的幼教师资力量，在青岛幼儿教育界享有较高威望。1942年加入中国国民党。1950年10月参加民盟。是青岛市民盟盟员，青岛市妇联执委，第一至四届青岛市人民委员会委员，第二、三届山东省政协常委。

刘宿贤（1911—1979），曾任山东大学党委书记，莱西刘家村人。1933年莱阳乡师毕业后任小学教员，同年加入中国共产党，以教学为掩护，通过办农民夜校宣传革命道理、开展党的工作。抗日战争爆发后，曾任南海地委书记、军分区副政委、专署专员等职。历经百余次战斗，扩大人民武装，建立民主政权。1950年后，历任华东大学秘书长、党委书记，山东大学党委书记，青岛工学院党委书记，武汉测绘学院党委书记、副院长，武汉大学党委第二书记、第一副校长等职。1976年任湖北化工石油学校革委会主任。

崔嵬（1912—1979），电影表演艺术家、剧作家，山东诸城人。幼年随父母迁居青岛。13岁入大英烟厂（今颐中烟草公司）当童工。15岁考入礼贤中学。在校期间，开始发表文学作品。1930年考入山东省省立实验剧院编剧班，同年剧院停办后回青岛。1931年入国立青岛大学中文系旁听，翌年参加海鸥剧社，从事左翼戏剧活动，演出《饥饿线上》等进步戏剧，并任《青风报》编辑。1933年赴北平，入私立民国大学。1935年去上海，先后参加东方剧社、戏剧生活社和上海业余剧人协会，专门从事戏剧工作。1938年在延安鲁迅艺术学院戏剧系任教。后历任华北联合大学文艺学院戏剧系主任、冀中军区火线剧社社长、中南艺术学院院长、中南文化局局长、中南人民艺术剧院院长、中南文学艺术界联合会副主席等。1956年任北京电影制片厂艺术委员会主任兼导演。曾当选第三届全国人大代表、第五届全国政协委员、中国文学艺术界联合会委员、北京电影制片厂党的领导核心领导小组成员等。著有《工人之家》《这是厂里的规矩》《察东之夜》《张家店》《顺民》等剧本，导演过《青春之歌》《小兵张嘎》《杨门女将》等电影。

邓龙翔（1913—1979），原名邓新春，曾任海军北海舰队副司令员，江西吉安人。11岁时到湖南攸县学徒。1929年参加中国工农红军。1931年加入中国共产党。1932年后，历任红军排长、支部书记，参加中央苏区五次反“围剿”和长征。1938年后，历任八路军连政治指导员、团政委、军分区政治部主任，参加平型关战斗等。1946年，任胶东军区北海军分区司令员兼烟台警备司令。1949年3月起，任华东警备第四旅旅长兼政委及青岛警备区副司令员，率部参加沙河、龙口、烟台、长山岛和解放青岛等战役和战斗。1950年，任济南警备区司令部司令员。1955年被授予少将军衔。1958年12月，任海军青岛基地副司令员。1960年11月，任海军北海舰队副司令员。是中共第九次和第十次全国代表大会代表。

张国中（1919—1980），原名张经荣、张心，曾任山东海洋学院党委书记，山东桓台人。1938年在桓台县参加山东人民抗日联军第二师。1939年加入中国共产党。历任山东人民抗日联军宣传队长，桓台县第三区区委书记、县委宣传部部长，清河地委宣传部科长，中共德州地委副书记兼工业部部长，淄博市委第二书记，山东工学院党委书记，山东大学党委副书记、革委会主任，山东海洋学院党委书记、院长。

王世亮（1921—1980），全国先进生产者，崂山区后寨村人。17岁在青岛学木工，解放后参加木器生产小组和木器生产合作社。1958年经多次试验，制成电动木结构压刨机，改进木器生产中笨重的手工劳动，提高工效15倍。此后又试制双面打铆机、15头钻、齿形对缝机、自动锉锯机、专用安装机等，革新100多项木工机具。1959年加入中国共产党。同年，被评为全国先进生产者，并出席全国群英会。1960年提升为工程师。1977年因病退休。

刘希涛（1922—1980），原名刘光昕，曾任黄海水产研究所党委书记，山东日照人。1938年参加革命，1939年加入中国共产党。历任山东纵队战士、民运团团长、区委书记、敌工站站长。1945年后，历任中共日照县委石臼所区特支委书记、莒南县委组织部副部长。1950年任政务院中央财经委员会人事处副处长，1953～1956年，任国务院机关事务管理局人事处处长、党委办公室主任。1956年，任水产部海洋企业管理局副局长。1958年3月到青岛，任黄海水产研究所副所长。1959年1月，任黄海水产研究所党委书记。

辛宗山（1948—1980），革命烈士，即墨小坝村人。1964年参加工作，曾任青岛市房管局第一住宅建筑公司第四施工队铁工部维修班班长、武装基干民兵连班长兼军械员。先后7次被评为先进生产者，11次被评为先进民兵和民兵积极分子。1980年3月17日，在通山路为保护一名女青年的人身安全，同3个手持凶器的流氓犯罪分子英勇搏斗，多处受伤，终因流血过多，抢救无效，光荣牺牲。经山东省人民政府批准被追认为中共党员。山东省军区授予他“雷锋式的好民兵”荣誉称号。

李士伟（1895—1981），妇产科专家，河南卢氏人。1926年毕业于私立北平协和医学院，后入美国霍布金斯大学医学院学习，获医学博士学位。1932年任国立中央医院妇产科主任。1941年出任陆军总医院妇产科主任。1946年来青岛，任国立山东大学医学院教授和首任院长。1949年去台湾，任台湾省立台北妇产科医院院长，并兼国防医学院教授、妇产科主任。著有《输卵管炎之研究》《中国初生婴儿体重及量度》《中国孕妇骨盆之量度》等书。

王进仁（1901—1981），曾用名王雅堂、王从先，早期革命者，市北区浮山后人。高小毕业后到四方机厂学徒，后又到钟渊纱厂（今青岛国棉六厂前身）做工。1925年因参加罢工运动被开除回家。1926年6月加入中国共产党，担任崂山第一个党组织——中共浮山后支部书记。1927年冬，调中共青岛市委分管农民工作。1928年冬，担任中共青岛市委书记。1929年初中共山东省委遭到严重破坏后，调济南主持省委工作。同年4月任省委常委、组织部部长；7月担任山东临时省委书记兼组织部部长。1930年任中共天津市委书记，后任中共唐山市委书记。1930年10月，被视为执行“立三路线”的干将，受到批判，被撤销中共唐山市委书记职务。1931年2月，中共北方局派其去奉天（今沈阳市）开展党的工作。1932年5月调任黑龙江省汤原县特委书记。同年9月到哈尔滨向省委汇报工作时，被日本人当作“土匪嫌疑犯”逮捕，并强令离开哈尔滨。此后，与组织失去联系，后回青岛市浮山后村务农。曾当选为第一、二、三届崂山县政协常委，后改为专职驻会常委。1981年5月25日病逝。

徐一贯（1903—1981），原名君雨，曾任青岛市政协副主席，福建福州人。1924年加入国民党，1927年退出。1926年到胶济铁路四方机厂工作。1936年起，先后任莆田电厂、湘西电厂、自流井电厂和西安电厂厂长。1945年抗日战争胜利后任青岛电厂厂长。1949年青岛解放前夕，组织职工严密护厂，使电厂得以完整保存。青岛解放后，历任青岛电业局局长、青岛城建局局长、青岛市政协副主席，民革青岛市委第一、第五届主委。1952年加入中国国民党革命委员会。1957年被错划为“右派分子”。1979年恢复名誉。

赵鸿祥（1905—1981），青岛早期革命者，胶南胡家小庄人。19岁到青岛，先在小村庄打活，继又到青岛大康纱厂、隆兴纱厂打工。失业后在青岛码头拉大车。1933年6月，加入反帝同盟会，12月，经中共党组织介绍到上海学习。月余后返回仍以拉大车为业，秘密从事联络发动工人工作。1934年加入中国共产党，着手组建中共青岛市工作委员会，为负责人之一。同年8月18日，工委成员在四方小村庄开会时被捕，关押3年多。1937年9月获释后，曾四处奔走，多方联系，终未能接上党的组织关系，便返回原籍务农。

范景周（1905—1981），宗教人士，山东泰安人。1918年入泰安卫理公会萃英中学读书，在校受洗礼加入基督教。1925年考入私立青岛大学。1928年到青岛南海沿饭店当店员。1929年在青岛筹建吉昌商行并自任经理。1949年2月当选青岛卫理公会执事部部长。青岛解放后，坚持走独立自主自办教会的“三自”爱国道路，带领山东省和青岛市基督教徒在爱国爱教事业中作出较大贡献，曾被推选为第一至五届青岛市政协委员、常委。自1954年起，历任青岛市基督教“三自”爱国运动委员会副主任、主任，山东省基督教“三自”爱国运动委员会主任，中国基督教协会常委。

杨枫（1905—1981），原名杨荫春，内科专家，辽宁兴城人。1932年辽宁医学院毕业后，任汉口协和医院内科医师。1934年任南京中央大学教育学院讲师。1944年9月任陕西汉中陆军医院内科主任。1946年后应聘到青岛，任国立山东大学医学院内科学教研室主任、附属医院内科主任。1948年兼任青岛海军医院内科主任。建国后，长期任内科主任和内科学教研组（室）主任。著有《军医必携书》《传染病学》《内科学》，译著有《脊髓病变引起腹痛及肌肉疾病》《哈氏内科学原理》等。

杨学才（1908—1981），全国劳动模范，莱西杨家屯村人。1947年4月加入中国共产党，带领群众开展土改复查斗争。1949年任村党支部书记，带领农民成立农业生产互助组。1953年，组织17户农民办起初级农业合作社并任社长，带领社员在东荒山上整地改土，开荒造田，兴修水利，建起200亩苹果园。1958年被评为全国劳动模范，出席华东劳模大会和全国劳模大会，受到毛泽东主席接见。

陈鸿雪（1910—1981），中医，江苏无锡人。1930年毕业于上海中医专门学校。1931年在青岛开设陈鸿雪中医诊所。1934年兼任《青岛民报》副刊《中国医药》主编。1940年任青岛市中医学会理事。1954年任青岛市公费医疗门诊部中医师。1956年应聘至青岛医学院附属医院，后任中医科主任、中医教研组主任，兼任青岛市中医学校教务组长。精通中医经典，为山东省著名中医。擅长内科、妇科及对血小板减少性紫癜、肾病、习惯性流产、风湿痹症等病的诊治。曾参与编撰《中医学讲义》和《温病学概论》等教材。

罗时察（1911—1981），纺织技术专家，江西南昌人。1936年6月南通学院纺织科毕业后，分配到常州大成纺织厂任技术员、工程师，首创平绒染整加工技术。1946年任中纺青岛第一印染厂厂长。青岛解放前夕，组织成立“护厂团”，挫败国民党军队破坏工厂的图谋。青岛解放后，继任青岛第一印染厂厂长，组织技术革新，使1953年的印染布产量比1949年提高3.04倍。1955年，在中科院海洋研究所曾呈奎的帮助下，研究成功应用海藻酸钠作印花糊料，年节约食用淀粉5万斤。1959年调任山东省纺织工业厅生产技术处副处长。曾是中国纺织学会理事。1977年10月退休。

张元培（1913—1981），原名张绍南，曾用名李晓芳，曾任海军北海舰队副司令员，福建永定人。1930年参加红军。1931年加入共青团，1932年转入中国共产党。1931年起，历任红军副科长、科长等。参加中央苏区五次反“围剿”和长征。1939年，任西安办事处科长、处长。1940年，任新四军军需处副处长、后勤部部长。1946年后，历任华东野战军第七纵队副参谋长、参谋长、上海军管会海军部副部长、华东军区海军第一纵队司令员。参与组织指挥一江山岛等战斗。1955年，被授予少将军衔，获得二级八一勋章、二级独立自由勋章、一级解放勋章。1956年，任海军舟山基地司令员。1960年8月到青岛，任海军北海舰队副司令员，参与组建北海舰队工作。1970年4月，任海军南海舰队司令员，参与收复西沙群岛的组织指挥。1975年8月，任解放军总后勤部副部长。1976年4月，任国务院六机部军管会主任。

杨振威（1916—1981），全国先进生产者，山东荣成人。17岁在威海渔轮上当船员。1947年在胶东军区海防办事处立一等功、二等功各一次。1950年调青岛水产公司（今青岛海洋渔业公司），1951年任“山东49号”渔轮轮机长。1953年从操作实践中总结出轮机勤保养、勤检查、勤修理的“三勤”工作法并得到推广。1954年加入中国共产党。1956年出席全国先进生产者代表会议，获全国先进生产者称号。1964年任“山东129”号渔轮轮机长。1972年退休。

段毅（1917—1981），原名段殿飞，曾任青岛市革委会副主任，河北蠡县人。1932年到高阳县织布厂当工人。1937年，任蠡县六区农会宣传部部长。次年加入中国共产党。历任冀中区高阳县工会主席、区总工会劳保部部长、地委民运部部长等。期间开展和坚持敌后抗战工作。1945年后，历任中共冀南五地委常委兼组织部部长，冀南一地委书记。建国后，历任中共河北省衡水地委书记、河北省计委主任、河北省工业生产委员会主任、河北省副省长等职。1960年调任中共济南市委第一书记、济南市市长。1970年4月任青岛市革委会副主任，7月兼任青岛市革委会党的核心领导小组副组长。后任山东省建委主任。1977年，调任中央派驻七机部工作队队长。1978年5月任七机部副部长。

姜守迁（1897—1982），原名姜春年，文物收藏家，平度七里河子村人。1922年考入国立北京师范大学国文系，毕业后从事教育工作。1937年后，历任平度县参议会参议长、胶东行政公署行政委员兼胶东公学校长等职。1948年后，历任济南市立一中、济南市立二中校长和济南市教师进修学院院长，兼任济南市文物管理委员会委员、山东省史学研究会理事。1958年任济南市文物管理委员会主任兼济南市博物馆馆长。精于文物研究鉴赏，酷爱文物收藏。一生藏品多达上千件，尤以藏砚为最，达百余方。后分批将包括高凤翰、金农、曾国藩等现属国家一级藏品的名砚在内的各类珍贵文物计200余件捐献给国家。

季寿山（1897—1982），平度小吴家村人。1916年5月去俄国当华工，先后在穆尔曼斯克等地修铁路。翌年4月随红十字会去土耳其梵湖做战地救护工作。十月革命爆发后，随队回苏联参加赤卫队，先后参加符拉基卡夫卡兹、格罗兹内依等平叛战，巴库、罗斯托夫、汉仁等城市保卫战，后成为苏共中央政治局委员基洛夫的卫士。苏联卫国战争中，参加消灭日本关东军、解放中国东北等重大战役。苏联最高苏维埃主席团向他颁发战功勋章、格罗兹内依百日战斗纪念章、卫国战争纪念章等勋章。1954年回国，在国家计量局专家办公室工作。1957年庆祝十月革命40周年时，曾随毛泽东赴莫斯科参加纪念活动。

石紫昀（1910—1982），又名石光溢、石法堂，妇科专家，胶州石家花园村人。18岁毕业于胶县师范讲习所。1930年起，在胶县赵家店村和石家花园村教学，历时14年。其间，苦心研究中医学妇科。1944年，曾先后在胶县城关镇同祥和永安堂药店坐堂行医。1954年，在胶县城关镇无梁殿（今浮萍街）自设诊所。翌年，响应政府号召，参加城关镇第二联合诊所。不久，被选调山东省中医进修班学习一年，后被留在山东中医学院任妇科医师。其间，将临床体会编写成《妇科歌诀》，并在山东省科普委员会举办的展览会上展出，受到行家好评。1962年，调胶县中心医院从事临床与教学工作。1978年，被选为中华全国中医学会山东分会理事和妇科委员会副主任，兼任胶县中医药研究小组副组长。在长期的行医过程中，根据妇女的生理、病理特征，研究出妇女在青年、中年、老年三个时期发病及治疗的规律，辨证施治，效果显著。此外，他稽古觅疑，整理近10万字的《妇科验案集》一书，分门别类地记录几十年来所掌握的有效案方。

张战戈（1917—1982），原名王守璞，曾任空军政治部副主任，城阳区王家泊子村人。1934年在青岛参加反帝大同盟，5月加入中国共产党。1937年参加中共青岛市委领导的崂山抗日游击队。历任胶东军区锄奸科副科长、南海专署公安局局长、区政治部主任、华东军区空军政治保卫部部长、空军政治部保卫部副部长、空军航空兵第十五师政委、空军政治部副主任等职。“文化大革命”时期遭到迫害。1978年带领空军政治部工作组参加中越边境自卫还击战。

邱桂香（1939—1982），女，武术运动员，平度市人。出生于武术世家，自幼随父邱宝山习武。1950年在青岛市第一届民族形式体育大会上，获武术表演优秀奖。1952年，代表青岛参加山东省体育大会，获个人短器械刀术剑术项目优秀奖。同年，父女入选山东队，参加华东区第一届民族形式体育大会，获优秀奖。1957年参加在北京举行的全国武术评奖观摩大会，获拳术、器械综合评为一等奖。回青岛后，在青岛疗养院教授各种拳械和健身疗法。1958年参加全国武术运动会，拳械综合评分再获一等奖。同年调往北京市公安局担任武术教练。

管洪亮（1963—1982），革命烈士，胶南山陈家大队人。1980年高中毕业后回家务农，10月加入共青团。1981年4月应征入伍，曾荣立三等功一次并被评为精神文明标兵、模范共青团员。1982年8月3日，部队在河南省汲县三集村驻训，由于连日降暴雨，河水猛涨，为挽救人民生命财产，管洪亮与洪水搏斗15个小时，救出两名落水的老人，终因体力不支牺牲。武汉部队党委追认他为中国共产党正式党员，追记一等功一次，追授“爱民模范”光荣称号。

薛光军（1917—1983），原名薛正华，曾任广东省副省长，黄岛区南庄一村人。1938年赴延安参加革命，同年加入中国共产党。先后任陕甘宁边区关中分校政治部干事，中共中央组织部地方科干事，中央军委总政治部秘书科副科长，中共沈阳市委副秘书长、工业部部长，中共中央东北局财经部副部长和工业部副部长，中央工业部处长、部委委员，中南局副秘书长，中南局委员、秘书长等职务。1973年后历任广东省革委会农林水办公室副主任、党委副书记，省工交政治部党委书记、主任，省革委会副主任，中共广东省第四届委员会委员、常委兼省委农村工作部部长，广东省农委副主任，广东省人大常委会副主任，广东省人民政府副省长，广东省农委党组书记等职务。1982年当选中共第十二次全国代表大会代表。

刘维理（1923—1983），曾任青岛市政协主席，山东日照人。1938年高小毕业后在家务农，1939年1月参加革命工作，5月加入中国共产党。先后在日照、莒县、郯城等地从事党的工作。1943～1953年，历任中共莒中县、东海县、郯城县县委副书记、书记。其间曾动员6万民工随解放军转战，全力支援淮海战役，被记功两次。1953年后，任中共临沂地委宣传部部长、组织部部长。1955年，任中共临沂地委副书记、书记处书记，主管农业工作。1963年后，历任中共枣庄市委副书记、书记，市革委会副主任。1971年1月任莱芜钢铁厂指挥部副总指挥、中共泰安地委副书记。1975年9月，任中共青岛市委副书记兼组织部部长、市革委会副主任、市纪律检查委员会书记。1980年7月任青岛市政协主席。

张同发（1942—1983），运动健将，山东沂南人。在青岛十四中读书期间，多次参加市级比赛。1960年入山东省航海俱乐部航海模型队。1963年参加上海16单位海模邀请赛，获全长2.5米以下自航船模型第三名。1964年调入国家海模集训队。1965年，代表山东参加第二届全国运动会海模比赛，使用自己设计制作的电动陀螺自动定向仪，获E-HK级第一名。1970年因海模队撤销，调青岛市无线电二厂（电视机总厂）任技术员、车间副主任。1983年3月病逝。1984年山东省人民政府追授其"振兴山东体育荣誉奖杯"。

周方（1897—1984），曾用名战均平、战倬云，曾任青岛市政协副主席，山东莱阳人。1932年加入中国共产党。历任莱阳县第四区助理员、中共平度县委组织委员、黄县第二行署主任、南海公安局副局长、莱东县公安局局长、最高人民检察署华东分署一处处长。1953年11月任青岛人民检察院检察长。1956年6月任中共青岛市委常委兼检察院检察长。1959年11月任中共青岛市委书记处书记。1980年7月任青岛市政协副主席。1983年7月离休。

王少庸（1908—1984），曾任中共青岛市委书记，河北唐山人。1932年加入中国共产党，1936年6月入伍，历任新四军四师宣传部部长、鲁南区党委城工部部长、华东军区政治部秘书长、胶东军区政治部主任兼社会部部长。1950年9月任青岛市人民政府副市长。1953年6月任青岛市人民政府市长、中共青岛市委书记。1964年3月调任中共中央华东局宣传部副部长。1965年3月任中共上海市委候补书记。1967年4月结合进上海市革委会。1969年4月担任上海市委常委、市革委会副主任，分管政法和农业工作。"文化大革命"期间犯有严重罪行，但鉴于本人对所犯罪行已作检查交代，中共上海市委决定，免予起诉，开除党籍。

潘友宏（1916—1984），原名潘由洪，别名潘樵夫，曾任海军北海舰队副司令员，江西吉安人。1929年加入共青团，8月转入中国共产党。1933年后，历任红军保卫队班长、排长，参加中央苏区三次反"围剿"斗争。1934年随所属部队留驻闽赣地区，参加3年游击战争。1939年任新四军团供给处主任。"皖南事变"中，身携巨款，孤身突围。1943年后，历任新四军供给处处长、部长、后勤部部长，参加济南、淮海、渡江、上海等战役。1950年后，历任华东军区海军后勤部参谋长、部长。1955年被授予大校军衔，获三级八一勋章、三级独立自由勋章、二级解放勋章。1957年6月到青岛，任海军青岛基地后勤部部长。1961年任海军北海舰队后勤部部长。1969年任国务院交通部军管会主任。1978年任海军北海舰队副司令员。1983年8月离休。

范迪初（1917—1984），医学专家，山东龙口市人。1946年国立西北医学院毕业后，任重庆中央医院医师。1948年任青岛市市立医院医师。1949年后任山东大学医学院附属医院医师、主治医师、讲师、副教授。擅长腹部外科及肿瘤科，尤以甲状腺肿瘤防治见长。参与编写《子宫颈癌》一书，并著有《胆道蛔虫病》《门静脉高压症食管曲张破裂出血》《胰、十二指肠癌肿的外科治疗》等20余篇论文。曾当选中华医学会山东分会副主任委员。

王寅（1917—1984），女，原名张学书，曾用名黎明，曾任青岛市政协副主席，江苏睢宁人。1935～1937年在河南省开封北仓女中学习期间，曾参加过"一二·九"学生运动，并于1936年参加中华民族解放先锋队任组长。1938年加入中国共产党。抗日战争时期，历任八路军民运队队员，中共山东分局党校指导员、支部书记，山东沂南县妇联主任，中共边联县委委员、民运部部长、宣传部部长，沂蒙专区妇联主任。解放战争时期，历任鲁中区妇联主任，华东局五莲县土改工作队员，在1947年土地改革工作和支前运动中曾立过一等功。解放后，任山东省妇联组织部部长、副主席。1959年任泰安机床厂副厂长。1962年回山东省妇联工作。1978年8月，任第五届青岛市政协副主席、党组成员。1983年12月离休。

刘京传（1918—1984），全国先进生产者，平度刘家村人。1938年进青岛中国染料厂做临时工。1945年返回原籍务农。1953年再进中国染料厂品紫车间当工人。通过反复试验，制订出一套“氧化操作法”，由原来每批投料产20公斤提高到42公斤。“氧化操作法”被命名为“刘京传操作法”，在染料行业推广。1955年加入中国共产党。1956年出席全国先进生产者代表会议，获全国先进生产者称号。1973年1月退休。

张作良（1920—1984），全国劳动模范，山东高密人。1945年到青岛冀鲁针厂当淬火工。解放后，曾任车间生产管理员、检查科专职检查员，1958年后又重回淬火工序任生产班班长。大胆革新，将固体反射炉改成明火反射炉，扩大炉膛容量，使炉膛由原来容纳耐火坩埚96个增加到122个，并利用余热再将回火槽、清洗槽连成一片进行流水作业，一炉三用，一月可节约煤炭13吨，使手缝针热处理工艺跨进一大步，并在全国各针厂普遍推广。1950年获全国劳动模范称号。1972年退休。

杨希明（1924—1984），曾任青岛警备区副司令员，山东乳山人。1941年入伍，先后任山东胶东五旅十四团特务连战士、排长。参加过胶东抗日根据地保卫战。1942年加入中国共产党。1945年1月，任青岛武工队队长。9月，任胶东军区侦察连连长。参加过孟良崮、潍县、兖州、济南、淮南、渡江、上海等战役。1949年9月，调入华东军政大学学习，翌年7月毕业留校任教。1951年后，历任南京高等军事学院训练部计考科科员、副科长、处长。1956年获三级独立自由勋章、三级解放勋章。1970年，任山东省聊城军分区副司令员。1979年7月，任山东省惠民军分区司令员。1980年12月，任青岛警备区副司令员。

张显瑞（1924—1984），曾任青岛市人民武装部部长，北京人。1938年入伍，任晋察冀游击一大队通讯员。1941年加入中国共产党。1944年任冀察军区通信站站长。1947年后，历任六十七军警卫营连长、营长。1956年8月任六十七军五九五团副团长兼参谋长，并获三级独立自由勋章、三级解放勋章，1961年1月任守备二十师五十二团团长。1966年任六十七军工区副参谋长。1971年3月任青岛警备区司令部副参谋长。1979年任青岛市人民武装部部长。是第八届青岛市人大常委会委员。1981年离休。

孙继善（1936—1984），航海运动员，山东章丘人。在中学时期即参加航海多项运动训练。1956年，代表青岛队参加全国航海多项运动竞赛，获得团体总分第二名，其中拔河、手旗通信、爬梯3个项目获第一名。同年入选国家航海多项队。1957年，代表中国参加在保加利亚举行的第二届国际航海多项竞赛，获团体总分第三名。1960年调山东省体委工作。1970年调青岛市体委，任山东省青岛市体育训练基地负责人。1981年被推选为山东省船艇运动协会副主席、裁判委员会主任，多次参加全国航海竞赛组织裁判工作。1984年获振兴山东体育荣誉奖章和新中国体育开拓者奖章。

班鹏志（1900—1985），摄影家，山东掖县（今莱州）人。青年时迷恋摄影，在青岛日商中村经营的摄影公司学徒。1922年中国政府收回青岛主权，为庆祝和纪念这一具有历史意义的事件，时任胶澳中国青年会美术干事的班鹏志经过一年多筹办，拍摄大量新闻纪实照片。1924年出版青岛第一个摄影图片集——《接收青岛纪念写真》。解放后，专做摄影制版工作，成立光华摄影制版社，培养大批摄影专业人才。

顾鼎祥（1901—1985），曾用名顾家骥，纺织技术专家，上海人。1925年毕业于上海南洋大学机械系。1928年任北宁铁路机务处副工程师。1939年任开滦矿务局唐山机厂工程师。1946年6月到中纺公司青岛第一机械厂（今青岛纺织机械厂），先后任工程师、工务科主任、副厂长、第一副厂长兼总工程师、高级工程师等职。1950年主持青岛纺织机械厂成功制造出首台国产梳棉机，出口国外。1956年成功制造出金属针布，为青岛纺织机械厂在国内首创成功的产品。60年代初，带领攻克压力容器焊接、防腐风机的衬胶及水析机聚氯乙烯容器管件的焊接，以及电锭锭套高精度锥孔的加工、电锭开关接触点防腐及簧片使用寿命、变频机组高压线圈真空浸胶等关键技术难题。当选为第三届全国人大代表。1972年9月退休，1979年5月改为离休。

闫昌居（1902—1985），全国先进生产者，李沧区闫家山村人。解放前在青岛自来水厂李村水源地、白沙河水源地当工人。1949年12月加入中国共产党。1951年任青岛自来水厂生产技术科副科长。1954年，创造出水泥石棉搅拌机，提高工效两倍，质量合格率达到100%。他进一步完善老工人摸索创造的“经济送水运转法”，使每立方米水的电耗降低0.013千瓦时，1955年节约用电8085千瓦时。1956年出席全国先进生产者代表会议，获全国先进生产者称号。

周化南（1916—1985），曾任青岛市人大常委会副主任，河北东光人。1938年参加革命，并加入中国共产党。历任中共河北省东光县、吴桥县、隔津县、南皮县、靖远县和中共山东省乐陵县县委书记，中共浙江省衢州地委副书记、专署专员等职。1956年6月任中共青岛市委常委兼青岛疗养院党委书记。1959年任中共青岛市委书记处书记兼监委书记，1960年3月调任中共昌潍地委书记处书记，1963年2月又调任青岛市委书记处书记。1975年8月任青岛市革委会副主任。1980年后任第八、九届青岛市人大常委会副主任、党组成员。

王信敏（1936—1985），剧作家，崂山人。50年代中期入青岛华新纺织染厂（今青岛国棉九厂）工作。1958年开始参加厂史的编写工作。1966年中国青岛出版社出版发行他编写的单行本《艺徒血泪仇》，并由此进入文艺创作领域。70年代中期，主创大型多场话剧《码头风云》，由青岛话剧团公演，并在全国各地演出数百场。1975年4月任青岛市文化局党的核心领导小组副组长，1978年9月任青岛市文化局党委副书记、副局长，1979年任青岛市文化局戏剧研究室副主任。1980年加入中国戏剧家协会。1980年创作反映青岛30年代地下党斗争题材的十场话剧剧本《猎狼》，同年由青岛市话剧团赶排公演，共演出270多场，观众30余万人次，并于1981年7月进京参加庆祝中国共产党成立60周年演出活动，受到好评。1983年以话剧《猎狼》情节为基础，创作出版长篇小说《琴岛晨雾》，并在《文汇报》副刊连载。

曹元盛（1937—1985），摩托艇高级教练员，山东青州人。1957年高中毕业后，参加青岛市摩托艇队训练。1958年8月随市摩托艇队参加在武汉举行的全国首届摩托艇比赛，获男子团体总分第一名，个人获A组OB级10公里第三名。1960年任山东省摩托艇队教练员。1963年9月他以教练兼运动员身份参加全国摩托艇个人冠军赛，获A组OA级1公里和OB级10公里两项冠军，创全国纪录。1970年离队。1979年任山东省摩托艇队教练员，前后任教十余年，培养多名摩托艇运动员，在全国比赛中均获得名次，其中金牌7枚、银牌7枚，破全国纪录11人次，获第三至六名24人次，培养出运动健将3人。1983年被国家体委批准为高级教练员、全国摩托艇教练委员会副主任。1984年担任国家摩托艇集训队主教练，5月带队参加在日本举行的第一届鹿岛杯国际有奖摩托艇环圈赛，获得OS～400H级第一名、第三名、第四名和OB级12公里第二名、第五名。同年获体育运动三级奖章和振兴山东体育荣誉奖章，1985年获新中国体育开拓者奖章。

匙良文（1964—1985），革命烈士，胶州李家河头村人。1982年1月入伍，曾在军事比武中被评为济南军区一级神枪手，1983年被评为特等神枪手，1984年再度被评为特等神枪手和技术能手。1985年秋，参加中越自卫还击战。11月27日，部队进入阵地待命，他带领一个侦察班去前沿“579”号高地执行任务，打死打伤敌军各1名。31日，他独自执行战斗任务，经过144号高地下的敌军封锁线时，突遭敌火力狙击，不幸头部中弹牺牲。部队为他追记一等功，追认他为中共正式党员。1986年5月10日，青岛市民政局、胶县党政军领导机关和各界代表400多人在县烈士陵园为匙良文举行隆重的追悼大会，并将其骨灰安放在革命烈士灵堂。

高亨（1900—1986），古代文史和文字训诂专家，吉林双城人。1918年考入吉林省立第一师范学校。1923年春到北京求学，先入弘达学院，后转北京师范大学、北京大学。1925年秋考入清华大学研究院，为国学专业首届研究生。1926年毕业后，历任吉林法政学校、东北大学、河南大学、武汉大学、川北农工学院、汀辉学院等校教授，齐鲁大学、西北大学、东北大学中文系主任，东北大学文学院院长，西南师范学院研究员，吉林师范专科学校中文系教授。1953年赴青岛，任山东大学中文系教授、古典文学研究室副主任、校学术委员会委员。1957年兼任中国科学院哲学研究所研究员。1958年随山东大学迁往济南。著有《韩非子集解补正》《周易古经通说》《周易古经今注》《老子正诂》《墨经校诠》《诸子新笺》《文史述林》《商君书注译》《老子注译》《诗经选注》《楚辞选》《周易杂论》《上古神话》《文字形义学概论》《诗经新解》《古今通假会典》等，总计约600万字。专著曾受到毛泽东主席的赞赏。

张国屏（1909—1986），字如藩，著名中医，山东牟平人。出身于中医世家，青年时学习中医理论，博览各家学说，精于切脉和辨证，擅长治疗温病。1946年到青岛行医，坐堂长春堂和保和堂药店。1955年设国屏诊所。1956年应聘到青岛医学院附属医院开展中医及中西医结合工作，先后任医师、主治医师、中医教研组教授，尤擅治脉管炎和肝病。著有《临床新编》及《关于痹症的临床经验》《中西医结合治疗急性黄疸型传染肝炎》等。曾任山东省中医学会副理事长。

王台（1910—1986），又名王有台，解放前曾任中共青岛市委书记，山东文登人。1934年加入中国共产党。曾参加胶东特委领导的“一一·四”暴动和天福山起义。历任中共沟于家村党支部书记，胶东特委机关支部书记，文登中心县委委员、组织部部长，胶东区党委组织部副部长，胶东大队支部书记。1945年12月任中共青岛市委书记，后任胶东区党委秘书长等。1953年任工业出版社党委书记兼社长。1969年任工业出版社副书记、革委会副主任。1972年任科学出版社党的领导小组组长。

胡用霖（1913—1986），眼科专家，河北定县人。1942年毕业于西北医学院，毕业后留校任眼科助教、讲师。1947～1948年在南京中央医院眼科工作，1948年后历任国立山东大学附属医院眼科主治医师、副教授、教授、主任医师、眼科副主任。专长眼底及神经眼科。1963年参与调查蔓延胶东农村的流行性脑眼炎并继发葡萄膜炎疾病，确诊此病因为钩端螺旋体引起，属波那摩型，填补国内空白。参加编写《眼科全书》。著有《吉氏眼科学》《黄脂增生病》《马凡氏综合症》《视性神经脊髓炎》《闪光性盲点》等论文。任中华眼科学会青岛分会副主任委员。

张式瑞（1914—1986），劳动模范，城阳区小寨子村人。1926年入村塾馆读书6年，后务农。1949年秋带头组成村互助组。1950年加入中国共产党。1951年冬组织成立即墨县第一个农业生产合作社，任社长。1952年获山东省和全国农业劳动模范荣誉称号。1956年任即墨县农业社

（高级社）社长。开展农业技术革新活动，提高粮食产量。1960年后，脱产从事党政工作，历任中共即墨县委书记处书记、中共青岛市崂山郊区区委副书记、崂山县副县长兼农业局局长等职。1963年主动要求下基层工作，改任城阳人民公社社长。“文化大革命”期间遭迫害，1976年10月平反。1978年退休。

赵孝庵（1931—1986），战斗英雄，安徽来安人。幼年家境贫寒，15岁时流落南京。16岁时在国民党海军炮艇当伙夫、枪帆兵。1949年4月，随国民党海军海防第二舰队起义。1950年7月11日，在浙东海面，其所在炮艇巡逻时与国民党炮舰发生激烈战斗，全身6处负伤仍坚持在炮位，向敌舰开炮。在炮艇中弹、分队长牺牲失去指挥的情况下，主动代替指挥。炮艇沉没后，组织鼓励战友回返。在被海浪冲击与战友失散后，带着重伤，依靠救生圈划游11海里，返回部队。同年8月，获华东海军记一等功和“甲级战斗模范”称号，成为海军第一个战斗英雄。9月，出席在北京召开的全国战斗英雄代表大会，并多次参加总政治部组织的英雄事迹报告团。1951年8月，参加第三届世界青年联欢节。其事迹被收录《中国大百科全书》军事卷。1953年后，先后入海军鱼雷艇学校和海军学院学习，历任海军快艇部队艇长、中队长、副大队长、副支队长等职。1956年3月加入中国共产党。“文化大革命”期间，受到迫害，被关押5年。1979年2月平反后，任海军快艇支队副参谋长。1981年8月，任海军快艇第一支队副支队长。

张渐九（1894—1987），又名张中逵，曾任山东省政协常委，即墨东七级村人。16岁进胶州达材学堂求学。1925年到青岛港务局任职员，1928年在青岛加入中国国民党，两个月后退出。1930年被港务局裁减，去青岛小港轮船办事处供职。1938年与姜黎川等人发起组织山东人民抗日救国军，任军需处长。后该部改编为山东省保安第一旅。1941年冬受旅长姜黎川指派赴胶东抗日根据地与八路军胶东军区联系，建立合作关系，同时敦促姜黎川接受中国共产党提出的“团结抗日”的主张，于1942年将部队改编为八路军山东军区特别旅。因对姜黎川背信弃义坚持反共立场不满，于1943年8月脱离姜部，去胶东抗日根据地参加革命，当选为胶东临时参议会驻会委员。1946年任胶东行政委员会委员兼交通局副局长。把自己的一万元北海币捐献给政府，荣立一等功。1948年秋，受胶东行政公署派遣，策动国民党青（岛）即（墨）驻军之七五四团团长方本庄率部起义。1950年任山东省民政厅社会处副处长。1959年，任山东省劳动厅副厅长。1958年和1963年分别被选为第二、三山东省届人大代表及山东省人民委员会委员；1977年当选第四届山东省政协常委。1985年加入中国共产党。

梁实秋（1903—1987），原名治华，字实秋，笔名子佳、秋郎、程淑等，翻译家、作家、学者，北京人。1930年到青岛，任国立青岛大学外文系主任兼校图书馆馆长，开设欧洲文学史、莎士比亚、英语等课程，并继续与鲁迅论战。在青期间翻译出版《西塞罗文集》，著有《偏见集》，并开始翻译莎士比亚戏剧。1932年离开青岛，先后赴天津、北京等地任职。1949年去台湾，先后任台湾师范大学文学院院长、国立编译馆馆长。译有《莎士比亚全集》。

綦书坪（1908—1987），字平墅，曾任民革苏州市委副主委，平度沙梁村人。20岁考入山东省电话训练班，后考入国民党南京陆军军官学校。毕业后因成绩优异，被选送国民党中央军校战术研究班学习，后晋升研究班教官。“七七事变”后，被派往国民党中央军训部所属陆军战车防御炮教导总队任上校营长。其间，参与国民政府国防部所编纂的《步兵操典》第五章《战车防御炮操典》的编写工作。1940年夏，战车防御炮教导总队迁驻四川璧山县，在重庆设办事处，与八路军办事处相近，綦书坪与中共党员王亚文一起编辑出版《生力报》，宣传反分裂、反投降与抗日救国的主张，影响极大。1943年由张权推荐入国民党陆军大学(第六期)深造，1945年毕业后先后任国防部铨叙厅一处二科科长，山东平原团管处司令，九十六军少将参谋长。1949年于福建率部起义，后任中国人民解放军第三步校、华东军干校、南京步校战术教员。1956年转地方后任苏州市政协顾问、民革苏州市委副主委。

张伏山（1910—1987），名存恒，号横河老人，指画家，即墨阁里村人。16岁毕业于县立职业小学，17岁进入其父亲开设的“同德祥”五金店学商。3年后考入即墨县师范学校，毕业后到考院小学任初级教员。1934年到济南私立书画社拜关松年、关友圣为师，学习国画，后赴北京华北大学艺术教育系学习，旁听李苦禅美术课。1939年和1943年，先后两次在青岛举办个人画展。1964年，完成大型指画《东崂探胜》，在3丈多长的横卷上生动再现从王哥庄到梯子石的崂山名胜古迹，得李苦禅称赞。其作品流传国内外。

杨志圣（1911—1987），全国先进生产者，辽宁长海人。1925年起，先后在风帆船和日本渔轮“长生丸”上当水手。1947年任上海胜昌公司“华生1号”轮船长。解放后，在山东省水产公司任“山东9号”渔轮船长。其所在的渔轮自1949年起连续10年超额完成生产计划，创同级船单位产量最高纪录，并为国家节约修船费等各项费用36万余元。还创造“不打网绽”先进经验，试制成功756目大型“轻网快拖”和“双层网”捕捞方法，提高产量60%左右，被誉为“海里捞金能手”。1956年加入中国共产党，1959年9月出席全国群英会，获全国先进生产者称号。1975年退休。1981年经山东省水产厅、劳动厅批准，享受特殊贡献待遇。

苏继光（1912—1987），曾用名苏继善、苏宝忱，曾任民政部副部长，莱西曲格庄村人。1932年加入中国共产党，1934年任中共莱阳特支书记。抗日战争时期，历任胶东区职工会主任、中共北海地委民运部部长、中共西海地委副书记、莱阳县委书记等职。解放战争时期，任胶东军区第三军区司令员兼政委、西海地委书记，配合主力部队粉碎国民党军队对胶东地区的重点进攻。建国后，历任中共西海地委书记，胶东区党委民运部部长兼青委书记，中共胶州地委书记兼军分区党委书记，民政部司长、副部长、顾问等职。

范保顺（1914—1987），曾用名范秋官，曾任六十七军副政委，湖北天门人。1932年参加工农红军，5月转为中共党员。历任红军战士、班长、连指导员、团总支书记、营教导员、大队政委。1939年任三五八旅独立四团副政委，参加陈庄歼灭战。1941年任绥蒙军区骑兵支队团政委，率部挺进大青山。1946年任冀中军区独七旅十九团政委，参加解放石家庄攻坚战。1948年任十六旅副政委兼政治部主任，参加平津战役。解放后任六十八军二〇四师政委，率部赴朝鲜作战，指挥部队参加江源道文登里至渔隐山一线阻击战。1953年率领部队参加夏季反击作战。1956年2月，任六十八军政治部主任。1959年6月，任六十七军副政委。1978年5月离休。曾获三级八一勋章、二级独立自由勋章、二级解放勋章。

李研吾（1916—1987），原名李树田，曾任天津市委组织部部长，莱西索兰村人。1933年在莱阳中学加入中国共产党。1934年莱阳县委和各区委遭破坏后，积极从事恢复整顿莱阳党组织工作，新发展党员百余名，重建十几个党支部。1937年“七七事变”后，在莱阳组织“中华民族解放先锋队”，恢复中共党组织。1938年任中共掖县县委书记。1939年调任中共北海地委民运部部长。后任南海地委副书记、中共胶东区委组织部城工科长、副部长。解放战争时期，历任胶东区党委组织部副部长、潍坊市委副书记、上海市委党校秘书长、上海市政府检察委员会副主任、上海市委财贸部副部长。1976年11月任上海财贸组负责人，1977年8月当选为中共十一大代表。

1978年7月调任天津市委常委、市委组织部部长，后任市委临时纪委书记。1982年离休。

成方乾（1954—1987），革命烈士，即墨后海东村人。1975年8月参加工作，同年加入中国共产党，历任即墨县皋玉公社、丰城公社干事，公安特派员，即墨市公安局民警、城关分局副局长。1987年12月5日13时许，辽宁省清原县农民李自才与女青年张某恋爱受阻，携带炸药窜至张某工作的即墨县蓝鳌路一个体饭店，欲将张某带走。当时，正逢即墨城大集，成方乾闻讯后立即赶到现场，与先期到达的民警万振法、国立悟一同做疏导规劝工作。犯罪分子点燃炸药时，成方乾与万振法、国立悟当场牺牲。公安部于1987年12月24日授予成方乾"全国公安战线二级英雄模范"称号。

国立悟（1962—1987），革命烈士，即墨国家泊子村人。1981年12月入伍，1984年11月复员回乡，1985年12月被即墨县公安局录用为合同制民警。1987年12月5日13时许，辽宁省清原县农民李自才与女青年张某恋爱受阻，携带炸药窜至张某工作的即墨县蓝鳌路一个体饭店，欲将张某带走。当时，正逢即墨城大集，在店内用餐店外围观的群众很多，国立悟随万振法迅速赶到现场，先把饭店的服务员和就餐群众20余人疏散出去，并安排联防队员撤离围观群众，同时耐心劝导犯罪分子李自才。随后城关分局副局长成方乾、民警石正先赶到，一同做疏导规劝工作。犯罪分子点燃炸药，国立悟与万振法、成方乾当场牺牲。公安部于1987年12月24日授予国立悟"全国公安战线二级英雄模范"称号。

刘子久（1901—1988），原名刘俊才，化名刘振禹、刘希尧等，曾任中共青岛"支联"书记，山东广饶人。1923年冬加入中国社会主义青年团，1924年10月加入中国共产党。历任中共青岛"支联"书记、山东省委常委，中共中央巡视员、特派员，中共河南省工委书记，豫西省委书记，河南省委书记，豫皖苏区党委书记，皖东北区党委书记，淮北苏皖边区党委书记，河南区党委副书记，桐柏区党委书记和桐柏军区政委，中共中央中原局宣传部副部长兼中原民主建国大学副校长，中原局委员兼民运部部长，中原局宣传部部长等。建国后，先后任全国总工会文教部部长，中国教育工会主席，中华全国总工会书记处书记，劳动部副部长等职。1960年，被错误地戴上"右倾反党分子"的帽子。"文化大革命"中，被打成"六十一人叛徒集团"成员。中共十一届三中全会后平反，担任国家劳动总局顾问。是第一、三、四届全国政协委员。

萧军（1907—1988），原名刘鸿霖，曾用名刘吟飞、刘羽捷、刘燕白、刘军，笔名三郎、田军、萧军，著名作家，辽宁义县人。1925年入吉林陆军当骑兵。1928年考入东北陆军讲武堂，开始发表文学作品。后任东北宪兵教练处少尉助教。"九一八"事变后避居哈尔滨，从事文学创作。1934年夏到青岛，住观象山一路1号，任《青岛晨报》副刊编辑。在青岛期间完成长篇小说《八月的乡村》。同年11月离青赴上海，受到鲁迅指导和帮助，参加编辑《海燕》和《作家》月刊。1936年7月再到青岛，创作长篇小说《第三代》，10月回上海。1940年到延安，先后任鲁迅艺术学院教师、文协分会理事、《文艺月报》编辑、延安鲁迅研究会主任干事等。1945年到佳木斯任东北大学鲁迅艺术文学院院长。1947年在哈尔滨创办文化出版社，任社长，并创办《文化报》任主编。1948年受到错误批判。1952年调任北京市文物局研究员。1954年辞职，专事写作。1958年再次受到批判。1959年任北京市文化局戏曲研究所研究员。"文化大革命"中遭迫害。1980年平反。著有小说《八月的乡村》《第三代》《五月的矿山》《吴越春秋史话》等。

王清斋（1908—1988），农民指画家，平度矫戈庄村人。自幼热爱绘画，有"平西画童"之称。后偶得《高其佩指画浅说》，抄录临画竟至痴迷。1944年春，只身逃荒到青岛台东沿街"放馆”（摆摊售画，兼售文房纸墨），其指画受到画家房绍青赏识，收其为徒，历时4年，绘画技法日臻圆熟。建国后，作品《山河新貌》《到处见红旗》等被选作刊物封面，两次入选全省美术作品展览。1951年为第一届省美协唯一农民会员。涉画60余年，指画风格独特，五指、掌、臂并用，每年作画近300幅，有《高山古寺》《松下论古》《夏山雨后》等名作。

顾正光（1914—1988），曾任南海军分区副司令员，即墨盘龙庄村人。1933年在国民党军陈锐霆部任职，1941年因陈锐霆率部投奔新四军受到株连被解职回家。1943年任即墨县县大队长，后任国民党保安第九旅二十八团上校团长，驻防即墨东部汤（泉）、鳌（山）地区一带。1948年11月8日凌晨，率部起义。1949年1月，任南海军分区副司令员，起义部队改编为南海军分区独立团。1950年获全国解放二级勋章。1953年调任山东军区炮兵副主任。1957年任长春军事师范学院炮兵系主任。1978年，任总参炮兵学院军事资料研究处研究员（正师级）。1982年离休。1984年起，参与青岛市文史资料编写工作，撰写《青岛解放回忆录》《青岛警备旅起义始末》等文章。

刘熙寄（1924—1988），全国先进生产者，莱西台上村人。1940年去大连友信铁工厂学徒，1945年回乡务农。1947年4月到莱西县武装部修械所当工人，同年12月加入中国共产党。1948年1月进南海弹药厂当工人，曾立二、三等功各一次，同年5月转入南海修械所当工人，1949年8月随军械所迁至即墨大华机器厂，历任生产班长、车间主任、副厂长、工程师等职。在1956年全省农具制造厂厂际竞赛中，改进水车管子握边机，提高工效445%。1957年设计出多头钻具，生产效率提高523%，解决该厂钻床不足的困难。还试制成功高压汽门磨研机，由每人日产汽门30个提高到120个。1958年又改制一台水车链子曲环机，使生产效率提高60%，废品率由5%降到0.5%。1959年8月，又先后改进钻柴油机牙箱和柴油机身眼的钻模，不仅提高产品质量，还减少划线工序，工效提高两倍。在担任车间主任期间，注意培养新工人，使车间138名职工中的110名新工人，经过3个月培训，都能达到单独操作的技术水平。1956～1960年，先后4次出席山东省先进工作者代表会议；还先后出席1950年全国先进生产者代表大会和1959年全国工业、交通运输、基本建设、财贸方面社会主义建设先进集体和先进生产者代表大会。1981年11月离休。

张允中（1928—1988），曾任海军第一航空机务学校政委，河北宁河人。1944年参加革命，次年加入中国共产党。历任冀东军区战士、班长、副排长、连指导员，46军后勤副协理员、团直协理员、工股长、师直宣传股长、警卫营教导员，海军航空学校队政委、训练部政委、校务部政委、政治部副主任，万山工地指挥部政委兼党委书记，海军航空机务学校政治部主任，海军第一航空机务学校副政委。1954年被授予三级解放勋章，1964年被授予中校军衔。1983～1986年任海军第一航空机务学校政委。1986年12月离休。

乔天华（1902—1989），原名乔永祥，早期革命活动家，平度乔家村人。1919年入山东省立第九中学学习。1929年到烟台培真中学任教。1931年加入中国共产党，1932年10月被派往青岛崇德中学（今青岛十一中）任美术教员，同时任中共青岛市委青年委员兼左联党团书记，秘密编印《灯塔》等进步文学刊物。1934年秋因博兴党组织遭破坏而被捕，抗日战争爆发后被释放回家，与罗竹风、刘炳章等组建平度抗日游击队。1938～1943年先后组建过7支抗日武装，总数达3000余人，为胶东主力部队输送大批兵员。后从平度抗日救国会会长升为南海独立团团长，期间率部作战数十次。1943年始任平度县抗日民主政府县长。1950年后，历任山东省农林厅办公室主任、特产处处长。1958年被错划为“右派”，“文化大革命”中受迫害，后平反。

许继曾（1905—1989），原名尹鲁、行远，工程力学专家，山东聊城人。1923年考入济南山东矿业专门学校，后转入天津北洋大学土木工程系。1931年后，先后在河南焦作工学院、山西同蒲铁路工程局、汉阳高等工业学校、武汉大学工学院任教。1939年任西北工学院力学教授。1947年8月到青岛，历任山东大学工学院土木系教授、主任，1952年10月调入青岛工学院任副教务长、教授。嗣后，又在西安建筑工程学院、西安冶金学院、山东冶金学院任教。1963年4月再次到青岛，在山东海洋学院水产系任教授。1986年6月加入中国共产党。长期从事教育事业，在工程力学方面有较深造诣，曾教授过工程力学、材料力学、结构力学、弹性力学、化学等课程，编有讲义《工程力学》《静力学》等。是第三届全国人大代表，第五、六届全国政协委员。

万程之（1905—1989），曾用名万庆祥、万鹏，纺织专家，四川成都人。1929年毕业于日本名古屋高等工业学校纺织科。1931年起先后在无锡、汉口、上海、天津、重庆等纺织厂任工程师、厂长等职。1950年起任青岛国棉四厂工程师，采用“粗纱分排，细纱分段”技术操作法，提高细纱质量。1951年任青岛国棉六厂技术副厂长时，总结推广“郝建秀工作法”，负责组织解决军用布生产技术达标问题。1954年任青岛纺织管理局技术处处长，次年被纺织工业部聘为质量标准制定组组长，负责《棉布质量标准》拟定。1963年任山东省纺织工业厅“印染一条龙”组成员，制定和推行“纺织染”一条龙技术管理方法。1981年任《中国大百科全书》纺织卷编委。发表论文有《降低细纱断头率》《日本纺织设备的现代化及其效果分析》（《棉纺织技术》1978年）、《涤纶低弹长丝上浆工艺的探讨》等。

秦文杰（1906—1989），女，号迈千，曾任山东省政协常委，山东昌乐人。1930年毕业于济南齐鲁大学医学院，同时获加拿大多伦多大学博士学位。毕业后，先后在南京中央医院、重庆中央医院、陆军医院、中央助产学校等处任职。1946年9月应聘到青岛，任山东大学医学院副教授兼附属医院小儿科主任。1956年，山东大学医学院独立建院，称青岛医学院，继任青岛医学院儿科学教授、小儿科主任，同年加入九三学社。长期从事医学教育和临床医疗工作，尤长于儿科。1979年参与创建青岛医学院儿科学系，任儿科学系主任。在儿科学的学术研究方面作出成绩，在《中华医学杂志》和《中华儿科杂志》上发表多篇论文，如《白喉类毒素与明矾类毒素效力之比较》《小儿渗液性心包炎之临床分析》等，并指导编写部分儿科学教材。曾任第三、四、五届山东省政协常委，中华医学会山东省儿科学会副主任委员，青岛市儿科学会主任委员，九三学社青岛市分社常委、顾问。

黄恩深（1920—1989），全国先进生产者，山东昌邑人。1937年在丹东新大铁工厂学徒。1940年2月到青岛，先后在立大、恒兴、裕华、华昌等工厂当学徒、钳工。1947年5月，转到裕昌源油坊做工。1955年研制成功“自动扒渣机”。同时，对榨油工艺进行更新改造，使每吨花生多产油110斤左右。1956年出席全国先进生产者代表会议，获全国先进生产者称号，11月加入中国共产党。1957年到青岛信立油厂工作，先后担任技术员、工程师、厂长。1962年进入青岛植物油厂，先后担任生产办公室负责人、车间主任、工程师、技术科长等职。1981年退休。

鲍昌（1930—1989），文学家，胶州鲍家屯人。生于沈阳。“九一八”事变时全家逃难至北平。1942年考入北平辅仁大学附中。1946年1月参加革命。1947年8月加入中国共产党。1948年春，调周扬领导的华北戏音工作委员会工作。1949年1月随解放军入天津，先后在天津军管会文艺处、华北群众剧社、天津人民艺术剧院从事文艺行政领导工作，并开始发表文学作品。1951年7月调天津市文联工作，1956年2月加入中国作家协会。“文化大革命”期间，在天津市地毯厂当工人。1974年调天津师范学院，任《天津师院学报》编辑。1980年3月后，历任天津师范学院中文系主任，天津市文联党组成员、副秘书长，《新港》月刊编辑部主任，中国作协天津分会副主席、党组成员等职。1985年中国作协第四次会员代表大会后，调任中国作家协会书记处常务书记、党组成员。著有长篇小说《青青的草原》，长篇历史小说《庚子风云》《鲁迅年谱》（上、下册；与邱文治合作），中篇小说《三月一四月》，并主编大型文艺工具书《文学艺术新术语词典》。所著短篇小说《芨芨草》曾获中国作协优秀短篇小说奖。

张继坤（1930—1989），全国优秀教师，浙江嵊县人。1950年1月在原籍任小学教师，1952年8月被保送到华东师范大学学习。1954年毕业后，分配到山东大学工农速成中学（今青岛三十九中学）任数学教师，直至病逝。对教学工作一丝不苟，潜心钻研，锐意改革，总结出一套行之有效的“预、讲、看、议、练”五字教学法。担任数学教研组组长期间，与同事群策群力，使青岛三十九中学的教学成绩走在全市前列。1976年后，编写出几十万字的教学讲义和辅导材料，在有关刊物上发表5篇教学论文和科普文章，举行20余次全市性教学讲座和观摩课，并被任命为青岛市教育局数学中心教研组副组长。因积劳成疾，相继患了胃病、肾炎、肝硬化、类风湿关节炎、视网膜炎等疾病，仍坚持上课。曾被评为青岛市优秀教师、优秀班主任、教育系统先进个人、青岛市优秀园丁。1984年加入中国共产党。1986年被评为全国教育系统劳动模范，获人民教师奖章。1988年被评为青岛市专业技术优秀人才。

张崇祥（1933—1989），优秀公安干警，崂山区张家下庄人。1955年4月参加公安工作，1965年11月加入中国共产党，历任青岛市公安局四方分局兴隆路派出所民警，青岛市公安局四方分局刑警队办事员、刑警股副股长、刑警队副队长、刑警队队长，青岛市公安局刑侦处侦察一队队长、副处级侦察员、正处级侦察员。在公安刑侦战线工作的30多年里，带领民警平均每年侦破100余起重特大刑事案件。由于常年超负荷工作，积劳成疾，于1988年10月诊断患肺癌（晚期）。在得知自己身患肺癌后，仍然以顽强的毅力坚持工作在破案第一线，直到病倒在床上。先后荣立个人二等功一次、三等功三次。1978年10月和1987年12月作为先进个人代表出席山东公安司法战线和山东公安战线庆功表彰大会。1987年和1988年连续两年被评为青岛市优秀共产党员。

魏国华（1935—1989），曾用名魏纯邦，农林专家，城阳区中华埠村人。1959年8月山东农学院园艺系果树专业毕业后，分配到山东省果树研究所工作。1981年4月加入中国共产党，历任山东省果树研究所水果研究室副主任、副所长、所长、党委书记、党委副书记、纪委书记。潜心钻研果树科学，涉足北方数省，博采万家之长，精练修剪技术。1957～1964年，创下成龄果树亩产万斤的全国纪录。60年代初至“文化大革命”前，每年都参加全国果树修剪技术擂台赛，均夺得冠军。1974年，编写《苹果树整形修剪》。70年代，先后主持、参加成龄苹果20年稳定亩产万斤技术等国家、省重点攻关课题5项。1978年3月出席全国科技大会，受到邓小平等党和国家领导人接见。主持苹果良种选育协作研究，在山东等17个省市推广，促进中国苹果品种更新换代。先后撰写多篇科技论文及科普文章，参加编写《苹果栽培》一书，主持《落叶苹果》杂志的编辑出版，并多次组织山东及北方果树学术交流、技术培训工作，成为全国果树科技界的领军人物。

李忠伟（1955—1989），足球运动员，上海南汇人。自幼热爱体育，尤善踢球。1971年青岛七中毕业。后调山东省体工队足球队。1979年作为山东队主力守门员参加第四届全运会足球决赛，获得冠军，记一等功，山东省足球队被国家体委授予“勇攀高峰运动队”称号。后来，他以教练员兼运动员的身份参加国内国际比赛，曾获

1981年和1982年全国足球甲级联赛第二名，五次代表山东出访亚非十几个国家。1981年4月参加尼泊尔第二届全尼足协杯邀请赛，获得第一名。1983年加入中国共产党。1984年调回青岛海泊河体育场后，任市优秀运动队足球教练员。

杨永(1956—1989)，革命烈士，安徽定远人。1975年11月参加公安消防工作，1980年12月加入中国共产党。历任青岛港公安局消防大队第二中队民警、班长、副中队长、政治指导员、中队长、党支部书记等职。1989年6月被聘任为消防技术助理工程师。1989年8月12日在扑救黄岛油库特大火灾中，面对4号油罐即将爆炸的险境，无私无畏，把生存留给战友，把死亡留给自己，坚持留在现场指挥战友撤离，直至油罐爆炸，壮烈牺牲。1989年8月21日，公安部发布命令，追授杨永为“全国公安战线一级英雄模范”荣誉称号。

吴怀林（1962—1989），革命烈士，山东嘉祥人。1980年12月入伍，1985年10月加入中国共产党。历任武警青岛市消防支队战士，志愿兵班长，武警专业警士。1989年8月12日9时55分，黄岛油库5号油罐（内储1.6万吨原油）遭雷击起火。10时43分，接到灭火命令，驾驶消防车随队于11时30分到达火场，负责对与5号罐相邻的4个油罐喷水降温。14时许风向突变，5号油罐大火凶猛燃着消防车，火场指挥部立即下达撤离命令。为保住消防车，吴怀林置生死于不顾，驾驶燃烧的消防车，冒着熊熊烈火冲出200多米。这时4号油罐突然爆炸，强大的冲击波夹着油火把消防车掀起撞在墙上，吴怀林壮烈牺牲。中国人民武装警察部队总部于1989年9月2日发布命令，授予其“灭火战斗英雄”和“二级英雄模范”荣誉称号。

王兴田（1964—1989），革命烈士，山东临沂人。1981年入伍，1986年加入中国共产党。入伍后，历任武警青岛市消防支队战士、代理副指导员等职，武警少尉警衔。1989年8月12日9时55分，黄岛油库5号油罐（内储1.6万吨原油）遭雷击起火，迅速带领13名战士、两部消防车，于10时30分首先赶到火场，担负对3号、4号油罐进行冷却降温和在5号与3号油罐之间喷筑水帘幕的任务。14时许，4号罐内原油开始沸腾，火场指挥部下达撤离命令。王兴田发现2名战士没有听到撤离命令，还在继续战斗，便不顾个人安危上前督促他们撤离时油罐爆炸，王兴田壮烈牺牲。中国人民武装警察部队总部于1989年9月2日发布命令，授予王兴田“灭火战斗英雄”和“二级英雄模范”荣誉称号。

臧传富（1967—1989），革命烈士，山东诸城人。1985年10月入伍，任武警青岛市消防支队一中队战士。1989年8月12日9时55分，黄岛油库5号油罐（内储1.6万吨原油）遭雷击起火。接到灭火命令后，与其他5名战士替换先期到达的战友，为4号油罐降温。14时许风向突变，5号油罐的大火直向4号罐扑来，指挥部下达撤离命令。站在最前沿、正在与烈火搏斗的臧传富还没来得及离开4号罐顶，因4号油罐发生爆炸而壮烈牺牲。中国人民武装警察部队总部于1989年9月2日发布命令，授予其“灭火战斗英雄”和“二级英雄模范”荣誉称号，中共山东省委追认臧传富为中国共产党党员。

郑世军（1970—1989），革命烈士，山东临沂人。1987年12月入伍，任武警青岛市消防支队六中队战士、上等兵。1989年8月12日9时55分，黄岛油库5号油罐（内储1.6万吨原油）遭雷击起火。接到灭火命令，随队赶赴火场救火。14时许风向突变，火场指挥部遂下达撤退命令。他用水枪压住火头，掩护战友先撤。4号油罐爆炸，被炸起的石块击中，壮烈牺牲。中国人民武装警察部队总部于1989年9月2日发布命令，授予其“灭火战斗英雄”和“二级英雄模范”荣誉称号，中共山东省委追认郑士军为中国共产党党员，中共青岛市委授予其“灭火勇士”荣誉称号。

张廷孟（1908—1990），曾任国民党空军总司令部参谋长，崂山汉河村人。1924年12月考入黄埔军校，为第三期学生。1925年冬被保送到广州大沙头航空学校学航空技术。1926年被派往苏联学航空技术。回国后，在南京航空署飞行第一大队担任飞行员兼中央军校第六期航空教官。1930年中原会战时，任第二飞行队队长。1937年任国民党空军第二轰炸大队大队长，其后又任国民党空军第一路司令。1945年9月9日上午9时，日本侵华军投降仪式在南京举行，当时，张廷孟作为盟国中国战区空军代表参加日本受降仪式。之后，任国民党空军东北基地中将司令、空军总司令部参谋长等职。1949年随国民党军队撤至台湾。

邓和山（1913—1990），曾任青岛警备区副司令员，江西吉水人。1929年加入中国共产党，1930年参加中国工农红军，历任游击队大队长、连长、营长、团长、师参谋长。参加第五次反“围剿”斗争、遵义战役、平型关大战、济南战役和淮海战役。1950年后，任沂水军分区副司令员、司令员。1953年任临沂军分区司令员。1956年任菏泽军分区司令员。1958年12月任青岛军分区司令员，任期内，首次组织市电业局民兵团表演步兵基础技术、战术课目对抗赛，推动城市民兵工作。1962年任德州军分区司令员。1971年3月任青岛警备区副司令员，分管兵役、民兵和预备役工作。1978年5月离休。1982年享受正军职待遇。

鲁好臻（1919—1990），全国先进生产者，即墨人。1938年入青岛卷烟厂当工人，1954年加入中国共产党。1955年针对卷烟生产中长期存在烟支软硬不均，烟丝含量不稳和烟丝耗用超标的难题，刻苦钻研，创造出“掐烟工作法”，使烟支饱满、软硬均匀、牌别钢印清晰。推广后，提高烟支质量，使烟丝用量达标。在此基础上，又针对烟支的填充较强，既增加成本又影响质量的问题，建议烟丝的重量从每20支的24.7克改为24.5克。此项建议推广后，使烟支更加符合质量标准。仅一个品种计算，全年即可节省烟丝1.21万公斤，合人民币1.87万元。这一建议和他的操作法，后被命名为“鲁好臻掐烟法”。数十年如一日，以身作则，每天提前一小时到岗，做好准备工作，还经常与工人交流生产经验，帮助不能完成生产计划的工人解决技术操作和思想问题，使全组在1955年被评为先进生产小组。为迅速培养新生力量，主动和两个青年徒工订立师徒合同，使徒工在两个多月即可达到三级技术水平。曾两次被评为该厂的劳动模范，并于1956年分别出席山东省和全国先进生产者代表大会。1979年5月退休。

梁中超（1934—1990），数学家，江苏丰县人。1956年于山东大学毕业后留校任教。1970年任山东科技大学讲师。1974年后任山东大学讲师、副教授。1983年调至青岛山，历任东海洋学院数学系副教授、教授及系主任。长期从事常微分方程理论研究，其关于《在无穷区间上边值问题解存在性的充要条件》和《二阶线性和非线性微分方程解的稳定性、有界性和渐进周期性的充要条件》等论文获国家教委科技进步二等奖。著有《常微分方程理论的若干问题》《一类二阶非线性微分方程的渐进周期解》。

王卓青（1908—1991），曾用名王立庆，曾任中共青岛市委书记处书记，山东济南人。1929年毕业于北京师范大学，后在长清县潘家店小学任小学教员。1933年秋至1935年冬在掖县中学任教员。其间，参与创办并编辑《青年文化月刊》。1938年8月任黄县胶东公学总务部主任、政治经济学教员，10月加入中国共产党。1939年1月参加八路军，历任胶东抗日军政学校秘书处主任、教育科科长，胶东《大众报社》社长，胶东区党委党校副校长、总支部书记，胶东行政公署教育处副处长。1949年2月任胶东区党委接管青岛准备委员会委员、政策研究组组长。青岛解放后，历任青岛市军事管制委员会文教部副部长，青岛市政府文教局副局长、政府党组成员，中共青岛市委宣传部副部长，市委秘书长、常委，中共青岛市委书记处书记。1964年2月调任江西省教育厅副厅长、厅党组成员。1965年9月任江西省地委社教工作团副团长、工作队党委书记。“文化大革命”中被隔离审查。1976年12月离休，并迁回青岛。

刘智白（1908—1991），女，数学家，山东高清人。1922年就读于济南女子师范学院，毕业后回高清县城任小学教师。后历任国立山东大学数学系助教，湖北郧隅战地服务团团员，重庆大学数学系副教授，国立暨南大学讲师，山东师范学院教授，山东大学数学系副教授、教授，山东海洋学院教授。1958年当选山东省人大代表。1958～1975年任青岛市妇女联合会副主席。1964年当选第三届全国人大代表。1958～1986年任民盟青岛市委常委。1977～1989年当选第四、五届山东省政协常委。

李光远（1914—1991），原名李有耀，曾任青岛市副市长，山东蓬莱人。1928年在蓬莱县栾家口等村任小学教员。1936年9月参加“中华民族解放先锋队”，任蓬莱县队部秘书，积极发展“中华民族解放先锋队”组织。“七七事变”后，参与组织战地服务团。1938年2月参与建立革命武装队伍——山东人民抗日救国军第三军第二路，任秘书、组织干事，后任蓬莱县青救会主任、胶东八路军五支队政治部青年部部长，同年9月加入中国共产党，任中共蓬莱特支统战委员。1939年1月赴中共山东分局党校和晋东南抗日军政大学一分校学习。解放战争时期，历任中共胶东北海地委宣传部副部长、部长，北海地委党校总支书记、校长，中共龙口市工委书记兼武装大队政委，中共胶东区党委教研会二大队队长。青岛解放后，历任中共青岛市市南区区委书记，青岛市总工会文教部部长，中共青岛市纺织工会党组书记，中共青岛市委党校党委书记、校长，青岛市人民政府文教办公室主任。1956年4月任青岛市副市长、中共青岛市人委党组成员，后任青岛市革委会生产指挥部副主任。曾当选第一至四届青岛市人大代表，中共青岛市第一、二届委员会候补委员、第三届委员会委员，青岛市政协第二届委员、第三届常委等职。1978年7月，担任第五届青岛市政协驻会副主席。1983年12月离休。

姜黎川（1915—1991），国民党中统特务，胶州大店村人。毕业于济南山东矿业专门学校。“七七事变”前，任《青岛时报》记者，并参加国民党C·C系的“青年社”。1938年任山东省保安第一旅旅长，1940年后，兼任国民党海阳县长。1942年，脱离国民党，进入解放区与八路军合作，一度当选为胶东参议会副议长，同时加入中国共产党，为“特别党员”。后脱离解放区，并反戈八路军，其部被八路军和人民武装自卫队消灭。日本投降后，只身逃亡青岛，任国民党青岛市参议会议长，充任青岛市中统特务“高干”。1948年，为国民党青岛市党部委员、立法委员。解放前逃亡台湾。

傅继泽（1918—1991），原名傅绍先，曾任海军北海舰队第一副司令员，河北博野人。1934～1937年先后在保定、北平两地中学读书，参加“一二·九”“一二·一六”学生运动。1938年3月参加八路军，4月加入中国共产党，8月任冀中军区津南抗日自卫军独立第二旅参谋长。1939年后，历任支队参谋长、营长、军分区司令员、旅长，参加百团大战和多次反“扫荡”战斗。1949年2月，任第三野战军三十三军九十九师师长，后兼任淞沪警备区第五警备区司令员。参加清沧、昌潍、济南、淮海、渡江和上海等战役。9月，任华东军区海军舰艇大队大队长兼政委。1951年3月，任海军潜艇学习队队长兼政委。1954年6月，任海军独立潜水艇大队大队长兼政委，领导组建人民海军第一支潜艇部队。1959年1月，任海军司令部潜艇部部长。1960年3月，任海军副参谋长。1975年3月起，历任海军北海舰队副司令员、第一副司令员。1978

年12月任海军南海舰队司令员，率先组建舰艇训练中心。1981年3月至1985年7月，任海军副司令员。1955年，被授予少将军衔，获二级独立自由勋章、一级解放勋章。1988年，获独立功勋荣誉章。是第六、七届全国政协委员，中共第十二次全国代表大会代表。

李铮（1919—1991），别号李少强，曾用名石音，音乐家，北京人。1941年北京私立京华美术学院音乐系毕业，历任河北省邢台师范学校、青岛市立中学、青岛第一中学、青岛师范学校音乐教师。从事教育工作期间，先后编写山东省中小学音乐教材18册，完成高脚风琴、内线式声光钢琴、活动调子板等教具的改制工作，创作《罗盛教》《麦苗姑娘》《治山治水》等舞剧歌剧。1952年10月加入民盟，1961年7月任青岛市文化局副局长。1983年4月后，任第六、七届民盟青岛市委驻会副主委。曾任青岛市海外联谊会理事、青岛市统战理论研究会副会长。是中国音乐家协会会员，山东省音协常务理事。1991年3月12日加入中国共产党。

吕传德（1919—1991），曾任海军北海舰队后勤部部长，河南沁阳人。1938年参加八路军，1939年9月加入中国共产党。1940年起，历任太行军区决死队三纵队第八团、第九团卫生队队长、医生、卫生所所长。参加百团大战、清凉山战斗。1949年任第二野战军师卫生处处长。1951年，奉命率领由54个单位885名医疗人员组成的医疗队，奔赴吉林省通化市，组建东北军区第三十一陆军医院并任院长，负责收治志愿军伤病员。1954年起，历任东北军区第二陆军医院院长、解放军第二一六医院院长、解放军总后勤部兽医局医疗预防处处长。1957年，获三级独立自由勋章、三级解放勋章。1960年到青岛，历任海军北海舰队后勤部卫生部副部长、部长，后勤部副部长。1979年9月，任海军北海舰队后勤部部长。1983年8月离休。1988年获独立功勋荣誉章。

吴玉山（1919—1991），全国先进生产者，山东寿光人。1946年到青岛港务局当装卸工。解放后，任港务局装卸班长，带领工人苦干实干加巧干，班班圆满完成各种大件装卸任务，并创建青岛港务局第一个装卸大件的专业班。1956年获全国先进生产者、青岛市首届先进生产者荣誉称号。

王光孝（1920—1991），全国先进生产者，崂山人。1947年10月在山东永裕公司当工人。1955年8月在马哥庄盐场（东风盐场）当工人，后任生产组长。善于观察气象变化，及时进行咸水排淡，养咸池底，提高上水卤度。改进制卤方法，采用淋卤、渗卤、本晒等方法，扩大卤源。其老滩改造办法和结晶工艺在盐区广泛推广，为原盐稳产高产创造条件。1959年出席全国群英会，获全国先进生产者称号。1960年9月加入中国共产党。1960年出席山东省工业、交通运输、基本建设、财贸方面社会主义建设先进集体和先进生产者代表大会。1974年退休。

闫应举（1921—1991），药学专家，山东广饶人。1950年济南齐鲁大学医学院毕业后，到山东大学医学院任教员、教研室主任。主要从事药理学的教学及中药药理研究工作，先后发表《枳壳与枳实的药理研究》《一叶秋硷的药理研究》《甲状旁腺素对离体豚鼠气管平滑肌的松弛作用》等论文30余篇。参加编写、翻译《基础药理学》《简明药理学》《临床用药指南》《药理学总论》等医学专著。1981年被聘为美国得克萨斯州理工大学医学院客座教授。是《临床用药文摘》主编、《中国海洋药物》副主编、《中国药理学通报》及《中国药理学报》编委、中国生理科学会及中国药理学会理事、中国药理学会山东分会副理事长。

张宣（1923—1991），曾任青岛市人大常委会副主任，河北威县人。1938年8月在河北威县东中营村参加革命工作。1939年后，历任威县一区工委会委员兼党七区书记、五区委员会书记。1942年6月后，历任威县县委委员，宣传部副部长、部长，组织部部长。1948年后，任邯郸县委宣传部部长、县委书记、地委委员、秘书长。1954年后，历任上海江南造船厂副厂长、党委副书记，中共上海市委工业部办公室主任、部委委员兼基层处处长。1961年5月，任中共青岛市委日用品工业部部长。1963年任青岛市总工会主席、党组书记，中共青岛市委委员。1965年任青岛市委工交政治部主任。1975年任青岛市革委会生产指挥部领导小组成员、工交办公室主任。1977年9月，任市革委会副主任兼市科委主任。1983年4月，任青岛市第九届人大常委会副主任兼秘书长、党组成员。

余惠春（1923—1991），女，先进人物，江苏海洲人。1959年参加治保会工作，曾任青岛市市南区中山路地区治保会副主任，善于反扒擒贼，亲手捉获的窃贼、流氓等现行违法犯罪分子达2929名，经公安机关审查破获各类案件2524起，缴获3万元。1979年山东省公安厅授予她"治安战线女英雄"光荣称号，并荣记二等功一次。1981年山东省公安厅发出通知，号召全省公安干警向余惠春学习。1982年加入中国共产党。1987年被山东省政府授予全省劳动模范称号。1980年和1985年，余惠春所在的中山路地区治保会先后两次出席全国公安部表彰会议，并被授予"先进治保集体"光荣称号。1989年11月出席在北京召开的全国城乡治安联防经验交流会，被授予荣誉证书。

王阁森（1931—1991），历史学家，吉林盘石人。1955年东北师范大学世界古代史研究生毕业，先后在山东师范学院、曲阜师范学院、山东大学历史系任教。1978年任曲阜师范学院历史系主任，1980年晋升为教授。1984年6月加入中国共产党。1987年4月，任青岛大学历史系主任、教授，主要从事世界古代史的教学与科研工作。著有《世界史 · 古代史》《齐国史》《世界历史问题全解》等，参与《世界历史辞典》《中国大百科全书》编写。曾任中国世界古代史研究会副秘书长、副理事长。

叶立勋（1955—1991），革命烈士，江苏苏州人。1975年8月到山东掖县后洪头村插队。1977年12月到青岛摩托车修配厂当工人。1978年考入山东海洋学院生物系。1982年毕业后留校担任海洋生物系政治辅导员、科研处编辑。1985年4月被选送赴澳大利亚进修。1988年1月加入中国共产党。1989年9月返校任青岛海洋大学水产学院讲师。1991年10月22日在山东省荣成市镆铘岛，为完成山东省科委海岛调查任务进行潜水作业时不幸遇难，12月21日被山东省人民政府批准为革命烈士。

王成海（1962—1991），革命烈士，浙江淳安人。1982年7月毕业于浙江水产学院，获学士学位。1983年3月到大连外国语学院学习外语，10月赴日本北海道大学水产学部攻读水产养殖学。1986年3月获硕士学位，1989年3月获博士学位后回国，在青岛海洋大学渔业资源教研室任教，担任海洋渔业系科研秘书、讲师。1991年5月承担山东省科委海岛资源综合调查科研项目。10月22日与叶立勋带领5名青年教工在荣成市镆铘岛进行渔业资源潜水取样调查时，为抢救遇险的叶立勋不幸牺牲。山东省人民政府批准他为革命烈士，中共山东省委组织部批准追认他为中共党员。

陈介夫（1898—1992），民族企业家，山东潍坊人。早年毕业于大连日语学校。1916年到青岛。1921年在杨子生创办的维新化学工艺社负责经营。1922年在湖岛村独立开办中国染料厂，逐渐发展成为近代青岛规模最大的染料企业。1938年1月青岛沦陷后，该厂被日本人强行兼并入株式会社维新化学工艺社。1945年日本投降后，由其收回。1956年企业实现公私合营后，调青岛市工商联工作。

李占元（1901—1992），原名李云珠，武术教练，莱西堤上村人。解放前，在黄县扛活时拜师习武。解放后，在青岛台东创办武术学校，曾当选为台东区武术协会主席、青岛市第五届人大代表。1983年，加入河南省嵩山少林寺武术协会，并任副会长，人称“素林大师”。1984～1986年，先后被聘为河南省登封县武术学校教务主任兼教练、太康县武术馆馆长兼教练、开封市武术学校校长兼教练、河北省肥乡县武术学校校长兼总教练。一生习武，桃李满天下，有许多弟子在国家级武术比赛中获奖。

黄嘉德（1909—1992），笔名蓝萍心、默然，作家、翻译家、大学教授，福建晋江人。1931年上海圣约翰大学英文系毕业后，历任圣约翰大学附属高中英文教师，圣约翰大学助教、教授、文理学院副院长、文学院副院长。1936年创办并主编《西风月刊》《西风副刊》《西书精华》。1947年去美国留学，获纽约哥伦比亚大学研究院文学硕士学位。次年回国，历任圣约翰大学文学院代院长、院长兼新闻系代主任、主任。1952年到青岛，历任山东大学外文系教授、系代主任，校图书馆馆长、外语教研室主任、校学术委员会委员，兼任山东省外语教学研究会理事、全国美国文学研究会理事等。译（著）有《萧伯纳传》《流浪者自传》《生活的艺术》《二十世纪欧洲史》等。

阎恒存（1913—1992），全国先进生产者，崂山人。1946年入华新纱厂，先后从事修理和印染雕刻准备工作。1951年根据多年积累的工作经验，发明印染雕刻花筒轧花用钢芯，研制出云纹钉及制云纹钉的钢模，自制10种规格划圆钉，革新、改新加工花筒车床。其中，轧雪花用钢芯，填补中国印染雕刻工艺空白，自制的单线、双线、三线刻刀达到国际水平。1956年出席山东省第一届先进生产者代表会议，被评为山东省劳动模范。同年，出席全国纺织劳模会议，被评为全国纺织工业劳模，并出席全国先进生产者代表会议，被评为全国先进生产者。

黄忠学（1913—1992），字志明，曾任海军北海舰队副政委，湖北天门人。1932年2月加入中国共产党，4月参加中国工农红军。历任红军营书记、宣传干事、科长。参加中央苏区五次反“围剿”作战和长征。1937年8月起，历任八路军股长、团主任、营政委。参加百团大战和反“扫荡”作战。1945年8月，任晋绥军区第九军分区游击支队支队长。1946年4月，任第九军分区司令员。1949年2月，任第一野战军七军政治部主任。参加临汾、晋西南、太原、扶眉、陇南等战役。1951年后，历任第一高级步兵学校政治部主任、军委后勤学院政治部主任、海军青岛基地副政委兼政治部主任。被授予少将军衔，获二级八一勋章、二级独立自由勋章、一级解放勋章。1960年8月，任海军北海舰队副政治委员兼政治部主任。1964年9月，任第六机械工业部副部长兼政治部主任。1975年8月，任海军东海舰队第一副政委。1982年1月，任东海舰队政委。1985年7月离休。1988年，获一级红星功勋荣誉章。是中共第九、十次全国代表大会代表，第三届全国人大代表。

李学林（1918—1992），曾用名李小林、李鹤龄，曾任青岛政协副主席，河北束鹿人。1937年加入中国共产党。1938年后历任晋察冀军区政治部巡视团巡视员、军区一旅三团一营教导员，晋察冀一分区五支队政治部组织科副科长、二分区供给处总支书记兼特派员。1945年后，历任冀东十七分区保卫科科长、十四分区政治部副主任。1949年后，历任河北省唐山军分区政治部副主任、河北军区练兵指挥所政治部主任、塘沽水警区政治办公室主任、海军政治干部学校组织部部长。1952年起，任海军政治干部学校政治部主任，海军军事学院指挥系政委、政治部副主任等职。1964年初转业到地方，历任中央水产部政治部副主任，青岛海洋渔业公司革委会副主任、主任、党的核心领导小组组长、党委书记等职。1980年7月任第五届青岛市政协副主席，1983年12月离休（享受副省级待遇）。

邵庚泉（1923—1992），画家，即墨南杨头村人。六七岁时即跟其叔父邵化南学习绘画和书法。抗日战争时期，任小学美术教员。此后50多年中，一面从事美术教学，一面潜心绘画。其早期山水画师承石涛，花鸟画则师从任伯年、吴昌硕等，后又得到国画家陈大羽、于希宁指教。同画家张伏山在即墨堪称“二绝”。绘画风格苍劲雄健，富丽典雅。其花鸟画尤以牡丹见长，笔下的牡丹千姿百态，栩栩如生。曾任即墨师范高级讲师、山东美术家协会会员、青岛水墨画研究会名誉会长，晚年兼任青岛美术函授大学国画教师。著有《邵庚泉花鸟画选》。

陈志藻（1902—1993），别名陈工夫，曾任民革中央候补委员，山东龙口人。1923年青岛医学专门学校毕业后，到青岛同仁会医院任外科医师。1934年后在日本名古屋医科大学、长崎医科大学和仙台市东北帝国大学学习，获医学博士学位。1942年回青岛，任斯谊药厂厂长、寿康医院院长和博济医院、公安医院院长等职。1951年任青岛市卫生局局长。1955年参加民革。1958年后，历任民革青岛市专职主委、副主委、名誉主委，民革山东省委常委，民革中央团结委员会委员，民革第五届中央候补委员，青岛市政协驻会副主席。1988年9月加入中国共产党。1990年12月离休。

葛佩琦（1911—1993），原名葛佩珩，革命活动家、学者，平度淖泥沟村人。1929年夏到北京工厂学徒，翌年插班入北京崇实中学半工半读。1933年考入北京大学物理系。1935年12月，参加北京大学学生会发起和组织工作，曾先后被推选为北京大学学生会执行委员、副主席，成为北大学生运动的领导人之一。在“一二·九”运动中，积极参加爱国学生游行示威、抗议请愿活动，曾两次遭国民党反动派逮捕。1936年，参加“中华民族解放先锋队”。1938年7月，在洛阳加入中国共产党。受党组织派遣，打入国民党高级军事机关，搜集军事情报，营救被捕同志，后与党组织失去联系。1951年，在中国人民大学任物理系讲师。在1957年整风运动中，因向校党委提出批评意见，被错划为右派而闻名全国，同年遭受拘捕。1959年6月以“现行反革命”罪及“历史反革命”罪被判处无期徒刑。1975年获特赦释放。1982年得到平反，1983年5月恢复党籍。

陈仰之（1913—1993），曾用名陈自忠，曾任民盟青岛市委副主委，浙江嘉兴人。1937年国立山东大学毕业后，历任上海战地服务团团员、洛阳国民党第一战区政治部第三组上尉组员、重庆国民党后方勤务部政治部上尉科员及代理少校科员、第二十一兵工厂技工学校实习工厂技工部导师、四川宜宾资源委员会中央机器厂分厂副工程师、贵州普安私营大华第五炼油厂副厂长、重庆国民党全国工业协会秘书、青岛工业协会总干事兼青岛私立高级工业学校副校长等职。1944年参加民盟。1949年11月任青岛市工商联筹委会秘书长，1951年2月任青岛市民政局局长。1955年5月后，历任第一届青岛市政协副主席，第二、三届驻会委员，第五、六届驻会常委。民盟中央候补委员，民盟青岛市委副主委、名誉主委。1990年11月离休。

杜彬（1918—1993），原名杜永和，曾任海军北海舰队副参谋长，四川仪陇人。1933年参加工农红军，1935年加入共青团，次年转为中共党员。1933年起，历任红四军战士、通讯员、宣传员，红九军青年干事。曾参加红四军长征。1937年起，任延安陕北公学及中央医院学员、排长，冀南军区特务营营长兼教导员，参加百团大战、南章台战斗等战役和战斗。1945年起，历任冀南军区十六团参谋长、补训团副团长，第二野战军二纵队大别山金西工作队大队长、教导团队长，川南自贡市警备司令部参谋长，参加挺进大别山、淮海战役、川西剿匪等战役和战斗。1955年1月后，任海军青岛基地防空司令部参谋长、海军威海基地第一副司令员兼参谋长、海军北海舰队工程部部长，参与多项重大国防工程建设。

1957年被授予三级八一勋章、三级独立自由勋章、三级解放勋章。1979年6月，任海军北海舰队副参谋长。1983年12月离休。

夏世福（1923—1993），海洋渔业专家，四川合川人。1942年重庆国立中央大学农学院经济系毕业后，任上海私营协华公司会计。1947年任农林部中央水产实验所（今黄海水产研究所）技佐。1949年4月加入中国共产党。历任水产实验所研究室副主任、党委委员、副所长兼科研办主任，1981年晋升研究员。主要从事海洋渔业资源及渔业经济研究工作。发表论文、专著和译著近百篇，其科研项目“中国渔业区划”获农业部区划一等奖。著有《渔业技术经济分析》《中国综合农业区划报告》《中国渔业区划》《中国水产资源开发利用的经济问题》《渔业生态经济学概况》等。1992年享受政府特殊津贴。

李敦惠（1924—1993），全国先进生产者，胶州营海人。1953年入青岛玛钢厂工作。1953～1959年期间进行大小革新40余项，其中万能牙条1/2式铣头从单一铣改造为多种铣，解决当时生产困难。1953年改造和安装车床的弯板、双弯板、双板夹盘，使工效比原来提高三倍，此项技术革新在全市进行推广。1957年承接铁道部防爬器铸造任务，创造多型铣刀，使工效提高8倍，为国家创造数十万元财富。1959年被评为全国先进生产者，并出席全国群英会。

辛秀美（1930—1993），女，全国先进生产者，江苏赣榆人。1940年参加工作，1952年到国棉五厂任拈线值车工，曾连续24个月全面超额完成各项生产指标，节约回丝，创造少出油污、坏纱工作法，并热心帮助别人提高技术，使本组及其他组减少油污、坏纱。1956年出席全国先进生产者代表大会，被评为全国先进生产者。同年加入中国共产党。1958年带头扩大看台数，由5台扩大到10台。1962年拈线机实行钢令加油以后，又担任轮班辅导员工作。

曲春君（1937—1993），全国先进生产者，崂山人。1956年入青岛崂山郊区汽车修配厂工作。1957年在试制手扶拖拉机工作中，总结出一套坩埚化钢、玻璃加浮盖剂新工艺，使拖拉机的关键部件产品质量达到全国同行业先进水平。1959年加入中国共产党，并被评为全国先进生产者，出席在北京召开的全国群英会。1967年改造成功煤粉化铁法。1969年创造高温低碳和高温铁水低温浇注法，解决铸铁件缩松技术难题。1967年通过对铸造工艺的技术改造，使铸件成本降低约10%。在工作的30年中，先后进行20余项技术革新和技术改造。

曾在因（1909—1994），曾任青岛市人大常委会副主任，山东莱阳人。1934年山东大学化学系毕业后，历任上海中西大药房制药部主任、青岛斯宜药厂厂长、青岛因光化学厂厂长、华北药厂厂长、青岛启奥化学厂厂长等职。解放后，历任青岛胶东企业公司工程师，青岛实业化工厂总工程师兼实验室主任，青岛市化学工业公司工程师，青岛市轻工业局、化学工业局副局长，青岛市化学工业公司副经理等职。1966年4月任青岛市副市长。1978年7月任第五届青岛市政协副主席。1980年7月后，任青岛市第八、九届人大常委会副主任。曾当选为第三届全国人大代表，第五届全国政协委员。

殷焕先（1913—1994），语言学家，江苏六合人。1940年毕业于中央大学中文系，继入北京大学文科研究所学习。先后任教于西南联合大学、北京大学、云南大学、四川大学。1946年到青岛，任国立山东大学中文系教授。曾任中国语言学会理事、中国语文现代化学会顾问、全国高等院校文字改革委员会顾问、华东修辞学会顾问、古文学研究会理事长、中国科学院语言研究所兼职研究员、山东省方言普查委员会副主任。1958年随山东大学迁往济南。主要从事文字、音韵、训诂等语言学教学与研究，致力于文字改革、方言调查、推广普通话、制订和推行汉语拼音方案、汉语教学研究、教学语法系统建设以及语言规范化等工作。著有《字调和语调》《反切释要》《殷焕先语言论集》《殷焕先诗词墨迹》等。

杜西书（1919—1994），原名杜希寿，曾用名杜希秀，曾任海军北海舰队副政委，福建邵武人。1932年6月参加工农红军。1933年加入共青团，1934年6月转为中共党员。1936年4月起任副政治指导员，参加中央苏区第四、五次反“围剿”作战和长征。1937年11月，入延安抗日军政大学学习。1938年5月起，历任八路军营政委、独立团政治处主任、先遣大队政治处主任、团政委。参加沂蒙山区反“铁壁合围”作战和泗水战役。1945年11月起，历任沈阳铁西区公安局局长、辽吉军区第一军分区十三团政委、东北军区独立第十师二十八团政委、第四野战军三十八军一五一师副政委。参加东北1947年冬季攻势、四平保卫战和辽沈、平津、广西、滇南等战役。1955年起，历任海军航空兵师政委、海军第一航空学校政委、海军航空兵部政治部主任。获三级八一勋章、二级独立自由勋章、二级解放勋章。1961年，晋少将军衔。1970年7月，任海军北海舰队政治部副主任。1975年8月，任海军北海舰队副政委。1985年8月离休。1988年，获一级红星功勋荣誉章。是第五届全国人大代表。

张慕水（1921—1994），原名张骏营，曾任海军北海舰队副政委，河南淯川人。1938年参加八路军，同年加入中国共产党。1938年，任八路军营政治指导员。1945年后，历任冀察军区组织科科长、团政治处副主任、政治处主任、团副政委。参加正太、清风店、平津、太原等战役。1950年后，历任大连海军学校政治部组织科科长，第一海军学校一分校政治部主任、干部管理部副部长，海军练习舰支队政委。1955年，获三级独立自由勋章、二级解放勋章。1958年4月，任海军快艇支队政委。1976年2月，任海军北海舰队政治部副主任。1983年，任海军北海舰队副政委。1988年，获独立功勋荣誉章。

杨衍普（1926—1994），曾任青岛市政协副主席，山东龙口人。1948年辅仁大学毕业后，任国立山东大学化学系助教。1950年起，历任青岛私营洪泰化工厂技师兼副经理，青岛一中化学教师、副校长，青岛市教育局教研室副主任。1953年7月加入民盟，历任民盟青岛市委常委兼组织部部长。1965年2月加入九三学社，历任九三学社青岛分社副秘书长、秘书长，九三学社青岛市委副主委兼秘书长、名誉副主委，九三学社山东省委常委。是第二至六届青岛市人大代表，第四至七届青岛市政协委员，第五、六届青岛市政协副秘书长，第四至六届山东省政协委员。1988年1月当选第七届青岛市政协副主席。

朱建运（1936—1994），先进人物，即墨官场村人。1952年参加工作，1959年加入中国共产党。历任科长、党委秘书，乡镇党委副书记、书记，即墨市人民检察院党组书记、检察长，中共即墨市委政法委书记等职。1991年、1994年分别被授予“省优秀共产党员”称号，1992年被授予“全国检察系统先进工作者”称号。1994年11月17日病逝。1995年1月，中共即墨市委、市政府作出《关于开展向朱建运同志学习的决定》，号召全市人民向焦裕禄式的好干部朱建运学习。

唐希尧（1904—1995），结核病专家，河北河间人。1929年毕业于齐鲁大学医学院，获医学博士学位。曾任青岛市结核病院副院长、青岛市卫生局副局长。是青岛市民盟常委，青岛市中华医学会副理事长、结核病学会主任，全国结核病防治委员会委员。长期致力于医学事业，主要从事结核病防治方面的研究，并取得显著成绩，曾在国内外医学杂志上发表论文30余篇，60年代主编青岛、昌潍、烟台等地区结核病学讲义。为青岛市结核病专业学术带头人之一。1994年享受国务院政府特殊津贴。

吕运明（1906—1995），生理学家，浙江嵊县人。1928年毕业于复旦大学理科。曾在南京中央大学理学院、北京协和医学院、福建协和大学、东南医学院、安徽医学院等校任教。1951年应聘到青岛，在山东大学医学院、青岛医学院生理学教研室任教授、教研室主任。中国生理学会理事。长期从事生理学教学和研究。30年代末，发表系列论文《关于延脑交感神经中枢问题之研究》《关于迷走神经与脑下垂体后叶反射之研究》等。50年代曾致力于巴甫洛夫学说研究。此后40多年，在中枢神经化学性物质的传递、中医推拿和针麻原现研究等方面取得新成果，在国内外杂志上发表论文40余篇。著有《实验生物学》《实验生理学》等。1991年国家教委授予其“精英纪念奖奖杯”。享受政府特殊津贴。

宋瑞珂（1907—1995），民主人士，崂山彭家庄人。1924年考取黄埔军校第三期，参加第一次东征和平定滇桂军的战役。1926年毕业后历任国民革命军排长、连长、营长、上校团长、少将师长及国民党六十六军中将军长等职，先后参加北伐战争、抗日战争。1947年7月在鲁西南战役中归降。1961年担任上海市政协文史资料研究委员会文史专员。1978年起担任第五、六、七届上海市政协委员，市政协办公厅专员，市政协祖国统一委员会委员。1983年起担任民革中央监察委员、上海市民革祖国统一委员会副主任。1984年后，担任黄埔军校同学会理事、上海市黄埔军校同学会会长等职。曾撰写数百万字文史资料。

杨琳（1921—1995），曾任山东省纺织工业局长，山东沂源人。1938年参加工作，历任村、乡党支部书记，沂水、沂中县委青委书记、青救会长、抗联副主任、鲁中区党委政治指导员、济南市委泰安城工部部长。1948年9月济南解放，接管济南仁丰纱厂，任党委书记、工会主席。1949年7月到青岛，任中纺四厂（青岛国棉四厂）接管组长、党委书记、厂长等职。1951年总结推广“郝建秀工作法”。先后培养出于花泽、黄德杰先进个人和先进示范小组，总结出魏秀英的“五一织布工作法”，建立技术查锭等一系列管理制度。1954年9月任国营青岛第六棉纺织厂厂长。1958年任青岛纺织工业局局长。1963年3月起任山东省纺织工业局（驻青岛）局长，在两三年内，未用国家投资建起17个山东省内分厂，迅速改变山东纺织工业布局。1993年12月离休。

王启民（1937—1995），连环画画家，山东高唐人。自幼爱好绘画，从事美术工作40余年，以速写人物画见长。1972年和1976年，分别创作连环画《奇袭白虎团》《红云岗》。先后出版《桥龙飚》《山菊花》《陈毅出山》《攻克济南》等48部连环画，发表美术作品500余幅，有“神笔启民”之誉。曾任即墨市文化馆副研究馆员，即墨画院院长，山东省美协会员，山东画院高级画师。

孙财功（1965—1995），革命烈士，李沧区东李村人。1983年入伍，1987年4月加入中国共产党，1987年12月退役。回乡后任村治安联防队员。1995年7月26日晚，在同劫车杀人犯罪分子搏斗中牺牲。1996年3月1日，经山东省人民政府批准追认为革命烈士。山东省政府、省军区授予孙财功“勇斗歹徒好民兵”荣誉称号。

郝颐寿（1907—1996），海洋地质专家，江苏淮安人。1934年7月毕业于南京中央大学地质学系，先在湖南江华矿务局、四川彭县铜矿局任职，后在浙江大学、贵州大学、山东大学、山东海洋学院任助教、副教授、教授。1979年2月兼任国家科委海洋专业组地质分组组员，11月兼任中国海洋地质学会常务理事。长期从事野外地质调查、矿床勘探和高等学校的地质课教学工作，擅长对野外地质调查、多种矿床（特别是铜矿）的勘探和开采，对矿床成因理论的研究有较高造诣。著有《生物在地史上的分布概况》，并翻译《太平洋海洋地质》。

何森（1911—1996），号少岩，妇产科专家，山东青州人，满族。1939年毕业于山东省立医学专科学校，后任重庆中央医院医师、昆明惠滇医院主治医师。1946年应聘到青岛，先后担任国立山东大学医学院和青岛医学院副教授、教授，教研室主任，附属医院妇产科主任。专长妇产科学，研究课题大多针对劳动妇女常见病、多发病。曾多次深入工厂、农村普查，发表《青岛地区纺织女工妇产科疾病普查及防治方法的研究》等论文。研制成功马鞍型子宫托。参与编写全国高等医学院校通用教材《妇产科学》，主编《计划生育技术指导》等书。研制的“子宫内推进形避孕环安装器及顿头取出器”在山东推广。享受政府特殊津贴，是中华妇产科学会委员。

赵汇川（1913—1996），原名赵克海，别名赵华、赵懿民，曾任海军北海舰队副司令员，安徽宿县人。1933年3月参加察哈尔抗日同盟军吉鸿昌部教导团部，5月加入中国共产党。1938年5月，参与组织安徽宿县抗日游击队，任副司令员。1939年9月，历任新四军团长、军分区司令员。参与开辟皖东北抗日根据地。1943年8月，在叶场战斗中，率部激战7昼夜，粉碎日伪军5次增援。1945年2月起，历任华中军区第七军分区副司令员，华东野战军第九纵队参谋长，江淮军区参谋长，第三野战军九兵团司令部参谋处处长。参加宿北、淮海、渡江和上海等战役。1949年9月，转入海军工作，任华东军区海军司令部作战处处长。1950年6月，领导组建海军航空学校，后任该校校长。1952年，负责筹建海军航空部，后任海军航空部参谋长。1955年，获二级独立自由勋章、一级解放勋章。1957年8月，任海军航空兵部副司令员兼参谋长、青岛基地航空兵部司令员。1964年2月，任海军北海舰队副司令（副兵团级）。1976年，兼任海军大型水面舰艇基地建设委员会副主任。1983年3月离休。1988年，获一级红星功勋荣誉章。

廖弼臣（1913—1996），原名廖业荣，曾任青岛市政协副主席，河南商城（今安徽金寨）人。1927年10月参加革命，1933年8月加入中国共产党。历任鄂豫皖红十一军第三十二师特务营战士，五县边区独立团班长、排长，红四军第十一师第三十一团排长、连长、副营长、营长，第十一师第三十三团参谋长。参加商南起义，鄂豫皖革命根据地第一至四次反“围剿”，川陕革命根据地反三路围攻、反六路围攻和红四方面军长征。抗日战争时期，曾赴延安在抗日军政大学第三期学习半年，后由武汉八路军办事处派往河南大学任战地教导团教员和遂平县立职业中学训导主任。解放战争时期，先后担任中共淮南区委组织部干部科科长、华中干校纵队长，安东军区后勤部政治处主任兼总支书，中共胶东区党委财委副主任、副书记。青岛解放后，任青岛市人民法院院长、党组书记，开展组建法院工作。1955年5月起，先后担任第一至五届青岛市政协副主席、党组副书记，中共青岛市委第一至三届委员，青岛市革委会常委，享受副省级待遇。

刘汉清（1917—1996），曾用名刘仁修、刘渊博，曾任中共辽宁省纪委书记，莱西南墅村人。1937年参加“中华民族解放先锋队”，1938年加入中国共产党。抗日战争和解放战争时期，历任八路军五支队民运科、敌工科干事、股长，莱阳县公安局特派员，莱西县委宣传部部长、县委书记。建国后历任中共江苏省镇江地委宣传部副部长，中共扬中县委书记，中共中央组织部干部处副处长，沈阳师范学院党委书记，辽宁大学党委第二书记，沈阳市科委秘书长，辽宁师范学院党委书记，旅大市教育局局长，中共旅大市委常委、组织部部长、秘书长、市委书记，中共辽宁省纪委书记。晚年撰写长达30万字的理论专著《以权谋私析》获第五届全国优秀党建读物一等奖。

薛方增（1918—1996），全国先进生产者，黄岛区薛家岛四村人。年少时因家境贫寒只上两年私塾便下学务农。1947年，在薛家岛安子码头搬运队为解放区装卸军用物资和土产品。1959年，搞技术革新，成功研制木制、铁制手摇吊车，手摇传送带和链扳机，改变搬运装卸重体力劳动的落后状态，提高工效。1959年被评为全国先进生产者，出席在北京召开的全国群英会，受到毛泽东主席接见。

史道生（1919—1996），著名中医，山东莱州人。1940年毕业于北平华北国医学院，后在北京、青岛等地行医。1958年到青岛医学院附属医院中医科，曾任中医学教研室主任及附属医院中医科主任等职。创制冠心病特效药“环心丹”，1983年获山东省科委优秀科技成果三等奖及国家经委“金龙奖”。主编或参编《中医病理学》《中医概论》等教材及《冠心病的防与治》《老年心理索隐》等专集。曾任中华全国中医学会内科分会顾问、中华全国中医学会山东分会顾问、青岛市中医学会副理事长。是九三学社社员，享受政府特殊津贴。

郭士毅（1920—1996），曾任中共青岛市委副书记，山西汾西人。参加工作后历任山西省汾西县大队工作员，八路军连政治指导员、政治部支书、旅供应处粮食股长、滨海军区司政部协理员、滨海工商局赣海县局监察委员、石岛外贸局局长、青岛市军管会工商部副部长、青岛外贸局局长、山东省财委计划处处长、山东省计委副秘书长、秘书长、省计委副主任等职。1963年12月后，历任青岛市副市长兼经委主任，青岛市革委会生产指挥部党的核心领导小组组长、主任。1975年4月任青岛市革委会党的核心领导小组副组长，8月任中共青岛市委副书记、市革委会副主任。

郭祚显（1923—1996），全国劳动模范，平度古岘镇人。1949年1月至1965年7月为平度县古岘供销社营业员、门市部经理，带领职工年年超额完成各项工作任务。1956年10月加入中国共产党。1959年获全国劳动模范称号，出席全国群英会。1965年8月任平度县张戈庄供销社副主任，其间制造两人每天可生产颗粒化肥4000斤的手摇脚蹬两用化肥机；带领群众筹建15个小化肥厂，生产化肥320万斤；帮助5个生产队建起养猪场、养鸡场，种蔬菜386亩，建养鱼池5个。

胡滨（1927—1996），历史学家，江西清江人。1952年毕业于清华大学研究生院，9月任东北师范大学讲师。1956年9月在山东师范学院历史系任教，1980年晋升教授。1987年5月任青岛大学历史系教授。先后出版《十九世纪末帝国主义争夺中国权益史》《中国近代改良主义思想》《从闭关到开放》等专著5部，翻译《列强对华外交》《英国蓝皮书有关义和团运动资料选译》等译著5部，发表论文30余篇，共300余万字。在洋务运动史研究方面，被国内外学者誉为80年代中国史学界新学派带头人。

郭杰（1932—1996），胸外科专家，山东曹县人。1953年参加工作。曾任青岛市市立医院主任医师，系中华医学会山东省胸心外科协会委员、青岛市胸心外科学会主任委员。长期从事外科临床工作，经验丰富。主持研究的“胆道V形吻合的改进”课题获青岛市科技进步三等奖；“双袖成形肺叶肺段切除治疗中心型肺癌”获山东省和青岛市科技进步三等奖；“用硫酸纤维薄膜包绕皮扎法治疗PDA的研究及临床应用”获青岛市科技进步二等奖。他共发表论文30多篇。其中，《右心室粘胆瘤一例》等3篇论文发表在《中华外科杂志》等国家级刊物上，为青岛市胸外科专业学术带头人之一。1985年6月加入中国共产党，1988年被评为“青岛市专业技术拔尖人才”，1994年获国务院政府特殊津贴。

陆贤崑（1938—1996），海洋化学专家，江苏江都人。1956年9月就读于北京大学，1962年10月毕业后任教于山东海洋学院、青岛海洋大学，先后任助教、讲师、副教授、教授、博士生导师。1980～1983年，在加拿大海洋科学研究所进修。1995年12月起享受政府特殊津贴。一生致力于海洋化学的教学和研究工作，发表论文20余篇，出版译著3本。1989年被选为“全球海洋通量联合研究”中国委员会副主任委员，参加和领导中国海洋通量联合研究中的方法学研究和碳的生物地球化学过程研究及国际合作交流。1991年被选为“国际纯粹和应用化学联合会——环境分析化学委员会”中国国家代表成员。1993年被英国国际传记中心选入国际名人辞典。1994年被美国传记学会提名为20世纪500名最有影响人物。

黄小振（1947—1996），剧作家，江西吉安人。出身表演世家，自幼耳濡目染戏剧艺术。1965年调青岛话剧团工作，后到莱西县凤岗公社插队、青岛纱管电镀厂工作。1980年开始戏剧创作。其独幕话剧《火热的心》获山东省文化厅三等奖，《绿荫下》获山东省戏剧家协会一等奖。1984年调入青岛市文联从事戏剧创作工作。1986年加入中国戏剧家协会。1987年创作话剧《四十不惑》发表于《剧本》月刊，并由中央实验话剧院在北京演出，获第四届全国优秀剧本奖和山东省第三届剧本评比一等奖。1988年当选青岛市戏剧家协会副主席兼秘书长，青岛市政协常委。同年被评为青岛市首批专业技术拔尖人才。1990年创作的电视剧《金色的哆唻咪》获全国一等奖。

杨波（1976—1996），革命烈士，胶南崔家庄人。1994年入伍到武警上海市消防总队，1995年12月加入共青团。1996年11月21日，参加扑救上海东沟船厂“车14”号渡船火灾，冒着浓烟深入船舱内部实施侦察时，听到有3名施工人员被围困在船舱内，便奋不顾身冲入机舱搜寻，成功将2名施工人员转移到安全地带。当再次冲进浓烟区，搜寻另外一名被困人员时，终因体力不支而昏迷在船舱内，因中毒太深，经抢救无效牺牲。1997年4月16日，被公安部政治部批准为烈士。1999年9月，被公安部、民政部联合授予其“公安英烈——共和国不会忘记”荣誉称号。

顾贞祥（1908—1997），纺织业专家，江苏常熟人。1927年考入南京金陵大学农业经济系，毕业后留校主讲农业经济。1934年后，在中央、陕西、河北棉产改进所任技术员、秘书及邯郸办事处主任。参与中央棉产改进工作，组建运销合作社，建立现代轧花厂，指导棉花检验分级打包直销厂家，开创中国纺织业原棉分级配棉技术的先河。1937年后在金陵大学附设耕读学校任教。1940年在国民党第十三期中训团培训期间集体加入国民党。1945年考入美国威斯康星大学研究院进修农业运销专业，回国后任上海农民银行信托部副经理、中国农业供销公司协理。1948年任上海南通学院兼职教授。1950年应民族实业家周志俊聘请任青岛华新纺织染厂经理，公私合营后任副经理，国营后任青岛第九棉纺织厂副厂长。1980年获全国纺织系统表彰。1984年退休，1985年4月加入中国共产党。

张叔愚（1908—1997），原名文煜，斋号宁静庐，篆刻家、书法家，山东昌邑人。篆刻得陈介祺真传，初习浙派及西泠八家，继学邓石如、赵之谦及吴昌硕、齐白石等，精研周秦古玺、汉魏印章，风格古劲拙朴，独具特色。书法以甲骨、钟鼎及小篆等卓有成就。30年代即名震篆刻、书法界，很受推崇。辑有《宁静庐印存》《张叔愚书法篆刻艺术》等。曾任山东省书法家协会常务理事、青岛市书法家协会名誉主席。

李宏文（1909—1997），国家级田径裁判员，山东龙口人。1933年毕业于上海东亚体育专科学校。1935年3月在青岛礼贤中学（今青岛市第九中学）任体育教员。1949年10月，参加中华全国体育总会筹备工作会议，后任青岛市体育分会副秘书长。1951年当选青岛市政协委员，后任体育场副场长。1954年当选山东省政协委员，任体育场场长。1958年被批准为国家级田径裁判员。1984年2月任中华体育总会山东分会委员。1985年被国家体委授予新中国体育开拓者荣誉奖章。1976年退休，1995年改为离休。

崔介（1910—1997），曾用名崔禾皿、崔价，曾任青岛市副市长，山东濮县（今河南范县）人。1933年加入中国共产党。“九一八”事变后，组织学生开展抗日救亡活动，历任濮县反帝同盟会书记，山东八路军四支队三团参谋长，鲁东南特委常委、统战部部长，山东一区党委五地委常委、民运部部长，滨海专署副专员、党团书记，滨北专署专员。解放战争时期，历任山东省人民政府秘书长、华东支前委员会秘书处长、华东女子学校副校长。解放后，先后担任青岛市政府民政局长、市政府秘书长。1953年7月后任青岛市常务副市长、党组副书记，山东知青办主任、党的核心领导小组组长，山东省第五届人大常委会委员，山东省中共党史学会副会长。1982年12月离休后，研究党史，撰写革命回忆录，对山东的史志工作作出重要贡献。

郭谨安（1916—1997），国家一级田径裁判员，山东商河人。1937年毕业于上海东亚体育专科学校。1955年后，历任武汉大学讲师兼体育部主任、四川乐山纺织造纸专科学校副教授、四川犍为中学校长、山东大学副教授兼体育教研室副主任、山东海洋学院教授兼体育教研室主任。从事高等学校体育教学工作50多年，编写各类体育教材。1954年被国家体委批准为首批国家一级田径裁判。长期担任全国、省、市运动会裁判长、副总裁判、总裁判等职务。1980年后被选为山东省体育分会常委，山东省高校体协副主任兼青岛分会主任。1984年，获山东省颁发的“振兴山东体育”荣誉证书和奖章，获得全国优秀体育教师称号。

陈友群（1918—1997），曾任青岛市副市长，广东四会人。早年在家乡担任过小学教员、教务主任、调查员等职。1937年12月至1938年2月在陕西安吴堡青年训练班学习，并加入中国共产党。后历任陕西安吴堡青年训练班教务处干事、教务科长，延安陕甘宁边区贸易公司秘书，延安中共中央政治研究室秘书，陕甘宁边区陇东专区土改工作团团员，中共中央前敌委员会政治部行政科科长，中共中央法律委员会秘书，中共中央组织部干部处干事、副科长，中共中央纪律检查委员会秘书兼检查员，中共中央办公厅朱德同志秘书、秘书组长兼中央纪律检查委员会办公室、中央监委办公厅副主任，中共上海市卢湾区委书记。1961年5月任中共青岛市委书记处书记，1963年10月至1966年2月兼青岛市副市长。“文化大革命”开始后，被批斗、关押。1973年“解放”后被结合为青岛市革委会常委，“批林批孔”后又以“对抗中央指示、抵制落实造反派政策”被打倒，撤销一切职务，后予以平反。1978年4月调中国社会科学院革命史组，负责研究周恩来、朱德、董必武、贺龙、陈毅生平等工作。1979年1月至1984年8月任中共中央文献研究室室务委员、顾问。

唐之曦（1921—1997），外科专家，山东烟台人。1946年毕业于南京国立中央大学医学院，1949年参加工作。曾任青岛市市立医院技术顾问、主任医师，中华医学会会员、青岛外科学会理事。长期从事外科临床工作，在青岛市率先开展体外循环心脏直视术、二尖瓣分离术等手术。提出超早期部分心包切除，有效治疗心包积液，降低死亡率。非手术疗法治疗胆道蛔虫属世界先进水平。参与编著《胆石症》，发表论文及译文60多篇，为青岛市外科学术带头人之一。1980年8月加入中国共产党，1988年被评为“青岛市专业技术拔尖人才”，1993年享受政府特殊津贴。

刘燕及（1925—1997），又名刘曲，原名刘承蕙，笔名燕及果、野军等，作家，即墨小寨村人。从小热爱文学，1945年春筹办文艺刊物《古不其》。1946年，与张子明筹办《民生》月刊，任主编。同年，联络部分文艺青年成立青岛文艺社，任主编。1947年4月创办文艺刊物《青岛文艺》。1949年调天津百花文艺出版社。1980年加入中国作家协会。著有诗集《三秋集》《新儿歌》，民间故事集《崂山传说》。

张守群（1928—1997），原名张守钦，曾任海军北海舰队副司令员，安徽濉溪人。十几岁担任中共秘密交通员。1944年7月参加新四军。1945年10月加入中国共产党。历任新四军战士、班长、副排长、连长。参加陇海、济南、淮海、渡江、湘南、川西等战役，先后3次被评为团二等战斗模范。1952年1月起，先后入第二野战军十八军教导团、海军政治干部学校、第四海军学校学习。1955年6月起，历任海军独立潜水艇大队潜艇副艇长、艇长。1964年8月，任海军潜艇支队副支队长。1969年2月，任海军潜艇支队支队长。1975年8月，任海军南海舰队副司令员（副兵团级）。1981～1985年，任海军北海舰队副司令员。1988年获独立功勋荣誉章。是中共第十次全国代表大会代表。

周汉林（1930—1997），翻译家。陕西西安人。1952年毕业于上海复旦大学外文系。1952～1957年在上海华东外贸局、北京外贸部任翻译。1958年后调入高等学校工作，先后执教于贵州民族学院、贵州大学、青岛大学。曾任贵州大学外语系副主任、硕士生导师，青岛大学外文系主任。是国内从事莎士比亚、劳伦斯及翻译技巧研究的知名学者、翻译学家。翻译、编写作品包括《教父》《堕落》《十日旅伴》《英语介词词典》等，主编并出版《西方思想宝库》。入选英国1996年出版的《世界名人大辞典》。享受政府特殊津贴，是中国作家协会山东分会会员、山东外国文学学会顾问，贵州外国文学学会会长、中国劳伦斯学会副会长。1995年退休。

金又新（1931—1997），优秀教育工作者，浙江绍兴人。1947年在上海戏剧专科学校求学时，积极投入上海“反饥饿、反内战”的学生运动，不畏国民党军警、特务的追捕迫害，带领同学到复旦大学、同济大学等学校演出讴歌人民翻身求解放的剧目。1949年7月，从上海戏剧专科学校肄业后到青岛。从事教育工作达30余年，先后任青岛市青年文工团导演、青岛市四方区干校教导主任、校长。利用教学和文学讲座，宣传祖国的大好形势，并根据青年人的特点，以先进模范事迹进行理想、道德教育，启发青年人的爱国热情。为适应教学的需要，编写100多万字的古典文学讲义和文学摘要卡片、教学笔记等，学员反映良好。1988年被评为青岛市中专高级讲师。1980年任青岛四方干部职工学校副校长，1984年任校长。先后被选为第五、六届四方区政协副主席。1988年4月参加民革，同年调入民革青岛市委，任第六届民革青岛市委副主委兼秘书长和第七届名誉副主委，当选为民革山东省第七届委员会委员，并先后任第七届青岛市政协副秘书长、常委和第八届市政协委员。

孙秉一（1932—1997），化学家，山东济南人。1950年考入山东大学化学系，1953年8月毕业后留校任教。主要从事海水中元素分析基础研究和中国标准海水研制工作，研制成功氯度、盐度计算尺，为中国海洋研究和调查建立起国家级海水标准。1985年晋升为教授后，主要从事元素生物地球化学研究，主要成果汇集在《海水中重金属与浮游植物间相互作用的化学研究》论文集中。共发表论文50多篇，获得省、部级奖励6次。是中国海洋湖沼学会理事，中国海洋湖沼学会化学分会常务理事，中国海洋学会化学分会理事。享受政府特殊津贴。

邓兆祥（1903—1998），曾任海军北海舰队副司令员，广东高要人。1914年3月，广东黄埔海军学校第十六期学习。1919年9月至1923年，先后入吴淞海军学校、烟台海军学校、南京鱼雷枪炮学校学习。1923年3月起，历任北洋政府海军“肇和”号巡洋舰见习员，“华甲”号运输舰枪炮副。1928年1月，加入国民党；历任国民党海军“飞鹰”号驱逐舰枪炮正、航海正、副舰长。1930年1月赴英国，先后入格林尼治皇家海军学院、海军鱼雷学校学习，1934年回国。后任国民党海军“宁海”号轻巡洋舰枪炮正、“通济”号练习舰副舰长。1936～1946年，历任国民党海军水鱼雷营营长，第二舰队司令部参谋，贵州桐梓海军学校训育主任，海军总司令部候补员，“长治”号护航驱逐舰舰长。1946年4月，赴英国接舰，任接舰学兵总队第一大队大队长。1948年5月，任“重庆”号轻巡洋舰舰长，同年8月率舰回国。1949年2月25日，率“重庆”号官兵起义，加入中国人民解放军。1949年5月起，历任安东海军学校校长，海军快艇学校校长，第一海军学校副校长，为海军初创和人才培养作出贡献。1951年8月，声明正式脱离国民党。1956年6月，任海军青岛基地副参谋长，1957年8月，任海军青岛基地副司令员。1960年8月，任海军北海舰队副司令员。1965年7月，加入中国共产党。1981年12月至1983年8月，任海军副司令员。1955年，被授予少将军衔，获一级解放勋章。是中华人民共和国第一至三届国防委员会委员；第一至四届全国人大代表，第五届全国人大常委会委员；第一届全国政协委员，第六、七、八届全国政协副主席。

沈汉祥（1908—1998），渔业专家，江苏江阴人。1928年在厦门私立集美高级水产航海学校读书，1931年保送到台湾学习，1935年考入厦门大学，1944年被公派到美国波士顿渔业研究所研习渔业工程。1948年9月在国立山东大学水产系任副教授，1959年任山东海洋学院教授兼水产系主任。系农牧渔业部水产高级技术职务评审委员、海洋捕捞评审员，中国水产学会渔业史研究会委员。50年代编写《淡水养殖学》《渔具学》《钓渔业问题》3种专著；80年代发表《远洋渔业及其在我国的动向》，载于海洋科学进展论文集，合编《远洋渔业》获山东省科学技术协会优秀学术成果二等奖。

马龙青（1911—1998），笔名龙青、号竹林斋主，书画家，山东莱阳人。自幼受家庭熏陶，酷爱绘画艺术。1928年到青岛大康纱厂做工。1937年参加革命，次年加入中国共产党。历任胶东抗日三联军交际处干事，莱东县各界救国会主任、区委书记兼区长，胶东地区新华书店总店副经理等职。解放后，历任青岛新华书店经理、中共青岛华新纺织染厂（今国棉九厂）党委书记、青岛市文化局副局长、青岛市文联副主席、青岛画院副院长等职。其作品在北京人民大会堂、中国革命军事博物馆、中国美术馆、毛主席纪念堂均有收藏及陈列。其代表作品被收入《中国美术家人名辞典》《中国美术辞典》《中国现代美术家名鉴》中。

薛廷耀（1914—1998），化学家，福建云霄人。1937年毕业于山东大学。1943年后，在美国加利福尼亚大学、衣阿华理工大学、奥勒岗理工大学和密苏里大学读在职研究生并做研究工作，获生物化学博士学位。1949年9月回国后，长期在山东大学和山东海洋学院从事高等教育工作，曾任山东海洋学院副教务长、图书馆馆长。70年代后，从事海洋资源方面研究，致力于从海洋微生物中提铀。著有《细菌呼吸作用的生物化学研究》《加工对蔬菜中维生素C的影响》《海洋生物发光的比较生化》《海泥中硫杆菌分离及其在碱地改良和防附着防腐蚀的应用》，合译有《元素的环境化学》。是中国化学学会、美国化学学会会员，中国科学院海洋研究所研究员，第三届全国人大代表，第五、六届全国政协委员。

李克（1916—1998），曾用名李维善、李达民，曾任青岛市革委会党的核心领导小组副组长，山东临邑人。1936年6月加入中国共产党。抗日战争初期，在本村开展抗日救亡活动，筹建小学教师救国会。1938年起，历任八路军冀、鲁边挺进纵队军政学校教员，八路军兰州支队、鲁南支队宣传队教员、指导员，八路军一一五师教导二旅六团组织干事，海陵县委副书记、组织部部长，东海县委书记。全国解放后，先后任中共青岛市委直属机关党委副书记、书记，青岛市干校党委书记，中共青岛市委统战部部长、常委、秘书长，青岛市地下防空干道指挥部副政委。1973年9月任青岛市革委会党的核心领导小组成员，1975年4月任青岛市革委会党的核心领导小组副组长，后任山东省机械工业局党的核心领导小组组长、革委会副主任、局长、党组书记，中共济南市委副书记。1983年11月离休。

徐雷健（1919—1998），曾用名徐德俊、雷健，曾任中共青岛市委书记处书记，山东郓城人。1938年加入中国共产党，并参加革命工作。历任“中华民族解放先锋队”队员、郓城县抗日自卫团团员，中共郓城中心县委组织部部长、郓城县委书记，郓鄄巨菏四县边区县委书记，二地委二工委组织部、民运部部长，中共菏泽地委常委、副书记兼菏泽专员公署专员，菏泽地委书记，中共山东分局组织部副部长，山东省委组织部副部长，山东省总工会主席。1963年11月任中共青岛市委书记处书记，后任烟台地委书记，中共山东省委常委、组织部部长、省革委会副主任、省体委主任，山东省副省长、省政府党组副书记兼秘书长，省人大常委会副主任、党组副书记等职。是第七届全国人大代表。

刘效舜（1919—1998），渔业资源专家，山东菏泽人。1942年毕业于菏泽中学。1943年进入复旦大学学习。1947年毕业后分配到农林部中央水产实验所（今黄海水产研究所）海洋资源研究室工作。1956年加入九三学社。1977年任海洋资源研究室主任，1981年晋升为研究员。1986年加入中国共产党。长期从事并负责渔业资源研究工作。1977年渔业资源保护项目“黄渤海区渔业资源现状及繁殖保护措施”获国家水产总局科技改进三等奖。著有《黄渤海区渔业资源调查与区划》《海洋水产资源调查手册》《十年来我国四种主要经济鱼类的调查研究》等。为中国海洋湖沼学会理事，中国水产学会资源专业委员会委员。1989年9月离休。1992年享受政府特殊津贴。

朱靖华（1923—1998），曾任海军第一航空机务学校校长，安徽宿县人。1939年参加革命，1940年2月加入中国共产党。历任江苏省肖宿游击支队班长、文化教员，新四军第四师后方留守处书记、副指导员、指导员，华东野战军二纵十八团三营副教导员、十一纵九十六团二营教导员，第三野战军二十九军二五八团二营营长等职。建国后，参加援越顾问团，后任海军航空兵第一师四团参谋长，海军一航校副团长兼参谋长，海军二三基地处长、副部长，海军高级专科学校副部长，海军二航校副校长。1955年被授予三级独立自由勋章、三级解放勋章，1962年被授予上校军衔。1979年8月任海军第一航空机务学校校长。1983年12月离休。1988年被授予独立勋章。

宋新涛（1930—1998），画家，山东莱阳人。7岁向当地画家王慈忱学画。后受国画大师李苦禅亲授，在写意、花鸟方面有很深造诣，作品自成一体。1947年6月加入中国共产党。1949年6月随军进入青岛，接收国民党中央银行，1953年后，历任青岛十一中、十三中、二十四中副校长、校长。1974年任青岛工艺美术学校副校长。1977年起先后任山东纺织工程学院纺化系副主任、主任、党总支书记、美术系主任。系中国美术家协会会员、山东省美术家协会副主席、青岛市文联副主席、青岛市美术家协会副主席、青岛画院院长。1987年晋升教授，1995年离休。享受国务院特殊津贴。

杨保华（1940—1998），曾任青岛市革委会主任，天津人。中学生时代，先后在青岛17中、9中上学。1961～1966年先后为青岛啤酒厂、青岛明胶厂工人。“文化大革命”爆发后，参加厂造反队，并一步步成为青岛轻工系统造反组织的负责人。1967年1月22日，组织策划“1·22”造反派对中共青岛市委、青岛市人委的夺权活动。之后，历任青岛市革委会主任、山东省革委会常委等。1968年加入中国共产党。1969年任中共青岛市革委会核心小组副组长。1971年经中共山东省委批准撤销其党内外一切职务。1978年被捕。1979年以反革命罪被判处死刑，缓期二年执行。

于芳洲（1912—1999），全国先进生产者，山东文登人。1947年参加中国人民解放军，同年10月加入中国共产党，历任班长、排长。1949年入城参加地方工作，历任青岛港务局瓦工班班长、施工队队长、副处长等职。积极投入筑港土建维修工程建设，被誉为老黄牛精神带头人和小车不倒尽管推的于铁人。1956年获全国先进生产者称号，参加全国交通先进生产者代表会议，获二等奖章。1963年3月获交通部先进生产者奖章、证书。1981年获全国交通战线劳动模范称号。

李镜如（1914—1999），原名李金堂，曾任海军北海舰队政治部主任，河北辛集人。1938年4月参加冀南民众抗日自卫军，8月编入八路军。1939年4月加入中国共产党。1938年起，历任宣教科副科长、统战科科长、团政治处副主任、团政治处主任、团政委。参加百团大战、邢沙永战役、太行太岳区秋季反“扫荡”作战和蟠武、安阳等战役。1945年11月起，历任晋冀鲁豫军区第三纵队政治部组织部部长，第二野战军十一军政治部组织部部长。参加上党、邯郸、进军大别山、淮海、渡江等战役。1949年11月起，历任川东军区政治部组织部部长，川东军区干部管理部副部长，西南军区干部管理部处长，解放军总干部管理部动员部副部长、兵种任免部副部长。1955年，获二级独立自由勋章、二级解放勋章。1962年3月调青岛，任海军北海舰队政治部主任。1964年，晋少将军衔。1970年后，历任第三海军学校政委、海军政治部副主任。1981～1983年，任中共海军纪律检查委员会专职委员。1988年，获独立功勋荣誉章。

潘焱（1916—1999），曾任海军北海舰队副司令员，河南光山人。1929年12月参加中国工农红军。1932年12月加入中国共产党。历任红四军排长、副连长、连长、副营长、营长、团政委。参加鄂豫皖苏区反“围剿”和长征。1937年8月，入延安抗日军政大学学习。后任抗日军政大学教育干事、中队长兼军事教员、营长兼军事主任教员、副科长兼军事主任教员。1943年后，历任冀鲁豫军区第二军分区参谋长、军区参谋长、兵团副参谋长、兵团参谋长。参加鲁西南、挺进大别山、淮海、渡江、成都等战役。1950年1月，任贵州军区副司令员。1955年3月，参加抗美援朝作战，任中国人民志愿军第十六军军长。1955年被授予少将军衔，获二级八一勋章、二级独立自由勋章、一级解放勋章。1961年12月调青岛，任海军北海舰队副司令员。1968年11月，任海军参谋长。1979年1月至1983年10月，任北京军区副司令员兼北京卫戍区司令员。1988年获一级红星功勋荣誉章。是中共第十二次全国代表大会代表，第六、七届全国人大常委会委员。

杨赞周（1918—1999），曾用名杨文郁，慈善家，山东蓬莱人。1935年初中毕业后，在青岛德聚东商号当店员。1938年，赴香港利源长商号任总监理、万利成商号任副经理。1951年由香港回到青岛，任青岛万利成副经理。1954年后，任公私合营土产出口组副组长、副主任。1956年，任山东省食品进出口公司业务专员、中国出口商品展览会筹委会委员。1957年，任中国出口商品交易会委员。1961年，当选青岛市华侨投资宣募工作委员会副主任委员，带头捐款5万元，经其动员，共计捐资50余万元。1962年3月，任山东省食品进出口公司经理室业务专员，向港澳同胞、海外侨胞宣传经营国货，使国货在香港地区扩大市场。1966年，与香港同胞李作基各捐款5万元，兴建青岛五十五中学。此后经常捐款资助各项社会事业。

张子义（1920—1999），著名中医，胶州臧家屯人。1937年经胶县中医考试，名列榜首，遂悬壶乡里，求医者不绝，医名渐噪。1948年任胶州医联会会长。1949年任胶州中心卫生院中西大药房中医师。1957年毕业于山东省灵岩寺中医进修学校。1962年调胶州中心医院中医科，曾任青岛市胶州中心医院中医科主任、主任中医师。从医50余年，潜心临床，擅长内科、妇科兼及杂证，遣方用药不拘古法。曾先后发表学术论文60余篇，撰有《中医临床实用理论与实践》一书。1991年3月被人事部、卫生部、国家中医药管理局确定为全国首批500名老中医专家学术经验继承人导师。

陈宗元（1920—1999），曾任青岛市副市长，山东沂源人。1938年参加山东纵队四支队，历任战士、副排长、排长。1940年任蒙阴县张庄区中队政治员。1941年11月到泰山军分区接受人武训练，任党支部委员。1943年后，历任博莱县张黄区公所副区长、分区委员、区长、代区委书记。1945年任沂源县青龙区公所区长、分区委员。1947年11月到华东建大学校学习。毕业后任潍县望留区政府区长、分区委员。1949年，任安丘县政府县长、县委委员。1953年后，历任昌潍地委工交部副部长、部长、地委委员、常委。1962年任山东煤炭工业局副局长。1964年任山东省纺织工业局副局长、党委副书记。1967年9月到青岛工作，历任青岛市纺织局革委会常委、主任、核心小组组长。1977年11月，任青岛市革委会副主任、市经委主任。1978年9月，任青岛市委副书记。1980年7月，任青岛市副市长。

韩洪勋（1923—1999），曾任青岛市副市长，山东文登人。1941年在东海地委统战部参加革命工作。1942年，任东海军分区东海专区公安局科员、秘书。1946年6月，任青岛市公安局副科长。1952年6月调任青岛自来水厂党总支书记、厂长。1953年10月任青岛市总工会部长、总支书记。1955年2月，任青岛市总工会副主席、党组副书记、市政协常委。1964年7月，任青岛市劳动局副局长、党组副书记。1970年1月，任青岛市革委会劳动工资组副组长。1977年2月，任青岛市计委副主任、党组副书记兼市劳动局局长。1979年7月，任青岛市革委会副主任。1980年7月后，任青岛市副市长，中共青岛市委政法委书记。1986年6月，补选为青岛市第九届人大常委会副主任、党组成员。

赵桂先（1926—1999），字香亭，战斗英雄，莱西扒头张家村人。1939年参加革命工作。1944年参加八路军，同年12月加入中国共产党。入伍后，先后在胶东军区第四、第三军分区担任班长、副排长、排长、副连长、连长等职。1949年5月，任华东军区警备第四旅十团一营营长。青岛解放时，在青即战役的铁骑山战斗中，警备第四旅负责由东路向沙子口军港及青岛市区进攻。战斗中，三营和二营均已伤亡过半，作为主攻的一营在营长赵桂先带领下与敌人展开肉搏战和白刃战，猛打猛冲，大胆穿插迂回，仅以伤亡17人的代价，就将敌主阵地的两个步兵连和一个炮兵连全歼，使警备四旅仅用40分钟便攻占铁骑山，全歼守军二五五师大部。解放后，任青岛市军管会海空军接管大队大队长。1950年后，任步兵一〇〇师二九八团副参谋长、参谋长。1952年后，历任海军高级专科学校校务部队列科科长、政治系副主任、校务部副部长，海军政治学校校务部副部长，海军潜艇学校校务部副部长，海军水面舰艇学校校务部部长。因战绩突出，曾获山东军区“战斗英雄”称号，出席全国英模表彰大会，受到毛泽东主席和朱德总司令接见。1962年晋升为中校军衔。1955年10月，被授予独立自由勋章、三级解放勋章，1988年被授予独立功勋荣誉章。1984年1月按正师职待遇离休。

梁振隆（1927—1999），战斗英雄，河北宽城人。1948年10月参加中国人民解放军，参加过古北河、张家口、大同、太原等战役。1951年参加中国人民志愿军赴朝参战，历任战士、班长、排长。在担任六十八军二〇二师六〇四团高射机枪连高射机枪手时，先后击落敌机4架、击伤敌机1架，立特等功并被授予二级战斗英雄称号。朝鲜人民民主主义共和国授予他国旗勋章、军功章各1枚。同年，加入中国共产党。1952年，作为中国人民志愿军代表归国参加国庆观礼，受到毛泽东、刘少奇、周恩来、朱德等党和国家领导人接见。1956年归国后，转业到四方机车车辆厂，先后担任客车车间调度员，保卫科警务队副队长，武装部参谋、干事等职。1979年离休。

李延令（1929—1999），曾任青岛市人大常委会副主任，胶南市人。1947年参加革命工作，任胶县工商局、利华贸易公司出纳、会计员。1949年6月，到青岛市棉业公司，任记账员、统计。1950年4月，调任青岛花纱布公司采购供应站文书、副科长。1953年后，任青岛市委审干办公室干事、办公室副主任、市委办公室秘书、组长、主任。1964年，在青岛国棉二厂、橡胶九厂“四清”工作队工作，任办公室主任、工作队队长。1965年任中共青岛市委办公室主任。“文化大革命”期间受到冲击，先后在市革委会印刷所生产指挥部、昌北“五七”干校劳动。1969年在市革委会生产指挥部财贸组工作。1972年后，历任市革委会生产指挥部办公室副主任、财贸办公室副主任。1978年9月，任中共青岛市委副秘书长、市委办公室核心组副组长。1980年12月，任青岛市人民政府秘书长。1983年11月兼任市侨务办公室主任。1987年后，任青岛市第九、十届人大常委会副主任。

安文山（1930—1999），全国优秀教师，山东烟台人。1951年在天津南开大学上学期间参军，在长春空军部队任教员。1955年转业到青岛师范学校任数学教师，1961年转至青岛第二中学任教。毕生致力于数学教学和研究工作，创造的“学生看书—自学—教师启发—学生提出问题—教师指导学生讨论—教师总结”启发式教学法，曾多次在山东省、青岛市中学教学研究会上介绍经验。1985年被中华全国总工会授予“全国优秀教育工作者”称号，颁发“全国五一劳动奖章”。1990年退休后，提议依托青岛二中成立青岛市数学奥林匹克学校，在其指导下，青岛市奥林匹克学校始终走在山东省乃至全国前列。1996年，他辅导的学生代表中国参加全俄罗斯数学奥林匹克竞赛，获得1枚金牌、2枚银牌。同年其事迹载入《剑桥世界名人传记中心》。是山东省和青岛市数学会理事，青岛市人大常委会委员。

耿秉英（1931—1999），女，全国先进生产者，莱西张格庄村人。1948年8月参加工作，先后在北海银行胶东分行，青岛市人民银行东镇办事处、台西办事处、市南办事处担任出纳工作。1949年加入新民主主义青年团。苦练业务基本功，点钞技术不断提高，多次在劳动竞赛中取得优异成绩。1956年被评为全国先进生产者，出席全国第一届先进生产者会议。

张国植（1947—1999），曾任中共青岛市委统战部部长，山东寿光人。1968年高中毕业后，到青岛卷烟厂做工。1975年加入中国共产党，1976年当选为中共青岛卷烟厂委员会常委。历任青岛卷烟厂团委书记、车间支部书记、质管科科长，山东烟草公司青岛分公司经理、党委书记，中共青岛市烟草专卖局委员会书记、局长，山东省烟草公司副经理；青岛市人民政府市长助理、党组成员，中共青岛市空港开发建设指挥部临时工委书记、总指挥；第八、九届青岛市政协副主席，中共青岛市委统战部部长兼青岛市社会主义学院院长等职。被选为中共山东省第七次代表大会代表、第八届山东省政协委员。曾获山东省富民兴鲁劳动奖章及省、市优秀企业家和劳动模范等荣誉称号。

张建旭（1958—1999），优秀乡镇党委书记，莱西夏格庄村人。历任莱西县李权庄公社团委干事、司法助理、党委组织委员、党委副书记，李权庄乡乡长，店埠乡乡长、党委书记，店埠镇党委书记，1998年1月任莱西市人民政府副市长。他务实拼搏，廉洁勤政，工作兢兢业业。在任中共店埠镇委员会书记期间，成绩显著，被中共山东省委授予“山东省优秀乡镇党委书记”荣誉称号，并多次受到青岛市委、市政府表彰奖励。

田浩泉（1907—2000），微生物学家，浙江杭州人。1929年东吴大学生物系毕业后，任东北大学生物系助教。1932年就读于齐鲁大学医学院。获加拿大多伦多大学医学博士学位后，任齐鲁大学医学院附属医院内科医师。1938年起，先后任贵州省立医院医师、贵阳公共卫生训练所教育长、美国哈佛大学研究员。1949年应聘到青岛，先后任山东大学医学院、青岛医学院教授兼任生物学教研室主任。是青岛医学院微生物学科主要奠基人，国内首先应用培养法诊断痢疾阿米巴性疑难病症的学者。在《中华医学杂志》《微生物学报》等刊物上发表《蜘蛛膜下腔或脑内注射法制备沉淀血清的观察》系列论文。为山东省微生物学会副理事长、青岛分会理事长，九三学社青岛医学院支社主任委员。享受政府特殊津贴。

徐培洲（1907—2000），全国先进生产者，胶州瓦屋庄人。1947年3月参加工作，同年加入中国共产党。在马店粮所从事粮食保管工作期间，根据粮情和气候变化，探索出一套护粮的好经验好做法，1956年在胶县首创“四无”粮仓，率先达到“八无”“十二好”粮所标准。先后保管粮食4000余万斤，从未发生霉变、生虫或差错。1959年10月被评为全国先进生产者，参加庆祝建国10周年观礼活动及全国群英会，受到党和国家领导人接见。1966年退休。

宋子成（1912—2000），又名孙镒、孙采云、孙毓贤，解放前曾任中共青岛市委书记，山西文水人。1931年加入中国共产党并参加革命工作，先后任中共鲁南中心县委宣传委员、县委书记，边区省委组织部组织科长，社会部部长，山东第一区党委第三地委书记、社会部部长兼第三军分区政委，鲁南区党委统战部部长兼社会部副部长等。1940年12月任山东分局社会部教育科科长，后调任一一五师政治部保卫部审讯科科长。抗日战争胜利后，中共青岛市委成立，任市委委员兼公安局局长。1946年10月，胶东区党委决定原青岛市委撤销，另行成立青岛市委和青岛工委，任青岛市委书记。1949年任青岛市委委员、组织部部长。1950年7月后，历任华东检察院秘书长兼华东政法委员会秘书长，华东政法学院党委书记兼副院长，北京经济学院副院长，司法部教育司司长等。1982年离休。

张永耀（1915—2000），原名张培缙，曾用名张荣耀，曾任青岛市政协副主席，胶州市人。1938年任青岛裕泰行会计。1942年去西北大学求学。1946年西北大学毕业后，历任青岛市市立中学教员，青岛私立慈济商业学校教务主任、副校长等职。青岛解放后，继续从事教育工作，任山东省青岛市商业学校副校长。解放前曾投身于反蒋和保护中共秘密工作人员的革命活动。1956年7月加入民盟。1958年调入民盟青岛市委后，历任秘书长、副主委、名誉主委。曾当选青岛市各界人民代表会议代表，第二届山东省政协委员，第三至六届山东省政协常委，第二至五届青岛市政协常委、副秘书长。1983年4月后，任第六、七届青岛市政协副主席。1993年12月离休。1995年7月加入中国共产党。

巫荣锦（1917—2000），电力动力技术专家，江苏金坛人。1942年毕业于上海交通大学电机工程系。1946年4月受中国纺织建设公司委派，先后在中纺青岛九厂、中纺青岛第一化工厂（今青岛化工厂）任技师，在青岛国棉六厂、青岛市纺织工业局、山东省纺织工业厅任副工程师、工程师、高级工程师。1951年后，任青岛国棉六厂发电所主任、副工程师，采取各种手段增加电机负荷的技改措施，挖掘出该厂电器设备潜力，其发电量不仅解决国棉六厂用电，还部分供应青岛华新纱厂、青岛国棉八厂和国棉九厂。还参加青岛纺织自办电厂的并网运行和节能飞轮电动机的设计、锅炉改造等工作。1993年，享受政府特殊津贴。1994年，国务院为表彰其为中国纺织工程技术作出的突出贡献，颁发奖励证书。

王雨亭（1918—2000），曾任青岛医学院党委书记，河南南乐人。1936年参加革命。1937年加入抗日四支队，同时加入中国共产党。1938年后，历任中共冀南区成安、企之、广典、临清等县的县委书记。1947年后，历任中共冀南区地委组织部副部长、地委委员和宣传部部长。1949年8月调中共中央华北局组织部工作，任王从吾秘书。1950年3月调中共中央组织部，先后任办公厅副主任、主任。1966年6月任中共北京市委常委、组织部部长。1975年8月，任青岛医学院党委副书记，1977年3月任党委书记兼院革委会主任。1978年6月调回中共中央组织部任组织局局长。1983年离休。

张益民（1919—2000），原名张铭伦，化名张一民，曾任冶金工业部副部长，莱西西张家寨子村人。1937年底组建“中华民族解放先锋队”莱阳县队部，开展抗日救国活动。1938年3月调到山东人民抗日救国军第三军总部工作，10月加入中国共产党。历任连指导员、营教导员、政治处主任、胶东武委会副主任。1945年10月到地方工作，历任中共通化地委组织部部长、中共临江地委书记、辽宁省人民武装部部长、中共安东市委组织部部长。1949年转到冶金工业战线工作，历任鞍钢化工部主任、鞍钢副经理。1958年任湖北省冶金厅党组书记、厅长。1961年后，历任有色金属研究院书记兼院长，广东省有色金属研究分院负责人，冶金工业部钢铁司、办公厅负责人。1977年11月任冶金工业部副部长。组织研制开发一批国防尖端和国民经济急需的金属材料，填补国内空白。1982年12月离休。

赵宏博（1922—2000），曾任海军北海舰队副政委，河北定州人。1938年7月参加八路军，入冀中军区随营学校学习，同年9月加入中国共产党。1940年5月起，历任保卫部干事、副科长、科长。1945年10月，任晋鲁豫军区第二纵队政治部保卫部副部长。1946年8月，任冀南军区第五军分区独立二团政委。1948年10月，任桐柏军区政治部保卫部部长。参加邯郸、豫北攻势、安阳、宛东等战役。1950年10月，任河南军区政治部保卫部部长。1952年10月，任海军政治部保卫部第二副部长。1955年，获二级独立自由勋章、二级解放勋章。1956年，任海军东海舰队护卫舰支队政委。1964年10月到青岛，任海军潜水艇学校政委。1970年7月，任国防部第七研究院副政委。1975年8月，任海军北海舰队政治部主任。1978年12月，任海军北海舰队副政委。1983～1987年，历任海军学院、海军指挥学院副政委。1988年，获独立功勋荣誉章。

乔树荣（1925—2000），曾任中共青岛市委副书记，山东莱芜人。1938年10月参加革命工作，1945年8月加入中国共产党。抗日战争时期，历任莱芜县十区青年武装部战士，泰安县青委通讯员，莱芜县八区儿童团长，莱芜县鲁西区抗联青年干事，莱芜县水北区农救会会长、抗联主任。在解放战争时期，任中共莱芜县茶叶区区委书记。建国后历任泰安团地委少年儿童部部长，新汶煤矿团委书记，中共宁阳县委副书记兼县长、武装部政委，中共莱芜县委书记处书记、副书记兼县长，中共泰安县委副书记兼县长，中共泰安县委书记、县革委会主任、武装部政委，中共泰安地委常委等职。1978年9月任中共青岛市委副书记。1984年7月任山东省林业厅顾问。1990年11月1日离休。

牟周（1926—2000），曾用名彭文，曾任青岛市政协主席，山东栖霞人。1944年参加革命工作，11月加入中国共产党。历任栖霞县工作队组长，五龙县工作队、崂山工作队队员，胶东各界抗日救国总会民运训练队队长，胶东各救总会巡视工作团团员，胶东区党委工作团副组长。解放后，曾任中共胶东区党委宣传部干事、中共徐州市委宣传部副科长。1954年到青岛，历任中共青岛市委宣传部宣传科科长，中共青岛市委办公室主任、副秘书长，中共山东省委“文化大革命”办公室副主任。1970年后任青岛市革委会办公室副主任、主任。1975年后任青岛市革委会副主任，中共青岛市委常委、秘书长。1980年7月任青岛市常务副市长。1983年任中共山东省委企业部副部长。1988年1月任第七届青岛市政协主席。1993年12月离休。

刘桂美（1927—2000），女，全国先进生产者，胶州小屯村人。1941年入青岛阳本染织厂（今青岛第一染织厂）。工作中独当一面，由原来一个人看四台阔幅机扩大到六台。在1955～1956年扩大“推广工作法”活动中，取得连续11个月无疵布的好成绩。1956年4月，出席全国纺织工业先进生产者代表会议，5月，出席全国先进生产者代表会议，获全国先进生产者称号。

李威周（1928—2000），学者，胶州人。1949年入北京华北人民革命大学，翌年考入山东大学历史系。1953年后，历任山东大学哲学系副教授、教授，山东大学日本研究中心主任。1987年调入青岛大学，任日本研究中心主任、教授，东亚研究所所长。曾任中国日本史学会、中华日本哲学会常务理事，中华日本学会、中华日本经济学会、中国中日关系史学会理事。1989年被评为全国教育系统劳动模范，享受国务院特殊津贴。出版《中日哲学思想论集》《中日哲学思想交流与比较》等多部专著，发表论文60余篇。

周天华（1935—2000），女，全国优秀教师，山东济南人。1954年8月考入山东大学海洋系，毕业后任烟台山东省海洋水产研究所技术员。1959年9月调入青岛，历任山东海洋学院海洋系助教、讲师、副教授、教授。从事教育工作40多年，一直在教学第一线，为学校海洋学的教学呕心沥血，培养出大批人才，被授予全国优秀教师、山东省教书育人先进个人、青岛市教育名家和“三八红旗手”称号，并获得山东省教学成果一等奖。在科学研究上，先后获得教育部一等奖二项、二等奖一项，参与《海洋科学概论》的编写，为物理海洋专业潮汐学的发展作出贡献。

王常卿（1938—2000），女，山东龙口人。1957年青岛卫校护理专业毕业后，一直在医院从事护理工作。1963年青岛医学院大专毕业。历任内科副护士长、科护士长，护理部副主任，感染管理科科长等职。从医40余载，在护理和医院感染教学、科研、管理等诸方面成绩显著。曾多次被评为医学院、医院先进工作者、优秀护士。1996年获全国总工会“学先进比奉献‘八五’计划建功立业”全国先进女职工称号。发表《医务人员手带菌的监测与评估》等论文30余篇，编写《心脏骤停的抢救及预防》等著作6部，专利1项并获多项科技成果奖。

邓邦琨（1941—2000），体育教练员，山东牟平人。1958年青岛体育学校毕业后留校任教。1961年任青岛市丹东路小学体育教师。1971年5月起在青岛第十五中学任教，任教期间使青岛十五中先后16次获青岛市中学生田径运动会团体总分第一名，9次获青岛市中学生“希望杯”五项体育比赛第一名，共向国家、山东省和青岛市体工队输送优秀运动员45人。1990年青岛十五中学被青岛市人民政府授予“为青岛市体育作出重大贡献”单位。1999年，代表国家赴德国参加世界中学生田径运动会，获团体总分第一名。经常担任国际、国内足球比赛的裁判工作。曾获全国千名优秀体育教师、全国优秀裁判员等称号。

陈鸣皋（1943—2000），话剧演员，天津人。1962年在江西省话剧团任演员，1976年9月调青岛市话剧团工作，1992年任团长。1994年8月青岛话剧团撤团建院，任青岛话剧院院长。多次在话剧、电影、电视剧中扮演角色。曾饰演过多幕话剧《雷雨》中的周朴园、《哥仨和媳妇们》中的大哥王振海，电影《碧海江波》中的志愿军班长黄力虎、《蓝色的海湾》中的廖初阳、《10号刑事案》中的老黑、《默默的小理河》中的游击队大胡子。还在电影《哈尔滨大谋杀》和《阿龙浴血记》中饰演主要角色。自1986年开始，又先后在8部多集电视剧中饰演不同角色，塑造各类不同人物形象。1998年，创作编写大型少儿话剧《万年草》，在山东省第五届儿童剧会演中获优秀演出奖。2000年5月获青岛市劳动模范称号。

张杰（1977—2000），革命烈士，莱西后沙湾庄村人。1997年8月参加工作，任莱西市公安局唐家庄派出所民警。2000年3月，以封德林、秦建明为首的犯罪团伙为霸占莱西北半市猪皮市场，多次作案，致人伤残。为打击犯罪，张杰奉命排查线索。6月14日犯罪嫌疑人出现在南岚集市上，张杰带领联防队员追捕4名犯罪嫌疑人时，犯罪分子持铁棍、砍刀暴力拒捕。搏斗中张杰身负大小外伤30处、内伤5处，经抢救无效牺牲。公安部授予他“全国公安战线二级英雄模范”称号。共青团青岛市委追授他“青岛市新长征突击手标兵”称号。

吴富恒（1911—2001），教育家，河北滦县人。1946年加入民盟。1947年3月在烟台参加革命工作，初任解放区英文报纸《芝罘新闻》副总编辑、胶东行署外事组组员。1948年9月参加解放济南的接收工作，任济南市军管会文教组成员，负责接管山东省立师范学院。同年10月，华东大学迁至济南，任该校校务委员会委员、文学院教授、文艺系和文学系主任、校文工团团长。1951年初华东大学与山东大学合并，随校迁青岛，任合并后的山东大学教授、文学院院长兼外语系主任。同年参与创办《文史哲》，并兼任副社长。1952年高校院系调整后，任山东大学教务长。1955年4月加入中国共产党。1958年10月随校迁往济南。

高子明（1912—2001），曾任解放军总后勤部后勤技术装备研究院副院长，崂山区埠落村人。1938年参加八路军，翌年11月加入中国共产党。历任胶东八路军五支队六十五团供给处出纳，供给处军实股股长、胶东区工商局工矿科副科长、后勤部财政科长、参谋处长，山东军区后勤部生产处长、总后油料部仓库处长、油科部副部长、运输部副部长，总后后勤技术装备研究院副院长等职。1977年离休。

梁天柱（1916—2001），原名梁善玺，号天柱山人，画家，平度大泽山人。自幼习画，所作山水画在70年代中期已被交口称赞。65岁时，只身去敦煌，把敦煌壁画色彩的瑰丽流动，融入其山水画的苍老浑厚之中，形成气势雄伟、浑厚拙朴的个人风格。1989年出版《梁天柱画集》。1997年，其作品《江南山水画》被收入人民美术出版社出版的《中国现代美术全集》。曾任中国画研究院特约画家、青岛中国画研究会副会长。所创作的近20幅山水画，被中国美术馆、中国画研究院、中央美院等收藏。

隋本熙（1935—2001），全国优秀教师，莱西隋家村人。1959年考入曲阜师范学院中文系，毕业后在胶南县六旺中学、寨里中学、第二中学和胶南市职业中专任教，从教35年，在长期教学实践中，创立“四步程序”教学法。1986年高考，其所教授的学生以语文最高分107分列青岛市考生榜首。1988年后，被评为胶南县优秀知识分子、青岛市教学能手、全国教育系统劳动模范。1990年，被收入《中国教育名人辞典》。

张希春（1936—2001），农民企业家，胶州李哥庄镇人。1951年参加中国人民志愿军。1957年复员后曾任村党支部书记、镇砖瓦厂厂长、青岛飞龙工艺品集团公司总经理兼党委书记等。1973年，货款10万元搞起发渣加工，成为第一家镇办创汇企业。至90年代，飞龙工艺品集团公司从当年职工不足50名、固定资产不足5万元的小厂发展成为拥有职工6000名、固定资产1亿元、辖属企业28家的集团公司，成为青岛地区乃至全国颇具影响的企业之一，并跨入全国最佳经济效益1000家、全国乡镇企业百强、山东省综合实力百强行列。先后获青岛市劳动模范、山东省富民兴鲁劳动奖章、中国改革功勋纪念奖章、山东省优秀共产党员和全国乡镇企业家等荣誉称号。

刘恩来（1946—2001），全国优秀教师，胶南张仓村人。1964年考入山东师范学院英语系。1970年分配到山东省滨县第三中学任教。1975年调至胶南县第一中学，担任英语教研组组长。刚恢复高考时，没有现成的英语教材，他凭着扎实的业务功底，组织教师编写、刻印讲义。首创的“六步教学法”与“多重复现法”教学，在全市颇具影响。1983年，所教班级有13人被高等院校外语系录取。1992年，由其主编的《英语常用词用法指南》获青岛市优秀专著奖。1989年9月，被国家教委、人事部授予“全国优秀教师”称号。

张明硕（1979—2001），革命烈士，即墨大坝村人。1996年入伍，曾被评为执勤标兵、学习标兵、优秀辅导员，多次受到部队嘉奖。2001年3月24日12时50分，一名妇女从龙潭山铁路桥上坠入松花江，正从此地经过的张明硕和战友听到求救声后，毫不犹豫跳入冰凉的江水中，奋力向落水者游去，在众人共同努力下，落水女子获救，而张明硕却被江水吞没。直到下午4时，人们才在下游打捞上他的遗体。吉林省政府授予张明硕“英雄好战士”称号，武警部队追认他为革命烈士，中央军委为其追记一等功。

丁祝华（1900—2002），女，曾用名丁寄尘、丁一，青岛早期革命活动家，山东青州人。1923年到青岛，在普济医院当护士，与在青岛开辟党的工作的邓恩铭取得联系。在邓恩铭指导下，开始从事党的工作。不久离开医院，到中国青年会附设模范小学当教员。1923年冬，邓恩铭在她的住处建立党的秘密联络站，党内信件由她转递。1924年加入中国社会主义共青团，同年10月任共青团青岛地委宣传委员。1926年加入中国共产党。1927年冬被捕，1930年10月释放，被分配到江苏省委工作。1932年回到山东工作。1937年，与丈夫和烈士遗孤赴延安，在延安中央局托儿所和西北局做文书工作。1948年后，先后在河北、山东从事教育工作。1952年6月起，任国务院机关托儿所所长。1953年11月起，在中国监察委员会办公厅负责行政、机要、档案工作。1982年离休。

彭林（1914—2002），曾任解放青岛时前线指挥部政委，江西吉安人。1930年参加红军，1932年加入中国共产党。曾任红六军团保卫局局长，师副政委、政委。参加过长征。抗日战争时期，受命赴上海开展敌后工作。后在浙东、浙西组织领导抗战。解放战争后期任山东军区胶东纵队政委、第三野战军三十二军政委。1949年4月任青（岛）即（墨）前线指挥部政委。同年6月2日青岛解放，和军长谭希林率部进驻，任青岛警备司令部政委兼政治部主任，11月任中共青岛市委委员。1950年3月随三十二军调离青岛。1950年后，历任解放军铁道公安部队政委兼政治部主任、海军旅顺基地政委、海军航空兵政委、海军顾问等。1955年被授予中将军衔。曾当选为第五届全国政协委员、第六届全国政协常委。

许善义（1926—2002），曾任青岛市副市长，山东荣成人。1942年2月参加革命工作，1943年3月加入中国共产党。1945年12月任胶东行署工商科会计。解放战争时期主要从事党的经济工作，1960年后历任胶东工商局、胶东总仓库总务部会计、副主任，工商部华东进出口公司科长，青岛市财委计划科副科长，青岛市计委副秘书长、副主任、党委副书记，青岛市革委会生产指挥部计划组组长，青岛市计委主任、党的核心领导小组组长，青岛市革委会副主任，青岛市副市长，第七届青岛市政协副主席、党组副书记，山东半岛经济开放区协调指导小组副组长（正市级待遇）等职。在对外经贸、经济开发区建设、旅游等方面做了大量开拓性工作。

李兆瑞（1932—2002），戏曲演员，山东安丘人。1951年在青岛市人民法院任司法警察、书记员。1953年调任青岛市零售公司办事员。1959年在青岛市粮食局任办事员。1960年2月调入青岛市吕剧团（今青岛市民族艺术剧院）工作，是吕剧团主要丑角演员。饰演《双借亲》《张王李赵》《恭喜发财》《无品芝麻官》等剧中角色。1989年获山东省八大名丑奖，1996年获山东省吕剧汇演最佳表演奖，1997年获第十五届中国电视“金鹰奖”戏曲电视剧最佳演员奖。

葛路（1948—2002），革命烈士，山东蓬莱人。1968年毕业于青岛航空工业学校，先后在泰安电器厂、泰安铲车厂、泰安锻压机床厂和青岛粮油食品厂从事机床操作工、汽车驾驶员、质量检查科检查员、技术科技术员等工作。1985年，葛路参加研制的12毫米液压剪板机及折弯机获山东省科研奖。1993年9月，葛路调入青岛市五金机械进出口公司的储运部任业务员。1998年，葛路办理退养手续，随后被原公司聘为维修工程师。葛路平日里乐于助人，他所居住的大院中年龄长着很多，平时那位老人家中遇到电灯不亮，下水道堵塞等问题，葛路积极主动帮助排忧解难，被邻居们称为大院“义务服务员”。

2002年6月24日下午2时许，青岛东海路天林花园海岸边出现大浪，路过此处的四川省到青岛打工女青年黄丽被一个巨浪卷进大海，正在附近的葛路发现险情，立即跳入海中，在风大浪急中奋力向黄丽游去。接到群众报警的110民警迅速赶到海岸现场组织指挥营救，青岛市公安局、海事局、安监局和消防、海警、交警等部门人员也很快赶到现场。由于海边迭起的巨浪打在岸上形成六七米高的水墙，快艇和大船都无法在近海岸处实施营救。消防部门紧急调用直升飞机实施空中搜救，17时47分，救援人员在太平角六路的岸边找到遇难者黄丽的遗体。第二天中午时分在距岸边100米左右的海面上发现葛路遗体。为表彰葛路舍己救人的牺牲精神，青岛市市政府追授葛路为“青岛市劳动模范”称号。7月山东省政府批准葛路为革命烈士。青岛市在葛路救人的地方设立“英雄的足迹”标识。

王训颎（1915—2003），外科专家，山东龙口人。1942年毕业于齐鲁大学医学院医疗专业，并获得加拿大多伦多大学医学院医学博士学位。1949年青岛解放后参加革命工作，任青岛市立医院、山东大学附属医院外科主任、主治医师。1951年2月参加青岛首批抗美援朝医疗队，任副大队长。1952年9月，任青岛市立医院副院长兼外科主任。1979年5月，任青岛市立医院院长兼外科主任、名誉院长、青岛医学院兼职教授等职。撰写的《中西医结合治疗胆石症》论文获全国医药卫生科学大会奖，《胆石症》一书获山东省卫生厅、科委科技二等奖。1980年6月加入中国共产党。为民盟青岛市委副主委、中华医学会全国首批资深会员。享受国务院特殊津贴。

燕翼（1921—2003），原名张洪芝，曾任海军北海舰队副政委，山东梁山人。1937参加中华民族解放先锋队。1938年3月加入中国共产党。历任八路军连政治指导员、营特派员、政治处特派干事、支队特派员。参加董固、耿棱、俎店、牛马庄等战斗。1945年8月起，历任冀鲁豫军区政治部秘书、宣教科科长、作战科科长、团政治处主任。参加百团大战、邯郸、定陶、鲁西南、进军大别山、淮海、渡江、成都等战役。1949年10月后，历任第二野战军第十军第二十八师八十三团副政委、团政委。1954年入军事学院政治系学习。1957年毕业后任高等军事学院哲学社会科学教研室教员。获三级独立自由勋章、三级解放勋章。1970年3月任海军烟台基地副政委。1978年12月任海军北海舰队政治部副主任。1979年5月任海军广州基地政委。1983年8月任海军北海舰队副政委。1985年任海军北海舰队纪律检查委员会书记。1988年获独立功勋荣誉章。

孙竹年（1922—2003），曾任青岛市政协副主席，山东莒县人。1939年参加革命工作，同年加入中国共产党。历任莒县八区青年抗日游击队班长，县青救会会长，滨海地委工作团团员，滨海团地委宣传部部长，共青团山东省委科长、组织部副部长，省委组织部干部处副处长，青岛国棉七厂、青岛第一钢铁厂、青岛第四钢铁厂党委书记，青岛日用品工业部副部长，中共沧口区委书记，中共青岛市委工业交通政治部副主任，中共青岛市委工业部副部长，青岛市重工业局革委会副主任、主任，青岛市革委会党的核心小组成员，中共淄博市委常委、革委会副主任，淄博市政府副市长，青岛市政协副主席、党组副书记等职。

李乃久（1928—2003），曾任青岛市人大常委会副主任，山东昌邑人。1946年参加革命，历任昌邑县辛置小学教员、新华书店营业员。1949年调任昌邑县委宣传部干事。1952年6月任昌邑县东塚区委书记。1955年任昌潍地委宣传部学习室理论教员。1956年任山东省委第二初级党校教员。1960年1月到青岛，历任青岛市委党校教员、教研室副主任、教研室主任、副校长。1970年3月，任青岛市革委办公室副主任。1975年11月，任青岛日报社党委书记。1980年12月后，任中共青岛市委副秘书长、秘书长，市委委员。1985年5月后，历任市人大常委会委员、秘书长。1988年1月，当选青岛市第十届人大常委会副主任。

李逵道（1927—2004），曾任青岛市人大常委会副主任，山东海阳人。1942年在胶东八路军五支队参加革命。之后，在胶东军区后勤部鞋厂做工人，其间多次立功受奖，并被评为后勤部劳动模范。1946年后，历任胶东军区保卫股侦察员、厂保卫干事。1949年后，历任青岛市公安局保警大队指导员、刑警队组长、经保处副科长、科长、副处长、处长。1973年9月任青岛市航运公安局组长。1975年10月后，历任青岛市公安局副局长、局长。1986年5月，任中共青岛市委政法委书记。1988年1月，任青岛市第十届人大常委会副主任。1988年4月，兼任青岛市刑事科学学会名誉会长。

宋修业（1930—2004），曾任青岛市人大常委会副主任，山东莱阳人。1946年在莱阳县胶东大众报社印刷厂参加革命，任排字工。1949年后，历任青岛日报社排字工、团支书，青岛市干部学校干事。1954年4月任山东省委组织部干事。1957年2月任山东省委第二初级党校教员。1958年12月任青岛市委办公室秘书。1965年11月任青岛市委办公室副主任。1967年3月，任青岛市革委会办公室综合处工作人员。1974年1月，任青岛市革委会办公室副主任。1975年10月，任中共青岛市委副秘书长、办公室副主任。1981年4月，任中共青岛市委副秘书长，兼任青岛市委调研室主任。1988年1月，任青岛市第十届人大常委会副主任。

兰陵（1913—2005），原名兰荫宸，字星天，曾用名兰日生，曾任青岛市政协副主席，山东海阳人。1933年毕业于牟平县立中学。1938年3月加入中国共产党。抗日战争时期曾任中共蒙阴县委组织部部长、莒沂县委组织部部长。解放战争时期主要从事党的宣传工作，曾任中共沂山地委党训班主任、昌乐县委民运部部长、益临县委副书记兼宣传部部长。建国后，历任中共昌潍地委委员、宣传部副部长，昌潍区人民检察院检察长，青岛市人民检察院副检察长、检察长，中共青岛市委委员、市监察委员会副书记。1976年后，历任青岛市人民防空指挥部副政委、青岛市委“清查林彪反革命集团办公室”主任、青岛市政协副主席兼市委统战部副部长。

朱学达（1933—2005），字子上，号供石斋主，画家，平度辛安村人。1951年在辛安村完小毕业后，留校任美术教师。1956年调县文化馆工作。1960年调北京人民大会堂参加山东厅的装饰美化工作，参与设计创作《六合同春》《四季花卉》等，又与书法家高小岩等合作，集字完成汉隶毛主席律诗四条屏，悬挂山东厅外。1984年参与云峰、天柱山北朝刻石普查工作，写成《云峰石刻艺术》一文。绘画题材以传统历史人物、山水花卉和现代人物等为主。代表作品有《油香万里》《补渔网》等。为山东省美术馆副馆长、一级美术师，山东省画院高级画师。

徐哲喜（1936—2005），作家，山东莱州人。1954年参加工作。1963年发表短篇小说《报春》，后被改编成独幕话剧，获青岛市优秀奖。1979年调青岛市文联工作。1984年开始，带队下乡挖掘民间文学遗产，整理近300万字资料，先后组织选编民间故事集《崂山传说》《青岛民间故事》等。被授予山东省民间文学集成先进工作者。1988年当选山东省民间文艺家协会副主席，青岛市民间文艺家协会主席。组织青岛木版年画、剪纸等民间艺术到新加坡展览，组织花边、泥塑、木版年画参加亚运会民间艺术展览等活动。

人物表

1979～1986年青岛市中越边境自卫还击作战牺牲烈士表

姓名	出生年月	籍贯	牺牲时所在单位、职务	牺牲时间、地点、原因
韩彬	1958.9	青岛市市南区	53015部队战士	1979.2作战失踪
曹伟	1958.8	青岛市市南区	53013部队2营战士	1979.2作战失踪
周茂盛	1960.2	青岛市市北区	53014部队战士	1979.2作战牺牲
贺昌清	1959.4	青岛市市北区	53562部队战士	1979.2作战牺牲
齐东升	1959	青岛市市北区	53014部队82分队战士	1979.2作战牺牲
卢亚宁	1960.7	青岛市市北区	53014部队87分队战士	1979.2作战失踪
薛润照	1961	青岛市市北区	53015部队63分队战士	1979.2作战失踪
黄爱民	1959	青岛市市北区	53014部队87分队战士	1979.2作战失踪
周顺宝	1959	青岛市市北区	53014部队卫生队战士	1979.2作战失踪
房肇瑞	1958.9	青岛市市北区	53015部队战士	1979.2作战牺牲
高连峰	1959.10	青岛市市北区	54479部队战士	1979.2作战牺牲
王有海	1958	青岛市市北区	53559部队战士	1979.2作战牺牲
部先清	1955.6	青岛市四方区	35202部队72分队副班长	1979作战牺牲
刘跃泉	1955	青岛市四方区	53570部队8分队战士	1979.2作战牺牲
于垂佑	1955	即墨县拖车夼村	53052部队班长	1979.2作战牺牲
李丰秋	1956	即墨县前留村	53044部队72分队技术员	1979.2作战牺牲
王德旭	1958.2	即墨县王家村	步兵某部班长	1979.2作战牺牲
刘升志	1956.8	平度县冷戈庄	35211部队21分队战士	1979.2作战牺牲
曲振利	1960.1	莱西县炉上村	53254部队73分队战士	1979.2作战牺牲
昌中才	1957	莱西县黄王地村	33742部队64分队战士	1979.2作战牺牲
张启龙	1955.3	莱西县大望城村	35207部队65分队汽车司机	1979.2边境南老街38号高地牺牲
尹相华	1957.7	胶南县山后村	云南军区独立师战士	1979.2作战牺牲

姓名	出生 年月	籍贯	牺牲时 所在单位、职务	牺牲 时间、地点、原因
董家国	1957.9	胶南县尧头三村	35503部队64分队战士	1979.2作战牺牲
林新生	1958.2	平度县谷家大队	35052部队21分队战士	1979.2作战牺牲
张鸣	1958	青岛市市北区	53013部队86分队战士	1979.3作战牺牲
王明福	1956	青岛市市北区	56038部队副班长	1979.3作战牺牲
赵坚志	1956.7	平度县小李大队	35229部队61分队战士	1979.3作战牺牲
刘俊恩	1954.1	平度县古村大队	35230部队战士	1979.3作战牺牲
陈珂良	1957.2	平度县赖家庄大队	35223部队战士	1979.3作战牺牲
宋仁芝	1955.5	莱西县水集一村	53561部队战士	1979.3作战牺牲
李建强	1955.7	崂山县李村	35215部队58分队排长	1979.3作战牺牲
陈金锡	1954.11	黄岛区港头陈村	56043部队3机连班长	1979.3作战牺牲
薛建密	1956.5	黄岛区柳东村	步兵448团副班长	1979.3作战牺牲
王寿成	1956	平度县赖家庄大队	35241部队战士	1979.3作战牺牲
张晓忠	1958.3	即墨县西扭村	53565部队84分队战士	1979.3作战牺牲
朱敬太	1955.6	即墨县朱家村	35118部队战士	1979.6作战牺牲
张克廷	1957.6	即墨县沟西村	54054部队战士	1979.12作战牺牲
徐世振	1954.1	莱西县朱耩村	35205部队战士	1979.12作战牺牲
华泽海	1946.4	即墨县东渠大队	35501部队62分队战士	1979.12作战牺牲
张吉东	1965.4	莱西县张家庄村	35303部队72分队战士	1984.7作战牺牲
李时勇	1963	青岛市四方区	解放军某部战士	1985.7作战牺牲
程健	1964	青岛市李沧区	解放军某部战士	1985.7作战牺牲
王华云	1965.1	莱西县东虎埠岭村	55207部队69分队战士	1985.7作战牺牲
严德前	1962	城阳区上马村	35321部队班长	1985.9作战牺牲
张维庆	1966.8	莱西县大望城村	炮四师三团战士	1985.9作战牺牲
高维聚	1962	城阳区红埠村	35381部队班长	1986.1作战牺牲

说明：据青岛市革命烈士纪念馆统计，1979～1986年青岛市参加中越边境自卫还击作战牺牲人员共47名，除1人收录在人物传略外，其余46人收录在人物表中。

1989年8月12日青岛市黄岛油库大火牺牲烈士表

姓名	出生年月	籍贯	牺牲时所在单位、职务	备注
卢　山	1970	安徽芜湖	武警青岛市消防支队一中队战士	授予“灭火勇士”“模范共青团员”称号
赵守湖	1970	安徽泗县	武警青岛市消防支队一中队战士	授予“灭火勇士”“模范共青团员”称号
赵性亮	1969	山东郓城	武警青岛市消防支队四中队战士	授予“灭火勇士”“模范共青团员”称号
杨卫星	1970	山东海阳	武警青岛市消防支队四中队战士	授予“灭火勇士”“模范共青团员”称号
马洪光	1969	山东临沂	武警青岛市消防支队胶州中队战士	授予“灭火勇士”“模范共青团员”称号
陈景芳	1968	山东郓城	武警青岛市消防支队二中队战士	授予“灭火勇士”“模范共青团员”称号
刘夕平	1966	山东诸城	武警青岛市消防支队三中队战士	授予“灭火勇士”“模范共青团员”称号
王　彬	1968	山东临沂	武警青岛市消防支队三中队战士	授予“灭火勇士”“模范共青团员”称号
蔡考成	1951	山东招远	中国石油天然气总公司黄岛油库维修班班长	授予“灭火勇士”称号
赵俊杰	1965	吉林长春	中国石油天然气总公司黄岛油库电工	授予“灭火勇士”称号
陆利京	1964	辽宁锦县	中国石油天然气总公司黄岛油库消防车驾驶员	授予“灭火勇士”称号
黄玉芹	1955	山东济宁	中国石油天然气总公司黄岛油库化验工	授予“灭火勇士”称号
周新民	1948	青岛市崂山区	胜利输油公司黄岛油库工人	授予“灭火勇士”称号

说明：据青岛市革命烈士纪念馆统计，1989年8月12日青岛市黄岛油库大火牺牲烈士共19名。1名收录在“人物传”，5名收录在“人物传略”，其余13名收录在“人物表”中。

1979～2005年青岛市其他牺牲烈士表

姓名	出生年月	籍贯	牺牲时所在单位、职务	牺牲时间、地点、原因
胡少勇	1958.6	吉林梨树	北航某部战士	1979.1青岛市因公牺牲
周学强	1944.4	河南内乡	海航37267部队战士	1979.2青岛市战备训练中牺牲
王守德	1958.6	青岛市市北区	35203部队战士	1979.4云南省文山县盘龙河因公牺牲
徐　磊	1960.7	青岛市四方区	38503部队战士	1979.5山西省大同市牺牲
万洪达	1958.6	即墨县南营子村	81388部队战士	1979.6吉林省四平市因公牺牲
姜积明	1957	胶县北台村	52820部队政治处班长	1979.8河北省丰宁县因公牺牲

姓名	出生年月	籍贯	牺牲时所在单位、职务	牺牲时间、地点、原因
江志爱	1946.3	即墨县张东兴家疃村	32436部队排长	1979.9福建省泉州市因公牺牲
孙忠恒	1956.3	青岛市市南区	某部队步兵班长	1979.12云南省弥渡红岩村因公牺牲
徐中刚	1948.7	平度县许家大队	平度县滑石矿警卫	1979.12平度县滑石矿因公牺牲
陈锡京	1958.9	平度县陈家顶大队	89204部队汽车队战士	1979山西省太原市因公牺牲
矫隋东	1955	平度县矫戈庄大队	54938部队战士	1979山东省长岛县因公牺牲
杨洪禄	1928.5	平度县许家大队	51120部队教导员	1979北京市因公牺牲
孙书信	1957	平度县张家疃大队	87036部队战士	1979辽宁省大连市步云山因公牺牲
徐维杰	1944	平度县张家疃大队	某部坦克团车长	1980.1山东省济南市因公牺牲
丁首密	1956.3	胶南县驼沟村	2832部队团后勤战士	1980.3河北省滦平县因公牺牲
许维君	1950.11	辽宁新金	37283部队副中队长	1980.4山东省安丘县因公牺牲
矫建新	1960.9	崂山县前海西大队	广州军区54423部队战士	1980.5广东省化县因公牺牲
王修国	1956.1	平度县张家疃大队	81900部队战士	1980.7黑龙江省桦川县因公牺牲
李万良	1948.5	辽宁复县	北海舰队某部副主任	1980.7青岛市因公牺牲
赵克川	1925.3	河北滦南	北海舰队某部副主任	1980.7青岛市因公牺牲
逄金元	1960	胶南县横河川大队	3906部队司机	1980.10广西壮族自治区南宁市因公牺牲
马鹤芳	1933.8	河北东光	大港一路派出所民警	1981.5青岛市泰山路制止斗殴牺牲
刘绪春	1959	青岛市四方区	建工局第三工程队工人	1981.8青岛市抢救触电学生牺牲
于兴邦	1956.12	即墨县中山街	济南铁路局张店工务段桥梁工	1981.9胶济铁路线孝妇河桥因公牺牲
刘守彬	1960.6	平度县北国家埠大队	济南军区某综合仓库勤务连战士	1981.9山东省因公牺牲
张诗江	1941.2	江西吉安	37284部队大队长	1981.10青岛市因公牺牲
黄东林	1946.9	广东和平	37282部队领航长	1982.8海上飞行训练因公牺牲
唐志泉	1947.7	河北张家口	37282部队射击员	1982.8海上飞行训练因公牺牲
陈东方	1936.12	山东临清	37282部队干部	1982.8海上飞行训练因公牺牲
靳志峰	1948.1	河南省	37282部队干部	1982.8海上飞行训练因公牺牲
于衍江	1963.5	山东日照	37282部队电气员	1983.1海上飞行训练因公牺牲

姓 名	出生年月	籍 贯	牺牲时所在单位、职务	牺牲时间、地点、原因
胡林根	1950	上海市	37282部队机械师	1983.1海上飞行训练因公牺牲
王耿	1962.7	黑龙江望奎	37267部队干部	1983.1海上飞行训练因公牺牲
岳国庆	1960.9	贵州都匀	37267部队干部	1983.1海上飞行训练因公牺牲
仪潍海	1941.12	山东省	机长	1983.1民航反劫机斗争中牺牲
赵统绥	1949	山东莒南	海运局黄岛客运站职工	1983.5青岛市黄岛区因公牺牲
刘福忠	1958.4	山东潍坊	青岛火柴厂民兵班长	1983.12青岛火柴厂救火牺牲
史跃彬	1949.6	四川宝兴	37267部队副大队长	1984.9青岛市城阳区战备训练因公牺牲
朱思德	1950	胶县河荣一村	青岛工务段胶县工区班长	1985.1胶济路因公牺牲
张晓生	1957.2	山西陵川	37106部队干部	1985.3青岛市因公牺牲
杜国祥	1927.10	河南杞县	海军航空兵司令部处长	1985.5海南执行任务牺牲
张留玲	1949	四川崇庆	成都军区空军第三试飞大队飞行员	1985.10四川省试飞因公牺牲
徐建生	1964	莱西县水集一村	民兵	1987.12莱西县因公牺牲
王世伦	1957	胶州市前丰隆屯村	海军北海舰队航空兵	1988.4海南岛训练因公牺牲
刘桂伦	1926	即墨县	国棉一厂工人	1989.5青岛市汽车东站因公牺牲
秦永堂	1970.3	平度市后李付村	某军第30军战士	1989.7吉林省蛟河县因公牺牲
姜学春	1969.7	平度市西王庄村	某军第30军战士	1989.7吉林省蛟河县因公牺牲
李景德	1962.7	莱西县前莪乐村	济南军区某部战士	1989.9山东省长岛县砣矶岛因公牺牲
李丕刚	1958	青岛市崂山区	曲哥庄村治安队治安主任	1989.10青岛市因公牺牲
邵承禄	1935.2	青岛市李沧区	青岛二十七中学教师	1990.5青岛市抢救落水学生牺牲
李辉	1969.6	山东莱州	海军某部战士	1990.6青岛市因公牺牲
唐玉伟	1962	青岛市李沧区	沧口交警大队交警	1991.3青岛市为抢救失控汽车撞击的群众牺牲

姓 名	出生年月	籍 贯	牺牲时所在单位、职务	牺牲时间、地点、原因
周鹏远	1944	青岛市市南区	青岛卷烟厂车间跟班主任	1991.5青岛市与持刀歹徒搏斗牺牲
吴开岭	1950.7	广西平南	海航某团正团职副参谋长	1992.2青岛市飞行训练中因公牺牲
姜现爵	1962	即墨市	海军航空兵第四师第一五二团干部	1992.5浙江省飞行训练因公牺牲
王景斌	1962.8	青岛市崂山区	青岛市排水管理处泵站班长	1993.6青岛市抢救中毒职工牺牲
刘铭风	1965.6	青岛市四方区	空军领航学院飞行教官少校中队长	1994.6甘肃省因公牺牲
公恒	1967.7	山东茌平	青岛列车段青兰车队列车员	1996.2青岛市因公牺牲
张京彦	1968.12	莱西市李家疃村	海军某舰实习导水长	1998.3胶州湾执行任务因公牺牲
卢秀林	1964	青岛市李沧区	39831部队飞行一大队副大队长	1999.1战备飞行训练中因公牺牲
刘成耀	1958	胶州市	海尔集团旅行社礼宾车队调度员	1999.7青岛市抢救落水儿童牺牲
彭乃玉	1972.4	平度市候西村	青岛迅隆电子有限公司营销主任	1999.7青岛市抢救落水儿童牺牲
冯民	1970.12	河北定州	37010部队副大队长	2000即墨市训练因公牺牲
王元武	1969	崂山区午山村	个体工商业者	2001.8.1青岛市营救被洪水围困的群众牺牲
孙胤	1988.6	胶州市胜利庄	胶州市胶西镇第一初级中学学生	2002.6青岛市抢救落水儿童牺牲
陈同寿	1966.1	平度市乔戈庄	南京空军29师86团一大队飞行员	2002.6江西省飞行训练牺牲
唐定江	1946.7	平度市唐家村	平度市公安局三级警督	2002.7平度市救人牺牲
宋保福	1969.11	胶南市赵家庙村	青岛市经济开发区广厦宾馆职工	2002青岛市为抢救中毒职工牺牲
宋清森	1978.3	胶州市前海庄	鲁胶海0867号渔船船员	2003.12为抢救落水船员牺牲
杨建山	1981.1	莱西市河北夼村	村民	2003.5莱西市因公牺牲
付清礼	1977.4	平度市大垢村	解放军61975部队工兵41旅士官	2003.5刚果维和时牺牲
王金城	1978.10	山东博兴	青岛市市北区金城源五金商店职工	2004.2商店大火中抢救人民生命财产牺牲
于逢海	1990.4	莱西市牛溪埠村	村民	2004.5莱西市因公牺牲

说明：据青岛市革命烈士纪念馆统计，1979～2005年青岛市其他因公牺牲并评为烈士人员共90名，4人收录在人物传，13人收录在人物传略，其余73人收录在人物表中。

1979～2005年青岛市去世的全国劳动模范表

姓 名	性 别	生 卒	籍 贯	单位及职务	评模时间
房吉全	男	1926—1987	山东即墨	青岛第二钢铁厂粉碎工	1959
苏贻久	男	1931—1997	山东日照	青岛港务管理局大港装卸区吊车组长	1956
杨林贤	男	1954—1997	山东青岛	青岛无线电三厂职工	1995
刘淑惠	女	1935—1998	山东胶州	青岛国棉三厂值车工	1956
孙宝山	男	1931—2000	山东胶州	青岛人民银行办事员	1956
刘瑞庆	男	1921—2001	山东即墨	青岛四方机车车辆厂职工	1956
焦升旭	男	1926—2001	山东青岛	中国人民解放军第4808厂职工	1956
侯秀美	女	1933—2002	山东青岛	青岛国棉七厂值车工	1956
陈洪璋	男	1941—2003	山东潍坊	青岛远洋运输公司副船长	1989
顾岳荣	男	1928—2004	山东平度	青岛东风汽车改装厂车间副主任	1959
刘锡成	男	1930—2004	河北黄骅	青岛盐务局试验滩东风盐场工人	1956
郭金城	男	1930—2004	山东淄博	建筑工程局机械施工站吊车司机	1979
张德香	女	1932—2004	山东莱州	青岛公交公司售票员	1956
纪修睦	男	1927—2005	山东胶州	国营青岛印染厂红专学校教师	1960

说明：据青岛市总工会统计，1979～2005年青岛市去世全国劳动模范（或相当于全国劳动模范）共43人，人物传收录2人，人物传略收录27人，人物表中收录14人。

青岛市志（1978~2005）
总目录

大事记卷

城市卷

政治卷

经济卷(上)

经济卷（中）

经济卷（下）

文化卷

社会卷

人　物

索　引

说　明

1.本索引为综合性主题索引，按主题词首字拼音字母顺序排列。

2.本索引按大事记卷、城市卷、政治卷、经济卷（上）、经济卷（中）、经济卷（下）、文化卷、社会卷排序，各卷序号为1、2、3、4、5、6、7、8。

3.本索引第一组数字为各卷序号，第二组数字为内容所在该卷页码。

4.本索引大事记只索引专记，人物只索引人物传、人物传略。

A

B

C

D

E

F

G

H

J

K

L

M

N

P

Q

R

S

T

W

X

Y

Z

编 后 记

《青岛市志（1978 ~ 2005）》社会卷共7篇以及人物、总目录、索引，涉及7个承编单位。2003年1月启动编纂工作，历经篇目论证、资料征集、初稿编写、各部门评议等阶段，至2011年形成评议稿，约120万字。2011年5月，青岛市史志办公室成立总编室和编纂组实施总纂工作。2012年7月，社会卷编纂组启动总纂。2013年1月形成总纂稿，约60万字。后经承编单位及编纂组等多轮修改、审校，并召开有关行业领导和市专家评审会，省专家评审会。2017年3月形成送审稿，共计55万字、72幅图表、照片198张。

在本卷编纂过程中，各承编单位和相关专家认真组织，精心编纂，顺利完成了撰稿任务。主要承编单位供稿人有：韩猛（劳动管理、社会保险），顾晓春（民政），杨志强（精神文明建设），李智（残疾人事业），陈娅宁（老龄事业），张文超（慈善事业），刘永成（民族宗教）、张成福（风俗）等。

本卷编纂工作得到市委组织部、市统计局、市档案局、市总工会、市革命烈士纪念馆等单位的大力支持，在此深表谢意！

由于我们水平所限，疏漏和缺憾在所难免，敬请读者批评指正。

编　者

2017年9月